# 开发区

国家移动通信高新技术产业化基地

业示范基地。近年来，初步形成了电子信息、高端装备制造、现代服务业等产业基础，中国智谷（重庆）科技园已初具规模。拥有中国信通院西部分院、重庆赛迪研究院、北斗运营及产品入网检测中心等国家级平台。园区入驻了美的、维沃、科大讯飞等知名企业；布局了自由贸易试验区、迎龙高铁商务区等开放平台；拥有市级以上重点实验室、工程技术（研究）中心、企业技术中心73个。

未来，重庆经开区将紧紧围绕“绿色智慧谷，品质生活城”总体定位，聚焦“大数据、大健康、大生态、新经济”产业，激发创业活力、培育创新动力，努力建设成为绿色发展示范区、内陆开放先行区、智能经济创新区、“三生三宜”品质城。

格罗夫重庆试制试验基地

重庆市5G产业园

# 重庆市南岸

南岸区公安分局是重庆市公安局派出机构，接受重庆市公安局和南岸区委、区政府的双重领导。先后荣获全国优秀公安局、全市追逃工作先进集体等光荣称号。现有内设机构48个，其中派出所21个（含高校派出所3个），一线警种19个，看守所、拘留所、强制隔离戒毒所各1个。2018年，接报刑事警情同比下降21.79%，降幅居主城第一；刑事立案下降14.11%，刑事破案上升31.8%。快侦快破“8•17”万达车库抢劫强奸致人死亡案等一批有较大影响的案件，现行命案破案率连续4年达到100%。全年工作绩效评价排名主城第6、全市第7。

市委常委刘强看望慰问分局一线民警

副市长、市公安局局长邓恢林除夕走访慰问基层一线民警

局长张树金率队调研指导派出所工作

区领导亲切看望慰问一线民警

南岸分局选送的原创漫画《画警事》系列荣获
第三届全国公安民警“三微”大赛微信类一等奖

# 数字南岸

（2018年）

| | |
|---|---|
| ⊙ 区域面积 | 262.43平方千米 |
| ⊙ 年末户籍人口 | 73.68万人 |
| ⊙ 地区生产总值 | 724.78亿元 |
| ⊙ 公共财政收入 | 63.52 亿元 |
| ⊙ 公共财政支出 | 131.04亿元 |
| ⊙ 工业增加值 | 193.35亿元 |
| ⊙ 农业总产值 | 4.34亿元 |
| ⊙ 全社会固定资产投资 | 353.48亿元 |
| ⊙ 社会消费品零售总额 | 442.92亿元 |
| ⊙ 金融机构人民币存款余额 | 1305亿元 |
| ⊙ 金融机构人民币贷款余额 | 1156亿元 |
| ⊙ 外贸进出口总额 | 15.5亿美元 |
| ⊙ 旅游总收入 | 168.2亿元 |
| ⊙ 森林覆盖率 | 42% |
| ⊙ 城区环境空气质量优良天数 | 310天 |
| ⊙ 人均体育场地面积 | 2.3平方米 |
| ⊙ 城镇居民年人均可支配收入 | 38703元 |
| ⊙ 农村居民年人均可支配收入 | 21039元 |

# 编辑说明

一、《南岸年鉴》是重庆市南岸区人民政府根据国家《地方志工作条例》的规定而编纂的大型工具书，是反映南岸区各年度经济、政治、文化、社会和生态文明建设情况的综合年鉴，由南岸区政府主办，区地方志办公室承办。

二、年鉴以马克思列宁主义、毛泽东思想、邓小平理论、“三个代表”重要思想、科学发展观和习近平新时代中国特色社会主义思想为指导，实事求是地记述南岸区从自然到社会各方面的历史和现状，突出区域特色和时代及年度特点，使之成为具有存史、资治、教育功能的综合性、资料性著述，为辖区第三轮修志积累经济、政治、文化、社会和生态文明建设的重要地情资料。

三、原则上，年鉴所记为各年度间南岸区域内的人与事。对上部《南岸年鉴》已有内容，一般不再记载，必要时加以复载；上部《南岸年鉴》错逸或所言不详事物，可适当拾遗补阙、纠谬；其余为明事物的来龙去脉和完整性，仅做简要上溯或下延。

四、年鉴取分类编辑法，由部目、分目、条目组成。分区情概览、政治、法治、军事、工业、交通、邮政通信、农业、商业贸易、宏观经济管理、重庆经济技术开发区、社会事务管理、金融业、城建环保、城市管理、教育、科学技术、文化、卫生计生、体育、镇街等21个部目和大事记、特载、统计公报等3个部目构成，分目用灰色底衬区别，条目标题用黑体方头括号【】显示，个别条目下的二级条目用楷体加黑的方法表示。

五、数字和计量单位。凡统计数字和公元纪年中的年月日数字、世纪年代数字，一律用阿拉伯数字书写，不定数、成语、固定词组中的数字，用汉字书写。年鉴所用稿件、资料由区属各部门和有关单位提供并审核，区志办承担全书编辑工作，区志编纂委员会审查定稿。统计数据原则上采用统计部门的数据，未纳入统计部门统计范围的，采用主管部门的统计数字。统计数字中不打分节号，小数原则上保留两位。计量单位根据国家标准使用。

六、年鉴行文用记叙体、语体文，第三人称，使用规范的简化汉字。对南岸区，根据语言环境，必要时可用“本区”。人物直书其名，必要时在人名前加职务名称；机构、政党、群团名称，第一次出现时用全称，以后用规范化的简称；年鉴中单用的“区委”，均指中共南岸区委员会；民主党派区委用简称时，在“区委”前加民主党派的简称；民主党派所属内容外单用的“党员”，均指中国共产党党员。

七、撰稿人署名于分目后右下角，加括号表示；以条目先后排序。

本年鉴的编辑出版，得到了全区各部门、企事业单位和各级领导的支持与帮助，在此一并致谢！同时，热忱欢迎广大读者提出宝贵意见和建议，以不断提高《南岸年鉴》的编写质量。

重庆市南岸年鉴总编辑室

2019年11月

# 重庆市南岸区地方志编纂委员会

顾　　　问：郑向东

主　　　任：陈一清　王茂春

常务副主任：陈　炯

副　主　任：魏小红　陈廷明　曹廷中

委　　　员：刘　露　肖华云　刘　孟　包　卫

王怀奇　包茹华　冉启云　吕　永

谢志辉　雷　旺　李　智　郑　渝

# 重庆市南岸年鉴总编辑室

总 编 辑：余洪泽

责任编辑：陈远斌　范相洲

图片编辑：张志洪

校　　对：林登华　张宜宗

# 区公安分局

分局民警深入工地开展扫黑除恶专项斗争宣传

落实服务学校29条，民警走进辖区窍角沱小学为校服务

户籍民警为辖区残疾老人郑某送证上门

开展大南坪区域集中清查和整治行动

召开2018年党风廉政建设会

召开岁末年初安全稳定工作部署会

# 重庆市南岸区住房

市住建委主任乔明佳调研南岸区老旧居住区综合整治项目

南岸区住房和城乡建设委员会挂牌仪式

黄桷娅老街招商引资

重庆市南岸区住房和城乡建设委员会是南岸区政府工作部门。主要职责是：负责推进住房、城乡建设、人民防空事业改革发展；负责住房、城乡建设、人民防空财政性资金的监督管理；负责房地产行业的监督管理；负责建筑行业的监督管理；负责勘察设计行业的监督管理；负责住房保障工作；统筹推进城市基础设施建设工作；协助城市轨道交通建设管理；负责推进城市提升相关工作；统筹城市人居环境改善工作；负责城镇排水与污水处理的监督管理；负责推进城市修补和有机更新；指导村镇建设；负责建设科技推广应用；负责绿色建筑与建筑节能管理；负责建设工程消防设计审查验收相关工作；负责人民防空指挥自动化、信息化建设；负责住房和城建档案管理，指导行业人才队伍建设，开展相关领域国际内外交流合作；完成区委和区政府交办的其他任务。机关内设12个科室：党政办公室、组织人事科、计划财务科、住房管理科（房地产市场监督管理科）、房屋征收科、物业管理科、建筑管理科（行政审批科、建设工程消防验收科）、基础设施建设科（排水管理科）、勘察设计科（建设工程消防设计审查科）、城乡人居环境建设科、人民防空科、资产与维修资金管理科。根据实际工作需要，内设信访办。下辖17个事业单位：区住宅建设发展中心、区隧道工程建设办公室、区建设工程质量监督站、区建设工程施工安全监督站、区建设管理服务中心、区城市建设综合开发服务中心、区房屋征收中心、区房地产交易服务所、区社会房屋租赁服务中心、区危旧房改造服务中心、区南坪房管所、区弹子石房管所、区海棠溪房管所、区上新街房管所、区住保中心、区民防（人防）指挥信息保障中心、区人防工程维护管理站。区住建委系统有职工690人，其中在职职工323人，离退休职工367人。

新时代南岸
成就图片

# 和城乡建设委员会

郭家沱大桥

江南立交效果图

寸滩大桥南引道绿化景观效果图

朝天门大桥下层连接道现状

茶园大众广场人防工程

黄桷垭老街项目

柏悦澜庭小区图

江南隧道效果图

雅巴洞江滩公园C段鸟瞰图

# 重庆市南岸不

团市委验收中心青年文明号

南岸登记中心中心组学习

开发企业座谈会

重庆市南岸不动产登记中心（以下简称“南岸登记中心”或“中心”）是隶属于重庆市规划和自然资源局的事业单位。职责任务是受市规划和自然资源局的委托，承担辖区内土地（含土地承包经营权）登记、房屋登记、林地登记等不动产登记发证的具体工作，以及房地产交易管理的事务性工作；承担土地（含土地承包经营权）登记、房屋登记、林地登记等不动产登记信息化建设工作；承担房地产交易和不动产登记档案的整理、保管、利用等工作；协助开展房屋纠纷信访的处理，以及土地权属纠纷和合同纠纷的调处；承担相关行政诉讼的事务性工作。

南岸登记中心内设综合科、受理审查科、登记复核科、缮发证件科、档案科、市场监管科、财务科、法制事务科和信息管理科共9个科室。2018年末共有职工139人，其中在编职工54人（专业技术人员11人，事业管理人员39人，工勤人员4人），派遣职工65人，退休职工20人。中心共有党员44名，其中8名党员为专业技术人员，27名党员为事业管理人员，4名党员为派遣人员，5名退休职工党员。

2018年，南岸登记中心在市局党组的领导下，贯彻落实党的十九大精神，深学笃用习近平新时代中国特色社会主义思想，牢牢把握新时代党的建设总要求，牢固树立“四个意识”特别是核心意识、看齐意识，以“做人做事不忘初心，抓实抓细牢记使命”为主题，落实国务院“放管服”改革，践行为民服务宗旨，提升服务质量，提高登记效率，全面推动不动产登记工作蓬勃开展。

# 动 产 登 记 中 心

受理科创建青年文明号集体照

窗口作风整治专项工作动员会

进驻工商大学现场办证

与税务窗口合并开展“一窗受理”

中心职工业务考试

进社区法制宣传

中心进社区法制宣传

群众给中心送锦旗

# 重庆市南岸区城市建

区委书记郑向东调研集团重点项目

区长陈一清、常务副区长黄红到集团调研

集团党委书记雷勇“以案四说”专题授课

2018年，南岸区城建集团在区委、区政府的正确领导下，在国资委的严格监管和大力支持下，进一步深化国企改革，稳步践行集团“361”发展战略，立足“资本操盘手、城市运营商、产业助推器”三大功能定位，从“资产管理、资本运营、幸福融合、土地开发、科技发展、城市建设”六大板块着手，抓机遇、谋发展，全力打造重庆一流的国有资本投资运营公司。

2018年，集团资产总额达624亿元，营业总收入52亿元，净利润额1亿元，国有资本经营收益上缴超过3亿元，上缴税金约4.5亿元。融资成绩喜人，通过银行贷款、银行间债券市场、交易所债券市场、境外债四大渠道，获得政策性银行、国有银行等融资授信额度超过100亿元，更是在中美贸易战、美联储加息等背景下，成功发行3亿美元海外债。产业项目稳步推进，多渠

集团领导检查资产安全

重点工程项目设计

# 设发展（集团）有限公司

2018年海外债路演

2019年海外债路演

2019年惠誉到集团开展信用评级访谈

道参与投资项目24个，认缴投资额44.58亿元，启动智慧旅游建设，推进绿色智慧停车场等多个项目，紧跟南岸区发展步伐，围绕大数据、大健康、大生态，精准发力、苦干实干。

坚持党的领导、加强党的建设，是集团发展的“根”和“魂”。2019年初，集团党委以“两个一以贯之”要求为统领，以党建与发展“两手抓”“两手强”为目标，创建“国企党建1+3党徽闪亮在城建”党建特色品牌。以“党建+队伍、党建+经营、党建+文化”为主体，以“一三四五六工程”（一条党建红线、三个载体、四支队伍、五个融入、六个文化理念）为依托，强党建、促经营、壮队伍、树文化，充分发挥党组织“把方向、管大局、保落实”的政治领导和政治核心作用，将党建优势转化为发展优势。

城建集团作为南岸区最大的国企，将继续肩负“做强做优做大国资，造善造利造福民生”的企业使命，把人才作为发展的第一资本，秉持“诚为本、技至精、业竞成”的理念，锲而不舍抓落实、求发展，为进一步深化国企改革、建设幸福南岸、实现南岸起风景做出新的更大的贡献。

职工联谊活动

党员领导干部民主生活会

”七•一“重温入党誓词

集团和经开投集团组织
纪念“五四运动100周年”座谈会

开展建党98周年纪念活动

# 江南新城管委会

江南新城管委会是区政府全额拨款正处级事业单位，主要负责江南新城业态布局、产业发展、招商引资等工作，内设7个机构（部门）。江南新城管委会主要负责通江大道以西区域开发建设管理，规划总面积约33平方千米，主要规划为居住、商业商务、教育科研、行政办公、市政设施等用地。

新城区全景

长生河

水体公园

重医附二院

中国智谷（重庆）

通江大道

新都会足球公园

南岸区行政中心B区

通江大道（中段）

玉马路

# 不忘初心办教育

市委教育工委书记、市教委主任舒立春来校调研

学校章巍轩同学参加第34届
全市青少年科技创新大赛，获得一等奖

学校挂牌中国科学院大学重庆学院附属科技中学

**百年风雨，历史积淀**

重庆市第十一中学校创建于1912年，位于南岸区弹子石，迄今已有107年办学历史。学校前身为“精益中学”（1912年）和“文德女中”（1914年），1952年两校合并更名为“文益中学”，1953年命名为“重庆市第十一中学校”，1982年被授予“四川省首批重点中学”，重庆直辖后成为“重庆市首批重点中学”，2017年授牌为“海军青少年航空学校”，2018年成为“中国科学院大学重庆学院附属科技中学”。学校占地280余亩，以校园美、校风好、教风严、学风浓、师资强、质量高而闻名遐迩。现有学生5700余人，教职工461人。

**传承创新，多元发展**

学校秉承“博文修德精益求精”的校训，着力培养“有人文素养、有科学素养、有创新素养的家国栋梁”。

清华大学2018年生源基地授牌仪式

高2019级学生成人仪式

# 砥砺前行谱新篇

## ——重庆市第十一中学校

百年精益楼

学校坚持党的全面领导，全面落实立德树人根本任务，坚持深化教育改革创新，彰显“大阅读”和“科技”特色，依托中国科学院大学和海军航空大学，共育拔尖创新人才和飞行指挥后备人才，促进学生多元发展，推进学校优质发展、特色发展、创新发展。

张景中院士工作站在重庆十一中设立

**春华秋实，硕果累累**

学校先后荣获全国德育先进集体、全国体育先进集体、全国艺术教育先进集体、全国五四红旗团委、全国国防教育示范学校、重庆市最佳文明单位、重庆市文明校园、重庆市教育系统先进基层党组织、北京大学“中学校长实名推荐制”学校、清华大学优质生源学校等称号，学校正朝着重庆一流、全国知名的高质量、有特色、现代化的中华名校而努力奋斗。

中科院院士陈润生来校讲学

学校文韵舞蹈队参加第十届小荷风采全国少儿舞蹈展演荣获最高奖金奖

学校崇德武术队在全国武术大赛中屡获佳绩

海航班学子献礼海军建军70周年参加马拉松比赛合影

美丽校园

# 重庆市珊瑚

珊瑚中学志愿者活动

珊瑚中学女教师参加重庆国际马拉松比赛

重庆市珊瑚初级中学校创建于1990年，是重庆市首批三所示范初中之一。学校现有南坪步行街、明佳校区、江南新城三个校区。学校现有学生2905名，教职工213名。其中特级教师、市区学科带头人、骨干教师58名，高级教师67人，市区优秀教师、优秀班主任、名教师等76人。

为了让学校成为真正具有国际视野的现代化教育集团，学校以多元教育为立校之髓，用现代先进教育思想和科学技术来武装全校，扎实推进思想观念、教育内容、设施设备、师资队伍、管理模式现代化，不断培养出适应国际活动、国际竞争的现代化高素质人才，推动学校逐步向现代化先进水平迈进。

学校以党建为引领，全面落实立德树人任务，扎实推进教师、学生、学校高质量发展。近三年，教师在学科赛课、论文评选、学生指导等方面成绩突出，获奖94人次，发表论文24篇。学生在科技、艺术、体育等各类竞赛中获奖317人次。学校先后荣获全国初中质量建设先进单位、全国管理创新品牌学校、全国初中教育创新成果奖获得学校等荣誉称号。

# 初级中学校

管乐团开放周展示

合唱团参加重庆市比赛

舞蹈队开放周展示

啦啦操队开放周展示

珊瑚中学步行街校区

珊瑚中学明佳校区

# 重庆市广益

2019年世界啦啦操锦标赛三级集体技巧赛荣获亚军

2019年全国青少年校园足球
夏令营总营获冠军，四人入选最佳阵容

2019年全国青少年校园足球
夏令营总营（初中组）获冠军

2018青少年VEX机器人亚洲锦标赛荣获银奖

重庆市广益中学校（原重庆5中），市级重点中学。始建于1892年，有127年办学历史，是西南足球的发源地，曾享有“江巴学校之冠”“重庆优良中学”“广益三宝”等殊荣。学校历史悠久，校友遍及海内外，办学硕果累累，培养出数万人才，其中党和国家领导人1名，中科院、工程院、社科院院士4名。

学校现有黄桷垭校本部和老厂文峰两个校区，分别位于南岸区黄桷垭文峰段78号和南岸区南山街道文峰正街159号，是全国校园足球特色学校、全国校本德育创新基地、重庆市高中新课程实验样本校、国家A级旅游景点学校、重庆市首批文明礼仪示范学校、重庆市安全文明校园、重庆市依法治校示范校、重庆市地理课程创新基地、全国地理科普教育先进单位、重庆市教育系统先进集体。

学校秉承“行远自迩，登高自卑”的百年校训，坚持“增广学行益国利民”的办学理念，以“历史立校，文化兴校”为发展战略，追求“百年史卷奠基人生，名校文化培育英才”的教育愿景，致力于“学行教育”的探索与实践，培养“有学有行有个性的现代人”。

**一、 党建、育人并重**

党建方面，学校认真贯彻、落实党的十九大精神，通过主题党日活动、党员民主评议、评优评先工作，争做合格党员，树立榜样力量；举行七一表彰活动，颁发党员示范岗，签订党风廉政建设责任书，全面发挥党员的先锋模范作用。

德育方面，落实“立德树人”，以活动为载体，推进三全育人。着力推行“首席班主任”“师生行为规范”“家校合作”“德育督查”等制度；积极开展“寝室文化艺术节”“学生体艺节”；有20余个学生社团组织，丰富的社团活动，为学生的个性特长发展提供了多元发展空间；精心组织“改革开放四十年，昂首奋进新时代”2019年元旦晚会、“逐梦青春扬帆起航”成人礼暨优秀毕业生颁奖典礼、开展“我和我的祖国”拉歌等活动，丰富学生生活，树立孩子正确的人生观与价值观。

**二、 艺体、科技齐飞**

学校根据学生个性特长，搭建多元成长平台，充分展示学生特长和技能。

音乐方面，参加“快乐阳光”重庆市第十二届中小学生才艺大赛高中组声乐类一等奖，课堂器乐录像比赛获得重庆市二等奖。

美术方面，参加“快乐阳光”重庆市第十二届中小学生才艺大赛高中组获得二等奖，2018年南岸区第十二届中小学艺术节美术作品评选中，学校艺术作品获一、二、三等奖达十余人次；2018年，陈凤同学在

# 中学校•••

重庆美术联考中，取得重庆市第二名的好成绩；2019年南岸区第十三届中小学艺术节美术、书法作品评选中，学生获特等、一、二、三等奖达十余人次。

足球方面，作为重庆市首批校园足球特色学校，学校在全国及市级各种赛事中屡获佳绩。在“南岸区2018年校园足球联赛”中，学校初中男子和初中女子荣获“双冠”；2018年，程奇同学成为重庆市唯一一名参加俄罗斯世界杯开幕式的球童；2018年，学校初中男子和初中女子足球队均获得2018年重庆市校园足球联赛冠军；2019年，学校喜获全国校园足球夏令营总营冠军！

科技方面，开设智能机器人课程、发明课程等，建立机器人工作室、创客工作室、3D打印室等学习场所，成立科技社、机械社等学生社团，成功举办南岸区第30届中小（幼）学生科技节暨全国青少年科技创新大赛选拔赛。近年来，参加各级各类比赛，获4个国际奖，20余个全国一、二、三等奖，30余个区域及省级一、二、三等奖。2018年，学校学生江旭荣获南岸区第十二届青少年科技创新区长奖。2019年，学校荣获第十三届南岸区青少年科技创新区长奖1名、区长提名奖2名及区长鼓励奖1名。

**三、 科研、教学相长**

科研方面，作为重庆市地理课程创新基地，学校着力打造精品课程，有“公众考古”和“中华典籍•整本阅读”“创意智造”三个市级精品课程、“校友专家课程、礼仪课程、创意科技”等多门学校特色课程；加强教育研究，大胆实行分层教学、走班教学，开展课题研究，获得国家级、市级奖多项，学校也成为多项课题的实验学校和样本校。荣获南岸区第五届教育科研先进集体、南岸区人民政府首届基础教育教学创新成果奖、重庆市人民政府教学成果奖等多项殊荣。

教学方面，至今已成功举办十届教育教学开放周。尤其是创重十余年来，成绩逐年显著提升。从2007年重本人数17人到2017年重本人数403人，其中2017年有三位学生考入清华大学；2018年高考重本人数达521人，重本升学率达到48.5%，中考联招上线363人，上线率达到63%；2019年高考重本人数达603人，重本升学率达到52.7%，王仝同学以680分获全区理科裸分第一名，中考联招上线人数403人，上线率达到56%。

学校一直坚持以“专业精深，合作奉献，学识广博，德行高尚”为教师发展目标，以“身心健康，人格高尚，世界眼光，有学有行”为学生发展目标，走内涵发展之路，办人民满意教育，以实现把广益中学办成“管理科学，特色鲜明，质量领先，中华名校”的目标而不懈努力。

高二学生程文涛再获南岸区
第十三届青少年科技创新区长奖

2019年第35个教师节区领导慰问

广益中学承办2019重庆市
高中地理基地联盟教研活动

校长章显林带领高三学子进行新宪法宣誓

2019年5月，重庆市广益中学校
发起了“青春为祖国歌唱”拉歌接力活动

# 重庆第二外

重庆第二外国语学校（以下简称“重庆二外”）坐落于南山山麓，涂山湖畔，是国家首批“外语实验学校”“重庆市重点中学”“重庆市中小学德育示范学校”“重庆市绿色校园示范学校”，是重庆市首个“高中外语课程创新基地”“中国百强中学”。

2018年5月，由南岸区资产管理公司、重庆宏声集团有限公司、重庆力宏教育投资有限公司三方决定，力宏教育投资有限公司董事长陈正伟担任重庆二外理事长，中共南岸区委教育工委委员、区教委副主任、区教育考试中心副主任尹厚霖担任重庆二外党委书记、校长。学校性质为国资控股的民办完全中学。

截至2018年12月，学校占地近200亩，建筑面积77368.07万平方米，绿化面积近50%；学校拥有专任教师353人，其中正高级教师1人、特级教师4人、市区级学科带头人2人、市区级骨干教师46人、高级职称87人，博士研究生1人，硕士67人，学校常年聘请10多位外教。学校现有高中部、初中部和国际部共120多个教学班，学生5000余名。

**办学业绩**

近年来，学校有150余名优秀同学被北大、清华、哈佛、牛津、普林斯顿、耶鲁等世界名校录取；成为重庆市第一个高中英语课程创新基地；有3门市级普通高中精品选修课程；初2004级秦玥飞，耶鲁大学毕业后回国当村干部，获“2016感动中国年度人物”荣誉称号；2016年彭千钰获重庆市文科第二名；2017年王艺樾获重庆市文科第10名；2018年初中联招上线率、高中一本上线率居于区内领先、市内前列，国际部学生收获来自美国、英国、加拿大、澳大利亚、日本等国大学录取

## 相遇相伴·共筑美好

广州市天誉物业管理有限公司成立于2000年5月,注册资金5300万元,是天誉置业的全资子公司,合同管理面积约460万平方米,拟准备接管面积100多万平方米。管理的项目涉及高档住宅、写字楼、别墅、商业等项目。

公司具有国家物业管理一级资质,目前是国家、广东省及广州市物业管理协会理事单位、《中国物业管理》杂志社协办单位、佛山市物业协会会员单位。公司推行ISO9001质量保证体系,2004年通过ISO认证机构知名企业广东中鉴认证有限责任公司审核认证,实行规范化管理和标准化服务,坚守"全心全意为业户,真心诚意送服务"的质量方针,致力于向客户提供高质量、全方位、多层面的物业管理服务。

天誉物业服务范围遍及广东、广西、湖南、重庆、徐州、昆明等省市,所管辖物业项目有:广州天誉花园二期、广州天誉商务大厦、广州天誉半岛花园、南宁天誉花园、南宁天誉半岛、南宁创客城、顺德北滘誉晖花园、永州天誉华府、徐州天誉时代城、中山虹悦花园、重庆天誉·智慧城、昆明林溪谷等。

公司理念:专注服务,注重细节。

质量方针:全心全意为业户,真心诚意送服务。

质量保证:推行ISO9001质量保证体系,并通过ISO认证机构知名企业广东中鉴认证有限责任公司审核认证。

企业发展方向:成为知名高端物业管理服务公司。

核心价值观:服务让业户感动,品质让业户惊喜;敬业爱岗,工作责任心高于一切。

企业使命:为业户提供专业、完善、优质的服务,使物业持续增值,为客户创造更大价值!

示意图

示意图

## 天誉青创 让城市更年轻

### 青创战略合作

天誉置业签约Hewlett Packard Enterprise(惠普企业集团),携手布局"青创社区",双方已签订战略合作协议,将在技术、品牌、资源等方面共享,第一个落地项目将在重庆智慧城,后续将在全国其他地区进一步深化合作。

惠普企业集团将为全国天誉青创社区落地智慧社区、慧与大学教育基地、渲染媒体云、创新孵化平台、大数据物联网五大内容。将丰富和优化社区场景,更快速地连接年轻人才,更多维度地整合创新资源。

## 全国青创社区运营商

### 为城市留住更多年轻人

2016年1月,天誉集团提出"天誉青创"发展战略,致力于打造居住、生活及创新"三位一体"的青年发展型城市模型——天誉青创,以优质产品和服务聚焦青年,以平台运营实现资源整合聚变,实现青年"安居""乐业",立足于构建青年发展型城市/城镇/社区。

该产品打造"居住、生活、创新"一体化共享社区,帮助青年"创家业、创学业、创事业",不仅围绕青年"安居乐业",满足成长型人群的居住、社交需求,配备基础生活设施和服务,解决青年创客居住、生活问题,同时重点打造创新创业配套设施,提供优质创新创业服务,全方位、一站式地助力青年创新创业。

示意图

# 南岸区人力资源和社会保障局

召开南岸区对口帮扶石柱县劳务合作对接会

南岸区第三届“江南之星”基层人力社保服务平台综合业务知识竞赛现场

重庆市南岸区人力资源和社会保障局作为南岸区政府工作部门，主要职责是贯彻落实党中央、市委和区委关于人力资源和社会保障工作的方针政策和决策部署，贯彻执行人力资源和社会保障工作的法律法规和方针政策，推动全区人力资源和社会保障工作。根据《重庆市南岸区人力资源和社会保障局职能配置、内设机构和人员编制规定》，南岸区人力资源和社会保障局内设办公室、人力资源管理科、社会保险科、事业单位人事管理科、劳动关系科、法规科（行政审批科）、机关事业单位工资福利科（综合人事业务科）等7个科室，下设南岸区社会保险局、南岸区就业和人才服务局、南岸区劳动人事争议仲裁院、南岸区劳动保障监察执法队、南岸区人事考试服务中心、南岸区人力社保档案管理中心等6个下属事业单位。全局编制人数133人，在职职工123人。

和谐劳动关系综合试验区创建
工作推进会上与创建责任单位签订责任书

2018年中国技能大赛第七届全国饭店业
技能竞赛火锅项目决赛在南滨路拉开帷幕

# 目　录

## 法　治



## 军　事



## 工　业



## 交　通



## 邮政　通信



## 农　业



## 商业贸易



## 宏观经济管理

## 重庆经济技术开发区



## 社会事务管理



## 金融业



## 城建环保



## 城市管理



## 教育



## 科学技术



## 文化

# 卫生 计生



# 体育



# 镇街



# 统计公报

# 特 载

## 重庆市南岸区人民政府工作报告

——2019 年 1 月 12 号在南岸区十八届人大第二次会议上

重庆市南岸区人民政府区长　陈一清

各位代表：

我代表南岸区人民政府向大会报告工作，请予审议，并请各位政协委员提出意见。

### 一、2018 年工作回顾

过去一年，是全面贯彻党的十九大精神的开局之年。我们坚持以习近平新时代中国特色社会主义思想为指导，在市委、市政府及区委的坚强领导下，在区人大、区政协的监督支持下，保持定力，坚定信心，扎实抓好"三大攻坚战""十项重点工作"，聚焦高质量、发力供给侧、推进智能化，迈出了高质量发展的新步伐。

（一）经济发展做实向优。面对错综复杂的国内外经济形势，针对自我调整、转型升级带来的阵痛，我们坚定做实做优经济。全年地区生产总值同比增长 2.9%（达到 724.8 亿元）；三次产业结构比例为 0.5 ：38.4 ：61.1；大数据智能产业规模达到 805 亿元、增长 10.1%，智能终端出货量占比达到 82%；全社会研发投入占 GDP 比重达到 2.9%；固定资产投资增长 6.2%（达到 353.5 亿元）；税收收入增长 7.2%（达到 55.5 亿元），占一般公共预算收入 87.3%，提高 13.8 个百分点；社会消费品零售总额增长 6.9%（达到 442.9 亿元），商品销售总额增长 10.1%（达到 1689.1 亿元），住宿餐饮营业额增长 11.5%（达到 116.8 亿元），旅游收入增长 38.2%（达到 168.2 亿元）；实际利用外资增长 23.8%（达到 8.86 亿美元），进出口总额增长 17.9%（达到 15.5 亿美元）；城乡居民收入分别达到 38703 元、21039 元，分别增长 8.2%、8.3%，农村居民收入连续 18 年位居全市第一。招商引资签约项目 96 个，合同总额 1550 亿元、同比增长 24 倍，发展后劲进一步增强。重庆经开区开放平台功能进一步强化，在 219 个国家级经开区综合发展水平考核评价中位居全国第 31 位（西部第三、全市第一），比 2017 年上升 26 位，高技术制造业产值占比、高新技术企业数量、省级以上研发机构数量等指标均处于全国领先水平。

（二）智谷建设起步良好。中国智谷（重庆）科技园建设全面启动。高通中国智能物联网联合创新中心、阿里"飞象工业互联网"、中国信通院"物联地带•渝"等产业创新孵化平台揭牌投运。国家信息中心全国能源大数据中心启动建设，中移物联网、中交通信"全国车联网监管与服务公共平台"、中交兴路"全国道路货运车辆公共监管与服务平台"、药智网等大数据运营平台提速发展。城投金卡 RFID 智能交通管理技术国家地方联合工程研究中心、易华录城市数据湖示范项目等大数据项目竣工运营，中国信通院西部分院基地开工建设。重邮科大讯飞人工智能学院、人工智能研究院等人工智能教育研发机构启用。维沃通信、美的制冷、盟讯电子等智能制造企业快速发展，韩国信慕半导体、德富莱智能装备等引领型智能制造项目落地。引入京东、紫光软件、日海智能、芯讯通、医渡云等行业龙头企业研发应用项目。与重庆邮电大学深化合作，加快筹建中国智谷•环重邮创新创业生态圈。与中国科学院大学、清华大学、同济大学、中国地质大学等著名高校成功合作，打造协同创新示范基地。在首届智博会开幕式上，市委陈敏尔书记面向全世界宣告，"培育中国智谷（重庆）科技园等发展载体"，令我们备受鼓舞、备感自豪！

（三）重点项目扎实推进。重大基础设施加快布局补短板，迎来了崭新的历史机遇。高铁重庆东站和轨道 10 号线二期开工建设，轨道环线东北环通车，规划建设轨道交通新增 91.5 千米（全区轨道交通将由 39.5 千米跃升至 131 千米），增加 2.3 倍，路网密度位居主城第二。江南立交改造工程、通江立交、郭家沱长江大桥启动建设，慈云路拓宽改建工程、朝天门大桥下层连接道建成投用，南涪路改扩建工程、滨山大道加快建设。一批商旅文融合的城市新地标开业迎宾，重庆国际马戏城、弹子石老街、龙门浩历史文化街区首开区、九街壹华里建成投用。黄桷垭老街风貌改造基本完工，故宫学院（重庆）、国家文物保护装备基地、三峡文物科技保护基地、茶园文化艺术中心开工建设。一批惠及民生的公共服务项目如期完成，重医附二院江南院区、珊瑚中学江南新城校区、茶园新城中学扩建工程、龙门浩职业中学综合实训大楼、特殊教育中心综合康复楼、江南水岸公租房、苦竹溪及其支流环境综合整治工程示范段、九曲花海台地公园建成投用，长生水厂、区精神卫生中心开工建设。攻克了一批“老大难”问题，困扰多年的铜元局变电站顺利竣工，烂尾十年的辅仁小区建成交房。

（四）城市提升与乡村振兴协调并进。启动实施城市净化、绿化、美化、文化、智能化、服务优化“六化工程”，扎实开展治脏、治乱、治差、治丑“四治”行动。全面完成慈母山隧道、南山隧道、真武山隧道涂装，渝航大道、内环快速路等“窗口门户”和主干道绿化彩化进一步提升。创新实施“五长制”，签订“门前五包”责任书 1.1 万份，划定沿街商铺门前责任区 1.8 万个。新增改建绿地面积 389.9 万平方米，治理桥梁、隧道墙面 14.9 万平方米，涂装城市护栏 161 千米，完善市政道路设施 106 千米，新建改建社区公园 8 个，新增停车泊位 2.1 万个。改造城市棚户区 19.3 万平方米，整治违法建筑 85.9 万平方米。深入实施乡村振兴战略行动计划，完成 17 个村的规划编制。引入神州长城公司，投资 100 亿元打造迎龙湖乡村振兴示范区。双龙村“三变”改革试点顺利完成，成为全国生态文化村。银湖村成功创建市级美丽宜居村庄，大坪村、大石村、凉风村、龙顶村、大佛村成功创建市级绿色村庄。农村承包地确权登记颁证、“大棚房”整治取得阶段性成果。动物重大疫病有效防范。启动 10 个村的集体经营性资产股份合作制改革，全面消除“空壳村”。启动建设“四好农村路”82 千米，农村小康路村民小组通达率 98%、通畅率 96%，城乡供水一体化基本实现。城乡面貌呈现新气象。

（五）改革开放不断深化。重庆经开区深化“放管服”改革试点示范扎实推进，“证照分离”改革加快实施，重庆经开区行政服务中心、自贸试验区政务服务“单一窗口”投入运行，企业投资项目、工程建设项目审批制度改革启动实施，涉企审批事项办理时间提速 60% 以上。以管资本为主的国资监管体系基本形成，行政事业单位所属国有企业集中监管改革基本完成，区属国有重点企业现代企业制度基本建立。国家服务业综合改革试点加快推进，重庆石油天然气交易中心线上交易额突破 100 亿元，百年人寿保险公司保费收入突破 10 亿元，全市综合金融服务基地竣工，重庆 3D 打印应用创新中心、金菱汽车城等项目投入运营。南滨路创建国家级文化产业示范园区全面启动，商旅文体联动发展成效显现，长嘉汇、东原 1891、金辉铜元道“三点一线”商业全面运营，泽科星泽汇、华润万象汇、红星美凯龙（江南新城商业体）开业迎宾，引入大策集团投资 100 亿元打造西南国际影视文化总部基地。成功举办首届重庆全球旅行商大会等展会，重庆国际马拉松赛等品牌效应持续增强。重庆经开区、自贸试验区、中新合作等开放平台融合互动，欧盟中国委员会、中国贸促会在区设立分支机构，国际集团、渝贸通等市级重点贸易企业入驻，引入新加坡毅鸣基金设立 10 亿元服务业发展基金。制定金融支持、研发创新、技术改造、品牌建设、市场拓展、人才培养等扶持民营企业发展“十条政策”，累计为民营企业减负 3 亿元，全年新增民营经济市场主体 1.8 万户。

（六）生态文明建设进一步加强。协同做好广阳岛•长江生态文明创新实验区规划和生态保护，积极推动建设“长江风景眼•重庆生态岛”，广阳岛成功入选全国第三批山水林田湖草生态保护修复工程试点。从严保护长江水生态，依法取缔南滨路沿线餐饮船舶 12 艘，全面整治“两江四岸”消落区和长江沿线排水口，城市集中式饮用水源地水质达标率 100%。南山生态环境综合治理全面启动，整治“四山”范围违法建筑 33.4 万平方米，关停取缔“小散乱污”企业 29 户。在全市创新推行“山长制”。坚决打好污染防治攻坚战，大气污染、黑臭水体、噪声污染、工业污染等治理成果进一步巩固，全区空气质量优良天数创历史新高（达到 305 天），污染地块安全利用率 100%，基本完成中央环保督察反馈问题整改。南山石院子污水处理厂、东港污水处理厂一期、茶园污水处理厂二期扩建工程竣工，鸡冠石污水处理厂提标改造、长生桥垃圾填埋场生态修复加快推进。在全市率先试点“互联网 + 智能回收”垃圾分类模式，城市生活垃圾无害化处理率 100%。群众环保投诉量下降 16.4%、投诉处理满意度达到 99.3%。“绿水青山就是金山银山”理念更加深入人心，生态环境质量实现新改善。

（七）社会民生持续改善。市区两级民生实事全面完成。新增普惠性幼儿园 50 所，普惠性幼儿园覆盖率达到 60%。全区基础教育教学成果首次荣获全国二等奖、全市一等奖。与同济大学合作共建中德职业教育联盟西部中职示范基地，与中国科学院大学合作共建中国科学院大学重庆仁济医院、转化医学研究院和附属科技中学。医药卫生体制改革顺利推进，家庭医生服务覆盖 21 万人，重点人群签约服务率达到 60%。区人民医院成功创建二甲医院，小米熊儿童医院正式运营，建成大健康社区服务促进中心21个，国家慢性病综合防控示范区建设通过复审。在全市率先启动和谐劳动关系综合试验区建设，城镇新增就业5万人，城镇登记失业率控制在2.5%以内。城乡医疗和养老保险参保率保持在95%以上，跨地就医基本实现全国联网结算。国家公共文化服务体系示范区启动创建，首个24小时自助图书馆、100个“南书房”自助共享书吧、130个基层综合文化服务中心建成投用。精准扶困持续深化，农村低保对象、特困人员、建档贫困人口住院患者纳入医疗救助范围。“两深化一创建”工作常态化开展，全国社区治理和服务创新实验区建设通过民政部验收，南岸区社区治理创新中心建成投用，涂山镇探索“四公”治理模式被评为全国创新社会治理最佳案例，民政部“全国社区治理和服务能力建设示范培训班”在区举办，“三事分流”工作经验在全国推广。

切实打好防范化解重大风险攻坚战。组建区债务委员会，制定并落实化解债务方案，政府债务绿色可控。扫黑除恶专项斗争扎实推进，打击处理涉恶人员348人，破获涉恶案件135件。完善信访维稳机制，矛盾纠纷调解率90%以上。“雪亮工程”加快建设，整合视频监控2.3万个，区、镇街、社区（村）三级综治中心和三级公共法律服务体系完成建设，刑事案件立案、八类主要刑事案件同比分别下降14.1%、25.3%，现行命案破案率连续四年达到100%，群众安全感和满意度均超过90%。全年安全生产事故起数和死亡人数同比分别下降7.4%、10.3%，连续12年荣获全市安全生产目标考核一等奖。民族宗教、外事、侨务、对台、统计、档案、保密、修志、供销、食品药品监管、粮食安全、国防动员、双拥共建、消防、民防、对口支援、工会、青少年、妇女儿童、科协、老龄、慈善、残疾人、老干部、关心下一代等工作都取得了新的进步。

过去一年，我们认真落实全面从严治党要求，政府自身建设不断加强。始终把政治建设摆在首位，牢固树立“四个意识”，自觉做到“两个维护”，认真践行“三个确保”政治承诺，切实加强法治和德治工作，坚决肃清孙政才恶劣影响和薄熙来、王立军流毒，大力营造风清气正的政治生态。严格落实中央八项规定及实施细则精神、市委实施意见，持之以恒整治“四风”。自觉接受人大及其常委会的法律监督和工作监督，主动接受政协的民主监督，办理建议提案789件、满意率达到98.6%。服务型政府建设扎实推进，公共服务标准化建设全面完成，政务信息资源共享平台建成投用，审批服务事项基本实现“一网通办”。

各位代表！这些成绩的取得，是贯彻落实党的十九大精神和中央决策部署的结果，是市委、市政府及区委坚强领导的结果，是区人大、区政协和人大代表、政协委员监督支持的结果，是全区广大干部群众团结奋斗的结果。在此，我代表区人民政府向全区人民，向人大代表、政协委员，向各民主党派、工商联、人民团体、驻区部队、武警官兵、公安民警、离退休老同志和社会各界，表示衷心的感谢和崇高的敬意！

过去一年，我们虽然取得了一定的成绩，但前进道路上仍面临着不少困难和问题。主要是：经济的韧性不强，创新驱动能力较弱，一些中小企业经营困难；产业接续动能转换较慢，传统产业转型升级进展不快，经济持续增长的支撑不足；生态建设和环境保护任务仍然繁重，资源环境约束趋紧；政府债务管控与发展资金需求、偿债压力的矛盾突出，发展中的各种问题和风险相互交织；基础设施领域欠账大，基层基本公共服务短板较多；政府职能转变和作风建设永远在路上，部分干部知识更新和能力建设与新时代的要求还有差距。对此，我们将高度重视，认真加以解决，决不辜负全区人民的重托和期待！

## 二、2019年工作安排

今年是新中国成立70周年，是全面建成小康社会关键之年。做好政府工作的总体要求是：坚持以习近平新时代中国特色社会主义思想为指导，全面贯彻党的十九大和十九届二中、三中全会精神，紧紧围绕习近平总书记对重庆提出的“两点”定位、“两地”“两高”目标和营造良好政治生态、做到“四个扎实”的重要指示要求，认真落实中央和全市经济工作会议精神，按照区委决策部署，统筹推进“五位一体”总体布局，协调推进“四个全面”战略布局，坚持稳中求进工作总基调，坚持新发展理念，坚持推动高质量发展，坚持以供给侧结构性改革为主线，坚持深化市场化改革、扩大高水平开放，加快建设现代化经济体系，聚焦“大数据、大健康、大生态”，继续打好“三大攻坚战”和抓好“十项重点工作”，不断激发微观主体活力，统筹推进稳增长、促改革、调结构、惠民生、防风险工作，保持经济运行在合理区间，进一步稳就业、稳金融、稳外贸、稳外资、稳投资、稳预期，提振市场信心，增强人民群众获得感、幸福感、安全感，持续营造风清气正的良好政治生态，保持经济持续健康发展和社会大局稳定，为全面建成小康社会收官打下决定性基础，加快实现“南岸起风景”，以优异成绩庆祝新中国成立70周年。

今年经济社会主要预期目标是：全区地区生产总值增长6.5%；规模以上工业总产值、增加值均增长6.5%；社会消费品零售总额增长6%，商品销售总额增长13%；一般公共预算收入和税收收入均增长6%；固定资产投资增长8%；实际利用外资7亿美元，进出口总额15亿美元；全社会研发投入占GDP比重达到2.95%；城乡居民收入与经济增长同步，全面完成各项控制性指标。

实现上述目标，要着力抓好以下工作。

（一）加快产业转型升级。坚持“实业为本、工业强基”，夯实支柱产业，壮大市场主体，加快转型升级，推动高质量发展行稳致远。

以大数据智能化为引领，推动制造业高质量发展。深入实施以大数据智能化为引领的创新驱动发展战略行动计划，启动建设智能产业集聚区，加快推动数字产业化、产业数字化。大力发展电子信息、人工智能、集成电路、装备制造等产业，做大做强智能终端、大数据、物联网等产业，推动先进制造业与现代服务业融合发展，着力培育千亿级智能产业集群。稳住存量企业，壮大重点企业，加快维沃重庆生产基地二期等项目建设，大力推动维沃通信、美的制冷等企业实现研发、生产、销售一体化，进一步增产增效。狠抓已签约招商项目落地，努力实现全面开工，促成韩国信慕半导体、易华录城市数据湖、深兰科技、恒利达、德富莱智能装备、中国地质大学氢能动力等项目投产达产，支持日海智能、芯讯通等企业加强研发和应用推广，引进国网芯、沈阳机床等重点项目。强化市场转化应用，提速发展中移物联网、中交通信、中交兴路、城投金卡、物联地带•渝、讯之美、智慧思特、高通中国智能物联网联合创新中心等大数据智能化平台，加快国家信息中心全国能源大数据中心、中国（重庆）建筑业大数据科创新区等项目建设，高标准建设国家物联网产业示范基地。大力推动军民融合发展，启动建设军民融合创新示范区。

注重引入优质增量改造提升传统存量，提高智能制造水平。促进深兰科技与迪马工业等合作，支持诚邦科技等企业改制、上市，做大做强。依托阿里“飞象工业互联网”，推动渝美压铸等10户传统企业智能化改造，新建100条数字化生产线。支持通用工业等企业“中国制造2025”项目，推动传统工业企业“退城进园”、集群发展。积极发展绿色制造，利用智能技术和节能环保技术，改造一批传统产业，培育一批有技术含量、环境质量的绿色产业。继续大力支持烟草、食品、轻纺、建材、包装印刷等行业企业调整产品结构、扩大销售市场、提升盈利能力。

以培育现代服务业为重点，提振消费壮大市场。深入推进国家服务业综合改革试点，统筹推进国家全域旅游先行区、南滨路国家级文化产业示范园区建设，启动建设全域旅游综合服务“四中心一基地”、重庆国际旅游文化交流中心、大南山保护利用项目、华策西南国际影视文化总部基地、华人文化长江梦中心、保利文化创意中心、重庆游乐园文旅综合体、国瑞广场等项目，建成投用故宫学院（重庆），积极争取重庆城市音乐厅落地。实施消费升级行动计划，培育消费新业态新模式，引进知名外贸企业建立进口商品分销体系，发展新零售、智能商业项目；稳定汽车、家电消费，培育服务消费、品质消费、时尚消费、健康消费、绿色消费、信息消费等新的增长点，大力发展网络零售；推动批发零售、住宿餐饮等传统服务业转型升级，完善江南新城商贸功能，提升南滨路和南坪商圈消费水平。

加快发展大健康产业。规划建设江南新城全市大健康集聚示范区。加强与阿里健康科技、中国医药卫生事业发展基金会合作，建设医疗大健康创新运营中心。启动建设中国科学院大学转化医学研究院、精准医疗中心、基础实验室和医渡云医疗健康大数据中心、国药控股重庆泰民总部基地、置地当代生态体育城、西南健康城等项目，推动莱美、科瑞、桐君阁、圣华曦、陪都药业等存量医药生产企业提质增效，促进重庆药交所、重庆中药研究院、重庆医药工业研究院、药智网等平台机构做大做强，打造集精准医疗、健康大数据、康养消费、体育赛事和医药研发生产流通等一体化的产业集群。

大力发展消费金融、绿色金融、金融科技等新业态，推动百年人寿、国盛证券、渝航国际融资租赁等机构发展壮大，引进各类金融机构5户以上，抓住上交所“科创板”“注册制”改革机遇，新增上市挂牌企业3户以上，金融业增加值占GDP比重提高到8%左右。大力发展总部经济，加快建设中铁建重庆总部基地等项目，培育壮大国瑞中心、嘉发中心、能投大厦、出版大厦、中讯大厦等亿元税收楼宇。做大做强会展经济，积极筹备参与第二届智博会，高水平办好中国联通合作伙伴大会等活动。加快发展现代物流和律师、会计、评估、设计等生产性服务业。促进房地产业持续健康发展。举全区之力狠抓招商，突出招大招优招强，进一步增强发展后劲。

（二）深入实施创新驱动。以中国智谷（重庆）科技园为核心载体，加快建设一流创新高地。

全力打造智谷园区。突出规划引领，坚持产城融合，完善智谷发展总体规划、产业规划，优化园区空间布局。提升持续创新能力，引育一批高端研发机构和创新型领军企业。提升产业生成能力，深度融入全球供应链、价值链、创新链、人才链，做优做强主导产业，加快培育新兴产业，推动形成若干先进产业集群。强化政策和载体支撑，组建10亿元智谷发展基金，盘活利用100万平方米楼宇厂房资源，建设500套人才公寓。加强宣传营销，推动智谷走向更加广阔的舞台。做实做优智谷运营平台，提升智谷公司市场化、专业化、国际化水平。

*深化校地协同创新*。强化与在区高校和中国科学院大学、清华大学、同济大学、中国地质大学、西安电子科技大学、武汉理工大学等知名高校合作，共建校地校企协同创新联盟，打造创新学院集群。促进重邮与智谷联动，建设中国智谷•环重邮创新创业生态圈，组建智谷•重邮大数据智能化研究院。加强与重庆交通大学合作，建设环交大知识经济圈。实施双创“苗圃”计划，设立天使投资基金，整合在区高校周边载体资源打造双创空间，形成全链条创新创业孵化体系。

*引育集聚创新资源*。扎实推进科教兴区和人才强区行动计划，围绕产业链布局创新链，让创新进园区、进街区、进社区、进楼宇，融入城市每个肌理。引进国内外知名大学、科研机构、创新型企业来区设立总部或分支机构，面向全球聚集创新资源。支持企业建设各类研发创新平台及共享平台，推动工港智慧设立院士工作站，全年新增博士后工作站5个和市级以上重点实验室、工程研究中心、企业技术中心10个。推动中国信通院西部分院基地建设，打造创新创业园区。全面落实“重庆英才计划”“鸿雁计划”“巴渝工匠2020计划”等人才政策，实施高层次创新人才支持计划，给予创新人才最高50万元项目资助。

*强化政策支撑*。全面落实企业研发投入补助、研发费用加计扣除、重大技术装备首台首套政策等措施，对企业研发创新给予最高500万元的补助。用好创业种子投资基金，对创业团队和小微企业项目给予免息贷款支持。开展知识价值信用贷款改革试点。加大财政科研投入，激励高校、企业、科研机构等新增研发投入，支持企业设立研发机构。

（三）全面深化改革开放。蹄疾步稳全面深化改革，主动融入内陆开放高地建设，不断增强高质量发展的动力活力。

*深化“放管服”改革*。扎实抓好重庆经开区深化“放管服”改革试点示范，建成投用“智信经开”综合服务平台，形成全流程审批闭环，全面实行“多评合一”“多图合一”“联审联办”“管家式代办”等审批服务，企业投资项目审批时限压缩至44个工作日，一般工业项目审批时限压缩至14个工作日，实现“办事不出经开区”。全面推行“就近办”“网上办”“马上办”“一次办”审批制度改革和“证照分离”改革，加快实施“全渝通办”，推广运用“渝快办”，着力提升政务窗口服务质量和效率。全面放权赋能，大力推进重庆经开区体制机制改革，积极承接市级下放的管理权限，探索扁平化管理、公司化运营，聚焦经济发展主业，发挥“主引擎”“增长极”作用。协同推进财税金融、投融资、国资国企等改革，全面实施财政绩效管理制度，采取混合所有制、规范的PPP、基金投资等方式引入社会资本投资，进一步理顺国企和经济板块职能，形成协同发力的良好格局。

*全面提升开放水平*。发挥重庆经开区的龙头作用，推动自贸试验区、中新合作、中央商务区等开放平台融合互动，促进外资外贸稳定增长。支持国际集团、维沃通信等重点企业扩大贸易规模，支持外建集团扩大对外工程承包和劳务输出。发挥渝贸通“外经贸公共综合服务平台”功能，助推中小外贸企业发展。大力引进总部贸易和转口贸易企业，加快培育融资租赁、跨境电商等服务贸易新业态，鼓励企业进口先进技术装备、关键零部件、重要资源性产品和紧俏消费品，推动外贸结构转型升级。引进新加坡海峡置业中国总部，加强与新加坡毅鸣基金合作、投资科莱博隐形眼镜等项目。发挥欧盟中国委员会重庆代表处、海外联谊会在渝港澳企业家分会作用，畅通与欧洲、港澳合作交流。加快落实自贸试验区建设试点任务，探索形成可复制推广的典型案例。

*大力发展民营经济*。牢固树立“企业为本、服务至诚”理念，完善区领导联系服务民营企业、“双向评价”等机制。打好降本减负“组合拳”，落实国家减税降费政策和全市“涉企减负30条”等措施，减轻企业负担。强化融资支持，着力破解“融资难”。发挥10亿元产业引导基金作用，吸引社会资本组建产业投资基金，对民营企业直接投资。设立民营企业纾困基金。深化银政企合作，创新“信用＋金融”模式，积极支持区内银行机构创新推出无抵押、低抵押、低利率、快审批的融资产品；对符合条件的中小企业贷款给予基准利率50%的贴息。鼓励民营企业利用多层次资本市场直接融资，对上市企业给予最高500万元奖励。鼓励民营企业转型升级，实施重大技术改造升级工程，按照技改贷款金额的4%给予企业补助。鼓励民营企业打造百年老字号，对优质品牌企业给予最高100万元的奖励。构建亲清新型政商关系，依法保护民营企业家人身和财产安全，营造公平竞争的市场环境。

（四）深化“三生三宜”品质城市建设。围绕国际化、绿色化、智能化、人文化，加快完善城市功能，打造近悦远来、主客共享的“三生三宜”品质城市。

*坚持科学规划引领*。按照“干三年、看五年、谋十年、着眼三十年”的总体思路，制定城市提升行动计划和规划、建设、城管、交通、基础设施、山城江城魅力、人文品质、公共服务、城市创新、城市更新等若干专项行动计划，形成“1+N”工作体系。抓住全市城乡总体规划修编机遇，全力优化全区规划功能布局，深入推进“多规合一”。

*加快重点项目建设*。全面参与广阳岛•长江生态文

明创新实验区建设，协同推进高铁重庆东站、渝湘高铁、铁路枢纽东环线、郭家沱长江大桥、通江立交、江南立交改造等重点项目，推进重庆东站综合交通枢纽和配套市政道路、龙黄路拓宽改造等项目前期工作，启动江南隧道、大佛寺南桥头立交等项目规划建设，建成投用长生水厂。加快建设轨道交通10号线二期，启动轨道交通南坪站上盖物业开发建设，做好轨道交通6号线延长线、8号线、24号线、27号线及其站点的前期工作。强力推进46个片区、207万平方米棚户区改造项目，推动南岸由"临江小镇"向现代化城区不断迈进。

推动智慧城市建设。加强与国家节能中心合作，启动建设全国绿色智慧城市示范区，实施智慧多功能灯杆等项目建设。深化与运营商合作，支持5G通信网建设和商用进程。推动智能交通发展，推广"绿波路段"建设。提升智慧城管功能，实施雨污管网、垃圾箱等市政设施智能化改造。发展智慧旅游，启动建设国家文化和旅游部数据中心（重庆）等项目，实现景区免费Wi-Fi全覆盖。在南坪中学、珊瑚中学、天台岗小学等学校开展智慧教育试点，建设大数据精准教学系统，打造智慧课堂。完善全民健康信息平台、医疗卫生综合监管系统，建设智慧医院1家。加快建设智慧安防，扎实推进"雪亮工程"，新增视频监控2000个，整合视频监控1万个，重点公共区域视频联网率达到80%以上。

持续提升城市品质。扎实推进南滨路灯饰工程和景观改造，启动建设哑巴洞江滩公园、智轨电车等项目，加快建设龙门浩历史文化街区二期项目。提速推进南山城市山地生态公园规划建设，建成黄桷垭老街。加快完善江南新城基础设施和公共服务设施，启动建设智谷公园等项目。完成大佛寺长江大桥、朝天门长江大桥、鹅公岩长江大桥、菜园坝长江大桥桥头和黄桷湾立交、腾龙立交景观提升等项目。启动二贸片区综合治理，整治老旧小区10个，整治违法建筑46万平方米。深化大城细管、大城智管、大城众管，巩固"两深化一创建"成果，扎实推进"街洁巷净""路平桥安""城绿山青""灯明景靓""江清水畅""治乱拆违""立面改造"七大工程，改善城市环境面貌，努力实现"城市，让生活更美好"。

（五）扎实推进乡村振兴。统筹推进"五个振兴"，努力实现产业兴、生态美、百姓富的有机统一。

突出生态振兴。加快建设迎龙湖乡村振兴示范区、乐和谷田园综合体等项目，提速实施山水林田湖草生态保护修复试点工程。建成银湖村、双龙村、放牛村、西流村、大石村5个乡村振兴示范村。持续推进市级美丽宜居村庄、绿色村庄和美丽庭院创建。完成农旅融合（乡村旅游）产业规划和村规划编制。

促进城乡要素流动。完善城乡融合发展机制和政策体系，扎实推进农村承包地确权登记颁证，深化"三权分置"改革，加快培育新型职业农民和农村专业人才，激活农村"人""地""钱"等资源要素。在马颈村、凉风村、西流村推行"三变"改革试点，壮大村级集体经济。做优花卉、林果、盆景等特色效益农业，大力发展乡村旅游，促进一产"接二连三"。

持续改善人居环境。深入推进"五沿"地区人居环境综合改造，启动实施"五化""五治""五清""五改"专项行动。巩固"大棚房"整治成果，防控"非洲猪瘟"等动物重大疫病。加快推进乡村水、电、路、信、环保等基础设施建设，完成77千米"四好农村路"建设，升级改造农网10千伏主干线路和50个农网配电台区，确保农村自来水覆盖率达100%、行政村生活垃圾有效治理率达99%、农村户用卫生厕所普及率达95%。

（六）强化生态文明建设。深入贯彻落实习近平生态文明思想，"共抓大保护、不搞大开发"，推动产业生态化、生态产业化，加快建设山清水秀美丽之地的"窗口"。

严格生态环境保护。建立"三线一单"环境管控体系，严守生态保护红线、环境质量底线、资源利用上线和环境准入负面清单。深入实施"五大环保行动"，新建雨污管网30千米，实现茶园—东港污水处理厂联网运行，推动渔业捕捞船舶全部上岸转型，确保城市生活污水集中处理率达到96%以上、长江干流南岸段水质和城市集中式饮用水源地水质达标率达到100%；创建和巩固扬尘控制示范道路20条、工地20个，空气质量优良天数超过300天；污染地块安全利用率、危险废物规范化合格率达到100%；环境噪声和道路交通噪声分别控制在53分贝、66分贝以内。

扎实推进重点区域治理。深化南山生态环境综合治理，坚决执行"三个一律"和"六个坚决"，深入推进违法建筑整治、"小散乱污"企业治理，启动涂山湖二期、老厂片区改造项目。深化"两江四岸"货运码头和停泊船舶专项整治，巩固餐饮船舶专项整治成果，强化沿江违法建设和排污口整治，坚决取缔黄桷渡、白洋滩、迎龙湖等水源保护区内的排污口和种植地。加快改善"两江四岸"城市风貌，启动哑巴洞片区规范整治。完成长生桥垃圾填埋场生态修复一期工程、鸡冠石污水处理厂提标改造，加快苦竹溪及其支流环境综合整治。

深入落实生态保护责任。强化属地责任、监管责任和企业主体责任，建立责任明确、监管严格、保护有力的责任体系。深化落实河长制、林长制、山长制，全面推行生态环境损害赔偿制度和企业环境信用评价制度。实施生态文化建设工程，倡导绿色生活方式，增强全民环保意识，形成政府、企业、公众共治共享的良好格局。

（七）全力保障和改善民生。以建设“幸福南岸•共同家园”为目标，统筹抓好社会治理创新和社会民生各项工作，不断增强人民群众的获得感、幸福感、安全感。

全面发展社会事业。坚持“以父母之心办好教育”，加快创建全国义务教育优质均衡发展区、全国教育督导创新区，积极推进教育综合改革，新增普惠性幼儿园20所，建成投用江南水岸小学、长生桥中学、弹子石中学、大佛段小学。规范民办教育，加强特殊教育，大力发展产教融合的职业教育。推动学习型社会建设。认真落实“健康中国”战略，深化医药卫生体制改革，家庭医生服务覆盖25万人，启动市五院迁建、区中医院改建等项目，加快建设区精神卫生中心。推动医保支付方式改革，加强定点医疗机构监管，强化医保基金预算管理。高标准创建国家公共文化服务体系示范区，加快建设茶园文化艺术中心、广阳故事基地，大力实施文化惠民工程。促进经济增长和就业扩大良性互动，持续推进全市和谐劳动关系综合试验区建设，城镇新增就业3万人以上，城镇登记失业率控制在4%以内。坚持“先配套后居住”，提升基层公共服务水平，新建改建社区公园5个，新增绿地面积50万平方米，新建、改造公厕7座，新增停车泊位2万个。优化交通组织，发展公共交通，切实缓解“出行难”等问题。

打好精准扶困攻坚战。坚持扶困与扶志扶智相结合，完善建档贫困户动态调整机制，实施城乡贫困户“一户一策”精准帮扶，对因病返贫的困难群众及时纳入低保保障。提高城乡低保水平，城乡低保标准差距缩小到1∶0.8。管好用好扶贫济困医疗基金，对困难群众医保目录外的自负费用，分档按比例给予救助。引入商业保险提升困难群众救助水平，推行巨灾保险、“民政惠民济困保”综合保险。加强特困人员集中供养服务机构建设，全区生活不能自理的特困人员集中供养率达到35%。扎实做好对口帮扶石柱县工作。

深化社会治理创新。以党的群众工作为引领，积极推进新时代“枫桥经验”的南岸实践，深化“三事分流”，推广“131”老旧散小区治理、“微益坊”“四公”治理模式、“四邻联动”乡村治理等基层治理创新经验，深化人民调解、治安调解、诉前调解“三调合一”机制，推动自治、法治、德治“三治融合”。深化区级统筹项目、部门重点项目、镇街示范项目、社区治理项目四级治理机制，引进培育专业社会组织，提升社会治理的社会化、法治化、智能化、专业化水平。加快建设新时代文明实践中心。积极发展公益事业。加强基层自治组织建设，完成第十一届村（居）委会换届选举工作。

各位代表！2019年区级民生实事备选事项已向大会形成书面报告，内容主要包括：加强全区幼儿园安全风险防控、向企业发放稳岗补贴等15件。备选民生实事将充分吸纳与会人大代表、政协委员的意见建议，进一步修订完善，经与会政协委员协商、人大代表讨论投票，得票较高的10件将作为2019年区级重点民生实事扎实推进。

（八）坚决打好防范化解重大风险攻坚战。严守政府债务底线，优化政府债务结构，积极稳妥化解政府隐性债务，争取和用好地方政府专项债券，实现“借债有空间、还债有来源、用债有效益”的良性循环，确保政府债务绿色可控。防范经济领域风险，严厉打击非法集资、传销等涉众型经济犯罪，确保不发生系统性金融风险。深入开展扫黑除恶专项斗争，健全社会治安防控体系，依法惩治各类违法犯罪行为，保障人民群众生命财产安全。全力抓好信访维稳工作，着眼于“减存量、控增量、防变量”，抓好矛盾纠纷排查调处、社会稳定风险评估、源头预防等工作。压紧压实安全生产责任，深化安全生产风险管控、隐患排查整治、执法工作，扎实做好食品药品安全监管，坚决遏制较大以上安全生产事故发生。强化综合应急管理体制机制建设，不断提升应急救援能力，持续提高防灾、减灾、救灾效能。

统筹推进民族宗教、外事、侨务、对台、统计、档案、保密、修志、供销、粮食安全、国防动员、双拥共建、消防、民防、对口支援、工会、青少年、妇女儿童、科协、老龄、慈善、残疾人、老干部、关心下一代等工作，扎实做好第四次全国经济普查，促进各项工作取得新成效。

**三、加强政府自身建设**

新时代呼唤新作为。我们要发扬自我革命精神，努力建设人民满意的法治政府、廉洁政府和服务型政府。

（一）全面加强政治建设。树牢“四个意识”，坚定“四个自信”，坚决做到“两个维护”，始终在思想上政治上行动上同以习近平同志为核心的党中央保持高度一致。坚定正确政治方向，以实际行动兑现市委“三个确保”政治承诺。严肃党内政治生活，坚决肃清孙政才恶劣影响和薄熙来、王立军流毒，推动南岸政治生态持久向好。

（二）深入建设法治政府。坚决维护宪法和法律权威，认真执行人大及其常委会决议决定，积极支持人民政协履行职责，认真办理建议提案。建立向区人大常委会报告国有资产管理情况等制度，自觉接受人大监督、政协监督、监察监督和社会监督。扎实推进区级机构改革，构建简约高效的行政体制。深化行政执法体制改革和“双随机、一公开”监管改革，加强行政机关负责人出庭应诉工作。深入推进预决算、重大建设项目、公共资源配置、社会公益事业等领域信息公开，增强决策透明度和公众参与度。

（三）持续加强廉政建设。切实履行全面从严治党政治责任，严格执行中央八项规定及实施细则精神、市委实施意见，驰而不息整治“四风”。持之以恒正风肃纪，坚决从严治政，狠刹庸政懒政怠政行为。完善财政资金、国资国企管理、工程招投标、土地出让、政府采购等领域制度设计，健全不敢腐、不能腐、不想腐的有效机制。加强财政预算管理、惠民资金、项目建设等重点领域审计监督。严控“三公”经费支出，持续改进会风和文风。

（四）大力提升履职能力。时刻保持“本领恐慌”的紧迫感和“能力不足”的危机感，全面增强执政本领。大力建设学习型机关，深入开展兴调研转作风促落实行动，突出“实打实、硬过硬、件件盯、手手清”，精准施策、攻坚克难、狠抓落实。完善正向激励和容错纠错机制，为担当者担当，形成干事创业强大合力。全体政府工作人员都要明大德、守公德、严私德，始终牢记“第一使命是服务，第一要务是发展，第一能力是落实，第一品格是担当，第一喜悦是干成事”，扬鞭奋蹄、埋头苦干，以实干实绩赢得全区人民支持和信任。

各位代表！新时代是奋斗者的时代。推动高质量发展，创造高品质生活，需要我们一起共同奋斗。让我们更加紧密地团结在以习近平同志为核心的党中央周围，在市委、市政府及区委的坚强领导下，在区人大、区政协的监督支持下，不忘初心、牢记使命、真抓实干，为“全面小康、幸福南岸”建设而不懈奋斗！

**名词解释**

五长制：是指以主次干道、背街小巷、公共广场、散居楼栋、物业小区等为单元划分，以群众代表、骨干志愿者代表、党员志愿者代表等为人选，在全区全面推行街长、路长、院长、楼长、小区长工作责任制，实现“共建、共治、共享”城市综合管理全覆盖。

门前五包：是指全区各部门、镇街牵头并全程参与，协调和督促社会单位履行“包环境卫生、包市政设施、包园林绿化、包市容秩序、包文明劝导”等五项社会责任，实现全区环境卫生和市容秩序明显改善，群众参与意识和履责意识进一步增强。

三变：是指资源变资产，农村集体经济组织将集体所有的土地、林木、水域、民俗文化等资源，通过入股方式加以盘活利用；资金变股金，在不改变资金使用性质及用途的前提下，将各级财政投入到农村的发展类、扶持类等资金，量化为村集体或农民持有的股金投入各类经营主体，享有股份权利；农民变股东，农民将个人的资源、资金、资产、技术等入股到经营主体，成为股东，参与分红。

两深化一创建：是指深化我区全国文明城区建设和国家卫生区建设，创建国家食品安全示范城市。

南岸区社区治理创新中心：又名重庆创空间，是区民政局与南坪街道合力打造的社区治理创新平台。中心汇聚十余家枢纽型社工组织，以创新社会治理（简称“社创”）为核心，文化艺术创意（简称“文创”），商业行业协会、公益企业（简称“商创”）助力，探索集社区需求导向、社创项目发布、资源整合、志愿参与、群众受益为一体的社会治理新路径。同时成立区级社会组织党群服务中心及志愿者服务活动中心，连接社创项目落地社区“最后一千米”，为社区治理提供一站式解决方案。

“四公”治理模式：是指在创新社会治理中，立足公众协同，对社区公共空间、公共服务、公共精神进行全维度打造和提升，从而构建共治共建、睦邻友好、互惠共享的社区生活共同体的一种社区治理模式。福民社区有效运用该模式，将“陌生人社区”变为“熟人社区”。

雪亮工程：是指公共安全视频监控建设联网应用工程。

退城进园：是指为进一步提高土地使用效率，工业企业从城区内搬迁至工业园区、开发区。

四中心一基地：是指以全域旅游综合服务为抓手，将我区打造成为旅游集散中心、旅游产品策划体验展示中心、旅游大数据服务中心、旅游资源产品交易中心和综合服务基地。

全渝通办：是指申请人在重庆全域，可以不受事项辖区地域限制，选择就近到区县、乡镇（街道）、村（社区）综合服务窗口进行申报，或通过网上办事大厅直接申报，实现“城乡一体、一网联通、同城通办”，网上政务服务城乡无差别。

渝快办：是指全市“政务服务掌上办”移动政务服务平台。已上线公安、社保、教育、医疗、民政、房屋、交通、税务等16个领域与企业群众生产生活密切相关的300余项高频事项，推动政务服务事项“掌上办、指尖办”。

三生三宜：这是市委主要领导来南岸区调研，对南岸未来发展的定位，即建设成为生产、生活、生态最优空间和宜居、宜业、宜游的品质城市。

“五沿”地区：是指沿高铁两线、沿高速两旁、沿江两岸、沿旅游景区周边以及沿城郊环线的重点区域。

“五化”“五治”“五清”“五改”专项行动：指针对农村人居环境综合整治开展的专项行动。“五化”即洁化、绿化、亮化、美化、文化，“五治”即治村容村貌、治农村垃圾、治生活污水、治面源污染、治乡村陋习，“五清”即清垃圾、清污水、清庭院、清残垣断壁、清广告牌，“五改”即改屋顶、改门窗、改墙面、改厕所、改庭院。

三个一律：是指一律暂停南山区域内非公益性建设项目审批；已审批的，一律暂停开工；已开工的，一律暂停建设。

六个坚决：是指在南山区域内坚决杜绝新增“两违”建筑、坚决杜绝污染、坚决杜绝违法占林地和耕地、坚决遏制虚假手续申报建房、坚决禁止各级干部参与经营或违规建设、坚决加快生态修复和环境工程的实施。

枫桥经验：是指20世纪60年代初，浙江诸暨枫桥镇干部群众创造的“发动和依靠群众，坚持矛盾不上交，就地解决，实现捕人少，治安好”的工作经验，并取得了良好的社会效果。1963年，毛泽东同志批示“要各地仿效，经过试点，推广去做”。“枫桥经验”由此成为全国政法战线的一面旗帜。2013年，习近平总书记就坚持和发展“枫桥经验”做出重要指示，强调把“枫桥经验”坚持好、发展好，把党的群众路线坚持好、贯彻好。

# 大事记

## 1月

4日

副区长黄红主持召开38次常务会，审议关于2017年财政收支执行和2018年预算安排相关事宜，传达市政府第五次全体会议精神及贯彻落实意见。副区长陈炯、叶和平、莫裕全、吕铁、刘永华、贾宇，区长助理周侃、王向阳，政府办主任肖华云等参会。

5日

区委书记郑向东主持召开十二届51次常委会会议，审议区“两会”筹备、《重庆经济技术开发区管委会与重庆城市综合交通枢纽（集团）有限公司项目投资协议》《重庆经济技术开发区管委会与重庆交通运业有限责任公司项目投资协议》等事宜，传达《中共重庆市委办公厅重庆市人民政府办公厅关于做好2018年节假日期间值班工作的通知》。区委常委魏小红、梅泽波、王愚、唐昕、黄红、程效、胡显键参会，区领导朱维、何洪田、叶自玫、王子伟、杨春畅等列席。

9日

区委书记郑向东主持召开十二届52次常委会会议，审议《关于进一步落实国家机关“谁执法谁普法”普法责任制的实施方案（送审稿）》、第五届市政协委员协商提名工作、2017年党员区领导与党外代表人士联谊交友情况、区工商联届中人事调整、《十二届区委巡察第三轮工作情况报告（送审稿）》等事宜。区委常委魏小红、梅泽波、王愚、唐昕、黄红、程效、胡显键参会，区领导朱维、甘联君等列席。

区人大代表前往花园路街道、弹子石广场、珊瑚中学茶园校区新建项目、vivo重庆生产基地等地视察，了解全区经济社会发展情况。区人大常委会主任朱维，副主任何文中、龚小雪、陈廷明、夏江华、王渝参加视察。

10日

区人大常委会主任朱维主持召开区十八届人大第八次会议，决定任命陈一清为南岸区人民政府副区长、南岸区人民政府代理区长，接受王俊辞去南岸区人民政府区长职务和区十八届人大代表的请求、帅林辞去南岸区十八届人大代表的请求。副主任何文中、龚小雪、陈廷明、夏江华、王渝参会，副区长黄红、区人民法院院长王子伟、区人民检察院检察长杨春畅及区委组织部、区人社局负责人，区人大各专门委员会、常委会各委室负责人，街道人大工委主任、镇人大主席列席会议。

副区长黄红主持召开39次常务会，专题审议区领导任职事宜。副区长陈炯、叶和平、莫裕全、吕铁、刘永华、贾宇，区长助理周侃、王向阳，政府办主任肖华云等参会。

政协南岸区十届第二次会议开展会前视察，委员们先后来到轨道环线四千米车辆段、米市街—龙门浩历史文化街区首开区、重医附二院江南医院、长生桥镇同景社区等项目现场，了解全区经济社会发展情况。区政协主席甘联君，副主席秦遥、曹廷中、蒋文新、任其亮参加视察。

11日

政协南岸区十届第二次会议开幕，通过了《政协重庆市南岸区第十届委员会第二次会议议程》。区政协主席甘联君代表政协重庆市南岸区第十届委员会常务委员会做工作报告，区政协副主席牟成勇代表政协重庆市南岸区第十届委员会常务委员会向大会报告提案工作情况。大会执行主席由甘联君、叶自玫、秦遥、简光秀、牟成勇、曹廷中、蒋文新、任其亮、陈洪凯担任。叶自玫主持会议。区领导郑向东、陈一清、朱维、魏小红、梅泽波、王愚、唐昕、黄红、程效、胡显键等参会，中共南岸区委、区人大常委会、区政府、经开区管委会领导，区人民法院、区人民检察院、区武装部、区公安分局领导，历届区级离退休老领导，区级有关部门负责人，在区有关社会单位、部分两新组织负责人，以及部分应邀旁听的市民代表出席和参会。

12 日

区十八届人大第二次会议在区行政中心开幕，陈一清代表区政府做政府工作报告。大会执行主席由郑向东、朱维、王茂春、程效、胡显键、何洪田、何文中、龚小雪、陈廷明、夏江华、王渝担任。执行主席朱维主持会议。区领导甘联君、林彬、魏小红、梅泽波、王愚、唐昕、黄红等参会。

13 日

区十八届人大第二次会议举行第二次全体会议，听取区人大、区人民法院、区人民检察院工作报告。会议执行主席由朱维、何文中、李健、刘玲、刘建军、江群、杜曾珍、肖基成、张和平、赵剑敏、钟世伟、钟进友、祝琴华、徐华维、徐赵云担任。执行主席何文中主持会议。区领导郑向东、陈一清、朱维、王茂春、魏小红、梅泽波、王愚、黄红、程效、胡显键和部分离退休老干部参会。

政协南岸区十届委员会第二次会议在完成各项议程后闭幕，通过《关于十届区政协常务委员会工作报告的决议》《区政协十届二次会议决议》。大会执行主席由甘联君、叶自玫、秦遥、简光秀、牟成勇、曹廷中、蒋文新、任其亮、陈洪凯担任。甘联君主持会议。区领导郑向东、陈一清、朱维、王茂春、魏小红、梅泽波、王愚、唐昕、黄红、程效、胡显键等参会，中共南岸区委、区人大常委会、区政府、经开区管委会领导，区人民法院、区人民检察院、区武装部、区公安分局领导，历届区级离退休老领导，区级有关部门负责人，在区有关社会单位、部分两新组织负责人，以及部分应邀旁听的市民代表出席和参会。

14 日

区十八届人大第二次会议在完成各项议程后胜利闭幕，大会选举产生了市人大代表、区人民政府区长、区监察委员会主任、区十八届人大常委会委员。陈一清当选区人民政府区长，胡显键当选区监察委员会主任。会议表决通过关于南岸区人民政府工作报告的决议、南岸区 2017 年国民经济和社会发展计划执行情况及 2018 年计划的决议、南岸区 2017 年财政预算执行情况和 2018 年财政预算的决议、南岸区人大常委会工作报告的决议、南岸区人民法院工作报告的决议、南岸区人民检察院工作报告的决议、推进建设“三生”最优空间“三宜”品质城市的决议、重庆市南岸区人民代表大会议事规则等事项，投票决定区 2018 年度十件重点民生实事，宣布南岸区第十八届人大第一次会议议案决议执行情况和代表建议、批评、意见办理情况的报告，以及大会议案办理情况满意度测评结果、2017 年区政府办理重点民生实事的满意度测评结果，结果均为满意。市人大常委会委员、副秘书长、人代工委主任向先全，市人大常委会委员、原副秘书长张正旭到会指导。大会执行主席由郑向东、朱维、王茂春、程效、胡显键、何洪田、何文中、龚小雪、陈廷明、夏江华、王渝担任。朱维主持会议。区领导陈一清、甘联君、林彬、魏小红、梅泽波、王愚、唐昕、黄红等参会，南岸区、经开区领导，区委各部委及有关单位负责人，区人大常委会工作机构负责人，区政府各部门及有关单位负责人，区法院、区检察院相关负责人，在区有关市属部门负责人，经开区有关部门负责人，区属国有企业负责人，群团组织负责人，在区有关金融机构负责人，在区部分企业负责人，以及应邀参加本次会议的历届离退休区级领导和旁听公民代表列席。

16 日

区人大常委会主任朱维主持召开区十八届人大常委会第九次会议，任命张百舸、曹洪为区监察委员会副主任，刘海、郭小波、黄璐、司智虎为区监察委员会委员，并现场颁发任命书。副主任何文中、龚小雪、陈廷明、夏江华、王渝参会，区委常委、副区长黄红，区纪委书记、区监察委员会主任胡显键，区人民法院院长王子伟，区人民检察院检察长杨春畅等列席。

南岸区监察委员会挂牌成立。区委副书记王茂春，区委常委、区纪委书记、区监察委员会主任胡显键及区监委班子成员等参加挂牌仪式。

区召开南山生态保护性利用专题研讨会。区委副书记王茂春、副区长莫裕全参会。

18 日

区长陈一清主持召开 40 次常务会，传达全市 2018 年经济工作会议精神及贯彻落实意见、全市金融工作会议精神及贯彻落实意见，审议命名 2017 年南岸区人民满意的公务员示范单位和示范岗、《南岸区完善事业单位绩效工资政策工作方案》《关于对全区深化全国文明城区建设工作先进集体和先进个人进行记功嘉奖的方案》《关于对全区深化国家卫生区建设工作先进集体和先进个人进行记功嘉奖的方案》、南岸区（含经开区）“十三五”城市综合管廊建设规划及下一步建设、《南岸区第三学期学前教育行动计划实施意见》《2017—2018 年度加快发展南岸区普惠性学前教育工作方案》《关于筹建重庆文德中学的方案》、南岸区广福路学校建设工程总投资概算评审、《南岸区国有资金投资限额以下工程建设项目承包商随机抽取暂行办法》、南岸区商贸服务业提升服务质量行动工作方案、《南岸区专利资助奖励办法（2017年修订稿）》、关于完善南岸区（经开区）招商引资扶持企业联合监督预警机制、建信资本股权转让等事宜，研究当前工作。副区长黄红、陈炯、叶和平、莫裕全、吕轶、刘永华、贾宇，区长助理周侃、王向阳，政府办主任肖华云等参会。

19 日

区委书记郑向东主持召开十二届54次常委会会议，传达全市经济工作会议精神、全市金融工作会议精神，审议《关于2017年市对区考核有关情况的报告（送审稿）》《南岸区商贸服务业提升服务质量行动方案（送审稿）》《关于推进安全生产领域改革发展的实施意见（送审稿）》等事宜。区委常委陈一清、王茂春、魏小红、梅泽波、王愚、唐昕、黄红等参会。区领导朱维、甘联君、陈炯、叶和平、莫裕全、吕轶、刘永华、贾宇、王向阳等列席。

22 日

市第五届人大代表南岸区联系组开展会前集中视察活动，调研了解全区社会经济发展状况。市人大代表郑向东、陈一清、朱维、程效、胡显键等出席调研活动。区人大常委会副主任何文中、王渝陪同视察。

23 日

区委书记郑向东主持召开理论学习中心组（扩大）学习会，学习贯彻党的十九届二中全会精神和习近平总书记近期讲话精神。区领导陈一清、朱维、王茂春、魏小红、梅泽波、王愚、唐昕、黄红、程效、胡显键等参会。

24 日

区委书记郑向东到峡口镇调研，实地察看了大石村便民服务中心、乐和书院等地，听取“乐和谷”建设的初步规划。区委副书记王茂春参加调研。

25 日

区召开2018年一季度安委会（扩大）会，通报2017年安全生产考核结果，总结2017年安全生产工作，安排部署2018年安全生产工作。区长陈一清到会并讲话，副区长叶和平、区长助理王向阳等参会。

26 日

市五届人大一次会议南岸代表团召开为期2天的全体会议，集中审议讨论市政府工作报告。市人大代表、区委书记郑向东，市人大代表、区长陈一清，市人大代表、区人大常委会主任朱维等做了专题发言。

29 日

市五届人大一次会议南岸代表团召开全体会议，审议市人大常委会主任张轩做的重庆市人民代表大会常务委员会工作报告。市人大代表、市人民检察院党组书记、检察长贺恒扬，市人大代表、区委书记郑向东，市人大代表、区委副书记、区长兼重庆经开区党工委书记、管委会主任陈一清，市人大代表、区人大常委会主任朱维参会。

30 日

市五届人大一次会议南岸代表团召开全体会议，审议市高级人民法院工作报告和市人民检察院工作报告。市人大代表、市人民检察院党组书记、检察长贺恒扬，市人大代表、区委书记郑向东，市人大代表、区委副书记、区长兼重庆经开区党工委书记、管委会主任陈一清，市人大代表、区人大常委会主任朱维参会。

## 2月

1 日

区委书记郑向东主持召开传达学习市“两会”精神暨全区经济和金融工作会，学习贯彻习近平新时代中国特色社会主义思想和党的十九大精神，贯彻落实中央、全市经济工作会议和全国、全市金融工作会议精神，总结2017年经济金融工作，安排部署2018年经济金融工作。区领导陈一清、甘联君、王茂春、魏小红、梅泽波、王愚、唐昕、黄红、程效、胡显键等参会。

6 日

区长陈一清主持召开41次常务会，传达全国及全市安全生产工作会议精神和全国推进主体功能区建设会议精神并审议区贯彻落实意见，审议《南岸区关于全面深入推进社会稳定风险评估工作实施办法》《南岸区服务企业上市工作的实施方案》《南岸区盐业改革工作实施方案》《南岸区食盐市场供应突发事件应急预案》《2018南岸广阳岛油菜花观赏季筹备方案》《设置重庆市战略性新兴服务业南岸区江南新城大健康集聚示范区管理机构的实施方案》、2017年棚改后续资金融资方案和操作办法、区资产公司向华夏银行南岸支行申请贷款、区城建集团为江南新城集团发行12亿元中期票据提供担保、棚改一期项目回购等事宜，研究干部任免事项。副区长黄红、陈炯、莫裕全、贾宇，区长助理周侃、王向阳，政府办主任肖华云参会。

7日

中国智谷（重庆）和重邮讯飞人工智能学院在区揭牌，20余个大数据智能产业项目集中签约。市委常委、常务副市长吴存荣，以及区委书记郑向东、区长陈一清、区人大常委会主任朱维、区政协主席甘联君、副区长黄红等出席。

8日

区委书记郑向东主持召开十二届55次常委会会议，传达学习习近平在中共中央政治局民主生活会上的讲话精神、陈敏尔书记在《关于进一步纠正“四风”加强作风建设专题调研报告》上的批示精神，传达学习十九届中央纪委二次全会精神和市纪委五届二次全会精神并审议区贯彻落实建议，审议区纪委十二届三次全会会议筹备情况、《区纪委十二届三次全会工作报告（送审稿）》《中共重庆市南岸区纪委2017年工作情况报告（送审稿）》《关于中共南岸区委常委会2017年度民主生活会筹备情况的报告（送审稿）》等事宜。区委常委陈一清、王茂春、魏小红、王愚、唐昕、程效、胡显键参会，区领导甘联君、何洪田等列席。

重庆经开区召开2017年工作总结暨2018年工作部署会，区委副书记、区长兼重庆经开区党工委书记、管委会主任陈一清出席会议并讲话。经开区领导侯宗权、谢德平、张进、闵秀兰等参加会议。

9日

区委常委、区纪委书记胡显键主持召开南岸区十二届纪律检查委员会第三次全体会，并代表区纪委全委会做工作报告。区委书记郑向东到会并讲话。区领导朱维、甘联君、王茂春等参会。

区委书记郑向东主持召开区委常委会2017年度民主生活会。区委常委会班子成员陈一清、王茂春、魏小红、梅泽波、王愚、唐昕、黄红、程效、胡显键参会。区人大常委会党组书记、主任朱维，区政协党组书记、主席甘联君，区人武部政委何洪田列席。市纪委、市委组织部有关领导到会指导。

11日

区举行离退休老干部春节团拜会，区委书记郑向东向离退休老干部致以新春问候，并介绍过去一年全区经济社会发展情况。区领导陈一清、朱维、甘联君、黄红、程效、何文中、叶自玫等参会。

12日

区委宣传部、区委党史研究室、区文联召开2018年党风廉政建设专题会议，区纪委驻区委宣传部纪检组传达了区纪委十二届三次全会精神，提出2018年党风廉政建设和反腐败工作思路。区委常委、区委宣传部部长魏小红出席会议并讲话。

区召开各民主党派、工商联春节座谈会。区委书记郑向东，区委副书记、区长兼重庆经开区党工委书记、管委会主任陈一清，区人大常委会主任朱维，区政协主席甘联君，区委副书记王茂春，区委常委、宣传部部长魏小红，区委常委、统战部部长梅泽波，区委常委、组织部部长程效，民革南岸区委主委、区人大常委会副主任龚小雪，民盟南岸区委主委、区政协副主席蒋文新，民建南岸区委主委、区政协副主席简光秀，民进南岸区委主委、区政府副区长莫裕全，农工党南岸区委主委、区政协副主席牟成勇，致公党南岸区委主委、区政协副主席任其亮，九三学社区委主委、区政协副主席陈洪凯，区委统战部副部长、工商联党组书记周万里等出席座谈会。

22日

区委书记郑向东看望区党委系统干部职工。区委副书记王茂春一同看望。

24日

区召开全面提升城市管理服务水平、加快“三生三宜”品质城市建设领导小组会，总结工作推进情况，部署下一阶段工作。区长陈一清就推进全面提升城市管理服务水平、加快“三生三宜”品质城市建设工作提出要求。区城管局、区商务局、南滨路管委会、涂山镇等单位分别做工作汇报，并作为代表与区政府主要领导和相关分管区领导签订《全面提升城市管理服务水平加快“三生三宜”品质城市建设目标责任书》。区委常委、宣传部部长魏小红主持会议，区领导唐昕、黄红、程效、陈炯、莫裕全、吕轶、贾宇等参会。

26日

区长陈一清主持召开42次常务会，听取《关于春节期间有关工作情况的汇报》，传达全市财税审计工作会议精神、全市2018年人力资源和社会保障工作会议精神并审议区贯彻落实意见，审议关于对全区十九大维稳安保工作先进集体和个人给予记功嘉奖、南岸区2018年度审计项目计划、2018年重庆国际马拉松赛南岸区工作方案、《重庆市第五人民医院迁建项目PPP实施方案（送审稿）》《重庆市南坪中学校新建运动场及功能房工程可研及PPP投融资方案事宜》、南岸区教育发展中心（暂定名）迁建工程可研评审、《重庆经济技术开发区专业化招商公司组建方案》、区贯彻落实重庆市行政机关在职人员目标考核绩效奖和离退休人员健康休养费新政策口径及有关问题等事宜。副区长黄红、陈炯、莫裕全、吕铁、刘永华、贾宇，区长助理周侃，政府办主任肖华云等参会。

27 日

区召开全区经济板块国企座谈会，就进一步优化经济板块运行机制，深化国有企业改革工作进行部署。区领导郑向东、陈一清、王茂春、王愚、唐昕、黄红等参会。

28 日

区委书记郑向东主持召开十二届56次常委会会议，通报2018年全市春季义务植树示范活动情况及下一步工作建议，传达学习市委办公厅、市人民政府办公厅《关于深入开展兴调研转作风促落实行动的通知》，以及全市党校行政院校校长会议、全市宣传部部长会议、全市统战部部长会议、全市组织部部长会议、全国安全生产工作会议、全市安全生产工作会议、中央政法工作会议、市委政法工作会议、全国扫黑除恶专项斗争电视电话会议、全市扫黑除恶专项斗争工作会议、全市防范处理邪教工作会议等精神并审议区贯彻实施意见，听取区人大常委会、区政府、区政协党组、经开区党工委、区法院党组、区检察院党组2017年工作报告，审议《命名2017年南岸区人民满意的公务员示范单位和示范岗相关事项的请示（送审稿）》《关于对全区深化全国文明城区建设工作先进集体和先进个人进行记功嘉奖的方案（送审稿）》《关于对全区深化国家卫生区建设工作先进集体和先进个人进行记功嘉奖的方案（送审稿）》《中共南岸区委南岸区人民政府关于加强新形势下督促检查工作的意见（送审稿）》《村（社区）组织运转经费调整方案（送审稿）》《关于成立中共重庆市南岸区人大常委会机关党组的请示（送审稿）》、区贯彻落实重庆市行政机关在职人员目标考核绩效奖和离退休人员健康休养费新政策口径及有关问题、关于对全区十九大维稳安保工作先进集体和个人给予记功嘉奖、《重庆市第五人民医院迁建项目PPP实施方案（送审稿）》、研究棚改一期项目回购、关于区委2018年度政党协商计划的汇报等事宜，研究干部工作。区委常委陈一清、王茂春、魏小红、梅泽波、王愚、唐昕、程效、胡显键参会，区领导朱维、甘联君、何洪田、何文中、陈炯、叶和平、莫裕全、吕铁、刘永华、王向阳、叶自玫等列席。

区长陈一清专题调研全区城市管理工作，先后到长江大桥南桥头、南滨路沿线进行“马路办公”，对护坡绿化、市容环境等情况进行实地调研。区委常委、宣传部部长魏小红，副区长贾宇等参加调研。

## 3月

5 日

区长陈一清主持召开政府43次常务会，传达2018年全市国资工作会议精神及区贯彻落实意见、2018年全市民政暨老龄工作会议精神、2018年全市养老服务工作暨“千百工程”推进会精神、全市福彩工作会议精神及区贯彻落实意见，审议区贯彻落实人民警察法定工作日之外加班补贴值勤岗位津贴和政法委机关工作津贴政策、《南岸区交通基础设施建设提升战略行动计划工作方案（2018—2020年）》《南岸区实施乡村振兴战略行动计划（2018—2020年）》、与推猫科技合作成立重庆市江南智旅科技有限公司、《重庆市南岸区人民政府与广东同宏投资管理有限公司项目合作协议》、迎龙商务区开发公司收购恒祥实业公司《股权收购协议》、经开区南北东西干道道路综合整治工程概算审核结果等事宜。副区长黄红、叶和平、莫裕全、吕铁、贾宇，区长助理王向阳，政府办主任肖华云等参会。

6 日

区庆祝“三八”国际劳动妇女节108周年在施光南大剧院举行，区委副书记王茂春代表区委、区人大、区政府、区政协、重庆经开区向全区各族各界妇女同胞致以节日问候。市妇联副主席郎晓莉，区领导朱维、魏小红、梅泽波、黄红、程效、何文中、莫裕全、叶自玫、简光秀等出席活动。

12 日

区长陈一清主持召开全区领导干部会，传达学习习近平参加十三届全国人大一次会议重庆代表团审议时的讲话精神，贯彻落实市委有关指示和要求，安排部署区相关工作。区人大常委会主任朱维、区政协主席甘联君、区委副书记王茂春等参会。

13 日

区长陈一清主持召开政府44次常务会，传达国家统计局统计违法案件约谈会议精神及区贯彻落实意见、全市依法治理“中国真理教会”专题会议精神及区贯彻落实意见，审议《南岸区2017年法治政府建设工作报告》、区城建集团为五锋公司提供担保、《2018年重点项目及重大前期项目计划》、区2018—2020年城市棚户区改造专项规划及2018年棚改目标任务分解、广阳岛概念规划前期工作、成立重庆南岸服务业发展有限公司（暂定名）、成立重庆市南岸区食品药品安全委员会、广州恒利达电路有限公司项目、国药控股重庆泰民医药有限公司项目、重庆全之道医药有限公司项目、重庆经开区“谊品生鲜”项目等有关事宜，研究有关干部任免事宜。副区长黄红、陈炯、莫裕全、吕轶、刘永华，区长助理周侃、王向阳，政府办主任肖华云参会。

14 日

区长陈一清调研南山生态保护利用工作，实地察看了廖家山游客接待中心、书香民宿一条街、向黄路延伸段、黄桷垭环道、黄桷垭片区排洪管网设施、火锅一条街、壹华里手工食品市集、崇文路环境综合整治、重庆抗战遗址博物馆、涂山湖二期城中村项目改造等情况。区领导王茂春、黄红、莫裕全等参加调研。

15 日

区长陈一清调研城市管理和春季绿化工作推进情况，先后到石板坡长江大桥、东水门长江大桥、黄桷湾立交、江南立交、通江大道、南滨路等主要门户通道、重要干道、立交及交通节点开展实地调研。区领导吕轶、贾宇等参加调研。

19 日

区长陈一清主持召开政府 45 次常务会，审议南岸区 2016 年度财政预算执行情况及其他财政收支审计结果、江南新城大众广场人防工程概算评审、中国信息通信研究院西部分院基地建设项目可行性研究报告评审、南滨路创建国家级文化产业示范园区总体方案及 2018 年实施意见、重庆市南岸区人民政府与上海均和城市建设开发有限公司开展战略合作等事宜。副区长黄红、吕轶、刘永华、贾宇，区长助理周侃、王向阳，政府办主任肖华云等参会。

区委党校 2018 年春季主体班举行开学典礼，来自全区各部门的处、科级领导干部及区委党校全体教职员工共计 111 人参加开学典礼。区委副书记、区委党校校长王茂春出席开学典礼。

21 日

区委书记郑向东主持召开领导干部大会，传达学习十三届全国人大一次会议精神、全国政协十三届一次会议精神、习近平参加重庆代表团和其他团组审议及人大闭幕会上的讲话精神、全市领导干部大会精神。区长陈一清、区人大常委会主任朱维、区政协主席甘联君、区委副书记王茂春等全体在家区领导，全区有关部门和单位、各镇街、经济板块管委会、重庆经开区各部门、区属国有企业等主要负责人参会。

23 日

区委书记郑向东主持召开十二届 57 次常委会会议，传达学习全国“两会”精神和习近平参加十三届全国人大一次会议重庆代表团审议时的讲话精神、全市依法治理“中国真理教会”专题会议精神及区贯彻落实意见、国家统计局统计违法案件约谈会议精神及区贯彻落实意见，审议《中共重庆市南岸区委常委会 2018 年工作要点（送审稿）》《南岸区人大常委会 2018 年工作要点（送审稿）》《区政协 2018 年工作要点（送审稿）》《区政协 2018 年重点协商、调研、视察计划（送审稿）》《南岸区关于全面深入推进社会稳定风险评估工作实施办法(送审稿)》《南岸区社会稳定风险分类评估办法(送审稿)》《南岸区社会稳定风险评估备案工作管理办法(送审稿)》《南岸区关于第三方机构参与社会稳定风险评估工作实施办法（送审稿）》《南岸区社会稳定风险评估专家库管理办法(送审稿)》《“健康南岸”2030 规划(送审稿)》《南岸区加强耕地保护和改进占补平衡实施方案（送审稿）》《中共重庆市南岸区委法律顾问库成员名单（送审稿）》《中共重庆市南岸区委及其工作部门法律顾问配备名单（送审稿）》等事宜，研究干部工作。区委常委陈一清、王茂春、魏小红、梅泽波、王愚、唐昕、黄红、程效、胡显键参会，区领导朱维、甘联君、刘永华列席。

24 日

重庆美电先锋电影制片厂落户南岸区发布会暨先锋艺术影院签约仪式在长江当代美术馆举行。市文化委党委委员、副主任钟建波，区领导郑向东、陈一清、魏小红、王愚、刘永华等出席签约仪式。

25 日

区委副书记、区政府区长兼重庆经开区党工委书记、管委会主任陈一清主持召开区政府党组和重庆经开区党工委班子 2017 年度民主生活会。区政府党组成员黄红、陈炯、叶和平、吕轶、刘永华、贾宇、周侃、肖华云，重庆经开区党工委班子成员侯宗权、张进、贾晖参会，区委常委、组织部部长程效，区委常委、纪委书记、监察委员会主任胡显键到会指导，民进区委主委、区政府副区长莫裕全，重庆经开区管委会副巡视员闵秀兰列席。

28 日

区长陈一清主持召开政府 46 次常务会，听取《关于区领导赴京对接项目情况的汇报》，审议南岸区重大建设项目（2017 年度）稽查工作、《弹子石 CBD 群慧公园及配套道路工程可行性研究报告》《江南新城科创中心提档升级工程项目可行性研究报告》、成立南岸区政府性债务管理委员会、区城建集团拟参与西部航空股权重组项目、重庆市南瑞城建发展有限公司融资、南投智能公司向汉口银行股份有限公司融资1亿元、重庆市南岸区人民政府重庆经济技术开发区管委会与中铁建重庆投资集团有限公司合作等有关事宜，研究当前工作。副区长黄红、陈炯、莫裕全、吕轶、刘永华、贾宇，政府办主任肖华云参会。

区长兼重庆经开区党工委书记、管委会主任陈一清出席重庆经济技术开发区2018年党风廉政建设暨组织宣传统战工作会，对重庆经开区2017年党风廉政建设、组织、宣传、统战、监督执纪工作进行总结。

## 4月

2日

区委书记郑向东主持召开全区2018年一季度经济形势分析会，传达主城片区经济运行座谈会精神，分析全区一季度经济运行情况，研究部署下一步经济社会发展重点工作。区长陈一清、区人大常委会主任朱维、区政协主席甘联君、区委副书记王茂春等全体在家区领导参会。

3日

区长陈一清主持召开区政府第46次常务会，分析研究当前经济形势和重点工作推进情况，研究部署近期工作，听取近期赴京招商引资情况汇报，审议其他事项。区领导黄红、陈炯、莫裕全、吕轶、刘永华、贾宇，重庆经开区领导侯宗权、贾晖、闵秀兰参会。

区召开一季度重点建设项目调度会，梳理重点建设项目完成情况，安排部署下一步重点工作。区长陈一清参会并讲话。

区召开工业经济推进会，研究全区工业经济发展相关事宜。区领导陈一清、陈炯、周侃、蒋文新等出席。

4日

区委书记郑向东主持召开十二届58次常委会会议，听取区领导赴京对接项目情况报告，审议《南岸区迎接重庆市环境保护集中督查工作方案（送审稿）》《南岸区2017年法治政府建设工作报告（送审稿）》《南岸区实施乡村振兴战略行动计划（2018—2020年）（送审稿）》《南岸区交通基础设施建设提升战略行动计划工作方案（2018—2020年）（送审稿）》《重庆市南岸区人民政府重庆经济技术开发区管理委员会广州恒利达电路有限公司项目投资协议（送审稿）》《2018年重点项目及重大前期项目计划（送审稿）》、成立南岸区政府性债务管理委员会、重庆市南岸区城市建设集团有限公司拟参与西部航空股权重组项目等事宜。区委常委陈一清、王茂春、魏小红、梅泽波、王愚、唐昕、黄红、程效、胡显键参会，区领导朱维、甘联君、陈炯、莫裕全、贾宇等列席。

8日

区召开乡村振兴战略行动计划暨交通基础设施建设提升战略行动计划动员会，宣传全国“两会”精神和“两会”期间习近平总书记系列重要讲话精神，传达全市乡村振兴战略行动计划动员会议和交通基础设施建设提升战略行动动员电视电话会议精神，部署实施区乡村振兴战略行动和交通基础设施建设提升战略行动、区深化农村土地承包经营权确权登记颁证及农村“三变”改革试点工作。全国人大代表、学习贯彻习近平总书记全国“两会”期间系列重要讲话精神市级宣讲团成员、区委书记郑向东做专题宣讲。区人大常委会主任朱维，区政协主席甘联君，区委副书记王茂春等参会。

11日

区召开重庆市第五环境保护督察组督察南岸区工作汇报会，区长陈一清代表区委、区政府汇报区环境保护工作开展情况。区委副书记王茂春主持会议。市第五环境保护督察组组长谢忠碧、副组长唐德刚、区党政主要领导等参会。

区召开重庆市第五环境保护督察组督察南岸区工作动员会，重庆市第五环境保护督察组组长谢忠碧、副组长唐德刚就做好督察工作分别讲话，区长陈一清做动员。市第五环境保护督察组成员，区人大常委会主任朱维、区政协主席甘联君、区委副书记王茂春等区级领导及有关部门主要负责人参会。

区委书记郑向东主持召开十二届59次常委会会议，传达学习市委五届四次全会精神，审议《中共重庆市南岸区第十二届委员会第四次全体会议方案（送审稿）》。区委常委王茂春、魏小红、梅泽波、王愚、唐昕、黄红、程效、胡显键参会，区领导朱维、甘联君、何洪田、何文中、龚小雪、陈廷明、陈炯、莫裕全、吕轶、刘永华、贾宇、周侃、叶自玫、秦遥、简光秀、牟成勇、曹廷中、蒋文新等列席。

区委书记郑向东主持召开区委常委扩大会，传达学习市委五届四次全会精神。区委常委参会，区人大、区政府、区政协、经开区班子成员等列席。

12日

区召开全面提升城市管理服务水平、加快“三生三宜”品质城市建设领导小组会，区长陈一清主持并讲话。区领导魏小红、王愚、陈炯、吕轶、贾宇等参会。

13日

区人大召开理论学习中心组学习暨机关党支部4月主题党日活动，区人大党组书记、主任朱维上专题党课。副主任何文中、陈廷明出席会议。

16日

区委书记郑向东主持召开十二届常委（扩大）会，传达学习市委书记陈敏尔关于环保工作的批示，研究部署环保督察工作。区委常委陈一清、王茂春、魏小红、梅泽波、王愚、唐昕、黄红、程效参会，区领导朱维、甘联君、 陈炯、叶和平、莫裕全、吕轶、贾宇、王向阳等列席。

区委书记、区委全面深化改革领导小组组长郑向东主持召开十二届区委全面深化改革暨全面依法治区领导小组第十一次会议，传达学习中央全面深化改革委员会第一次会议精神、中央财经委员会第一次会议精神、五届市委全面深化改革领导小组第六次会议精神和《市委全面深化改革领导小组关于落实党的十九大改革部署的实施细则》文件精神，听取区委改革办关于上次领导小组会议议定事项落实情况、“兴调研、转作风、促落实”行动落实情况及下一步工作打算的报告，审议《南岸区2018年全面深化改革工作要点》。区委副书记王茂春，区领导魏小红、梅泽波、王愚、黄红、程效等参会。

17日

区长陈一清主持召开47次常务会，传达全市一季度经济工作会议精神、全市发展改革和统计工作会议精神并审议区贯彻落实意见，审议购买柏林春江项目作为安置房有关事宜、《南岸区行政事业单位所属企业集中统一监管实施方案》、重庆南山建设开发有限公司向区城建集团借款、区城建集团发行5亿元中期票据和10亿元永续中期票据、南投智能公司增资、江南新城集团拟在重庆股份转让中心备案发行可转换公司债券、《2018年中国联通合作伙伴大会暨通信信息终端春季交易会南岸区工作方案》《江南新城梨花大道二期工程项目可行性研究报告》、茶园B标准分区横一路工程总投资概算评审等事宜。副区长黄红、陈炯、莫裕全、吕轶、贾宇，区长助理周侃、王向阳，政府办主任肖华云等参会。

区召开重庆市第五环境保护督察组督察南岸区工作再动员会，通报第五环境保护督察组交办环保信访件办理反馈情况，并对下一阶段工作进行再动员再部署。副区长贾宇出席会议。

18日

南岸区自贸板块举行集中签约活动，引进京东、小米、上海均和、国药控股等世界500强和中国500强企业，累计签约39个项目，总投资额达到232亿元。副市长屈谦，区委书记郑向东、区人大常委会主任朱维、区政协主席甘联君、区委副书记王茂春等全体在家区领导出席签约活动。区长陈一清主持签约活动。

区委书记郑向东主持召开十二届60次常委会会议，传达学习全市巡视工作会议精神及贯彻落实意见，学习全市纪检监察工作会议精神及贯彻落实建议，审议区委十二届四次全会有关材料、南滨路创建国家级文化产业示范园区总体方案及2018年实施意见、《2018年中国联通合作伙伴大会暨通信信息终端春季交易会南岸区工作方案（送审稿）》《南岸区行政事业单位所属企业集中统一监管实施方案（送审稿）》、关于重庆市江南新城开发建设（集团）有限公司拟在重庆股份转让中心备案发行可转换公司债券等事宜，研究干部工作。区委常委陈 清、王茂春、魏小红、梅泽波、王愚、唐昕、黄红、程效、胡显键等参会，区领导朱维、甘联君、陈炯、吕轶、周侃、蒋文新等列席。

区在长生河及其支流环境综合整治项目现场举行重点项目集中开工活动。区委书记郑向东宣布37个项目正式开工，区长陈一清介绍项目有关情况。区人大常委会主任朱维、区政协主席甘联君、区委副书记王茂春等在家区领导和重庆经开区领导出席活动。

19日

市环保局局长辛世杰看望进驻南岸区的市第五环境保护督察组全体工作人员，调研环保集中督察工作。区领导郑向东、陈一清一同看望。

区十八届人大召开第二十二次主任会，视察并听取区优化营商环境工作情况报告。区人大常委会主任朱维，副主任何文中、龚小雪、陈廷明等参加视察并出席会议，副区长陈炯列席。

第十一届重庆读书月南岸区2018全民阅读启动仪式在区文化艺术中心举行。区委常委、宣传部部长魏小红，区人大常委会副主任龚小雪，区长助理周侃，区政协副主席牟成勇出席活动。

20日

中国共产党重庆市南岸区第十二届委员会召开第四次全体会，学习贯彻党的十九大精神，习近平总书记视察重庆重要讲话和参加重庆代表团审议时重要讲话精神、市委五届四次全会精神，听取和讨论郑向东代表区委常委会做的讲话，审议通过《中共重庆市南岸区委关于营造良好政治生态的意见》《中共重庆市南岸区委关于加强法治和德治工作的实施意见》和全会决议。全会由区委常委会主持会议，区委书记郑向东讲话，区长陈一清做说明。区委委员、候补委员出席，不是区委委员、候补委员的党员区领导，区四大班子正职离退休老干部，区纪委常委、区监委委员、区委巡察组各组长，各镇街党政主要负责人，区委各部委、区级各部门、各人民团体、各区属事业单位党员主要负责人，各经济板块和有关单位党员主要负责人，经开区各部门各单位党员主要负责人，各区属国有企业党委书记，有关社会单位党员主要负责人，在区重要金融机构党员主要负责人，在区党的十九大代表、市第五次党代会部分代表、区第十二次党代会部分代表列席。

21 日

区长陈一清到南滨路沿线、江南大道、南坪商圈、内环快速路等区域，现场调研市容环境、景观绿化、城市形象等工作。副区长贾宇及有关部门、单位和镇街负责人参加调研。

区举办深化农村土地制度改革业务培训会。区委副书记王茂春、副区长莫裕全参会。

23 日

由共青团中央、全国学联指导，全国大学生创新创业联盟、团市委等单位主办，以“弄潮新时代·创新创业行”为主题，为期三天的2018年全国大学生创新创业峰会首届重庆“青创嘉年华”暨第十二届KAB创业教育年会在南坪国际会展中心开幕，团中央书记处书记傅振邦、副市长潘毅琴、区委书记郑向东、副区长陈炯出席开幕式。

区长陈一清主持召开48次常务会，审议成立南岸区城市综合管理工作领导小组、《南岸区餐饮船舶污染专项整治工作方案（送审稿）》、长江沿江码头专项整治经费、南岸区中医院迁改建工程可研评审、《南岸区非法金融活动排查工作规程（试行）（送审稿）》、区城建集团关于整体划拨无明确业主权属停车场用地、重庆市铁路（集团）有限公司南岸区人民政府新建渝湘高速铁路重庆至黔江段土地综合开发、渝赢公司处置资产、棚改（一期）后续资金纳入财政预算等有关事宜。副区长黄红、陈炯、莫裕全、吕铁、贾宇，区长助理周侃、王向阳，政府办主任肖华云等参会。

24 日

区委书记郑向东，区长陈一清到南坪现代服务业集聚区调研，宣讲习近平总书记全国“两会”期间重要讲话精神。区领导唐昕、黄红、吕铁等参加调研。

27 日

区政协召开十届第十一次主席会，听取区全面落实山长制工作情况通报，并就相关问题进行重点协商。区政协主席甘联君，区政协副主席叶自玫、秦遥、简光秀、牟成勇、曹廷中、蒋文新、陈洪凯等参会，副区长莫裕全应邀参会。

28 日

区委书记郑向东主持召开十二届61次常委会会议，传达学习全市领导干部会议精神、市委常委会议精神、《中共中央保密委〈关于2017年全国窃密泄密案件情况的通报〉的通知》、市纪委监委第五纪检监察室联系区县纪委监委执纪监督工作调研座谈会精神及贯彻落实意见，审议《2018年后进基层党组织和挂点班子成员及帮扶部门台账（送审稿）》，研究干部违纪问题。区委常委陈一清、王茂春、王愚、唐昕、黄红、程效、胡显键参会，区领导朱维、甘联君、龚小雪、陈廷明、周侃、王向阳、秦遥、简光秀、牟成勇、蒋文新、曹廷中等列席。

## 5月

2 日

区召开2018年第一次党建暨创新社会治理现场会，宣讲习近平总书记全国“两会”期间重要讲话精神，研究解决当前党建和创新社会治理工作存在的问题。区委书记郑向东到会并讲话。区领导王茂春、魏小红、王愚、唐昕、程效、胡显键等参会。

区长陈一清主持召开政府49次常务会，传达习近平总书记在深入推进长江经济带发展座谈会上的重要讲话及全市领导干部大会精神、全市2018年文化工作会议精神和全市2018年文物工作会议精神及审议区贯彻落实意见，听取“五一”节期间有关情况的汇报，审议《南岸区坚决打好防范化解重大风险攻坚战实施方案（送审稿）》《关于进一步完善区级领导联系重点企业的补充通知》《关于在市场体系建设中建立公平竞争审查制度的实施方案（送审稿）》、南岸区公共安全视频监控建设联网应用项目全周期总投资概算（全周期费用）评审、做实板块平台公司整合板块资源资产、2018—2020年棚改资金融资方案、南岸区2018年区级城市道路建设计划等有关事宜，研究部署当前工作。副区长黄红、陈炯、叶和平、莫裕全、吕铁、刘永华，区长助理周侃、王向阳，政府办主任肖华云等参会。

3 日

区举办领导干部讲座，邀请市委宣讲团成员、市委党校常务副校长谢金峰做题为“深入贯彻两会精神 营造良好政治生态”的专题报告。区委副书记王茂春主持讲座。全区市管干部，各镇街、部门、单位处级领导干部和部分科级领导干部共700余人参加了讲座。

4日

区委书记郑向东主持召开十二届62次常委会会议，传达学习市委领导批示精神、全市统战工作“争创一流、走在前列”动员会精神及审议区贯彻落实意见、全市民族宗教工作会议精神及审议区贯彻落实意见、全市基层党建工作重点任务推进会精神及审议区贯彻落实意见，听取关于市委统战部领导来区调研情况的报告，审议《关于进一步完善区级领导联系重点企业的补充通知（送审稿）》《南岸区坚决打好防范化解重大风险攻坚战实施方案（送审稿）》《南岸区扫黑除恶专项斗争工作方案（送审稿）》、渝赢公司处置资产、做实板块平台公司整合板块资源资产等有关事宜，研究干部工作。区委常委陈一清、王茂春、王愚、唐昕、黄红、程效、胡显键参会，区领导朱维、甘联君、陈炯、刘永华列席。

6日

区长陈一清到弹子石街道、龙门浩街道、南坪街道、花园路街道，调研城市管理工作并召开座谈会。

7日

区委书记郑向东到广益中学、黄桷垭正街等地调研相关工作。区领导王茂春、刘永华、贾宇参加调研。

9日

市人大第一次主任接待日，市人大常委会主任张轩到南岸走访市人大代表，市人大秘书长龙华，市人大代表郑向东、陈一清、朱维、程效等参加接待日活动。

10日

区长陈一清主持召开政府50次常务会，传达主城片区学前教育工作会议精神及审议区贯彻落实意见，审议南岸区第十二届青少年科技创新区长奖提名奖及鼓励奖、杨家山项目和黄委贷展期、《2018年重点项目联系领导分组建议》《南岸区区属国有企业负责人履职待遇、业务支出管理暂行办法（送审稿）》、区级行政事业单位有偿使用房屋资产管理方案、调整星耀安捷基金投资重庆资金比例等有关事宜。副区长黄红、陈炯、吕轶、刘永华、贾宇，区长助理王向阳，政府办主任肖华云等参会。

15日

区召开全面提升城市管理服务水平、加快“三生三宜”品质城市建设领导小组会，总结4月份品质城市建设工作推进和考核情况，向考核优秀单位颁发了流动红旗，研究部署下一步重点工作。区长陈一清到会并讲话。区领导王茂春、程效、叶和平、吕轶、刘永华、贾宇等参会。

17日

由重庆市政府参事室主办，南岸区委、区政府协办的“人才·创新·信息化与现代化经济体系建设研讨会”在南岸举行。副市长屈谦出席研讨会并致辞。区领导陈一清、王向阳等出席活动。

18日

出席“人才·创新·信息化与现代化经济体系建设研讨会”的部分省、自治区、直辖市、省会城市参事室参会人员，到南岸区中国智谷（重庆）进行实地考察。市政府参事室专职副主任刘万振，区长助理王向阳陪同考察。

区委书记郑向东主持召开十二届63次常委会会议，传达学习中央书记处书记、中央统战部部长尤权调研民主党派自身建设工作座谈会精神、市人大常委会主任张轩在“主任接待日”座谈会上的讲话精神、市委办公厅关于全市部分区县违反会风会纪情况的通报、全市机要密码暨保密工作会议精神、全市旅游发展大会精神及审议区贯彻落实意见、市委书记陈敏尔对信息工作重要批示精神及审议区贯彻落实意见、市纪委监委关于党员干部亲属涉权事项公开工作现场会会议精神及审议区贯彻落实意见，审议《中共重庆市南岸区委办公室重庆市南岸区人民政府办公室关于进一步严肃会风会纪提高会议质量的通知（送审稿）》《区委巡察工作办法（送审稿）》《区委听取巡察工作情况汇报办法（送审稿）》《区委巡察工作规划（2018—2020年）（送审稿）》《区委巡察工作领导小组工作规则（送审稿）》《区委巡察组工作规则（送审稿）》《区委巡察工作领导小组办公室工作规则（送审稿）》、南岸区中医院迁改建工程可研评审、关于召开重庆市南岸区科学技术协会第八次代表大会等相关事宜，研究干部违纪问题和干部工作。区委常委陈一清、王茂春、梅泽波、王愚、唐昕、黄红、程效、胡显键参会，区领导朱维、何文中、陈廷明、龚小雪、陈炯、莫裕全、刘永华、王向阳、周侃等列席。

23日

区十八届人大召开第二十四次主任会议，对区大南山生态保护工作推进情况进行视察。区人大常委会主任朱维，副主任何文中、龚小雪、陈廷明、王渝等参加视察。区委副书记王茂春、副区长莫裕全一同视察。

区长陈一清主持召开政府51次常务会，传达2018年全市食品药品监管工作会议精神及审议区贯彻落实意见，审议《南岸区旅游产业发展情况报告》《南岸区国家级公益林区划落界成果报告（送审稿）》《关于进一步加快经济板块发展的意见（试行）》《南岸区学前教育事业发展报告》《重庆市南岸区长江经济带战略环境评价“三线一单”工作实施方案》、重庆市智谷发展有限公司成立、南发公司债权融资计划首期资金上账、南发公司偿债资金、区城建集团发行境外债券、深圳市德富莱智能科技股份有限公司项目、《工业企业技改项目贴息扶持办法（暂行）（送审稿）》《2018年区级领导联系重点项目工作机制》等有关事宜，研究有关干部任职事宜。副区长黄红、叶和平、莫裕全、刘永华、贾宇，区长助理周侃、王向阳，政府办主任肖华云等参会。

24日

区委书记郑向东、区长陈一清率队调研区水环境保护有关问题整改情况。区委副书记王茂春、副区长莫裕全参加调研。

区人大常委会主任朱维主持召开区人大第十一次会，审议《南岸区人民政府关于学前教育工作情况的报告》《南岸区人民政府关于旅游产业发展情况的报告》，审议通过《关于接受蔡明晋辞去重庆市第五届人民代表大会代表职务请求的决定（草案）》《关于接受陈琪等同志辞去南岸区第十八届人民代表大会代表职务请求的决定（草案）》，通过有关人事任免。区人大常委会副主任何文中、龚小雪、陈廷明、王渝出席，区委常委、区纪委书记、区监委主任胡显键，副区长刘永华，区法院院长王子伟，区检察院副检察长黎先文列席。

25日

重庆海外联谊会—在渝港澳企业家分会迁址南岸。市委统战部副部长、市侨联党组书记史全波，区委副书记王茂春出席揭牌仪式并致辞。

由同济大学、市教委、区政府与德国巴伐利亚州文教部共同主办，以“职业教育创新再起航，助力中国制造2025”为主题的首届重庆市中德职业教育与产业发展高峰论坛暨中德职业教育联盟西部中职示范基地启动仪式在区举行，同济大学职业技术教育学院代表中德职业教育联盟与龙门浩职业中学签订项目建设协议，中德职业教育联盟西部中职示范基地、重庆中德工程师学院、中德（重庆）跨企业培训中心正式揭牌并落户龙门浩职业中学。副市长屈谦，中国工程院院士、同济大学副校长吴志强，区领导郑向东、陈一清、刘永华及德国巴伐利亚州文教部有关负责人出席活动。

区委书记郑向东主持召开十二届64次常委会会议，传达学习全市网信工作会议精神及审议区贯彻落实意见，审议《2018年区级领导联系重点项目工作机制（送审稿）》《关于进一步加快经济板块发展的意见（试行）（送审稿）》《南岸区区属国有企业负责人履职待遇、业务支出管理暂行办法（送审稿）》、重庆市智谷发展有限公司成立等有关事宜，研究干部工作。区委常委陈一清、王茂春、王愚、唐昕、程效、胡显键参会，区领导朱维、何洪田等列席。

27日

区与杭州大策投资集团签订战略合作框架协议，双方将合作建设“一带一路”国际影视文化贸易中心，以及大策集团旗下华策影视的大数据业务全国总部，西南大型拍摄、制作基地和影视学院等。市委宣传部副部长，市文化委党委书记、主任，市版权局局长张洪斌，区领导郑向东、陈一清、魏小红、刘永华出席签约仪式。

28日

区长陈一清主持召开政府52次常务会，传达2018年全市移民工作会议精神及审议区贯彻落实意见、2018年全市工业和信息化工作会议精神及审议区工业和信息化工作会议有关事宜，审议南岸区第三次土地调查工作、《重庆市南岸区健康产业发展规划（2018—2030）（送审稿）》、区城建集团向重庆南山建设开发有限公司增资、南投智能公司托管区兴农公司、关于进一步规范基层党建工作经费管理使用、《重庆京东云商小镇产业运营公司成立方案》等有关事宜。副区长黄红、陈炯、刘永华、贾宇，区长助理周侃、王向阳等参会。

30日

区委书记、区委全面深化改革领导小组组长郑向东主持召开十二届区委全面深化改革暨全面依法治区领导小组第十二次会议，传达学习中央全面深化改革委员会第二次会议精神、中办国办《关于深入推进审批服务便民化的指导意见》及六个典型案例、五届市委全面深化改革领导小组第七次会议精神、市委实施乡村振兴战略工作领导小组会议精神、重庆市深入推动长江经济带发展加快建设山清水秀美丽之地领导小组第一次会议精神，听取十一次领导小组会议议定事项落实情况报告，审议《中共南岸区委全面深化改革领导小组工作规则》《中共南岸区委全面深化改革领导小组专项小组工作规则》《中共南岸区委全面深化改革领导小组办公室工作细则》、南岸区深入推动长江经济带发展加快建设山清水秀美丽之地领导小组人员名单、《重庆自贸试验区（南岸）政务服务“单一窗口”系统建设工作方案》《重庆经开区管委会行政审批改革建议方案》等事宜，部署下一阶段的改革法治工作。区长、区委全面深化改革领导小组副组长陈一清，区政协主席、区委全面依法治区领导小组副组长甘联君，区委副书记、区委全面深化改革领导小组副组长王茂春和领导小组成员、有关区领导参会，各专项小组副组长、镇街和区级有关部门负责人等列席。

2018年“六一”庆祝表彰大会暨“三生三宜”品质城市建设教育系统主题活动在区文化艺术中心举行。区领导郑向东、陈一清、甘联君、梅泽波、刘永华、牟成勇等出席大会。

区委书记郑向东、区长陈一清、区政协主席甘联君、区委副书记王茂春等分别率队走访南岸区小学、幼儿园，看望慰问少年儿童，向他们送去节日的祝福。区领导梅泽波、刘永华、牟成勇分别参加上述慰问活动。

31日

区委书记郑向东主持召开十二届65次常委会会议，传达学习2018年全市对台工作会议精神及审议区贯彻落实意见，审议《重庆京东云商小镇产业运营公司成立方案（送审稿）》《南岸区开展党员干部亲属涉权事项公开工作实施方案（送审稿）》《中共重庆市南岸区纪委关于筹建南岸区党风政风智能监督大数据运用平台实施方案（送审稿）》等有关事宜，研究干部工作。区委常委陈一清、梅泽波、王愚、唐昕、程效、黄红、胡显键参会，区领导甘联君、何洪田等列席。

区委召开理论学习中心组（扩大）会，学习习近平总书记在中共中央政治局第五次集体学习时的重要讲话精神、在深入推动长江经济带发展座谈会上的重要讲话精神、在纪念马克思200周年诞辰大会上的重要讲话精神，以及《共产党宣言》和《中华人民共和国宪法》。区委书记郑向东，区长陈一清，区政协主席甘联君等全体在家区领导及区级有关部门主要负责人参会。

## 6月

4日

区长陈一清主持召开政府53次常务会，审议《南岸区开展公立医院薪酬制度改革试点的工作方案》《南岸区土地受让人竣工违约有关问题处置工作方案（送审稿）》、区公安分局组建旅游警察队伍、南投智能公司向重庆时代云英投资入股等有关事宜。副区长黄红、叶和平、莫裕全、吕铁、刘永华、贾宇，区长助理王向阳等参会。

5日

区委书记郑向东、区长陈一清到长江南岸段调研河长制工作落实情况，对长江南岸段长江生态环境保护、饮用水源地管理、消落带治理、沿江码头整治、餐饮船舶整治、防洪护岸工程项目、排水口管理、长江渔业资源保护等情况进行实地察看。区领导王茂春、王愚、莫裕全、贾宇参加调研。

区委书记郑向东、区长陈一清、区人大常委会主任朱维、区政协主席甘联君巡视高考考点，先后到辅仁中学、11中实地查看考场安排、摄像监控、保密保管、交通组织、安全保卫等工作准备情况。区领导黄红、刘永华、牟成勇等参加巡视。

7日

区青年联合会召开第三届委员会，审议通过南岸区青联第三届委员会关于二届常委会工作报告的决议（草案），选举产生南岸区青联第三届委员会主席、副主席、常委。共青团重庆市委副书记、市青联主席叶力娜，区领导王茂春、梅泽波、何文中、莫裕全及来自全区各族各界、各行各业的89名青联委员参会。

8日

区与深圳市智能装备产业协会签订战略合作框架协议，助力区发展大数据智能化产业。市经信委主任陈金山，区领导郑向东、陈一清、黄红、陈炯等出席签约仪式。

11日

区人大常委会主任朱维主持召开区十八届人大二十五次主任会，听取有关人事任免事项的报告，审议个别代表辞去十八届人大代表职务、区人大代表补选工作、区十八届人大第十二次会议方案等有关事项。副主任何文中、陈廷明、王渝参会。

12日

区召开招商引资工作领导小组会，听取现阶段全区招商引资工作推进情况报告，研究招商引资考核激励机制，部署下一阶段招商引资工作。区委书记郑向东到会并讲话，区领导陈一清、王茂春、王愚、唐昕、黄红、莫裕全、吕铁等参会。

13日

市人大常委会副主任刘学普到区开展检察机关法律监督工作情况调研，听取相关工作情况汇报和建议意见。

市人大内司委主任委员林育均主持会议。市人大内司委、市人民检察院相关负责人，市人大代表，区人大常委会主任朱维、副主任陈廷明等出席调研座谈会。区人民法院、区人民检察院及区级相关部门负责人做情况汇报。

区委书记郑向主持召开十二届66次常委会会议，传达学习重庆市深入推动长江经济带发展动员大会暨生态环境保护大会精神及贯彻落实意见、区县纪检监察工作座谈会精神及贯彻落实意见、中央巡视工作规划推进会和市委常委会精神及贯彻落实工作建议，审议《中共重庆市南岸区委2018年巡察工作计划（送审稿）》《十二届区委第四轮巡察工作方案（送审稿）》等事宜，研究干部工作。区委常委王茂春、梅泽波、王愚、唐昕、黄红、胡显键参会，区领导朱维、甘联君、何文中、陈廷明、王渝、陈炯、莫裕全、刘永华、贾宇、秦遥、简光秀、牟成勇、曹廷中等列席。

14日

区人大常委会主任朱维主持召开十八届人大第十二次会议，审议通过《关于接受母晓等辞去南岸区第十八届人民代表大会代表职务请求的决定（草案）》《关于补选南岸区第十八届人民代表大会代表的决定（草案）》、有关人事任免等事宜。区人大常委会副主任何文中、陈廷明、王渝参会，区委常委、副区长黄红等列席。

15日

区委书记郑向东、区长陈一清分别到石柱县、丰都县对接对口支援工作，实地考察石柱县坪坝村异地扶贫搬迁项目和华溪村农业结构调整、三变改革试点情况，启动2018年对口支援工作。 区委常委、副区长黄红，区人大常委会副主任王渝，副区长陈炯，区政协副主席曹廷中等参加考察。

19日

区长陈一清主持召开政府54次常务会，听取端午节期间有关情况的汇报、参加北京服务贸易交易会对接项目有关情况的汇报，审议《南岸区节庆会展业创新提升行动工作方案》、区城建集团申请工行3亿元贷款、南岸区2018年工业和信息化工作会扶持政策兑现、《2017年争取资金工作情况及2018年争取资金计划任务安排建议》、回购受轨道交通10号线影响的南滨国际小区部分房屋、重庆中基农业屠宰场自治式征收项目补偿费用及工作经费、推荐李龙梅参加改革开放杰出贡献表彰人选评选、《南山生态保护综合治理工作方案》，传达全市国税地税征管体制改革电视电话会议精神及贯彻落实意见、全市深入推动长江经济带发展动员大会暨生态环境保护大会精神、市政府第15次常务会议精神，研究部署当前工作。副区长黄红、陈炯、叶和平、莫裕全、吕轶、贾宇，区长助理周侃、王向阳，政府办主任肖华云等参会。

20日

区长陈一清出席重庆经开区2018年半年工作推进会并讲话，听取重庆经开区上半年经济运行和重点项目推进情况、基础设施项目推进情况、推进“三生三宜”品质城市建设情况等工作汇报。

区召开民族宗教基层基础工作会，总结全区民族宗教基层基础工作开展情况，安排部署下一阶段工作任务。区委常委、统战部部长梅泽波出席会议并讲话。副区长刘永华，区民族宗教工作领导小组成员单位、各镇街分管负责人参会。

21日

区委书记郑向东主持召开十二届67次常委会会议，传达学习市委书记陈敏尔、市长唐良智调研城市提升工作指示精神，以及市纪委关于三起市管领导干部违反中央八项规定精神典型案例的通报、中央巡视工作规划推进会精神、市委书记陈敏尔在市委常委会上的讲话精神、市纪委书记陈雍在专题学习时的讲话精神和在区县巡察工作座谈会上的讲话精神及贯彻落实意见，审议推荐李龙梅参加改革开放杰出贡献表彰人选评选、《南山生态保护综合治理工作方案》、重庆南投智能终端投资有限公司向重庆时代云英投资入股、区级行政事业单位有偿使用房屋资产管理方案、关于进一步规范基层党建工作经费管理使用有关事宜。区委常委陈一清、王茂春、梅泽波、王愚、唐昕、黄红、程效参会，区领导朱维、甘联君、何洪田、何文中、陈廷明、王渝、莫裕全、吕轶、刘永华、贾宇、周侃、王向阳、叶自玫、秦遥、简光秀、牟成勇、曹廷中、蒋文新等列席。

第十三届中国重庆高新技术交易会暨第九届中国国际军民两用技术博览会在南坪国际会展中心开幕。区委书记郑向东、副区长陈炯等出席开幕式。

区十八届人大召开第二十六次主任会议，视察了南山街道公共法律服务工作站。区人大常委会主任朱维，副主任陈廷明、王渝等参会，副区长叶和平等列席。

区召开2018年地产卷烟培育座谈会。区长陈一清，副区长吕轶，重庆市烟草专卖局（公司）党组书记、总经理王永平，重庆中烟工业公司党组书记、总经理易从宽及各镇街和相关部门负责人参会。

22日

区委书记郑向东主持召开全区重点工作推进会，学习贯彻习近平新时代中国特色社会主义思想和党的十九大精神，全面落实习近平视察重庆和参加重庆代表团审议时的讲话精神，分析总结1—5月完成情况及存在的困难和问题，安排部署下一步工作。区长陈一清、区人大常委会主任朱维、区政协主席甘联君、区委副书记王茂春等全体区级领导出席会议。

区召开统一战线“学讲做”活动动员会暨首场报告会，区委常委、区委统战部部长梅泽波参会。

区召开全面提升城市管理服务水平、加快“三生三宜”品质城市建设领导小组会，总结5月份品质城市提升工作推进和考核情况，向经开区市政绿化处、长生桥镇、南滨路管委会、区教委等考核优秀单位颁发流动红旗。会议由区委副书记王茂春主持，区领导王愚、程效、陈炯、叶和平、刘永华、贾宇及区内有关部门、镇街、经济板块、国有企业负责人等参会。

25日

区委书记、区委统一战线工作领导小组组长郑向东主持召开十二届区委统一战线工作领导小组第三次会议，通报中央书记处书记、中央统战部部长尤权调研民主党派自身建设工作座谈会精神、市委统一战线工作领导小组会以及全市统一战线座谈会精神，审定《区委统一战线工作领导小组2018年工作要点》《关于分级细化统战工作责任落实全党做统战工作要求的意见》、党外代表人士综合评价结果，听取全区新的社会阶层人士统战工作调研情况汇报、关于全区新的社会阶层人士统战工作实施意见，研究“民主党派之家”建设方案。区委常委、统战部部长梅泽波，副区长陈炯及全区各级各部门党委（党组）主要负责人参会。

26日

区政协召开十届七次常委会，传达学习习近平关于加强和改进人民政协工作的重要思想、市委深入推动长江经济带发展动员大会暨生态环境保护大会精神，听取区经信委、区大智办、经开区经发局关于以大数据智能化为引领加快产业转型升级发展的情况通报，就相关工作进行专题协商。区政协主席甘联君出席并讲话。区政协副主席叶自玫、秦遥、简光秀、牟成勇、曹廷中、蒋文新、任其亮、陈洪凯等参会，副区长陈炯等列席。

受市人大常委会委托，丰都县人大来区开展《重庆市义务教育条例》调研，先后到广阳小学、迎龙中学和南坪实验金科小学开展实地调研。市人大常委会副主任王越等委托执法检查指导小组成员、南岸区人大常委会主任朱维出席工作汇报会。区政府副区长吕铁等参加会议。

27日

区科学技术协会举行第八次代表大会，区科协党组书记、主席张学辉代表第七届委员会向大会做工作报告。选举产生新一届科协主席、副主席、秘书长和科协常委。市科协副主席陈昌明，区领导郑向东、朱维、甘联君、王茂春、梅泽波、唐昕、程效、胡显键、牟成勇等参会。

区委书记、区规划委员会主任郑向东主持召开南岸区城乡规划委员会第二十八次会议，审议重庆市城市山地公园（南山）整体规划、南山文旅产业小镇规划设计方案、南岸区基础服务设施和公共服务设施（2018—2020年度）建设计划研究报告、南岸区中医院迁改建项目设计方案、杨家山片区商住项目城市设计方案、呼归路环境景观概念设计方案等事宜。区领导朱维、王愚、莫裕全、吕轶、刘永华、贾宇、叶自玫等参会。

28日

市人大法工委到广阳岛召开立法调研座谈会。市人大常委会副主任王越，区领导朱维、黄红、陈廷明参加座谈。

29日

区委书记郑向主持召开十二届68次常委会会议，传达学习全市国税地税征管体制改革电视电话会议精神及贯彻落实意见、区县（自治县）监委向乡镇（街道）派出监察机构工作推进会精神及贯彻落实建议，审议《关于进一步加强党委联系服务专家工作的实施办法（送审稿）》《关于分级细化统战工作责任落实全党做统战工作要求的意见（试行）（送审稿）》《关于加强新的社会阶层人士统战工作的实施意见（送审稿）》《关于我区兴调研转作风促落实情况的报告》，通报区委党建工作领导小组第一次会议有关情况，研究干部违纪问题。区委常委王茂春、魏小红、梅泽波、王愚、唐昕、黄红、程效、胡显键参会，区领导朱维、何洪田等列席。

区委书记郑向东主持召开区委党建工作领导小组2018年第一次会议，审议关于调整区委党建工作领导小组副组长及成员单位、《南岸区新时代文明传习工作试点实施方案》《中共南岸区委党的建设工作领导小组2018年工作要点》等事项，听取全区机关党建工作情况报告。区领导魏小红、程效、胡显键等参会。

30日

区委书记郑向东到峡口镇调研指导后进基层党组织整顿转化工作，在柏林村详细了解村党组织基本情况。区领导王茂春、程效、莫裕全及有关部门负责人参加调研。

# 7月

3 日

扫黑除恶专项斗争领导小组召开第二次全体会，听取全区上半年扫黑除恶专项斗争开展情况汇报，部署下半年工作。区委常委、区委政法委书记王愚参会。

4 日

区召开南山生态保护综合治理专项行动工作推进会，安排部署南山生态保护综合治理专项行动相关工作。区委书记郑向东到会并讲话。区领导朱维、甘联君、王茂春、黄红、程效、胡显键、莫裕全、贾宇，南山生态保护综合治理专项工作领导小组领导和成员单位等参会。

5 日

由原重庆市南岸区国家税务局、原重庆市南岸区地方税务局合并组建的国家税务总局重庆市南岸区税务局挂牌成立。国家税务总局重庆市税务局联合党委委员、总经济师杨波，区委常委、常务副区长黄红出席仪式并揭牌。

6 日

区召开“党建引领加强和创新社会治理”现场推进会，分别到花园路街道南湖社区、龙门浩街道下浩社区、峡口镇西流村、广阳镇明月沱社区等16个观摩点了解社区、村在创新社会治理中的特色做法。总结上半年创新社会治理工作，安排部署下半年重点任务。区委书记郑向东到会并讲话。区领导朱维、甘联君、王茂春、梅泽波、王愚、程效、叶和平、曹廷中等参会。

区召开扫黑除恶专项斗争工作推进会，研究部署扫黑除恶专项斗争相关工作。区委书记郑向东到会并讲话。区领导王茂春、王愚、程效、胡显键、叶和平、王子伟，区扫黑除恶专项斗争领导小组成员单位主要负责人、各镇街党（工）委书记参会。

副区长黄红主持召开政府55次常务会，传达学习全国和全市禁毒工作电视电话会精神及贯彻落实意见、全市法治政府建设推进会精神及贯彻落实意见，审议追授何永杰“见义勇为先进分子”荣誉称号、重庆智谷高新实业有限公司组建方案、《重庆市南岸区人民政府重庆经济技术开发区管委会和重庆赛迪工业和信息化研究院有限公司项目投资协议》、做好第四次全国经济普查、《南岸区2017年度“双向评价”工作情况报告》《完善民营企业和政府部门双向评价实施办法》，听取全区扫黑除恶专项斗争推进情况汇报。副区长陈炯、莫裕全、吕轶、刘永华，区长助理周侃、王向阳，政府办主任肖华云等参会。

10 日

区十八届人大召开第二十七次主任会，在龙门浩历史文化街、慈云老街、弹子石老街等地视察文物保护利用和文化遗产保护传承情况。区人大常委会主任朱维，副主任陈廷明、王渝等参会。区领导王愚、刘永华列席。

中央文明办二局局长吴向东来区调研深化文明城区建设工作，先后到涂山镇福民社区、弹子石老街了解历史文化传承情况。市委宣传部副部长、市文明办主任马岱良，市文明办副主任王茵，区委书记郑向东，区委宣传部部长魏小红陪同调研。

区召开招商引资工作领导小组会，招商引资领导小组办公室汇报上半年全区招商引资情况、各招商责任单位考核情况及7月份全区招商引资目标计划。区委书记郑向东到会并讲话。区领导王茂春、黄红、陈炯、莫裕全、刘永华等参会。

11 日

市人大常委会副主任杜黎明率市旅游产业发展专项工作评议第三调研组，来区实地调研旅游产业发展情况，先后到加勒比海水世界及重庆南山•海昌安坪露营酒店、长江索道南岸站、南滨路弹子石老街、国际马戏城等地调研。区委书记郑向东，区人大常委会主任朱维，副主任王渝，副区长莫裕全等陪同调研。

12 日

区人大党组（机关党组）举行理论学习暨机关党支部7月主题党日活动，区委常委、区纪委书记、区监委主任胡显键受邀做《中华人民共和国监察法》专题讲座。区人大常委会主任朱维主持会议，副主任何文中、陈廷明、王渝等参会。

区政协召开十届十三次主席会，听取区食药监分局关于创建国家食品安全示范城市的情况通报，并就相关工作进行专题协商。区政协主席甘联君讲话，副主席叶自玫、秦遥、简光秀、牟成勇、曹廷中、任其亮参会，副区长刘永华等列席。

区人大召开专题会，传达学习南山生态保护综合治理专项行动工作推进会精神，研究贯彻落实对策举措。区人大常委会主任朱维主持会议并讲话，副主任何文中、陈廷明、王渝参会。

13 日

区委书记郑向东主持召开十二届69次常委会会议，

传达学习全国组织工作会议精神及贯彻落实意见、市常委会会议精神及贯彻落实意见、全市维护稳定工作暨领导干部接访下访群众工作电视电话会精神，以及全市信访矛盾化解攻坚视频会议、《关于进一步加强信访法治化建设的实施意见》《2017年南岸区信访稳定工作评价函》有关精神，审议2018年工业和信息化工作会扶持政策兑现、《南岸区2017年度民营企业和政府部门“双向评价”工作情况报告（送审稿）》《民营企业和政府部门“双向评价”实施办法（送审稿）》、全区扫黑除恶专项斗争工作推进情况、全区反恐工作推进情况、全区禁毒工作推进情况、《2018年全区上半年信访维稳工作情况及下半年主要工作（送审稿）》、区第十八届人民代表大会代表候选人建议人选名单。区委常委王茂春、梅泽波、王愚、唐昕、黄红、程效、胡显键参会，区领导朱维、甘联君、何洪田、陈炯等列席。

区委书记郑向东到南滨路沿线区域检查防汛工作及洪峰过境应对措施。区领导叶和平、莫裕全等参加检查。

16日

由中共重庆市委宣传部、市妇联、市文明办、市教委、市文化委、中共南岸区委、南岸区人民政府联合主办，重庆市“书香润万家”家庭阅读活动颁奖仪式在施光南大剧院举行，来自南岸区的肖豫雯等3个家庭分获重庆市首届家庭诵读大赛一等奖、重庆“十大最美书香家庭”称号。市委常委、宣传部部长张鸣，区委书记郑向东，区长陈一清，区人大常委会主任朱维，区政协主席甘联君，区委副书记王茂春等在家区领导出席仪式，并为获奖家庭和组织颁奖。

17日

区召开扫黑除恶专项斗争检查指导工作汇报会，向市扫黑除恶专项斗争第九检查指导组汇报工作推进情况。市扫黑除恶专项斗争第九检查指导组组长刘澜平到会并讲话，区委书记郑向东汇报扫黑除恶工作。区长陈一清主持会议。市扫黑除恶专项斗争第九检查指导组副组长熊杰、区委副书记王茂春等参会。

区委书记、区委落实中央十一巡视组“回头看”反馈意见整改工作领导小组组长郑向东主持召开区委落实中央十一巡视组“回头看”反馈意见整改工作领导小组第四次会议，传达学习习近平总书记关于巡视工作讲话精神和中央及市委要求，研究中央巡视组“回头看”反馈意见整改工作。区领导陈一清、朱维、甘联君、王茂春、魏小红、梅泽波、王愚、胡显键及有关部门负责人参会。

区召开旅游发展大会，学习贯彻习近平新时代中国特色社会主义思想和党的十九大精神，全面落实习近平总书记对重庆提出的“两点”定位、“两地”“两高”目标、“四个扎实”要求和全市旅游发展大会精神，研究部署全区旅游工作。区委书记郑向东到会并讲话，区长陈一清做工作部署，区人大常委会主任朱维等参会。会议由区委副书记王茂春主持。

18日

区委书记郑向东主持召开十二届70次常委会会议，审议《中共重庆市南岸区纪委重庆市南岸区监委关于2018年半年工作情况的报告》《南岸区2018年开展“1+3+N”“四风”专项整治深入落实中央八项规定精神工作方案（送审稿）》，传达学习《关于当前意识形态领域情况的通报》《关于南岸区2018年上半年意识形态工作情况的报告（送审稿）》，研究干部工作。区委常委陈一清、王茂春、魏小红、王愚、唐昕、黄红、胡显键参会。区人大常委会主任朱维列席。

区长陈一清到广阳镇陈家沟护林点、迎龙镇龙顶村大岚垭森林防火检查站检查夏季森林防火工作，走访慰问坚守在森林防火一线的护林员。区委副书记王茂春、副区长莫裕全参加检查和慰问。

20日

市委宣传部组织全市主流媒体“在行动”大型系列报道采访组走进南岸区。《重庆日报》、重庆电视台、重庆之声等8家市级媒体记者，通过“集中座谈＋实地调研”形式，围绕南岸经济社会发展亮点进行集中采访。区长陈一清接受专访。区委常委、宣传部部长魏小红出席采访活动。

区长陈一清主持召开政府56次常务会，审议《南岸区人民政府2018年半年工作情况报告》《2018年上半年全区城市绿化品质提升工作情况的报告》《2018年上半年全区招商引资工作情况的报告》、重庆市南岸区实施生态优先绿色发展行动计划（2018—2020年）、重庆市南岸区污染防治攻坚战实施方案（2018—2020）、《南岸区关于加强公园绿地建设优化生态空间布局情况的报告》、重庆市南岸区人民政府与中国科学院大学合作协议、调整南岸区公务用车制度改革领导小组、《重庆市南岸区人民政府重庆经济技术开发区管委会浙江双环传动机械股份有限公司重庆神箭汽车传动件有限责任公司项目投资协议》《重庆市南岸区人民政府重庆经济技术开发区管委会重庆信慕半导体有限公司韩国株式会社ASEMI项目协议》《南岸区人民政府关于我区2018年1—6月份国民经济和社会发展计划执行情况的报告》《南岸区棚户区改造二期项目可行性研究报告》《中共南岸区委南岸区人民政府关于深入推动长江经济带发展加快建设山清水秀美丽之地的实施意见》、调整广阳镇明月沱社区居民委员会规模和成立广阳镇东港社区居民委员会、《南岸区违规举借政府性债务整改工作方案》《南岸区推进"证照分离"改革试点实施方案》《"互联网+"新经济发展合作项目合同》《朝天门国际商贸城公司股权无偿划转协议》《南岸区2018年财政预算1—6月执行情况报告》，研究当前工作。副区长黄红、陈炯、叶和平、莫裕全、刘永华、贾宇，区长助理周侃、王向阳，政府办主任肖华云等参会。

全区新的社会阶层人士统战工作会召开，听取区委《关于加强新的社会阶层人士统战工作的实施意见》说明，区委非公工委、区网信办、区民政局、区司法局分别就各自领域新的社会阶层人士统战工作发言。区委副书记王茂春、区委统战部部长梅泽波等参会。

21日

区长陈一清检查城市环境治理工作，先后到南坪万达广场、南坪街道和鸡冠石镇，看望慰问在高温下坚持工作的一线环卫工人。

24日

重庆市召开深化"放管服"改革转变政府职能电视电话会，区领导陈一清、黄红、陈炯、叶和平、吕轶、刘永华、贾宇，区长助理周侃等在南岸分会场参会。

区政协专题协商国有企业改制推进工作，区国资管理中心通报南岸区国有企业改制推进情况。区政协主席甘联君到会并讲话，副区长黄红到会并听取意见。区政协副主席叶自玫、秦遥、简光秀、牟成勇、曹廷中等参会。

25日

区人大朱维主持召开十八届人大十三次会，听取和审议《关于加强公园绿地建设优化生态空间布局情况的报告》《南岸区人民政府关于我区2018年1—6月国民经济和社会发展计划执行情况的报告》《南岸区人民政府关于我区2018年1—6月财政收支预算执行情况的报告》《南岸区人大常委会〈关于旅游产业发展情况的报告〉的审议意见》等，通过了《南岸区人大常委会代表资格审查委员会关于补选的南岸区第十八届人大代表资格的审查报告》。区人大常委会副主任何文中、陈廷明、王渝参会，副区长贾宇等列席。

26日

区召开"一府两院"暨经开区2018年半年工作报告会，全区224名市、区人大代表对区人大、"一府两院"、经开区半年工作及9项专项工作进行检查。区领导郑向东、陈一清、朱维、王茂春、黄红、程效、胡显键、何文中、陈廷明、王渝等参会。

区政协召开"习近平总书记关于加强和改进人民政协工作的重要思想"理论研讨会。区政协主席甘联君出席并讲话。区政协副主席叶自玫、秦遥、简光秀、曹廷中等参会。

27日

区长陈一清主持召开政府57次常务会，传达全市民营经济发展大会精神及贯彻落实意见、2018年中国城市信用建设高峰论坛精神及贯彻落实意见，审议《2018年南岸区对口帮扶石柱县工作方案》、重庆市南岸区人民政府与中国医药卫生事业发展基金会和中科众城（北京）资产管理有限公司合作、对南岸区深化全国文明城区和国家卫生区建设工作先进集体和先进个人进行通报表扬和记功嘉奖、《南岸区加快全域旅游发展实施意见》《南岸区人民政府与神州长城股份有限公司战略合作框架协议》《迎龙湖商务医养田园综合体项目投资协议》《迎龙湖商务医养田园综合体项目投资备忘录》《迎龙湖商务医养田园综合体项目前期投入转让协议》《重庆市南岸区人民政府重庆经济技术开发区管委会中国联合网络通信有限公司重庆市分公司项目合作协议》《南岸区政府债务应急周转金工作方案》《南岸区科技型企业知识价值信用贷款风险补偿基金组建方案》《重庆市南岸区人民政府重庆经济技术开发区管委会 北京易华录信息技术股份有限公司数据湖产业园项目投资协议》有关事宜。副区长黄红、陈炯 莫裕全、吕轶、刘永华、贾宇，区长助理王向阳，政府办主任肖华云等参会。

30日

区召开扫黑除恶专项斗争检查指导情况反馈会，市扫黑除恶专项斗争第九检查指导组组长刘澜平做反馈检查指导意见，对下一步工作提出要求。区领导郑向东、陈一清、魏小红、王愚、黄红、程效、胡显键、吕轶、贾宇，市扫黑除恶专项斗争第九检查指导组成员等参会。

区召开"八一"军政座谈会，军地领导共庆中国人民解放军建军91周年。区领导郑向东、陈一清、王茂春、莫裕全、贾宇等出席座谈会。

31日

区召开深入推动长江经济带发展动员暨生态环境保护会，贯彻落实中央推动长江经济带发展两次座谈会精神、全国生态环境保护大会精神、全市推动长江经济带发展动员大会暨生态环境保护大会精神，安排部署全区生态保护、深入推动长江经济带发展、加快建设山清水秀美丽之地各项工作。区委书记郑向东、区长陈一清、区委副书记王茂春等全体在家区领导参会。

## 8月

1日

区委书记、区委全面深化改革领导小组和全面依法治区领导小组组长郑向东主持召开十二届区委全面深化改革暨全面依法治区领导小组十三次会。区长、区委全面深化改革领导小组和全面依法治区领导小组副组长陈一清，区委副书记、区委全面深化改革领导小组和全面依法治区领导小组副组长王茂春及小组成员参会。

区委书记郑向东主持召开十二届72次常委会会议，传达学习中央政治局会议精神、市委常委会会议精神、全市民营经济发展大会精神及区贯彻落实意见、全市组织系统关于学习贯彻习近平在全国组织工作会上讲话精神及区贯彻落实意见，审议《中共重庆市南岸区委重庆市南岸区人民政府关于深入推动长江经济带发展加快建设山清水秀美丽之地的实施意见（送审稿）》《关于贯彻落实市扫黑除恶专项斗争第九检查指导组反馈意见整改实施方案（送审稿）》《重庆市南岸区人民政府重庆经济技术开发区管委会与重庆赛迪工业和信息化研究院有限公司项目投资协议（送审稿）》《重庆市南岸区人民政府重庆经济技术开发区管委会与重庆信慕半导体有限公司韩国株式会社ASEMI项目投资协议（送审稿）》《重庆市南岸区人民政府与神州长城股份有限公司战略合作框架协议（送审稿）》《迎龙湖商务医养田园综合体项目投资协议（送审稿）》《迎龙湖商务医养田园综合体项目投资备忘录（送审稿）》《迎龙湖商务医养田园综合体项目前期投入转让协议（送审稿）》《“互联网+”新经济发展合作项目合同（送审稿）》《朝天门国际商贸城公司股权无偿划转》、重庆智谷高新实业有限公司组建方案，听取区政府党组和重庆经开区党工委2018年上半年工作汇报。区委常委陈一清、王茂春、魏小红、梅泽波、王愚、唐昕、黄红、程效、胡显键参会，区领导何洪田、何文中、陈炯、贾宇、周侃、王向阳、叶自玫、王子伟等列席。

2日

国家民政部结项验收组组长唐忠新来区检查社区治理和服务创新南岸实验区结项验收工作，在花园路街道南湖社区调研全国创新社会治理十佳案例“微益坊”，在长生桥镇桃花桥社区调研全国创新社会治理最佳案例“131”自治模式。市民政局副局长徐松强，区领导郑向东、陈一清、王茂春、程效、莫裕全、叶自玫陪同调研。

8日

区委书记郑向东主持召开十二届73次常委会会议，传达学习市委书记陈敏尔对全市政法工作指示精神、全市平安建设工作暨基层社会治理智能化建设现场会精神及区贯彻落实意见、市领导调研重庆经开区指示精神、全市研究开发区体制机制改革工作会精神及区贯彻落实意见，听取区人大常委会党组2018年上半年工作汇报、区政协党组2018年上半年工作汇报、区委统战部2018年上半年工作报告、区委政法委2018年上半年工作报告，审议《区扫黑除恶专项斗争工作情况汇报（送审稿）》、民主党派机关主要职责和人员编制规定、《南岸区经开区组团参加2018中国国际智能产业博览会工作方案（送审稿）》。区委常委陈一清、王茂春、魏小红、梅泽波、王愚、唐昕、程效参会，区领导朱维、甘联君、陈廷明、王渝、吕轶、周侃、王向阳、叶自玫、秦遥、简光秀、牟成勇、曹廷中、王子伟等列席。

区委书记郑向东主持召开区委中心组（扩大）理论学习会，学习贯彻全市民营经济发展大会精神。区长陈一清、区人大常委会主任朱维、区政协主席甘联君、区委副书记王茂春等参会。

区召开南山生态保护综合治理专项工作领导小组第二次会议，听取南山生态保护综合治理专项工作推进情况汇报，审议《南山生态保护综合治理专项工作领导小组及办公室职责》《中共重庆市南岸区纪委监委机关中共重庆市南岸区委组织部关于南山综合治理专项填报工作的通知》《南山生态保护综合治理问题发现和快速处置管理办法》。区委书记郑向东就全区统一思想，加快推进南山生态保护综合治理专项工作等提出要求。区领导陈一清、王茂春、王愚、莫裕全等参会。

9日

区长陈一清主持召开政府58次常务会，传达全市深化“放管服”改革转变政府职能电视电话会议精神及区贯彻落实意见、市领导调研重庆经开区和全市研究开发区体制机制改革工作会议精神及区贯彻落实意见，审议2018年下半年土地供应、《南岸区贯彻落实重庆市环境保护集中督察反馈意见整改实施方案》、南岸区自然保护地（风景名胜区、“四山”范围）大检查大整治工作自查整改情况、购买长生桥镇旧城改造棚户区改造项目安置房源、关于成立区烟草产业发展领导小组及下一步烟草工作、《南岸区优化企业投资审批和管理服务工作实施细则（送审稿）》《南岸区一般工业项目建设审批（审查）操作细则（试行）（送审稿）》《重庆市长生桥垃圾填埋场生态修复工程项目可行性研究报告》、茶园B标准分区纵一路南段（二期）工程总投资概算评审、重庆经开区产业类已供地未开工项目、《南岸区重庆经开区组团参加2018中国国际智能产业博览会工作方案》。副区长陈炯、莫裕全、吕轶、贾宇，区长助理周侃、王向阳，政府办主任肖华云等参会。

13日

区长陈一清主持召开政府59次常务会，传达全国发展改革系统贯彻落实党中央关于上半年经济形势和下半年经济工作决策部署视频会议精神、全市重大项目储备和建设专题视频会议精神及区贯彻落实意见、第四次全国经济普查会议精神、全市经济普查动员大会精神及区贯彻落实意见，审议棚户区改造一期贷款资金上账、《南岸区与中青旅产投（贵州）投资公司战略合作框架协议》、南岸区自然保护地（森林公园、湿地公园、水利风景区、水生生物保护区）大检查大整治自查情况和整改方案、《区属部分国有经营性闲置低效房产处置工作的方案》《关于进一步深化南岸区行政事业单位所属国企改革改制工作的方案》、重庆CBD弹子石示范区B标准分区市政道路工程概算评审、《关于全面优化营商环境促进民营经济发展的意见》《关于进一步营造企业家健康成长环境弘扬优秀企业家精神更好发挥企业家作用的实施意见》《南岸区以大数据智能化为引领的创新驱动发展战略行动计划（2018—2020年）（送审稿）》《南岸区经开区组团参加2018中国国际智能产业博览会工作方案》。副区长黄红、陈炯、莫裕全、刘永华、贾宇，区长助理王向阳，政府办主任肖华云等参会。

区召开南滨路国家级文化产业示范园区创建工作领导小组会，听取2018年南滨路国家级文化产业示范园目标任务推进情况，研究部署下阶段工作。区长陈一清就推进园区创建工作提出要求。区领导王愚、刘永华等参会。

17日

区召开全区民营经济发展大会暨工业和信息化工作会。区委书记郑向东就发展民营经济、优化环境、解放思想、狠抓落实、推动经济高质量发展等提出要求。区领导陈一清、朱维、甘联君、王茂春、梅泽波、王愚、唐昕、程效等参会。

20日

区长陈一清主持召开政府60次常务会，审议《全区扫黑除恶专项斗争工作推进情况报告》、南岸区经开区组团参加2018中国国际智能产业博览会筹备工作、《区领导赴武汉、南京、无锡、上海对接项目情况汇报》《重庆市南岸区人民政府工作规则（送审稿）》、南岸区教育事业发展、《南岸区学前教育专题工作报告》《南岸区高层次创新人才支持计划实施办法（试行）（送审稿）》《南岸区科教兴区和人才强区行动计划（2018—2020年）（送审稿）》、南岸区2017年度商贸扶持政策兑现、老厂棚户区改造项目（2018—2020年）融资。副区长黄红、陈炯、吕轶、刘永华、贾宇，区长助理王向阳，政府办主任肖华云等参会。

21日

区召开智博会筹备工作推进会，与会领导实地查看易华录展厅、中国智谷展厅、飞象工业互联网平台和全市社会治理大数据中心，听取各牵头单位工作汇报，研究部署下一步工作。区委书记郑向东，区长陈一清，区委宣传部部长魏小红，副区长黄红、陈炯等参会。

23日

2018中国国际智能产业博览会在重庆国博中心召开。中央网信办副主任杨小伟实地参观中国智谷展厅、飞象工业互联网平台和全市社会治理大数据中心等南岸展厅。区委书记郑向东，区委常委、宣传部部长魏小红陪同调研。

24日

南岸区人民政府与重庆中交通信信息技术有限公司签订项目合作协议，就在南岸区建设重庆智慧交通大数据研究院，推动全国重点营运车辆安全监管与服务平台数据与公安交通管理大数据融合等事宜开展合作。市人大常委会副主任张定宇、市公安局局长邓恢林、市人大常委会副秘书长向先全、市政府应急办主任张邦平，以及区领导郑向东、魏小红、陈炯等出席签约仪式。

由南岸区政府、科大讯飞股份有限公司西南区、中国联合网络通信有限公司重庆市分公司承办的“AI赋能•智享未来”科大讯飞AI+技术创新发展论坛在重庆悦来国际会议中心举行。副市长吴存荣出席会议并致辞。区委书记郑向东、区长陈一清、区政协主席甘联君等参会。

25日

区委召开2018年民主党派区委主委暑期谈心交流会，学习习近平总书记在党外人士座谈会上的讲话精神、尤权部长来渝调研工作汇报会精神、全市统一战线工作领导小组会精神、全市统一战线座谈会精神，通报全区上半年经济社会发展和统战工作开展情况，听取对深入开展“学讲做”活动推动民主党派工作的意见建议，共商深化基层多党合作实践基地第二轮建设事宜。区委副书记王茂春出席会议并讲话，区委常委、统战部部长梅泽波主持会议。民革市委专职副主委、区委主委龚小雪，民盟区委主委蒋文新，民建区委主委简光秀，民进市委副主委、区委主委莫裕全，农工党区委主委牟成勇，致公党区委主委任其亮，九三学社区委主委陈洪凯先后发言。

27 日

区委副书记王茂春代表区委、区人大、区政府、区政协和重庆经开区，到南山看望慰问奋战在高温一线的护林人员，为他们送上夏日“清凉礼包”等慰问品。

28 日

区长陈一清主持召开政府 61 次常务会，传达 2018 年全市机关事务（公务接待）会议精神及区贯彻落实意见、《关于南岸区经开区组团参加 2018 中国国际智能产业博览会工作情况的通报》《全区安全生产工作情况报告》、重庆渝贸通供应链管理有限责任公司项目扶持资金兑现方式修改意见、设立重庆鼎诚股权投资基金管理有限公司、居民用天然气销售价格调整、向黄路延伸段工程可行性研究报告评审、《弹子石 A 分区整体清算移交协议》《南岸区证明事项清理工作情况报告》《重庆市南岸区人民政府与重庆中交通信信息技术有限公司项目投资协议》《南岸区保障和改善民生行动方案（2018—2020 年）（送审稿）》。副区长黄红、陈炯、叶和平、吕轶、刘永华、贾宇，区长助理周侃、王向阳，政府办主任肖华云等参会。

区与华人文化集团、德祥地产集团签订战略合作框架协议，共同推动区文化产业升级，打造面向重庆、辐射西南的文化、娱乐、生活新名片。副市长潘毅琴、市政府副秘书长王余果、市文化委主任张洪斌，以及区领导郑向东、陈一清、魏小红、王愚、黄红、吕轶、刘永华出席签约仪式。

区召开中国国际智能产业博览会南岸区、重庆经开区工作总结会暨招商引资工作推进会，“三生三宜”品质城市建设领导小组会，总结南岸区、重庆经开区组团参加 2018 中国国际智能产业博览会工作情况，通报智博会筹备和举办期间表现突出的单位和个人、7 月份“三生三宜”品质城市暨深化全国文明城区建设考核情况、全区招商引资工作推进情况，向考核优秀单位区旅游局、花园路街道、江南新城管委会、区工商分局颁发流动红旗，安排部署下一步工作。区委书记郑向东到会讲话，区领导陈一清、朱维、甘联君、王茂春、魏小红、梅泽波、唐昕、黄红、程效等参会。

29 日

区委书记郑向东主持召开区委中心组（扩大）理论学习会，传达学习近期中央和市委关于巡视巡察工作有关精神、习近平总书记在全国宣传思想工作会议上的讲话精神、市委常委会会议精神。区长陈一清、区人大常委会主任朱维、区政协主席甘联君、区委副书记王茂春等参会。

区委书记郑向东主持召开十二届 74 次常委会会议，传达学习习近平总书记在全国组织工作会议上的讲话精神、《中共中央办公厅关于适应新时代要求大力发现培养选拔优秀年轻干部的意见》精神、习近平总书记在全国宣传思想工作会议上的讲话精神、市委常委会会议精神、中央全面依法治国委员会第一次会议及区贯彻落实意见、近期中央和市委关于巡视巡察工作有关精神、市委陈敏尔书记在听取市委第二轮巡视情况汇报时的讲话精神、市委交叉巡察情况通报会精神、中央保密委有关文件精神、《中共重庆市纪委关于万盛经开区“两个责任”落实不力的通报》精神及贯彻落实意见，审议《区委深化中央巡视“回头看”和市委巡视反馈意见整改工作台账及报告（送审稿）》《重庆市南岸区实施生态优先绿色发展行动计划（2018—2020 年）（送审稿）》《重庆市南岸区污染防治攻坚战实施方案（2018—2020 年）（送审稿）》《重庆市南岸区贯彻落实重庆市环境保护集中督察反馈意见整改实施方案（送审稿）》《重庆市南岸区科教兴区和人才强区行动计划（2018—2020 年）（送审稿）》《重庆市南岸区高层次创新人才支持计划实施办法（试行）（送审稿）》《重庆市南岸区教育事业发展有关事宜（送审稿）》《中共重庆市南岸区委重庆市南岸区人民政府关于全面优化营商环境促进民营经济发展的意见（送审稿）》《中共重庆市南岸区委重庆市南岸区人民政府关于进一步营造企业家健康成长环境弘扬优秀企业家精神更好发挥企业家作用的实施意见（送审稿）》《关于进一步深化南岸区行政事业单位所属国企改革改制工作方案（送审稿）》《区属部分国有经营性闲置低效房产处置工作方案（送审稿）》《南岸区 2018 年对口帮扶石柱县工作方案（送审稿）》《区纪委监委向区一级党和国家机关派驻纪检监察机构暨区纪委监委机关编制和内设机构调整方案（送审稿）》、南山区域老旧片区改造、深化全国文明城区和国家卫生区建设工作先进集体和先进个人通报表扬和记功嘉奖，通报区党政领导班子和市管干部 2017 年度考核结果，区领导赴武汉、南京、无锡、上海对接项目情况，听取区法院党组 2018 年上半年工作汇报、区检察院党组 2018 年上半年工作汇报、区委组织部 2018 年上半年工作报告、区委宣传部 2018 年上半年工作报告，研究干部违纪问题。区委常委陈一清、王茂春、魏小红、梅泽波、王愚、唐昕、黄红、程效、胡显键参会，区领导朱维、甘联君、陈廷明、王渝、陈炯、叶和平、刘永华、贾宇、王向阳、叶自玫、秦遥、简光秀、牟成勇、曹廷中、蒋文新、陈洪凯、王子伟、白炤等列席。

30日

市科协副主席王合清来区调研青少年科技教育和社区科普工作，在重庆国际会展中心察看设施设备等。区委副书记王茂春、副区长陈炯等陪同调研。

## 9月

1日

由市经信委、中国信息通信研究院西部分院与南岸区政府共同打造的，以物联网企业为加速器和孵化器的"物联地带•渝"在区挂牌成立。重庆市副市长李殿勋、中国信息通信研究院党委书记李勇为"物联地带•渝"揭牌。区长陈一清致欢迎辞。日海智能科技股份有限公司董事长刘平、重庆邮电大学校长李林等出席揭牌仪式。

4日

区长陈一清主持召开政府62次常务会，传达2018年全国医改工作电视电话会议精神及区贯彻落实意见，审议《重庆市南岸区人民政府与中国科学院大学共建中国科学院大学附属重庆科技中学合作协议》《重庆市南岸区人民政府与杭州大策投资集团项目投资协议》、黄桷湾立交及周边绿化提档升级工程可行性研究报告评审、黄桷湾立交及周边绿化提档升级工程总投资概算评审、2017—2018年区土地价款返还、《南岸区经开区促进民营经济发展若干政策（试行）》《进一步加强公共投资建设项目审计办法（送审稿）》《南岸区创建国家公共文化服务体系示范区实施方案（送审稿）》，研究有关干部任免职事宜。副区长黄红、莫裕全、吕轶、刘永华、贾宇，区长助理王向阳，政府办主任肖华云等参会。

区长陈一清到天文街道开展巡查工作，实地察看中一路社区法制宣传栏、社区警务室和小区楼道扫黑除恶宣传情况，要求全面深入推进扫黑除恶专项斗争和"三生三宜"品质城市建设工作。副区长叶和平参加巡查。

区人大常委会主任朱维主持召开二十九次主任会，听取有关人事任免报告，审议个别代表辞去区十八届人大代表职务、区十八届人大第十四次会议方案等。副主任何文中、陈廷明、王渝参会，区人民法院院长王子伟等列席。

5日

区委副书记王茂春代表区委、区人大、区政府、区政协和重庆经开区到南山看望慰问工作在高温一线的护林人员，为他们送上夏日"清凉礼包"。

6日

以"夜重庆潮生活"为主题的2018重庆夜市文化节在南滨路烟雨公园举行颁奖典礼。市商委主任张智奎、区长陈一清、副区长吕轶及市区有关单位负责人出席活动。

教师节来临之际，区长陈一清到重庆第二外国语学校开展教师节慰问活动，向全区广大教师和教育工作者致以节日的问候，并实地参观了学校的国际教育中心、南麓书院、教学楼等。副区长刘永华参加慰问。

10日

中央扫黑除恶第九督导组召开督导南岸区工作座谈会，中央 扫黑除恶第九督导组副组长张力就深入推进扫黑除恶专项斗争讲话。区长陈一清做工作汇报，区委副书记王茂春等发言。中央扫黑除恶第九督导组成员、市委政法委负责人、南岸扫黑除恶专项斗争领导小组有关人员参会。

在第34个教育节来临之际，区委副书记王茂春、区委宣传部部长魏小红、副区长黄红、区人大常委会副主任陈廷明分别到文峰小学、南坪中学、上浩小学、珊瑚幼儿园开展慰问活动，向广大教师致以节日问候。

11日

区长陈一清主持召开政府63次常务会，传达中央扫黑除恶第九督导组赴南岸下沉督导工作座谈会精神、中央统战部全国工商联贯彻落实《关于促进工商联所属商会改革和发展的实施意见》工作电视电话会议精神及区贯彻落实意见，审议进一步加强房地产调控和集中开展整治打击房地产领域违法犯罪行为、《重庆市南岸区人民政府与上海均和集团有限公司招商合作协议》、南发公司向广发银行融资2亿元、终止中关村•重庆物联网创新创业基地项目、关于降低一般工商业电价及清理规范转供电相关工作的情况报告、《2018年第四批政府债券资金使用方案》《南岸区免费无线公共局域网建设工作实施方案》、涂山湖二期棚户区改造项目（2018—2020年）资金筹集等事宜。副区长黄红、陈炯、莫裕全、吕轶、刘永华、贾宇，区长助理王向阳，政府办主任肖华云等参会。

14 日

区十八届人大召开第三十二次主任会，专题听取区社会组织协商工作情况报告。区人大常委会主任朱维，副主任何文中、陈廷明、王 渝参会，副区长莫裕全列席。

17 日

区长陈一清主持召开政府党组和重庆经开区党工委中心组学习会，学习习近平关于加强党的政治建设重要论述、习近平在中共中央政治局第六次集体学习时的讲话精神、习近平对推进中央和国家机关党的政治建设的指示、党的十八大以来习近平关于加强党的政治建设的论述。区领导陈炯、莫裕全、吕轶、刘永华、周侃等参会。

区长陈一清主持召开政府 64 次常务会，审议 2018 年 1—8 月干部接访下访“六个一批”四项攻坚工作进展情况、《重庆国际马拉松赛市场化运营建议》《重庆市南岸区人民政府重庆经济技术开发区管委会重庆市汽车运输（集团）茶园物流有限公司项目投资协议》、2017 年财政总决算等事宜。副区长陈炯、莫裕全、吕轶、刘永华，区长助理王向阳，政府办主任肖华云等参会。

18 日

市“七五”普法中期检查组第三小组来区检查普法开展工作，先后到南岸区法治文化公园、江南小学、长生桥镇桃花桥社区等普法阵地，了解学校法治宣传教育、法治主题文化公园及全国民主法治示范区建设情况。市人力社保局副局长谢辛、区委宣传部部长魏小红出席检查组召开的工作座谈会。

区长陈一清调研中国智谷（重庆）科技园发展情况，查看了石塔立交、内环玉马路下道口、雷家桥立交等重要节点和中国西南国际健康城，研究出入智谷城市标志系统建设工作，听取智谷建设工作进展情况汇报。副区长陈炯、刘永华等参加调研。

19 日

受区委书记郑向东委托，区委副书记、区长陈一清主持召开十二届 75 次常委会会议，传达学习习近平在中央全面依法治国委员会第一次会议上的讲话精神、在推进“一带一路”建设工作 5 周年座谈会上的讲话精神、在全国教育大会上的讲话精神，传达学习全市组织工作会议精神、市委理论学习中心组（扩大）2018 年第 7 次专题学习会议精神及区贯彻落实意见、市委第五次人大工作会议精神及区贯彻落实意见、全市扫黑除恶专项斗争监督执纪问责工作推进暨约谈会议精神及区贯彻落实意见、全市深化扶贫领域腐败和作风问题专项治理工作推进会议精神及区贯彻落实意见、全市纪检监察干部监督工作会议精神及区贯彻落实意见、全市宗教工作专题会议精神及区贯彻落实意见，通报中央扫黑除恶第九督导组下沉南岸督导工作情况及区工作意见、市保密局对区贯彻实施《“十三五”时期重庆市保密事业发展规划》《重庆市“七五”保密法治宣传教育规划》中期检查情况及区整改方案、《南岸区以大数据智能化为引领的创新驱动发展战略行动计划（2018—2020 年）（送审稿）》《南岸区保障和改善民生行动方案（2018—2020 年）（送审稿）》《重庆市南岸区人民政府重庆经济技术开发区管委会与北京易华录信息技术股份有限公司中国华录•重庆数据湖产业园项目投资协议（送审稿）》、成立区税务局党委和重庆经开区税务局党委有关事宜、终止杨春畅区党代表资格，研究干部违纪和干部工作等事宜。区委常委王茂春、魏小红、梅泽波、王愚、唐昕、程效、胡显键参会，区领导朱维、甘联君、何文中、陈廷明、王渝、叶和平、莫裕全、刘永华、周侃、秦遥、简光秀、牟成勇、曹廷中等列席。

区长陈一清到企业调研，在重庆盟讯电子科技有限公司调研智能制造生产线，帮助企业解决困难。

区委召开中心组（扩大）学习会，传达学习习近平总书记在中央全面依法治国委员会第一次会议上的讲话精神、在推进“一带一路”建设工作 5 周年座谈会上的讲话精神、在全国教育大会上的讲话精神。区长陈一清、区人大常委会主任朱维、区政协主席甘联君、区委副书记王茂春等区委中心组成员及区人大、区政府、区政协及部分区级部门负责人等参会。

区人大常委会主任朱维主持召开十八届人大十四次会议，审议《关于全面提升城市管理服务水平加快“三生三宜”品质城市建设相关工作的报告》《南岸区人大常委会关于批准南岸区人民政府 2017 年财政总决算草案的决定（草案）》《南岸区人大常委会关于批准南岸区人民政府 2018 年地方政府债券资金安排使用的决定（草案）》《南岸区人民政府关于生态环境保护情况的报告》《南岸区人大常委会〈关于学前教育工作情况的报告〉的评议意见》《南岸区人大常委会〈关于加强公园绿地建设优化生态空间布局工作报告〉的审议意见》《南岸区人民政府关于区十八届人大二次会议议案决议执行情况和代表建议批评意见办理情况的报告》，通过人事任免，传达市委第五次人大工作会议精神。区人大常委会副主任何文中、陈廷明、王渝参会，区委常委、区纪委书记、区监察委员会主任胡显键，副区长贾宇，区人民法院院长王子伟，区人民检察院副检察长黎先文等列席。

21 日

区召开 2018 年上半年经济社会发展情况通报会，

向离退休老干部通报全区经济社会发展情况。区长陈一清、区委组织部部长程效、副区长吕轶出席会议。

25 日

市经济信息委主任陈金山来区调研大数据智能化产业发展情况，先后到飞象工业互联网平台、重庆经开区•Qualcomm 中国智能物联网联合创新中心、盟讯电子科技有限公司和信慕半导体公司等大数据智能化重点企业，了解企业在科技创新、产品研发、平台运营等方面情况。区长陈一清、副区长陈炯等陪同调研。

26 日

区长陈一清主持召开政府 65 次常务会，传达学习全市防范化解政府隐性债务风险工作会议精神、第三次全国国土调查电视电话会议精神及区贯彻落实意见、重庆市第三次国土调查电视电话会议精神及区贯彻落实意见、黄桷垭环道工程可行性研究报告评审、江南立交改造工程可行性研究报告评审、《辅仁小区债权收购协议》，听取中秋节期间有关情况汇报等事宜。副区长陈炯、莫裕全、吕轶、贾宇，政府办主任肖华云等参会。

区委副书记王茂春出席区委办机关支部主题党日活动，与机关支部全体党员一起学习习近平在全国组织工作会议上的讲话精神、在全国教育大会上的讲话精神。

27 日

区政协召开委员履职尽责实践活动动员部署会，正式启动“深入推动长江经济带发展、加快建设山清水秀美丽之地”委员履职尽责实践活动。区政协主席甘联君，副主席叶自玫、秦遥、牟成勇、曹廷中、任其亮参会，副区长莫裕全等列席。

区政协召开十届八次常委会，听取十届二次会议提案办理情况通报，专题协商大南山生态保护与建设工作，审议通过《区政协关于深入推动长江经济带发展加快建设山清水秀美丽之地委员履职尽责实践活动方案》《区政协关于深入推动长江经济带发展加快建设山清水秀美丽之地委员履职尽责实践活动的决议》。区政协主席甘联君，副主席叶自玫、秦遥、牟成勇、曹廷中、任其亮参会，副区长莫裕全等列席。

28 日

区长陈一清出席全区组织工作会议并讲话，就深入学习贯彻习近平总书记关于党的建设和组织工作重要思想，贯彻落实全国、全市组织工作会议精神，坚定贯彻新时代党的组织路线，开创南岸党的建设和组织工作新局面提出要求。区领导王茂春、程效、胡显键等参会。

区召开重点工作推进会暨“三生三宜”品质城市建设领导小组会、招商引资领导小组会。区长陈一清出席会议并讲话，区委副书记王茂春主持会议，区领导魏小红、唐昕、陈炯、吕轶、贾宇、周侃等参会。

30 日

区长陈一清，副区长叶和平、莫裕全出席长生河谷项目开工建设仪式。

## 10 月

9 日

区长陈一清主持召开政府 66 次常务会，听取国庆节期间有关情况汇报，审议《关于加强质量认证体系建设促进全面质量管理的实施方案（2018—2020 年）》《南岸区国有资金投资限额以下工程建设项目承包商随机抽取暂行办法（修订版）》、内环快速路入口段门户景观工程可行性研究报告评估、撤销鸡冠石镇盘龙村村民委员会建制、《南岸区区级基本支出预算管理办法》《南岸区区级项目支出预算管理办法》、2018 年区属国有企业经营业绩考核方案、《关于以管资本为主推进职能转变实施意见（送审稿）》、区资产公司与区税务局资产置换等事宜，研究当前工作。副区长黄红、陈炯、叶和平、莫裕全、吕轶、刘永华、贾宇，区长助理周侃、王向阳，政府办主任肖华云参会。

10 日

受区委书记郑向东委托，区长陈一清主持召开十二届 76 次常委会会议，传达学习全市宣传思想工作会议精神、市纪委书记陈雍在渝北区“以案说纪、以案说法、以案说德、以案说责”警示教育会上的讲话精神及区贯彻落实意见、《党委中心组学习参考（第 4—7 期）》《数字经济发展战略纲要》精神，审议《十二届区委第四轮巡察工作报告（送审稿）》《十二届区委第五轮巡察工作方案（送审稿）》《南岸区关于中央扫黑除恶第 9 督导组督导重庆市第三次工作通报对接会反馈问题建议的整改落实方案（送审稿）》、2018 年 1—8 月干部接访下访“六个一批”“四项攻坚”工作进展情况、《南岸区经开区促进民营经济发展若干政策（试行）（送审稿）》《南岸区建设新时代文明实践中心试点工作方案（送审稿）》《重庆市南岸区人民政府中国科学院大学共建中国科学院大学附属重庆科技中学合作协议（送审稿）》、2017 年度区管领导班子和区管干部考核结果、民革南岸区委主委新提名人选，研究干部工作。区委常委王茂春、魏小红、梅泽波、王愚、唐昕、黄红、程效、胡显键参会，区领导朱维、何洪田、何文中、王渝、莫裕全、刘永华、贾宇、周侃、王向阳、秦遥、牟成勇、曹廷中等列席。

15 日

区长陈一清主持召开政府 67 次常务会，审议《关于 2019 年重点项目谋划情况》、2018 年 1—9 月全区争资完成情况及相关建议、《南岸区军民融合产业发展的实施意见（送审稿）》《南岸区安置房购买办法（送审稿）》《医渡云项目投资协议》、南岸区开展“大棚房”问题专项清理整治行动、乡村振兴工作、2018 年区属国有企业经营业绩考核方案、《关于以管资本为主推进职能转变实施意见（送审稿）》、区资产公司与区税务局资产置换有关事宜，研究当前工作。副区长黄红、陈炯、莫裕全、吕轶、刘永华，区长助理周侃、王向阳，政府办主任肖华云参会。

16 日

区召开十八届人大三十三次主任会，与会代表先后到珊瑚初级中学、天台岗雅居乐小学和 110 中学视察，察看了个案咨询室、沙盘游戏室、放松减压室等场所，了解学校心理健康教育工作情况。区人大常委会主任朱维、副主任王渝参会，副区长刘永华等列席。

17 日

中宣部宣教局局长常勃来区调研宣传、思想、文化和社区“四德”建设工作，在南湖社区和龙门浩老街先后参观三益书院、巧手工坊、社工站、谭孃孃工作室、最美楼栋和琨典艺术品鉴馆、龙门书院、星光观景台等，了解历史文化传承和发展情况。区委副书记王茂春、区委宣传部部长魏小红陪同调研。

区长、区委全面深化改革领导小组副组长、区委全面依法治区领导小组副组长陈一清主持召开十二届区委全面深化改革暨全面依法治区领导小组第十四次会。区人大常委会主任、区委全面依法治区领导小组副组长朱维，区委副书记、区委全面深化改革领导小组副组长王茂春及领导小组成员等参会。

18 日

最高人民法院组织民主党派部分全国人大代表来区调研中国智谷·重庆科技园和区人民法院工作。在中国智谷·重庆科技园集中观看形象宣传片、飞象工业互联网平台。在区人民法院参观诉讼服务中心、家事调解室、第一审判庭，观看“基本解决执行难”宣传片。区人大常委会主任朱维、区委副书记王茂春、区政法委书记王愚、区政协副主席叶自玫、区法院院长王子伟陪同调研。

20 日

重庆市第三十八中学举行建校八十周年庆祝活动，全国人大第十一届、第十二届副委员长，民建中央原主席陈昌智作为老校友到会祝贺。区领导陈一清、朱维、魏小红、陈廷明、刘永华、牟成勇等出席活动。

23 日

全国社区治理和服务能力建设示范培训班经验交流会在重庆召开。区长陈一清代表南岸区以“推进社区治理体系和治理能力现代化”“三事分流”“多方参与、共同治理”为主题做交流发言。区委副书记王茂春、副区长莫裕全参会。

24 日

受区委书记郑向东委托，区长陈一清主持召开十二届 77 次常委会会议，传达学习全国扫黑除恶专项斗争推进会精神、中央扫黑除恶第 9 督导组督导重庆情况反馈电视电话会精神及区贯彻落实意见、近期中央和市委关于巡视工作会精神及区贯彻落实意见、市委全面深化改革委员会第一次会议精神、《中共重庆市委办公厅重庆市人民政府办公厅关于做好全市机构改革有关事项的通知》精神，审议《区委关于加强和改进新时代人大工作的实施意见（送审稿）》《区委人大工作会议方案（送审稿）》《南岸区加快全域旅游发展实施意见（送审稿）》《南岸区创建国家公共文化服务体系示范区实施方案（送审稿）》《南岸区大南山保护性文旅利用项目投资协议（送审稿）》《重庆市南岸区人民政府与杭州大策投资集团项目投资协议（送审稿）》《重庆市南岸区人民政府重庆经济技术开发区管委会与重庆中交通信信息技术有限公司项目投资协议（送审稿）》《区委落实市委第八巡视组巡视重庆商投集团党委反馈意见整改情况报告及下一步工作意见（送审稿）》《区监委向镇街派出监察机构工作方案（送审稿）》《关于建立村（居）监察监督员制度的实施方案（试行）（送审稿）》《关于加强全区公立医院党的建设工作的实施意见（送审稿）》《南岸区贯彻〈中国共产党党内功勋荣誉表彰条例〉实施细则（送审稿）》，研究干部违纪问题。区委常委王茂春、魏小红、梅泽波、王愚、唐昕、程效、胡显键参会，区领导朱维、甘联君、何文中、陈廷明、叶和平、吕轶、刘永华、贾宇、王向阳、叶自玫、秦遥、简光秀、牟成勇、曹廷中等列席。

区长陈一清主持召开政府 68 次常务会，审议第四次全国经济普查、江南新城管委会与中科众城（北京）资产管理有限公司合作、南发公司发行中期票据、《重庆市南岸区人民政府重庆经济技术开发区管委会重庆市科学技术局武汉地质资源环境工业技术研究院有限公司中国地大重庆产业创新工业技术研究院合作协议》、路威（重庆）摩托车有限公司项目投资协议、《南岸区 2017 年度财政预算执行情况及其他财政收支审计结果的报告》《南岸区大南山保护性文旅利用项目投资协议》有关事宜，听取赴深圳、沈阳对接项目情况汇报，研究当前工作和有关干部任免职事项等。副区长黄红、陈炯、莫裕全、吕轶、刘永华，区长助理王向阳，政府办主任肖华云参会。

25 日

区召开三季度经济形势分析会，传达贯彻市政府三季度经济形势分析会精神，分析研判全区三季度经济形势，部署四季度工作。区领导陈一清、朱维、甘联君、王茂春、梅泽波、黄红、陈炯、莫裕全、吕轶、刘永华、贾宇、王向阳、叶自玫等参会。

26 日

区召开区委人大工作会，学习贯彻习近平关于人民代表大会制度的论述、市委第五次人大工作会精神，安排部署新时代全区人大工作。区领导陈一清、朱维、王茂春、魏小红、梅泽波、程效、胡显键等参会。

区召开全区宣传思想工作会，区长陈一清出席会议并讲话，区委常委、宣传部部长魏小红做工作部署。会议由区委副书记王茂春主持，副区长刘永华等参会。

29 日

区召开“以案说纪、以案说法、以案说德、以案说责”警示教育会。区长陈一清、区人大常委会主任朱维、区政协主席甘联君、区委副书记王茂春等参会。

30 日

驻渝部队市人大代表联系组来区视察“双拥”工作。在龙门浩职业中学参观航空实训基地、创客空间及电工电子实训基地，听取校负责人对退役士兵职业技能培训的情况介绍。在紫焰桂花酒厂了解退役士兵刘西剑创业故事。看望慰问烈士家属和义务兵。重庆警备区副司令员南小冈，市政府副秘书长罗蔺，区领导陈一清、朱维、何洪田、莫裕全等出席视察活动。

区长陈一清到珊瑚时代都汇幼儿园检查安全工作，了解幼儿园门禁管理，查看幼儿园教室、运动场、厨房等。副区长莫裕全、刘永华参加。

区长陈一清到峡口镇大兴场社区看望慰问困难群众，到居民家中实地走访，了解老人生活、子女就业等情况。区府办及峡口镇有关负责人陪同慰问。

区长陈一清调研长生河综合整治工作，沿岸察看水质情况，了解综合整治推进工作。

区长陈一清主持召开政府党组和重庆经开区党工委中心组学习会，学习习近平在全国生态环境保护大会上的讲话精神。区领导黄红、吕轶、贾宇、王向阳等参会。

区长陈一清主持召开政府 69 次常务会，审议《南岸区开展“八清”综合行动工作方案（送审稿）》、成立重庆经开区产业发展基金、成立重庆经开区天使投资基金、《重庆市南岸区人民政府重庆经济技术开发区管委会宝利根项目投资协议》《重庆市南岸区人民政府重庆经济技术开发区管委会上海科莱博隐形眼镜有限公司项目投资协议》，听取弹子石 A 分区项目成本清算等事宜。副区长黄红、吕轶、贾宇，区长助理王向阳，政府办主任肖华云等参会。

31 日

区召开深化全国文明城区、国家卫生区（简称“两深化”）总结表扬暨“三生三宜”品质城市建设工作会，总结“两深化”工作经验，表扬先进单位和个人，巩固前一阶段工作成果，部署下一阶段工作，推动“两深化”工作规范化、常态化，开启“三生三宜”品质城市建设。市委宣传部副部长、市文明办主任马岱良，市卫健委党委副书记夏沛，区领导陈一清、朱维、甘联君等参会。会议由区委宣传部部长魏小红主持，区政法委书记王愚宣读“两深化”工作先进集体和个人三等功、嘉奖、通报表扬等。

## 11月

1 日

区长陈一清出席重庆经开区行政审批联席会议第一次会议暨经开区行政服务中心揭牌仪式，并为中心成立揭牌。

7 日

区长陈一清主持召开政府 70 次常务会，传达学习习近平在民营企业座谈会上的讲话精神，审议赴武汉、桂林、北京对接招商引资项目，以及《2019 年度国有建设用地供地计划》《2018 重庆全球旅行商大会实施方案》、成立长生桥镇乐陶社区居民委员会、南岸区产业发展配套公租房使用管理、《重庆市南岸区人民政府重庆经济技术开发区管委会关于全区大数据智能产业发展情况的报告（代拟稿）》等事宜。副区长黄红、陈炯、莫裕全、贾宇，区长助理王向阳，政府办主任肖华云等参会。

9日

受区委书记郑向东委托，区长陈一清主持召开十二届区委常委（扩大）会，通报陕西省委、西安市委在秦岭北麓西安境内违建别墅，违反政治纪律、损害党的形象、损害国家利益、损害生态环境的处理情况。区委常委王茂春、魏小红、梅泽波、王愚、唐昕、黄红、程效、胡显键参会，区领导何文中、陈廷明、王渝、陈炯、叶和平、吕轶、刘永华、王向阳、叶自玫、秦遥、简光秀、曹廷中、王子伟等参会。

区召开智谷•环重邮创新创业生态圈工作对接会，研究生态圈建设工作，探讨校地合作机制，共商下一步工作思路。区长陈一清到会并讲话。区委常委、常务副区长黄红，区委常委、组织部部长程效，副区长陈炯、刘永华，重庆邮电大学校长李林，重庆市中药研究院院长王勇德，中国信息通信研究院西部分院副院长张炎等出席会议。

13日

区召开民营企业座谈会，宣讲习近平在民营企业座谈会上的讲话精神，研究解决区民营企业发展中的具体问题。中讯控股集团、美的制冷公司、讯飞慧渝人工智能技术研究院、百立丰公司、圣华曦药业公司、讯之美物联网公司等10余家民营企业代表发言。区长陈一清、区委副书记王茂春、区委统战部部长梅泽波、区委组织部部长程效、副区长吕轶等参会。

区委召开中心组（扩大）理论学习会，传达学习习近平总书记在民营企业座谈会上的讲话精神、陈敏尔在市委常委会会议上的讲话精神、《中共中央国务院关于防范化解地方政府隐性债务风险的意见》《中共中央办公厅国务院办公厅关于印发〈地方政府隐性债务问责办法〉的通知》。区长陈一清、区委副书记王茂春等区委中心组成员参会。

14日

区长陈一清主持召开政府71次常务会，传达学习全国和全市春节前保障农民工工资支付工作电视电话会精神及区贯彻落实意见，审议对2017年度考核优秀公务员给予奖励、《重庆市南岸区人民政府重庆经济技术开发区管委会中铁建重庆投资集团有限公司项目投资协议补充协议》《南岸区健全现代医院管理制度实施方案（送审稿）》《南岸区工程建设项目审批制度改革试点实施方案》《南岸区工程建设项目审批制度改革试点工作督查考核办法》、长生桥镇旧城改造一期征收项目下达征收决定、江南立交改造工程（前期实施部分）总投资概算评审、区开展巨灾保险投保工作、《南岸区2018年度重点民生实事完成情况报告》等事宜。副区长黄红、陈炯、莫裕全、吕轶、刘永华、贾宇，区长助理王向阳，政府办主任肖华云等参会。

17日

区委召开党的群团工作联席会，总结2018年群团改革及群团工作推进落实情况，研究部署下一步工作。区总工会、团区委、区妇联等群团工作联席会成员单位做工作汇报。区委副书记王茂春、区委组织部部长程效参会。

22日

区长陈一清主持召开政府72次常务会，传达学习市委书记陈敏尔在市委常委会会议分析当前经济形势、研究部署下步经济工作时的讲话精神，市委副书记任学锋来区调研时的指示精神，审议棚改二期贷款融资方案、《重庆市南岸区国民经济和社会发展第十三个五年总体规划纲要中期评估报告（送审稿）》等事宜。副区长黄红、陈炯、吕轶、刘永华、贾宇，区长助理王向阳，政府办主任肖华云等参会。

23日

中国科学院大学重庆学院附属科技中学签约暨揭牌仪式在重庆市第十一中学校举行。中国科学院大学副校长、中国科学院院士徐涛，中国科学院重庆绿色智能技术研究院院长袁家虎，中国科学院大学副校长杨国强，市政府副秘书长唐慎，市教委副主任邓睿，区委宣传部部长魏小红，副区长黄红，区人大常委会副主任陈廷明出席揭牌仪式。揭牌仪式由副区长刘永华主持。

受区委书记郑向东委托，区长陈一清主持召开十二届78次常委会会议，传达学习市委陈敏尔书记在市委常委会会议上分析当前经济形势研究部署下步经济工作时的讲话精神、市委副书记任学锋来区调研时的指示精神，听取区政府党组关于2018年三季度经济形势分析情况的报告，审议《区属国有企业2017年度经营考核结果及领导人员薪酬核发方案（送审稿）》、对2017年度考核优秀公务员给予奖励、《医渡云项目投资协议（送审稿）》，研究撤销杨春畅党内职务等事宜。区委常委王茂春、魏小红、梅泽波、王愚、黄红、程效、胡显键参会，陈炯等列席。

27 日

区十八届人大召开三十八次主任会，与会代表对区实施乡村振兴战略推进情况进行视察。区人大常委会主任朱维，副主任何文中、陈廷明、王渝参会。

区召开 2018 年民主党派、工商联重点调研成果专题汇报协商会，听取各民主党派区委、区工商联、区无党派人士、区知联会、区新专联、区欧美同学会、区新媒体分会代表关于区经济社会发展等方面的意见和建议。区长陈一清、副区长吕轶到会听取意见和建议。区委常委、统战部部长梅泽波主持会议。

28 日

区召开 2018 年度区委党内法规工作联席会议暨全区首次党内规范性文件工作专题培训会，对全区党内法规工作进行回顾总结和安排部署，对全区党内法规工作力量进行业务培训。区委副书记、区委改革办主任王茂春做动员讲话。区级各部门、各镇街、群团组织、相关单位负责党内法规工作的分管领导和工作人员、区委各部委法律顾问参会。

区召开南山生态保护综合治理专项工作领导小组会暨“三生三宜”品质城市建设领导小组会，总结 10 月份品质城市建设工作推进和考核情况，为重庆经开区市政绿化处、天文街道、南坪现代服务业集聚区管委会、南发公司等优秀单位颁发流动红旗，研究部署南山生态保护综合治理及“三生三宜”品质城市建设工作。区长陈一清到会并讲话，区领导朱维、王茂春、魏小红、王愚、程效、胡显键、莫裕全、吕轶等参会。

## 12 月

4 日

区长陈一清主持召开政府 73 次常务会，传达学习全国发展改革系统近期有关工作情况通报会精神及区贯彻意见、改革开放创新城市规划建设管理专题调研暨主城片区座谈会议精神及区贯彻意见，审议江南新城梨花大道二期工程总投资概算评审、向黄路延伸段工程总投资概算评审、调整海棠溪街道罗家坝社区居民委员会规模和成立海棠溪街道御泰社区居民委员会、2018 年驻区部队需要帮助解决事项、《2018 年南岸区粮食安全行政首长责任制考核工作方案》、2018（第四届）中国互联网领袖峰会暨产业互联网高峰论坛活动方案、《重庆市南岸区人民政府重庆经济技术开发区管理委员会深兰科技（上海）有限公司项目投资协议》、成立重庆新赋能科技服务有限公司等事宜。副区长陈炯、莫裕全、刘永华、贾宇，区长助理王向阳，政府办主任肖华云等参会。

5 日

区委召开中心组（扩大）学习会，市委宣讲团成员、市委研究室副主任陈曦到会宣讲习近平在民营企业座谈会上的讲话精神。区人大常委会主任朱维等在家区领导及区级有关部门和单位、各镇街、经济板块、区属重点国有企业主要负责人，区委宣讲团成员等参会。会议由区委常委、宣传部部长魏小红主持。

6 日

区召开交通基础设施建设提升战略行动计划工作推进会，听取交通基础设施建设提升战略行动计划工作推进情况，通报区交通基础设施建设提升战略行动计划工作审计结果。区长陈一清到会并讲话，副区长黄红及区级有关部门和单位、各镇街、经济板块、区属国企主要负责人等参会。会议由副区长莫裕全主持。

9 日

区长陈一清到南坪镇调研，听取南坪镇相关负责人关于近期工作的汇报。区政府办、区文明办、区城管局等相关部门负责人参加调研。

10 日

区长陈一清主持召开政府党组（扩大）集中学习会，学习习近平在中央政治局会议上分析当前经济工作时的讲话精神、在中共中央政治局第九次集体学习时的讲话精神、在首届进博会开幕式上的讲话精神、在上海考察时的讲话精神、参观庆祝改革开放 40 周年大型展览时的讲话精神、在全国教育大会上的讲话精神及李克强在全国教育大会上的讲话精神。区领导黄红、陈炯、莫裕全、贾宇、王向阳等参会。

区长陈一清主持召开政府 74 次常务会，传达学习陈敏尔书记唐良智市长关于经济普查工作的批示精神及区贯彻意见、《关于深化统计管理体制改革提高统计数据真实性的意见》《统计违纪违法责任人处分处理建议办法》《防范和惩治统计造假、弄虚作假督查工作规定》文件精神及区贯彻意见、中央和市委关于统筹规范督查检查考核工作有关文件精神及贯彻意见，通报中国（重庆）“民参军”产品与技术信息对接会工作情况，审议进一步做好退役军人服务管理工作、《南岸区区管领导班子和区管干部年度考核办法》、2018 年区管领导班子工作实绩考核指标的建议、《关于建立区人民政府向区人大常委会报告国有资产管理情况制度的实施意见》、

2018年南岸区财政调整预算方案、南山生态保护综合治理专项工作推进情况、长江上游生态屏障（南岸段）山水林田湖草生态保护修复工程试点、《南岸区推进“三生三宜”城市提升专项行动实施方案》《关于成立南岸区推进“三生三宜”城市提升领导小组及专项工作小组的通知》《南岸区重大行政决策程序规则（暂行）》等事宜。副区长黄红、陈炯、莫裕全、贾宇，区长助理王向阳，政府办主任肖华云等参会。

12日

区委召开中心组（扩大）学习会，市政协原副主席、重庆大学教授陈万志和市“双百”活动宣讲团成员、重庆邮电大学计算机信息科学与技术学院安全系主任陈龙受邀，分别宣讲习近平生态文明思想和信息安全与隐私保护讲话精神。区人大常委会主任朱维等在家区领导及区级有关部门和单位、各镇街、经济板块位负责人等参会。会议由区委常委、宣传部部长魏小红主持。

13日

“身边榜样 前行力量”——2018年度“好人在身边”访谈示范活动在施光南大剧院举行，身边好人代表分享了他们做好人、行好事的故事。市政协副主席周克勤、市文明办副主任王茵，南岸区委书记郑向东、区政协主席甘联君、区委宣传部部长魏小红、区政协副主席牟成勇，重庆银行党委委员、监事长杨小涛及全市各区县文明办主任、2018年度全市“中国好人”、区内道德典型、身边好人、优秀志愿者代表等出席活动。

14日

中国共产党重庆市南岸区第十二届委员会召开第五次全体会，学习贯彻习近平关于深化党和国家机构改革重要论述，落实部署市委五届五次全会工作精神，审议通过《南岸区机构改革方案（讨论稿）》和全会决议。区委书记郑向东、区长陈一清讲话。会议由区委常委会主持。区委委员、区委候补委员等参会。

区委书记郑向东主持召开十二届80次常委会会议，传达学习习近平关于巡视巡察工作的论述、中央和市委关于巡视巡察工作会议精神、市委理论学习中心组专题学习会暨全市“以案说纪、以案说法、以案说德、以案说责”警示教育会精神及区贯彻落实意见、市委第五次政协工作会精神及区贯彻落实意见、全市扫黑除恶专项斗争推进会议暨维护稳定工作电视电话会精神及区贯彻落实意见、全市中小学幼儿园安全稳定工作电视电话会精神及区贯彻落实意见、全市深化“枫桥经验”重庆实践行动现场会精神及区贯彻落实意见、全市政协系统党的建设工作座谈会精神及区贯彻落实意见、全市反腐败追逃追赃工作培训会精神及区贯彻落实意见，审议乡村振兴工作、《南岸区军民融合产业发展的实施意见（送审稿）》、区管领导班子和区管干部年度考核办法和2018年区管领导班子工作实绩考核指标、2018年区属国有企业经营业绩考核方案、调整2018年区财政预算、召开区十八届人大三次会议筹备情况、召开区政协十届三次会议筹备情况、《区委第五次政协工作会议方案（送审稿）》《中共重庆市南岸区委关于加强和改进新时代人民政协工作的实施意见（送审稿）》《关于集中整治形式主义、官僚主义的实施方案（送审稿）》、弹子石A分区项目成本清算、棚改二期贷款融资、《重庆市南岸区人民政府重庆经济技术开发区管委会重庆市科学技术委员会与武汉地质资源环境工业技术研究院有限公司共建中国地质大学重庆产业创新工业技术研究院合作协议（送审稿）》《重庆市南岸区人民政府重庆经济技术开发区管委会与深兰科技（上海）有限公司项目投资协议（送审稿）》、增补市政协委员推荐提名人选等事宜，研究干部违纪问题。区委常委王茂春、魏小红、梅泽波、王愚、唐昕、黄红、程效、胡显键参会，区领导甘联君、王渝、陈炯、叶和平、莫裕全、吕轶、简光秀、曹廷中等列席。

区委书记郑向东主持召开十二届81次常委会会议，专题研究区机构改革事宜。区委常委陈一清、王茂春、魏小红、王愚、唐昕、黄红、程效参会，区人大常委会主任朱维、区政协主席甘联君列席。

17日

区长陈一清主持召开政府75次常务会，审议《2019年政府工作报告（送审稿）》、区拟向2019年市“两会”提交的建议提案、南山生态保护综合治理专项工作推进情况、《南岸区实施“全渝通办”深入推进审批服务便民化工作方案》、茶园新区广福路学校建设工程概算调整、《重庆市南岸区人民政府上海优尼斯工业服务有限公司战略合作协议》，听取《关于赴新加坡招商相关情况的汇报》等事宜。副区长黄红、陈炯、叶和平、莫裕全、吕轶、刘永华，区长助理王向阳，政府办主任肖华云等参会。

18日

区委副书记、区长陈一清主持召开区委第五次政协工作会，区委书记郑向东、区政协主席甘联君出席会议并讲话。区委统战部、区级民主党派代表、区级人民团体代表、区政协委员地区组代表做交流发言。区领导朱维、王茂春及区委常委、区政府、区政协、重庆经开区领导，区人民法院院长、市区政协委员代表、区级各部门主要负责人、区级各民主党派与人民团体负责人、在区高校统战部门负责人、各镇街主要领导等参会。

19 日

区委书记郑向东主持召开区委中心组（扩大）学习会，传达学习习近平总书记在中央政治局第九次集体学习时的讲话精神，赵乐际、杨晓渡在深化中央纪委国家监委派驻机构动员部署会上的讲话精神。

区委书记郑向东主持召开十二届82次常委会会议，传达学习习近平在中央政治局第九次集体学习时的讲话精神，赵乐际、杨晓渡在深化中央纪委国家监委派驻机构动员部署会上的讲话精神，全市建设新时代文明实践中心试点工作专题会精神，听取区委党的群团工作联席会议有关情况报告，审议成立区反邪教协会等事宜，研究干部违纪问题。区领导朱维、何洪田、何文中、陈廷明、王渝、叶自玫、秦遥、简光秀、牟成勇、曹廷中、蒋文新、王子伟、金亚等列席。

区长陈一清主持召开座谈会，向离退休老干部通报2018年经济社会发展情况，并就2019年政府工作报告征求老干部意见。区领导黄红、陈炯、莫裕全、刘永华、王向阳等参会。

20 日

区委书记郑向东调研民营企业，先后到重庆集诚汽车电子有限责任公司和重庆丰海化学制品有限公司生产一线车间了解研发设计、技术创新和产品市场销路等情况，帮助企业解决困难。

区长陈一清主持召开座谈会，就2019年政府工作报告征求部分人大代表、政协委员意见，并与各民主党派、工商联、无党派人士进行专题协商。区领导朱维、黄红、何文中、陈炯、莫裕全、刘永华、贾宇、王向阳、曹廷中等参会。

区政协主席甘联君主持召开十届第十六次主席会，听取12个委员地区组与8个专委会2018年工作述职、区政协十届三次会议筹备工作情况报告，审议十届区政协常务委员会工作报告（草案）、十届区政协常务委员会关于十届二次会议以来提案工作情况的报告（草案）、十届区政协常务委员会关于2018年反映社情民意信息工作情况报告、十届委员会第三次会议有关事项。区政协副主席叶自玫、秦遥、简光秀、牟成勇、曹廷中、蒋文新、任其亮参会。

21 日

市住房城乡建委党组书记、主任乔明佳来区专项督查荣盛华府三期项目安全生产情况。区委书记郑向东、副区长贾宇及相关部门负责人陪同督查。

区长陈一清主持召开政府第四次全体会，审议2019年政府工作报告，部署岁末年初各项工作。区领导黄红、吕铁、刘永华、王向阳等参会。

24 日

区长陈一清主持召开政府76次常务会，传达全市信访维稳工作联席会精神、全市推动长江经济带发展领导小组工作推进会精神及区贯彻意见，听取2018年全区信访稳定工作及2019年重点工作汇报，审议2018年区重点民生实事完成情况及2019年区重点民生实事备选项目建议、2017年5家环保关闭砖瓦窑企业补偿、《重庆市南岸区人民政府重庆经济技术开发区管委会北京和利时智能技术有限公司项目投资协议》《重庆市南岸区2018年国民经济和社会发展计划执行情况及2019年计划草案的报告》、2019年南岸区表彰项目申报工作、兴业银行重庆分行合作、区城建集团发行不超过15亿元“债权融资计划”、关于委托设立“定向资产管理计划”、《南岸区关于房地产开发建设领域信访工作的治理方案（试行）》、解决超科电子信息产业标准厂房项目资金困难等事宜。副区长黄红、陈炯、吕铁、刘永华、贾宇，区长助理王向阳，政府办主任肖华云等参会。

区人大常委会主任朱维主持召开十八届人大十七次会议，审议通过《关于提请审议补选周丽萍为重庆市第五届人民代表大会代表的议案》，听取市人大代表郑武生、吴江林、黄文、谭劲向常委会所做的述职报告。区人大常委会副主任何文中、陈廷明、王渝参会，副区长吕铁、区监察委员会副主任张百舸、区人民法院副院长陈晓南、区人民检察院副检察长付红波等列席会议。

25 日

区长陈一清出席中国信息通信研究院西部分院新基地开工仪式。中国信息通信研究院西部分院新基地项目占地面积约30亩，总建筑面积超过7万平方米，总投资近5亿元。重庆市经济和信息化委员会巡视员艾万忠，区领导黄红、陈炯、蒋文新等出席活动。

区召开宣读中央军委国防动员部命令大会，市委常委、重庆警备区司令员韩志凯宣读了中央军委国防动员部命令和重庆警备区党委党内任职通知，任命王军为南岸区人民武装部部长，党委委员、副书记，谭丙阳为南岸区人民武装部政委，党委委员、书记，免去何洪田南岸区人民武装部部长职务。区委书记、区人民武装部党委第一书记郑向东出席会议并讲话。区长陈一清、区人大常委会主任朱维、区政协主席甘联君、区委副书记王茂春等出席会议。

26日

区委书记郑向东主持召开十二届83次常委会会议，传达学习习近平在庆祝改革开放40周年大会上的讲话精神、重庆市庆祝改革开放40周年座谈会精神、中央经济工作会议精神、市委常委会会议精神、全市信访维稳工作联席会精神，审议2018年全区信访稳定工作情况报告和2019年重点工作、《重庆市南岸区人大常委会工作报告（送审稿）》《重庆市南岸区政协常委会工作报告（送审稿）》《重庆经开区2018年工作情况报告（送审稿）》《重庆市南岸区2018年国民经济和社会发展计划执行情况及2019年计划草案的报告（送审稿）》、拟向2019年市“两会”提交建议提案、《南岸区2018年下半年意识形态工作情况报告（送审稿）》、2019年南岸区表彰项目申报工作、《重庆市南岸区人民政府重庆经济技术开发区管委会与北京和利时智能技术有限公司项目投资协议（送审稿）》、增补区政协委员等事宜，研究干部工作。区委常委王茂春、魏小红、梅泽波、干愚、唐昕、黄红、程效、胡显键参会，区领导朱维、甘联君、王渝、陈炯、曹廷中等列席。

26日

区长陈一清主持召开政府77次常务会，研究人事任免事项和当前工作。副区长黄红、陈炯、张树金、吕轶、贾宇，政府办主任肖华云等参会。

27日

区长陈一清调研民营企业，到重庆诚邦科技集团有限公司实地了解经营情况，帮助企业解决困难。区政协副主席叶自玫及有关部门负责人参加调研。

区人大常委会主任朱维主持召开第十八届人大十八次会议，审议通过人事任免事项，同意接受叶和平辞去重庆市南岸区人民政府副区长职务，免去其重庆市公安局南岸分局党委书记职务，任命张树金为南岸区人民政府副区长、重庆市公安局南岸分局党委书记，任命李大槐为南岸区人民检察院代理检察长。区人大常委会副主任何文中、陈廷明、王渝参会，副区长黄红、区纪委书记胡显键等列席。

28日

区召开2018年度落实全面从严治党主体责任情况汇报会，区委常委、区人大、区政府、区政协党组书记、区人民法院、区人民检察院党组书记分别向常委会报告2018年度落实全面从严治党主体责任情况。区委书记郑向东、区长陈一清、区人大常委会主任朱维、区政协主席甘联君、区委副书记王茂春等参会。

区委书记、区委全面深化改革领导小组和全面依法治区领导小组组长郑向东主持召开十二届区委全面深化改革暨全面依法治区领导小组第十五次会，传达学习中央全面深化改革委员会第五次会议精神、庆祝改革开放40周年大会精神、市委全面深化改革委员会第二次会议精神、全市庆祝改革开放40周年座谈会精神，听取近期改革法治工作落实情况和全年改革督察情况、区推进自贸区“单一窗口”建设情况、工程建设项目审批制度改革试点专项改革汇报，总结全年改革法治工作，部署下一阶段全面深化改革工作。区领导陈一清、王茂春及各专项小组副组长、镇街和区级有关部门负责人等参会。

29日

区召开2018年四季度以党建引领加强和创新社会治理暨开展“枫桥经验”南岸实践现场推进会，传达学习市深化“枫桥经验”重庆实践活动现场会议精神，通报全面提升城市管理服务水平、加快“三生三宜”品质城市建设工作考核情况。与会人员分组考察了南坪街道东路社区、龙门浩街道下新街社区、南山街道放牛村等观摩点。区委书记郑向东到会并讲话，区领导王茂春、魏小红、梅泽波、王愚、黄红等参会。

# 区情概览

## 地理 沿革

【地理】 南岸区地处长江、嘉陵江交汇处的长江南岸（东经106° 3′ 14″～106° 47′ 2″，北纬29° 27′ 2″～29° 37′ 2″之间），辖区东西最大宽度24.495千米，南北最大长度16.969千米，辖区面积262.43平方千米。西部、北部临长江，与九龙坡区、渝中区、江北区隔江相望，东部、南部与巴南区接壤。陆地占90.33%，河流占9.67%。区境展布于川东平行岭谷的重庆向斜和明月峡背斜之间，总体上地势东、西部高，中部低并由南向北倾斜，区内海拔在150～683米之间，南山春天岭海拔683米，为境内最高点，广阳镇玉泉村长江枯期水面海拔150米，为境内最低点。

南岸区是重庆主城核心区，是以城市为主的都市工业区、中央商务区、国际会展区、服务贸易示范区、风景旅游区，依山傍水，仰拥“山城花冠”南山，俯临长江、嘉陵两江，山水园林特色显著，风景秀丽，优美宜人。连续荣获“全国文明城区”“全国卫生城区”称号。

【历史沿革】 1929年重庆建市，在玄坛庙设南岸市政管理处，管理由巴县划入的南坪城、海棠溪、龙门浩、弹子石四坊。1935年2月，撤销市政管理处，正式设立重庆市第四区，下半年改为第六区。区公署驻玄坛庙。1939年6月，第六区分为第十一、十二两个区。十一区区公署驻玄坛庙，辖玄坛庙、龙门浩、弹子石、窍角沱等4镇；十二区区公署驻海棠溪。1941年崇文、大兴两乡从巴县划入市区，增设重庆市第十五区，区公署驻黄桷垭（崇文）。1944年7月，改区公署为区公所，撤销镇一级建制，区直辖保；第十一区一分为二，划出弹子石、窍角沱、鸡冠石一带，增设重庆市第十八区，十八区区公所驻弹子石。其时，重庆市长江南岸今区境并设4个区，均以序号代名，为重庆市第十一区、十二区、十五区、十八区。

1950年6月，长江南岸4个区合并建立为重庆市第五区、第六区。各建区人民政府，区辖乡。第五区人民政府驻海棠溪，次年3月迁罗家坝；第六区人民政府驻弹子石。次年，郭家沱地区由江北县划入第六区。1952年10月，第五、第六两区合并为重庆市第五区，区政府驻弹子石，12月迁龙门浩，即后来的上新街。1955年10月，第五区因地处重庆长江南岸而更名为重庆市南岸区。其后辖地虽有增减，区名无变。1994年4月，区政府自上新街马鞍山迁至南坪南城大道199号。1995年3月，原巴县所属的长生桥、迎龙、广阳三镇和原九龙坡区花溪镇所属的二塘村划入，南岸区所属的郭家沱街道和郭家沱村划归江北区，辖区面积由129.69平方千米增至262.43平方千米。2006年7月，经市政府批准，撤销南山镇、黄桷垭镇，设立南山街道，管理原两镇辖地。是年底，南岸区辖南坪、涂山、鸡冠石、峡口、长生桥、迎龙、广阳等7个镇，南坪、铜元局、花园路、海棠溪、龙门浩、弹子石、南山等7个街道。共70个社区居委会、69个村委会。其后，随城镇化进程加快，街道及镇设置虽无变化，但农村村委会和城镇社区居委会出现此消彼长、撤村建社之势。2009年，全区有街道7个、镇7个，社区居委会78个、行政村63个。2010年6月18日，重庆两江新区挂牌成立，重庆经济技术开发区（北区）划入两江新区，经开区（南区）保留重庆经济技术开发区牌子，并移交南岸区管理。是年，南岸区新增设南坪街道东兴路社区、铜元局街道观山水社区、南坪镇新设辅仁社区；9月，撤销长生桥镇龙门村，设立茶园新区茶花、莲池2个社区。2012年，辖区7街7镇，共有83个社区居委会、62个行政村。

2013年3月，经国务院批准（民政部批复），南岸区人民政府由南岸区南城大道199号迁至茶园新区广福大道1号。同月，区政府第40次常务会批准同意撤销铜元局街道大田坝社区居民委员会、南山街道南山社区居民委员会；同意撤销南山街道正街社区居民委员会和崇文路社区居民委员会，成立南山街道黄桷垭社区居民委员会；同意成立铜元局街道双峰山社区居民委员会；同意“重庆市南岸区南坪街道南路社区居民委员会”更名为“重庆市南岸区南坪街道南城社区居民委员会”。

8月15日，根据渝府〔2013〕31号文件，正式成立南岸区天文街道办事处，位于南岸区茶园新区核心区域，东以通江大道为界和长生桥镇相邻，南以玉马路为界，西靠铜锣山脉并与南山街道接壤，北以茶园路为界，面积约7平方千米。天文街道是南岸区新行政中心所在地，茶园商圈建设主阵地。9月，经区政府第60次常务会批准同意成立天文街道中一路社区居民委员会。10月，经区政府第66次常务会批准同意成立涂山镇福民社区居民委员会。12月，经区政府第73次常务会批准同意成立鸡冠石镇石门社区居民委员会、南坪镇汇雅社区居民委员。全区社区居民委员会由83个达到89个。

2018年，全区共有7个镇、8个街道，48个行政村，101个社区居委会。南岸区人民政府驻南岸区天文街道广福大道1号，距重庆市人民政府驻地11.5千米。

## 气候　环境

**【气候】** 南岸区地处亚热带季风区的四川盆地南部长江河谷，热量丰富，雨量充沛，无霜期长，冰雪少，风小日照少，湿度大，云雾多，春早夏长，秋短冬暖，四季分明，多年平均气温18.5℃，无霜期347天，降雨量1097.8毫米，雾日67.8天。

**【环境】** 2018年，全区空气质量优良天数310天；二氧化硫年平均浓度为9微克/立方米；二氧化氮年平均浓度为39微克/立方米；可吸入颗粒物年平均浓度63微克/立方米；细颗粒物年平均浓度39微克/立方米。与上年相比：空气质量优良天数增加24天，二氧化硫浓度下降18.2%，二氧化氮浓度下降2.5%，可吸入颗粒物浓度下降10%，细颗粒物浓度下降11.3%。全区城市集中饮用水源地水质达标率100%。区域环境噪声年均值52.7分贝，交通噪声年均值65.8分贝。森林覆盖率42%。

## 人　文

**【人口】** 2018年，全区总户数29.7万户，人口73.68万人，比上年增加2.4万人。总人口中，城镇人口68.54万人，比上年增加3万人；农村人口5.14万人，比上年减少0.7万人。全区常住总人口91万人，比上年增加1.9万人，其中城镇常住人口87.09万人，占总人口的比重（常住人口城镇化率）为95.7%，比上年提高0.3个百分点。2018年新出生人口11817人，出生率13.1‰；死亡人口7381人，死亡率8.2‰；人口自然增长率4.9‰。

**【民族宗教】** 辖区有少数民族37个。有佛教、道教、基督教、伊斯兰教、天主教，批准开放的寺观、教堂有涂山寺、老君洞、慈云寺、大佛寺、黄桷垭教堂、千佛寺、观音寺、慈母山修院、马鞍山福音堂等9处。

**【名胜古迹】** 南岸区有众多名胜古迹。有老“巴渝十二景”4处：龙门浩月、黄葛晚渡、字水宵灯、海棠烟雨；有涂山寺、老君洞、慈云寺、大佛寺、觉林寺、千佛寺、观音寺、慈母山修院、马鞍山福音堂等宗教建筑；有抗日战争时期“陪都遗址”蒋介石别墅云岫楼、宋美龄的松厅、马歇尔的草堂、云峰楼、苏联大使别墅、德国大使馆、南山空军坟等；有北起铜锣峡，南至金竹沟的上百座山峰和600多公顷森林组成的省级风景区——南山风景区，其中的南山植物园被誉为“山城花冠”，该风景区空气清新，环境宜人，是重庆主城区最佳的避暑和旅游胜地；海昌加勒比海水世界主题公园是市民休闲娱乐的好去处。

南岸区有黄山“陪都遗址”、涂山寺、文峰塔、涂山宋窑遗址、报恩塔、弹子石（大佛寺）摩崖石刻、法国水师兵营旧址、慈云寺、立德乐洋行、法国教堂等12处市级文物保护单位；区级文物保护单位有鸡冠石法国天主教堂（慈母山大修院）旧址、南天门“节孝碑”“字水”题刻、莲花山汉代岩墓群、亚细亚石油公司旧址、广阳干溪沟新石器时期文化遗址、红溪穿山堰、“夏后涂山”题刻、精益中学办公楼、英国盐务管理所旧址、立德乐洋行旧址、卜内门洋行旧址、美国使馆酒吧旧址、建业岗别墅群、刘家花园等15处。

## 资　源

**【水资源】** 过境长江多年平均径流量3447亿立方米，是全区生产生活用水的主要水源；较大的12条溪河多年平均径流量4269万立方米；地下水资源量1459.3万立方米/年。在地下水资源中，热矿泉水丰富，现开采慈母山、海棠溪、铜锣峡和六千米热矿泉。

**【矿产资源】** 辖区主要矿藏有煤、石灰岩、砂岩、石英砂岩、页岩、泥岩、硅石、河沙、铁矿、地热、矿泉水等12种。煤在南坪、涂山、鸡冠石、南山、长生桥、迎龙、广阳镇辖区内均有分布，主要为焦煤、肥焦煤、肥气煤等焦用煤，煤质低至中硫，中至富灰分、低磷，无瓦斯突出现象。除长生桥、迎龙矿区外，其他矿区均为劣质煤。石灰岩，为本区优势矿产资源之一，主要分布在南温泉背斜和明月峡背斜，以南温泉背斜分布最显著。黄桷垭地区石灰岩储量大，质量好，可露采，南北绵延 10 多千米，灰岩资源储量 5145.1 万立方米。广阳灰岩资源量 1637.5 万立方米。砂岩为本区优势矿产资源之一。黄桷垭泉山垭砂岩资源量 354.5 万立方米，长生桥砂岩资源量 2015.8 万立方米，迎龙、广阳、鸡冠石砂岩资源量分别为 49 万立方米、22.9 万立方米、4 万立方米。区内页岩为沉积型泥质页岩，为本区优势矿产资源之一，在黄桷垭、长生桥、迎龙、广阳、鸡冠石、南坪等地都有广泛分布，总储量 1273 万立方米，其指标均符合生产建筑用砖的技术参数。此外，石英砂岩、泥岩、硅石、河沙、沙金、铁矿等，也有一定储量，先后都进行过开采。河沙和沙金，至今仍在开采。

**【动植物资源】** 南岸区植物资源丰富，植物品种达 1632 种。经济作物和观赏花卉资源占有突出优势，其中茶花、杜鹃、罗汉松、蜡梅、樱花、桂花、海棠等享誉国内外，与苏铁、雪松、广玉兰、塔柏、兰花等构成观赏植物主体。目前，正在南山植物园中兴建三峡库区珍稀植物保护园，名贵、稀有、濒危植物品种尚在不断增加。水果主要有柑橘、葡萄、枇杷、樱桃、苹果等。马尾松林、黑松林、竹林、香樟林、灌木草丛、草坡等构成南山绿化植被的主体。由于人类活动的影响，野生动物已日益减少，动物资源以家畜、家禽为主。

**【旅游资源】** 南岸区有较丰富的旅游资源。南泉、铜锣峡背斜低山带和明月峡背斜低山斜穿区境，峰峦起伏，植被茂密，是重庆主城区天然的绿色屏障和气候调节库；有老“巴渝十二景”4 处：龙门浩月、黄葛晚渡、字水宵灯、海棠烟雨。有抗日战争时期“陪都八景”4 处：铜锣朝天、清水蒋莲、涂山耸翠、字水留声。有新“巴渝十二景”1 处：南山醉花；有南山风景区和被誉为“山城花冠”的南山植物园，是重庆市城区最佳的避暑和旅游胜地；随着生态观光农业的发展，南岸都市旅游和“农家乐”持续兴旺；南岸滨江路成为山城最具人气的休闲旅游观光带；“一棵树”观景台是观赏山城灯饰夜景的最佳景点。

2018 年，全区有旅行社 35 家，其中：国际旅行社 4 家，国内旅行社 31 家；门市部 600 余家。星级酒店 8 家，其中：五星级酒店 2 家，四星级酒店 2 家，三星级酒店 4 家。对外开放的国家等级景区 9 个，其中：4A 级景区 3 个，3A 级景区 2 个，2A 级景区 3 个，1A 级景区 1 个。全年接待游客 4889.5 万人次，增长 8.8%，实现旅游收入 168.2 亿元，增长 38.2%。其中接待境外游客 32 万人，增长 4.4%。

（区地志办）

## 经　济

**【概况】** 2018 年，全区生产总值（GDP）总量 724.78 亿元，同比增长 2.9%。其中一产业实现增加值 3.81 亿元，同比下降 2%；二产业实现增加值 278.63 亿元，同比下降 0.7%；三产业实现增加值 442.34 亿元，同比增长 5.3%。三次产业经济结构从 2017 年的 0.5 ∶ 56.2 ∶ 43.3 调整为 0.5 ∶ 38.4 ∶ 61.1；全区实现地方财政收入 71.62 亿元，同比下降 5.1%。财政支出 131.04 亿元，同比下降 1.2%。全区实现固定资产投资 353.48 亿元，同比增长 6.2%。其中：基本建设和更新改造完成投资 58.33 亿元，同比增长 2.6%；房地产开发完成投资 295.15 亿元，同比增长 7%。全区社会消费品零售总额 442.92 亿元，同比增长 6.9%。从社会消费品零售构成行业来看，批发业完成 64.94 亿元，同比增长 4.4%；零售业完成 310.32 亿元，同比增长 7%；住宿业完成 13.47 亿元，同比增长 8.4%；餐饮业完成 54.23 亿元，同比增长 9.1%。全区批零业销售总额 1689.13 亿元，同比增长 10.1%。全区限额以上批零企业销售总额 795.48 亿元，同比增长 6.6%。销售额排名前 10 位的批零企业累计销售额 252.31 亿元，占限额以上法人销售额的 31.7%，同比下降 1.4%。全区实现工业增加值 193.35 亿元，同比下降 4.1%。全区规模以上 15 户大型企业实现总产值 482.53 亿元，同比增长 18.4%，实现总产值占规模以上工业总产值的比重为 61.8%。全区实现外贸进出口总额 15.5 亿美元，同比增长 17.9%。实际利用外资 8.86 亿美元，同比增长 23.8%。人民币存款余额 1305 亿元，同比增长 2.6%。金融机构人民币贷款余额 1156 亿元，同比增长 4.5%。居民人均可支配收入 37886 元，同比增长 8.4%，其中城镇常住居民人均可支配收入 38703 元，增长 8.2%，农村常住居民人均可支配收入 21039 元，增长 8.3%。城乡居民收入比为 1.84 ∶ 1。

## 社　会

**【教育】** 2018 年，全区有中小学校（幼儿园）224 所，其中公办中小学校（幼儿园）77 所，包括幼儿园 12 所、小学 40 所、九年一贯制学校 5 所、初级中学 12 所、高完中 5 所、中职学校 1 所、特殊教育学校 1 所、教师进修学院 1 所。全区中小学（幼儿园）共有学生 135165 人（其中公办学校学生 93448 人），教职工 10774 人（其中公办学校教职工 7398 人）。

**【科技】** 2018 年，新入库科技型企业 210 家、评价国家科技型中小企业68家，新增高新技术企业33家、高成长性企业28家，新认定国家级知识产权示范企业1家、国家级知识产权优势企业6家。重庆工港致慧增材制造技术研究院成功申报市新型高端研发机构。全年新增市级重点实验室7家、企业技术中心4家、工程研究中心5家、新增国家地方联合研发工程研究中心2家。建立南岸区产业协同创新联盟企业专家咨询库，入库电子信息行业专家50余人。12名市区科技特派员进驻专家大院，开展科技下乡活动，助力乡村振兴。成功申报市级创新创业示范团队4个。截至11月，全区每万人发明专利拥有量33.03件。南岸区成为重庆市知识价值信用贷款第二批试点区县，推动筹建2亿元规模的南岸区科技型企业知识价值信用贷款风险补偿基金，到位首期基金2000万元；首批4家企业获区级创业种子投资基金免息贷款支持180万元。

**【文化】** 2018年，全面提档升级基层综合文化服务中心。完成130个基层综合文化服务中心建设，统一标识标牌，促进基层综合文化中心标准化管理。文化惠民落到实处。举办“南岸区第六届民俗民风展演”“南岸区第十三届广场舞大赛”等大型文化活动21场，举办南岸区书法摄影等展览活动11场。通过政府购买公共文化服务等方式，完成各类惠民展演455场次，完成“文化迎春•艺术为民”2018中国国家交响乐团服务基层活动3场，完成戏曲进校园活动62场，完成文艺演出进村220场，完成惠民电影780场，恢复传统文学盛事——“南山笔会”。创新全民阅读服务理念。开创“图书馆+”阅读推广服务模式，3个“24小时自助图书馆”、100个“南书房”自助书吧已投入使用。区图书馆联合社区分馆、农家书屋开展各类讲座、展览、培训、“梦想沙龙”系列活动等阅读推广活动150余场次，受众15万人次。创新工作取得成效。公共文化物联网进行487次配送。区图书馆依托国家公共文化服务体系示范项目——“南岸区社区图书馆标准化服务”建设，采取多元化办馆模式，引入社会力量参与公共文化服务，创建少数花园、精典书店、资武道院等社会分馆10家。

**【卫生】** 2018年，推进家庭医生签约服务，全年签约家庭11.7万户，覆盖居民21万人，其中城乡常住居民覆盖率23.8%。农村建档立卡贫困人员和计划生育特殊困难人员自愿签约服务实现全覆盖，老年人、儿童、慢病患者等重点人群签约服务率56.8%，三级以上残疾人51.4%。投入专项资金实施基本卫生项目服务补助，2018年，全区达到人均55元。全面推开公立医院综合改革，实现辖区内公立医院综合改革全覆盖；新批准设置医疗机构87家，其中医院2家，中西医结合医院1家，门诊部及诊所84家；批准注销医疗机构31家。稳妥实施全面两孩政策，向群众发放宣传资料4.5万份，宣传品8000多份，接受群众咨询7000多次。办理生育服务证登记7181件，其中二孩登记3167件，再生育审批226例。

**【体育】** 2018年，全区人均体育场地面积2.3平方米，所有社区、行政村均建立了体育组织，有体育队伍600余支，体育单项协会18个，全区体育锻炼人口55%。举办2018年长安汽车重庆国际马拉松赛、2018重庆女子国际半程马拉松赛、2018中国男子职业高尔夫球巡回赛、2018年“体彩杯”南岸区机关职工运动会等体育赛事活动。全年体育彩票销量5.2亿元，销量占重庆体彩市场的份额约为9%。

**【社会保障】** 2018年，全区城镇新增就业51801人，完成率161%；城镇登记失业人员就业13139人，完成率164%；就业困难人员就业4272人，完成率106%。辖区应届高校毕业生就业率90%以上。城镇登记失业率2.23%。全区新增个体和企业16938户，发放创业担保贷款3406万元。全区城镇职工养老、城镇职工医疗、失业、工伤保险费分别征收29.45亿元、17.77亿元、0.98亿元、0.99亿元。全区城乡居民养老、医疗保险费分别征收0.03亿元、1.7亿元。社保待遇持续提高，城镇企业职工（含农转非和超龄两类人员）月人均养老待遇上调至2472.06元，职工医保住院政策范围内报销比例为84%，城乡居民医保在二级及以下定点医疗机构住院政策范围内报销比例为75.8%。全区城镇居民最低生活保障对象8994人，农村居民最低生活保障人数1050人，累计发放城市低保金6710万元，农村低保金635万元。有城镇收养机构31个，床位4115个；有敬老院4个，床位195个；五保家园21个，床位261个。

（区发改委）

# 政　治

## 中共南岸区委员会

### 概　述

【概况】 2018年，中共重庆市南岸区委员会（简称区委）在以习近平同志为核心的党中央的坚强领导下，深学笃用习近平新时代中国特色社会主义思想，深入学习贯彻党的十九大精神，统筹推进“五位一体”总体布局，协调推进“四个全面”战略布局，紧紧围绕习近平总书记对重庆提出的“两点”定位、“两地”“两高”目标、发挥“三个作用”和营造良好政治生态的重要指示要求，认真落实市委陈敏尔书记按照习近平总书记指示精神对南岸提出的建设“三生三宜”品质城市的要求，团结带领和紧紧依靠全区广大干部群众，实事求是、稳中求进、沉心静气、团结一致，奋力推进南岸各项事业向前发展，加快实现“南岸起风景”。

### 主要工作

【政治建设】 严守党的政治纪律和政治规矩。旗帜鲜明讲政治，坚持把政治纪律和政治规矩挺在前面，树牢“四个意识”，坚定“四个自信”，做到“两个维护”，落实市委提出的“三个确保”政治承诺，始终在政治立场、政治方向、政治原则、政治道路上同以习近平同志为核心的党中央保持高度一致。扎实开展贯彻落实习近平总书记对重庆所做重要讲话和系列重要指示批示精神“回头看”，确保南岸各项事业沿着习近平总书记指引的方向奋力前行。

深入学习贯彻习近平新时代中国特色社会主义思想和党的十九大精神。坚持将学习习近平新时代中国特色社会主义思想和党的十九大精神作为首要政治任务，坚持用党的创新理论武装头脑，准确把握思想精髓和核心要义，对标对表学、落地落实做，学思践悟、知行合一，切实做到真学真懂真信真用，不断提高把方向、管大局、做决策、促落实的能力。

全面彻底肃清孙政才恶劣影响和薄熙来、王立军流毒。召开区委十二届四次全会，出台《关于营造良好政治生态的意见》，专题研究部署肃清孙政才恶劣影响和薄熙来、王立军流毒工作，全力营造风清气正的良好政治生态。召开区委常委会专题民主生活会，组织全区各级党组织召开专题民主生活会和专题组织生活会，紧密联系孙政才案件和薄熙来、王立军案件，切实把自己摆进去，深入查找问题，深刻剖析反思，扎实整改落实，做到见人、见事、见思想、见行动，真正清彻底、清干净、清到位。出台《关于加强法治和德治工作的实施意见》，对法治和德治工作做出全面部署。全区政治生态、干部精神状态和经济社会发展态势持续向好。

坚决贯彻落实中央和市委各项决策部署。以党的旗帜为旗帜，以党的方向为方向，以党的意志为意志，在贯彻落实中央和市委各项决策部署时不仅看表态，更要看行动，最终看效果。紧紧围绕习近平总书记对重庆提出的“两点”定位、“两地”“两高”目标、发挥“三个作用”和营造良好政治生态的重要指示要求，坚持稳中求进工作总基调，聚焦“大生态、大数据、大健康”，坚决打好“三大攻坚战”，全力抓好“十项重点工作”，推动“三生三宜”品质城市建设，努力实现“南岸起风景”，让既定的行动纲领、战略决策、工作部署兑现。

【经济建设】 全面贯彻落实新发展理念，围绕高质量、供给侧、智能化，扎实做好稳增长、促改革、调结构、惠民生、防风险各项工作，迈出了高质量发展的新步伐。全年地区生产总值同比增长3%，大数据智能产业规模超过800亿元、增长10.1%，全社会研发投入占GDP比重2.9%，固定资产投资增长4.5%，税收收入增长7.2%，社会消费品零售总额增长6.9%，实际利用外资7.8亿美元，进出口总额15亿美元。中国智谷（重庆）科技园建设全面启动，成为全市重要的工业大数据制造业创新中心和智能制造产业基地。重庆经开区发展提质升位，在219个国家级经开区排名中取得历史性突破，位居全国第三十一位、西部第三、全市第一。高通智能物联网联合创新中心、阿里“飞象工业互联网”、中国信通院“物联地带•渝”等产业创新孵化平台投运。全国能源大数据中心、易华录城市数据湖、城投金卡国家地方联合工程研究中心等大数据项目竣工运营，中国信通院西部分院基地开工建设。重邮科大讯飞人工智能学院、人工智能研究院等人工智能教育研发机构启用。维沃通信、美的制冷等智能制造企业快速发展，京东、紫光软件、医渡云、韩国信慕、德富莱等行业龙头项目落地。与重庆邮电大学合作推进中国智谷•环重邮创新创业生态圈建设，与中国科学院大学、同济大学、中国地质大学等合作打造协同创新示范基地。

**【城市提升与乡村振兴】** 重大基础设施加快布局补短板，高铁重庆东站开工建设，郭家沱长江大桥、通江立交、江南立交改造工程等启动建设，轨道环线东北环通车，规划建设轨道路网密度增至主城第二。全面启动实施城市净化、绿化、美化、文化、智能化、服务优化“六化工程”，开展治脏、治乱、治差、治丑“四治”行动，创新实施“五长制”。实施乡村振兴战略，成为全市生态振兴试验示范区，乡村规划编制、农村“三变”改革试点、农村承包地确权登记颁证、“大棚房”整治、“空壳村”消除等取得阶段性成果。在全市率先创新推行“山长制”，全面启动南山生态保护综合治理，整治违法建筑33.4万平方米。加强生态文明建设，协同做好广阳岛片区长江经济带绿色发展示范工作，推动“长江风景眼•重庆生态岛”建设。全面落实“河长制”，从严保护长江水生态，依法取缔沿江餐饮船舶12艘，全面整治“两江四岸”消落区。

**【改革开放】** 推进重庆经开区全市深化“放管服”改革试点示范工作，“证照分离”改革加快实施，自贸试验区政务服务“单一窗口”投入运行，企业投资项目、工程建设项目审批制度改革启动实施，涉企审批事项办理时间提速60%以上。针对性制定扶持民营企业发展“十条政策”，累计为民营企业减负3亿元，全年新增民营经济市场主体1.8万户。以管资本为主的国资监管体系基本形成，区属国有重点企业现代企业制度基本建立。国家服务业综合改革试点加快实施，南滨路创建国家级文化产业示范园区全面启动，弹子石老街、重庆国际马戏城等项目建成投用，商旅文体联动发展成效显现。自贸试验区、中新合作项目、重庆经开区等开放平台融合互动，军民融合创新示范区建设有序推进，中国贸促会、国际集团、渝贸通等机构和企业入驻。成功举办首届重庆全球旅行商大会等展会，重庆国际马拉松赛等品牌效应持续增强。

**【民主法治建设与社会治理创新】** 以全局视野、系统思维、战略眼光深化全面依法治区各项工作，全面加强统筹，不断完善机制，形成党委、人大、政府、政协、司法机关齐抓共管法治建设的合力。深入推进基层治理实现法治、德治、自治相互贯通、深度融合，全面完成全国社区治理和服务创新实验区建设，“四公治理”模式被评为全国创新社会治理最佳案例。开展“枫桥经验”南岸实践行动和新时代文明实践中心试点工作，建成投用社区治理创新中心等项目，“三事分流”工作经验在全国推广。切实服务民营经济发展，开通绿色通道为民营企业提供“一站式”司法服务，持续加强对侵犯民营企业合法权益犯罪的打击力度。

**【社会事业与民生工作】** 市区两级民生实事全面完成。重医附二院江南院区、江南水岸公租房建成投用。铜元局变电站顺利竣工，辅仁安置房小区建成交房。新增普惠性幼儿园50所，普惠性幼儿园覆盖率达到60%。全区基础教育教学成果荣获全国二等奖、全市一等奖。与中国科学院大学合作共建中国科学院大学重庆仁济医院、转化医学研究院和附属科技中学。医药卫生体制改革顺利推进，家庭医生服务覆盖21万人，重点人群签约服务率60%。在全市率先启动和谐劳动关系综合试验区建设，新增城镇就业5万人。城乡医疗和养老保险参保率保持在95%以上，跨地就医基本实现全国联网结算。国家公共文化服务体系示范区启动创建，100个“南书房”自助共享书吧、130个基层综合文化服务中心等投入运行。精准扶困持续深化，农村低保对象、特困人员、建档贫困人口住院患者纳入医疗救助范围。全力做好对口帮扶石柱县以及对口支援西藏察雅县工作。

**【防范风险与扫黑除恶】** 组建区债务委员会，制定并落实化解债务方案，政府债务绿色可控。建立防范化解金融风险工作制度，对在区2000余家企业开展非法金融风险排查活动，健全风险防范干预机制。纵深推进扫黑除恶专项斗争，围绕“深挖根治”目标，与反腐败斗争和基层“拍蝇”联动，集中攻克重大复杂疑难案件，打击处理涉恶人员348人，破获涉恶案件135件，扫黑除恶专项斗争得到中央督导组充分肯定。切实抓好社会治安防控、信访维稳、安全生产等工作，“雪亮工程”加快建设，整合视频监控2.3万个，区、镇街、村（社区）三级综治中心和三级公共法律服务体系完成建设，群众安全感和满意度均超过90%，连续12年荣获全市安全生产目标考核一等奖。

**【全面从严治党】** *压紧夯实管党治党政治责任。*加强组织领导搞好统筹部署，区委常委会领导班子率先垂范，全面落实全面从严治党主体责任，区委常委会会议研究党建工作议题77个，召开党建工作领导小组会、基层党建现场会5次，安排部署党建工作各项重点任务。坚持以上率下形成“头雁效应”，区委主要负责同志带头履行全面从严治党第一责任人责任，区委常委会领导班子同志认真履行分管责任，带动促进全区各级党组织和党组织书记履职尽责。强化压力传导推动责任下沉，压实“两个责任”，逐级制定落实全面从严治党主体责任的责任清单和任务清单，完善全程纪实和考核制度。全面使用“两个责任”监督管理系统，实时监控和督促全区90个区管班子及488名区管领导干部落实主体责任。

*营造风清气正良好政治生态。*严肃党内政治生活，规范“三会一课”等党的组织生活制度，持续推进“两学一做”学习教育常态化制度化，区委常委会领导班子同志带头坚持民主集中制原则，带头开好民主生活会，带头落实双重组织生活制度，严格执行廉洁自律各项规定，自觉接受各方监督。持续用力改进作风，聚焦违反中央八项规定精神的易发多发领域，印发有关政策解释文件，督促职责部门对照检查整改。聚焦整治形式主义、官僚主义突出问题，开展“兴调研转作风促落实”行动、集中走访精准服务民营企业活动。运用党风政风智能监督大数据运用平台，深化“1+3+N”专项整治，全年查处相关问题37件105人。制定贯彻落实中央和市委关于进一步激励广大干部新时代新担当新作为有关精神实施办法，深入优化“鼓励激励”“容错纠错”“能上能下”三项机制，营造干事创业良好氛围。

*加强新时代基层党组织建设。*以城市基层党建工作示范区建设为抓手，做细做好城市各领域基层党建工作，创新组织设置，实现“多网合一”“组网合一”。全面加强农村基层党建，建立村级班子定期摸排研判机制，完善村级后备干部队伍建设，探索实施“四邻联动”工作机制。全面落实三级党建联席会议等制度，推进非公经济组织和社会组织党建，完善国有企业、公立医院、民办学校等党建工作体系。固本强基推动基层党组织规范化建设，推动基层党组织组织生活规范有效、阵地建设全面达标、支部工作全面过硬，理顺健全组织体系，新建、撤销、调整党组织94个。扎实推进后进党支部整顿转化，整顿转化后进基层党组织11个。提高村（社区）党组织运转经费和干部补贴标准，建立长效动态保障机制。

*培育忠诚干净担当高素质干部队伍。*严格执行新时期好干部标准，坚持精准识人选人用人，按照知事识人、人事相适原则，注重在急难险重任务中培养干部斗争精神和斗争本领，提拔重用敢于担当善于创新的干部。坚持“凡提四必”审核措施，坚决防止带病上岗和带病提拔，全年暂缓提拔干部12人。开展区管班子回访调研，动态掌握班子运行情况、单位风气和干部综合表现，全年提拔重用、交流轮岗干部215人。持续提升干部队伍素质，开展精准化专业化培训，全年举办区管班子干部专题培训班7期，有序组织干部到国内知名高校、培训机构参训。推动人才强区战略，坚持党管人才原则，建立以“能力、质量、贡献”为导向的人才评价体系，新增院士工作站、博士后工作站4个，入选“万人计划”等4人，组团式引进国家部委、高校院所挂职人才17人，区委直接联系服务专家57人。

*持之以恒正风肃纪反腐惩恶。*全力支持、稳妥推进区纪检监察改革各项工作，按期顺利完成区监察委员会组建工作，整合组建10个派驻纪检监察组监督全区53个党政机关，设立4个派出监察室监督全区15个镇街，实现监督全覆盖。持续发挥高压惩治震慑作用，坚定不移惩治腐败，全年立案80件97人，运用监督执纪“四种形态”处理共计592人次。切实以反面教材为教训，开展“以案四说”警示教育76场，受教育党员干部8000余人。重拳整治群众身边的不正之风，推动解决民生领域群众反映强烈的突出问题，全年查处群众身边的不正之风和腐败问题116件232人。开展扶贫领域专项治理，对低保五保、惠民资金使用进行清查和整治。全面推开党员干部亲属涉权事项公开，清理涉权人员1695人次，发现问题线索6件9人。

*发挥巡察利剑作用强化党内监督。*坚守政治巡察定位，坚持巡视巡察上下联动，全年召开区委常委会会议9次、区委巡察工作领导小组会6次，专题研究部署巡察工作。推进巡察制度建设，制订巡察工作实施办法等6项制度，优化巡察工作流程，组建巡察组长库和专业人才库。突出问题导向，全年完成3轮常规巡察党组织26个，“回头看”党组织2个，探索巡察延伸村（社区）党组织45个，精准发现问题608个。狠抓整改落实，持续深入抓好中央巡视“回头看”反馈意见和市委巡视反馈问题整改落实，建立整改督促“三方联动”机制，健全巡察问题通报、移交、督办制度，清单化、项目化推进整改做深做细做实。

**【其他工作】** 加强党对意识形态工作的领导，牢固树立“意识形态工作 +”理念，牢牢掌握意识形态工作主导权，坚决打好网络意识形态攻坚战。全面贯彻落实中央和市委统战工作要求，坚持以“争创一流、走在前列”为抓手，全力推动统一战线工作持续发展。加强党管武装，不断提高国防后备力量建设水平，注重为驻区部队办实事、解难事，推动双拥共建工作。加强和改进对工会、共青团、妇联等人民团体的领导，全面推动群团组织各项改革，更好发挥群团组织联系人民群众的桥梁纽带作用。

**【区委全委会】** 4月20日，召开中国共产党重庆市南岸区第十二届委员会第四次全体会议，区委常委会主持会议。全会全面贯彻党的十九大和习近平总书记重要讲话精神，研究部署营造良好政治生态、加强法治和德治工作，让既定的行动纲领、战略决策、工作部署兑现，全力推动南岸各项工作迈上新台阶。

12月14日，召开中国共产党重庆市南岸区第十二届委员会第五次全体会议。区委常委会主持会议。全会全面贯彻党的十九大和十九届三中全会精神，深入学习习近平总书记关于深化党和国家机构改革重要论述，贯彻落实市委五届五次全会精神，研究讨论全区机构改革工作。

**【区委常委会会议】** 2018年，区委召开常委会会议33次，审议贯彻中央和市委重大决策意见、经济建设和社会发展稳定的重大问题、区级部门和镇街领导班子调整、干部任免和奖惩、重大问题请示等事项。

**【第十二届区委组成人员】**

书　记：郑向东

副书记：陈一清　王茂春

常　委：郑向东　陈一清　王茂春
魏小红　梅泽波　王　愚
唐　昕　黄　红　程　效
胡显键

区委委员（37人）：

郑向东　陈一清　朱　维
甘联君　王茂春　魏小红
梅泽波　王　愚　唐　昕
黄　红　程　效　胡显键
何文中　陈廷明　陈　炯
叶和平　吕　铁　刘永华
贾　宇　叶自玫　侯宗权
张　进　王子伟

（以下按姓氏笔画排序）

王建华　尹友均　冉启贻
包　卫　包茹华　刘　露
刘建军　江　华　李德飞
肖华云　周丽萍　宗　松
梁　平　谢志辉

区委候补委员（8人）：

王　俊　王　勇　王怀奇
周　旭　马　铮　聂　东
赵剑敏　魏　丽

**【区委办负责人】**

主　任：刘　露

副主任：钱宇航　董　雷
李小舟（挂职）

（区委办公室）

## 督查工作

**【概况】** 区委、区政府督查室是区委、区政府负责督查工作的专门机构，挂靠区委办公室。2018年，全区督查工作围绕区委、区政府的中心工作，坚持问题导向，聚焦改革发展稳定工作落实中的“痛点、堵点、难点”开展真督实督，严格逗硬，狠抓落实，切实发挥“督部门、督重点、督关键”的督查利剑作用，全年共形成督查专报（含快报）48期，提出督查建议120余条，区委、区政府主要领导给予肯定性批示达40余次，推动了各项工作的落实。

**【决策督查】** 把党委、政府的重大决策部署作为督促检查工作的重点，着力抓好党代会、全委会、区委常委会、区委专题会、区政府常务会、区政府专题会等重要会议和《政府工作报告》等重要文件精神贯彻落实情况的督促检查，全面、真实、深入地反映落实情况。全年共对38期区委常委会、30期区委专题会进行全程跟踪督办，对有关情况进行通报，对督查发现问题提出针对性建议，促进了区委、区政府各项决策部署的及时落实。

**【交办督查】** 把党委、政府领导人交办事项作为督促检查工作的重要内容，建立健全督办制度，规范督办程序，积极开展督促检查，做到交必查、查必清、清必办、办必果。对市领导交办的重庆邮电大学周边业态升级、帮助重点困难企业脱困、规范辖区营业场所经营活动、建设飞象工业互联网平台、开展商户“门前三包”和环境整治、部分老旧小区外墙美化等事项及时分解交办并跟踪督促部门定期报送最新进展。强化对区委主要领导批示件的跟踪督办，全年交办区委主要领导批示事项346件，督办率、办结率均为100%。

**【重点督查】** 高标准迎接上级的各项督查，全年共迎接国务院第五次大督查、中央扫黑除恶督导组、中央和市级预算审计发现问题整改、市环保集中督查组、国土卫片执法整改、“两江四岸”视线范围内“蓝屋顶”整治、长江餐饮船舶整治、主城区隧道照明和形象提升、普惠性学前教育等国家和市级层面的督查10余次。加大环境保护的督查力度，会同区环保局围绕中央环保督察要求整改的“急、难、重”等突出问题、中央环保督察期间交办的群众投诉案件、全区各镇街环境保护责任落实情况等问题进行实地督查。加强“放管服”改革督查，以信慕半导体项目供地、长生河生态整治项目为抓手，找准审批环节的症结所在，分析项目进程缓慢的原因并协调解决问题，推动了工作进程。加强安全稳定专项督查，认真贯彻“10•28”市区安全稳定工作电视电话会议精神，对重点部门和镇街贯彻落实情况进行专项督查并提出针对性建议，得到区委、区政府主要领导肯定。加强重点项目和重点招商项目的督查，以南涪路改扩建工程为典型案例，对工作推进缓慢的有关单位和部门进行点名批评，以点带面督促全区重点项目推进；以会议督查和实地督查方式，跟踪29个全区重点招商引资项目的推进情况，三季度全区招商引资排名位居主城区第一。

**【联系服务群众工作】** 紧扣“不忘初心、牢记使命”主题，以收集解决群众问题诉求为抓手，以改善党群干群关系，提升群众满意度、幸福感为目的，全区142个联系服务群众工作组累计走访、调研、接待群众2620余次，收集问题诉求3168件，处理解决2980余件。通过干部下访减少群众上访，全区集访人次下降19.3%，到市越级访下降59.3%，进京走访、非访人次、人员分别下降8%、14.3%。当年“联系服务群众”工作满意度调查结果显示，综合得分和社区得分较上年均有明显上升。

**【建议、提案办理】** 全年共承办市人大建议、政协提案16件，其中市人大代表建议7件，市政协提案9件，均已全部办结，办复率100%；交办、督办区人大建议及区政协提案794件，其中人大建议315件，政协提案479件，均已全部办结，办复率和满意率分别达100%和97%以上。

**【区督查室负责人】**

主　任：陈今玉（6月任职）

李富春（6月离任）

（区委督查室）

## 政策研究

**【重要材料起草】** 先后起草了全国、全市“两会”发言，区委十二届四次、五次全会报告，中央部委调研汇报，中央党校汇报交流，联通大会推介演讲等重要材料。其中，中央统战部专题调研汇报发言得到中共中央书记处书记、中央统战部部长尤权肯定，联通大会推介中国智谷的演讲得到与会专业人士好评。

**【重大课题调研】** 扎实开展“兴转促”行动，牵头完成区委主要领导交办的优化行政审批、鼓励激励干部、提高村（社区）干部待遇等调研课题，一些调研建议已经转化为了具体的工作思路和举措。推动全区面上“兴转促”行动有序开展，将调研工作纳入年度目标考核，指导各单位强化调研工作，及时报送调研成果及合理化建议，营造调研工作良好氛围。指导部门、镇街开展重点课题调研，收集部门“兴转促”调研报告102篇，编发“兴转促”专刊12期。

**【服务中心工作】** 围绕区委提出的“充分发挥板块在经济发展中的主战场作用”要求，牵头起草了《关于进一步加快经济板块发展的意见》，进一步理顺了工作机制、释放了改革动能。起草《关于加快中国智谷（重庆）科技园发展的意见（试行）》，进一步明确和理顺智谷发展定位、领导机制、运行机制。积极参与巡视整改、乡村振兴、南山生态保护综合治理等区委重点工作。

**【区委研究室负责人】**

主　任：李小舟

副主任：李　睿

## 保密工作

**【概况】** 南岸区国家保密局是负责全区保密行政管理的职能机构，对外挂“中共南岸区委保密委员会办公室”“南岸区国家保密局”牌子，内称区委办公室机要保密科。区委保密委办公室主任兼保密局局长，无固定行政编制，人员从区委办公室编制内调配使用。2018年，由区委办公室主任刘露兼任区委保密办主任、区国家保密局局长。是年，南岸区国家保密局认真贯彻习总书记关于保密工作的重要批示指示和中央关于加强和改进保密工作的意见及市委实施意见，强化保密宣传教育，加强安全保密检查，抓好定密管理特别是涉密网络和非涉密网络的保密管理，不断提高保密工作科学化、管理法制化、技术现代化和队伍专业化水平。

**【组织领导】** 年初印发《区委保密委员会2018年工作要点》，部署全年工作，年内召开2次会议，专题研究全区保密行政管理部门机构编制问题、筹建市信息安全保密教育培训基地等事宜。围绕“党管保密”原则，持续抓好党政领导干部这一关键少数保密工作责任制落实，推进全区保密工作的开展。

**【宣传教育】** 6月7日，区保密局组织召开全区涉密人员培训会，邀请市国家保密局总工程师王晓亚讲解贴近全区基层单位工作实际的保密基础知识和常识。会上还传达了《2017年全国失泄密案件通报》，并组织观看失泄密案例警示教育片。全区107家单位、7家在区域军转民军工企业共330人参加了培训。

**【监督检查】** （1）组织开展保密工作自查自评。按惯例及时下发文件明确开展自查自评的范围是南岸区、经开区所有单位，经开区由经开区管委会办公室负责组织，检查内容涉及涉密人员管理、涉密载体、非涉密网络使用管理、定密管理等四大方面。（2）开展“十三五”规划和“七五”保密法治宣传教育中期检查。为迎接市国家保密局对全区“十三五”规划和“七五”保密法治宣传教育规划中期实施情况的督查，南岸区对相关工作实施情况进行了自查。梳理近三年全区定密管理、网络管理、涉密人员管理工作开展情况，以及政策法规执行情况，强化保密应急管理、军地协作等工作开展情况。突出检查区人社局、区委党校、区司法局等具体责任单位，就领导干部、公务员、涉密人员、社会群众等不同层面的宣传教育开展情况进行认真督查，统计培训人数，梳理培训内容，强化培训实效。8月27日，市国家保密局检查组由副局长罗志伦带队，对全区中期实施情况进行了现场检查，并反馈了整改意见。（3）高质量完成2018年高考和全国司法考试保密工作。区保密局在多年来形成惯例的基础上，对接区教育考试中心、区司法局，严谨细致地做好2018年高考和司法考试保密工作，于考前检查了试卷保密室并出具启用函。在考试期间，安排2名同志参与考务值守。

**【保密管理】** （1）加强涉密人员管理。要求全区各单位落实涉密人员管理的主体责任，精准确定，严格审查，突出强调涉密人员使用微信等即时通信工具的管理，应对美国对中国入境航班进行电子设备无理由检查，要求各单位加强涉密人员出国、出境的审批管控。利用区县机构改革成立退役军人事务管理局的契机，加强退役军人保密教育管理。（2）加强计算机管理。对全区在用的惠普电脑进行安全保密排查，全区107家单位，共排查惠普台式电脑944台，惠普笔记本电脑56台，对存在漏洞的电脑已全部安装漏洞补丁；加强非涉密计算机的保密管理，重点在全区各单位连接互联网和区党政工作网（内部非涉密网络）的计算机保密管理，排查各单位计算机中是否存储有标注密级的涉密文件或信息，并对所有非涉密计算机粘贴“严禁存储、处理涉密文件和信息”的标识。（3）严格涉密采购管理。转发市财政局、市国家保密局联合印发的《涉密专用信息设备采购管理规定》，对采购计划报送、采购方式及组织形式、信息公布、资料合同保存管理等方面进行规定，为涉密领域国产化替代相关设备采购提供依据。加强对各单位涉密采购的指导和监督。（4）规范涉密工程管理。转发国家保密局印发的《涉密工程确定和保密管理办法》，将涉密工程确定和保密管理的主体下放给各机关、单位。区保密局按照规定要求，开展定密权限、定密范围的指导，要求各单位健全相关保密管理制度，明确专门机构和人员开展此项工作。

**【区国家保密局负责人】**
局　长：刘　露

## 组 织 工 作

**【概况】** 中共南岸区委组织部是区委负责全区组织工作的职能部门，与区机构编制委员会办公室、非公经济和社会组织工作委员会合署办公，区党代表联络办公室挂靠在区委组织部，区委人才办公室和区考核办公室设在区委组织部。2018年，区委组织部、区编办有干部32人。区委组织部内设干部科（挂干部监督科、干部教育科、人才科、公务员管理科）、组织科、非公党建科、办公室（调研科）、党员电化教育中心、考核科6个职能科室；区编办内设综合科、调研科2个职能科室。

**【政治建设】** 认真落实关于加强和维护党中央集中统一领导的若干规定，抓好党章学习贯彻，引导全区党员干部增强“四个意识”，做到“两个维护”。严肃规范党内政治生活，严格落实好“三会一课”、民主生活会、双重组织生活等基本制度，强化督促检查，推行智慧南岸APP考勤纪实，开展专项督查3次。抓实“十破十立”和“五个结合”，全覆盖完成99个处级以上领导班子民主生活会和1676个基层党组织组织生活会，坚决肃清孙政才恶劣影响和薄熙来、王立军流毒。扎实开展习近平新时代中国特色社会主义思想和党的十九大精神学习培训。通过区级专题培训班、农村党员冬训、党员轮训等形式开展全覆盖培训，共培训党员35000余名。并作为干部教育培训中心内容，开展主体班8期，培训干部317人次；开展专题班19期，培训干部7306

人次。结合推进“两学一做”学习教育常态化制度化，引导广大党员干部带着问题学、结合实际做，切实做到真学真懂真信真用。

【基层党建】（1）全面加强农村基层党建。建立村级班子定期摸排研判机制，每年了解村班子和村干部情况，梳理问题清单，分类督促整改。实施农村带头人队伍整体优化提升行动，建立完善任前联审、任职报备、变动报告、台账管理等制度。建立村级后备干部队伍，回引农村本土人才48名，配备后备干部69名，发展农村年轻党员31名，为村“两委”班子换届打好基础。制定乡村组织振兴实施方案，强化村党组织领导作用。完善农村基层自治体系，开展以村民小组为基本单元的村民自治试点。探索实施“四邻联动”工作机制，由党员中心户联系、服务、带动身边群众。扎实开展扫黑除恶专项斗争，严肃处理存在前科劣迹的村（社区）“两委”成员21名、村民小组长8名、村务监督委员会成员5名。（2）全面加强城市各领域基层党建。以城市基层党建工作示范区建设为契机，以创新社会治理为载体，创新组织设置，推行党支部、党员活动进网格、进楼栋，以党建网格为主导，整合综治、公安等部门基层工作网格和力量，实现“多网合一”“组网合一”。全面落实三级党建联席会议、社区党组织考核评价区级部门等制度，强化党建引领创新社会治理。以城市基层党建为抓手，加强对各领域党建的统揽。机关党建全面推行党建和人事管理由同一个领导分管或合署办公，严格落实干部选拔任用征求机关党组织意见制度，突出机关党组织在选人用人中的政治把关作用。非公经济组织和社会组织党建扎实推进“两个覆盖”，优化拓展4个党群服务中心功能，建成全市首家社会组织党群服务中心。调查摸底互联网企业4247户，筹建互联网行业党委。国企党建进一步完善工作体系，认真落实国企党建重点任务30条。事业单位党建重点加强领导体制，学校推行书记、校长“一肩挑”，配强专职副书记和专兼职党务干部；公立医院健全医院党委与行政领导班子议事制度，强化对公立医院党建工作的领导和指导。（3）全面加强党支部标准化规范化建设。理顺健全组织体系，新建党组织37个，撤销40个，调整隶属关系17个。提高队伍质量，对1580余名党组织书记开展全覆盖培训；严把发展党员政治关，集中培训入党积极分子540余名，发展党员313名；依规处置不合格党员17名。扎实推进后进整顿转化，建立“四个一”工作组，划拨专项经费33万元，整顿转化后进基层党组织11个。强化工作保障，提高村（社区）组织运转经费和干部补贴标准，并建立长效动态化保障机制。

【干部管理】（1）树正用人导向。严格执行新时期好干部标准，坚持把政治标准放在第一位，按照知事识人、人事相适原则，围绕全区重点、急难工作选人用人。牢固树立重实绩、重担当的鲜明导向，注重从镇街等一线岗位、重点专项工作中，发现选拔敢于负责、勇于担当、善于作为、实绩突出的优秀干部。注重将有专业知识和专业能力，实战经验丰富，熟悉金融、法律等领域的干部，充实到经济一线部门。加大年轻干部培养使用力度，统筹做好女干部、党外干部工作。全年根据班子运行情况和干部动态，结合事业需要，提拔领导干部47名，重用4名，交流、轮岗等164名。（2）优化选任机制。修订完善处级干部选拔任用操作细则，改进民主推荐方式，严格落实“双签字”措施，强化选人用人全程监督和全程纪实。认真落实干部选任方案预审制度，重要事项、重要情况及时报批，双重管理干部及时征求意见。坚持“凡提四必”审核措施，探索将审核关口前移，干部选任中，全年因干部档案查核、个人事项报告查核、党风廉政等不过关共放下12名，有效防止带病上岗和带病提拔。强化监督检查，对16个区管单位2015年以来科级干部选任工作开展集中检查。按照全程纪实要求，对2014年以来处级干部选任工作进行全面自查整改。（3）加强干部培训教育。着力提升培训质量，举办2期区管班子主要负责人、2期区管副职、3期科级干部专题培训班，依规有序组织干部到国内知名高校、培训机构参训。推行领导干部自主选学，组织158名领导干部到商儒学院参加学习。选派99名干部参加上级调训。网络学习参训率、合格率均达100%。

强化干部监督管理。完成市管干部个人事项报告集中上报、部分区管干部抽核比对等工作。加强与执纪执法部门联系联动，加大提醒函询诫勉工作力度。全年因个人事项报告查核等问题，给予批评教育29人，诫勉10人，移交纪检监察机关处理1人。制定《南岸区调整不适宜担任现职干部实施细则（试行）》，严格“下”的情形和程序。制定《关于进一步激励广大干部新时代新担当新作为的实施办法（试行）》，健全干部鼓励激励机制。深入开展区管班子回访调研，加强综合分析研判，掌握班子运行情况、单位风气和干部综合表现。

【人才工作】（1）完善人才政策体系。制定《科教兴区和人才强区行动计划（2018—2020年）》，启动人才行动10项，细化重点任务111项。制定《高层次创新人才支持计划实施办法》，遴选10余名高层次创新人才予以重点培养和支持，单人资助最高达122万元。常态化实施《南岸区支持产业人才队伍建设办法》，支持27家单位培养引进产业急缺人才150余名，奖励经费600余万元。（2）深化体制机制改革。推进编制向急需人才倾斜，完成事业单位公开招聘、特殊岗位定向考核招录6场，共聘用297人，组织企业到重邮招聘优秀人才。创新人才评价机制，以实施“高层次创新人才支持计划”为契机，建立以“能力、质量、贡献”为导向的人才评价体系。健全人才流动机制，鼓励支持各类人才以顾问、项目等柔性形式来区服务，组团式引进国家部委、高校院所挂职人才17名。（3）实施重点人才工程。新增院士工作站2个、博士后工作站2个，成功推荐入选国贴专家、“万人计划”“鸿雁计划”等拔尖人才4名。推动建立重邮科大讯飞人工智能学院，纵深推进产教协同育人。打造区级人才项目群，引导实施精品人才项目17个、优秀人才项目6个，给予资金支持200万元。（4）强化团结引领服务。出台《进一步加强党委联系服务专家工作实施办法》，区委直接联系服务专家57名，区级部门联系服务各类人才800余名。在人才中广泛开展“爱国、奋斗”精神教育，开设南岸报“人才故事”专栏，人才信息采用居全市前列。加强专家服务基地建设，实行人才服务证制度，实施人才安居保障工程。

**【党的建设制度改革】** 统筹推进中央、市委和区委部署的改革任务，抓好《加强干部法治素养建设的意见》《建立健全村（居）务监督委员会实施意见》等制度文件衔接配套，完成上级部署改革任务8项，制定全区有关制度文件6个。围绕区委中心工作，完成党员道德诚信管理系统建设、《区管领导班子和区管干部年度考核办法》修订等区级重点改革项目4项。

**【区委组织部负责人】**

部　长：程　效

副部长：包　卫（区编办主任）

　　　　孙　竞（区委人才办主任）

　　　　袁　林（区考核办主任、区委非公工委书记）

　　　　郑　群（区委老干局局长）

区编办副主任：冉凌虹

区考核办副主任：杨雪松

（区委组织部）

## 宣 传 工 作

**【概况】** 中共南岸区委宣传部是区委主管全区意识形态的工作部门。2018年，行政编制12人，其中部长1名，副部长3名，正副科长职数5名。内设办公室、理论科、宣传科（文化科）、新闻科。下属2个处级事业单位：南岸报社（网站）、南岸电视台。代管区委党史研究室、区文联。

2018年，区委宣传部以党的十九大精神为引领，坚持守正创新，开拓奋进，在意识形态、新闻宣传、精神文明建设、三生三宜品质城市建设等领域多点发力，并取得良好成绩。先后承办全市人生规划大赛总决赛、全市首届青年网络主播大赛、2018年度“好人在身边”访谈等6场市级重大活动；在全市宣传部长会议、全市外宣工作会等4次重大会议做经验交流发言；中宣部宣教局局长常勃、中央文明办有关领导、中央网信办副主任杨小伟莅临南岸区调研核心价值观建设、全国文明城区建设和网信工作时，都予以充分肯定。全区宣传思想文化工作各项目标任务全面完成，为加快推动“南岸起风景”凝聚了人心、鼓舞了士气、营造了氛围。（1）意识形态领域守土有方。妥善处置涉意识形态事件8起、重点舆情22起，处置铜元局变电站复工建设舆情事件被作为经典案例在全市应急演练培训会上演示，全年意识形态“零事故”。（2）讲好南岸故事展形象。打造“南岸融”全媒体中心，成为全市试点区县，全年在市级以上主流媒体报道1600余条，“马路办公”新闻报道被，《重庆日报》采用并受到市长唐良智的批示肯定。（3）推动实践中心建设育新人。以“六讲六抓六做”为主要内容推进建设工作，基本实现文明实践阵地全域覆盖，被确定为全市试点区县。探索“志愿者＋智社区＋APP”工作模式—“志智南岸”项目，获评数字中国建设优秀实践成果。（4）文化产业事业提档升级。以南滨路创建国家级文化产业示范园区和创建国家公共文化服务体系示范区为着力点，引入华人文化集团、杭州大策投资集团等重量级文化企业，举办首届重庆先锋艺术电影展映季等活动，推进文化强区建设。南岸区推荐的“广阳故事大王宣讲团”被中央宣传部评为2018年度全国优秀基层理论宣讲先进集体。

**【理论宣传教育】** （1）学做结合，强化思想理论武装。深入学习贯彻党的十九大精神、习近平新时代中国特色社会主义思想、习近平总书记视察重庆和参加十三届全国人大一次会议重庆代表团审议时的重要讲话精神、习近平总书记在全国宣传思想工作会议上的重要讲话等内容，不断增强政治认同、思想认同、理论认同和情感认同，牢固树立“四个意识”，坚定“四个自信”，做到“两个维护”。全年共组织区委理论学习中心组专题学习21次，全区各级党委（党工委、党组）理论学习中心组学习1200余次。组织好《新时代“面对面”》《习近平新时代中国特色社会主义三十讲》等理论读物的学习使用。自觉做到用习近平新时代中国特色社会主义思想武装头脑、指导实践、推动工作。（2）广泛宣传，扎实开展理论宣讲。在深化拓展“六进”宣讲的基础上，分级分类开展“习近平全国两会期间系列重要讲话精神宣讲”“习近平新时代中国特色社会主义思想宣讲”等基层理论宣讲共2500余场，承办“重庆市习近平新时代中国特色社会主义思想宣讲团‘走基层’巡回宣讲”全市首场宣讲，累计受众10万余人，让党的创新理论飞入“寻常百姓家”。“广阳故事大王宣讲团”被中宣部评为2018年全国基层理论宣讲先进集体。（3）务实笃行，做好基层理论调研。依托各级党委（党工委、党组）理论学习中心组、区政研会等平台，在全区深入开展“兴调研转作风促落实”行动，领导干部带头深入基层开展调研，全年共形成调研报告400余篇，真正做到以学促用、以用促学。南岸区荣获2018年全市调研和部刊工作先进单位，《打造“南岸融”区县融媒体中心调研》获评优秀调研报告（案例），《项目驱动承担新使命 凝心聚力开创新局面》获评优秀部刊稿件。

（张立）

**【新闻宣传】** （1）精心策划主题宣传，讲好南岸故事。结合全区中心工作和重要节点，组织策划主题宣传10余次。参与“在行动”“大江奔流——来自长江经济带的报道”、2018中国智能产业博览会等全市主题活动，开展重庆2018中国智能产业博览会、2018全球旅行商大会等12场新闻发布会。全年市级及以上主流媒体推出南岸报道1800余条，《人民日报》、中央电视台等中央级媒体推出南岸报道32篇，其中，6月16日，南山壹华里非遗集市开街，全程在央视新闻APP和央视新闻新浪微博直播，超44万人同时观看，并连续2天被中央电视台《新闻联播》和《新闻直播间》报道。（2）成立融媒体中心，助推媒体融合。区委宣传部将打造南岸融媒体中心作为全年重点项目，按照“打破壁垒、搭建平台，厘清定位、差异发展”的要求，形成了1中心+3部门的全新媒体矩阵。融媒体中心成立以来，策划了多条亮点报道，大型网络直播项目——“跨越大江南北来见你，女子三十年寻亲路广安重逢”，关注访问量达40万+次；现场直播达到27万人次观看，一点知南岸微信公众号单条阅读量突破10万。（3）助力外宣活动，提升南岸形象。结合故宫学院（重庆）挂牌仪式、中国智谷（重庆）签约挂牌、2018中国联通峰会、2018全球旅行商大会等活动，联合新浪重庆、人民网、今日头条等媒体开设直播互动，大力宣传南滨路文旅产业联动发展和江南新城产业发展。智博会期间，宣传部积极对接市级及以上媒体，共刊播相关报道145篇条，其中，在《人民日报》刊发涉区新闻2条，中央电视台刊发涉区新闻4条。“马路办公”新闻报道被《重庆日报》采用并受到唐良智市长的批示肯定。南岸区对外宣传工作作为先进经验在全市外宣工作会上进行交流发言。（4）加强新闻纪律，营造良好的舆论环境。加强新闻宣传工作纪律，严格重大新闻稿件审核发布、新闻舆情研判处置等机制，构建稳定有利的新闻舆论环境，积极应对、妥善引导涉区重大突发事件新闻舆情。

（牛祖婵）

**【社会宣传】** 围绕“坐而论道，文明实践”，重点在南山街道双龙村、迎龙镇北斗村、峡口镇大石村进行新时代文明实践氛围营造。在区新时代文明实践中心举行首场理论学习活动，并先后在广阳故事基地、金隅新都会建设工地、双龙村、福民社区等6个新时代文明实践站开展示范活动。深入开展第四届“拥抱新时代 践行新思想 实现新作为”人生规划大赛，承办全市总决赛。举办“行千里·致广大——做有梦想有追求的重庆人”微电影大赛征集活动。成为全市首个在社区承办感动重庆月度人物发布会的区县，南湖社区被列为全市宣传委员培训现场观摩点。

全区累计在T形牌、天桥、护栏、道旗、果皮箱、阅报栏等刊发“三生三宜”公益广告10万多平方米。统筹举办“大城众管 共同家园”全民动手主题活动，将每周四确定为全民动手日。将“三生三宜”品质城市宣传与南岸文化底蕴相融合，在弹子石老街营造浓厚的宣传氛围；在南坪商圈打造“三生三宜”品质城市景观联廊。

深入挖掘培育先进典型。推选出公益人士刘光敏等2人获得全市感动重庆月度人物。长生桥镇桃花桥社区获评第四批重庆市岗位学雷锋示范点，区公安分局邵钢获第四批重庆市岗位学雷锋标兵。王恒清获感动重庆年度人物候选人，在全区持续弘扬向上向善的榜样力量。

**【群众文化活动】** 制定了全区年度群众文化活动安排和实施方案，举办了“南岸区首届社区艺术节暨第六届迎新春民俗民风文艺展演”“南岸区第七届农民工歌手大赛”“幸福南岸第十二届广场舞大赛”等大型文化活动3场，各镇街围绕“春节”“元宵”“六·一”“国庆”“元旦”等重要节庆日开展文化活动60场。拟定了《南岸区2018全民阅读系列活动方案》，举办了第十一届重庆读书月南岸区全民阅读启动仪式，开展了以区图书馆为龙头，在全区图书分馆、社区图书馆、农家书屋开展各类读书演讲、新书推荐、小型演出、文艺沙龙等活动61场。全力推进“戏曲进校园”，将传统戏曲以综合性演出22场、讲座40场的形式送进校园，并于12月开展了“戏曲嘉年华”活动。

【区委宣传部负责人】

部　长：魏小红

副部长：朱高建　罗先锋　罗家玉

（罗伟）

## 党史研究

【概况】 南岸区委党史研究室是区委负责全区党史研究、主管党史业务的工作部门。2018年，内设综合科、编研科，编制4人，实有4人。党史研究室贯彻落实中央和市委关于进一步加强和改进党史工作的重要决策部署，深化党史研究，积极做好党史资料征集和党史宣传学习教育，开展建党97周年纪念活动和“改革开放四十周年”庆祝活动，加强党史遗址保护和场馆建设，圆满完成各项工作任务。

【征集编研】开展南岸大事记征集编写修改工作，审读、修改2007—2011年南岸大事记，约20万字；编写、修改2012—2016年南岸大事记，约15万字；征集、整理2017年、2018年大事记资料，约4万字。加强南岸党史文献资料的管理和数字化工作，完善党史分类、文献检索等工作。

【科研资政】 围绕区委中心工作，开展南岸品质城市建设、南岸全域旅游等专题研究，供区领导决策参考。审读有关部门的书稿、党史相关解说词等，提供党史咨询服务。

【党史研究室负责人】

主　任：李　凤

（区委党史研究室）

## 老干部工作

【概况】 2018年，南岸区61个单位中，有离退休党支部42个、离退休自管小组58个、处级以上离退休人员1086人，其中离休干部75人、厅级退休干部49人、处级退休干部962人。区老干部局全面落实离退休干部各项待遇，改进服务管理工作，为他们提供亲情化、个性化、多样化服务。

【“三项建设”】 采取报告会、辅导班、支部集中学习、自管小组活动、交心谈心、“南岸老干”公众号推送信息等多种形式，扎实做好老干部们的政治建设、思想建设、组织建设，使他们始终保持政治坚定、思想常新、理想永存，在思想上政治上行动上同以习近平同志为核心的党中央保持高度一致。

【“两项待遇”落实】 把读文件、听报告、参加重要会议和活动、情况通报、参观学习、订阅报刊、走访慰问等政治待遇落到实处。按时发放及时调整离退休工资和补贴、开展困难帮扶、组织健康体检等。坚持“六必访”，即重大节日必访，生日寿辰必访，生病住院必访，遇到困难必访，丧葬吊唁必访，反映问题必访。

【服务保障】 主动适应退休干部群体庞大、多地居住、候鸟式养老的新形势，精准对接共性需求——保障老干部学习活动有场所、有内容、有效果。打造9个社区示范点，推进老干部就近学习、就近活动、就近得到关心照顾、就近发挥作用。通过信息化掌握了解老干部的不同情况，精细回应个性化需求——整合政府公共服务、社会优待服务、志愿服务等，让老干部得到就近就便的照顾；对身患重病、家庭遭受重人变故、“空巢”、独居等有特殊困难的老干部，千方百计为他们排忧解难。

【区老干部局负责人】

局　长：郑　群

（区老干部局）

## 统战工作

【概况】 2018年，区委统战部内设党派科、联络科、办公室，行政编制10名。区工商联党组书记、区民宗委主任、区台办主任分别由统战部副部长兼任，中共南岸区委员会台湾工作办公室、南岸区人民政府台湾事务办公室与区委统战部合署办公。当年，区委统战部全面贯彻落实中央和市委统战工作会议精神，坚持以“争创一流、走在前列”为抓手，着力推动全区统战工作取得新发展。

【党建工作】 坚持“三会一课”、支部主题党日活动等党的组织生活制度，部机关每月1次党课、2次政治学习，全年领导班子成员讲党课6次，普通党员讲党课6次，部机关党小组开展专题学习20次，离退休党小组开展专题学习5次，深入学习党章党规党纪和习近平总书记系列重要讲话精神。扎实开展统一战线“学讲做”活动，区委统战部、各民主党派、工商联、民宗委、统战团体等统一战线系统单位，全年共学习158场，宣讲89场次，参学9295人次，宣讲对象4794人次，增强“学”的系统性、“讲”的针对性、“做”的有效性，让“学讲做”成为推进全区统战工作的有效平台和强大动力。开展统战成员“不忘初心、与党同心”系列教育活动，组织民主党派、工商联和无党派人士参观民主党派历史陈列馆，纪念“五一口号”发布70周年，协助各民主党派区委围绕“不忘合作初心，继续携手前进”主题，开展“学党史讲党史”、征文演讲、辩论赛和书画展等活动。组织非公经济人士赴延安开展专题培训，开展十九大精神专题宣讲、主题征文等理想信念教育实践活动，引导企业家准确理解和全面把握习近平新时代中国特色社会主义思想和党的十九大精神，增强民营企业发展信心。

**【统战工作评议及培训】** 协助制定并以区委名义印发《关于分级细化统战工作责任落实全党做统战工作要求的意见（试行）》，从区委、区委统一战线工作领导小组、区级各单位和镇（街道）、村（社区）党组织四个层面，分别明确了7项共28项统战工作责任清单，并分解成66项重点工作任务。经区委同意，与区委组织部联合印发《市区党代表与党外代表人士联谊交友制度（试行）》，推动全区其余278名市区党代表与531名党外代表人士联谊交友。与区委组织部联合印发《统战工作纳入党员年度“民主评议”实施细则（试行）》，将“三学三看三评”作为民主评议内容，明确党组织“两指导一报告一考核一抽查”评议要求，强化全体党员做统战工作的政治责任。与区委组织部联合对全区各单位和镇（街道）150余人进行集中培训，联合区委党校开展“基层统战工作”专题培训，各主体班学员420余人参训。将统战工作纳入非公经济和社会组织党建培训，由区委组织部组织全区405名党组织书记分5期参加培训。开发《党员如何立足基层做好统战工作》“统战微党课”，指导镇街培训村（社区）党员5000余人，进一步推动“全党做统战工作”的氛围形成。

**【多党合作实践基地建设】** 围绕实践基地建设联合开展调研58次，召开专题会议68次，投入资金201万元，就法律服务、教育提升、科普宣传、健康关爱、文明引导等主题开展各类活动97次，直接服务实践基地所在社区居民7487人次，帮助镇街、社区解决问题24个。长生桥镇党委与农工党区委同景社区实践基地已经建成“四个一”项目即农工党讲堂、专业心肺复苏项目健康志愿团、健康体验馆、社情民意收集站，先后得到农工党中央专职副主席曲凤宏，市委常委、统战部部长李静等领导的充分肯定，46个省市县（区）到基地实地参观；弹子石街道党工委与民盟区委东山坪社区实践基地泽科天际运动场免费向市民开放，完成5000平方米“运动健康公园”建设，组建群团嘉年华；南坪街道党工委与民革区委打造正街社区“中小企业法律服务平台”，为社区400余家小微企业无偿提供法律事务咨询服务；民建区委在龙门浩街道下浩社区建设完成620平方米的基地展示平台，接待各类参观交流22次，开展活动10场次，参与居民2300余人次；民进区委在广阳镇明月沱社区开展精准教育帮扶，21个基层党派组织结对35名贫困学生，17名优秀教师会员结对16名东港学校教师；致公党区委在铜元局街道长江新村社区针对小微企业开展实务培训和技术协助；九三学社区委在海棠溪街道学苑社区引入养老科技助力社区养老取得实效。

**【新的社会阶层人士统战工作】** 打造实践基地。（1）贯彻落实全市新的社会阶层人士统战工作会议精神，组织全区15个镇街、31个部门、6个经济板块抽调108人组建6个大组30个小组，开展为期一个月大调研，全面掌握全区新的社会阶层人士统战工作情况，结合实际制定《关于加强新的社会阶层人士统战工作的实施意见》，召开全区新的社会阶层人士统战工作会议，明确了工作方向、重点和办法。（2）加强新的社会阶层人士组织建设。推动成立新专联律师、教育、卫生、文化等基层组织，建立起327人的后备人才库。（3）积极参与区委重点课题调研。区新专联及新媒体分会分别完成2018年度重点调研课题“南岸区文化创意产业发展研究”“家风建设助力社区创新社会治理研究”供区委、区政府决策参考。（4）全力推进基地建设。开展书法比赛、主题征文、亲子音乐会等文化主题活动和“传承优秀家风•共创南岸新风”系列主题活动，提炼居民优良家风、美好心愿，建成“星蓝莓•小苑家风”长廊，“星蓝莓•心愿亭”，启动新媒体代表人士实践基地社区书院建设，完成“星蓝莓”基地成果展示，大力推广“星蓝莓”微信公众号；引进社工教育资源，组织志愿者参加社会工作实务与传统文化培训，展示专栏正式落成。

**【统战理论研究创新】** 理论研究稳步推进。参与市委统战部2018年全市统一战线理论政策研究“一家牵头、多家参与”重点课题研究，完成子课题“关于发挥统一战线法宝作用的认识偏差及对策研究”。上报理论研究成果3篇、实践创新成果2篇，部机关完成新的社会阶层人士统战工作调研课题，协助区知联会、区新专联、区欧美同学会、区新媒体分会分别完成“南岸区托老养老机构发展研究”“南岸区文化创意产业发展研究”“南岸区归国留学人员创业创新环境研究”“家风建设助力社区创新社会治理研究”重点理论研究课题，参与区委重点调研课题协商。机关干部每人完成理论研究论文1篇并形成汇编材料。直报点建设有所突破。全年共收到各类信息800余篇条，整理上报约310篇。向中央统战部报送信息182条，其中《零讯》采用8篇，《统战工作》采用1篇，《统战工作（专刊）》采用1篇并被中央办公厅采用；岳树梅《建议重视中国企业“一带一路”投资中的法律风险防控》于全国“两会”期间得到国务院原副总理张高丽同志批示；文传浩、铁燕《建议科学处理污染防治攻坚战中的新生风险点》被《统战工作（专刊）》和中央办公厅采用，党外代表人士综合评价被《统战工作》刊载。落实全党做统战工作要求的长效机制、基层多党合作实践基地建设、“同心家园”建设等13项特色工作被《每日汇报》采用。此外，市委统战部采用信息100篇，获市领导批示5篇。“中央统战部信息直报点”荣获全国统战信息工作三等奖。注重加强智库建设和骨干信息员队伍建设，组织开展党外人士建言沙龙活动4次，150余人次参加，提交建言40余篇。

**【民主党派工作】** 辖区内有民革、民盟、民建、民进、农工党、致公党、九三学社等7个民主党派区级组织，各党派所属基层支部（社）94个，成员2738人。（1）完成334名党外代表人士综合评价工作。“代表性很强”“代表性强”占94.6%，比例进一步提高；“代表性一般”占2.1%，比例进一步下降。按照区委统战工作领导小组要求，召集评价结果为“代表性一般”的党外人士召开座谈会，提出个性化培养方案。以综合评价为依据，分类建立102名市级党外后备人才库、215名区级党外人才库。（2）做好党外后备人才选拔培养工作。坚持把一部分优秀人才留在党外，向7个民主党派区委针对性推荐21名优秀人才，5名已被发展成为民主党派成员。按照市委统战部“区县党外优秀年轻干部工作座谈会”会议精神，向市委统战部推荐作为区县“三大班子”培养的党外优秀年轻干部3名、“80后”党外优秀年轻干部9名、“90后”党外优秀年轻干部5名。（3）做好党外代表人士的安排使用和民主党派区委届中增补工作。全区目前有党外市政协委员43名、党外市人大代表8名。完成民革区委主委改选，增补民革、民建、九三学社3名专职副主委。在政府部门安排2名正职的基础上，2018年又提拔正处级干部2名。（4）启动三个层面的党外人士实践锻炼工作。推荐1名人员参与市委统战部第九批市级党外代表人士实践锻炼，选派6名高校优秀人才到区政府部门挂任副职，实施7名第四批区内年轻党外干部基层多党实践基地所在镇街挂职工作。（5）深化落实政党协商制度。协助区委制定2018年政党协商计划并规范推进，协助召开2018年民主党派、工商联和无党派人士重点调研成果协商会，汇报乡村振兴、学前教育、全域旅游发展、社区创新社会治理等12个方面的调研成果，并梳理建议意见。经区委常委会研究，决定建设统一战线“同心家园”，目前正进一步规划设计。

**【民族宗教工作】** （1）深入推进城市民族工作。贯彻落实中央《关于加强和改进新形势下民族工作的意见》以及全市民族宗教工作会议精神，坚持“交流交往交融”原则，进一步加强对少数民族流动人员的帮扶和交流。古尔邦节走访慰问少数民族代表，给予慰问金3000元；支持新疆籍外来务工人员喀哈尔在弹子石开设固定摊位经商，给予帮扶资金1万元；联合新疆驻渝办事处在南坪街道东兴路社区开展少数民族语言培训班；在新疆驻渝工作组指导下，协调辖区2家企业解决88名新疆少数民族学生的就业问题；帮助解决藏族儿童入学问题等。以巩固和发展平等、团结、互助、和谐的社会主义民族关系为总体目标，努力探索创建具有时代特征、区域特色的流动少数民族人口服务管理示范城市。（2）加强和改进新形势下的宗教工作。举办宗教政策法规、国家法律法规培训和维护宗教界合法权益讲座，提高宗教人士学法守法的自觉性；邀请市民族宗教事务委员会副主任喻柏言对全区15个镇（街道）的宗教工作分管领导和工作人员、145个村（社区）的宗教工作联络员进行《宗教事务条例》及宗教事务管理业务培训，提升宗教工作人员的工作能力和水平；加快推进百年教堂、千年寺庙的建设工作，慈母堂、老君洞保护修缮工程已通过竣工验收，正在接受审计；涂山寺二期抢险保护工程审计工作完毕，进入结算阶段；广阳金紫山大佛寺启动综合用房装修，马鞍山教堂弹子石学习点装修完成；持续开展宗教场所安全大排查、大整治活动，依法治理非法宗教活动3起，及时解决宗教领域突出问题3个。

**【经济领域统战工作】** （1）深化完善“双向评价”制度。贯彻落实全市民营经济发展大会精神，组织各职能部门深入企业开展调研，形成调研成果为区委、区政府提供决策参考。修改完善并印发新的《南岸区民营企业和政府机构双向评价实施办法》，通过行业季度座谈会、非公经济联席会和区级领导联系重点企业制度，收集企业反映的困难问题428件并全部解决。区工商联、区财政局、经开区财务局还联合印发《南岸区、经开区促进民营经济发展的意见》。（2）优化基层商会建设。完成工商联（总商会）届中调整工作；指导大竹商会、南坪商会、铜元局商会、广阳商会完成届中调整工作，筹备成立南岸区火锅商会；组织开展“四好”商会创建工作，推动商会建设全面提升。（3）发挥民营企业的积极作用。深化区工商联青年企业家联合会实践基地建设，投入26万余元在塘坎村开展“微心愿”定向帮扶活动收到实效；指导6家大型民营企业和9个商会组织建立起15支500余人的志愿者队伍数；5360人次志愿者参与163场次活动，积极参与创新社会治理。（4）强化服务工作。组织企业家参加中国国际进口博览会重庆采购活动，重庆民营企业出访英国、德国进行经贸项目洽谈对接活动，“一带一路”中亚经贸专题考察培训班等活动；参与主办中国（重庆）“民参军”产品与技术信息对接会，全国工商联党组副书记、副主席樊友山，市委常委、统战部部长李静，副市长李殿勋出席会议，200多家单位参加会议。

**【对台工作】** 重庆抗战遗址博物馆全年共接待各类参访团37次1721人次，其中台湾参访团30次1445人次。（1）持续深化两岸基层交流。参加渝台基层交流座谈会，区妇联与台湾彰化县幸福姐妹会、南坪镇南塘苑社区与和美镇嘉犁社区、南坪镇白鹤苑社区与和美镇新庄社区结成友好关系；组织文创产业考察团、基层考察团赴台湾进行考察学习，进一步加强文化创意产业的对接，深化渝台交流感情，为促进两岸关系和平发展发挥了积极作用。（2）大力推进经贸交流合作。引入台企惠朋国际集团、锡山集团，达成近5亿元项目投资协议。（3）开展教育文化交流。引入台湾爱迪生创意科技股份有限公司，成立重庆邓鸿吉创发教育科技有限公司，助力南岸区学生获得市级、国家级比赛和国际发明展奖项；台湾彰化县幼儿园协会来区开展交流，与全区10余所幼儿园举办“第二届海峡两岸（重庆）幼儿教育论坛”，并建立友好联系；台湾中华青年企业家协会文化创意考察团第二次来区开展交流，加强了南岸青年企业家联合会与台湾青年企业家的密切联系，促成台湾众剧团与南岸303剧场的合作交流，303剧场承担5名台湾大学生的实习工作。

**【自身建设】** 加强统战干部队伍建设。全年部机关新增工作人员2名，为统战队伍注入了新鲜血液；制定《关于推动全区统战工作争创一流走在前列的实施意见》，坚决做到“四个作为”，全面推行“四个当天”制度，力争全区统战工作争创“三个一流”；组织参加中央统战部、市委统战部举办的各类专题培训共11期26人次，搭建多元化学习教育平台，开展“学讲做”“读书季”活动，不断提升干部的综合素质。完成统战信息库建设，已录入部分数据，正对系统进行进一步优化调整。服务群众工作进一步加强。党员领导干部到基层调研14次，党员参加志愿服务12人次，为群众办实事好事4件次；利用元旦春节、“七一”走访慰问结对村、社区困难群众和党员、本部门党龄50年以上的老党员、患重大疾病生活困难党员53人次，慰问金额2.12万元。

**【区委统战部负责人】**
部　　长：梅泽波
常务副部长：谭晓庆
副 部 长：周万里（兼工商联党组书记、副主席）
　　　　　文　科（兼民宗委党组书记、主任）
　　　　　许道权（兼台办主任）

（区委统战部）

## 政法工作

**【防范化解重大风险攻坚战】** 确保政治安全，强化反恐处突工作，严格落实意识形态工作责任制，坚决防范和打击各类邪教和非法宗教活动，全年无暴力恐怖、涉政、涉意识形态、涉邪重大案事件发生。维护社会大局稳定，圆满完成全国“两会”“智博会”等重要节点和重点事项的安保维稳任务，有效化解各类风险矛盾和不稳定因素200余起。成功处置铜元局变电站复工建设等重大涉稳风险，稳妥推进迎龙商贸城、涉军等重点群体处置；化解信访存量案件34件，增量案件314件，办结化解率80.5%，市级交办信访重点问题10件，化解率100%，市交办重点信访人员36人已转化11人。排查化解经济金融风险，共摸排监管高、中、低风险企业2026家，涉众型经济犯罪立案同比下降55%。抓好网络舆情管理，把“三同步”理念贯穿政法工作全过程和各环节，先后核查敏感舆情80余起。

**【社会治理创新】** 践行“枫桥经验”，以党建引领加强和创新社会治理，深化“三事分流”创新品牌，全国社区治理试验区建设圆满结项，试点“三调”中心建设（人民调解、行政调解、司法调解），构建“社区治理创新中心＋微益坊”模式，基层矛盾有效化解。涂山镇“社区生活共同体”被评为全国“创新社会治理最佳案例”。

**【平安建设】** 扎实推进“雪亮工程”建设，实现13499个视频监控和648个交通电警卡口的监控图像实时调取，建成综治、公安、镇街、社区“一总多分”四级共享应用平台，通过中期检查验收，完成“雪亮工程”示范城区建设工作任务。做好治安重点人员管控，落实全区749名严重精神障碍患者、45名过激言行重点人员管控措施，全年未发生精神障碍患者肇事肇祸和个人极端案事件。完善矛盾纠纷多元化解机制，受理行业、邻里、物业等矛盾纠纷共4516件，调解率100%，调解成功率98%。加强校园及周边治安综合治理，对全区229所中小学、幼儿园及73家校外培训教育机构开展专项整治行动，及时整改安全隐患304处，确保校园安全。

**【“专项斗争”】** 按照“一年治标、两年治根、三年治本”的目标，重点是围绕政治站位、依法严惩、综合治理、深挖彻查、组织建设和组织领导，开展扫黑除恶专项斗争取得实效。统筹协调不断加强，完善领导小组会、周例会、周报等工作机制，调动各成员单位齐抓共管，顺利迎接中央扫黑除恶专项督导。高压态势不断巩固，侦办恶势力犯罪团伙9个，依法公开审判涉恶团伙案件3起；以“专项斗争”为牵引，加大对各类违法犯罪的打击力度，全区刑事案件立案下降9.79%，刑事破案上升6.27%。“破网打伞”初见成效，通过涉黑涉恶案件逐案筛查发现并处理党员干部9名。治安环境不断改善，加强重点行业监管和重点地区整治，四千米枢纽站非法运营、长江索道站非法倒票等行业乱象得到有效遏制，市区挂牌社会治安整治地区刑事立案下降30%以上。基层基础不断夯实，切实整顿11个软弱涣散基层党组织，及时处置存在前科劣迹的34名村（社区）干部。

**【改革和法治建设】** 全面落实司法责任制和综合配套改革，创建新型办案团队，充分发挥专业法官、检察官会议的作用，努力构建权责一致的司法权运行新机制，不断提升司法能力水平。推动诉讼制度改革，推进案件繁简分流，开展认罪认罚从宽改革试点，适用认罪认罚案件676件769人，适用速裁程序审结刑事案件386件，适用率67.5%，提高办案质效。推动政法工作智能化建设，“智慧法院”和智慧检务初见成效。开展公益诉讼，环境资源、国有资产保护、食品药品安全等领域公益诉讼案件立案23件，已整改并回复13件。

**【服务经济社会发展】** 贯彻落实全市民营经济发展大会精神和《关于政法机关服务民营经济发展的实施意见》，建立政法机关领导班子成员、法官、检察官“一对一”联系服务民营企业工作机制，联系企业186家，定期开展“三问三防”走访服务（问不稳定因素苗头、问困难问题、问意见建议，防自身违法、防外部侵害、防内部职务犯罪）。设立民营企业审批服务绿色通道，办理审批事项时限比法定时限提速21%。组建“法律服务宣讲团”，深入企业开展培训讲座12场次。建立涉企矛盾纠纷滚动排查机制，调解涉企纠纷1014起，成功处置各类涉企治安案事件88起。开展“平安企业”建设，在民营企业设立警民联系点186个。加大产权保护力度，侦办涉民企刑事类案件70起，为民营企业经济止损近3亿元。

**【队伍建设】** 贯彻落实中央和市委关于政法队伍的新要求新部署，推进政治建警，政法队伍的履职能力不断提升，纪律作风明显改善，职业保障切实加强。响应学习杨雪峰、刘彦、龚海南、黄学忠等同志先进事迹号召，先后推出13个先进集体、36名先进个人获得区级以上表彰，涌现出一批忠于职守、敬业爱民的先进典型。坚持正面宣传为引领，全区政法系统在中央媒体发布稿件116条，市级媒体发布稿件1934条。推出“渝警行动2018之南岸警察故事”主题宣传活动、用活新媒体资源，依托“南岸政法”微信公众号，推送信息362条，展示政法队伍良好形象。

**【区委政法委负责人】**
区委常委、政法委书记：王　愚
副　书　记：刘后金　王　虹
　　　　　　韩伯海（挂职）

（区委政法委）

## 党校教育

**【概况】** 2018年，南岸区委党校坚持以习近平新时代中国特色社会主义思想为指导，以学习贯彻党的十九大精神为主线，不断强化“四个意识”“四个自信”，坚决做到“两个维护”，围绕中心、服务大局、攻坚克难、真抓实干，全面完成各项目标任务，推动南岸区干部教育培训事业再上新台阶。

**【党建工作】** 组织学习教育。年内组织召开党建工作专题会3次，制定党校2018年党建及党风廉政建设工作要点、2018年全校工作要点，组织理论中心组学习会12次、支部学习活动12次、全校教职工学习例会25次、各类专题学习会12次，确保党中央的决策部署和市委、区委的工作要求不折不扣贯彻落实。做好联系服务群众工作。坚持每周派人参加村社区活动，安排资金4万元，帮助解决结对帮扶村（社区）的实际困难。严格落实2018年区委党校“两个责任”清单工作，签订党风廉政建设工作责任书，全面落实从严治党责任。开展“1+3+N”“四风”专项整治，开展南山综合治理、违规收送名贵特产类特殊资源谋取私利问题等专项整治工作，党风廉政建设进一步加强。

【干部培训】 全年累计举办各类班次48期，培训4134人。其中计划内班次22期，包含主体班8个，培训学员317人；专题班7个，培训学员482人；其他班次7期，培训学员1359人。计划外班次26期，其中党性教育班次15个，统战教育班次5个，行政业务培训班次6个。共培训来自北京、上海、浙江、西藏等省市自治区以及本市市级部门干部学员1976人。

【科研咨政】 围绕全区经济社会发展中的重点、难点、热点问题，开展教研咨一体化工作。打造精品课程，抓好市委党校精品赛课和市社会主义学院赛课工作，获得市社院教学竞赛一等奖。开展理论研究。完成“利益视域下基层腐败治理长效机制构建研究”“基于物联网技术的智慧社区建设模式研究”等市委党校一般课题5项。成功申报市委党校2018年重点课题1项、一般课题4项。发表理论成果。在省部级以上刊物公开发表论文47篇，核心期刊2篇。《三峡库区的水源新特点及涵养模式创新研究》在征文比赛中获重庆市人民政府二等奖。争取资政签批。全年共获区领导肯定性签批41篇，部分资政意见对相关部门的工作起到了推动作用。

【宣传工作】 充分发挥党校理论宣传主渠道作用。围绕“党的十九大”“全国两会精神”“习近平总书记民营经济座谈会上的重要讲话”等主题，深入全区部门、镇街、经济部分、村（社区）、辖区企业开展专题宣讲，传播党的好声音，助推中央、市委、区委重大决策部署的贯彻落实。全年开展宣讲（含基层党员轮训）共120余场次，受众达万余人次。

【制度建设】 制定并完善《党校内控制度手册》《中共南岸区委党校科研项目管理办法》《2018年科研项目经费保障实施细则》《中共南岸区委党校专技人员绩效工资实施方案》《关于进一步加强工作纪律、作风效能的实施办法》等制度，管理的科学性、有效性进一步增强。

【服务保障】 推进生态校园建设。完成校园后山园林建设工程，校园绿地覆盖率达到50%以上。加强智慧校园建设。安装多媒体屏、校园语音音箱，打造新时代文明实践所“学习苑”。加强平安校园建设。升级改造监控系统，完成公寓楼消防系统整改工程，争取区领导和相关部门支持，办理党校房屋权证。

【区委党校负责人】

校　　长：王茂春（兼）

副 校 长：聂　东（常务）

　　　　　严康杰

　　　　　周　静（2018年5月调离）

校委委员：耿　毅

（区委党校）

# 南岸区人大常委会

## 概　述

【概况】 2018年，重庆市南岸区有二级人大组织，即区人民代表大会及其常务委员会、7个镇人民代表大会。区人大常委会（以下简称区人大）在街道设立人大工委共8个。全区共有市人大代表23人、区人大代表242人、镇人大代表369人。至年底，区十八届人大常委会组成人员28人，其中主任1人，副主任4人，委员23人。区人大内设法制委员会、城乡建设环境保护委员会、财政经济委员会3个专门委员，分别下设办公室作为正处级工作机构；区人大常委会下设办公室、信访办公室、人事代表工作委员会、预算工作委员会、教科文卫工作委员会5个正处级工作机构和规范性文件备案审查办公室、信息中心2个副处级工作机构。

2018年，区人大围绕中心，服务大局，依法履职，较好地完成十八届人大二次会议确定的各项目标任务，为“全面小康、幸福南岸”建设做出了应有贡献。与市人大常委会上下联动开展专项工作评议2次、执法检查4次、专题调研3次，组织召开半年工作情况报告会1次、区人大常委会议11次、主任会议24次，听取和审议专项工作报告24个，开展视察调研活动32次。

## 重要会议

【区十八届人民代表大会第二次会议】 1月10日至14日，该会议召开，应到代表252人，实到代表237人。大会选举产生市人大代表、区人民政府区长、区监察委员会主任、区十八届人大常委会委员。陈一清当选区人民政府区长，胡显键当选区监察委员会主任。新当选的市人大代表、区人民政府区长、区监察委员会主任、区十八届人大常委会委员与全体代表见面后举行了宪法宣誓仪式。会议表决通过南岸区人民政府工作报告的决议、关于南岸区2017年国民经济和社会发展计划执行情况及2018年计划的决议、关于南岸区2017年财政预算执行情况和2018年财政预算的决议、关于南岸区人大常委会工作报告的决议、关于南岸区人民法院工作报告的决议、关于南岸区人民检察院工作报告的决议、关于推进建设“三生”“最优空间”“三宜”品质城市的决议和重庆市南岸区人民代表大会议事规则。会议还审议和测评南岸区第十八届人民代表大会第一次会议议案决议执行情况及代表建议批评意见办理情况报告；审议和测评南岸区2017年度重点民生实事办理情况报告，票决2018年度重点民生实事。会议宣布了南岸区第十八届人民代表大会第一次会议议案决议执行情况和代表建议批评意见办理情况的报告及大会议案办理情况满意度测评结果，结果均为满意。会议还宣布2017年区政府办理重点民生实事的满意度测评结果，结果均为满意。会议按照《重庆市南岸区年度重点民生实事监督办法（试行）》的有关规定，投票决定了全区2018年度十件重点民生实事。

**【半年工作情况报告会】** 7月26日，区“一府两院”暨经开区2018年半年工作情况报告会召开。会议审议了区人大常委会、“一府两院”、经开区半年工作情况报告，对政府相关部门的9项专项报告进行“检阅”，围绕全区经济社会发展和民生事业建设的工作情况提出意见和建议。各专项工作满意和基本满意率均达到98.4%以上。

## 人大监督

**【品质城市建设推进】** 贯彻市委书记陈敏尔关于把南岸建设成为“生产生活生态最优空间，宜居宜业宜游品质城市”的工作要求，紧扣区委建设“三生三宜，共同家园”发展战略，认真督办区十八届人大二次会议《关于推进建设“三生”最优空间“三宜”品质城市的决议》，听取区政府专项工作报告，提出审议意见，开展专题调研，形成调研成果。坚持“生态优先、绿色发展”理念，听取区政府关于环境保护年度工作、城市绿化品质提升、工业企业污染整治、加强公园绿地建设优化生态空间布局等专项工作报告，配合市人大开展广阳岛保护立法工作调研，督促大南山生态保护综合治理专项行动，视察南山闭矿区生态修复等项目和乡村振兴战略实施情况，努力推动生产生活生态最优空间建设。持续开展城乡规划建设专项监督助推工作，视察市政管网、公厕、垃圾站、变电站等城市公用基础设施，视察渝航大道及延伸段等重点项目、弹子石CBD组团城市建设和江南新城基础设施建设，促进完善城市功能，优化城市形象，努力推动宜居宜业宜游品质城市建设。

**【现代化经济体系建设推进】** 听取大数据智能化产业发展情况、招商引资工作情况等报告，配合市人大开展科技创新工作调研，督促区政府更好地落实“以智能产业集群化发展促质量，以传统存量企业做大增量，以载体建设优化产业布局”的发展思路，促进科技体制改革和创新驱动发展。与市人大上下联动开展旅游产业发展情况专题调研和专项评议，听取区政府关于全域旅游发展情况报告，推动“山水之城•美丽之地”建设。听取南滨路创建国家级文化产业示范园区情况报告，视察龙门浩历史文化街区首开区、慈云寺老街、弹子石老街和重庆国际马戏城等重点项目，开展文物保护利用和文化遗产保护传承工作调研，推动文化事业和文化产业协同发展。视察讯飞慧渝公司、易华录城市数据湖示范项目等科技企业和项目运营情况，听取区工商联关于优化营商环境工作情况的报告，认真开展集中走访精准服务民营企业活动，进一步推动构建亲清新型政商关系，服务民营经济健康发展。

**【民主法治建设监督】** 加强宪法学习宣传教育，组织开展“宪法日”集中宣传活动和“千万市民学宪法”知识竞赛，推进“七五”普法。全面落实宪法宣誓制度，强化任命干部宪法意识。听取和审议2017年度法治政府建设专项工作报告，督促区政府进一步深化行政综合执法体制改革，健全规范性文件管理机制，完善政府法律顾问制度。配合市人大开展检察机关法律监督工作情况调研，强化相互配合、相互制约意识，努力保障司法公正。开展规范性文件备案审查，充分发挥专家指导组作用，进一步提升备案审查能力和水平。与市人大上下联动开展《重庆市河道管理条例》《重庆市城乡规划条例》和《重庆市食品生产加工小作坊和食品摊贩管理条例》执法检查，确保法律法规有效实施。

**【社会民生事业发展和社会治理创新监督】** 视察中小学校心理健康教育工作情况，协助全国人大开展城乡义务教育一体化发展工作调研，协助市人大开展《重庆市义务教育条例》实施情况调研，与市人大上下联动开展学前教育专项工作评议，推动全区贯彻教育优先发展方针，切实保障教育公平。听取医药卫生体制改革工作情况报告，开展公立医院改革专题调研，视察区内医疗机构建设情况，推动健康战略实施。认真督办人代会确定的重点民生实事，听取和审议区政府2018年度重点民生实事办理情况报告，组织地区代表小组开展视察和满意度测评，督促区政府进一步强化责任，明确任务，确保城市棚户区改造等十一项重点民生实事全面完成，增强人民群众的获得感。听取全区创建和谐劳动关系综合试验区工作情况报告，促进劳动关系更加和谐。关注扫黑除恶专项斗争，视察“雪亮工程”建设，听取安全生产专项工作报告，保障和提升人民群众的安全感。听取社会组织协商和法律援助工作情况报告，视察基层司法工作机构，促进政府管理和基层自治良性互动，保障困难群众更好地维护自身合法权益，推动社会治理法治化。

**【财经预算和审计工作监督】** 完成预算监督联网工作，提升人大财经预算监督能力。推动财政预算改革，全面开展预算公开评审。听取上半年财政预算执行情况报告和国库集中支付电子化改革工作情况报告，开展预算绩效评价调研，促进提高财政管理水平。加强国有资产管理监督，参加市人大业务培训，开展工作调研，出台实施意见，落实政府向本级人大常委会报告国有资产管理情况制度。听取2017年预算执行情况和其他财政收支情况审计查处问题整改情况的报告，并对2016年的整改落实情况进行跟踪，不断提升审计监督实效。

**【重大事项决定】** 修订《南岸区人大常委会讨论决定重大事项的规定》，落实政府重大决策出台前向本级人大常委会报告制度。及时批准2017年财政决算和2018年财政预算调整方案，为经济社会发展提供财政保障。加强对人民代表大会决议决定执行情况的跟踪监督，听取和审议区政府关于“十三五”规划纲要中期评估报告、上半年国民经济和社会发展计划执行情况报告，促进经济社会高质量发展。

**【人事任免】** 认真行使任免权。坚持党管干部与人大依法任命干部相结合原则，严格按照任免工作程序，依法任免国家机关工作人员。2018年，区人大常委会组织法律知识考试7次，共36人次；先后任命国家机关干部37人，免职16人，接受区政府领导人员辞职2人、区人民检察院检察长辞职1人、区人大常委会组成人员辞职4人（已向区十八届人大第三次会议备案）。指导补选市人大代表1名，补选区人大代表15名。对代表资格变动情况进行严格审查，依法确认并公告代表资格变动42人次。

## 人大代表工作

**【人大代表补选及工作】**依法开展代表补选工作，动员辖区20万选民积极投入登记、提名、协商、投票等选举活动，成功补选出15名区人大代表。坚持邀请公民代表旁听区人大及其常委会相关会议，保障公民有序政治参与。主动接受选民监督，全年组织人大代表23人到村和社区述职，600余名选民群众参与满意度测评。建立代表与选民联系QQ群25个、微信群70个，3300余名选民踊跃“入群”，进一步畅通了代表与选民的联系渠道。开展“人大代表进万家”活动，组织代表联系选民370余次，走访、接访选民10000余人次，发放代表连心卡13000余张，收集民情1000余条，形成代表建议300件，协调解决选民反映的困难和问题608件，化解矛盾纠纷503件。各地区代表小组不断创新活动方式，丰富活动内容，进一步密切代表与群众的联系。南坪街道、龙门浩街道、南山街道立足“三生三宜”品质城市建设，组织人大代表参与“大城众管•共同家园”志愿服务活动，征集群众意见建议，视察“林长制”工作。海棠溪街道、天文街道、花园路街道、铜元局街道围绕扶困、就业、医疗等民生需求，搭建“海棠心愿”帮扶平台，打造“就业动车”项目，开展义诊服务活动，视察大健康民生项目建设。弹子石街道、南坪镇与选民互动联系，发动代表捐赠图书，组织开展体育联谊活动。涂山镇、峡口镇、广阳镇关注社会治理工作，组织人大代表开展社区法治宣传、视察区域环境卫生整治，推动安装“智慧天网”监控设备。鸡冠石镇、长生桥镇、迎龙镇聚焦群众反映的热点问题，推动腾黄支路断头路连接、苦竹溪（原长生河）和白沙河水体治理、迎龙中学至纵七路步道修缮等项目建设。

**【代表建议办理】** 区十八届人大二次会议期间，代表共提出建议294件，闭会期间提出建议20件，全部纳入网上办理系统。其中，32件被确定为“两满意一跟踪”重点建议，超过年度计划；232件已解决或基本解决，办成率较2017年稳步提升，建议办理实效明显增强。如关于增设普惠型幼儿园的建议，经区政府办理，2018年全区普惠型幼儿园覆盖率达到60.3%，较上年净增20个百分点，受益家庭约6500户，得到人大代表和人民群众的高度评价。

**【市代表南岸区联系组作用发挥】** 立足全市经济社会发展大局，结合南岸实际，向市人代会提出关于渝航大道及延伸段周边区域建设主城南部生态产业带，在南岸区探索建设“三生三宜”品质城市示范区，整体打造广阳岛广阳湾片区，统筹资源、市区联动、加大南山基础设施投入等议案建议30件。在市人大常委会主任接待日活动中，围绕“绿色发展，生态优先”的主题积极提出意见建议，助力南岸建设发展。

**【区人大负责人】**

主　任：朱　维

副主任：何文中　陈廷明　夏江华
　　　　王　渝

【区人大专委会和常委会办事机构负责人】

**区人大法制委员会**

主 任 委 员：覃长菊

副主任委员：付　永　陈晓宇

**区人大城乡建设环境保护委员会**

主 任 委 员：熊　伟

副主任委员：何荣川　孙永红

**区人大财政经济委员会**

主 任 委 员：江　华（未任命，实际负责工作）

副主任委员：罗　斌　李　瑾

**区人大常委会办公室**

主　任：刘劲松

副主任：高克勤　张　雪

**区人大常委会预算工作委员会**

主　任：罗　斌

副主任：张利萍

**区人大常委会教育科学文化卫生工作委员会**

主　任：周　颖

副主任：李小华

**区人大常委会人事代表工作委员会**

主　任：方　芳

**区人大信访工作办公室**

主　任：高克勤（兼）

副主任：贺学良

**区人大常委会规范性文件备案审查办公室**

主　任：陈晓宇

**区人大常委会信息中心**

主　任：郭　勇

（区人大办公室）

# 南岸区人民政府

## 概　述

**【概况】** 南岸区行政中心位于茶园江南新城天文街道广福大道1号，距重庆市人民政府驻地11.5千米。

2018年末，全区总户数29.7万户，人口73.68万人，比上年增加2.3万人。其中，城镇人口68.54万人，增加3万人；农村人口5.14万人，减少0.7万人。全区常住总人口91万人，增加1.9万人。其中，城镇常住人口87.09万人，占总人口的比重（常住人口城镇化率）为95.7%，提高0.3个百分点。全年新出生人口11817人、出生率为13.1‰，死亡人口7381人，死亡率为8.2‰，人口自然增长率为4.9‰。

**【经济发展】** 2018年，全区生产总值（GDP）724.78亿元，增长2.9%。其中一产业实现增加值3.81亿元，下降2%；二产业实现增加值278.63亿元，下降0.7%；三产业实现增加值442.34亿元，增长5.3%。三次产业经济结构为0.5 ：38.4 ：61.1

2018年，全区实现农林牧渔业总产值5.05亿元。其中：农业产值4.34亿元，下降0.6%；林业产值0.13亿元，增长0.6%；牧业产值0.13亿元，下降7.9%；渔业产值0.32亿元，下降6.4%；农林牧渔服务业产值0.13亿元，增长1.3%。（见下表）

2018年南岸区主要农产品产量

| 产品名称 | 总产量（吨、头） | 同比（%） |
|---|---|---|
| 粮食作物 | 2075.00 | 0.2 |
| 蔬菜产量 | 7638.73 | -2.4 |
| 生猪出栏头数 | 2568.00 | -6.3 |
| 鲜奶产量 | 173.00 | 1.1 |
| 鲜鱼产量 | 2265.00 | -3.1 |
| 水果 | 4134.81 | 5.0 |

2018年，全区实现工业增加值193.35亿元，下降4.1%，占全区GDP的比重为26.7%。全区完成工业投资30.43亿元，增长15.6%，占全社会固定资产投资的8.6%。规模以上工业增加值下降4.2%，219户规模以上工业企业实现工业总产值780.28亿元，下降4.3%。

全区50户重点企业累计实现工业总产值638.01亿元，下降1.2%，实现总产值占规模以上工业总产值的比重为81.8%。

全区规模以上15户大型企业实现总产值482.53亿元，增长18.4%，实现总产值占规模以上工业总产值的比重为 61.8%；204 户中小型企业实现总产值 297.74 亿元，下降 27%，实现总产值占规模以上工业总产值的比重为 38.2%。

全区重点跟踪的 81 种主要工业产品中，51 种产品的产量同比下降，减产面达 62.9%。其中降幅较大的主要产品为：手机 4935.79 万台，下降 33.1%；光电子器件 7433 万台，下降 51.9%；软饮料 57.15 万吨，下降 9.9%；纸制品 34978 吨，下降 5.4%；塑料制品 42964.61 吨，下降 5.1%（见下表）。

2018 年南岸区规上工业主要产品产量

| 规模以上工业主要产品产量 | 单位 | 产量 | 同比（%） |
| --- | --- | --- | --- |
| 移动通信手持机 | 万台 | 4935.79 | -33.1 |
| 光电子器件 | 万只 | 7433.00 | -51.9 |
| 卷烟 | 亿支 | 177.37 | 23.4 |
| 摩托车 | 万辆 | 77.89 | 12.7 |
| 工商用制冷、空调设备 | 万台 | 17.16 | 15.7 |
| 房间空气调节器 | 万台 | 354.29 | 36.2 |
| 软饮料 | 万吨 | 57.15 | -9.9 |
| 服装 | 万件 | 441.21 | 3.5 |
| 纸制品 | 吨 | 34978.00 | -5.4 |
| 塑料制品 | 吨 | 42964.61 | -5.1 |
| 商品混凝土 | 万立方米 | 619.82 | -3.5 |
| 金属门窗及类似制品 | 吨 | 436.00 | -1.6 |
| 金属切削机床 | 台 | 1382.00 | 31.9 |
| 改装汽车 | 辆 | 3603.00 | 19.1 |

企业节能降耗成效显著。规模以上工业企业（不含水、电、气、莱美药业、烟草南岸分公司、川仪南岸分公司）万元产值能耗 0.02 吨标准煤 / 万元，下降 16.4%。

建筑业增长平稳。按注册地统计建筑业总产值 249.81 亿元，增长 20.4%，在地建筑业总产值 195.81 亿元。全区实现建筑业增加值 85.28 亿元，增长 8.9%，占全区 GDP 的比重为 11.7%。

2018 年，全区实现固定资产投资 353.48 亿元，增长 6.2%。其中，基本建设和更新改造完成投资 58.33 亿元，增长 2.6%；房地产开发完成投资 295.15 亿元，增长 7%。建筑安装工程投资 181.71 亿元，下降 25.4%，占全社会固定资产投资的 51.4%；设备工器具购置 11.85 亿元，下降 42.8%，占全社会固定资产投资的 3.4%；其他费用 159.92 亿元，增长 133.4%，占全社会固定资产投资的 45.2%。从三次产业来看，二产业完成投资 30.43 亿元，增长 15.6%，占全社会固定资产投资的 8.6%；三产业完成投资 323.05 亿元，增长 5.4%，占全社会固定资产投资的 91.4%。

商品房销售。商品房销售面积 366.31 万平方米，增长 9.6%，其中住宅销售面积 312.26 万平方米，增长 13.1%。商品房销售额 398.13 亿元，增长 19.4%，其中住宅销售额 353.85 亿元，增长 23.1%。

全区社会消费品零售总额 442.9 亿元，增长 6.9%。从社会消费品零售构成行业来看，批发业完成 64.94 亿元，增长 4.4%；零售业完成 310.32 亿元，增长 7%；住宿业完成 13.47 亿元，增长 8.4%；餐饮业完成 54.23 亿元，同比增长 9.1%。

全区批零业销售总额 1689.13 亿元，增长 10.1%。销售额排名前 10 位的批零企业累计销售额 252.35 亿元，占限额以上法人销售额的 31.7%，下降 1.4%。

中西药品类销售增速持续放缓，全年销售额 207.13 亿元，下降 13%，石油及制品销售额 55.54 亿元，下降 13.3%。第三金属材料类销售额 44.04 亿元，下降 5.7%。

全区实现外贸进出口总额 15.5 亿美元，增长 17.9%。其中，外贸出口 6.34 亿美元，下降 0.5%；外贸进口 9.16 亿美元，增长 35.2%。实际利用外资 8.86 亿美元，增长 23.8%。

全区公路总里程达 516 千米。其中，国道 20 千米，省道 41 千米，县道 89 千米，乡道 51 千米，村道 315 千米。

全区城镇居民平均每百户拥有固定电话 24 部，移动电话 251 部。

全区共有旅行社 35 家。其中，国际旅行社 4 家，国内旅行社 31 家。门市部 600 余家。

全区星级酒店 8 家。其中，五星级酒店 2 家，四星级酒店 2 家，三星级酒店 4 家。

全区对外开放的国家等级景区 9 个。其中， 4A 级景区 3 个，3A 级景区 2 个，2A 级景区 3 个，1A 级景区 1 个。全年接待游客 4889.5 万人次，增长 8.8%，实现旅游收入 168.2 亿元，增长 38.2%。其中接待境外游客 32 万人，增长 4.4%。

全区实现地方财政收入 71.62 亿元，下降 5.1%。其中，公共财政收入 63.52 亿元，下降 9.8%；税收收入 55.48 亿元，增长 7.2%。财政支出 131.04 亿元，下降 1.2%。

全年金融机构人民币存款余额 1305 亿元，增长 2.6%。贷款余额 1156 亿元，增长 4.5%。

**【社会发展】** 全区有中小学校（幼儿园）224 所。其中，公办中小学校（幼儿园）77 所，包括幼儿园 12 所、小学 40 所、九年一贯制学校 5 所、初级中学 12 所、高完中 5 所、中职学校 1 所、特殊教育学校 1 所、教师进修学院 1 所。全区中小学（幼儿园）共有学生 135165 万人（其中公办学校学生 93448 人），教职工 10774 人（其中公办学校教职工 7398 人）。

全年新入库科技型企业 210 家、评价国家科技型中小企业 68 家，新增高新技术企业 33 家、高成长性企业 28 家，新认定国家级知识产权示范企业 1 家、国家级知识产权优势企业 6 家。重庆工港致慧增材制造技术研究院成功申报市新型高端研发机构。全年新增市级重点实验室 7 家、企业技术中心 4 家、工程研究中心 5 家，新增国家地方联合研发工程研究中心 2 家。建立南岸区产业协同创新联盟企业专家咨询库，入库电子信息行业专家 50 余名。12 名市区科技特派员进驻专家大院，积极开展科技下乡活动，助力乡村振兴。成功申报市级创新创业示范团队 4 个。至 11 月，全区每万人发明专利拥有量达 33.03 件。南岸区成为重庆市知识价值信用贷款第二批试点区县，推动筹建 2 亿元规模的南岸区科技型企业知识价值信用贷款风险补偿基金，首期基金 2000 万元已到位；首批 4 家企业获区级创业种子投资基金免息贷款支持 180 万元。

全面提档升级基层综合文化服务中心，完成 130 个基层综合文化服务中心建设，统一标识标牌，促进基层综合文化中心标准化管理。文化惠民落到实处，举办“南岸区第六届民俗民风展演”“南岸区第十三届广场舞大赛”等大型文化活动 21 场，举办南岸区书法摄影等展览活动 11 场。通过政府购买公共文化服务等方式，完成各类惠民展演 455 场次，其中“文化迎春 • 艺术为民”2018 中国国家交响乐团服务基层活动 3 场，戏曲进校园活动 62 场，文艺演出进村 220 场，惠民电影 780 场，恢复“南山笔会”。创新全民阅读服务理念，开创“图书馆 +”阅读推广服务模式、“24 小时自助图书馆”、100 个“南书房”自助书吧，区图书馆联合社区分馆、农家书屋开展各类讲座、展览、培训、“梦想沙龙”系列活动等阅读推广活动 150 余场次，受众 15 万人次。公共文化物联网进行 487 次配送。区图书馆依托国家公共文化服务体系示范项目建成“南岸区社区图书馆标准化服务”。多元化办馆模式引入社会力量参与公共文化服务，创建少数花园、精典书店、资武道院等 10 家社会分馆。

全区签约家庭 11.7 万户，覆盖居民 21 万人，城乡常住居民覆盖率达 23.8%；农村建档立卡贫困人员和计划生育特殊困难人员自愿签约服务实现全覆盖，老年人、儿童、慢病患者等重点人群签约服务率达 56.8%，二级以上残疾人达 51.4%；投入专项资金实施基本卫生项目服务补助，全区人均 55 元。实现辖区内公立医院综合改革全覆盖，新批准设置医疗机构 87 家，其中，医院 3 家，门诊部及诊所 84 家。批准注销医疗机构 31 家。全面实施两孩政策，向群众发放宣传资料 4.5 万份，宣传品 8000 多份，接受群众咨询 7000 多次。办理生育服务证登记 7181 件，其中，二孩登记 3167 件，再生育审批 226 例。

全区人均体育占地面积 2.3 平方米，所有社区、行政村均建立了体育组织。体育队伍 600 余支，体育单项协会 18 个，全区锻炼人口 55%。成功举办 2018 年长安汽车重庆国际马拉松赛、2018 重庆女子国际半程马拉松赛、2018 中国男子职业高尔夫球巡回赛、2018 年“体彩杯”南岸区机关职工运动会等体育赛事活动。全年体育彩票销售 5.2 亿元，占重庆体彩市场的 9%。

全年区内居民人均可支配收入 37886 元，同比增长 8.4%。其中，城镇常住居民人均可支配收入 38703 元，增长 8.2%；农村常住居民人均可支配收入 21039 元，增长 8.3%。城乡居民收入比为 1.84:1。

全区城镇新增就业 51801 人，完成率 161%；城镇登记失业人员就业 13139 人，完成率 164%，城镇登记失业率为 2.23%；就业困难人员就业 4272 人，完成率 106%。辖区应届高校毕业生就业率达 90% 以上。全区新增个体和企业 16938 户，发放创业担保贷款 3406 万元。

全区城镇职工养老、城镇职工医疗、失业、工伤保险费分别征收 29.45 亿元、17.77 亿元、0.98 亿元、0.99 亿元。全区城乡居民养老、医疗保险费分别征收

0.03 亿元、1.7 亿元。社保待遇持续提高，城镇企业职工（含农转非和超龄两类人员）月人均养老待遇上调至 2472.06 元，职工医保住院政策范围内报销比例达 84%，城乡居民医保在二级及以下定点医疗机构住院政策范围内报销比例达 75.8%。全区城镇居民最低生活保障对象 8994 人，农村居民最低生活保障对象 1050 人，累计发放城市低保金 6710 万元，农村低保金 635 万元。年末城镇收养机构 31 个，床位 4115；敬老院 4 个，床位 195；五保家园 21 个，床位 261。

全年完成人行护栏涂装整治 15919 米、加强型人行护栏 1095 米、中央隔离栏 7011 米、防撞护栏 39730 米。完成金色家园、阳光华庭一户一表改造 2195 户。新建公厕 13 座，改造公厕 5 座。完成背街小巷和老旧居小区市容环境综合整治项目 2 个，涉及房屋 12 栋，惠及居民 413 户 1300 余人。整治城市桥梁 14 座，共计完成结构设施涂装约 2.9 万平方米。新增配建室内外停车位 18352 个，在商圈范围建设并运行智能路内停车位 209 个。累计整治环境卫生问题 52035 处，清除暴露垃圾 37540.3 余吨。累计完成车行道整治 41000 平方米、人行道整治 11500 平方米。累计消除新增违法建筑 148 件、面积 0.5 万平方米。整治存量 1429 件，面积 62.6 万平方米。补栽绿地 32070 平方米，修剪树枝排危 221 株，更新更换绿化栏杆 6312.5 米。

持续深化“碧水、蓝天、绿地、田园、宁静”五大环保行动，全区环境保护力度加强。全区空气质量优良天数为 310 天；二氧化硫年平均浓度为 9 微克 / 立方米；二氧化氮年平均浓度为 39 微克 / 立方米；可吸入颗粒物年平均浓度为 63 微克 / 立方米；细颗粒物年平均浓度为 39 微克 / 立方米。与上年相比：空气质量优良天数增加 24 天，二氧化硫浓度下降 18.2%，二氧化氮浓度下降 2.5%，可吸入颗粒物浓度下降 10%，细颗粒物浓度下降 11.3%。全区城市集中饮用水源地水质达标率为 100%。区域环境噪声年均值为 52.7 分贝，交通噪声年均值为 65.8 分贝。全区森林覆盖率为 42%。

**【区政府负责人】**

区　长：王　俊（1 月离任）
陈一清（1 月任职）
副区长：黄　红　陈　炯　莫裕全
叶和平（12 月离任）
张树金（12 月任职）
吕　轶　刘永华　贾　宇

（区政府办）

## 行政审批

**【概况】** 重庆市南岸区行政服务中心管理办公室（简称“区行管办”）于 2002 年 12 月经区编委会批准成立，机构规格正处级。2014 年 12 月，根据《关于政府职能转变和机构改革的实施意见》文件要求，区行管办为区政府派出机构。2015 年 3 月 9 日《关于设立区行政服务中心的批复》，同意区行管办下设全额拨款事业单位“重庆市南岸区行政服务中心”，机构规格正科级，机构类别为公益一类。核定事业编制 6 名，其中，科级领导职数 2 名。2015 年 3 月 5 日，区行管办新增内设机构综合科，机关行政编制由 3 名调整为 5 名。2015 年 5 月 27 日，成立中国共产党重庆市南岸区行政服务中心管理办公室党组。区行管办主要职责是：贯彻执行区委、区政府关于行政审批制度改革的有关决定，规范行政服务中心建设；负责组织、协调、指导、规范区政府各部门及有关单位的行政审批服务工作，对各部门进驻、委托的行政许可、非行政许可审批和其他服务事项办理进行组织协调、监督管理和指导服务；对中心各窗口进行业务指导，对进驻窗口工作人员进行管理培训和日常考核；会同相关部门对行政审批电子监察系统和网上办事大厅进行指导和监督；对镇（街道）公共服务中心、村（社区）便民服务中心进行业务指导，对镇（街道）、村（社区）两级服务中心工作人员进行业务培训；直接受理群众反映的诉求事项，为群众提供服务；对基层无力解决的群众反映事项进行受理、交办、督办、办理反馈；协助纪检、监察部门处理办件中的违规、违纪及投诉案件；负责办理区政府交办的其他工作。

**【“放管服”改革】** （1）编制政务服务事项清单。全面完成全区权力和责任清单制定工作，决定保留区级行政权力事项 4317 项、镇街级 302 项；加快推进公共服务事项标准化，决定保留区级公共服务事项 279 项、镇街级 33 项、村（社区）级 15 项。（2）全面推行审批服务“马上办、网上办、就近办、一次办”。清理公布马上办 128 项、网上办 742 项、就近办 75 项、一次办 739 项。（3）宣传推广邮政快递送达服务。群众在申报审批服务事项时，自主选择邮政寄送。（4）做好“渝快办”上线宣传推广工作。线上宣传“渝快办”、二维码等，线下在实体大厅多形式宣传，力争更多事项实现“掌上办、指尖办”。

**【政务服务窗口集成建设】** （1）年初制定《关于加强政务服务窗口建设工作考核实施方案》，召开全区政务服务窗口建设工作动员部署会，签订政务服务窗口建设目标责任书。（2）在全区政务服务窗口开展“亮身份”“亮承诺”“亮服务”活动，狠抓三级服务中心、优化周边环境、建好服务阵地、完善标识标牌、配齐设施设备、规范服务标准、加强工作纪律、规范网上办事大厅、创新便民举措等9个方面的建设工作。（3）每月对40个行政审批部门、15个镇（街道）的政务服务窗口建设情况进行量化考核，并在全区通报，营造创先争优氛围，发挥引领示范作用。

**【重大改革工作】**（1）围绕“三促”，优化政务服务流程。以“四办”促效率，以“标准”促规范，以“集中”促提速。(2)突出“三抓”，推进线上“一网通办”。抓智慧政务体系建设，抓公共政务服务事项网上办理，抓政务服务移动应用。（3）紧盯“四减”，让企业和群众“最多跑一次”。通过减环节、减材料、减时限和减费用，方便群众办事，减轻群众负担。（4）创新线下线上审批服务模式、线上政务服务模式，提升群众满意度。推行“一网、一门、一次”改革，“全渝通办”“渝快办”等重大改革，落实审批服务“马上办”“一次办”“网上办”“就近办”“一窗办”，不断提升服务效率。

**【服务环境优化】**（1）设立“重庆经开区行政服务中心”，对行政服务大厅进行整体改造和升级，不断优化营商环境。（2）推进企业设立、工程建设项目审批制度改革，分类设置综合窗口，形成前台受理后台办理的建设领域全流程闭环审批模式。(3)优化审批流程，实现全市“流程最简、要件最少、时限最短”。

**【区行管办负责人】**

主　任：徐　涛

副主任：李永飞　陈　健　刘　颖

（区行管办）

## 机关事务管理

**【概况】** 重庆市南岸区机关事务管理局（简称“区机关事务局”）为区政府工作部门。2018年，内设办公室（财务科）、接待科、节能管理科、房管科、保卫科、车辆管理科六个科室；下属区公共资源交易中心、区机关后勤服务中心两个事业单位。实有40人，其中机关行政编制14人、机关工勤人员编制4人、全额事业编制22人。

2018年，区机关事务局围绕全区中心工作，认真履行“保障、管理、服务”职能，驰而不息地推进新时代机关事务工作改革创新发展，各项工作取得显著成绩，圆满完成目标任务。

**【物业管理】** 做好行政中心A区物业管理服务相关工作，协调各职能科室加强对物业服务的质量监督管理，进一步完善物业服务质量量化考评指标，签订2018年度行政中心A区物业服务管理合同。加强对所涉物业服务事项的日常管理，加大服务质量跟踪和检查力度，提高物业服务质量，重点对服务管理的各项记录、服务过程资料、登记等过程软件资料进行检查。完成对正联公司2018年度物业服务的考评工作。

**【食堂管理】** 抓好机关食堂管理工作。坚定社会化服务方向，完成行政中心A区食堂供应商招标工作，加强A区食堂管理，提高服务团队的烹饪水平，强化日常运行成本核算，严把食材采购关口。行政中心A区食堂运行管理方式调整后，接待餐和自助餐就餐满意率明显提升，食材采买成本得到较好控制。加强对行政中心B区食堂的监督管理，解决机关食堂在运行过程中存在的问题和困难，重点是对食品和厨房运行安全的督促检查，保障设备、设施添置、更新、维修的及时性。干部职工满意率达90%。

**【安全保卫】** 坚持“安全第一、预防为主”的工作理念，全力抓好行政中心A、B区的消防安全保卫工作。加大巡逻防范力度，抓好日常安全检查和常态督查工作，做好消防安全保卫。认真开展“安全生产月”活动，做好“三节两会”等节假日值班期间、重要会议和重大活动期间的消防安全保卫工作。严格执行行政中心车辆管理办法，抓好行政中心日常车辆的停放管理。进一步提升技防功能，充分发挥技防设施的监控作用，严格执行技防设施操作规程，对监控情况认真登记，资料随时调用，为打击违法行为，提供证据材料。认真落实领导带班和关键部位24小时值班制度，严格执行节假日对行政中心进行安全巡查督查制度，发现异常情况及时报告，迅速处置。配合区信访办、区公安分局处置群体上访工作，有效维护行政中心的办公秩序。年度安全工作考核获得优秀等次。

**【公共机构节能】** 加大节能宣传培训力度。组织全区公共机构节能工作人员参加国管局和清华大学联合组织的第五期公共机构节能远程培训，开展2018年公共机构节能宣传周集中宣传活动，向200余家公共机构发放节能宣传画报400余份，生活垃圾分类宣传手册700余册，生活垃圾分类回收处置台账230余套，节能插线板200余个。推进南坪中学、十一中两所学校示范单位创建工作，组织推荐区环保局、南山街道申报创建2018年市级节约型机关。认真落实食堂油烟污染治理，20家治理责任单位通过最终检查。加快推进公共机构生活垃圾强制分类，要求公共机构畅通生活垃圾分类回收渠道，建立生活垃圾分类台账，如实记录生活垃圾回收、分类、处置情况。率先在行政中心引进小黄狗智能垃圾分类回收环保公益项目，受到市局领导肯定，并在市级党政机关及各区县推广。

**【车辆管理】** 认真贯彻落实中央《党政机关公务用车管理办法》《重庆市党政机关公务用车管理实施办法》精神，严格规范公务车辆处置工作。完成全区党政机关事业单位公务用车的定点保险、定点维修、定点评估招标，做好定期考核。巩固党政机关公务用车制度改革后续工作，完成全区保留公务车辆643台统计核编上报，配合市级部门和区纪委完成公务用车大数据库建立工作，强化公务用车使用管理监管。加强公务用车保障服务平台的运行管理，严格落实公务用车使用登记和公示制度、节假日封存制度，做好平台驾驶人员安全教育。扎实推进事业单位公车改革工作，按照区车改办部署要求，对全区事业单位的车辆情况进行摸底，收集汇总车辆相关信息资料，拟定全区事业单位公务用车制度改革车辆核定原则和标准。全年出车400余趟次，完成16台次专项车辆保障任务，未发生一起安全责任事故，确保区大型会议、领导外出考察、重要接待等用车需要。

**【办公用房管理】** 贯彻落实中办、国办印发《党政机关办公用房管理办法》文件，加强办公用房管理，与区委、区政府督查办联合开展办公用房自查清理工作，对违规超标准使用办公用房，发出整改通知书24份。协调相关部门做好区法院、检察院房地资产上划市级管理工作。举办办公用房管理信息系统培训会，对全区81家机关事业单位的办公用房管理人员进行培训，构建起全区办公用房管理大数据平台，提高全区办公用房管理运用大数据的能力和水平。依托每年年初各单位上报的办公用房数据，不定期对全区81个行政和参公事业单位的办公用房数据进行实地核实，对未按时更新数据或数据有误的31个单位进行督办，确保工作不打折扣，不搞变通，不出现反弹。规范维修工作，严格按程序对维修项目的事前事中事后现场照片标注说明及图文资料留档。维修工程结束后，通过第三方造价审计单位对维修维护项目费用进行审计，并按照第三方造价单位审计的金额支付工程款，同比节约12.68%经费。加强与街道、社区的联系，完成生活垃圾清运协调、污水管更换等施工，基本做到应修尽修、修缮及时、安全可用。不断做好挂职干部用房的服务工作。

**【政务接待】** 规范接待管理。深入贯彻落实中央八项规定精神，严格执行《党政机关国内公务接待管理规定》。打造接待品牌。积极改造食堂空间，增强文化内涵和彰显南岸特色，保障重要接待和会议以及大型活动的接待品质，尽力挖掘地方特色，匠心研制菜品，做到人无我有，人有我精，通过餐饮接待让宾客记住南岸，喜欢南岸。优质服务。坚持以精细化服务标准做好来宾食、宿、行等各方面工作。全年完成46批次、1500余人次政务接待任务，其中副国级领导3批次、部级领导14批次。

**【公共资源交易】** （1）规范操作流程，打造标准化管理。完成单一来源采购文件标准版的拟定，制作《招标代理机构工程建设项目录入情况表》《项目特殊情况表》等，确保代理机构在中心现场输入项目情况相关数据的准确率。加强对代理机构和评标专家的场内管理，规范内部管理，严把风险防控关。（2）完成多个政府采购重点项目。完成南岸区棚改（一期）后续贷款融资政府购买服务、“重庆机场专用快速路南段景观工程（K0+160-K1+500和K2+200-K3+19）”等项目的采购、招标工作，尤其是以39864.69万元成功招标南岸区公共安全视频监控建设联网应用服务分包，节约率高达15.18%。（3）完善公共资源交易信息化、安全化、智能化建设。落实专人负责信息化存档，规范信息发布，加强中心信息化管理。精心维护中心网络安全，优化网站业务系统，提升用户的使用便捷感。全年完成政府采购任务174宗，预算金额3869200.6万元，实际交易金额3860108.17万元，节约资金9092.43万元，节约率0.23%。完成产权交易项目19宗，底价756.52万元，成交价786.38万元，溢价29.86万元，溢价率3.95%。完成各类中介代理机构进场交易项目67宗，预算金额49586.29万元，实际交易金额42592.92万元，节约资金6993.37万元，节约率14.1%。

**【区机关事务局负责人】**

局　长：王　俊

（区机关事务局）

## 信访工作

**【概况】** 2018年，全区网上信访增长19%，占比53.4%，来信下降6.6%；来访人次下降19%，集访人次下降19.3%；到市越级访下降59.3%，进京走访人次下降

8%，进京非访人员下降 14.3%。全区社会政治大局稳定。

【**制度机制完善**】 制定《南岸区社会稳定风险分类评估办法》《关于重庆市南岸区依法分类处理信访诉求工作机制》等制度机制，建立健全信访事项受理办理、办理群众来信、网上信访事项办理、区级领导干部阅批群众来信等工作相关制度。总结固化“战时”工作经验，完善“日研判”“日调度”“日点名”等制度。

【**矛盾纠纷防范化解**】 持续推进领导干部接访下访群众工作，全区各级领导干部年内接访下访群众 1951 次，接待群众 4205 人，受理案件 2076 件，办结 2056 件，办结率 99%。坚持矛盾纠纷排查化解，全区累计排查重大矛盾纠纷 269 件，化解 245 件，化解率 91.08%。全面落实稳评工作制度办法，全区共对 33 项重大决策进行社会稳定风险评估，其中准予实施 32 项、暂缓实施 1 项，未发生因决策不到位而引发群体性事件。充分利用联席会议解决突出信访问题，全区共召开联席会议 7 次，研究化解重大信访问题 17 件。

【**突出问题攻坚**】 重点领域问题攻坚。全区共协调化解房地产领域矛盾问题 7 件，打击传销类案件 4 件（工商查处传销案件 1 件，公安查处传销案件 3 件），环境保护领域完成市交办案件 1 件，排查化解物业矛盾纠纷 93 件。重点问题攻坚。市交办南岸区重点问题 10 个，已全部化解，化解率在主城区名列前茅；国家信访局接待司、办信司、投诉中心集中交办南岸区 4 件，办结 4 件，其中化解 2 件，办结率、化解率分别为 100%、50%。重点人员攻坚。市交办区内重点人员 36 人，已化解 11 人，到市进京零上访 17 人，化解率 30.6%，转化率 47.2%，化解率和转化率在主城区排名第一。重点群体攻坚。市交办区内重点群体案件 9 件，由区牵头处置 5 件，已化解 1 件，导入司法途径 3 件。

【**维稳处突工作**】 抓好重大项目实施过程中的维稳工作，全力推动铜元局 110 千伏变电站复工建设，稳妥处置朝天门商贸城不稳定问题，持续推进岁末年尾全区清欠工作。做好特殊敏感时段信访稳定工作，圆满完成全国“两会”，上合组织“青岛峰会”“智博会”，中央巡视组以及国务院督察组、中组部督导组来渝，“军博会”和纪念改革开放 40 周年系列活动期间的安保维稳工作。抓好进京上访预警处置和劝返工作，全年成功阻止 4 次涉军群体到市集访，成功开展重点人员 20 人次本地退票、10 人次外围劝返工作，化解了不稳定因素。

【**队伍建设**】选派 2 名优秀干部到北京信访工作组挂职锻炼，1 名信访干部到市信访办挂职锻炼。全年共举办综合培训 2 期，参加专项业务培训 8 期，邀请有关领导、专家、业务能手等讲学授课，培训干部 1200 余人次。

【**区信访办负责人**】
主　任：夏鸣镝
副主任：许明均　刘　丽　郭尚伦
　　　　唐　均

（信访办）

## 大数据智能产业

【**概况**】 南岸区大数据智能产业发展办公室（以下简称“区大智办”）成立于 2012 年 3 月。前身为南岸区电子信息产业发展办公室、南岸区移动终端产业发展办公室，因工作需要，于 2017 年 12 月更为现名。区大智办是南岸区人民政府办公室下属的财政全额拨款处级事业单位，设有综合管理部、招商部、配套保障部（企业服务部）和财务部，核定编制 20 名，其中工勤编制 1 名。主要为全区大数据智能产业发展提供服务。其职能是：负责研究拟定全区大数据智能产业发展战略、规划、政策并组织实施，提出推广应用、产业布局、产业结构的政策建议；负责大数据智能产业招商引资及智能产业项目策划、推广、宣传工作；负责统筹推进全区大数据智能产业发展和项目建设工作，综合协调解决大数据智能产业发展、项目建设中的重大问题；负责大数据智能产业发展信息收集整理和分析研究，加强统计监测和评估工作等。

【**产业发展**】 牵头出台《中共重庆市南岸区委重庆市南岸区人民政府关于印发〈南岸区以大数据智能化为引领的创新驱动发展战略行动计划（2018—2020 年）〉的通知》，明确全区大数据智能化发展的总体要求、重点任务、保障措施和阶段性目标。

2018 年，全区大数据智能产业及关联企业规模达到 805 亿元，同比增长 10.1%。其中智能制造企业产值 423.04 亿元，与上年持平；维沃移动通信（重庆）有限公司实现产值 201.42 亿元、增长 73.57%，重庆美的制冷设备有限公司实现产值 47.73 亿元、增长 41.96%；智能终端出货实现 5312.18 万台，其中移动通信终端出货实现 4940.15 万台（智能机出货实现 4068.38 万台，占移动通信终端出货的 82.35%，维沃实现 2435.67 万台，增长 98.85%）。飞象工业互联网平台、国家信息中心能源大数据中心、科大讯飞西南总部、中国华录重庆数据湖产业园和京东云数字经济产业基地等重大项目落地，为全区大数据智能产业发展奠定坚实基础。重邮讯飞人工智能学院、智库研究院、高通和中科创达联合实验室等一批高质量研发平台落户南岸区，大数据智能产业人才储备及研发实力进一步增强。中国信息通信研究院西部分院基地在南岸区正式开工建设，总投资约4.89亿元，占地面积2.06万平方米，建筑面积约7.08万平方米，建成后可容纳1700余名员工，将为全区大数据智能产业发展注入强劲动力，提供更多、更专业的服务。

**【企业服务】** 全面摸清全区原有1039户电子信息企业情况，并形成调查报告上报区委、区政府。牵头梳理出国信通、宝捷讯、融讯等15户生产经营状况严重下滑的重点企业情况，并提出解决方案，协助企业解决资金、厂房、人员及欠薪等问题。完成全区产业发展配套3019套公租房欠费清理及变更委托管理工作，理顺管理机制。牵头进行数字经济前期统计工作，梳理出全区数字经济企业名录库。做好入驻企业优惠政策兑现工作，全年累计兑现物流、装修、税收奖励、土地扶持等各类补贴约2.6亿元。

**【推广与合作】** 重庆2018物联网生态高峰论坛暨重庆移动5G示范工程启动，NB-IoT商用发布会成功举办。南岸区国家物联网产业示范基地进行招商推介，南岸区人民政府与重庆移动、中移物联网分别签订了5G、NB-IoT应用及产业生态合作协议，助推物联网产业发展。2018年中国联通合作伙伴大会暨通信信息终端交易会众筹6.0现场会召开。牵头完成以“新生态、大合作、共精彩”为主题的联通众筹6.0大会会议方案、工作手册等统筹策划工作。会议期间，全区移动终端企业众筹订单达到1343万台，占众筹目标销量总数的20.22%。首届中国国际智能产业博览会召开。统筹各单位部门推进项目梳理、情况汇总、参观走访及会议方案等筹备工作。大会期间，全区成功签约国家信息中心能源大数据中心、深兰科技全球人工智能产业集聚示范区、信慕半导体芯片研发封测基地等招商项目21个，合同额达到331亿元。全市社会治理大数据中心建设顺利推进。重庆市公安局积极支持南岸区，按照“立足重庆、带动西南、辐射全国”的定位，共同建设重庆市社会治理大数据中心，并将中心设立在重庆城投金卡公司总部。一期项目为展示中心、面积800平方米，二期项目为大数据中心和研究中心、面积2000平方米。展示中心已于“智博会”期间面向社会开放。

**【区大智办负责人】**

主　　任：蒋文新（兼）

党组书记：肖华云（兼）

副 主 任：李　敏

宋　赟（6月任职）

张　智（6月任职，挂职一年）

（区大智办）

## 民族 宗教

**【概况】** 2018年，南岸区民族宗教工作贯彻全市宗教工作专题会议精神，切实推动全区民族宗教工作，全区保持了民族团结、宗教和顺、社会稳定的良好局面。

**【民族政策宣传教育】** 指导全区各镇（街道）将多媒体手段与传统渠道相结合，通过QQ群、微信公众号、悬挂横幅标语、摆放民族政策宣传展板、张贴民族团结宣传画、志愿者发放宣传册等多种形式，宣传党的十八大以来以习近平同志为核心的党中央关于民族工作的新思想、新论断、新要求，宣传民族法律法规、民族政策，宣传民族团结进步先进事迹，宣传少数民族生活水平的提高和民族经济的发展等，促进各民族间相互了解、相互尊重。以新疆籍务工经商人员为重点，开展“四爱四争”主题政策法规培训活动，内容包括爱国主义、马克思主义“五观”、民族团结、法律知识、国家通用语言、反分裂反渗透、感恩融情教育等，提升新疆籍务工经商人员的文化素养，提高少数民族人士的归属意识。各镇（街道）共制作宣传展板62块，横幅标语34条，宣传栏16处，LED屏9块，发放宣传资料10000余份，共计辐射10万余人次，使“共同团结奋斗，共同繁荣发展”的民族工作主题深入人心，使民族团结的观念深深扎根于千家万户。

**【民族团结进步创建活动】** 制定《南岸区2018年民族团结进步宣传周活动实施方案》，召开民族团结进步宣传周工作部署会，有组织、有重点地统筹好民族团结进步宣传周活动。15个镇（街道）以“重在平时，抓好平常，重在交心，以心换心”为理念，通过举办交流座谈、文艺汇演、公益服务、法规宣讲等活动，在全区形成浓厚的民族团结氛围。如南坪街道邀请华夏学校在社区开展责商教育，强化亲子交流和培育；长生桥镇组织专业人员为各族群众义务理发；迎龙镇组织环保志愿者开展“清洁社区”活动；广阳镇开展促进民族团结进步宣传故事会活动；鸡冠石镇开展民族政策“七问七答”普法活动；海棠溪街道举行少数民族义诊活动；龙门浩街道通过公共法律服务工作室，为少数民族人口提供化解和处理各类矛盾纠纷的服务；花园路街道开展“云上之声”草坪音乐晚会；南坪镇举办民族团结文艺汇演活动等。通过开展民族活动，引导全区各族人民树立“三个离不开”思想，增强“四个认同”“五个维护”的意识形态，加强各民族文化交流，增进民族团结，培育中华民族共同体意识。

**【少数民族就业新模式探索】** 建立重点业态转向扶持制度，规范流动摊位，为少数民族人口在南坪商圈及弹子石洋人街免费提供14个固定摊位，在各镇（街道）、城管局等部门单位的通力合作下，全区共有3个从流动摊位转向固定店面经营模式，实现少数民族人口与本地生活、经济发展相适应。各镇（街道）为少数民族群众搭建就业服务平台，在他们办理营业执照、卫生许可证等方面开通绿色通道，全力支持服务少数民族群众经营发展，并定期开设饮食管理、餐饮服务、特产营销等具有少数民族特色的专场培训班，免费提供各类就业指导和技能培训，增强他们的创业就业能力。联合新疆驻渝工作组解决88名新疆籍人士的就业问题，促进各民族间相互了解、相互尊重，真正实现“共同团结进步，共同繁荣发展”。

**【国家流动少数民族人口服务管理示范城市创建】** 制定《南岸区创建国家流动少数民族人口服务管理示范城市工作方案》，以巩固和发展平等、团结、互助、和谐的社会主义民族关系为总体目标，以“中华民族一家亲，同心共筑中国梦”为宗旨，建设流动人口少数民族服务管理工作体系，让少数民族流动人口在南岸进得来、留得住，生活有保障、事业有发展。全年开展少数民族语言培训班70余场，动员800余人次参加，为少数民族流动人口发放专业教材，根据考试水平了解他们的汉语掌握程度，由此调整教授方式、进度、难度等，帮助其更好地理解中华文化，提高双语能力，为他们融入城市生活打下良好基础。领导干部走进少数民族群众家中，关心他们的生活、工作需求，协调各部门解决其实际困难。如协调解决新疆籍务工人员的租房问题；帮助解决藏族儿童付心悦的入学问题；古尔邦节走访慰问少数民族代表人士，给予慰问金3000元；支持新疆籍外来务工人员喀哈尔在弹子石开设固定摊位经商，给予帮扶资金10000元等，不断推进各民族交往交流交融。

**【宗教领域意识形态管理】** 建立健全意识形态工作机制，加强宗教领域意识形态研判，坚持定期召开宗教场所负责人联席会议，指导各宗教场所开展宗教教职人员政策法规学习以及法律知识讲座等，深入学习新修订《宗教事务条例》，加强宗教界对习近平新时代中国特色社会主义思想的把握。制定《南岸区宗教场所升挂国旗制度》，在南山寺、千佛寺、慈云寺等主要宗教场所实现重大节日举行升挂国旗仪式，增强宗教界人士的国家意识、公民意识。结合实际开展用信教群众理解的方式阐释社会主义核心价值观的探索，如千佛寺文化墙张贴由佛教语言阐释的24字社会主义核心价值观；慈云寺开设国学堂，用中华优秀文化浸润宗教；马鞍山基督教会用基督教语言为附近居民释疑解惑。牢牢掌握宗教工作的主动权，坚持宗教的中国化方向，积极引导宗教与社会主义社会相适应。

**【宗教界突出问题解决】** 协调解决宗教场所教职人员生活补贴、养老保险补贴问题；推动广福寺恢复重建工作；多次协调慈云寺与阳光壹佰签订补偿协议；帮助协调观音寺与云南安宁青龙寺的法律纠纷；努力做好占地群众工作，协调各方支持20万元为南山寺修公路；拨款2万元支持马鞍山基督教堂弹子石学习点装修；拨款3万元购买安全设施，支持观音寺装修工程顺利开展；拨款5万元帮助南山寺维修围墙，确保寺庙安全；拨款10万元帮助涂山寺维修方丈塔；拨款30万元支持金紫山大佛寺初建工作等。让广大宗教界人士真正感受到党委、政府的关怀，促进了宗教和谐。

**【民族宗教人员管理】** 以《关于深化民族宗教基层基础工作实施意见》为遵循，在全区全面推广涂山镇试点经验，深化落实“三级网络两级责任制”，每个镇（街道）设立民族宗教工作服务站1个，配备专（兼）职干事1名，共配备村（社区）联络员145名，构建横向到边、纵向到底的工作体系，确保宗教工作层层有人抓、时时有人管、处处全覆盖。坚持问题导向，动态管理辖区少数民族特别是流动少数民族人员、宗教活动场所和宗教教职人员、信教群众等6表2册民族宗教基层基础工作台账，确保实时跟踪，掌握情况。坚持依法管理和正面引导相结合，针对性提出解决问题的措施和办法，探索行之有效的城市民族工作和宗教工作新路径，着力推动基层民族宗教事务规范有序开展。

**【宗教场所建设及管理】** 加大协调督促力度，推进一批宗教活动场所的保护修缮及建设工作。慈母堂、老君洞保护修缮工程，涂山寺二期抢险保护工程已通过竣工验收并审计完毕，进入结算阶段；广阳金紫山大佛寺综合用房已装修完毕，正进行安全设施完善，全力保障春节期间宗教活动安全；马鞍山教堂弹子石学习点装修完成，11月份已正式对外开放。抓好宗教场所的安全稳定工作。制定《南岸区民族宗教突发事件应急预案》，健全完善应急处置机制，有效预防和减少民族宗教突发群体性事件的发生。落实民族宗教领域事故防控措施，每月检查宗教场所消防、排水、线路、饮食等安全工作，每季度开展宗教场所安全大排查、大整治活动，把安全工作落到实处，坚决杜绝较大事故发生。

【区民族宗教事务委员会负责人】

主　任：文　科

副主任：王　蓉（女）

　　　　杨玉凤（女）

（胡城城）

# 政协南岸区委员会

## 重要会议

【全体委员会议】　1月11日至13日，区政协召开十届二次会议。会议听取并审议甘联君所作的十届区政协常委会工作报告和牟成勇所作的区政协十届一次会议以来提案工作情况的报告，进行大会协商发言，列席区十八届人大二次会议，听取并协商讨论区人民政府工作报告、区2017年国民经济和社会发展计划执行情况及2018年计划（草案）的报告、区2017年财政预算执行情况和2018年财政预算（草案）的报告、区人民法院工作报告、区人民检察院工作报告、区2018年重点民生实事，通过了区政协十届二次会议决议、区政协十届二次会议关于十届区政协常委会工作报告的决议，听取中共南岸区委书记郑向东的讲话。

【常务委员会议】　2018年，区政协常委会先后召开十届第五次至第九次会议。

区政协十届第五次常委会议。1月13日召开。会议听取各委员小组关于区政协十届二次会议讨论情况的汇报，审议通过提案审查情况的报告、常委会工作报告决议（草案）、大会决议（草案）。

区政协十届第六次常委会议。3月29日召开。会议传达学习十三届全国人大一次会议、全国政协十三届一次会议精神，习近平总书记在参加重庆代表团和其他团组审议时的重要讲话精神、在人大闭幕会上的重要讲话精神；传达学习新修订《中华人民共和国宪法》和《中国人民政治协商会议章程》；传达学习市政协五届二次常委会精神。审议区政协2018年常委会议议题安排、区政协2018年主席会议议题安排、区政协2018年工作要点及有关人事事项。

区政协十届第七次常委会议。6月26日召开。会议传达学习习近平总书记关于加强和改进人民政协工作的重要思想和市委深入推动长江经济带发展动员大会暨生态环境保护大会精神，听取区经信委、区大智办、经开区经发局关于全区以大数据智能化为引领加快产业转型升级的情况通报，并就相关工作进行协商。

区政协十届第八次常委会议。9月27日召开。会议听取区政府关于提案办理工作情况通报，听取南山生态带管委会关于大南山生态保护与建设情况的通报，并就有关问题进行协商，审议通过区政协关于深入推动长江经济带发展、加快建设山清水秀美丽之地委员履职尽责实践活动的方案以及决议。会上，区政协副主席叶自玫对委员履职实践活动进行工作部署，主席甘联君提出工作要求。

区政协十届第九次常委会议。12月27日召开。会议传达学习市委第五次政协工作会、全市政协系统党的建设工作座谈会和区委第五次政协工作会精神，审议通过区政协全体会议工作规则、区政协常委会工作规则、区政协委员履职工作规则，审议区政协十届三次会议有关事项，审议有关人事事项，书面听取十届区政协各专门委员会2018年工作总结汇报。

## 主要工作

【提案工作】　坚持“围绕中心、服务大局、提高质量、讲求实效”的工作方针，充分运用提案方式履行政协职能，助推全区经济社会发展。区委、区政府把提案办理工作纳入年度目标考核体系，区政协建立常委会议、主席会议审定提案工作制度，重点提案由区委、区政府、区政协会商确定。通过抓好知情明政、服务引导、立案审查和协商成果转化，提升集体提案的整体水平。督查督办进一步深化，全年立案提案中监督性提案172件。强化重点督办、专项督办、视察督办、跟踪督办“四位一体”的提案督办机制。

【学习及文史工作】　围绕发挥文史资料的存史资政作用，对南岸区慈云寺—米市街—龙门浩老街自重庆开埠以来一百多年的历史文化故事进行深度挖掘，编撰出版南岸区文史书籍《龙门浩老街的故事》。区政协书画院积极开展各种书画笔会、讲座、展览等，通过这一文化特色平台进一步发挥好团结联谊作用。

【经济课题调研】　围绕助力全区产业转型升级、国有企业改制、民营经济发展等重点工作献计出力。组织召开以大数据智能化为引领，加快产业转型升级发展和国有企业改制推进情况专题协商，完成“优化环境促进全区民营经济发展的建议”重点调研课题。承担完成市政协常委会“以大数据智能化为引领，促进产业转型升级”和市政协主席会“加快旅游供给侧改革，推进全域旅游发展”两个重点调研子课题的调研任务，其中形成的《从南岸模式看传统制造业转型升级创新发展》调研报告获得市政协的高度认可，在市政协常委会上发言。组织经济界别委员对南山民宿产业、峡口乐和谷、龙门浩老街等乡村振兴和文旅项目进行专题视察，参与完成南岸区2019年预算公开评审工作。全年完成常委会专题协商1次、专题协商1次，组织专题视察2次，形成调研报告3篇、理论研究文章1篇，撰写提案及社情民意20篇，《协商报》报道工作信息9篇。

**【城乡建设环境保护调研】** 围绕“山长制”工作情况和大南山生态保护情况，分别开展区政协主席会协商和常委会协商，践行绿水青山就是金山银山的重要理念，并向区委、区政府提出有益建议。围绕全区交通建设情况组织对口协商，助力重庆高铁东站加快建设。组织视察长生河综合治理情况和轨道环线南岸段建设情况，关注民生实事。与区级相关部门联合承办重庆市建设山清水秀美丽之地生态环保宣传启动活动。协助市政协圆满完成“两江四岸”基本数据的收集、整理、汇总、调研、分析和报告撰写。组织调研智慧城市建设，形成《深入推进智慧城市建设，让人民群众共享改革成果》调研报告，并在市政协北部片区会上交流发言。组织专题调研长生桥垃圾填埋场生态修复情况，并形成《关于长生垃圾填埋场生态修复调研情况的报告》，得到区委、区政府领导的高度重视。

**【科教文卫体协商调研】** 组织召开全区创建国家食品安全示范城市工作情况主席会协商会议，相关意见建议报送区委、区政府并得到采纳。针对南坪西部新区学校布点情况进行调研，形成专项调研报告由主席签批直接送区委、区政府。围绕全区深化大数据智能化引领，创新驱动发展行动计划的战略布局，就进一步促进科技成果转化，推动中小企业发展提出相关建议，形成调研报告送区委、区政府。先后组织专委会委员视察全国科普示范社区南湖社区，调研基层公共卫生服务体系建设情况和普惠性幼儿园建设情况以及全区科技、文化、卫生、体育、教育和食药监分局等联系部门相关工作开展情况。先后接待大渡口、南川区、渝北区、九龙坡等政协考察团，就相关工作开展交流学习。全年撰写提案98件，撰写社情民意56篇。其中专委会撰写的《关于调整公交四千米站停靠车辆的建议》《关于解决江南体育中心免费停车问题促进全民健身的建议》，得到领导批示并落实。

**【社会法制工作】** 组织召开主席会议协商助推社区治理和服务创新实验区结项验收，提出意见建议供区委、区政府参考。围绕全区法治政府建设，组织召开南岸区推进法治政府建设工作专题协商会议，会后形成《关于推进法治政府建设工作专题协商情况的报告》，获区长批示。就全区法治社区建设开展重点调研，形成《南岸区法治社区建设情况调研报告》。全年完成主席会议协商1次、专题协商1次；组织开展专委会全体活动4次，形成调研报告2篇、协商建议1篇；上报理论文章2篇，分别获区政协一等奖、二等奖，大会发言被采用1篇；上报社情民意37件，区政协采用20件（其中区领导签批7件，市政协采用2件）；提交提案54件，立案50件，2件被评为区政协十届一次会议优秀提案；在《重庆政协报》发表工作经验交流材料3篇，《协商报》报道工作信息5篇。

**【民族宗教工作调研】** 开展充分挖掘宗教资源，促进南岸旅游发展的专题调研，报告得到区委、区政府领导的肯定。对慈母山天主教堂、老君洞保护修缮工作情况进行专题视察、调研，提出合理化建议。就广阳大佛寺修缮存在的问题、长生镇广福山广福寺遗址修复问题进行视察调研，针对问题，提出意见建议。积极帮助协调宗教场所困难，协调慈云寺与阳光壹佰的补偿事宜；协调观音寺与云南安宁青龙寺的法律纠纷。全年完成调研报告1篇，撰写提案13件、社情民意11篇。

**【信息联络工作】** 完善《政协重庆市南岸区委员会委员履职工作规则》《建立重庆市南岸区政协委员履职档案工作实施方案（试行）》《区政协联系服务住区市政协委员办法》和《区政协各委室负责人联系委员专家工作制度》等制度，完善委员组织管理、社情民意、理论研究、新闻宣传等相关工作制度。开展政协委员培训和理论研究、反映社情民意信息、新闻宣传工作培训，帮助委员和政协工作者准确把握人民政协的性质定位，提高履职水平和工作能力。全年征集理论研究论文40余篇，评选出区政协优秀论文20余篇。其中《探议政协民主监督与党政的关系》获得2018年度重庆市政协理论研究优秀论文二等奖，委员吴言才《完善民主党派在政协中发挥作用机制的思考》、委员邓凌《制度分析视域下人民政协民主监督机制研究》获市政协二等奖；委员岳树梅《互联网视域下的人民政协协商民主创新思考》获市政协三等奖。全年完成《协商报》出版18期，积极向《人民政协报》《重庆政协报》投稿，获2018年度重庆市政协新闻宣传工作先进集体。围绕“建设山清水秀美丽之地委员履职尽责实践活动”，组织市政协委员开展专题调研，视察区内历史文化街区、两江四岸建设和教育文化建设。完成“提高民主监督类社情民意成果转化实效”调研课题。

**【提案办理】** 全年收到提案516件，经审查立案479件。其中，集体提案123件，委员提案356件，各占25.7%和74.3%，列为区领导牵头督办的重点提案6件，占1.3%。对不予立案的37件提案已转相关部门参考或作社情民意信息反映。区委、区政府高度重视提案办理，各承办单位认真负责，坚持问题导向，在规定时限内全部办理完毕。提案所提问题已解决或采纳（A类）361件，占75.4%；逐步解决或采纳51件（B类），占10.6%；因条件限制，暂时不能解决、留待工作参考67件（C类），占14%。提案者对办理满意或基本满意478件，占99.8%；理解1件，占0.2%。区政协将涉及地区重大事务和事关发展大局以及改善民生的热点、难点问题作为重点提案，由区委、区政府主要领导亲自督办，相关区领导牵头办理。区政协主席班子和专委会协助督办《关于加快推进南岸智能产业发展的提案》《关于牵住“宜游”牛鼻子，拉动南岸“三宜”品质城市提升的提案》《关于找准科技创新着力点，驱动南岸经济高质量发展的提案》《关于进一步规范南岸区招商引资扶持政策执行的提案》《关于加快推进大南山地区城乡供水一体化工作的提案》《关于加大普惠性幼儿园建设的提案》6件重点提案。区政协提案委会同区委、区政府督查室强化重点督办、开门督办、视察督办、跟踪督办，组织开展联合检查、联合督办、督查通报，扎实推动提案高效办理。

**【社情民意工作】** 全年共征集社情民意信息331篇，编报185期（民主监督类社情民意128期），市政协采用社情民意4篇、转送5篇，转报全国政协4篇。《建议加强全市热门景点交通疏导提高城市旅游服务品质》得到市领导专门批示。区内报送66期，区领导批示40期，转送部门办理2篇（其中监督类社情民意35期）。

**【区政协负责人】**

主　席：甘联君

副主席：叶自玫　秦　遥　简光秀　牟成勇

　　　　曹廷中　蒋文新　任其亮　陈洪凯

**【政协重庆市南岸区第十届委员会及其工作机构负责人】**

**办公室**

主　任：王　炼

副主任：杨季兵　方扬学

**提案委员会**

主　任：殷晓琼（女）

副主任：张泽茂　钱宇航（兼）

　　　　袁　林（女，兼）

　　　　周丽萍（女，兼）

**学习及文史委员会**

主　任：廖上友

副主任：张云潇（女，兼）

　　　　王　岗（兼）

　　　　蔡锡田（兼）

　　　　陈　霞（女，兼）

　　　　黄良谋（兼）

**经济委员会**

主　任：荀诗红（女）

副主任：王怀奇（兼）

　　　　程　涛（兼）

　　　　雷　勇（兼）

**城乡建设环境保护委员会**

主　任：叶红卫

副主任：罗中文（兼）

　　　　唐宏基（兼）

　　　　陈志胜（兼）

**科教文卫体委员会**

主　任：黄春燕（女）

副主任：李　智（兼）

　　　　李永文（兼）

　　　　李　伟（兼）

**社会法制委员会**

主　任：胡雁冰

副主任：刘后金（兼）

　　　　吴晓静（兼）

　　　　江　群（女，兼）

**民族宗教委员会**

主　任：张国勋

副主任：文　科（兼）　邓信德（兼）

　　　　彭　宁（女，兼）

**信息联络委员会**

主　任：钱伟弘

副主任：屈其明　方　莉（女）

　　　　黄海靓（女，兼）

　　　　蒋　梁（兼）

　　　　庄宁豫（女，兼）

　　　　杨天渝（兼）

**社情民意中心**

主　任：张亚丽（女）

（区政协）

## 纪检 监察

【概况】 2018年1月，重庆市南岸区第十八届人民代表大会第二次会议撤销重庆市南岸区监察局，组建重庆市南岸区监察委员会，与中共重庆市南岸区纪律检查委员会合署办公。内设机构17个室（部），2个直属事业单位，即办公室、组织部、纪检监察干部监督室、宣传部、研究室、党风政风监督室、信访室、第一至第八纪检监察室、案件监督管理室和案件审理室；南岸区纪检监察信息保障中心（正处级，2018年5月10日由南岸区行政效能监察中心更名）和南岸区廉政教育中心（正科级）。区纪委监委机关在编72人，其中行政编制61人。2个事业单位在编10人，工勤编制1人。全区在区市属部门有纪检组织7个、区监委派出监察室4个、区纪委监委派驻纪检监察组织10个、镇街纪（工）委15个，区属部门纪检组织7个（区直机关党工委、4个经济板块和区征地办、区国有资产管理中心）。

【纪委全委会议】 2月9日，召开南岸区第十二届纪律检查委员会常务委员会第三次全体会议，主要任务是：深入学习贯彻习近平新时代中国特色社会主义思想，全面贯彻落实党的十九大和十九届二中全会精神，认真落实十九届中央纪委二次全会、市委五届三次全会、市纪委五届二次全会、区委十二届三次全会工作部署，总结2017年全区纪检监察工作，研究部署2018年任务。在区所有区领导，区纪委委员，全区各部门、各单位、经开区各部门负责人，各镇街、各部门和各纪检监察组织负责人，共计245人参会。

【政治生态建设】 区纪委常委会建立集体学习制度，坚持首个议题必学习近平总书记重要讲话精神、重要指示批示精神和党中央新部署新要求，开展专题学习34次。通过专题研讨、集中培训等方式，推动“两学一做”学习教育常态化制度化。主动融入全区宣传工作整体格局，利用“清风南岸”“服务南岸”微信公众号和《南岸报》等平台，加强理论阐述和宣传解读。扎实开展“兴调研转作风促落实”行动，分领域分行业深入基层调研走访，形成《基层侵害群众利益的不正之风和腐败问题调研》《派驻监督体制在基层运行存在的问题与对策建议》等25篇调研报告。突出党的政治建设，把检查党的路线方针政策和党中央重大决策部署落实情况作为重中之重，加强对“三大攻坚战”“八项行动计划”和“十项重点工作”推进情况的监督检查，兑现“三个确保”政治承诺，保证中央政令畅通。认真学习贯彻中央关于陕西秦岭北麓西安境内违建别墅问题通报精神，督促全区各级党组织开展习近平总书记重要指示批示精神贯彻落实情况“回头看”。严格生态环境损害责任追究，立案查处4件，给予党纪政务处分7人，组织处理18人。严明政治纪律和政治规矩，对“七个有之”问题保持高度警觉，在监督检查和审查调查中首先把政治问题查清楚，对违反党的政治纪律和政治规矩、对党不忠诚、阳奉阴违、搞两面派、做两面人等问题绝不姑息。

【政治生态净化】 开展对区委《关于营造良好政治生态的意见》《加强法治和德治工作实施意见》贯彻情况的监督检查，及时发现问题、纠正偏差。持续推进中央巡视、市委巡视、交叉巡察和区委巡察“回头看”整改落实，着力在政治上抓深化，在行动上见成效。全覆盖列席监督区管领导班子加时加专题召开的民主生活会，按照“十破十立”“五个结合”要求，督促各级党组织对照检查、深刻剖析、切实整改。动态更新领导干部廉政档案资料库，干部“政治画像”更加精准全面。认真落实“纪检监察机关意见必听，线索具体的信访举报必查”的要求，回复党风廉政意见147人次，亮“红灯”4人次，把严选人用人廉洁关。

【纪检监察体制改革】 深化监察体制改革。按照全市统一部署，通过人员转隶、依法选举等规定程序，于2018年1月16日正式挂牌，顺利完成区监察委员会组建。划转编制25个，转隶干部15人。优化内设机构设置、职能权限配置和人员编制配备，设立8个纪检监察室，原纪检干部和检察机关转隶干部混编使用，一线监督人员超过委机关总人数80%。推进派驻机构改革。整合组建10个派驻纪检监察组，赋予一定监察职权，监督全区53个党和国家机关；根据归口监督原则，设立4个派出监察室，监督全区15个镇街，并在每个村（居）聘任2名监察监督员，实现监督全覆盖。加快推动纪法贯通、法法衔接。强化法治意识，全面试用监察法赋予的12项调查措施，严格执行市纪委监委机关执纪监察工作办法、收集职务犯罪案件证据规则、政务处分意见等规范性文件。规范审批程序，修订《采取留置措施的实施细则（试行）》等24项制度和执纪监察审查调查文书式样72个。主动对接以审判为中心的诉讼制度改革，联合审判、检察、公安、司法行政机关制定《关于查办职务犯罪案件加强协作配合的实施意见（试行）》，明确调查、起诉与审判等关键环节的衔接措施。全区依法留置9人，移送检察机关审查起诉5人。

【政治巡察】 提高覆盖质量。学习贯彻习近平总书记关于巡视工作的重要论述和中央巡视工作方针，贯彻中央巡视工作规划及推进会精神，对标市委修订区委巡察工作规划，将94个区管党组织全部纳入十二届区委巡察范围。召开区委书记专题会2次、区委巡察工作领导小组会6次，及时听取和掌握巡察工作情况，研究和解决巡察工作重大事项。完成3轮常规巡察，覆盖26个区管党组织，“回头看”2个区管党组织，通过“板块轮动”让各领域、各层级均受力承压。推进村（居）巡察覆盖，采取“巡镇街带村（居）”的方式，延伸巡察45个村（居）党组织，实现巡察监督横向到边、纵向到底。突出政治导向。成立区委巡察机构，围绕坚持党的全面领导、加强党的建设和全面从严治党，出台区委巡察工作实施办法等5个文件，制定巡察工作流程，梳理细化政治巡察监督内容19项98条，重点检查学习贯彻习近平新时代中国特色社会主义思想和党的十九大精神情况，坚决肃清孙政才恶劣影响和薄熙来、王立军流毒情况，发挥政治监督和政治导向作用。加强巡察与纪检监察、组织、审计、信访等部门的协作配合，严格执行巡察报告问题底稿制度和巡察工作报备制度。狠抓巡察整改。强化巡察整改责任，压实被巡察党组织主体责任和书记第一责任人责任，区领导约谈被巡察党组织书记，传导压力，确保问题整改“不悬空”“全见底”。落实深化中央巡视“回头看”反馈问题整改要求，结合市委上轮巡视和市委交叉巡察，督促牵头部门项目化、清单化对账整改。严格执行“双反馈”“双通报”“双公开”机制要求。把整改落实作为日常监督重要内容，建立区纪委监委机关、区委组织部、区委巡察机构“三方联动”督查督办机制，对整改落实情况持续跟踪督办。

**【“四风”纠正】** 常态教育引导。注重预防提醒，通过以会代训、专题培训等方式学习中央八项规定实施细则和市委实施意见，开通“四风”问题举报窗口，不定期转发中央纪委国家监委、市纪委监委曝光的典型问题通报，持续释放强烈信号。做好规范引导，会同财政、税务、工会、机关事务管理等事权单位，对违反中央八项规定精神的高发易发多发问题进行梳理，印发《落实中央八项规定精神有关政策解释》，明晰政策界限，制发《贯彻落实中央八项规定精神坚决纠正“四风”警示教育手册》，以案释纪，警钟长鸣，并督促各单位部门对照检查整改，引导党员干部增强行动自觉。严肃查纠问题。关注“四风”问题新表现新动向，紧盯重要节点，充分运用党风政风监督大数据平台，定期筛查、滚动处置“四风”问题线索。“1+3+N”专项整治，严肃查处违规配备使用公车、违规公款吃喝、违规收送红包礼金、违规发放津补贴或福利、财务管理不规范和党员干部涉赌歪风等问题，发现问题28个，清理违规发放津补贴或福利近400万元。严肃整治领导干部利用名贵特产类特殊资源谋取私利问题，自查问题5个，组织处理2个，立案2个。全区各级纪检监察组织查处违反中央八项规定精神问题37件105人，给予党纪政务处分30人，组织处理75人，追责问责34人。集中整治形式主义、官僚主义。认真学习习近平总书记加强作风建设重要指示精神，贯彻执行中央纪委国家监委工作意见和市、区实施方案，重点整治在学习传达中央精神和市委、区委要求方面不求甚解、照抄照搬，在贯彻落实中表态多调门高、行动少落实差等突出问题，大力整治在联系服务群众方面消极应付、冷硬横推，在服务经济社会发展方面不担当、不作为、乱作为、假作为，在文风会风及检查调研方面搞形式、走过场、重留痕、轻效果等突出问题。全区各级纪检监察组织查处形式主义、官僚主义问题24件68人，给予党纪处分11人，组织处理57人，通报曝光5件13人。

**【纪律建设】** 严明党的纪律。开展以“强化纪律教育，筑牢廉政之基”为主题的党风廉政主题宣传教育活动，把学习新修订的《中国共产党纪律处分条例》纳入领导班子中心组学习、领导干部培训班课程和党组织主题党日活动。在纪检监察系统开展“条例百问”知识竞赛和心得体会大讨论，督促纪检监察干部深学一尺、笃用一成，学懂纪律用好纪律。传导责任压力。发挥协助督促作用，采取评议质询、廉政谈话、调研走访等方式，推动区管党组织主体责任落实。组织开展基层党组织履责评议101人次，任前廉政谈话83人次，召开系统片区座谈会5次，实地走访督查镇街、部门10个，对全面从严治党的新形势新要求进行思想再统一、压力再传导。加大“一案双查”和责任追究倒查力度，实施党内问责30件，对8个党组织和55名领导干部进行责任追究，全部予以通报曝光，推动失责必问、问责必严成为常态。抓实日常监督。综合运用听取汇报、约谈提醒、检查抽查等形式，切实履行监督责任，真正让纪律“带电”、监督“长牙”。区纪委常委会听取区管党组织和基层纪检组织履责专项汇报12人次，区纪委约谈提醒83人次。畅通信访举报，利用“信、访、电、网”等渠道受理群众举报580件次（其中检举控告类信访举报370件次）。全覆盖监督全区区管班子民主生活会，纠正问题40个，责令重写对照检查材料8人次，责令如实报告个人事项12人次，对不符合要求的暂缓召开会议1次，常态化监督效力更加凸显。实践“四种形态”。坚持惩前毖后、治病救人的方针，通过监督执纪“四种形态”处理592人次，增长57.4%。监督执纪由

“惩治极少数”向“管住大多数”拓展。坚持实事求是，为65名干部澄清了调查不属实的问题。开展纪律处分执行情况监督检查，跟踪回访受处分党员干部82人次，针对性做好思想政治教育工作。

**【腐败惩治】** 保持惩腐高压。坚持无禁区、全覆盖、零容忍，坚持重遏制、强高压、长震慑，坚持受贿行贿一起查，“打虎”“拍蝇”“猎狐”多管齐下，聚焦党的十八大以来不收敛不收手、问题线索反映集中、群众反映强烈、政治问题和经济问题交织的腐败案件，紧盯选人用人、审批监管、资源开发、金融信贷、工程招投标以及公共财政支出等重点领域和关键环节，处置问题线索611件，立案80件97人，结案75件89人，给予党纪政务处分89人，组织处理358人。起底梳理外逃人员数据，积极开展追逃追赃工作。狠抓审查调查安全工作，出台安全配套制度11项，强化“走读式”谈话安全监管，实现审查调查安全零事故。发挥防腐效力。以案促改，及时总结监督检查、审查调查、巡视巡察中发现的体制机制问题和制度漏洞，有针对性地发出纪律检查建议书26份、监察建议书9份。以案示警，用身边事教育身边人，召开“以案四说”警示教育大会，同步指导全区各级党组织开展警示教育76次，受教育党员干部8000余人次，强化查处一案、警示一片、规范一方的治本作用。

**【群众身边腐败和作风问题整治】** 保驾扶贫脱困。制定《南岸区2018年至2020年开展扶贫领域腐败和作风问题专项治理的工作方案》，惩治在扶贫项目中贪污侵占、虚报冒领、截留挪用等违纪违法行为，强力纠治扶贫领域形式主义、官僚主义和弄虚作假等突出问题。落实精准扶贫监督职责，动态掌握全区8户20名精准扶贫对象和1万余名低保、临时救助等人员的基础信息。建立与石柱县对口帮扶联动监督执纪机制，开展“大排查大起底大整改”的联合检查。护航民生监督。成立第八纪检监察室，专门组织协调民生领域监督工作。严厉惩治在民生资金、“三资”管理、教育医疗、环境保护等领域的违纪违法问题。试点开展低保五保惠民政策资金监督，抽查试点单位17个，停发城乡低保金额近60万元。推进南山生态保护综合治理监督执纪，严肃查处党员干部和公职人员违纪违法、履职尽责不到位等问题。全区共查处群众身边的不正之风和腐败问题116件232人。全面推开党员干部亲属涉权事项公开，清理涉权人员1695人次，涉权资金2000余万元，发现问题线索6件9人并移交调查核实。助力扫黑除恶。把扫黑除恶与反腐“拍蝇”结合起来，深挖彻查放纵、包庇黑恶势力甚至充当“保护伞”的党员干部。制定扫黑除恶专项斗争监督执纪问责6项制度，加强与政法机关的协作配合，建立问题线索双向移送、查办结果双向反馈、重大案件会商等机制。深入开展涉黑涉恶案件的逐案筛查工作，立案查处涉黑涉恶腐败问题3件4人。

**【自身建设】** 注重政治建设。以党的建设带动纪检监察工作，成立区纪委监委党总支，同步改选机关党支部，组建巡察办党支部，推进党支部标准化规范化建设，严格落实“三会一课”、主题党日、党员领导干部双重组织生活等制度。把临时党支部建在审查调查组、巡察组上，充分发挥战斗堡垒作用。严格请示报告制度，广泛开展谈心谈话和家访，及时掌握干部的思想动向。增强履职本领。坚持集中培训和岗位练兵相结合，选送20名干部参加上级调训，举办全员业务培训6期，抽调34名基层纪检监察干部到机关实岗锻炼，努力培养纪法皆通的专才。坚持畅通渠道和严把关口相结合，委机关、派驻（出）机构选调干部19名，轮岗交流11人次。坚持提质增效和能力建设相结合，对7个镇街纪检组织负责人进行函询，督促整改，提高依规依纪依法履职能力。强化自我监管。制定区纪委监委领导班子改进工作作风的实施办法，班子成员带头树立良好作风。严格执行加强纪委监委机关干部教育管理监督工作的意见、纪检监察干部“八严禁”等制度，围绕9类权力排查廉政风险点85个，逐一制定防控措施，强化内部监督制约。严肃查处纪检监察干部违纪问题，处置问题线索16件20人，给予党纪处分2人，组织处理14人，坚决防止“灯下黑”。

**【区纪委监委负责人】**

纪 委 书 记：胡显键（1月任职）
副　书　记：张百舸（1月任职）
　　　　　　邹　望　曹　洪（1月任职）
监 委 主 任：胡显键（1月任职）
监委副主任：张百舸（1月任职）
　　　　　　邹　望（5月任职）
　　　　　　曹　洪（1月任职）

（区纪委）

# 民主党派　工商联

## 民革南岸区委

**【概况】** 2018年，民革南岸区委辖重庆邮电大学、南岸区中医院、弹子石二、海棠、重庆市第五人民医院、南山、弹子石一、南坪一、南坪二、南坪三、茶园新区等11个支部。有党员350人，平均年龄51岁，主要分布在教育、医卫、经济、科技、文化、机关、法律、非公有制经济系统。党员大专以上学历占94%，中高级职称占73%。全年发展新党员19人。

2018年，民革南岸区委获民革重庆市委颁发的思想宣传工作、参政议政工作、社情民意工作3个先进集体；赵君辉、揭京、幸子获民革市委参政议政工作先进个人，赵君辉、幸子、朱琦婧获民革市委社情民意信息工作先进个人。严格按照《基层支部工作制度》考核支部，评出茶园新区、南坪一、南山等3个先进支部，评出26名优秀党员、13名爱心企业家。

**【思想建设】** *"学讲做"活动*。引导全体党员深学笃用习近平新时代中国特色社会主义思想。坚持领导带头学，区委会领导班子在主委会、全委会、专委会、支部会等各类学习会上领学，区委会副主委集体参观了中国民主党派历史陈列馆；坚持全员参与，指导专职干部到支部开展巡回宣讲，参与党员180余人次，发动党员收看庆祝改革开放40周年大会，党员的政治思想水平得到有力提升。

*主题教育活动*。开展"不忘合作初心，继续携手前进"主题教育活动，以庆祝改革开放40周年、纪念"五一口号"发布和民革成立70周年为契机，举办辩论赛、征文比赛、演讲比赛等系列活动，收到征文32篇，8个支部组队参加辩论赛，参赛和观战党员160余人次，主题辩论赛形式受到民革市委的肯定。组织党员参加市区各类宣传教育活动，余系中获民革中央征文比赛二等奖，鄢荣兴、谢恒分别获市委统战部征文比赛优胜奖，何维琳获民革市委演讲比赛三等奖，熊枭受邀为全市民革专职干部培训摄影技巧。

*思想宣传*。鼓励党员加强理论学习研究，以各种形式讴歌新时代、传递好声音。本年度（截至11月30日）在民革、统战、政协刊物媒体上发表文章和工作简讯64篇，其中19篇工作信息被民革中央采用，2篇被市政协采用，43篇被民革市委和区政协采用，南岸民革相关工作得到有效宣传，并荣获民革重庆市委2018年思想宣传工作先进集体。

**【参政议政】** *重点议政协商*。在中共区委、区政府、区政协召开的工作报告征求意见会、暑期谈心会、重点工作推进会等重大会议上积极发言，所提意见建议得到充分肯定。开展重点课题调研，在区民主党派重点调研成果协商会上做题为"提旧促新推动我区服务业上台阶"（吴晓静主笔）的专题发言，完成民革市委"新时代成渝城市群联动发展的制度创新模式研究"（揭京主笔）、"进一步加强南山抗战遗址群在渝台交流中作用"（谢恒主笔）2项课题。党员中的市、区政协委员在其他协商渠道也都积极建言献策。民革界别参政议政水平得到普遍赞许。

*"两会"建言献策*。为民革市委提供的素材入选市政协全会书面发言1篇、集体提案4件。区"两会"期间，提交区政协集体提案12件，党员中的人大代表、政协委员提交人大建议16件、政协提案54件。其中，集体提案《牵住"宜游"牛鼻子 拉动南岸"三宜"品质城市提升》（彭宁主笔）作为区政协全会口头发言，并被列为重点提案，由区长牵头督办。

*反映社情民意*。全年党员提交社情民意170余篇，各级采用88篇。其中，揭京的《建议整合国家资源提升"隐形冠军"企业国际竞争力》获中央统战部《零讯》采用，赵君辉的《关于加强基层环境污染队伍建设的几点建议》获民革中央采用；6篇得到市领导批示，17篇被市政协采用，5篇得到区领导批示。

**【组织建设】** *领导班子建设*。11月6日，在民革市委和中共南岸区委关怀、指导下，区委会完成班子届中调整，吴晓静、时书青全票当选主委、专职副主委；领导班子始终坚持民主集中制原则，全年召开主委会3次、全委（扩大）会6次，有序推动各项工作开展，提升班子的领导组织能力。

*基层组织建设*。全面加强支部思想、制度、履职等各方面建设，11个支部全部达到民革中央规定的"达标指标"。坚持主委、副主委联系支部制度，指导各支部召开多种多样的特色组织生活会90余次，南山、邮电大学支部赴贵州学习考察，茶园、南坪三、弹子石一支部跨区交流学习，南坪二、海棠等支部跨支部联谊，五院、中医院支部开展义诊活动等。加强支部阵地建设，在涂山镇党委的支持下，南坪一、弹子石二支部建成"民革党员之家"。加强支部班子建设，完成邮电大学支部届中调整。支持支部开展对外合作交流，指导南山支部与广东肇庆鼎湖支部结为友好支部，实现跨省结对。

*党员队伍建设*。加强后备干部队伍建设，党员中有2人晋升正处级干部，1人晋升副处级干部。重视党员教育培训工作，举办青年党员履职能力培训1次，组织党员参加民革市委、区委统战部举办的各类培训7批次、90余人次。坚持以注重质量、保持特色、优化结构为原则，全年发展党员19人，其中高级职称1人、博士1人，具有党派界别特色的16人。

*优化机关工作*。完善工作制度，确保机关工作务实

高效、规范有序。重视对外交流合作，与民革市委各处室、区政协各专委会、区委统战部各科室和对口联系单位（区民政局、区司法局）保持紧密工作联系，确保工作推进；与民革四川成都市委、广东肇庆市委、綦江区委、垫江县工委开展工作交流，取长补短，拓宽工作思路。通过开展妇女节、护士节、教师节、中秋节等特定节日活动，热情接待党员来电来访，特殊时期慰问看望，主动走访党员单位等方式，为党员送关怀、送温暖、送祝福、排忧解难，加强与党员的交流沟通，增强亲和力、凝聚力和认同感。民革中央办公厅副主任陶相宁率队来区调研，对机关建设工作给予高度评价。

**【对台工作】** *加强对台政策学习*。密切关注两岸关系和台湾岛内形势的发展变化，坚持以召开中秋座谈会为主要形式，开展习近平总书记系列对台重要讲话精神学习宣讲、大陆惠台政策解读、台海热点话题讨论，动员台侨属党员加强与台湾同胞的紧密联系，为反“独”促统、推进两岸关系和平发展贡献力量。

*合力保护抗战文化*。坚持开展区内历史文物保护工作，就统战历史文化资源开展调研并提出合理化建议，得到市、区部门的高度重视。助推位于重庆市中药研究院内的原国民政府中央工业试验所旧址得以维修，《关于尽快将于右任官邸旧址布展并开放的建议》（谢恒主笔）获市委统战部采用。

*搭好沟通交流平台*。关心抗战老兵、台侨属、有渊源关系的老同志。接待民革中央联络部李霭君部长来区调研，协助市委会接待台湾高校杰出青年赴大陆参访团参观重庆抗战遗址博物馆，到抗战空军烈士陵园进行祭拜。组织党员参加“重庆台湾周”文化交流活动。

**【社会服务】** *基层多党合作实践基地建设*。与南坪街道党工委合作，以实践基地为载体，在正街社区继续助推建设法治社区。通过开展法制宣传、法律咨询、法律帮扶等推动法治进机关、进社区、进企业，筹资5万元建成集法律服务、志愿者服务、社情民意收集等功能于一体的“民革法治小院”。全年开展法律知识讲座1次、现场法律咨询活动5次，派驻律师常年值班为社区中小企业、群众提供法律服务保障，受益群众4000多人次。

*民革品牌社会服务活动*。持续开展法律援助。党员律师在全市举办法律公益讲座10余次，“南岸区法律援助中心民革法律援助站”成员全年为张家浩、周欢、李林等27起案件提供法律援助，为党内同志10余人次、普通群众500余人次提供义务咨询和服务；吴启均受聘为重庆市检察院民事行政检察专家委员会委员，卢延瑞受聘为北海国际仲裁院仲裁员。持续开展“情系山区教育”活动。社会服务专委会赴四川丹巴县佛爷岩小学，捐赠办公教学用品价值近2万元，该活动已连续开展10年，产生较大社会影响。持续开展义诊活动。中医院支部、五院支部在南坪、弹子石等镇街开展义诊活动，南岸民革义诊活动已坚持近20年。

*社会公益活动*。组织党员参加“大城众管 共同家园”南坪街道全民动手活动，10多位民革党员参加了社区的清洁楼栋卫生、“法治小游园”美化等公益活动；南坪一支部、南坪三支部党员联合举办爱心义卖捐赠活动；党员王梅、彭铃媛等自发捐资助学，帮扶贫困学生；党员刘晓伟等积极参加政府部门组织的公益扶贫活动；党员曾四清、任玉梅等立足本职岗位开展义诊等公益活动，树立民革党员的良好社会形象。

**【民革南岸区委负责人】**

主　委：吴晓静

副主委：杨玉凤　彭　宁　鄢荣兴

　　　　何　勇　时书青

（民革南岸区委）

## 民盟南岸区委

**【概况】** 2018年，民盟南岸区委员会辖18个基层组织：南岸联合总支部、广益中学支部、中药研究院支部、39中支部、南坪中学支部、交通大学总支部、珊瑚中学支部、进修学院支部、龙职中支部、第二师范学院总支部、11中支部、二外支部、邮电大学总支部、工商大学南岸校区总支部、辅仁支部、滨江中学支部、110中学支部、经开区支部，有盟员615人。

**【思想及组织建设】** 2018年，民盟区委围绕学习实践活动主线，先后组织盟员参加民盟市委纪念“五一口号”70周年活动，重温民盟与中共风雨同舟、并肩战斗的光荣历史，接受思想启迪和精神洗礼，不断提高参政党意识。其中6篇征文获优秀奖，演讲比赛获二等奖。参加“改革开放40周年”征文活动获一等奖1个、三等奖2个。教育和引导全区盟员树立正确的人生观和价值观，进一步提高对中国特色社会主义政治制度和政党制度的历史必然性、巨大优越性和伟大独创性的认识。组织盟员开展理论研究，撰写学习心得、动态信息及盟员风采展示类文章50余篇，在各种不同层次媒体刊登。《缅怀先烈革命精神 不忘初心勇往直前》等稿件被民盟市委采用；《情系老盟员，寒冬送温暖》等稿件在《协商报》刊登；《政治协商助力全市“三大攻坚战 八大行动计划”实施的运行机制探析》等被区政协采用。全年共发展新盟员14名，平均年龄30.6岁，使全区盟员数量达629人。新盟员大学以上学历占100%，其中博士研究生2人，硕士研究生5人，中高级以上职称11名，继续保持盟员发展的精英化和年轻化，有效地保证民盟组织的可持续发展。2018年，民盟区委荣获民盟中央思想宣传工作先进集体、民盟市委社会服务先进集体、民盟市委组织建设先进集体。

**【参政议政】** 在年初的“两会”上，区民盟在政协共提交集体提案10件，其中《抢先构建“智慧”蓝图 做全市产业发展的“头雁”》做大会发言，作为1号重点提案办理。承接民盟市委重点调研课题3个（《中药大健康产业发展和乡村振兴战略》《重庆市镇街污水处理厂运行现状调查及建议》《“互联网+”背景下学前教育数字化资源共建共享的研究》），完成政党协商调研课题1个（《南岸区智能产业发展研究 以智能化为引领加快推进创新驱动发展》）等，为推动社会经济发展积极建言献策。全年上报社情民意100多条，内容涉及金融创新、教育改革、民生保障等范畴。《关于在南岸区积极创建创新创业人才公共实训基地的建议》获副区长陈炯批示，《关于在弹子石盘龙立交及内环快速靠近昕辉莫比时代小区修建隔音墙的建议》获副区长贾宇批示，《关于南坪商圈亟需加强管理的建议》获副区长吕轶批示，《关于修复炮台山作为爱国主义和国防教育基地的建议》获副区长莫裕全批示，《关于修改儿童购票标准的建议》等被区委统战部采用，《加强社会养老保障体系建设的建议》等被市政协采用，《重庆市各级司法所加强社区心理矫正工作的建议》被重庆市司法局社区矫正管理局采纳，《尽快修订人民防空法等相关法规》被民盟中央采用等，为党委、政府的科学决策提供了有益的意见和建议。

**【建功立业】** 2018年，区盟员在各自岗位上做出了显著成绩。重庆第二师范学院唐凌指导学生在全国高校财税应用科技创新与运营管理大赛重庆赛区决赛中获得三等奖，被评为首届大学生商务经济学应用分析大赛优秀指导老师。重庆工商大学王宁、杨光祥、黄文、赖长鸿、梁新元、孙峰、熊笃等主持或主研完成各类研究课题13项，发表学术论文13篇，出版学术著作、教材2部。杨光祥指导十一中学学生章巍轩获第18届“明天小小科学家”三等奖；赖长鸿指导学生参加全国城市管理论文大赛获三等奖。重庆交通大学新立省部级项目6项，发表论文50篇，其中EI、SCI、ISTP等（待检索）论文20篇；李友根获“重庆市社科优秀成果三等奖”，《努力打造共建共治共享的特大城市社区治理格局——以重庆市南岸区社区治理实践为例》，被民盟中央评为民盟第九届民生论坛优秀论文；冯檬莹获“巴渝学者”荣誉称号及中国物流学会优秀学术论文二等奖；张子健获中国物流学会优秀学术论文三等奖。重庆第二外国语学校王清龙获CCTV“国际中国2018公益事业大典”书画传播奖；陈春芹被评为重庆市骨干教师；李宏与2018汉语桥美国校长交流中国画。重庆辅仁中学周錫筠被评为“南岸区优秀班主任”；曾艳参加南岸区风华杯教师赛课活动获二等奖、区生物优质课比赛获二等奖、区双培扬长课改获二等奖；喻言的分类课程被打造为双培扬长教改精品课程；涂洪清多首诗歌在《朝天门风韵》和《重庆诗词》内刊上发表。重庆广益中学杨进虎获市重庆市第八届青少年科普征文大赛决赛指导教师一等奖，被南岸区教育学会聘请为南岸区教育学会中学语文专委会第三届理事会副秘书长；廖义员担任第九届亚洲机器人锦标赛中国区华西赛项目组裁判长，在首届中英STEAM创新大赛西南区决赛中获得多个二、三等奖，在第九届亚洲机器人锦标赛中国区华西赛获二等奖，获第十八届中国青少年机器人竞赛重庆赛区选拔赛高中组冠军、一等奖、二等奖，武汉世界机器人大会VEX高中组一等奖，获得重庆市青少年创新人赛优秀指导教师，第丨八届中国青少年机器人竞赛重庆赛区选拔赛优秀教练员、优秀裁判员；罗小维版画《爱无限》在南岸区“喜庆十九大共绘中国梦”进社区美术作品巡展中获一等奖，指导学生参加“融创杯·快乐阳光”重庆市第二十、二十一届中小学生才艺大赛高中组比赛绘画类分别获指导教师一、二等奖，获重庆市第二十一届中小学生师生书法绘画艺术大赛指导教师一等奖，在“古韵杯”南岸区第七届中小学师生书法作品邀请赛活动中，获指导教师一等奖；康维获重庆市高中地理学科“市级骨干教师”称号；付小容《优化初高中英语衔接学案，培养学生自主学习能力》在《英语周报》教师版上发表；杨军被评为“区优秀班主任”。重庆南坪中学庹永泽主持的选修课程“歌唱”，被评为重庆市高中发展促进计划精品选修课，主研的“音乐艺术课程”被评为重庆市高中发展促进计划音乐创新基地，指导学生参加全国少年儿童歌曲电视大赛获全国金奖4个，参加“快乐阳光”重庆市第十一届中小学生才艺大赛获一等奖2个、二等奖2个。重庆11中学李顺林被评为“南岸区优秀教育工作者”，丁昭兰获第33届重庆市青少年科技创新大赛优秀指导教师奖、第29届马来西亚国际发明展优秀指导教师奖，辅导学生参加第29届重庆市青少年科技模型大赛获二等奖，指导学生发明“侧压式护芯签字笔”获重庆市青少年科技创新大赛一等奖、重庆工商大学专项奖、重庆理工大学专项奖、重庆科技学院专项奖，“会听话的自动打包换袋垃圾桶”“电动腰带”参加第29届马来西亚ITEX国际发明展分别获金奖、最佳发明奖及铜奖、印度尼西亚国家特别奖；李滔获2018年南岸区“风华杯”教师赛训活动特等奖，参加重庆市教学技能大赛微课类获一等奖，重庆市教学技能大赛教学设计类二等奖，重庆市教学技能大赛课件类二等奖；黄海翠获重庆市第八届青少年科普征文大赛（初赛）指导老师一等奖，（复赛）指导老师特等奖，第十三届全国创新作文大赛总决赛指导老师一等奖，第十四届全国中小学生文化作文大赛指导老师一等奖，发表于《软件：教育现代化》的《在中小学特色示范课堂贯彻十九大精神分析》获首届全国教育优秀论文一等奖；史晓玲被评为“南岸区优秀教师”，获2018年中英STEAM比赛西南片区优秀科技指导教师；汪建辅导学生参加2018年第34届全国物理竞赛，多人次获市级二、三等奖；毛阿英获财经素养大赛优秀指导教师；童琼被评为“南岸区优秀班主任”，指导学生参加数学竞赛获市二等奖3人、市三等奖15人、全国二等奖2人、全国三等奖3人；张德林参加“普通高中课程方案和课程标准”培训，被评为优秀学员。重庆滨江中学牛娅获2018“重庆最美女教师”称号，《创新“多维立体”班级学生评价体系 促进学生心理发展评价案例》在重庆市第十四届基础教育课程改革征文大赛中获二等奖，《“鸡兔同笼”的前世今生——二元一次方程组章起始课》在2018重庆市中数专委会学术年会上交流并获市三等奖；杨应琼《初中学生科学素养的培养与思考》获市二等奖，《培养初中学生科学素养实践与思考》获市三等奖，《培养科学素养 建构四环学习模式》获区二等奖；刘天炜辅导学生参加田径运动会，获一等奖10个、女子团体总分第八名，参加区羽毛球比赛，男女团体分别获亚军，七名队员获得单打一等奖，被评为“区羽毛球优秀教练”。重庆三十九中学赵亮获重庆市第21届中小学师生书法绘画大赛教师绘画一等奖，指导学生参加重庆市第8届中小学生艺术展演获一等奖2个，“在阳光下成长”获重庆市美术特色校美术作品展一等奖1个、二等奖1个，第33届青少年科学幻想绘画三等奖1个，南岸区第12届中小学生艺术展演特等奖1个、一等奖3个，南岸区安全绘画一等奖1个、二等奖1个。重庆珊瑚中学张弦在全国青少年教育读书活动“红旗飘飘引我成长”征文中获指导老师三等奖；彭静被中国教育科学研究院授予“优秀创客导师”；杨凡获“南岸区优秀班主任”称号。南岸区进修学院曾敬主研市级课题并结题2项。重庆中药研究院张毅挂职江津区科委副主任获市卫计委项目资助1项（“基于有效成分含量比值的川枳壳产地适宜性分析”）；黄小平入选“山区科技人才计划”，对接大团蔬菜专业合作社，提供技术咨询和科技支撑服务，并获市卫计委项目资助1项（“基于色度分析的川党参米炒炮制工艺规范化研究”）；王云红获市科委“基于中药经典名方及火锅“燥热”的清热凉茶开发”。联合总支黄海获重庆市高级创业导师，担任“长江经济带青年创新创业大赛”专家评委，指导的创业青年多次获得市级、国家级大赛的金奖、银奖，参加民盟中央科技委主办的“2018民盟科技论坛”，获民盟中央优秀科技论文。

**【主要活动】** 深化多党合作实践基地工作。按照“党建引领，党派助力，社会协同，志愿服务”的思路，以“大健康+”为主题，根据弹子石东山坪社区居民的实际需要，针对性地制定服务项目，做到月月有活动，次次有主题，实现民盟区委社会服务工作向主动服务的转变。持续开展爱心助学活动。与南岸联合总支、经开区支部继续帮助武隆土坎镇清水小学的贫困学生，重庆11中学到敬老院开展尊老爱老活动，重庆珊瑚中学支部坚持为西藏拉萨巴尔库村居委会院内雪堆白传统手工艺术学校捐献旧衣物和书籍，重庆中药研究院到丰都三元镇中心小学开展爱心慰问10名贫困小学生活动。服务地方经济社会发展。重庆工商大学王宁被重庆市旅游局和秀山县人民政府聘为顾问，为重庆市18个深度贫困乡之一的彭水三义乡免费义务编制扶贫项目《彭水三义乡旅游发展规划》，为合川钓鱼城5A级旅游景区创建、秀山县川河盖洪安古镇旅游区建设、凤凰山4A级旅游景区创建提供咨询指导服务，主持完成彭水乌江画廊景区、潼南双江古镇景区申报国家4A旅游景区评审以及对南山植物园、周君记工业旅游体验园、巫溪红池坝等旅游景区的复核检查，参与完成《自驾车露营地质量等级划分》地方标准的审定，为涪陵武陵山旅游区管理干部开展“渝东南区域旅游发展视角下的武陵山旅游差异发展与协调发展对策”讲座等。黄文参与多起学生违纪的处置工作及孙能常人事纠纷、土庙子拆迁户黄勇等人的信访处置工作，资助3户困难群众等。曹鹏协调促成“京东集团”与重庆工商大学商务策划学院在培养电子商务领域人才方面的校企合作等。熊笃被市委宣传部聘为“巴渝文库”编撰专家委员，为重庆浩建旅游规划公司《奉节长龙山景区规划》提供“道教文化风俗研究”支撑；参与专家组鉴定评审“董其祥遗著手稿”及重庆文化研究院第6届非遗申报专家评审会民俗组评审；应重庆交通大学邀请，举办讲座“水文化纵横谈”；为重庆市建委建筑师培训、市政协、市文化艺术研究院等举办讲座。重庆交通大学组织专家盟员前往武隆调研“四好农村路及特色小镇建设”。重庆中药研究院涂永勤长期坚守高海拔藏区康定，攻克冬虫夏草的人工繁育技术瓶颈，为康定藏区扶贫攻坚助力；宋国红服务病人5000余人次。

【民盟南岸区委负责人】
主　委：蒋文新
副主委：刘汉蓉　黄　文　李　义
　　　　李顺林　李友根　李高芬

## 民建南岸区委

【概况】 2018年末，民建南岸区委员会辖基层支部13个，有会员431人。会员中，有市人大代表、政协委员4人；21名会员担任区政协委员，其中常委3名、副主席1名；区人大代表5名。其中公有制经济界人士102人、非公有制经济界人士104人，新社会阶层30人、教育界84人、政府及司法机关51人、医药卫生11人、人大及政协及社会团体6人；大专及本科274人、研究生以上学历74人；女性会员162人、男性会员269人；有经济、会计、统计、工程技术、科学研究、教育等专业技术职称245人，平均年龄51.6岁，经济界人士占86%。全年发展新会员20人。

【思想政治建设】 先后组织支部主委、民建市委委员、区委委员等参加民建市委组织的支部主委培训、干部素质提升研修和全区统一战线春季培训。推进政府部门与民主党派工商联对口联系工作，组织骨干会员参与区科委、区金融办的相关活动。按照《市区党代表与党外代表人士联谊交友制度（试行）》，组织党派代表人士与党代表联谊交友工作。根据区委统战部《党外代表人士综合评价实施办法》，对列入代表人士的45名会员进行两年一次的政治表现、群众认可、岗位成绩、参政议政、社会服务情况综合评价，为党外后备干部个性化培养提供重要依据。推进“同心家园”建设，把党派之家建成党派活动的中心、思想教育的阵地、凝聚人心的港湾、展示风采的窗口、参政履职的枢纽和服务群众的平台。

【参政议政】 区委会组织人大代表、政协委员积极参加“两会”，当年提交市政协委员提案8件，区人大建议3件，区政协大会发言2篇，其中《把握“文化向南”机遇，加快推进文化强区建设》做大会交流发言。提交集体提案16件，委员个人提案48件，提案内容涉及经济发展、品质城市、民生实事、法治社会谋划等方面。集体提案《关于进一步规范南岸区招商引资扶持政策执行的提案》被列为当年重点提案；《关于加快全区人工智能产业发展的建议》《关于合理规划茶园水资源、为长生河引入清洁水源的建议》《关于建设南岸区文化资源共享云平台的建议》被评为优秀提案。区委会提交社情民意256条。其中，岳树梅的《建议加快构建“一带一路”能源合作法律机制》被中央统战部采用，《建议重视中国企业“一带一路”投资中的法律风险防控》被中央统战部采用，获张高丽批示；展亮的《关于主动注销过期域名备案号的建议》被全国政协采用；21条被民建中央采用；28条被市级采用，39条被区级采用，5条被区领导批示。区委会被民建市委评为2018年度反映社情民意信息工作先进集体，岳树梅获反映社情民意信息工作先进个人。

承担民建市委会课题11项。其中，李金全撰写的《实施乡村振兴战略急需去除农村空心化》和杨柳撰写的《加快促进全市中小微企视角下的涉企减负政策落地》被转化为市政协大会发言并上报会中央；《中国企业在“一带一路”投资中法律风险防控》《以“互联网+”推动全市乡村旅游发展建议》《防止贫困过度集中化建设新型和谐公租房社区》被转化为市政协集体提案；3篇课题上报民建中央。区委会获民建市委参政议政工作先进集体称号，李金全、杨柳获参政议政工作先进个人。

【理论宣传】 开展政党理论研究，结合“不忘合作初心，继续携手前进”“深化政治交接，弘扬优良传统，推动新时代统一战线和多党合作事业实现新的更大发展”“弘扬企业家精神，推动非公有制经济高质量发展”以及“工匠精神与职业教育”等主题，推出一批理论研究成果，全年上报理论课题17项。岳树梅在全国政协召开的习近平总书记关于加强和改进人民政协工作的重要思想理论研讨会上，作为唯一的专家代表做了“互联网视域下的人民政协协商民主创新思考”发言；李泳著撰写的《新时代、高质量，助推非公有制经济创新发展》入选民建中央2018年非公经济论坛论文集；陈璐撰写的《完善政协界别工作机制 更好发挥界别作用》获得区政协理论研究优秀论文一等奖；岳树梅撰写的《新形势下人民政协民主监督实效性创新路径探索》获区政协二等奖；黄媛媛撰写的《政协发挥四个作用，做到三个加强，助力创新社会治理》和周文斌撰写的《新时代发挥政协委员主体作用几点思考》获区政协三等奖。1篇文章在2018年民建区县工作研讨会上做现场交流。同时，会员撰写学习心得、会务动态及会员风采等宣传类文章116篇，其中，民建中央采用20篇，民建市委、市政协采用33篇，区政协、区统战部采用20篇。区委会获民建市委2018年理论宣传工作先进集体。

【主要活动】 按照民建中央《关于加强会的思想政治建设的意见》，通过召开区委（扩大）会、专题报告会、骨干会员培训会、交流会，在会内营造自主学习、自我教育的浓厚氛围，努力建设学习型参政党。注重主题教育、专题教育与日常教育的有机融合，紧扣“纪念‘五一口号’发布70周年”“纪念改革开放40周年”“黄炎培140周年诞辰”以及全市统一战线集中开展“学讲做”等活动主题，开展宣讲报告、座谈研讨、参观学习、征文演讲等活动。开展形式多样的日常会务活动。2月，学习“两会”精神，结合南岸实际，就打好“三大攻坚战”、实施“十项重点工作”等内容进行调研；3月，开展“三八节”主题电影活动；4月，开展“风雅颂”系列文化主题活动；6月至9月，开展“学讲做”系列宣讲活动；10月，组织三胞会员与老会员共庆中秋、重阳；11月，围绕如何实施乡村振兴战略的主题开展基层组织培训活动；12月，学习贯彻习近平总书记在民营企业座谈会上的重要讲话精神。全年，区委会开展跨区、跨省、跨党派联谊交流5次，支部与市、区内外支部联谊交流4次。走访会员单位与会员企业11人次，维护企业家会员合法权益5起。区委会获民建市委会务工作先进集体。持续推进基层多党合作实践基地建设。已建成620平方米的基地展示平台，开设民主党派名人录、抗战开埠文化及文物介绍、老街非遗社会组织、老街文化记忆、多党合作共建成果等内容，直接投入资金19万元。组织会员开展“风雅颂”等形式多样的主题社会服务活动18次，服务居民2300人次。接待湖州民建、大连民建、黔江区委统战部等外省外区到基地交流学习6次，基地被重庆市社会主义学院列为现场教学示范点。

**【建功立业】** 会员在各行各业通过自身努力取得丰硕成果，树立了良好的民建会员形象。其中，周德智获法律服务民营企业先进个人，被重庆市渝北区人民政府聘请为“重庆市渝北区法律顾问库”成员；李玲获重庆市发展奖二、三等奖；张友明被重庆市政府、市文化委评为重庆市非物质文化遗产传承人；张渝丽获民建市委纪念“五一口号”发布70周年演讲比赛一等奖；苏玉木的企业被重庆、西安等市级部门评为先进单位12次，被周至、长武等县级部门评为先进单位11次；刘珲获深化国家卫生区先进个人嘉奖；李娟娟被评为2017年度优秀公务员；谭韦被评为国家金牌导游，入选重庆市青年联合会第五届委员会委员；李金全被评为民建重庆市委参政议政先进个人；廖亚军获2017年度重庆市南岸区消防安全委员会先进个人；杨柳任组长的审计项目获2017年度重大政策措施落实跟踪审计优秀项目，获重庆市发展改革系统重大项目管理及财务收支审计优秀项目，《剥茧抽丝，揭开虚假项目面纱》获优秀审计案例；余洋获“守合同重信用单位”称号；钟云亮获“2017年度重庆市优秀信息系统集成及服务企业”称号、2018年中国创新经济年度贡献人员、“2018创新中国机动车检测行业十大领军企业”称号、重庆市“专精特新”荣誉称号，“一种基于$CO_2$自检功能的电动车快速充电站”获发明专利；于红获南岸区深化国家卫生区先进个人三等功、重庆市第八届中小学生艺术展演活动先进个人、南岸教育委员会优秀工作者；王丽影指导学生获国家级竞赛一等奖1次、二等奖2次；谭吉林获重庆市五一劳动奖章；李睿科获南岸区优秀教师；陈璐获区政协理论文章一等奖；曹晓莉获校级优秀教师；吴广获2017年重庆市事业单位年度考核优秀个人；周文斌获首届全国食品工程原理仿真实验大赛决赛优秀指导教师、2013—2018年统一战线优秀个人、网络辅助教学先进个人；陆冀宁指导学生获国家级竞赛奖2次；岳树梅获2017年重庆市事业单位年度考核优秀个人、“西政好老师”称号；冯元章指导学生获市级竞赛奖2次；杜继淑获优秀毕业论文指导教师；杨敏佳获重庆市第八届全民健身运动会优秀裁判员；曹跻圣被市委统战部、市欧美同学会评为建言献策优秀人员；石波云、苏玉木、黄益荣、张明强、陈兴志、何金存、刘必衍、钟云亮、游建伟9人被民建市委授予改革开放40周年优秀企业家会员称号。

**【社会服务】** 开展力所能及的社会服务活动，全年企业家会员及其所属企业就公益事业捐赠约407万元。其中，苏玉木为兴平市西城花王村精准扶贫项目捐赠305万元，为彬县贫穷困难户捐款7万元，为蓝田县三官庙镇杨顶村捐款5万元，为多党合作实践基地捐款2万元，为困难户张祥伟捐赠1万元；钟云亮为彭水、云阳、石柱、巫山4个贫困区县捐款约32万元；石波云为民建市委精准扶贫“四下乡”项目捐款21万元，为民建区委捐款5万元；蔡锡田为南坪中学教师捐赠5.5万元；黄媛媛为南岸区南山街道、弹子石街道100名困难群众引入市红会资源2.8万元；陈兴志向回龙湾社区捐赠1.8万元，同时提供2万元物资，向开州专项扶贫捐赠3万元，为重庆师范大学贫困生王若兰、中国人民大学贫困生杨雁佳捐款2.4万元；余洋为四川苍溪八庙小学捐赠1.5万元。十二支部为合川小沔镇八角完全小学捐赠价值4万余元的教学设施设备。全区会员共资助贫困学校19次，资助金额约17万元。

**【民建南岸区委负责人】**

主　委：简光秀　（女）

副主委：石波云

岳树梅（女）

张　舰　雷　旺　廖亚军

## 民进南岸区委

**【概况】** 2018年，民进南岸区委会辖基层支部22个，总支1个，有会员522人，区委会委员16人。会员莫裕全、别必亮任民进重庆市委会副主委，另有18人担任全国、市、区人大代表和政协委员。其中全国人大代表1名，重庆市政协委员4名。

2018年，民进南岸区委会开展“不忘合作初心，继续携手前进”专题教育，不断推进高素质参政党建设。区委会先后获民进中央“坚持和发展中国特色社会主义学习实践活动先进集体”、民进重庆市委会“社情民意、社会服务、新闻宣传”三项先进表彰。

**【思想建设】** 深化学习实践活动。开展“不忘合作初心，继续携手前进”四个一系列活动。区委会主委莫裕全、副主委蒋述东分别做“坚持道路自信”和“中共与民进结缘”专题讲座。对外考察调研与宣讲。区委会主委带队先后在江北经济支部、荣昌职教中心支部宣讲十九大精神并做“中国共产党领导的多党合作制度”专题讲座。推动政治理论学习。通过区委会、区委扩大会、暑期培训、专题培训、网络学习等方式，认真学习中央决策部署和党的十九大以及重庆市重要会议精神。加强舆情工作。举办两次舆情专题讲座，强化和巩固思想意识；以区委委员发表署名文章引领舆论方向等方式，树立拥护中国共产党的领导，坚定不移地接受中国共产党领导的思想导向。

**【参政议政】** 政党协商取得较大影响。1月，区委会重点调研课题“让入园问题不再成为老百姓的烦心事”在区政协十届一次大会专题发言，引起各方的热烈反响，受到《人民政协报》等大型媒体关注报道。“学前教育标准化建设中亟待解决的问题”的调研报告，在区民主党派、工商联重点调研成果协商会上得到区委书记郑向东的高度重视，并责成有关部门解决报告中提到的问题，消除不规范幼儿园的安全隐患。参政议政取得重大突破。全年收到会员社情民意信息、理论论文、调研课题等140余件，报送各级部门120余件。其中：民进中央采用6条，中央统战部采用1条，市委办公厅采用1条，市政协采用1条，市委统战部采用3条，南岸区政协采用32条，区委办采用30余条。袁红的《建议采取措施提高预防常见传染病的第二类疫苗接种率》建议获时任副总理刘延东批示；陈亮撰写的《重视小学教材西化现象》建议被中央统战部和重庆市委办公厅采用；别必亮副主委《关于设立裕华纱厂纪念标识的建议》等获区级领导批示。

**【自身建设】** 组织建设构架齐全。5月17日，民进重庆邮电大学支部正式成立，民进重庆市委主委陈贵云、中共重庆邮电大学党委书记方海洋等出席成立大会。至此，民进南岸区委会在区内四所高校均建立了基层支部。全年发展新会员26人，其中博士1名，硕士5名，平均年龄39岁，实现梯级发展目标。加强代表人士队伍建设。区委主委莫裕全、重庆出版集团重点图书编辑室主任别必亮当选为民进重庆市委会副主委；肖辉、王传霞、李卫国当选为市委委员。推荐会员何光在区金融办、贾荣涛在区教委、周鹏在广阳镇挂职锻炼，培养党派后备力量。强化学习培训与交流。选派12名会员参加上级部门组织的培训；区委会组织暑期培训、舆情专题等培训6次，受训200人次；全年先后接待民进上海静安区委会、民进福建省委社服处、民进山西企业家联谊会等交流学习。开展形式多样的支部组织生活。综合、珊瑚、龙职中等支部调研现代农业及新农村建设；二师、交大等支部在多党合作实践基地开展帮扶活动；出版集团总支、进修学院等支部开展关爱老会员活动；11中、邮电大学、文化支部开展舆情、区情专题学习活动等。

**【社会服务】** 开展多党合作实践基地建设。总结多党合作实践基地第一阶段建设经验，举办多党合作实践基地授牌仪式，市委专职副主委黄硕，区委统战部，对口联系单位区教委、区文化委，广阳镇等单位主要负责人参会，同时为广阳镇人民送上一台庆祝十九大胜利召开的文艺演出。莫裕全多次带队调研基地，现场解决明月沱社区老旧居民楼燃气改造过程中存在的问题等，获得社区居民一致赞赏。区委会21个支部结对帮扶基地35名贫困学生，优选教师会员与东港学校16名教师结对，实施一对一精准帮扶。二师支部为东港学校免费培训后备干部，举办为期一周的“七彩童年 翱翔东港”暑期综合实践；11中支部送文艺下乡，参与广阳镇塘坎村“庆国庆、迎十九大”文艺演出；工商大学支部“社区创新治理”课题组深入明月沱社区，探索新型社区自治模式；重庆民进文教书社、出版集团总支分别向东港学校和明月沱社区捐赠2万元，共计4万元图书等。民进小桔灯基金投入1万元、李世瑚爱心助学金投入5000元精准帮扶东港学校15名贫困学生。搭台助力共享优质资源。重庆11中与贵州金沙中学结对帮扶持续开展，实现双方互访、教学交流、讲座引领；副主委王传霞累计投入近20万元，两次资助市教科院举办的“班主任大讲堂”；110中学支部、二师支部筹集近万元物资帮扶万盛106中学、东港学校贫困学生；交大支部、11中支部等优秀教师会员先后在东港学校上示范课，促进教学相长。

【新闻宣传】 全年收到基层支部新闻信息100余篇，较上年增长约30%。其中会中央网站12篇，《民主》长篇人物通讯2篇，《人民政协报》2篇，《重庆政协报》3篇。市委会网站、《重庆民进》及各大高校门户网站180余条；南岸《协商报》40余条，其中头版3条，整版报道1次，专访1次；南岸区电视台采访播出3次。会员吴言才的理论论文在市政协理论研讨会上获二等奖，承担参政党理论研究课题2个。会员杨波《发挥政协委员在协商民主中主体作用的机制研究》、吴言才《民主党派代表人士参政议政能力提升的路径》理论研究成果获区政协二等奖。

【民进南岸区委会负责人】

主　委：莫裕全

副主委：肖　辉　王传霞　李卫国

郭同永　蒋述东

（民进南岸区委会）

## 农工党南岸区委

【概况】 2017年底，农工党南岸区委辖基层支部15个，党员317人。2018年末，发展新党员18人，共334人，其中博士15人，硕士47人。具有高级技术职称的党员占43.4%，女党员占53%，离退休党员占26%。医卫界占42%，教育界占34.4%，科技界占6.6%，其他界别如人口资源、生态环境、法律、文化、非公有制经济代表人士也占有一定比例。当年，农工党区委围绕南岸“三生三宜”品质城市建设，集智聚力，务实履职，推动区委工作争创一流，为南岸经济社会持续健康发展做出积极贡献。区委荣获农工党市委“组织工作”“参政议政工作”“社情民意信息工作”“社会服务工作”4项先进集体称号。

【思想建设】 按照农工党中央、农工党市委、中共重庆市委统战部及中共南岸区委统战部要求，以开展“不忘合作初心，继续携手前进”主题教育活动、中共中央发布“五一口号”70周年纪念活动、纪念改革开放40周年活动、“学讲做”活动为契机，在全区深入开展系列学习活动，统一思想认识，加强自身建设，推动区委工作争创一流、走在前列。开展“主委讲党课”活动，主委牟成勇结合自己亲身经历和切身感受，深入浅出地进行了讲解，使与会30名支部主委、区委领导统一思想，更新观念，多视角、全方位理解活动精髓；邀请重庆市委党校马克思主义学院院长、硕士生导师文国伟教授作“习总书记关于全面深化改革和党的使命论述解读”专题报告会，70名参会党员对全面深化改革和习近平新时代中国特色社会主义思想有了更深层次的认识。按照各级组织要求，结合系列主题活动，区委思想理论研讨小组围绕“民主党派在新时代如何按照中国特色社会主义参政党要求更好履行职能研究”等理论展开较深入的调研，完成理论调研报告3篇。其中《关于民主党派积极参与公益诉讼的探讨》获农工党市委理论研究项目成果一等奖。加强宣传信息工作制度建设。结合开展重大活动、理论研讨、参政议政调研、社会服务及支部的各项工作组织稿件，依托《前进论坛》《人民日报》《人民政协报》《重庆政协报》、农工党重庆市委信息和网站、《南岸协商报》、统战信息等多种途径，报送稿件100余件次，在《前进论坛》发表文章2篇。

【组织建设】 认真调研，摸清全区党员基本情况，专题研究区委人才工作，形成《农工党南岸区委人才工作的思考》，为区委更好地发现、发展、培养锻炼、推荐使用人才提供依据。深化党内作风建设，认真执行区委主委、副主委联系基层支部制度，年内每个主委、副主委均要参加所联系的支部活动，及时了解基层动态，反馈支部及党员诉求。坚持中心组学习和区委委员学习制度，坚持主委会、全委会及参政议政等各种会议均采用先学习后议事的原则，做到学习有计划、有内容、有记录，努力建成一支高素质参政党基层骨干队伍，全年区委主委会和全委会学习共8次。坚持区委班子牵头的新党员发展前谈话考察制度，在保持党派界别特色的基础上，放宽视野，拓展界别，确保质量。全年发展党员18名，其中，博士4名，硕士6名，平均年龄38.8岁。

【参政议政】 继续坚持重点课题调研，主委牵头、区委领导班子全程参与、后续跟进的工作机制，既保证参政议政的质量和水平，更让其成果得到有效转化和推进落实。在市、区“两会”上，区委积极履行参政议政职能。完成市政协集体提案《大力发展产业互联网，打造重庆经济新名片》。向区政协全委会提交大会发言2件，其中《找准科技创新着力点，驱动南岸经济高质量发展》作为大会发言，得到中共南岸区委书记的高度评价。提交集体提案8件，其中，《关于找准科技创新着力点，驱动南岸经济高质量发展的提案》被列为3号重点提案。党员中的市政协委员、区人大代表、区政协委员分别提交建议15件、个人提案36件。

【课题调研】 2018年，农工党区委组建了10个课题调研组，如科技成果转化、产业互联网、大数据产业发展、南山林相改造等，外出走访重庆交通大学、重庆科技学院、市工商联、区农委以及贵阳大数据管理局、朗玛科技等12家单位、企业，开阔了眼界，拓宽了视野，推动调研向深度拓展，向广度延伸，做实高质量的调研成果。在中共南岸区委2018年专题调研协商座谈会上，调研报告《关于大南山地区林相改造的建议》引起相关领导的高度重视。向重庆市政协、农工党重庆市委、南岸区政协、区委统战部等报送社情民意80余件次，其中，中央统战部《零讯》采用1件，全国政协采用1件，中共中央网信办采用1件，农工党中央采用1件，市政协采用7件，农工党市委采用30件，4件被南岸区委、区政府主要领导批示。

**【社会活动】** （1）按照“党派有优势、镇街有需要、社会普遍关注”的原则，围绕区委、区政府中心工作，区委在长生桥镇同景社区选点，共建多党合作实践基地。区委主委及班子成员10次与镇、社区领导联系对接，摸清社区情况，了解居民需求，就基地建设2018年做什么、怎么做等问题进行专题研究，共同制定、调整基地建设计划。（2）突出界别特色，推进基地建设。利用党派市委资源，协调资金50万元，用于健康社区建设。整合好党派专业人才资源，有序推进百人心肺复苏志愿团培训，历经理论学习、实作训练、巩固复习、技能竞赛4个阶段，百人培训圆满完成，让心肺复苏技能真正过手，收效明显；“农工党讲堂”与“市民大讲堂”深度融合，共同开展系统化、体系化的健康教育、环保宣传等服务，特别是慢病管理组和系列中医养生讲座，深受百姓欢迎。发挥党派政治优势，在区政协十届二次会议上提交的集体提案《关于开通同景片区循环交通小巴士的提案》，已收到南岸区交委回复，规划100路、102路、122路三条线路，解决社区居民的出行难问题。（3）基地品牌效应逐步显现。全国政协副秘书长、农工党中央专职副主席兼秘书长曲凤宏一行到基地调研；中共市委统战部部长李静一行专程到基地指导工作；农工党市委“人才交流工作”现场会在南岸召开，市委主委杜黎明率各区县主委、专职副主委共计80人到基地调研；吉林省委统战部党派处、农工党深圳市委、农工党上海市静安区委等到基地现场参观、学习交流，共计70人次；市内南川等兄弟区县到基地考察、交流。

**【建功立业】** 2018年，全区农工党员立足本职、积极作为、成绩突出。全年在省级以上刊物发表论文共31篇；主持和参加国家重大专项、国家自然科学基金项目及省级科研项目25项；出版专著和教材1部；申请发明专利7项，授权4项。杨大坚被聘任为重庆市人民政府参事。余葵的科研成果《山区河流桥梁防撞关键技术、装置研发及产业化》，荣获2018重庆高校十大优秀科技成果奖；《内河通航桥梁防船撞关键技术及应用》荣获金桥奖优秀项目奖，均属省部级。冯虎翼荣获“2018年全国优秀医院院长”称号。王永义荣获“白求恩式好医生”重庆市医师协会提名奖。

**【农工党南岸区第六届委员会负责人】**

主　委：牟成勇（女）

副主委：钱伟弘　马　红（女）

冯虎翼　晏凤华　甘小彪

（农工委）

## 致公党南岸区委

**【概况】** 2018年，致公党南岸区委有综合支部、重庆第二师范学院支部、重庆交通大学支部、重庆工商大学支部及重庆邮电大学支部5个基层组织，下设参政议政工作、社会服务工作和青年工作3个专委会。全区党员总数147人，平均年龄45.6岁；中高级职称占比89.8%，其中博士23人，硕士79人；有侨海关系或海外留学经历党员133人，侨海占比89.9%。党员平均年龄45.6岁，其中女党员73名。

是年，致公党南岸区委秉承“致力为公”的初心和信念，全区致公党员共同努力，各项工作取得显著成绩，为市、区经济社会发展贡献了智慧和力量。先后荣获致公党中央（2013—2017年度）参政议政工作先进集体，致公党重庆市委参政议政工作、海外联谊工作先进集体。党员李庆荣获致公党中央和致公党重庆市委参政议政工作先进个人、全国归侨侨眷先进个人，任其亮、高蕴嶙获致公党重庆市委优秀党员。

**【思想建设】** （1）抓好主题教育活动。党派区委、各支部、各专委会开展以“纪念‘五一口号’发布70周年”“纪念改革开放40周年”“学习贯彻十九大精神和习近平总书记系列重要讲话精神”“学习传达全国‘两会’精神”“学习贯彻市委统战部‘学讲做’活动相关精神和具体要求”和“继承和发扬致力为公优良传统”等为主题的组织活动31场次。党员王巧萍、曹语桐和李亚星分别参加市委统战部举行的纪念“五一口号”发布70周年书画作品展、演讲和征文比赛，均取得好成绩。理论文章《浅谈“五一”口号的当代启示》在党派市委纪念“五一口号”发布70周年专题座谈会做交流发言；联合区侨联、铜元局街道开展“不忘合作初心，继续携手前进”——纪念“五一口号”发布70周年主题书画展，得到张玲主委、中共南岸区委统战部部长梅泽波等领导的高度肯定。（2）搞好学习培训活动。按照市委统战部“学讲做”活动具体要求，结合工作实际，组织党员参加致公党重庆市委、区委统战部组织的各级各类培训122人次，11位骨干党员面向全体党员和周边群众进行“学讲做”专题宣讲；联合致公党渝北区工委举办纪念中共中央发布“五一口号”70周年专题报告会，邀请厉华教授讲述中国多党合作及“五一口号”的历史及相关知识。（3）做好信息宣传工作。组织党员开展理论研究，全年撰写并报送学习心得、活动新闻、工作动态和党员风采类稿件107条，累计采用88条。其中致公党中央网站采用31条；《中国致公》杂志采用1条，《建言策》采用2条，《重庆政协报》采用2条，《重庆致公》采用47条，区政协《协商报》采用52条。

**【组织建设】**（1）党员结构更加优化。全年发展新党员9人，平均年龄38.6岁，其中博士2人，硕士6人。整理撰写《致公党南岸区委组织发展工作情况汇报》，在10月致公党中央组织部来渝开展的调研座谈会上做交流发言，获得上级领导的充分肯定。（2）队伍建设再上台阶。现有市人大代表1人，市政协委员6人，区人大代表2人，区级政协委员12人，市区两级特邀人员5人，重庆市统战智库专家2人，南岸区统战智库专家7人，中央统战部信息直报点特约信息员5人。按照组织规定和民主程序顺利完成区委副主委的届中增补工作，王光强当选为区委副主委。（3）拓宽党员履职平台。按照中共南岸区委统战部的统一安排，做好第二次党外代表人士综合评价和推荐党员参加市区两级统战部组织的党外干部挂职锻炼的相关工作；张华挂职南山抗战文化博物馆副馆长，戴智慧到九龙坡区卫计委挂职，马浩天到铜元局街道挂职。上年底组建的参政议政、社会服务和青年工作三个专委会的具体工作均已步入正轨，正逐步发挥应有作用。

**【参政议政】**（1）政党协商。副主委杨钢主笔的《关于乡村振兴战略中产业扶贫的建议》被列为中共重庆市委第一次政党协商发言材料，荣获党派市委优秀调研成果奖；承担中共南岸区委重点调研课题“推进大南山旅游综合体建设，促进大南山生态保护利用”（李庆主笔），以及区政协重点协商课题“关于我区全面推进‘河长制’落实，‘两江四岸’整治过程中的问题及对策”（肖飞主笔），得到区委、区政府主要领导的充分肯定。（2）两会履职。在全国“两会”期间，共报送社情民意9件，其中高蕴嶙撰写的《关于建立“一元”司法解释体制的建议》等3件被致公党中央采用，李庆撰写的《关于加强在华跨国公司网络内容监督》被中央统战部《零讯》专报采用。在重庆市“两会”期间，向市人大提交《关于高水平规划建设重庆东站综合交通枢纽的建议》等代表建议3件，向市政协提交《关于加强重庆工匠型人才培养使用的对策建议》《关于畅通科技成果交易转化渠道的建议》和《关于促进医养结合推动养老事业发展的建议》等委员提案15件。其中，钱鹰主笔的《促进海外人才引进，助推海归人才创新创业》被列为市政协副主席徐代银督办提案，黄承锋主笔的《深化渝港合作，大力推进重庆自贸区建设》被选为市政协港澳台侨和外事委督办提案，李庆撰写的《做好会展经济大文章，谋重庆经济增长点》被列为市政协副主席张玲督办提案。以上3项荣获致公党重庆市委2018年度优秀提案奖。在南岸区“两会”期间，向区人大提交代表建议7件，向区政协提交集体提案8件，委员提案19件。其中方扬学主笔的《南岸起风景，南山更先行》被选为大会发言，罗莉主笔的《关于大南山地区交通问题的调研报告》被选作大会书面发言。（3）课题调研。杨钢、李庆、龚彬3位党员分别承担党派市委“关于增强乡村振兴人才支撑的建议”等三项调研课题的主要工作，均得到市委领导的充分肯定；钱鹰主研课题“水文地质及桥隧工程监测预警信息平台关键技术及应用”获得重庆市科技进步二等奖；任其亮、黄承锋合作完成的课题“关于进一步发挥中欧班列（重庆）重要作用的对策研究”荣获第六届重庆发展研究二等奖；任其亮主研的课题“后交通时代下交通工程人才培养模式转型研究与实践”获中国交通教育优秀成果二等奖；向南岸区科委申报的“南岸区现代农业综合示范区景观提升研究”和“基于区块链的农产品质量安全追溯应用技术研究”2项软科学调研课题已立项通过。（4）社情民意。全年报送社情民意47件，累计采用33件，其中中央统战部采用2件，致公党中央采用8件，重庆市政协采用3件，致公党市委采用15件，区政协采用11件。李庆撰写的《关于加强对在华跨国公司网络内容监管》被中央统战部《零讯》专报采用，并被评为致公党重庆市委2018年优秀社情民意信息奖；任其亮撰写的《建议分类设置三峡大坝翻坝船舶优先通行权》被中央统战部《零讯》专报采用，《加强公交专用道精细化管理的建议》被市委统战部采用，《彻底消除地下停车场治安隐患盲区的几点建议》获副区长叶和平批示；高蕴嶙撰写的《建议疫苗伤害索赔案件中实行举证责任倒置》等8条建议被致公党中央采用；王洋撰写的《关于来华高层次留学生教育突出问题与建议》等15条建议被重庆市政协和致公党重庆市委采用。结合南岸参政议政工作实际撰写的两篇理论研究文章《提高认识、发挥优势，做好新时期民主党派了解和反映社情民意工作》和《关于优化党派基层组织社情民意工作的五点建议》在致公党市委社情民意工作研讨会上做大会发言，得到市委领导的高度评价，均在《重庆致公》杂志专题刊载。

【社会服务】（1）参与社会公益活动。青年委和重庆工商大学支部赴歌乐山合展养老中心开展“爱老敬老”慰问演出活动，重庆电视台对此进行了相关报道；为铜元局街道辖区两户因病致贫的困难群众，赠送慰问品。依托“致公讲堂”系列活动，邀请党内专家学者走进对口联系单位江南新城管委会和梁平区浦里工业园，分别开展“传统文化与修身——如何提升现代公务员自身文化修养”“青山绿水，智慧园区——浅谈智能化背景下的新城建设发展思路”专题报告会。（2）开展爱心助学活动。除继续帮扶区内4所高校品学兼优的贫困大学生之外，还联合致公党重庆市委社服委到开州区岩水中心小学开展爱心助学活动，为134名贫困学生送去价值2万余元的学习用具；还签订对口资助协议，为10名品学兼优但家境贫困的孩子每学期提供600元的现金资助直至小学毕业。（3）深化实践基地相关工作。全年召开基地工作联席会4次、专题座谈会2次，坚持每周与社区干部联系工作，为基地配备专用电脑和打印机等办公设备，组织党内专家学者深入铜元局街道各社区，围绕“社区物业矛盾纠纷化解”“加强基层党建工作”“小微企业生存发展难点”等相关主题开展专题调研7次，参与基地工作的党员人数累计突破200人次。

【建功立业】 全区党员累计获得省部级及以上表彰9人次，地市级表彰26人次，获得所在系统（单位）优秀表彰53人次；在国家级、省部级刊物上累计发表论文49篇，出版学术专著6部，承担科研项目累计41项，获得5项专利技术发明。3位党员新晋正高级职称，4位党员新晋副高级职称。任其亮入选交通运输部青年科技英才、教育部高等学校交通工程教学指导委员会委员。

【交流联谊】（1）做好涉侨工作。党员熊进应日本驻渝领事小松道彦邀请，以文化专家身份参加四川美术学院与《铁臂阿童木》作者里川庆二先生进行的文化交流活动；党员张玉霞、许静应邀赴菲律宾参加菲律宾中国洪门致公党中吕宋支部换届就职典礼及双边联谊活动，就秉承和发扬中华传统文化进行亲切的交流座谈。（2）加强学习交流。全年召开主委会议3次，全委扩大会议5次和外出考察、走访、调研活动17次，开展骨干党员工作培训交流2次；组织青年委与九三学社信息宣传委在湖广会馆开展专委会工作交流座谈会；接待致公党青岛市委来渝考察调研和交流党务工作等相关工作，并与其市北区委结成友好基层组织。

【致公党南岸区委负责人】

主　委：任其亮

副主委：李远忠　贾　鸿　杨　钢

王光强

（致公党南岸区委）

## 九三学社南岸区委

【概况】 2018年，九三学社南岸区委有社员409人，主体界别占比89.6%，平均年龄53.1岁。

2018年，社区委获得九三学社重庆市委参政党理论与社史研究工作先进集体、社情民意工作先进集体、社会服务工作先进集体三项表彰。陈洪凯、戴维等21名社员获社市委优秀个人表彰。以“五四运动与九三学社初心”“纪念中共中央发布‘五一口号’70周年”“习近平总书记关于加强和改进人民政协工作的重要思想”为主题组织研讨，收到论文18篇，戴维的《九三学社的思想启蒙与道路选择》等2篇论文获社市委二等奖，李建、阳文通等社员的6篇论文获社市委三等奖。发动青年社员撰写青年论坛论文6篇，荣获二等奖1篇，三等奖2篇，入选社市委青年论坛论文集3篇，社区委荣获青年论坛优秀组织奖。

【政治建设】 总结学习实践活动经验。4月，围绕社市委召开的以“坚持和发展中国特色社会主义”为主题的学习实践活动总结会议，推荐活动中涌现的先进集体和先进个人，开展表彰和经验交流。

开展社史社章学习活动。5月，以“纪念中共中央发布‘五一口号’70周年”为契机，九三学社南岸区委、渝北区委联合开展了纪念“五一口号”70周年区委委员、骨干社员培训，邀请九三学社中央委员、九三学社中央思想建设研究中心副主任、九三学社中央社史研究中心研究员许进为社员们做题为“我对九三学社的几点认识”的社史专题讲座，社中央社史研究中心研究员、社市委社会服务处处长郭祥做“解读新社章”专题讲座。10月，组织社员积极参加社中央“九三学社‘社员之家杯’社章社史知识竞赛”。传承优良传统，增强社员自身建设和履职的责任感。

开展参政党理论和社史研究。2018年度，社区委获得九三学社重庆市委参政党理论与社史研究工作先进集体表彰。

开展“学讲做”活动。6月底，社南岸区委召开主委会，安排部署开展“学讲做”活动和推动全区统战工作争创一流走在前列重点任务。将个人自学和集中学习相结合，利用QQ群、微信群发布学习资料，开展自学，利用主委会、全委会、支社组织生活会等进行集中学习和讨论交流。社区委领导班子带头在区委和对口联系支社开展专题学习宣讲。开展专题调研、科普讲堂等履职工作，引导社员将“学讲做”活动落到实处，本职工作和社务工作都取得实效。活动开展以来共组织集中学习、专题宣讲17次，参加500余人次。

**【多党合作基地建设】** 2018年，社区委高度重视学苑社区多党合作实践基地建设工作，形成计划方案，组建调研团队，调动社员参与。截至11月，投入资金约4.6万元。组织会议、调研、对接工作10余次，开展活动3次，参与支社9个，服务1000余人次。完成学苑社区养老服务站的装修设计、主题设计；为养老服务站配置会议平板、智能机器人；协助制作“智慧学苑APP”，传递智能化养老模式，让社区老人共享科技发展成果；组建养老服务站专家智库，结对互助，与老人共享天伦之乐。在大量走访调研的基础上形成《社区养老模式探索》调研报告和“幸福社区量化评价模型”的基本指标体系。

**【社会服务】** 7月，重庆中药研究院支社主委陈仕江带领社员到重庆市深度贫困乡镇万州区龙驹镇开展“药用真菌茯苓培育方法”讲座。8—11月，重庆交通大学支社参加市公路局组织的农村公路送教上门活动，分别到武隆、奉节、黔江、璧山、永川、江津、丰都等区县讲解农村公路施工技术和现场质量管理。五院支社优秀社员、援藏专家李兴贵赴昌都市人民医院内一科，“四举措”助力内一科发展，在实战中成功救治一名重症肺炎、感染性休克、急性呼吸衰竭、高原肺水肿的武警战士。邀请入社积极分子、中医学博士马鹏为学苑社区群众做冬季养生讲座及现场问诊，深受群众欢迎。2018年度，社区委获得九三学社重庆市委社会服务工作先进集体表彰。

**【参政议政】** 参加中共南岸区委、区委统战部组织召开的人事协商座谈会、情况通报会、暑期谈心会等协商活动。围绕专题协调内容开展调研或者座谈，搭建社员参与的平台，最大限度汇集社员的意见建议，形成有前瞻性、针对性的协商建议。完成了社市委常委课题“关于健全大数据形成和使用机制的相关问题调查研究”、年度重点协商课题“关于南岸区全域旅游提质增效的建议”与对口联系单位区发改委的联合调研课题“老龄化视角下我国社区养老模式的发展路径探讨”。

提交区政协集体提案10件，郑云武代表社区委做“生态广阳岛、门户观景台”大会口头发言，《关于促进我市集成电路产业发展的建议》被列为市政协重点提案。报送社情民意65条，其中文传浩的《建议科学处理污染攻坚战中的新生风险点》被中央统战部《统战工作（专刊）》采用，并在中央办公厅有关刊物上刊载，是重庆市获中央统战部《统战工作（专刊）》全文登载的第一篇建言。《建议加强长江经济带环境设计》《关于综合整治长江经济带黑臭水体的建议》被中央统战部《零讯》刊登。李科《建议加强国内体育赛事外籍运动员、教练员管理，维护和防范国家安全风险》，梁本彬《建议重视我国儿童读物的引进和出版》等4篇建言被九三学社中央采用，文传浩《关于推进广阳岛打造“长江风景眼、重庆生态岛”的建议》被市委统战部《党外人士建言》（2018第235期）采用，并得到陆克华副市长批示。陈洪凯、卫筱卫等3位社员的3篇建言被市政协采用。2018年，社南岸区委有8篇建言获市委统战部《党外人士建言》刊登。2018年，社区委获得九三学社重庆市委社情民意工作先进集体表彰。

**【建功立业】** 2018年，社员获省部级以上科技奖励和荣誉11项次。其中，蔡成雄的“西南地方种质糯玉米自交系创制与应用”获重庆市人民政府颁发的2017年度科技进步一等奖，陈仕江、彭锐、张莉的“西南地区药用石斛挖掘及产业化关键技术集成”获2018年重庆市科技进步二等奖，曾政的“三种重大猪病防控技术集成与示范”获2018年重庆市技术发明二等奖，文传浩成为重庆市百千万工程领军人才培养计划第四批人选，阳文通获得重庆市五一劳动奖章，杨艳获重庆市三八红旗手称号。此外社员陈洪凯、郑云武、周桂林等21人次获九三学社重庆市委各项表彰。

**【九三学社区委负责人】**

主　委：陈洪凯

副主委：谢雪梅　文传浩　郑云武

　　　　陈仕江

（九三学社区委）

## 南岸区工商业联合会（总商会）

**【概况】** 2018年，南岸区工商联领导班子进行了届中调整。其中：主席（兼总商会会长）1人，由企业家担任；副主席21人（其中驻会副主席3人，企业家副主席13人，区城乡建委、区经信委、区商务局、区大智办、区服务业办公室主要领导兼任副主席5人），总商会驻会副会长3人，企业家副会长12人。区工商联党组成员2人，党组书记由区委统战部副部长担任，担任常务副主席（常务副会长），另1名党组成员由驻会副主席（副会长）担任。

至2018年，区总商会共有会员3191个，基层商会30个。其中镇街商会15个；园区商会1个（重庆市南岸区经济技术开发区商会）；同业公会（协会、行业商会）5个（南滨路房地产同业公会、南滨路餐饮娱乐业商会、南岸机械零部件同业公会、南山旅游商会、江南新城餐饮协会）；异地商会4个（重庆市南岸区大竹商会、重庆市南岸区富顺商会、重庆市南岸区通川商会、重庆市南岸区福建湄洲湾北岸商会）；其他商会协会5个（南岸民营企业家协会、南岸区女企业家协会、南岸区开发协会、南岸区青年企业家联合会、南岸区娱乐协会）。南岸区南山商会、迎龙商会分别被中华工商业联合会和重庆市工商业联合会评为2018年全国“四好”商会和重庆市“四好”商会。

**【非公经济发展】** 截至2018年底，全区非公有制经济市场主体达97263户，同比增加17534户，其中规模以上非公企业855户。全区民营经济实现增加值366亿元，民营经济占全区GDP的比重为50.5%；非公企业和个体工商户就业人数达44.85万人，占全区从业人员的89%；全区非公经济实现全口径税收达35亿元，占全区税收的65%。；民间固定资产投入达171亿元，占全区投资的比重达49%；实现进出口总额12亿美元。

**【非公党建】** 区工商联党组管辖基层党组织12个，其中，机关支部1个，企业总支2个，企业支部7个，商会支部2个，共有179名党员。2018年，推动1家非公企业成立党组织，1家非公企业成立党总支，党的组织“两个覆盖”取得新进展。

**【教育培训】** 开展以“不忘创业初心、接力改革伟业”为主题的非公经济人士理想信念教育实践活动，在基层商会和民营企业中组织召开专题宣讲会和“学讲做”活动，共开展学习宣讲6次，“学讲做”活动10余次，共360余人次参加；组织34名企业家开展为期6天的延安红色教育活动；组织开展“民营经济再起航”文艺汇演，近700名非公经济人士观看演出。

**【经济、法律服务】** 继续强化服务，搭建平台，促进民营经济高质量发展。修改完善“双向评价”制度，印发新的《南岸区民营企业和政府机构双向评价实施办法》，收集并解决企业反映困难问题350件，征求企业满意度测评，满意度达100%；着力支持民营企业发展壮大，通过区级领导联系重点企业制度、组建10个工业脱困工作组、民营企业座谈会、全区集中走访精准服务民企活动等，共解决各类问题累计400余个；由区工商联、区财政局、经开区财务局联合下发《南岸区、经开区促进民营经济发展的意见》，针对性地制定扶持民营企业发展“十条政策”，累计为民营企业减负3亿元。举办专题培训班，提升非公经济人士的综合素质，开展哈尔滨工业大学高级研修班、中小微企业经营者法律法规专题培训、2018年商会会长培训会等活动，近200人次参加培训；组织近120人次企业家参加中国国际进口博览会重庆采购活动，重庆民营企业出访英国、德国进行经贸项目洽谈对接活动，重庆韩国贸易馆大田·论山优秀企业洽谈会等活动，大力推动以商招商；筹备中国（重庆）“民参军”产品与技术信息对接会，为民营企业掌握需求信息、明确“民参军”方向搭建平台，5家国家部委、8家军方单位、18家央企军工单位、113家全国工商联科技装备业商会会员企业、151家“民参军”企业共同参会；加强与公检法的沟通联系，做好法律服务和政策宣讲，切实维护民营企业的合法权益，指导基层商会举办法律培训、提供法律咨询等；进一步摸清民营企业上市需求，积极协调区金融办和市工商联上市办，帮助民营企业积极上市；大力弘扬企业家精神，通过《中华工商时报》《重庆日报》及区级各媒体大力报道优秀企业家和优秀企业，树立创业典型，营造良好社会氛围，全年对讯之美、陪都、力宏精细化工等10余个企业和企业家进行宣传报道。

**【参政议政】** 至2018年，区工商联有政协委员59人，人大代表57人，党代表3人。履行参政议政职能，组织企业家政协委员和人大代表参政议政，提交个人提案议案103件、集体提案2件，完成主办和协办政协提案4件。专题调研企业发展中的热点、难点问题，牵头完成市工商联重点调研1个，区委重点协商调研课题1个，组织开展其他调研课题3个，完成民营企业发展情况报告1份，其中《南岸区民营企业参与军民融合发展途径研究》在区政党协商重点调研座谈会上发言，《南岸区民营经济的主要问题及对策探讨》在区政协大会上发言。

**【志愿者活动】** 积极引导企业和商会参与创新社会治理，动员企业和基层商会组建志愿者服务队伍，开展志愿服务活动，共建美好家园。至2018年，已组建国瑞控股、加加林控股、力宏精细化工、洋世达集团、巨成集团、辉商金控集团和南坪商会、花园路商会、迎龙商会、江南商会、长生商会、弹子石商会、南山商会、广阳商会、青年企业家联合会等15支企业和商会志愿者服务队伍，志愿者人数近500人。先后开展了“学雷锋”、99公益日、铲除墙面“牛皮癣”“奉献爱心，回馈邻里——助力老街新貌”“大城众管，共同家园”、科普“树画”“便民进社区，共享美好生活”、节日慰问敬老院、石柱县爱心慰问等志愿活动共60余次。

**【青年企业家实践基地建设】** 重点从帮助发展种养殖业、点对点贫困户“微心愿”帮扶、帮助基础设施建设、金秋助学、帮助就业创业、深度贫困户节日慰问及消费扶贫等7个方面帮助南岸区广阳镇塘坎村脱贫攻坚。投资近3万元，向32户贫困户免费发放1200只鸡苗，实施养殖业帮扶；投资5万元，帮助修建了50米中大道（含堡坎、边沟等）；出资10万元，向163户村民免费发放6500余株枇杷苗；投资10万余元，开展塘坎村贫困家庭“微心愿”定向帮扶活动，帮助5家贫困户圆了“微心愿”。

**【区工商联（总商会）负责人】**

主　席（会长）：吴江林

副主席：周万里（驻会）

陈万龙（驻会）

吴　极（驻会）

谭厚江（区城乡建委主任兼）

王怀奇（区经信委主任兼）

李永文（区商务局局长兼）

肖华云（区大智办党组书记兼）

唐　骏（区服务业发展办公室主任兼）

吴先红　杨　勇　肖基成

王　祺　黄益荣　黄晓英

孙灿林　祝琴华　苟华福

任志鸿　冯晓东　徐金涛

刘　琦

副会长：周万里（驻会）

陈万龙（驻会）

吴　极（驻会）

叶兴全　黄祖仁　陈正伟

李德建　汤宗钢　管敏峰

苏新胜　何金存　张丽娟

唐昆尧　张剑林　任　洪

# 群众团体

## 南岸区总工会

**【组织建设】** 7月24日，南岸区总工会六届六次全委会在区行政中心召开。会议选举南岸区总工会第六届委员会委员、常委、副主席。经过民主选举，区总工会党组书记周全国当选为区总工会第六届委员会副主席，李显文、胡颖、胡大德三人当选为区总工会第六届委员会常委。

**【就业帮扶】** 3月2日，区总工会联合长生桥镇政府在镇广场举办2018年“春风行动”现场招聘会，区总工会负责人与区人社局、区卫计委、长生桥镇政府负责人和律师一道，“面对面”“一对一”为求职者解答政策，提供就业指导和法律服务等。

**【劳动技能竞赛】** 3月18日，南岸区总工会和南岸区美容美发行业基层联合工会在西部美博城联合举办“晶雅三月·睫美舞动”职业技能大赛暨第二届美睫大师赛，来自重庆、四川等西南四省市的40名美睫技师齐聚一堂，现场竞技，展示了我市美睫行业的风采。9月26日至28日，2018年重庆市交通建设行业职工技能大赛举行。南岸职工张二虎获测量项目三等奖，王杰获试验项目三等奖，区总工会获优秀组织工作二等奖。10月18日，2018年南岸区家庭服务业“服务能手”技能大赛在南坪步行街举行。大赛吸引全区30余家家政企业的近200名从业人员参加。经过初赛、复赛，有24名选手进入最后决赛。

**【演讲比赛及歌手大赛】** 6月15日，区总工会举办“中国梦·劳动美——学习贯彻习近平新时代中国特色社会主义思想和党的十九大精神”职工演讲比赛，全区企事业单位50名职工参赛。通过初赛，选出12名选手进入决赛。11月2日，南岸区委宣传部、区文化委、区城乡建委和区总工会联合主办第七届农民工歌手大赛。15个镇街及2个社会单位的23名农民工参加大赛，唱出了时代的好声音。本次赛事，由区文化馆、金隅新都会工地群团服务站承办，天文街道协办。

**【表彰与慰问】** 1月26日，区总工会为基层工会改革市级示范单位重庆重锅能源科技有限公司授牌，并召集区里30余家大型企业工会主席座谈工会改革。1月25日，区总工会在铜元局街道长江新村社区举办2018年春节送温暖活动启动仪式，并对社区150户困难职工群众进行慰问。2月6日，南岸区政协副主席牟成勇一行带着党和政府及工会组织的温暖来到长生桥镇，为困难职工卢海云送去新春祝福。2月13日，重庆市政协主席王炯看望慰问坚守一线的干部职工，还前往退休劳模家中看望慰问。7月27日，区总工会和区城乡建委联合开展“关爱职工·夏送清凉”活动，为北京城建、北京建工、北京住总的一线建筑工人送去矿泉水、饮料、白糖等清凉物资，将工会组织的关怀到了员工心田。8月28日，区总工会领导慰问了长迎广交巡警大队执勤点，慰问正在烈日执勤的交巡警，给他们送去了消暑物品。

**【考察调研】** 2018年，上级工会和外省市工会组织到南岸区考察调研10余次，其中有：3月15日，由中华全国总工会办公厅副主任张妍延为组长的全总调研组到南岸区北京城建金隅大成工地群团服务站调研；3月28日，济南市历下区委常委周雷率团到南岸区北京城建工地群团服务站及江南新城户外劳动者爱心驿站、经开区党群服务中心，交流学习建设经验；5月10日，深圳市龙华区总工会考察团一行50人到南岸区交流学习，先后对重庆德庄实业（集团）有限公司、长生桥镇同景社区职工服务站、南岸区职工服务中心进行参观考察；9月10日，全国劳模专项补助资金管理使用情况互检组来到南岸区，通过查阅资料、听取汇报、实地参观、入户走访等方式，检查指导全区劳模管理和服务工作情况；12月11日，市总工会副主席杨军波等领导到南岸区职工服务中心调研工会工作。

**【金秋助学】** 8月22日，区总工会召开2018年金秋助学活动座谈会，给30名困难学子送上了助学金。区总工会领导勉励他们学好知识，掌握本领，努力回报社会。

**【区总工会负责人】**

主　席：陈廷明

副主席：黄春燕（2018年7月离任）

周全国（党组书记，2018年7月任职）

巫永平　余正强

（南岸区总工会）

## 共青团南岸区委

**【概况】** 2018年末，共青团南岸区委员会机关有行政编制5个，在编2人，内设办公室、青少年发展与权益维护部。下属财政全额拨款事业单位南岸区青少年活动中心，事业编制（管理岗）7个，在编5人。是年，共青团南岸区委以贯彻团十八大精神、纵深推进共青团改革、有效服务党政大局、全面落实从严治团等为重点，以“服务青年、引领青年、凝聚青年”为宗旨，围绕党政中心工作，打造“南岸起风景·群团来添彩”行动计划等具有共青团特色的工作品牌。各项工作得到团市委、区委等领导的充分肯定，受到重庆电视台、《重庆日报》、新华网、人民网等市级媒体关注报道80余次，《南岸报》开设专栏报道共青团品牌工作。

扎实推进各项工作取得一定成效，荣获2018年度重庆共青团工作目标考核特等奖。

**【思想政治建设】** （1）学习阵地建设。在“南岸正青春”公众号开设“青年课堂”宣讲专栏，结合团十八大精神，开展习近平新时代中国特色社会主义思想和党的十九大精神网上学习讨论活动130余场次，6890余名青年参与网上学习讨论。以建设南岸区新时代青少年文明实践所为主要着力点，面向全区中小学生、创业青年、进城务工青年等开展宣讲活动，不断提升和坚定广大青少年听党话、跟党走的决心和信心。（2）开展学习贯彻主题活动。开展“百千万”集中宣讲活动，建立创新创业、青年社会组织、青联委员等青年宣讲团9个，深入镇街、学校、企业和青年社会组织开展“学习党的十九大——青春建功新时代”等示范性宣讲活动416场次。组织全区基层团组织分别以开展党课、团支部学习会、专题宣讲会的方式，邀请党政领导、优秀青年代表为广大团员青年宣讲习近平新时代中国特色社会主义思想和党的十九大精神。（3）制作学习贯彻作品。通过购买服务、合作开发等方式，制作推出《幸福都是奋斗出来的》《你好，新时代》等宣传党的十九大精神的主题视频，团结引领南岸青年树立积极向上、昂扬奋进的良好形象。

**【服务党政中心工作】** （1）实施“南岸起风景·青春来添彩”行动。打造青讲、青旅、青职、青健、青农五条风景线和青山南岸、青志南岸、青创南岸、青民南岸四大特色品牌。开展追寻魅力南岸、创享青市集、健康社区大讲堂等各类主题活动1785场次，惠及居民10万余人次。举办“南岸起风景·青春建功业”演讲比赛，深受广大青年干部欢迎，吸引160余名青年干部代表参与竞赛角逐，1000余名青年干部到场观看学习。（2）助力实施乡村振兴。联合6个镇开展“2018年新芽计划”新型职业农民培训活动90余场次，惠及青年5270余人。打造“青苔”计划留守青少年关爱行动，为50余名留守青少年及务工青年子女常态化提供学业资助、生活帮扶、成长关爱等服务。联合区教委启动助力脱贫攻坚“手拉手、心连心”夏令营活动，组织20名青少年前往丰都栗子乡开展生活体验、结对帮扶等主题活动。（3）打造品牌项目。策划打造“全民阅读·青听南岸”留声阅读品牌项目，在全区各高校、商圈、企业、社区等地投放“全民阅读·青听南岸”朗读亭15个，收到4万份朗读作品，最高点赞达到65.3万人次，被《重庆日报》、新华网、人民网、《南岸报》等多家媒体报道67次。

【青少年思想引领】（1）举办青少年思想引领活动。以五四、建团等重要节点为契机，开展“青春建功十九大”“那些感动我们不曾忘记”等主题教育活动363场次，开展“不忘初心跟党走”等主题团日活动1160余场次，引领青少年13.92万余人次。举办南岸区纪念五四运动99周年暨建团96周年大会，800余名团员青年参加，大会围绕共青团改革等五大主题，全方位展现南岸共青团员的风采，提升了全区广大团员青年的自豪感和责任感。开展标准化离队入团仪式、成人仪式教育等示范活动149场次，参与青少年达39980余人次，增强了青少年的荣誉感和使命感。紧密结合青年的喜爱点，开展“奔跑吧爱情”“青谊抗博”等10余场青年联谊活动。（2）树立青少年思想引领榜样。对全区20名优秀共青团干部和共青团员进行集中展示表彰，强化引领榜样的荣誉感和使命感。结合江南新青年等评选活动，评选出60余名优秀青年代表，组建“争做向上向善好青年”分享团，深入基层开展主题沙龙活动43场，青年直接参与2310余人。常态化开展“讲述青春故事·分享青春感悟”走基层主题活动。其中，举办的“江南青年freestyle”网络评选活动，访问量达55万次，投票数达29.8万票，产生了积极广泛影响。（3）建设青少年思想引领平台。建成国家级青少年综合服务平台、市级社区微型少年宫、南岸区青少年新时代文明实践所等引领载体。引入社工资源丰富12355青少年服务平台服务体系，延伸平台服务触角，在上浩、南山道等社区开展“对垃圾说不”“轻松备考•12335与你同行高考减压”“青少年法律维权”等主题服务活动70余场次，惠及青少年6000余人。策划开展亲子运动会、艺术培训等活动149场次。将思想政治引领寓教于乐，先后打造“绿水青山、美丽家乡——南岸区青少年中国画展”等校外引领活动项目49个，开展公益开放周、艺术培训等公益活动220余场次，累计引领青少年26380人次。

【共青团改革】（1）推进改革重点任务落实。将青联、少先队改革与共青团改革一体推进。成功召开重庆市南岸区青年联合会第三届委员会大会，举办青联委员座谈会、调研交流、青联来添彩等主题活动15场次，凝聚了青联力量，阶段性完成青联改革任务。全面完成69所中小学少工委的工作表建立，实现全区中小学全覆盖，为推进落实少先队改革工作提供了有力支撑。（2）加强“网上共青团”建设。牢固树立占网用网建网意识，做好“两微一端”建设工作，打造共青团新媒体矩阵。建成“南岸正青春”公众号、南岸共青团今日头条号、南岸共青团抖音号等新媒体平台。“南岸正青春”微信公众号在全国地市级团组织微信公众号综合影响力排行榜中位列第4名，在全市共青团区县系统综合影响力排行榜中位列第1名。征集制作团小南卡通形象，在互联网工作中直观明确地树立南岸共青团形象。（3）完善服务阵地建设。强化群团服务站、社区微型少年宫、青年之家·城乡社区市民学校的软硬件建设及服务功能。巩固推进南坪商圈群团服务站建设，持续深化“广征集、集中提、共策划、青年评、同参与、青年选、齐心走”的“七步走”机制，广泛引入青年社会组织，开展心理疏导、健康健身等活动134场次，服务新阶层新领域青年10300余人次。对社区微型少年宫的硬软件建设进行统一规范，突出共青团服务特色，打造社区微型少年宫特色项目10余个。扩展青年之家·城乡社区市民学校的服务触角。在打造一校一品的基础上，融合“三生三宜”品质城市建设、生态文明建设等工作，策划开展“健康直通车走千家”“学雷锋·家家志愿”等主题活动300场次，服务居民20030余人。南湖等6个青年之家·城乡社区市民学校获评市级示范点。（4）强化青年志愿服务。围绕深化全国文明城区建设、创新社会治理等重点工作，延伸青年志愿服务触角。投入15万元购买“河小青”等社会组织服务2项。联合区体育局、区建委、区农委、区卫计委、区公安分局组建重马、安全巡查、禁毒防艾等专业青年志愿服务队伍15支，开展“南岸起风景·团小南志愿健康直通车”“三生三宜·大城众管行动”“流动少年宫”等志愿服务活动300余场次，参与青年志愿者达到15000余人次，服务群众60000余人。持续推进青年之家·城乡社区市民学校、群团服务站等青年志愿服务前沿阵地建设，深化“党团干部＋社工＋志愿者”服务模式，持续提升“四点半课堂”“暑期七彩课堂”“专属生日汇”等项目的社会效应。（5）狠抓从严治团。强化非公团组织建设，不断增强“文享空间”“青春志愿家园”等非公团建品牌，新建非公团组织100余个，互联网企业建团15个，开展活动126场次，服务青年14849人。开展“党建带团建”等团干部集中培训2场次，各级基层团组织专项培训20余场次，培训各级团干部1620余人。开展团支部书记满意度测评工作，完成全区1024个团支部的满意度测评工作，测评满意率达98.6%。组织动员832名团支部书记参与大比武等活动，在非公经济和社会组织团干部大比武专场决赛中荣获二等奖。严把团员“入口关”，坚持实行“一人一号”编号管理，全年发展团员2600名。落实“三会一课”制度，累计举办组织生活会、团支部会等2130余场次，全区各级团组织先后开展宣讲会、主题团课等 1088 场，覆盖团员 8750 余人。开展“不忘初心跟党走·重温入团誓词”等示范活动 566 场次，17730 余名团员青年参与。(6) 服务青年创新创业。承办“2018 年全国大学生创新创业峰会暨重庆首届‘青创嘉年华’”，组织南岸区 51 家创新企业参会展示，充分展现南岸青年创新创业工作成效。协调团市委和区委、区政府，推动重庆青年创新创业社区落户南岸并进入建设阶段。开展 2018 年度“青锋计划”，向 6 名创业青年发放创业帮扶资金 50 万元，在资金、导师等方面切实助力青年创新创业。投入 20 余万元启动建设南岸青年人才驿站，为来南岸就业创业的青年提供住宿和就业创业指导等综合服务。推报南岸区微型企业孵化基地成为市级青创空间。用好青年联合会、重庆市青年创新创业促进会第十九分会等载体，开展“青锋面对面”“行业创新交流”等主题活动 107 场次，惠及创业青年 3260 余人次。

**【“河小青”生态环保志愿服务打造】** 通过购买服务等方式联合青年社会组织打造“河小青”生态环保志愿服务特色项目，完善镇街、村（社区）全套青年河长队伍体系建设，建立 100 余人的“河小青”志愿河长队伍，开展“守卫渝水青山 助力河长制”“植树造林爱我大南山”“美丽南岸”“青年河长培训”“我为河库保护建言献策”等常态化巡河护河活动 25 场次，选树“代建华”等 2 名青年志愿河长典型与“长生河”1 条河流治理典型，提高社会对河库管理保护工作的责任意识与参与意识。

**【“青”字号品牌创建活动】** (1) 开展青年文明号创建活动。创建（复核）5 个市级和 17 个区级青年文明号集体，常态化开展青年文明号开放周活动 15 场次，吸引 1100 余名青年参与。(2) 开展青年安全示范活动。以“生命至上、安全发展”为主题，联合相关部门开展安全生产集中宣传咨询日等活动，通过流动宣传车播放《生命至上》《隐患直击》《生死之间》等安全宣传片，接受相关咨询 800 余次，发放宣传资料 1.6 万余份，累计参与群众 31000 余人次。(3) 开展青年岗位能手品牌活动。南岸人民检察院程莉莉被选树为重庆市青年岗位能手标兵，培养和选树 11 名不同领域、不同岗位的优秀青年典型人才。(4) 开展青年突击队活动。以社会化、品牌化、标准化的思路加强青年突击队建设，开展青年突击队竞赛活动 10 余场次，在企业生产、经营、服务和重点工程的建设中掀起竞赛高潮，通过竞赛锻炼队伍、提高素质，不断增强团员和青年队伍的凝聚力。利用微信公众号等新媒体平台展播“巴渝青年工匠”事迹 8 期。

**【重要赛事活动及荣誉】** 承办“2018 年全国大学生创新创业峰会暨重庆首届‘青创嘉年华’”“美丽中国 我是行动者”——重庆市加快建设山清水秀美丽之地生态环保宣传、第九届重庆市红领巾之声“十佳小记者十佳小主持人”大赛决赛暨颁奖仪式等 5 场次市级活动。所属新媒体“南岸正青春”微信公众号在全国地市级团组织微信公众号综合影响力排行榜中位列第 4 名，在全市共青团区县系统综合影响力排行榜中位列第 1 名。荣获 2018 年度重庆共青团工作目标考核特等奖。

**【共青年团南岸区委会负责人】**

书　记：杜曾珍

副书记：陈虹宇（挂职）

（共青团南岸区委员会）

## 南岸区妇女联合会

**【概况】** 2018 年，区妇联深入落实中国妇女十二大、市第五次妇代会和区委十二届四次、五次全会精神，聚焦“三大攻坚战”和“十项重点工作”，聚力推进“三项助力行动”，聚效“三生三宜”品质城市建设，为实现“南岸起风景”贡献巾帼力量。全区各级妇联组织及妇女工作者先后荣获重庆市三八红旗集体、十佳妇女之家、三八红旗手标兵等市级奖项 35 项；培树全国最美家庭、当代中国十大母亲、全国五好文明家庭、重庆市最美家庭等市级以上先进典型家庭 13 个；组建妇女小组工作获得全国人大常委会副委员长、全国妇联主席沈跃跃高度认可，《中国妇女报》、重庆妇女网等国家级、市级主流媒体宣传介绍该项经验。

**【“三项行动”推进】** 围绕城市提升、乡村振兴、创新创业等区委重点工作聚集发力、主动作为。(1) 打造“家文化”基地，助推家风建设。以花园路街道南湖社区为试点，打造家风示范基地。通过“123”工程（打造 1 个家风家训示范点、组建妇女小组和群众文娱骨干 2 支队伍、创作 3 个作品），让“和美家风润万家”活动落地生根；以“江南好人”巾帼志愿服务中心为载体，积极打造“江南好人”巾帼品牌，开展以讲文明、学礼仪为主要内容的公益大讲堂；以弹子石街道东山坪社区为试点，动员志愿者、妇女小组等骨干力量利用“空中跑道”带头开展科学健身活动，倡导爱运动、爱健康的生活理念。在全区范围内开展“最美阳台”“最美庭院”创建评选活动，4 户获评市级“最美阳台”“最美庭院”。结合妇女之家、群团之家覆盖各镇街的优势，依托妇女小组开展“家和万事兴”“点赞改革开放 40 周年 她记忆”等活动 30 余场。(2) 夯实发展基础，助推最美乡村建设。

依托大南山森林经济模式、峡口镇“乐和谷”建设等乡村振兴示范点，充分发动妇女小组参与集体经济，培树新时代农业农村发展的巾帼领头雁。峡口镇西流村、大石村妇女小组按照“农户＋妇女小组＋合作社＋联合社＋互联网”的经营模式，发动80户近150人组建豆腐乳、豆豉、盐大蒜、生态采摘和接待5个妇女小组，成立南岸区首家“乐和人家”农业专业合作社联合社；结合南山放牛村的区位优势，充分挖掘其产业特点和文化内涵，为其量身打造集乡风文明、花卉苗木种植、民宿产业等为一体的特色“家文化”；联合区农委等相关部门举办南岸区首届“中国农民丰收节”，以“巾帼巧手织锦绣，齐心创富奔小康”为主题，组织“巾帼工坊”串珠、葫芦画、丝网花等巧手联盟参加现场展示，获得好评。（3）深化技能培训，助推民生保障工作。全面实施巾帼创业创新“启航行动”“丰翼行动”“展翅行动”“头雁行动”，为创业者搭建政策扶持、智力支持、服务助推、维权帮扶平台。深入开展妇女职业技能培训，依托江南巧职业技能学校开展农村妇女家政技能免费培训9期，培养母婴护理人员、育儿嫂等174人。提高女性创业创新能力，指导推荐青遇纸藝花房在市“创业创新巴渝巾帼行动”启动仪式上参展。以花园路街道南湖社区、峡口镇大石村为试点，建设“巾帼工坊”女性创业创新平台；发挥南湖社区“微益坊”手工编织技能实践基地的辐射作用，打造手工编织“巧手联盟”。

**【巾帼展风采活动】** 区妇联成立“南岸区妇联新时代文明实践所”和“巾帼大宣讲南岸分队”，组织女检察官、女企业家等优秀女性代表和基层妇女小组成员，深入文明实践所、站广泛开展党的十九大、中国妇女十二大精神、“巾帼风采”宣讲和文明实践活动20余场；深入开展“巾帼心向党·建功新时代”系列主题活动；在南之山小森林书店举办“十九大新背景下女性的素质和能力提升”学习分享活动；承办重庆市“书香润万家”活动颁奖仪式；以巾帼笔录形式，举办纪念三八节108周年大会和“一封家书”新年品读会。在《南岸报》开辟“南岸起风景·巾帼来添彩”专栏，展现全区妇女的巾帼风采。开展巾帼文明岗创建，区政府投资评审中心等6家单位荣获市巾帼文明岗称号，南岸报社（南岸网站）等26家单位荣获区级巾帼文明岗称号，“江南好人”巾帼志愿服务中心刘光敏、南湖社区党委书记余建荣获市巾帼建功标兵称号。

**【家庭教育活动】** （1）强化家庭教育提素质。以“共同养育·幸福成长”为主题开展第二个家庭教育日宣传服务活动。区妇女儿童中心与重庆市正联实业发展公司联合推出关爱基层职工家庭教育系列活动，邀请重庆市高级家庭教育指导师，以“家庭教育角色定位及关系处理”为主题开展讲座。（2）繁荣家庭文化树典型。征集并上报市妇联“我爱我家”儿童绘画、摄影作品，2幅获市级优秀绘画获奖作品奖、2幅获市级优秀摄影获奖作品奖。常态化推进寻找最美家庭、文明家庭活动，突出三八红旗手、巾帼建功标兵、最美家庭、五好文明家庭、书香家庭的示范作用，在全区范围内广泛开展“家风润万家”活动。2018年，全区推荐市级最美家庭10户、市级书香家庭5户，李管彦平家庭、聂晖家庭上榜全国最美家庭，宋罗敏家庭被评为全国五好文明家庭。在天文街道水云路社区打造“家风家训文化长廊”，在全区开展“习读经典 润养童心”家庭亲子传习活动，积极培育书香家庭。（3）服务家庭需求创品牌。依托江南巧家政服务中心，整合社会资源，指导开展家政、维权、教育、陪护等系列“家”字号服务项目，推动家政服务优化发展、标准先行，打造家政服务品牌。9月，江南巧家政服务中心制定的家庭服务标准化管理体系顺利通过市质监局终期评估验收，并在全区推广试行，填补了全区家庭服务企业没有质量评判的空白。

**【法制宣传与妇女权益维护】** （1）健全规则形成“制”。进一步加大男女平等基本国策的贯彻落实力度，召开妇女儿童发展纲要监测评估工作会，推进妇女儿童发展纲要规划贯彻实施，激发女性参与经济社会发展的能动性并促进其发挥积极作用。参与健全农村留守儿童和妇女、老年人关爱服务体系建设。建立完善维权机制，注重保护困境儿童等特殊弱势群体的利益。（2）强化宣传注重“知”。实施婚姻家庭关系调适公益项目，组织区婚调会和家教指导师团队的专家、优秀女性等开展公益讲座，深入城乡社区、学校、企业等开展“建设法治中国·巾帼在行动”“巾帼维权·送法到‘家’”“千万妇女大学法”法治巡回宣讲、“守护花季 相伴成长”公益讲座、“不让毒品进我家”“找出毒品的真相”等法治宣传教育活动20余场，发放宣传资料6000余份，现场咨询人数达2000余人次。借助《南岸报》、“江南巧”微信公众号等新媒体平台对妇女儿童合法权益保护工作进行广泛宣传。（3）聚爱凝情突出“志”。广泛开展各类志愿服务活动，倡导公益精神，汇聚人间大爱。实施“微爱行动——一件冬衣的温暖”“母亲邮包”“春蕾圆梦”“情暖童心·相伴成长”等公益项目，全年发放慰问金22万余元。继续运行“儿童之家—四点半课堂”，已整合投入资金94.99万元，全区共有25个社区840人次志愿者提供服务，2000余户家庭受益。继续实施困难妇女“两癌”救助，发放救助款28万元。

【民生实事办理】 上半年，经基层妇联宣传救助政策，患癌妇女本人提出申请，区妇联严格审查申报资料，并会同区民政、卫计委、残联等单位核实申请者信息，组织基层妇联对患癌妇女信息进行公示，第一批15名城乡困难“两癌”妇女获得区级民生实事救助15万元。组织社区村妇联主席进行一一走访，关心“两癌”妇女，帮助其早日康复。

【“四点半”课堂推进】 （1）加大宣传力度。借助“江南巧”微信公众号、《南岸报》等媒体大力宣传“儿童之家—四点半课堂”公益项目，引导更多的社区公益站开办该课堂，为辖区群众提供服务，传递党和政府的关爱。（2）强化基础管理。召开专题会议加强对镇街、社区妇联主席的培训，对“儿童之家—四点半课堂”进行安排部署；创建QQ工作群，明确开办流程，规范志愿者招募、服务内容、制度纪律以及考核激励机制等管理制度，加强安全措施，确保儿童安全。形成“镇街妇联指导、社区妇联配合、社区公益站具体实施”的工作架构以及“妇联组织＋公益组织＋志愿者”的工作模式。（3）争取资金支持。争取项目资金，解决志愿者日常交通费用、培训活动费用等，保障项目顺利开展。按照民泰基金对前期“儿童之家—四点半课堂”资料审核的要求，进一步完善此项公益项目的资料报送，确保资金使用公平、公开、公正。截至2018年，“儿童之家—四点半课堂”已健康运行四年，区妇联整合投入资金94.99万元，全区共有25个社区公益站正在开办，840人次志愿者提供服务，2000余户家庭受益。

【妇女组织建设】 （1）组建妇女小组，重构妇联组织形态。探索以妇女小组为抓手助推创新社会治理，整合工作资源，实行纠纷排联处、群众需求服务联动，将维护妇女儿童合法权益和民生服务的“关口”前移到妇女儿童的家门口。在弹子石街道东山坪等4个社区试点首批组建妇女小组的基础上，联合区委改革办召开全区妇女小组工作推广会，在全区已建的群团之家推广组建妇女小组。目前全区共建妇女小组55个，工作骨干近500人，直接联系妇女群众1.1万余人。（2）激活群团基金，重整妇联组织资源。规范基金使用，突出项目牵引，以“小基金”撬动“大资源”助力妇联工作。邀请重庆巾帼家庭教育指导中心、重庆卓越社会组织服务中心等6家单位指导基层妇联解决在项目策划、申报、实施方面的专业问题，为基层妇联搭建信息互通和资源衔接平台。指导已建成的群团之家申报群团项目，群团基金支持金额达28.3万元，累计支持基层群团实施“魅力女性成长记”“家有小顽童”“家满正能量”“乐和人家，巧媳妇来当家”等各类项目26个，开展群众性活动285场，参与群众4万余人。（3）转变工作作风，重塑妇联组织形象。扎实推进“兴调研转作风促落实”行动，多次深入对口联系村（社区）、党群服务中心、群团之家开展“关于群团改革新形势下不同层面妇女思想状况”“基层妇联组织工作聚焦点”等主题调研，印制发放2000册《巾帼心向党 建功新时代——妇女事业和妇女工作沿着习近平总书记指引的方向开拓前进纪实》，形成《在创新社会治理中妇联作用措施研究》等调研成果。

【宣传工作】 （1）严对标坚定方向。始终坚持把党的政治建设摆在首位，切实做到习近平总书记每次发表重要讲话，市委、区委每次重要会议，区妇联都及时认真传达学习，并结合工作实际，提出贯彻落实举措。召开区妇联第十二届七次执委扩大会，对各级妇联组织学习贯彻提出明确要求，增强“四个意识”，坚定“四个自信”，践行“两个维护”，引导广大妇女坚定不移听党话、跟党走。（2）广宣讲加深认同。按照“六讲六抓六做”要求，成立“南岸区妇联新时代文明实践所”和“巾帼大宣讲南岸分队”，组织女检察官、女企业家等优秀女性代表和基层妇女小组成员，深入文明实践所、站广泛开展党的十九大、中国妇女十二大精神、“巾帼风采”宣讲和文明实践活动20余场；深入开展“巾帼心向党•建功新时代”系列主题活动；在南之山小森林书店举办“十九大新背景下女性的素质和能力提升”学习分享活动；承办重庆市“书香润万家”活动颁奖仪式；以巾帼笔录形式，举办纪念三八节108周年大会和“一封家书”新年品读会；指导女企业家协会开展活动，加强对党外人士的联系交流。（3）多渠道展示形象。整合新媒体宣传矩阵，加强“江南巧”微信公众平台管理，目前关注粉丝达到2万余人。在全国妇联举办的少数民族地区妇联系统网络及新媒体工作专题培训班上，代表重庆市做“六一儿童节新媒体宣传特别策划”创意分享。在《南岸报》开辟“南岸起风景•巾帼来添彩”专栏，展现全区妇女的巾帼风采。全年向全国、市妇联报送工作信息96篇，采用率达95%。《中国妇女报》《重庆日报》等市级以上媒体宣传报道全区妇联工作20余篇，人民网等主流网站宣传报道38条，“两微一网”宣传报道389条，南岸妇联工作的社会影响力不断增强。

【区妇联负责人】

主　席：刘　玲

副主席：傅　萍　周育萍

（区妇联）

## 南岸区归侨侨眷联合会

**【组织建设】** 2018年，南岸区侨联按照区委、区政府服务群众工作要求，建立了每周四群众接待日制度，建立小组与区服务群众工作组常态联系机制。全区共有老归侨13人，归侨侨眷27000余人。共有弹子石街道侨联分会，铜元局街道侨联分会，海棠溪街道学府路社区、学苑社区侨联分会，南坪街道侨联分会，涂山镇侨联分会和基础教育侨联分会、卫生界侨联分会共9个行业侨联分会。还整合侨源，成立了侨界智库。在重庆国际人才交流中心、留学生汽车免税店成立了新侨服务工作站。

**【参政议政】** 年内组织涉侨人大代表和政协委员调研智库旅游、大数据智能化；向区政协大会提交《基于大数据下智慧社区创新管理》的大会发言1篇，集体提案10篇，个人议案提案117篇。其中侨联顾问、浩普咨询有限公司董事长、重庆球王俱乐部经理王绪明25篇，区侨联主席漆重建38篇。组织侨界代表委员和部分热心参政议政的侨联委员对全区文化创意产业之民宿文化进行调研；组织侨界智库专家开展精准扶贫调研并走访慰问贫困户，积极参与精准扶贫、精准脱贫工作。

**【经济建设】** 侨企重庆海睿科技有限公司海归人士庞宇带领团队，发明了国内首款评估精神压力的智能设备，填补了国内市场空白，有力推动了重庆健康行业的发展；侨企重庆磊博福邦石化公司、重庆福莱赛邦科技公司总经理周异群女士回永川区考察投资，区侨联为其牵线搭桥；南岸侨联智库专家、侨青会成员、峰一国际CEO姜敖受邀参加智博会。

**【服务归侨侨眷】** 区侨联与区政府办公室外侨科入户慰问老归侨伍名苏和温庆和；区侨联协调各方资源，镇街将“南侨机工二代”纳入节假日慰问；为困难侨界群众购买医保；在春节、中秋节、端午节、七一、重阳节、教师节慰问南侨机工子女、归侨侨眷、抗战老兵、留守儿童、烈士遗孤、五保老人、失独人员近千人次；侨联会慈善公益人士、侨界政协委员到南岸区鸡冠石镇的中窑小学开展“桑梓情深，情暖学子”的帮扶活动，向10名困难学生赠送了书包、新作业本、英语本、笔、墨水、《新华字典》等一整套学习用品；举办2018年“精准脱贫光明行”活动，为120多名归侨侨眷和困难老人免费做白内障手术，把侨爱心基金用好用实；组织全区老归侨参加2018年“百名老归侨回娘家”活动。

**【社会活动】** 区侨联法律维护中心主任、重庆百君律师事务所律师龙卫星到区侨联对口的“侨胞之家”东山坪社区，为广大社区党员干部及归侨侨眷侨属做以“《婚姻法》——家庭婚姻生活的幸福密码”为主题的公益讲座；举办以“相聚茶香•品味人生”为主题的归侨侨眷体验中华传统采茶文化活动，大家置身定心苑学习茶礼、品茗茶香、修身养性，进一步弘扬中华传统文化；邀请渝北区侨联“亲情中华”侨心艺术团团长、重庆暨华中学教师、草编艺术家郑盛仪来到天台岗融创小学华侨历史文化交流基地，向师生们讲述了草编的历史；组织侨青会成员与重庆第二师范学院侨联到江津白沙镇锦鹤江城归国留学人员文创街区参观学习；与致公党南岸区委联合举办以“不忘合作初心，继续携手前进”为主题的纪念中共“五一口号”70周年书画展；参加学府路社区“一社一品”巴渝展；组织区内各侨联分会、高校侨联到海棠溪街道学府路社区举行纪实文学《梁家河》悦读活动，一起追溯人民领袖的初心和使命；组织侨界新生代走进弹子石消防中队，加深侨界群众对消防工作的认识与了解；组织部分东山坪社区老人及侨界人士到南岸区文化馆参观改革开放40周年美术书法摄影展；区侨联青年委员会副会长、重庆贞雅传统插花艺术有限公司董事长王冬蕾到天台岗融创小学华侨历史文化交流基地，开展“鲜花插靓我的童年”中国文化插花艺术主题活动；在“侨胞之家”学府路社区举行以“我与改革开放二三事”为主题的纪念改革开放40周年活动；与致公党南岸区委联合举办以“唱响美媛青春 励志创梦中国”为主题的公益演讲活动；区侨青会组织成员前往巴南樵坪度假村开展真人CS对抗赛；在“侨胞之家”东山坪社区开展“爱护环境保护地球——做好垃圾分类”的科普知识讲座；参加第六届温哥华国际华语电影剧本创投颁奖典礼；接待回国探亲的医学博士谢云峰。

**【建功立业】** 2018年，南岸侨联获中国侨联第十九届世界华人学生作文大赛组织奖。区侨界政协常委漆重建、政协委员王绪明获区政协优秀提案奖。区侨联主席漆重建、副主席李庆荣获“全国归侨侨眷先进个人”称号。

**【区侨联负责人】**

主　席：漆重建

（区侨联）

## 南岸区文学艺术界联合会

**【概况】** 2018年，区文联认真学习贯彻习近平总书记系列重要讲话精神，深入落实区委宣传部各项重大决策部署，深化群团改革，强“三性”、破“四化”，坚持以人民为中心的创作导向，认真履行“出作品、出人才”的工作主线，紧扣中国梦时代主题，通过开展系列文艺活动，为南岸文艺发展繁荣做出了贡献。

**【思想政治建设】** 围绕中共南岸区委、区政府相关文件精神要求，先后召开南岸区文联半年工作座谈会、区文联所属各文艺协会2018年党风廉政建设和反腐败工作座谈会等会议，贯彻落实相关精神。并与所属协会签订了《区文联所属各文艺协会2018年党风廉政建设和反腐败工作责任书》，定期报送协会学习反腐倡廉规定的情况。

**【文艺创作】** 破除机关化、行政化，文艺创作接地气。区文联组织区内作家、画家、摄影家、曲艺家等，深入一线，到广阳、峡口、涂山、南坪等镇街，到学校、医院、厂区进行采风创作。所创作的作品紧紧围绕“三生三宜”主题，在《重庆日报》《重庆晚报》等市、区媒体，以及《南山风》杂志，“一点知南岸”“南岸人文”等公众号登载发表。组织区内优秀作品申报市内外各种奖项。组织动员区内外的优秀文艺家申报并获得市委宣传部2018年度重庆市文艺创作资助项目；各个协会在专门的文艺领域比赛中多次入展、获奖，话剧《8090》获得重庆市第七届艺术奖，区戏剧家袁野代表全区艺术家在重庆市文联举办的文学创作推进会上发言。获全国性奖励有：区摄协去贫困县文艺扶贫的图片在中央网信办举办的“图说长江”摄影大赛中获得优秀奖，区作协会员的诗歌获得中国作协举办的诗歌大赛三等奖；区画家的作品入展全国钢笔画展奖等。

**【惠民文艺活动】** 与“一点知南岸”微信公众平台合作联办“文艺”栏目，和南岸电视台联办“南书房”，挖掘和推出一批本土文艺家，将他们的创作成果以声音和视频的形式展示于公众。全年编辑出版《南山风》杂志六期，吸引市内外名家投稿，打造“南山风”文艺品牌。开展“深入生活、扎根人民”文艺志愿服务，“红色文艺轻骑兵”小分队深受群众好评。联络市文联在春节前给全区农村居民送上一台文艺表演，获得村民的好评；区作协与金山路小学联办儿童文学基地，走进广阳书写“非遗”；区书协继续与乡村学校结对“书法学校”，并于元旦春节期间送出春联近万幅；区美协“南岸画家画南岸”活动全面开展，走进下浩老街活动得到街道点赞；区摄协参加各种市里的公益拍摄活动；区剧协深入天台岗小学免费教学京剧；区曲协端午前进敬老院送演出；区音协举办区一年一届的歌手大赛；区舞协承办市级“人人跳”舞蹈比赛初赛；作家高铭到重庆市11中免费开展公益讲座，书法家聂晖到社区免费开展国学讲座；诗人杨康作为诗歌类体裁唯一入选“2018年市作协作家定点深入生活名单”。注重新文艺形态发展，牵头成立网络作家学会。进一步加强全区网络作家、文学爱好者、网络达人等队伍的联系，引导他们主动参与繁荣网络文学，加强网络外宣，展示南岸形象，讲好南岸故事。

**【协会管理和建设】** 始终把发现和培养文艺新人作为一项重要工作。通过前期摸底调研，并参考其他兄弟区县及重庆市文艺评论家协会，召开南岸区文艺评论家协会筹备会。拟成立评协，将为更多的文艺新人的发现和培养提供平台支持。积极联络、推荐，先后有区曲艺家协会、区美术家协会的国家级会员参与市级文艺家协会组织的会员培训班。做好作协换届工作的协调工作。在协会换届前，参考市级协会换届要求及相关文件精神，并约谈协会主要负责人，协会换届中做好监督，协会换届后做好后续监管，区作协顺利换届。协会换届工作全程邀请了区纪委纪检组参与指导。

**【区文联负责人】**

主　席：赵　瑜

## 南岸区残疾人联合会

**【概况】** 2018年，南岸区残联深入贯彻中国残联第七次全国代表大会和市残联第五次代表大会精神，结合南岸区残疾人工作实际，坚持在创新式发展、社会化运作、融合式推进、精准化施策等方面积极作为，力促南岸区残疾人事业健康发展。根据中国残联、市残联要求，召开专题会议，对全区各镇街残疾人工作者、社区（村）残疾人工作者进行了残疾人基本服务状况和需求信息数据动态更新培训，组织专人全面完成全区16335名持证残疾人基本服务状况和需求信息数据动态更新入户登记工作，弄清各类残疾人的生存状况和基本需求变化情况。稳步推进第二代《残疾人证》的核发工作，严格把关，妥善处理矛盾，全年核发《残疾人证》876个，3000人次。青年大学生志愿者、爱心人士定期到区内6个残疾人康复托养机构开展教育培训、文体活动、出行服务、联谊活动、物资捐助等近100次。圆满完成各项目标任务。

**【重点工作】** （1）区委常委会、政府常务会先后两次把残联工作列入会议议程，专题听取中残联第七次全国代表大会和市残联第五次代表大会的情况汇报。及时研究下发《重庆市南岸区人民政府关于调整南岸区城市无障碍设施建设领导小组的通知》。（2）区委、区政府分管领导多次组织召开有残工委成员单位参加的专项会议，研究解决残疾人预防、残疾人康复救助和残疾儿童入园、入学等事宜，及时研究解决全区残疾人事业发展中的困难和问题。（3）上半年全面完成南岸区残疾人康复托养中心建设装修。乐语鸟特殊儿童早期科技干预中心于7月入驻运营。南岸区残疾人就业服务中心已启动实施。

**【残疾人社会保障】**（1）全区2300户符合条件的残疾人家庭全部纳入最低生活保障范围，做到应保尽保。（2）投入9万余元，为603户重度视力、听力残疾人家庭给予基本电视收视费减免。（3）投入295万元，为2536名重度残疾人和2271名贫困残疾人发放“两项”补贴。（4）投入12.9万元，为全区16199名残疾人购买意外伤害保险，实现全区持证残疾人全覆盖。（5）投入22.9万元，对64户贫困残疾人家庭进行无障碍改造，方便残疾人的日常生活；投入10万元，对建档贫困残疾人的生活环境进行改造。（6）投入7万余元，为全区272名残疾人代步车车主发放燃油补贴。（7）投入9万余元，开展“关注残疾、冬送温暖”走访慰问活动，走访170户“一户多残”家庭，共慰问298名残疾人。

**【残疾人康复服务】**（1）通过组织政府购买服务、有针对性地组织公益性社会组织竞争参与残疾人康复工作，全区4个公益性机构、2个公益性社会组织、4家有条件的民办康复训练机构参与了对4100名残疾人的基本康复服务和500名残疾人的托养服务，共投入经费近320余万元，占需求人数的97.09%。其中，家庭医生签约精准康复服务包受益人数2000人。（2）投入130余万元，为74名0～6岁残疾儿童发放定点机构康复训练补贴；投入36万元，为53名7～18岁在定点机构康复训练的残疾青少年发放康复训练补贴。（3）投入9万元，为23个新建村（社区）康复室配备康复器材；投入经费10万元，建成社区康复站1个。

**【残疾人技能培训与就业安置】**（1）制定《南岸区残疾人就业培训实施方案》。全区各镇（街道）残联按照实施方案要求，摸底上报165名残疾人技能培训需求。区残联共组织农村实用技术、插花艺术等技能培训5期，参与培训的残疾人共165名。（2）着力扫除青壮年残疾人文盲。采取志愿者一对一帮扶、委托社会组织购买等途径，为50名青壮年残疾人文盲开展扫盲培训。（3）开展残疾人就业和职业培训状况调查共500余人。共组织残疾人招聘会3场，走访企事业单位60余个，共安置200余人就业。组织残疾人参加市残疾人职业技能大赛5项，肢残人刘砚在海报设计项目中荣获全市第一名。

**【残疾人文体活动】**（1）组织社会活动。在积极参加市残联组织的系列活动的同时，2018年5月，区残联携手南部公交公司，组织肢体残疾人体验无障碍公交出行活动；6月，组织残疾儿童“六一节”弹子石老街一日游等活动。全年，区残联单独开展或与专门协会、服务机构等共同组织各类文体活动10余次。（2）引导残疾人参与村（社区）及社会单位组织的文化活动。1月，南岸区向日葵智力残疾人康复托养中心的学员们与青醇艺术班的孩子们一同登台，在欢歌笑语中喜迎新年。学员们表演的舞蹈《我有一点小糊涂》，赢得阵阵掌声；7月，区残联组织“全民阅读·书香南岸诵读会”，8个康复托养机构的特教老师和听障儿童、自闭症儿童的代表登台表演，15名残疾儿童分获一、二、三等奖；9月，区残联、区妇联、区文化委联合主办“一样的月亮”中秋公益慈善晚会，重度脑瘫青年、英语翻译李管彦平在晚会上演唱了自己创作的歌曲，自闭症人士邹沫和专业演员一起用意大利语演唱了《我的太阳》，获得观众好评。（3）选拔优秀运动员参加市内外重大体育赛事。肢体残疾人运动员余海代表重庆参加2018全国硬地滚球锦标赛，荣获冠军；由区残联负责组队，市特教中心代表重庆市参加全国盲人跳绳比赛，喜获二金一铜。（4）打造文化体育示范典型社区，先后组织开展了掰手腕、登山、冰雪项目体验等运动。

**【残疾人合法权益维护】**（1）全年接待残疾人来信来访186件次，市残联、区信访办的转办信件19件，回复人大代表、政协委员提案建议4件，满意度达100%。（2）妥善化解医患纠纷、财产侵权、征地拆迁、企业转型搬迁等各类纠纷13起。（3）为全区有需求的残疾人提供法律援助立案9件，做到有求必援，依法维权，确保南岸区残疾人无一例进京非法上访或到市非法集访。

**【区残联负责人】**

理事长：赵安全

（区残疾人联合会）

# 法　治

## 公　安

【概况】 2018年，南岸区公安分局围绕全区“三生三宜”品质城市建设，以推进公安大数据建设为领引，以全面深化公安改革为动力，以扫黑除恶专项斗争为主线，以“渝警行动2018”专项工作为抓手，着力在反恐维稳、打击犯罪、基层基础“三大重点”和队伍建设“一个根本”上下功夫，确保了全区社会政治稳定和治安大局平稳。全年110刑事警情同比下降24.66%；刑事案件立案下降14.11%，其中八类主要刑事案件和侵财犯罪立案分别下降25.87%、13.82%；刑事案件破案上升31.83%，其中八类主要刑事案件破案下降1.72%，侵财案件破案上升41.60%，现行命案破案率连续4年达100%。全年工作绩效评价排名主城第6、全市第7位。

【队伍建设】 区公安分局全面加强从严治党治警，主动立案查处违纪案件6件7人，群众有效投诉下降41.2%。开展因公负伤慰问、“七一”慰问等各类慰问活动，走访慰问民警900余人次，发放慰问金120余万元；原创系列漫画《画警事》荣获全国公安民警“三微”大赛微信类一等奖，联合重庆都市频道推出《南岸警察故事》16期，发好公安声音、讲好警察故事。开展学习宣传“时代楷模”杨雪峰同志先进事迹活动，全年7个集体和579人次立功受奖，相继涌现出“重庆好人”傅远军、“重庆市岗位学雷锋标兵”邵钢、“爱民好民警”杨达刚等一批先进典型，队伍战斗力、凝聚力进一步增强。

【重大风险攻坚战】 牵头摸清全市民运群体的组织架构和人员底数，“早、小、快”处置涉稳事件200余起，全区重点群体、涉稳重点人员和肇事肇祸精神病人均平稳在控。提炼总结“风险排查十法”并及时消除群众投资、贷款等风险118个，整治公共安全隐患5万余处，处置涉政涉稳信息495起，圆满完成“2018重庆国际马拉松赛”、国庆及“两会”等大型安保活动104起，确保全区安定有序。

【扫黑除恶专项斗争】 围绕12类涉黑涉恶打击重点，成立专项工作领导小组，出台50余项配套机制，明确340名专门力量，划拨200万元专项经费，统筹开展宣传发动、线索摸排核查、专案侦查、乱点整治等工作。创新推出“五个一”宣传措施，策动党政部门开展宣传活动327次，召开警民恳谈会460余场，入户宣传16.6万余次，发放宣传手册24万余份。畅通案件梳理、滚动摸排、群众举报、部门移交“四个渠道”，据实查证、按期查结涉黑涉恶线索329条，群众实名举报线索回访率达100%。坚持扫黑除恶与反腐拍蝇、巩固基层政权相结合，审查村（居）“两委”干部身份背景信息1453人，向区纪委监委、组织部等部门移交线索5条。加强涉黑涉恶案件专案侦办，破获涉恶案件135件，打掉涉恶犯罪集团2个、涉恶犯罪团伙9个，打击处理涉恶人员348人。加大治安乱点地区的挂牌整治力度，全区18个常态挂牌整治地区的发案下降38.5%。

【多元化打击犯罪】 构建多元化打击犯罪格局。深化以视频侦查为核心的合成作战，建立完善人脸抓拍数据库和涉案视频库，优化执法办案权限分配、案件资源配置、重点案件跟踪督办等制度机制，全年通过合成作战破案1338件，打击处理1122人。深化刑事技术建设，加强现场勘查及指纹、DNA等串并比对，全年比中案件295件219人，刑事技术室连续4年被公安部评为“全国示范刑事科学技术室”。深化321特情阵地建设，加大建情用情力度，逐步将外卖、代驾等新型业态纳入视线，发现涉案线索50余条，打处50余人。深化监所协助破案，配侦获取犯罪线索158条，协破案件334件，通过狱侦手段协助破获的“刘某强杀人焚尸案”被公安部评为“全国配侦精品案件”。

【“黄赌毒”整治】 深入开展黄赌集中打击专项行动，坚持“外病内治”、异地用警，查处违法娱乐场所和洗浴场所47家，查处黄赌案件314起，打掉黄赌团伙12个，全区黄赌110警情下降32%。开展禁毒“两打两控”专项攻坚，全年破获毒品案件280件，移送起诉涉毒嫌疑人314人，缴获各类毒品24.94公斤。查获吸毒人员602人，强制隔离戒毒297人，社区（康复）戒毒256人、执行率100 %，抓获吸毒人员数位列主城第一。全区未发生有较大影响的吸毒人员肇事肇祸事件。

**【“雪亮工程”建设】** 以“全域覆盖、全网共享、全时可用、全程可控”为目标，开展“雪亮工程”建设，形成七年（2018—2024年）总投资5.1亿元的建设方案，初步摸清全区1386家社会单位约3万个自建视频监控镜头的基础数据，搭建视频监控联网共享平台、联网共享交换、网络安全、综治扁平化管理等支撑系统，建成并投入使用三级综治中心、司法矫正中心，实现1.3万个应指工程和背街小巷视频监控镜头向市公安局及区政府三级综治平台的共享共用，完成1.6万路重点行业领域社会单位视频资源联网整合，大南坪核心区域333路人脸识别镜头和292所中小学幼儿园安全报警平台建设，启动大数据综合分析、人脸智能分析、车辆智能分析等多种系统开发，为大数据深度应用奠定坚实基础。

**【支持民营企业】** 围绕“态度好、措施实、效率高、服务优”做文章，推进服务民营经济发展30条和新10条落到实处。开展宣传工作，先后发放警民联系卡（牌）1.3万余张、宣传短信6万余条、宣传资料13万份，媒体报道宣传218次。严格执行领导干部联系服务民营企业工作机制，深入落实“六必访六必办”要求，召开警企座谈会405次，出台配套服务措施110条，联系走访企业9690余家，调解处理涉企纠纷1126起。护航安全发展，落实专门力量侦办涉企案件，先后处理寻衅滋事、恶意阻工等扰乱企业生产经营秩序案事件90件，破获涉企刑事案件204起，为民企挽损止损3亿元。

**【服务辖区校园】** 深化服务理念，强力推进服务学校29条。建立健全警校共治机制，与学校签订共建安全协议160余份，组织开展应急演练638次，联网整合视频监控镜头3052个。打通师生办证绿色通道，推出预约办理、加急办理等系列便利措施，解决学校各类求助261件次。强化校园法制宣传，举办“做自己的首席安全官—平安校园行”等主题法制宣传教育活动420多余次，制作安全防范警示教育片8部，组建“平安守护者”法制宣讲团，开展法制宣讲60余场，覆盖在校师生6万余人次。开展校园及周边矛盾纠纷大排查大整治，清理学校周边暂住人口6042人，化解涉校矛盾纠纷392起，排查整改安全隐患465起，妥善处置涉校涉生事件10余起，确保校园安全“零风险”。

**【“放管服”改革】** 以为人民群众生产生活增添便利为着力点，推进“放管服”改革各项举措落地见效。优化行政审批服务事项，完成重庆自贸试验区（南岸区）印章制刻、旅馆业等4个“证照分离”改革试点，推行网上行政审批11项，办结审批事项36038件。落实公安部出入境管理八项便民措施和国家移民管理局“只跑一次”制度，启用南坪派出所24小时出入境自助服务点和南滨路派出所港澳台居民居住证受理点，解决了“周六办证”、为群众免费照相等瓶颈问题，全年签发出入境证件12.2万余证次，群众满意度达99%以上。深化“放管服”改革20项措施提升交管服务工作，增设车驾管自助服务区和“一窗式”服务窗口3个，落实简单业务一证即办和普通业务一窗通办，推行货车通行证办理免排队举措，通过12123快处系统处理适用简易程序交通事故的起数达50%以上。抓好户籍窗口服务前端落地，率先在全市推出本地居民身份证申领进度网上查询服务，提供居民身份证照相 “多拍优选”服务，开设考生身份证“绿色通道”，群众窗口服务满意度持续提升。

**【助推旅游业发展】** 贯彻落实市公安局《关于服务全市旅游发展的实施意见》，在长江索道、一棵树等网红景点新增视频监控68路，新招录50名年轻辅警组建专职服务旅游队伍，抓实旅游景区安全秩序维护。联合区交委、城管、旅游等部门强化 “黑车”拉客、闲杂人员非法经营、“黑导游”等涉旅乱象整治，规范出租车、公交车站点6处，取缔“黑车”聚集点3处，打掉涉“黑车”市场团伙1个，清理游摊30余家。协同区环保等部门开展长江沿江餐饮船舶、南山风景区拆违治乱工作，拆除不合格餐饮船舶6艘，整改南山地区违章建筑100余处。围绕 “三生三宜”品质城市建设，着力解决交通管理“瓶颈”，渠化风临路接南滨路等路口9个，治理交通乱（堵）点27个，严管整治道路53条（次），整改道路交通信号灯550余处。

**【“2018年重庆国际马拉松”比赛安保】** 2018年3月25日，第八届重庆国际马拉松赛在南岸区南滨路开赛，共吸引全球20余个国家和地区的近3万名马拉松选手和爱好者报名参赛。区公安分局调集1612名安保力量投入赛事现场维护安保，赛事期间未发生一起突发事件、公共安全事故，确保赛事圆满举行。

**【重大案件侦破】** 1月10日，区公安分局经过3

个多月的专案侦查，成功破获一起重大涉枪案件，抓获犯罪嫌疑人2人，缴获仿制式转轮手枪5支（其中2支成品，3支半成品），子弹400余发，斩断了一条跨四川、重庆等多省市的枪支贩卖链条。3月16日，区公安分局经过长达1年的专案侦查，集中精干警力，相继在渝中区、沙坪坝区、江北区发起收网行动，成功破获公安部“2018-87”毒品目标案件，捣毁了从四川、云南两地通往重庆的2条毒源通道，抓获犯罪嫌疑人6名，缴获冰毒11.44千克、冰毒片剂（麻古）4.5千克。8月17日凌晨3时许，区公安分局接到家住南岸万达广场的女子吴某疑似失联被害的警情后，迅速开展调查工作。经查，陈某等人于8月16日晚在南岸区万达广场某车库，挟持受害人吴某并抢走其所驾驶车辆，后将受害人强奸杀害。8月19日，该案成功告破，犯罪嫌疑人陈某华等5人全部落网。

【区公安分局负责人】

局　　长：叶和平（12月离任）

张树金（党委书记，12月任职）

政　　委：白　炤（8月离任）

金　亚（党委副书记，8月任职）

副 局 长：廖真贵　向　俊　何　平

政治处主任：曾佑彬

纪委书记：秦北海

（区公安分局）

## 南岸区公安消防支队

**【思想政治建设】** 召开党委会16次，中心组学习10次，政工例会10次；党委成员下基层帮扶154次，协调解决问题61个；开展主题教育活动4次，组织思想摸排和逐级谈心谈话3轮；编印了《党支部规范化建设微手册》和《党支部工作流程图解》等制度；上新街、明佳路中队获评总队“先进基层党组织”，3人受到总队党内表彰，支队团委获评总队“五四红旗团委”，上新街中队获评总队“五四红旗团支部”，4人受到总队团内表彰。

**【军事建设】** 开展“全要素、全过程”实战演练446次，辖区熟悉922次，参加片区抗洪抢险编队跨区域实战演练1次；聘请10名专业教练指导体能训练，组织月考核11次，战训督导72次，举办夏训体技能对抗赛1次，完成总队高层专业队实战课目演练和夏训科目展示工作，1人在环桂比武中获两车三枪操第二名；招聘100余名专职消防员充实一线灭火救援力量，配齐配强全勤指挥部人员，配备战备携行包；成功处置“3•27”鸡冠石纳西沟厂房火灾、“4•29”南山家具厂火灾等灾害事故，获总队党委及区委、区政府的高度评价。

**【抢险救灾和消防执法】** 全年接警出动4004次（其中火灾239起，抢险救援863起，社会救助2229起，其他出动673起），出动车辆6924辆次，出动警力41035人次；共检查单位19364家，发现火灾隐患42330处，督促整改火灾隐患42033处，办理行政处罚案件366件，完成国际马拉松赛、金砖国家劳工部长会议等的消防安保任务。

**【后勤保障】** 落实地方业务经费，提前谋划出台年度执行预算并严格执行，加大“三公”经费管控力度；支队党委每季度定期听取预算执行分析报告；全面清查近几年的经费开支情况，聘请第三方单位全面清理盘存固定资产。新购各类消防执勤战斗车辆和器材装备，灭火防护服和抢险救援服的配备率、适体率均达到100%；定期开展装备器材巡检工作，聘请专业维修厂对执勤车辆进行巡检，联系专业维修商对装备器材进行维护保养；借力地方驾校开展驾驶员复训，邀请举高车厂家专业人员开展举高车培训。推进上新街消防站原址重建工作，取得突破性进展；迎龙消防站于年初正式投用；聘请专业物业公司，改善支队绿化和卫生条件；修订支队级战勤保障管理规定，加强中队战勤保障物资管理，配齐72小时战备物资，完善各种灾害战勤保障应急预案和人员及物资数量配备。

**【防火监督】** 推动区消安委换届，提请区政府召开消防工作专题研究会8次。明确全区各镇街、经济板块及部门的消防职责，会同教育、卫生、民政等部门对全区235家学校、29家福利机构、30家医院开展火灾风险评估；持续深化南坪街道、经开区、南山风景区等地区域联防组织建设，着重抓好高层建筑、大型城市综合体、老旧住宅、群租房、“三合一”场所等5类建筑（场所）管理。协同9大行业部门，对“上下大化”“老幼古标”场所开展“验收式”抽查321次，引入三方机构辅查机制，清理隐患余量600余处；排查梳理大南山片区“三合一”场所消防隐患400余条并分别给出合理化建议；协助完成商户选址迁建、隐患整改等200余次；引导镇街投入专项资金100余万元，为老旧住宅增配火灾探测器、灭火器等消防设施，协调电力部门大力实施“一户一表”安装措施，相关区域火灾指标同比下降5个百分点。

推动消防行政审批改革，依法办理项目200余件，抽调骨干人员开展“事中”技术帮扶80余次；召开全区微型消防站联勤工作现场会，推广微型站“1+N”联动机制，扑救初期火灾43起，控火成功率81.25%；率先采取购买服务方式推进消防远程监控系统建设，相关经验被总队刊发推广；探索“课题调研式”及“双随机一公开”监督机制，策应支队执法办案中心重组，有机融合一体化流水作业，执法周期平均缩减2个工作日。

开展“高温下的消防员”真人秀等主题活动8次，培树执勤中队指战员、微型站队员代表等先进典型20余人；联合区文化委、区安监局、区房管局组织“生命通道体验”活动；依托支队“双微”平台向行业部门、重点单位负责人发送消防提示短信5万余条，并在主流媒体刊播信息168条；派发消防报刊2万余份，播放消防公益广告2000余条，消防教育宣传网络不断延伸。

【拥政爱民】 组织官兵开展拥政爱民、公安消防部队光荣传统教育，强化官兵的宗旨意识。通过举办报告会、座谈会、演讲比赛、观看红色影片、参观革命遗址等方式，引导广大官兵回顾党和国家以及消防事业取得的丰硕成果，重温我军依靠人民成长壮大和军民团结奋战的历史，宣扬人民群众支持消防工作和部队建设的事迹。运用广播、电视、报刊、网络等媒体，大力宣传拥政爱民活动中涌现出来的好人好事，努力营造“军民鱼水情，和谐一家亲”的氛围。

【公安消防支队负责人】

支 队 长：熊海波
政治委员：梁 刚
副支队长：王 彬 罗小安
参 谋 长：张 勇
政治处主任：董家旋
防火处长：杨灿剑

（区公安消防支队）

## 检 察

【概况】 南岸区检察院于2016年12月从南坪搬迁至茶园新区，办公大楼面积从2300余平方米增加到14500余平方米。2018年，有10个内设科室，人员编制101名，实有在编干警94人。在职党员干警77人，占在编干警81.9%；员额制检察官33人，检察辅助人员50人，司法行政人员11人，各占35.1%、53.2%、11.7%。近年来，先后荣获全国先进基层检察院、全国职工职业道德建设先进单位、全市检察机关队伍建设先进单位等全国、全市荣誉6项，科室获全国“女职工建功立业标兵岗”等全国、全市荣誉24项，获“全国五一巾帼标兵”等省部级奖励3人次，获市、区奖励150余人次，20人入选最高检、市院检察人才库，在全国、全市检察业务竞赛中获得标兵、能手称号。

【职能发挥】 积极投入扫黑除恶专项斗争，对黑恶势力犯罪案件100%提前介入，2018年共批捕恶势力犯罪15人，起诉36人，纠正漏捕、漏诉恶势力犯罪7人，配合扫除恶势力团伙4个。严厉打击危害人民群众生命财产安全犯罪，批捕各类刑事犯罪1115人，起诉1547人。开展“保护长江母亲河”公益诉讼专项行动，立案环保领域公益诉讼案件17件，提出诉前检察建议17份，整治违法排污企业10家。开展“保障千家万户舌尖上的安全”公益诉讼专项监督活动，立案食品药品安全领域公益诉讼案件6件，提出诉前检察建议6份，促请有关行政机关对75家食品药品经营企业加强监管。监督侦查机关立案5件、撤案3件，纠正漏捕7人、漏诉19人。向法院提出的刑事抗诉已改判2件。纠正监外罪犯脱管、漏管4人，书面纠正看守所刑罚执行和监管活动违法案件18件。办理民事行政裁判结果监督案件28件，提请或建议提请抗诉11件，经再审后改判2件。办理民事行政审判活动及执行活动监督案件16件，提出检察建议5件。

【司法改革】 2018年8月，在全市率先完成内设机构改革，将原有13个内设机构精简为10个，业务部门占70%。结合本区实际情况，选设公益诉讼、未成年人检察等2个业务部门，强化生态环境保护、未成年人司法保护工作。领导干部和科长办案数量占受案总数的39%，入额领导干部切实发挥引领示范作用。健全规范司法行为长效机制，压紧压实检察官办案主体责任。完成检察官、检察官助理等级晋升工作。办理认罪认罚案件911件1026人，适用认罪认罚案件的比例达76.3%。向法院提出幅度型量刑建议135人，确定型量刑建议839人，均获法院有罪判决。

【服务发展】 制定《关于保障和促进民营企业健康发展的实施意见》等工作文件，深化与15家重点企业的定点联系制度，起诉侵犯民营企业和企业家合法权益犯罪41人，走进涉案企业开展专项回访活动。积极参与防范处置涉众型经济犯罪、互联网金融风险专项整治工作，起诉非法吸收公众存款等涉众型经济犯罪43人，起诉合同诈骗等严重经济犯罪36人。

【自身建设】 坚持以党建带队建促工作，建立党务工作督查制度，健全党建工作制度规范3项。认真落实《中国共产党支部工作条例（试行）》，将内设机构改革与党建工作同步实施。落实好民主集中制各项制度，严格落实个人重大事项报告制。推进专业化建设。全年组织干警参加业务培训、岗位练兵70余人次，4名检察官入选重庆市检察机关专业办案团队，集体和个人获市级以上荣誉19项。推进智慧检务建设，建设智能语音识别系统，完成远程提讯系统建设，运行移动检务平台，利用无人机等高科技手段助推办案工作。从严治检。落实全面从严治党主体责任，自觉接受市检察院党组巡视，盯住问题，拿出72条整改措施，全面彻底整改到位。严格落实中央八项规定及其实施细则精神，对因私出国（境）等进行严格规范管理。加强警示教育、强化执纪问责，对司法责任制落实不到位的检察官进行约谈和诫勉谈话。

**【区检察院负责人】**

检 察 长：李大槐（12月任职）

副检察长：黎先文　傅红波

（区检察院）

## 法　院

**【概况】**2018年，南岸区人民法院由18个部门组成，其中人民法庭1个。全院有法官及其他工作人员190人。其中，员额法官74人，占38.9%；法官助理74人，占38.9%；具有硕士及以上学历81人，占42.6%。全年受理案件43584件，审执结39224件，分别增长14.2%和14.0%，涉案标的金额91.08亿元。审判质效稳步提升，法定审限内结案率99.9%，生效裁判服判息诉率94%。

**【刑事审判】**　全年审结刑事案件1222件，判处罪犯1462人，分别下降8.7%和11.1%，对80名罪犯判处有期徒刑5年以上。严惩杀人绑架、故意伤害、强奸等严重暴力犯罪案件58件，判处罪犯68人。审结食品药品安全、危险驾驶等危害食品药品和公共安全的犯罪案件138件。审结黄赌毒、盗抢骗、传销等犯罪案件817件。坚决捍卫以政权安全、制度安全为核心的国家政治安全，严惩各类煽动分裂、颠覆破坏犯罪，加大对涉邪教犯罪的惩治力度，依法审结宣判叶文华利用邪教组织破坏法律实施一案。

**【扫黑除恶】**　坚持把扫黑除恶与基层“拍蝇”相结合，打击“保护伞”，整治恶势力犯罪案件。依法审结涉恶案件3件，铲除3个黑恶势力团伙，判处罪犯33人。审结重庆纱线产品交易中心有限公司等非法集资、非法吸收公众存款、金融诈骗等犯罪案件9件，涉案金额4.9亿元。参与电信网络新型犯罪治理，维护公民的信息和财产安全，审结胡翔等电信网络诈骗犯罪案件20件。审结贪污贿赂、滥用职权等犯罪案件2件2人，被告人原为处级以上领导干部1人。依法审结杨峰、冷小波等重大贪腐案件，依法没收其赃款153万元。审结贪污、挪用征地补偿款、扶贫资金等案件2件2人。

**【民商事审判】**　与政府建立企业破产处置工作联席会议机制，搭建联动处置“僵尸企业”平台。审理涉及企业兼并、改制、重组、破产等案件21件，帮助困难企业盘活资金。审慎处理重庆川江船务公司破产重整案件，解决公司700余名职工的民生问题，化解重大社会不稳定因素。妥善处理扬子岛酒店破产案件，协助做好人员安置和债权债务清理工作，引导淘汰企业依法、有序退出市场。依法审慎处理涉及产业集群、土地流转等纠纷案件，审结涉及土地使用权、房地产开发经营等案件2030件。依法维护市场经济秩序，平等对待各类市场主体的诉讼地位和权利，依法及时审结投资、买卖、物流、工程施工、租赁等合同纠纷2594件，维护市场的诚信秩序、和谐稳定。审结金融借贷、保险纠纷等案件4795件，促进市场要素顺畅流通。审结房地产案件2128件，服务房地产市场健康有序发展。审结涉外涉港澳台案件16件，办理司法协助事务18件，促进对外开放。依法制裁各类不正当竞争行为，审理涉及不正当竞争行为案件47件。以依法全面平等保护民营经济健康发展16条为基础，构建起“1+ x ”民营经济司法保护体系。加强产权司法保护，慎用查封、扣押等强制措施，审结涉民营企业纠纷案件1830件，涉案标的5464万元，有力维护民营企业的合法权益。依法审结的民营企业职工胡开干职务侵占案入选重庆市民营经济司法保护典型案例。开展民营企业司法指导，发出相关司法建议12份，强化法律风险预警，促进民营企业合法经营、健康发展。

**【行政审判】**　受理行政案件396件，审结383件，分别上升4%和0.8%。判决行政机关败诉27件，败诉率7%。深化行政诉讼和解机制，充分运用协调、和解等“柔性手段”，实质化解行政争议，当事人主动撤回起诉67件，占结案数的17.5%。深化行政案件跨行政区划管辖试点，提升行政审判公信力，异地管辖、审理行政案件136件。促进依法行政，为相关部门提供法律咨询意见83次，开展法治讲座12次，提出并发送行政司法建议4份，组织152名干部旁听案件庭审，为辖区法治政府建设贡献力量。

**【执行工作】**　受理执行案件12354件，执结案件10626件，分别增长19.3%和9.3%，执行到位金额10.33亿元。加大财产查控与处置力度，深化“总对总”“点对点”网络查控系统应用，查控财产近亿元。对8880件执行案件进行财产查控，其中冻结银行账户3000余个，查封房产1200余处、厂房10余处，查封车辆400余台。加强信用惩戒体系建设，建立党政机关及公职人员涉执线索移送机制，与财政、金融、工商等多家单位建立联合信用惩戒机制。加强执行力度，开展凌晨集中执行27次，深入突击执行57次，周末全天执行9次，实际到位标的金额达5.5亿元。抓紧执转破案件移送，将被执行人中资不抵债、符合破产条件的“僵尸企业”依法转入破产程序，运用法治手段化解产能过剩，促进资源优化配置。

**【司法改革】** 深度落实人员分类管理改革要求，制定出台法官、司法辅助人员办案绩效考核细则，细化办案责任到人、到岗、到案、到具体环节。完善瑕疵案件认定、审判责任承担等机制，严格审判责任认定和追究。加强案件质量保障机制建设，完善专业法官会议、审判长联席会议、审判委员会会议等审判咨询服务机制，为法官办案提供参考意见。规范院庭长审判监督管理权限，坚持“放权而不放任”的原则，划清院庭长指导案件的形式和边界，院庭长通过参与审判长联席会议、审判委员会会议等形式，公开透明地发挥院庭长的审判监督管理作用。严格落实院庭长办案数量、办理重大疑难案件要求，院庭长办理案件15471件，占全院审结案件数的39.4%。

**【审判队伍建设】** 严格落实“三会一课”要求，定期组织干警专题学习192次，将中央决策精神和市委、区委工作安排融入法院工作的全过程、各方面。坚持党风廉政建设既是“软实力”，更是“硬保障”的指导思想，健全完善教育、制度与监督并重的惩治和预防腐败机制，加强人员、案件、环节三类“重点”情况检查。贯彻落实中央八项规定、“六项禁令”和重庆市“八个严禁”“十二不准”，连续六年保持廉政“零违纪”目标，塑造了清正司法的良好形象。

**【区法院负责人】**

院　　长：王子伟

副 院 长：陈晓南　汤　平

政治处主任：马世军

纪检组组长：向　蓉

执行局局长：刘　锋

执行局政委：骆　兵

（区法院）

# 司法 行政

## 概 述

**【党的建设】** 以规范机关基层组织建设、提高党员干部职工队伍的素质能力为重点，加强党的执政能力建设和党的先进性建设。加强基层党建对接工作。每周四组织党员到结对共建的风临洲社区开展“群众工作日”活动，将党建与群众工作有机结合，以群众工作推动党建深入开展，形成共同发展、共同提高的良好态势。组织各类党建活动。开展每周党员大会学习制度，统筹融合“两学一做”“四学四有”主题教育，将每周五打造成“党风廉政建设日”，形成良好的学习氛围，开展主题党日活动2次。全年清理干部涉权事项，组织党建活动2次。

**【司法队伍建设】** 狠抓各类培训，全年召开司法行政系统工作推进会2次，业务培训会5次，整治培训会4次，司法行政干部培训时间累计达到12天或90学时。发挥非公党建作用，召开全区律师党建会议，将律师行业党总支党建工作阵地延伸至南坪商圈、亚太商谷等中小企业集聚区域，深入企业开展支部活动。加强基层法律服务队伍建设，召开基层法律服务工作者培训大会，重点讲解基层法律服务工作者执业的规范化，全面提供优质服务过程，推进全区基层法律行业有序发展。重视队伍团建活动，先后组织干部职工参观聂荣臻纪念馆、建川博物馆等红色基地，坚定全体干部职工的理想信念，增强凝聚力。

## 深化改革

**【律师制度改革】** 出台《南岸区关于加强律师行业发展的扶持办法》，为全区律师行业发展提供政策支持，厚植律师行业发展的政策土壤。引进规模大所入驻南岸区，采取“普惠制”+“一企一策”方式，制定切实有效的扶持发展政策，成功引进北京浩天信合律师事务所进驻南岸。对接洽谈上海申浩律师事务所、上海汇业律师事务所、北京尚公律师事务所、北京万商天勤等全国律师行业规模性、品牌性大所，达成落户南岸的初步意向。以南滨路沿线及周边高端写字楼宇为重点，落实律所入驻载体需求，成功对接国瑞中心、皇冠国际高端写字楼宇，两楼宇承诺给予入驻律师事务所最优惠办公用房购买、租赁等条件，吸引律所集中入驻，打造行业聚集区。强化律师队伍建设，推进律协分会改革，成立南岸区律师工作委员会。成立南岸区新的社会阶层专业人士联合会律师分会。

**【公证体制改革】** 多次协调相关部门落实改革各项内容，出台《南岸区司法局 南岸区编办 南岸区财政局 南岸区人力资源和社会保障局关于〈南岸区公证体制改革机制创新工作的实施方案〉的通知》，重新制定了绩效分配机制，完善分配激励机制，落实公证机构自主管理权。服务民生，助力经济发展，免费为“两江四岸”清理整治、轨道环线站点建设、南山生态保护综合治理等提供公证。

**【“放管服”改革】** 切实提高公证为民服务质量，在重庆市公证协会的指导下完成证明事项清理工作，扎实推进“重庆公证云在线申办平台”全覆盖，推进公证云平台的在线咨询、预约、申办一体化办证服务。实行“一窗受理、集成服务、一站办结”，主动为前来咨询、办证的当事人提供绿色通道、代理调查核实服务，有效缓解群众办证难、办证慢、来回跑等问题，让当事人“最多跑一次”，压缩行政审批时限。全区律师事务所、鉴定机构设立、撤销等申请均由申请人登录“重庆市网上行政审批平台”提交，由区司法局进行初审。为进一步提高审批效率，区司法局将审批时限压缩至3日，尽量做到当日受理当日审批。

**【执法监督检查】** 开展“双随机一公开”抽查工作，坚持每个季度进行至少5个工作日的“双随机一公开”抽查，抽查次数为98件次，抽查事项100%，抽查单位65%，抽查频率55%。实施案件执法评查，对10个司法所、在区37个法律服务单位开展案卷评查。共抽查工作案卷142个，与33名社区矫正人员和15名社区矫正工作人员进行谈话，下达25份整改建议书。强化执业监督，对3家没有区级投诉监督电话的律师所和基层法律服务所进行限时整改，目前监督投诉电话均已上墙，阳光执业得到进一步规范，群众对全区法律服务的满意度明显上升，满意度达99%。全年完成1项规范性文件的清理废止、8项市级权力事项证明清理、14项国家级权力事项证明清理编制、16项司法行政办事指南编制并上报备案。

**【人民监督员及人民陪审员管理】** 年内组织8名人民监督员参加重庆市司法局新任人民监督员颁证仪式暨2018年度培训会议。全年区内8名人民监督员共参加人民检察院案件审理19件，参与检务活动10次、社区法制宣传22次，较好地履行了人民监督员应尽的职责和义务。成立人民陪审员选任工作领导小组及办公室，参加《人民陪审员法》贯彻实施动员视频培训会议。相关人员参加由市高院、市司法局组织的人民陪审员专业知识与选任管理培训会。

**【法律职业资格考试】** 2018年是法律职业资格考试全面实施计算机考试的第一年。区司法局严格落实司法部“六个百分百工作要求”，多措并举确保安全平稳地完成考试工作。本年度法律职业资格考试共审核网上报名1155人，两场考试共组织1847名考生参加考试。

**【三级公共法律服务体系建设】** 建成1个区级公共法律服务中心、15个工作站、145个工作室。突出法律服务便民特色，把法律服务送进社区，建立社区（村）法律服务微信群150个，实现法律服务与辖区居民“零距离”。（1）搭建平台。进一步整合资源，规范实体平台建设标准，依托各镇街司法所建立公共法律服务工作站，在全区各村社建设工作室，并统一制作标识标牌，配备办公设施，安装电子监控设备，连通司法行政指挥中心，实现“有场地、有人员、有公示、有设备”的目标。（2）充实职能。将司法行政各项职能向镇街、村社延伸，把法律服务送进社区，把矛盾纠纷化解在社区，把稳定工作做到社区，实现群众少跑路的目标。（3）初显成效。全区三级公共法律服务平台建成后，受理调处矛盾纠纷2848次，律师为镇街、村社提供法律意见182份，开展法治宣传、法治讲座384场次，定点服务1294次，提供法律咨询2328人次，为推动全区法治建设发挥了积极作用。区公共法律服务中心作为窗口部门，接待了司法部、市司法局主要领导以及江西、山东、吉林、南京、渝中、开州等市内外10余个考察团的考察调研，得到一致好评。

## 法治宣传

**【普法机制建设】** 2月，区委办、区府办出台《关于进一步落实国家机关“谁执法谁普法”普法责任制的实施方案》，健全责任清单动态管理机制，完成普法责任体系构建。将全面落实“谁执法谁普法”的普法责任制纳入2018年度依法治区工作要点。年内全区各执法部门、司法机关开展“以案释法”宣传活动271次。

**【重点人群普法教育】** 以青少年普法为基础，以领导干部为“少数关键”，提高重点人群的法律水平。（1）以领导干部为“少数关键”。贯彻落实领导干部尊法学法用法守法长效机制，落实国家工作人员学法用法制度，将法治纳入区委党校（区行政学院）各类培训必修课内容。举行春、秋两季45名新提任领导干部法治理论考试；集中开展领导干部和公务员庭审旁听，采取考听相结合的方式，推动国家机关工作人员成为普法守法的表率。11月，通过集中抽考和网上答题两种形式，组织全区近万名领导干部、企事业单位人员参加全区法治理论知识考试。（2）以青少年普法为基础。联合多个单位，组织200名辖区中学生，开展“青少年法律课堂”法治教育，现场旁听审判过程，对照案例为同学们讲解，增强青少年的法治意识。“12•4”国家宪法日期间，组织全区中小学生宪法知识演讲比赛和宪法知识辩论比赛。

**【“七五”普法中期检查】** 制定下发全区“七五”普法中期督导检查方案，对检查的内容、时间及方式做出安排部署。全区各单位认真开展自查，通过自查、抽查等方式，查漏补缺，对标对表做好全国“七五”普法中期检查的迎检工作。9月，市“七五”普法第三检查组到南岸区实地查看、听取汇报、查阅档案资料、开展座谈，全面检查全区“七五”普法工作开展情况，充分肯定了全区在“七五”普法工作中取得的成绩，对全区普法薄弱环节提出了整改要求。

**【普法宣传】** 落实乡村振兴战略，全年开展“法律进乡村社”“律师进村社”等活动256次，集中开展村社普法骨干、两委干部普法培训15次，受训560余人次。利用“三月法治宣传月”“扫黑除恶专项斗争”“国家宪法日”等节点，要求各镇街、村社张贴《宪法》《民法》总则扫黑除恶专项活动相关挂图、海报，为村社补充相关法律书籍。在长生桥镇同景社区、铜元局街道风临洲社区开展“法润社区•司法同行”行动。与市戒毒局进行工作对接，召开专题推进会，推进各项工作在社区落实落地，确保取得实效，长生桥镇桃花桥社区被评为“全国民主法治社区”。

**【创新普法活动】** 在全区执法单位中开展“我执法我宣讲”活动。全区32个司法机关、行政执法部门的34名选手参加比赛，选取2名选手参加了全市比赛。

**【矫正工作】** 依托“雪亮工程”平台，按时完成全区社区矫正应急指挥中心和远程视频督导系统建设。利用人脸识别仪和指纹打卡机、社区矫正APP、定位轨迹回查系统等设备功能，强化社区矫正工作“技防”手段。完成司法行政专网三级网络改造，实现了市、区、镇街三级联网，避免“内外网混用”现象。全年累计列管社区服刑人员3837人，累计到期解除矫正3247人，实际在册列管590人。

**【调解工作】** 健全行政调解与人民调解、司法调解的协调配合机制，推动信访工作制度改革。集中司法、信访、公安、法院力量，在镇街试点推广访调对接、警调对接、诉调对接“三调合一”机制，取得良好效果，受到《半月谈》《重庆日报》、重庆卫视的关注和报道，全年化解各类矛盾1万余件。按照全市统一部署，开展创建“金牌调委会”工作。选取南坪街道、南坪镇等部分调委会作为全区重点打造单位，实现矛盾不上交目标，推进全区人民调解工作上新台阶；统一打造医疗、生态环保等10个领域的调解组织。制定调解案件登记、调解回访等制度，制定调解工作流程，为行业性专业性调解工作做好制度保障。全年全区受理矛盾纠纷共计4681件，调解纠纷4681件，调解率100%，调解成功4626件，成功率98.8 %。防止群体性纠纷5件，涉及400余人，防止“民转刑”纠纷2 件。

（区司法局）

## 重庆市渝都监狱

**【安全稳定】** （1）贯彻落实全国监狱安全工作调度会精神及市“两局”监管安全工作要求，深入开展“大排查、大整治、大评估”专项活动，全面排查整治各类重点安全隐患62项，完善监管工作制度10余项。（2）修订完善《罪犯板块移动管理办法》《勤杂工种罪犯管理办法》《加强狱情分析工作的通知》等制度10个，弥补在监管安全制度设计方面的不足。（3）严格重点人员、重点部位、重点时段、重点环节、重点物品管控，加强指挥中心的警力配置，将全狱女警纳入监控值班体系；落实特警队24小时巡逻执勤制度，落实AB门通道管理及特警队带犬巡查等制度，夯实底线安全基础。（4）以“春季监狱安全大练兵、大讨论、大排查、大整改集中行动”“强化监规纪律、净化改造环境”等专项活动为抓手，进一步强化监区日常管理，强化罪犯行为养成，罪犯日常行为规范情况明显改善；严厉打击对抗民警教育、抗拒劳动改造、破坏监管秩序的行为。（5）深入开展狱情犯情分析，利用耳目情报信息，全面强化对危险犯、重点人头的管控，全年新审定危险犯X人、重点人头X人，纳入危险犯管控X人，重点人头管控X人。（6）强化罪犯外诊管理，规范押解、现场管理标准及程序，确保外诊工作绝对安全稳定。注重规范罪犯死亡处置程序，全年未发生罪犯家属无理缠闹，影响监狱正常工作的情况。（7）加强外来人员管理，印发《重庆市渝都监狱加强监管区AB门通道管理工作的通知》，严格管控外来人员进出监管区，最大限度防范监管安全事故发生。

【管教改造】（1）完善政治改造工作体系。教育科明确1名民警作为政治改造干事，各监区也设立1名兼职政治改造干事，采取升国旗、唱国歌、学国史、感党恩等方式，强化罪犯的“五个认同”，促使罪犯理解、认识、拥护党的路线方针政策。（2）以全市监狱系统限制减刑工作试点工作为契机，按照“适度集中、分散关押、分别教育、一人一策”的方针，全狱限减罪犯大多数能听管服教，改造积极，得到市局认可。（3）充分发挥教育治本功能。按照“建立一个体系、把握两个重点、扭住三个关键、强化四方联动”的总体工作思路，年内成功转化张绍清、文中斌2名危顽罪犯并通过市局验收。新调入的市级挂牌督转罪犯代坪、易云洪能够遵规守纪，服从民警管理。（4）强化“三课教育”。严格落实“共管包教”“一犯两警”和“5+1+1”教育制度，育人学校累计完成三课教育500学时，成功举办2次成人高等教育自学考试。（5）按照“一监区一特色”“一监区一品牌”和“崇法塑德”的总体思路，继续推进监区文化建设，突出文化育人功能。完成心理矫治中心硬件投入、教学楼一楼文化建设设计工作以及多功能厅视频音响改造工作；为中心图书室订阅各类期刊150余种。举办“悔罪奔新生”消夏文艺晚会9场次、“消夏电影展播”10场次，开展“行为规范知识抢答赛”“象棋、围棋比赛”“第九届狱内书市”等各类文化活动，丰富罪犯的文娱生活。（6）进一步规范罪犯收押、释放程序，严格执行减刑假释程序。全年共收押罪犯X人、释放X人。依法办理减刑案件X件，假释案件X件（裁定X件）。全年共开展病犯病情鉴定X人次，办理罪犯保外就医X人，协助法院完成远程法庭开庭X次。（7）深化狱务公开工作，充分运用渝都电视台和渝都育人网站，进行广泛宣传，公开监狱执法程序和执法结果；公示后全面收集意见，及时答复罪犯对公示结果存在的异议；针对部分刑满人员释放难问题，进一步加强同地方司法局（所）的协调联系，妥善解决刑满帮教安置16人。（8）创新管理，彰显劳动改造职能。根据司法部相关要求，完成三、五监区生产项目转型，全面撤出机械加工项目，相关罪犯转型从事安全风险相对较低的缝纫加工劳动，实现平稳过渡。抓好罪犯职业技能培训，经与原市移民局、市经济和信息化委员会沟通协调，由重庆市高级机械技工学校免费对本狱353名库区籍罪犯进行汽车维修（320人）和焊工（33人）两个热门就业专业的培训，进一步增强罪犯刑释后尽快融入社会的能力。

【改革创新】（1）创新制定《罪犯积分处遇管理办法》《罪犯劳动报酬奖励办法》，用处遇等级和劳动报酬激发罪犯改造积极性，变罪犯被动改造为主动改造，用科学管理营造良好的改造氛围，收到较好效果。（2）推进ERP生产管理系统，打造监狱企业管理信息化平台，提高监狱企业管理的规范化、科学化水平，最大限度为罪犯提供高稳定、低风险的生产劳动项目。目前，调研、招标采购、设备进场等多个环节已完成，各生产监区的网络线路也已全面铺设完工，缝纫中心库房的部分职能已进入试运行阶段。（3）按照司法部及市局的工作要求，实行新的勤务模式，增强指挥中心、特警队等重点工作环节警力，采用指挥中心视频监控，特警队及机关民警混编、24小时不间断巡逻模式，结合监区重点薄弱时段警力加强、警务督察、视频巡查、现场纠察等制度，确保监管安全。（4）高效推进深化规范化管理试点及全国一流监狱创建工作。以七、八监区为标杆，全面推行《监区民警一日执勤规范》《罪犯一日改造规范》和《监狱生产现场管理办法》，以规范保安全，以规范促管理，以规范求效益，监狱管理水平全面提升。加快实施智慧热水工程，全面取缔监管区内的开水瓶；加快推进监区隔离网墙及关闭后AB门项目建设，提升监狱的硬件水平。（5）强化监狱后勤保障，不断夯实监狱工作基础。新购置6台自动化切菜设备，十一监区全面实现无刀化管理；规范罪犯医疗救治和卫生防疫工作，进一步落实责任，实行医院医生分片巡诊制；与东南医院签约建立医疗联合体，开设罪犯重大疾病外诊绿色通道；推进监狱医院手术室设备更新，提升监狱医院对常见疾病的治疗处置能力。

【扫黑除恶】 制定《重庆市渝都监狱扫黑除恶专项斗争工作方案》，加强宣传教育，多形式营造浓厚氛围。组织全狱罪犯召开“涉黑涉恶专题坦白检举动员大会”，鼓励罪犯检举揭发，深挖问题线索，查清余罪、漏罪。下发《关于做好涉黑罪犯教育改造工作的通知》，就涉黑罪犯教育改造工作提出明确要求，落实针对性的教育改造措施，确保涉黑罪犯教育改造成效；持续推行“1124”和“112”管理模式，密切掌握涉黑涉恶罪犯的思想动态和改造情况。

【队伍建设】 注重民警教育培训。先后邀请专家学者来狱开办党的十九大精神、心理健康、新闻宣传、摄影技能、辩论技巧等专题培训、讲座5场次；邀请重庆市警察学院战术系和特警总队专业教师来狱开展为期4天的实战技能培训，600余人次参训；在中央司法警官学院举办骨干民警业务培训班，50余人参训。强化管理，严格落实“三位一体”考核机制。深入开展警情廉情分析，每季度动态摸排确定“问题”民警和重点帮扶民警（公务员）50余人次，并严格落实“一人一策”教育转化。加强从优待警工作，开展篮球比赛、中秋晚会等丰富多彩的文体活动，加强对困难民警职工的帮扶慰问，切实提高民警职工的获得感。监狱班子成员同联系监区和分管科室领导进行廉政谈话213人次，开展“以案四说”教育活动3场次。加强人事、执法、物资采购、工程建设监督，开展企业效能监察项目2个。办理信访件11件（6件办结、5件等待上级回复）。牵头组织副处级以上干部开展专题廉政学习2次，组织170余名副处级以上干部规范填报个人有关事项，处级领导干部述责述廉10人次，提升了领导干部的责任意识和廉政意识。

**【渝都监狱负责人】**

监 狱 长：徐 革（党委书记）
政 委：李 汉（党委副书记，10月离任）
崔跃翔（党委副书记，11月任职）
副 书 记：王小波（纪委书记）
副监狱长：郭三辉 梁进忠 万光林
杨朝鸿 陈 阳 程建中
侯良铭

（渝都监狱）

# 军　事

## 南岸区人民武装部

**【概况】** 加强思想政治建设。（1）抓好党的十九大精神学习贯彻和主题教育。围绕学习贯彻党的十九大精神主线，认真学习习近平新时代中国特色社会主义思想和习近平强军思想，开展“不忘初心、牢记使命”“传承红色基因、担当强军重任”两项重大教育。结合政治教育，抓好《党的十九大报告辅导读本》《军委主席负责制学习读本》《习近平新时代中国特色社会主义思想三十讲》的学习，教育引导全体人员在任何时候任何情况下始终与党中央、中央军委和习主席保持高度一致，始终听习主席指挥。（2）抓好军队党的建设会议精神的传达学习。军队党的建设会议召开后，采取领导串讲、个人自学等方式，第一时间召开党委会、支委会、党员大会，学习会议精神，引导大家深刻认识习近平重要讲话的重大实践指导作用和理论引领意义，教育大家严守政治纪律和政治规矩，把维护核心、看齐追随作为最高政治要求来坚守。（3）开展警示教育。结合《关于扎实开展张阳案专题警示教育的通知》要求，按照军委办公厅明确的“四个认清”要求，学习习主席关于党风廉政建设的一系列重要论述和党的十八大以来党中央、中央军委推进正风反腐的重大决策举措，教育引导全体干部职工认清张阳案件的严重性、危害性，自觉把清查清理工作作为一项严肃的政治任务狠抓落实。在党员大会上，对照“六个必须”，坚持问题导向，触及思想灵魂，人人发言，深入查找剖析理想信念、党性原则、组织纪律、思想作风方面存在的问题，对政治思想进行大清理大扫除。

提高“双应”能力。（1）聚焦备战主责，学习《重庆警备区战备值班规范（试行）》等有关法规文件，结合营区实际，完善值班室硬件设施和信息化建设，规范值班秩序，强化各级战备观念。（2）开展战备建设情况调研，以实地查看、应急拉动等方式，梳理总结经验做法，查找薄弱环节，摸清战备建设底数。发挥民兵信息员作用，及时掌握辖区重大民社情。（3）加强民兵值班分队建设，通过拉动、点验等方式，提升应急反应能力。结合汛期和伏旱等天候，先后组织弹子石、迎龙、涂山、南山、鸡冠石5个镇街开展民兵应急分队应急演练，设置抢险救灾、维稳处突等训练课目，提升应急处置能力。

做好军事训练工作。（1）组织专武干部带民兵营连长集训。7月9—18日，在武警重庆总队船艇支队，组织15个镇街、101名专武干部带民兵营连骨干，围绕人民武装、国防动员、兵役征集和基本军事技能以及反恐处突、水上救援、森林灭火等专业课目进行集训。（2）开展民兵专业分队训练。4月中旬，组织战备钢桥分队40人为期8天的集训；4月下旬，组织南坪镇民兵104人非战争军事行动联合训练；8月，选送12名民兵教练员参加警备区组织的新训骨干集训；9月中旬，派出5人参加警备区“三长”比武竞赛。（3）完成实弹射击训练考核。先后组织人武部军官、文职人员、职工和基层专武干部、民兵骨干、民兵应急分队共计900余人，分6次进行轻武器实弹射击训练及考核。（4）抓好学生军训工作。会同区教委统筹全区院校学生军训，指导7所高中、1所大专院校开展学生军训工作，确保了安全顺利。

抓好教育管理工作。（1）开展安全教育。结合上级通报的亡人事故、特大训练事故、误击误炸事故、手机失泄密案件等，开展车辆安全、训练安全、季节性事故防范、网络安全、保密警示等教育；定期组织干部职工学习条令条例、法规制度、岗位职责和操作规定等，增强人员执行条令规定、遵守组织纪律、落实安全要求的自觉性。（2）开展隐患排查整改。根据安全大检查计划安排，组织干部职工继续围绕9个方面45项内容开展隐患排查和问题整改。贯彻警备区安全大检查部署要求，对照检查细则，排查安全隐患，对机关巡查组指出的问题，区分科室明确责任，及时进行问题整改。（3）做好迎接安全大检查的准备。在前期准备的基础上，由部主官牵头，组织各科进行对照检查，汇报前期整改情况、未整改的说明原因及整改最后期限。结合文职人员调整，对所有预案、教案、各项组织进行调整补充，完善相关软件，对安防、保密等相关硬件设施迅疾检查更新，确保做到准备充分。

抓好征兵工作。根据市征办下达任务计划，全年征集新兵216人（含女兵15人）、直招士官1人，大学生实际征集比例为72.68%。（1）开展宣传发动工作。利用《南岸报》、南岸网、南岸电视台等媒体广泛开展宣传活动，调动适龄青年和大学生的参军报国热情。为方便报名，在全区开设了21个兵员征集站，最终网上报名人数XXX人，大学生预征对象确定率57%，是近几年较多的一次。（2）抓好体检政治考核。体检之前，组织体检组人员进行了业务培训，学习《应征公民体格检查标准》，明确政策要求，规范体检程序，严肃政策纪律，确保体检有序进行。针对高校大学生放暑假的实际，区征兵办提前对应征大学生进行体检，并为返校参检的大学生报销了差旅费。针对少部分身体边缘性问题，区征兵办本着对应征青年负责任的态度，先后6次组织复查。政治考核开始前，专门组织召开了征兵政治考核业务培训会，就大学生政治考核方法、走访调查程序等问题做了解释和说明，确保征集人员政治可靠、思想纯洁、入伍动机端正。（3）抓好定兵和新兵起运。严把定兵原则，通过召开定兵会进行一次性定兵，杜绝打招呼、递条子等暗箱操作行为，实现廉洁征兵工作“零报告”目标。合理安排新兵换装和档案交接，完成了新兵运输。

**【退役士兵职业技能培训】** 3月2日，区人武部协调区民政局，在重庆市龙门浩职业中学启动了2018年度自主就业退役士兵职业技能培训，对97名退役士兵进行为期3个月的培训。培训开设网络维护与维修电工、电子商务等专业，着力提高退役士兵自主就业的能力，每名学员培训期间可享受每月350元的生活补贴，培训结束经考试合格的学员，将获得职业技能等级证书，同时区政府还将给予1万元奖励金。启动仪式结束后，区人武部对全体退役士兵进行了保密教育，并与大家签订了保密承诺书。

**【应急分队集训】** 4月初至中旬，组织市级民兵战备钢桥应急分队40人，进行为期12天的封闭式集训。集训主要采取理论讲解、现场观摩、示范演示、分解结合、综合演练等方法，对某型战备钢桥的结构组成、搭建撤收、载重测试等5个科目进行训练。基础训练科目完成后，按照“真、难、严、实”要求，组织了综合演练，战备钢桥应急分队在接到任务后，快速集结，装载物质，开赴指定地域，迅速展开，连贯作业，在8小时内完成了40米战备钢桥架设任务，进行了30吨的载重车辆通行测试，圆满完成演练任务，受到军地专家好评。

**【“五一”升国旗活动】** 5月1日，区人武部组织重庆邮电大学民兵国旗护卫队14名礼兵和35名国旗护卫队民兵，参加重庆人民广场2018年“五一”升国旗活动，进行升旗仪式和向市民讲述“国旗故事”活动。重庆邮电大学民兵国旗护卫队是首支执行升旗任务的高校民兵国旗护卫队。

**【军民融合政策宣讲及“三证”申报业务培训】** 5月22日，南岸区人武部协调区发改委，组织辖区28家企业、2所高校、5个部门共50余人，进行军民融合政策宣讲及“三证”申报业务培训。主要对全市军民融合发展情况做了介绍，对我区军民融合发展做了说明，组织了军队装备采购流程和军工“三证”申请流程及认定程序培训。通过此次宣讲培训，参训人员认识到新时代背景下军民融合发展的新思路，民营企业参与军民融合发展的机遇和挑战，了解到参与军队装备采购的方法和途径。

**【南岸区人武部依托驻军资源开展联建联训活动】** 7月9—18日，区人武部组织专武干部带民兵营连骨干101人，在武警船艇支队进行为期10天的集中训练。

积极协调，形成共建机制。区人武部主动与驻军对接，组织民兵骨干参观驻军部队荣誉室、班排内务设置和基层营连正规化管理，驻军部队派出骨干指导民兵营连正规化建设，达成共建协议，提升基层民兵营连正规化建设水平。

军地联训，取得训练实效。区人武部与驻军部队成立联合训练领导小组，结合参训对象实际，采取集中辅导与作业练习、个人自学与集体操作相结合的方法，重点对单兵战术基础、抗洪排涝、扑灭明火、轻武器射击等科目进行学习训练，成效明显。

严密组织，确保训练安全。集训期间，成立集训队，健全各种组织，由区人武部现役干部担任集训队领导，严格各项规章制度，严落实一日生活制度，严格请销假制度，坚持与部队官兵同吃同住，同学习同训练，战高温斗酷暑，以过硬的作风树好新时代民兵的良好形象。

**【高校征兵工作形势研判】** 针对大学生征集任务重、比例高的实际，在警备区召开征兵工作任务推进会后，组织辖区高校召开征兵工作形势分析会，梳理分析大学生应征报名率偏低的原因，研究制订针对性的措施。

加大宣传发动力度。在前期辖区高校征兵集中宣传周的基础上，要求各高校做好进班入舍宣传发动工作，特别是“一对一”的思想动员工作。

规范高校大学生征兵工作流程。对制约高校征兵工作的“肠梗阻”问题进行研究，对体检、政治考核、优抚等方面存在的问题，制定针对性的解决办法，规范大学生征兵工作的体检、政治考核流程。

加大激励措施。针对高校征兵工作无经费预算、工作经费空缺的实际，每征集一个大学生，工作经费由原来的600元增加为1000元，改进大学生退役士兵自主就业培训方式，由原来的集中培训改为复学自训，经学校鉴定合格后，由民政部门发放10000元的自主就业奖金。

**【“四治”活动】** 组织学习动员。在警备区统一动员后，部党委召开专题会议，传达学习《警备区“四治”专项整治活动实施方案》，结合实际研究制定“四治”专项整治活动的具体措施，召开干部职工大会，认真组织再学习再动员，做到整治精神、内容、要求人人皆知、家喻户晓。

抓点滴养成。部党委坚持落实制度，抓点滴养成，促进“四治”专项整治活动开展。坚持每天组织1次点名，每周组织1次队列训练，每月组织1次条令学习，每月组织1次军容风纪检查，每月组织1次卫生检查，重点对落实条例不严格、军容不整、一日生活制度坚持不好，以及赌博、违规喝酒等倾向性问题进行了纠治。

注重搞好结合。把“四治”专项整治活动与条令月、民兵调整改革、兵役登记、专武部长集训、安全管理、党组织生活等工作有机结合起来，在工作中深化“四治”专项整治活动，在转变作风中根治顽症痼疾，在提高效率、推动工作中检验成效。

**【军地情报协作交流】** 根据战区联指中心要求，区人武部主动与区委政法委、区政府应急办、区民政局、区民宗委、区安监局、区公安分局、驻区武警部队对接，建立由各单位分管领导组织的军地情报协作交流工作领导小组，完善“三项机制”，加强军地情报的协作交流。

建立联络员机制。各成员单位指定了工作联络员，专门负责该项工作，建立了通信联系，畅通了信息渠道，每半月召开1次联络员会议，互通共享情报信息。

建立定期会商机制。由区人武部协调组织军地情报协作交流工作领导小组每月召开1次情报会商会，互通情报信息，分析研判形势；敏感期或遇有重大突发情况，要及时对情报会商研判。情报会商会通常在每月20日召开。

建立奖惩激励机制。人武部每月对成员单位的情报效益进行评价，对有价值的情报信息，每一条给予一定的物质奖励。

**【国防教育宣传】** 第八个重庆市国防教育宣传周期间，区人武部组织辖区15个镇街开展全民国防教育宣传教育活动。采取在人流密集的广场发放宣传资料、播放国防公益广告、讲解国防法规、接受政策咨询、展览国防建设成就图片等方式，向广大市民深入宣传《兵役法》《国防教育法》和《重庆市国防教育条例》等法规政策，增强广大人民群众的法规意识，提高其依法履行国防义务的自觉性。活动期间，向市民发放宣传资料8000余份，接受现场政策咨询500余人次。

**【扶贫攻坚】** 10月18—19日，南岸区人武部何洪田政委率工作组赴彭水县开展对口扶贫工作。深入贫困户家中，详细了解各贫困家庭的困难和未脱贫原因，并宣讲扶贫攻坚有关政策。与贫困户所在乡政府协调沟通，为还未脱贫的贫困户办理了森林直补、种粮补贴、低保等补贴。对因病致贫的家庭，再次给予每户5000元的医疗补助；对家中有子女上学的，继续给予每年6000元的生活补贴。据了解，自2017年底以来，区人武部对口帮扶了彭水县4户涉军贫困户，年底全部脱贫。

**【军事训练年终考核】** 立起“新”标准。按照警备区军事训练年终考核通知要求，以新《民兵军事训练大纲》为依据设置评定标准，把新增内容作为必考课目，组织专武干部、民兵骨干和应急民兵分类施考。

竖起“严”作风。提前组织考官培训，明确考核内容及标准，确保现场规范统一。参考对象以整组名册核验，考核全程互相监督，各课目成绩按照米、秒、环计，有效防止弄虚作假。

浓厚“实”氛围。坚持“人人参考、人人有成绩”原则，区人武部利用2天时间在综合训练队分批组织实施。按照实战化要求，实弹实射、实装实考，共900余人接受5个课目考核。

**【区人武部负责人】**

部　长：卞广平（2018年5月离任）
　　　　王　军（2018年12月任职）
政　委：何洪田（2018年12月离任）
　　　　谭丙阳（2018年12月任职）

（区人武部）

## 人民防空

**【概况】** 南岸区民防办公室是区政府工作部门，同时挂南岸区国防动员委员会人民防空办公室牌子。

2018 年，区民防办机关设综合科、工程科、指通科，实有人员 8 人；辖事业单位南岸区民防（人防）指挥信息保障中心、人防工程维护管理站 2 个，在编人员 12 人。其主要职责是：贯彻国家民防法律、法规、规章和方针政策；拟定民防管理政策文件，并依法对民防工作实施行政管理；负责人民防空指挥自动化建设，在发生重特大突发事件时，利用人民防空指挥场所为政府提供指挥平台等。是年，区民防办公室按照国家人防办公室关于《人民防空机关“准军事化”建设标准（试行）》《关于开展人防机关“准军事化》建设验收评比的通知》精神，围绕“政治坚定，业务精湛，纪律严明，作风过硬，廉政高效”人防机关“准军事化”建设的总要求，完成了机构改革、职责调整、事业单位岗位设置；人防工程建设与管理、警报设施建设、专业队伍培训、防空知识教育等取得新成效，被市民防办授予人防准军事化机关建设单位、市一级档案管理单位称号，在全市民防（人防）系统年度目标考核中被评为年度目标综合考核先进单位。

**【人防工程建设与管理】** 配合市民防办加大对本区建设项目的人防审批和批建防空地下室的检查，加强对在建防空地下室建设项目的管理服务；配合区建委和经开区进行“放管服”改革试点行政审批改革和联合验收相关准备工作；实现新增防空地下室竣工面积 7.48 万平方米，新增开发利用面积 4.86 万平方米。按照基本建设程序要求，受理结建审批率达 100%；协助市民防办依法收取易地建设费 8013.05 万元；加大行政执法和人防工程损毁索赔力度，全面清理人防工程损毁赔偿实施情况，建立专项档案，依法查处损毁人防工程事件，完成重庆地产集团和招商依城的损毁赔偿工作并收取损毁赔偿费 2848.62 万元，确保国有资产不流失。开工建设茶园大众广场人防工程。该项目是经市人民防空办、区发改委立项，市、区共同出资建设的全市主城唯一在建、最大规模的单建式公共人防工程，纳入重庆市“内畅外联”2018 年建设计划和南岸区 2018 年重点项目，总投资 1.62 亿元，建设规模 28982 平方米，预计 2020 年建成。战时作为 9000 人的 5 级 2 等人员掩蔽所和 13500 平方米 6 级物资掩蔽部使用，平时做停车场，可提供 625 个停车位，解决“新都会”区域停车难问题。项目距最近的 6 号线邱家湾轻轨口仅 60 米，该工程与地铁线站点可实现间接联通，形成连片成网、四通八达的防空地下城，可极大地提高战时城市的整体抗毁能力。坚持把人防工程维护和安全管理放在十分重要的位置，已完成公共工程 4.24 万平方米的维护管理任务。夯实民生工程，将纳凉工作作为全年的重点工作之一。对全区 7 个纳凉点进行摸底排查，全区纳凉面积共 1540 平方米。经过公开招投标，投资 30 余万元对重柴厂人防工程纳凉点进行排危改造和渗漏处理。召开南岸区民防办 2018 年纳凉工作动员布置会，下发了《南岸区民防办 2018 年纳凉工作通知》，与各纳凉点签订了《纳凉工作安全责任书》，每个纳凉点落实专人管理与服务，将管理人员的职能职责上墙，悬挂《文明纳凉须知》，严禁携带易燃易爆和有毒害物品进入纳凉场所，确保纳凉期间无安全隐患，无治安事件。与团区委、妇联、街道、派出所、区二院等单位开展共建和义诊活动 3 次，全区 7 处纳凉点全年接待纳凉市民 12 万余人次，受到市民防办、区委、区政府的充分肯定和纳凉市民的好评。

**【警报设施建设】** 认真落实通信警报维管制度和规定，重点维护管理全区警报 50 台，年内新建警报 2 台。加强通信警报巡查、巡检和维护，确保每年“6•5”警报试放圆满完成，保证全区通信警报无线遥控完好率、放响率达 100%。

**【两防一体化建设】** 抓好“两防一体化”市级、区级示范社区创建和运行工作。高标准创建 6 个“两防一体化”区级示范社区，完善往年已创建的 18 个市级、区级示范社区的硬件设施，提高了组织应对自然灾害和防空防灾的能力。

**【专业队伍培训防空知识教育】** 继续加强人防专业队伍组训工作，下发第八期人防专业队伍组训安排意见，制定训练考核计划，明确训练内容和考核标准及要求，按计划实施专业队伍训练，完成人防专业队伍骨干训练 175 人。与区教委一道制定下发现代防空知识教育计划，初级中学受教育 9650 人；配合区委党校开展民防知识教育，党校受教育 200 人，增强了防空防灾意识。

**【区民防办负责人】**
主　任：陈明富
副主任：黄　辉　李世进

（区民防办公室）

# 工　业

## 概　述

【**概况**】　南岸区工业和信息化主管部门为南岸区经济和信息化委员会。2018年，委员会内设机构8个，分别是党政办公室、企业发展科、经济运行科、经济协作科、环境资源科、工业安全综合科、企业改革科、信息产业科。机关行政编制20名，实有在编18名，其中领导成员5名、处级非领导职务4名、科及科以下9名。机关下属重庆市南岸区中小企业服务中心1个事业单位，人员编制7名。2018年，全区工业增加值同比下降4.1%，低于全区GDP增速7个百分点。全区共有工业企业及活动单位3865户，增长5%；规模以上工业企业219户，下降6.8%，包括国有及国有控股企业31户、民营企业169户、外商及港澳台商投资企业19户，主要分布在交通运输设备制造业、金属制品业、专用设备制造业、烟草制造业、通用设备制造业、化学原料及化学制品制造业、食品制造业、电子设备制造业、电力、热力、燃气及水生产和供应业等主要行业，涉及29个行业大类。2018年，全区规模以上工业产值780.28亿元，下降4.3%。

2017—2018年南岸区工业主要经济指标

| | 单位 | 2017年 | 2018年 | 同比增长（%） |
|---|---|---|---|---|
| 工业企业及活动单位数 | 户 | 3680 | 3865 | 5.0 |
| 规模以上企业户数 | 户 | 235 | 219 | -6.8 |
| 工业总产值 | 亿元 | – | – | – |
| 工业增加值 | 亿元 | 378.8 | 193.35 | -4.1 |
| 其中：规模以上企业 | | | | |
| 工业总产值 | 亿元 | 1107.5 | 780.28 | -4.3 |
| 工业销售产值 | 亿元 | 1082.2 | 764.6 | -3.7 |
| 工业增加值 | 亿元 | – | – | -4.2 |
| 主营业务收入 | 亿元 | 1049.7 | 776.1 | -1.5 |
| 利润总额 | 亿元 | 32.8 | 36.1 | 34.7 |
| 应交增值税 | 亿元 | 18.2 | 19.6 | 7.3 |
| 企业职工人数 | 人 | 59138 | 54887 | -7.2 |
| 亏损企业户数 | 户 | 52 | 59 | 13.5 |
| 亏损企业亏损额 | 亿元 | 3.1 | 3.5 | 14.8 |
| 资产总额 | 亿元 | 703.6 | 689.3 | -2.0 |
| 负债总额 | 亿元 | 412.1 | 393.5 | -4.5 |

【**产业结构调整**】　以发展以移动通信终端为代表的电子信息产业、现代制造业和以改造升级传统产业为重点，工业经济结构调整取得积极成果，总产值仍居第一，形成电子信息、装备制造“双轮驱动”的发展格局。2018年，手机、物联网、机电三大产业集群产值在全区工业中的比重达68.1%，撑起全区工业的大半壁江山。其中手机出

货量达4935.79万台，电子信息产业产值在全区工业中的比重为44.8%，食品、烟草、化医、建材产业产值在全区工业中的比重分别占3.1%、6.2%、7.1%和6.8%。

**【移动通信产业】** 继续按照“垂直整合”模式，坚持“终端带配套、配套促终端”的发展思路，强化产业链建设，构建完善的移动智能终端产业生态体系。大力推进已落地移动通信企业尽快投产，促进区内整机、代工、配套等企业之间的产业融合，增进业务合作。积极引导移动通信终端与信息服务、智能制造、云计算、大数据等紧密结合，相互依托发展。2018年，全区手机整机制造规模以上企业12户，手机出货量达4935.79万台，下降33.1%。

## 2018年南岸区规模以上工业企业名录

**一、非金属矿采选业**

重庆市贵锦砂石船舶运输有限公司

**二、农副食品加工业**

重庆劲豪油脂有限公司

重庆莉莱食品有限公司

重庆康誉食品有限公司

重庆野山珍商贸有限公司

重庆德庄农产品开发有限公司

**三、食品制造业**

重庆市天友乳品二厂有限公司

重庆民新农业科技发展集团有限公司

**四、酒、饮料及精制茶制造业**

重庆顶津食品有限公司

**五、烟草制品业**

重庆中烟工业有限责任公司重庆卷烟厂

重庆烟草滤嘴材料厂

**六、纺织业**

重庆长丰麻纺织有限公司

重庆泽帝工贸有限公司

**七、纺织服装、服饰业**

重庆四方制装有限公司

重庆极力服饰有限公司

新马制衣（重庆）有限公司

重庆雅创服饰集团有限公司

重庆雅戈尔服饰有限公司

重庆新生机电有限责任公司

**八、木材加工及木、竹、藤、棕、草制品业**

重庆豪利门业有限公司

**九、造纸和纸制品业**

重庆秉信纸业有限公司

**十、印刷和记录媒介的复制业**

重庆华林天美印务有限公司

重庆渝升沪丽彩印有限公司

重庆新华印务有限责任公司

重庆市科立印务有限公司

重庆旭阳印务有限公司

重庆江南印务有限公司

重庆盛明印务有限公司

重庆富贵万年新材料股份有限公司

重庆宏劲印务有限责任公司

**十一、化学原料和化学制品制造业**

重庆华辉涂料有限公司

重庆力宏精细化工有限公司

重庆关西涂料有限公司

重庆市旷世工贸有限公司

重庆佳美香料有限公司

立邦涂料（重庆）化工有限公司

重庆中科力泰高分子材料股份有限公司

**十二、医药制造业**

重庆南松医药科技股份有限公司

重庆圣华曦药业股份有限公司

重庆医药工业研究院有限责任公司

重庆科瑞制药（集团）有限公司

重庆陪都药业股份有限公司

太极集团重庆桐君阁药厂有限公司

重庆莱美药业股份有限公司

重庆莱美金鼠中药饮片有限公司

**十三、橡胶和塑料制品业**

重庆超科实业发展有限公司

重庆万丰塑胶有限公司

重庆市一龙管道有限公司

重庆南岸区江山塑料制品厂

重庆和泰塑胶股份有限公司

重庆硕山塑胶有限责任公司

重庆工友塑料有限公司

重庆市乐缘复合包装制品有限责任公司

重庆市顺治达包装材料有限责任公司

太极集团重庆塑料四厂

重庆晨光化工新材料有限公司

重庆丰海化学制品有限公司

重庆正天环保产业有限公司

重庆协益塑胶有限责任公司

重庆三易塑胶制品有限公司

**十四、非金属矿物制品业**

重庆拉法基水泥有限公司
重庆华西易通商品混凝土有限公司
重庆中砼混凝土有限公司
重庆砼磊混凝土有限公司
重庆圣同混凝土有限公司
重庆华新天成混凝土有限公司
重庆汉信新型建材有限公司
重庆泰宏新型建材有限公司
重庆中泰混凝土工程有限公司
中建佰润商品混凝土重庆有限公司
重庆市慧江混凝土有限公司
重庆二航商品混凝土有限责任公司
重庆市巨成混凝土有限公司
重庆市华谊混凝土有限公司
重庆昊晟玻璃股份有限公司
重庆科端建材有限公司
重庆安道沥青有限公司
重庆诚邦科技发展有限公司

**十五、有色金属冶炼及压延加工业**

重庆盛安铜业有限公司

**十六、金属制品业**

重庆万桥交通科技发展有限公司
重庆宝汇钢结构工程有限公司
重庆福伦德实业有限公司
重庆美心（集团）有限公司
重庆渝万通新材料科技股份有限公司
重庆市龙门消防设备修造厂
重庆厦安消防设备有限责任公司
重庆庞博金属制品有限公司
重庆派斯克刀具制造股份有限公司
重庆美心贝斯特金属制造有限公司

**十七、通用设备制造业**

重庆重锅能源科技有限公司
重庆博森电气（集团）有限公司
重庆售门特机电制造有限公司
重庆运达科技有限公司
重庆大环机械制造有限公司
重庆机床（集团）有限责任公司
重庆第二机床厂有限责任公司
重庆九源机械有限公司
重庆中山实业有限公司
重庆伊士顿电梯有限责任公司
重庆长江轴承股份有限公司
重庆纳川重型机械有限公司
重庆通用工业（集团）有限责任公司
重庆美的通用制冷设备有限公司
重庆亮友弹簧有限公司
重庆颖熙科技有限公司

十八、专用设备制造业

国家电投集团远达环保催化剂有限公司
重庆金猫纺织器材有限公司
重庆零一精密机械有限公司
重庆市灵龙自动化设备有限公司
重庆天海医疗设备有限公司
重庆邦桥科技有限公司
重庆市易博数字技术有限公司
重庆世玛德智能制造有限公司

**十九、汽车制造业**

重庆迪马工业有限责任公司
重庆南方迪马专用车股份有限公司
重庆钺行汽车零部件制造有限公司
重庆万马专用车有限公司
重庆鸣洋警安电器有限公司
重庆高山汽车空调有限公司
重庆金华汽车制动器有限公司
重庆泓浦汽车工业有限公司
重庆瑞方渝美压铸有限公司
重庆瑞生机械厂
重庆上方汽车配件有限责任公司
重庆新南方工程塑料有限公司
重庆索尔汽车配件有限公司
重庆集诚汽车电子有限责任公司
重庆齐信汽车零部件有限公司
重庆莱特威汽车零部件有限公司

**二十、铁路、船舶、航空航天和其他运输设备制造业**

重庆东港船舶产业有限公司
重庆帝力游艇制造有限公司
重庆广益摩托车有限公司
重庆隆鑫机车有限公司
重庆市文鑫机电配件厂
重庆和诚电器有限公司
巩诚电装（重庆）有限公司
重庆南洋摩托车配件有限责任公司
重庆通盛祺泰实业有限公司
重庆帆禄昊机械制造有限公司
重庆飞能达都工机械有限公司
重庆中冈电器有限公司
重庆通盛建设工业有限公司

重庆两江机械制造有限责任公司

**二十一、电气机械及器材制造业**

重庆美的制冷设备有限公司

重庆樱花能源科技有限公司

重庆鑫升电力设备有限公司

重庆柒安电线电缆（集团）有限责任公司

重庆泰山高分子材料有限责任公司

重庆市润伟冲压科技有限公司

重庆嘉瑞电气科技有限公司

重庆三力达电子有限公司

重庆环宇电器有限公司

重庆三峡电缆（集团）有限公司

**二十二、计算机、通信和其他电子设备制造业**

重庆会凌电子新技术有限公司

重庆百立丰科技有限公司

重庆恒讯联盛实业有限公司

维沃移动通信（重庆）有限公司

重庆鹏亿南联电子科技有限公司

重庆沣品科技有限责任公司

重庆市华森心时代实业有限公司

重庆高讯电讯有限公司

重庆凌进电子有限公司

重庆市翌辰光电有限公司

重庆航伟光电科技有限公司

重庆市航迈电子科技有限公司

重庆市国信通讯科技产业有限公司

重庆恒盛达科技有限公司

重庆赛丰基业科技有限公司

重庆东方丝路技术有限公司

重庆亨庆电子科技有限公司

重庆美顺电子科技有限公司

重庆兴伟顺电子有限公司

重庆天好达电子有限公司

重庆美景光电科技有限公司

重庆市合益光电有限公司

重庆天行健实业有限公司

重庆鹏力特电子科技有限公司

重庆威思沃科技有限公司

重庆望阳电子有限公司

**二十三、仪器仪表及文化、办公用机械制造业**

重庆南坪自动化仪表厂有限公司

川仪总厂有限公司南坪公司

重庆盟讯电子科技有限公司

重庆明光燃气设备有限公司

重庆恒远晋通科技有限公司

重庆顺昌通用电器有限责任公司

**二十四、电力、热力生产和供应业**

市电力公司南岸区分公司

重庆生息节能技术有限公司

**二十五、燃气生产和供应业**

重庆燃气南岸分公司

**二十六、水生产和供应业**

重庆市自来水公司南岸区分公司

**【区经济和信息化委员会负责人】**

主　任：王怀奇

副主任：舒　亮　简广玲　兰发强
　　　　杜　江

（刘巧灵 王斌 余波 彭杰 李永春）

# 交　通

## 概　述

【概况】 2018年，南岸区交通委员会大力开展全区交通基础设施建设，完成交通投资6亿元。启动交通基础设施建设战略提升三年行动计划。铁路建设取得突破性成果，村民小组公路通达率达98%、通畅率达94%。优化公交线网布局，提档升级公交车辆及设备。深化“放管服”改革，优化营商环境，实现“四办”承诺，共办结行政许可审批233件、备案7件，其他政务服务项目约4.85万件。全年交通运输仓储和邮政业增加值增长5.7%。强化安全监管，全年道路运输行业共发生安全生产事故6起，死亡11人，分别下降62.5%，38.9%，水上交通连续26年无责任事故。配合区委做好巡察工作，以实际行动兑现“三个确保”政治承诺。开展“联系服务群众”活动，做好行业信访维稳工作，办理网络舆情、联系服务群众工作系统等渠道的群众咨询和投诉约487件。处理信访转办案件39件，群众满意率100%。办理人大代表建议和政协委员提案118件，及时回复率100%。

【安全管理】 全年召开安全工作例会20次、安全风险专题研判会4次，分类建立15个安全风险，均已落实责任人和管控措施。全年共检查整改安全隐患3693处，检查运输企业682家，均责令其现场整改或限期整改，未发现重大安全隐患，整改合格率为100%。万州“10•28”公交车坠江事故后，区交委向全区驾驶员寄发《告驾驶员的一封信》约1.5万份，进一步加强辖区驾驶员的安全责任意识。

【环保督查】 全年完成中央环保督查回头看销案任务6件、市环保督查销案任务6件。完成83辆黄标车退市工作。指导督促有关交通工程落实噪声污染防治措施。对危险货物运输及其引发突发环境事件的预防和应急工作实施监督管理。制定重污染天气应急专项实施方案并落实应急处置措施。

【法制建设】 结合“交通系统法治宣传月”“安全宣传月”等活动，宣传交通法律法规，全年共悬挂横幅50余条，发放宣传资料3000余份。做好“双随机、一公开”，落实事中事后监管，配合推进“信用交通市”“信用南岸”等信用平台建设，上报信用建设相关信息1500余条。建立健全重大法律案件逐级报备机制、法律风险事先防范机制，充分发挥政府法律顾问作用。贯彻落实执法评议考核工作。协调交通行政执法南岸大队强化码头岸线执法监管，对重庆双榜船舶修造有限公司未依法取得港口经营许可证，从事港口经营的违法行为处以10万元的罚款并执行到位。

【打击非法营运】 全年共出动执法人员2.32万人次，执法车3130余辆次，查处出租车各类违章2862件，停运49起。与辖区公安交巡警、高速执法等单位联动执法，常态整治与专项打击相结合，对长期从事南坪至綦江、万盛、南川等地的涉残非法营运团伙进行严厉打击，查处四轮非法营运案件310件，非法营运摩托车146辆次。

【行业改革】 按国务院要求，取消道路货运站场经营许可、道路客运站场经营许可、机动车维修经营许可3项行政许可，将其调整为告知承诺制。根据重庆市人民政府办公厅印发的《重庆市降低制造业企业成本若干政策措施的通知》要求，取消外商投资道路运输业立项审批、外商投资道路运输业变更审批。2018年7月开始，贯彻实施道路货运车辆检验检测改革，全年完成2043辆车的道路货运车辆安全技术检验和综合性能检测涉及安全的项目检测。

## 基础设施建设

【东环线铁路建设】 重庆铁路枢纽东环线是重庆

市政府和铁路总公司采用新型合作方式建设的一项重点工程，其中征地拆迁投资由地方政府负责，工程投资由铁路总公司负责。南岸区负责铁路东环线约332公顷土地的征地征收分期分批交地。全年筹集资金7.14亿元，通过征地、临时租地等方式，保障建设用地，先期交地174公顷，满足了项目建设需要，现已启动东站前期工作。

【渝湘铁路建设】渝湘高速铁路是国家规划的渝长厦快速铁路通道的重要组成部分，也是重庆市"米"字形高速铁路网东南方向大通道，线路起于重庆枢纽重庆站，经渝中区、南岸区、巴南区、南川区、武隆区、彭水县，止于黔江区黔江站。2018年11月22日在南岸区茶园举行了渝湘高铁暨东站开工仪式，正式启动东站66.67公顷土地的征地拆迁工作，并配合设计单位推进可研性报告和地勘工作。

【公路建设】农村干线公路建设。至2018年底，2个项目4千米已完工，完成投资540万元；4个项目共10千米进入实施阶段，其余128千米项目正加快推进前期工作。"农村四好路"建设。完成投资550万元，3个村民小组达到通畅标准。至年底，3个项目3千米已完工，其余项目分为两批次正加快推进前期工作。其中第一批里程78千米预计2019年4月底前开工，第二批里程77千米预计2019年12底前开工。

【弹广路边坡危岩抢险整治一期工程建设】项目包括边坡治理14处、危岩治理8处、路基沉降路段2段。边坡治理总面积约38850平方米，边坡最大高度45米。至2018年底，已完成投资1700万元，预计2019年6月竣工。

【码头港区建设】围绕把重庆建设成长江上游航运中心的战略目标，着重推进东港集装箱码头、纳溪沟公运码头、纳溪沟维扬码头等水上交通设施建设。至2018年底，公运集团纳溪沟码头、公运弹子石码头、廖家凼粮油专用码头、东港集装箱码头等辖区主要码头，累计完成投资约15.93亿元。全年完成吞吐量713.27万吨，滚装车17608辆，实现收入8.41亿，年上缴利税2089.86万元，提供就业岗位1512个。

【工程建设管理】落实业主责任制、招投标制、工程竣（交）工制等。实施工程监理制度，委托监理机构进行监督。实施公示制度，对大型结构物做永久性公示。建立质量保证体系，建设项目质量监督覆盖率达到100%。建立建设项目安全管理制度，确保工程建设有序推进。

## 陆路运输

【公路桥隧养护】重庆市南岸区公路养护管理中心更名为南岸区交通工程质量安全监督站，并加挂重庆市南岸区公路养护管理中心牌子，上半年完成相关手续。辖区管养线路6条160千米（其中国道20千米、省道44千米、县道96千米），管养14座桥梁及2个隧道。全年累计清理路面525平方千米、边沟21万延米、涵洞630道次、杂草11.3万平方米，清洗护栏420千米，冲洗路面2740车次。全年累计修补路面9500平方米，修复护栏1400米。重点对国道G210，省道S105、S433，以及旅游路、弹广路、黄明路、石冷路的破损路面进行修补。新增和修复防撞护栏约1200延米，增设修复警示标志牌共计16处次，应急处置南涪路K6处路堤失稳。

【道路运输管理】至2018年底，辖区道路运输业户共2436户，其中，货运户1948户（含危险品业户8户）、客运户5户、公交业户1户、小型汽车租赁业户80户、出租车公司11户（含民营出租车公司10户、国营出租车公司1户的4个分公司）。机动车维修业户361户（含一类机动车维修企业25户、二类机动车维修企业48户、三类机动车维修企业288户），驾驶员培训业户28户。辖区道路载货汽车7479辆，载货量71748吨，其中危险品运输车518辆。载客汽车12727辆，其中班车131辆5139客位，公交车2473辆，出租车3550辆，小型租赁汽车2150辆，网络约租车4423辆。辖区共有客运线路208条，其中班线44条，公交线路164条。公交客运由重庆南部公共交通有限公司和两江公共交通有限公司负责运营。辖区有驾驶操作教练员1948人，教练车1584辆，驾驶训练场地面积79.1万平方米，驾驶培训机构招收学员约3万人。从业人员诚信考核1.35万人次、备案登记8700人次，换发从业资格证4485个。全年辖区客运量617万人，客运周转量33463万人千米，同比分别下降0.7%和116.1%；货运量6821万吨，货运周转量72.53万吨千米，分别增长12.5%和7.71%。

【班车客运】参营四千米换乘枢纽站的市、区客运企业46户，参营车辆724台，开行线路77条，其中跨省线路14条。主要线路有酉阳、秀山、黔江、彭水、武隆、丰都、石柱、南川、綦江、万盛、打通、合川等，全年共发车22.41万班，客运量553.33万人次。参营江南交通换乘枢纽站的市、区客运企业24户，参营车276辆，开行线路16条。主要线路有涪陵、忠县、开县、丰都、南川、大足、潼南、万盛、合川、綦江、永川、铜梁、增福、新妙、石沱等，全年共发班车1.16万班，客运量10.94万人次。

**【公共交通服务质量调查及考核评价】** 10月开始，委托第三方开展南岸区公共交通服务质量调查。对在辖区运行的公交车辆、线路、站点、运行中服务，以及出租车辆、运行中服务等两种公共交通出行方式的多个方面开展社会调查，按季度形成调查报告，作为对相关运输企业的安全检查、年度考核等依据之一。

**【公共交通管理】** 新开通轨道交通环线13.5千米，全区轨道交通运营里程达到34千米，车站24个。新开通公交线路12条，优化调整公交线路16条，为2143台公交车升级移动支付方式。投用“一踏步”新能源公交车230辆，配合公安部门累计建设公交优先道达22.6千米。

## 水路运输

**【水路运输管理】** 南岸区地处主城区东部，拥有主城区长江以南60%的水岸线。岸线起于二塘村，经铜元局、大佛寺、鸡冠石、铜锣峡、广阳岛、明月沱，止于温家沱，岸线总长48.1千米。2008版重庆港总体规划中，规划东港作业区和纳溪沟作业区两处货运作业区，规划岸线长度4.5千米；客运岸线规划广阳岛和玄坛庙两处，规划岸线长度2千米。共有客渡船1艘60座，年客运量10.5万人，营运于峡口镇的大兴场至郭家沱。水上交通已连续26年未发生死亡责任事故。

**【餐饮船舶整治】** 1月至8月，开展餐饮船舶专项整治工作。全区餐饮船舶16艘，其中，10艘船舶证照不全，已取缔拆解并全部签订上岸经营奖励协议，2艘船检证书所载功能与经营行为不符，已转产整改，剥离其餐饮功能，恢复为工作趸船，4艘船舶持有合法船检手续，得以保留，经整改后通过验收，恢复营业。

**【乡镇渡口管理】** 全区设有长江干线野猫溪、弹子石、纳溪沟、大兴场、温家溪、广阳坝、河口、贯口、明月沱等9个渡口以及长江内河牛头溪、中渡口2个渡口。因社会经济发展、水路运输市场发生变化，已撤销长江干线5个废弃渡口、长江内河2个废弃渡口。2018年，南岸区人民政府再次撤销了大兴场渡口。

**【南岸区交通委员会负责人】**

党委书记、主任：曾德全
党委副书记：李小华（2018年6月离任）
苏娅勤（2018年6月任职）
副主任：宋强
马建军（2018年8月就任）
马良成

（区交委）

# 邮政　通信

## 邮　政

### 中国邮政集团公司重庆市南岸区分公司

【概况】 中国邮政集团公司重庆市南岸区分公司位于南坪西路28号天府克拉广场。2018年邮政包裹快递部与南岸邮政速递公司合并，成立区分公司寄递事业部。分公司有南坪主城支局、弹子石支局、长生桥支局3个支局，共下设邮政及代理金融网点15个，业务范围涵盖金融、保险、包裹、函件、集邮、报刊、车险、简易险、分销等项目。共有职工185人。分公司寄递事业部有南坪投递站、弹子石投递站、长生桥投递站、南城营业部、亚太营业部、回龙湾营业部、黄桷垭投递站、药品市场营业部8个寄递营业投递站点。业务范围涵盖国际业务、标准快递、快递包裹、物流业务、投递服务等项目。共有职工252人。2018年，分公司机关内设综合办公室、党建工作部（监察室、工会）、财务部3个综合职能管理部门，市场营销部（客户营销中心）1个市场经营部门，下设金融业务、渠道平台、集邮与文化传媒3个经营支撑部门。分公司寄递事业部下设综合部、市场服务部、运营管理部3个部室。分公司服务辐射范围涵盖南岸区274平方千米，服务人口76万人。邮路总长度（单程）65160千米，南岸邮政投递服务汽车50辆、摩托车61辆、电动车20辆。

【业务发展】 2018年，分公司总收入完成10520.79万元（含国际），完成市公司基本目标的72.28%，欠预算进度27.72%，欠绝对值4035.21万元。总收入规模城片区排名第11位，区县排名23位。

## 通　信

### 中国电信股份有限公司重庆南岸分公司

【概况】中国电信股份有限公司重庆南岸分公司，位于重庆市南岸区江南大道10号，是中国电信股份有限公司重庆分公司所属的城区分公司。分公司下设6个职能部门，并设25个支局和4个中心营业厅（南坪、回龙、弹子石、茶园）。分公司现有员工310人，其中大学以上学历占95%，研究生以上学历占15%，华为、思科专业认证占5%。分公司作为南岸行政辖区内具有网络资源、品牌优势和发展实力的全业务运营企业，主要提供南岸区内固定电话、宽带接入、移动通信、卫星通信、互联网专线接入及与此相关的系统集成、技术开发、增值业务等综合信息服务。具备电信全业务、多产品融合的服务能力和渠道体系。2018年，分公司获中国电信重庆公司“2017年4G精品网建设竞赛活动深度合作共建共享先进奖”“2017年4G精品网建设竞赛活动800M重耕特殊贡献奖”。

【业务发展】 分公司以“让南岸区每一个人尽情享受信息新生活”为企业愿景，始终以服务人民群众和协助地方政府打造“三生三宜品质城市”，共同“让南岸起风景”为目标，秉承“用户至上，用心服务”的服务理念，内抓管理强素质，外抓服务树形象，以开放、合作、共赢的心态面向市场和客户，网络、技术、人才和服务等方面的优势获得社会各界和广大客户的普遍赞誉。

目前提供业务涵盖光纤宽带、高清电视、固定电话、移动电话等传统业务，以及NB-IoT、SDN、政务（政务云、绿色军营）、教育（教育云、翼校通）、医疗（影像云、掌上医疗）、天翼云（云主机、云存储、CDN）等针对各行业应用的新兴ICT业务。南岸区域内配备700余人的现场服务响应队伍，驻地分布于南坪、回龙、弹子石、上新街、南山、茶园、长生桥、峡口、迎龙、广阳等地，能够对南岸区域内所有的客户提供24小时服务响应和故障处理能力。

（重庆电信南岸分公司）

## 中国移动通信集团重庆有限公司城一分公司

【概况】 中国移动通信集团重庆有限公司城一分公司是一家基于GSM、TD-SCDMA（3G网络）以及TD-LTE（4G网络）制式网络的移动通信运营商。分公司成立于2016年11月，是中国移动通信集团重庆有限公司的下属分公司。2018年，下设党群纪检室、综合部、销售部、集团客户部、网络部及渠道中心4个，集团客户中心4个，业务支撑中心、校园运营中心、江南农村分局各1个。在职员工439人，平均年龄37岁，其中大学本科377人，硕士研究生42人；中共党员100人，共青团员21人。办公地点位于重庆市南岸区亚太商谷9栋。

【党建工作】 2018年，中移动城一分公司把强化党的领导与完善分公司经营管理统一起来，从制度层面完善和规范党的领导。全年共召开党委会52次，召开党建暨反腐倡廉专题工作会1次，专题研究意识形态工作2次，开展意识形态教育8次，专题研究党建、工会、共青团和党风廉政方面议题53个。（1）党建工作。通过将“两学一做”学习教育常态化、制度化，开展集中学习、党建宣传栏、书报刊订阅、微信推送、红色基地参观等形式丰富的学习，提升教育成效。（2）队伍建设。严格按照“两上两下”“三请三批”等程序，开展党委委员选举，党委委员、支委委员增补工作。严格按照党员发展流程规范，切实做好党员发展工作，2018年预备党员转正4名，确定发展对象8名。通过组织过集体政治生日，送政治生日贺卡，建立党员责任区、任务池等方式，增强党员的身份认同感。（3）作风建设。召开2017年度民主生活会和组织生活会，认真查摆问题并做出整改承诺，按照要求定期汇报承诺兑现情况。开展“兴调研、转作风、促落实”行动，对一线员工提出的问题和建议，建立台账，明确责任部门，逐一回复，贴近服务一线。

【服务质量提升】 年内在南岸区域内，新建及改扩建4G基站数量较上年提升15%，下大力气解决老旧小区或长期信号弱化区域的4G信号覆盖问题，加大力度新建5G基站，为区域内网络质量提升打下坚实基础。做好“提速降费”，全面取消流量“漫游”费，下调互联网专线资费，使流量单价和互联网专线费比上年分别下降7%和36%，宽带单价较下降22%。

【中国移动通信集团重庆有限公司城一分公司负责人】

总 经 理：邢　宇（党委书记）
副总经理：文　华
荀冬玲（工会主席）
赖　静（纪委书记，11月离任）
李春莉（11月调任）
付　航（11月调任）

（城一分公司）

## 中国联合网络通信有限公司重庆市南岸区分公司

【概况】 中国联合网络通信有限公司重庆市南岸区分公司位于重庆市南岸区江苑路8号，是重庆联通下属一类分公司，于2008年成立，2012年被命名为市级文明单位。2018年，有职工149名，大专及以上学历占94%，总收入2.03亿元。下设3个职能部门和7个经营部门，主营固定通信业务、移动通信业务、国内通信设施服务业务、数据通信业务、网络接入业务、各类电信增值业务和与通信信息业务相关的系统集成业务等。拥有自建营业厅3家，各类业务代理网点150余家，建有868个移动通信基站，548个室内分布系统，基本实现通信网络城区及重点区域无缝覆盖、边远乡村全面覆盖的长期目标。

【业务发展】 全面落实集团提出的以聚焦、合作、创新为核心内容的发展新战略，深化混合所有制改革，全力推进互联网化运营，打造新基因、新治理、新运营、新动能、新生态的“五新”联通；秉承“一切为了客户、一切为了一线、一切为了市场”的经营理念，坚持以规模效益为导向，加快4G发展驱动移动业务增长，以高质量应用提升宽带产品价值。2018年，分公司总体收入完成2.35亿元，移网新增用户17.15万户，宽带新增用户1.5万户，光用户5.8万户，固网宽带覆盖率93%。总端口22万个，FTTH端口18万个。

【服务管理】 持续推进客户问题治本解决。高度重视国务院大督查转办事项的专项处理，将服务工作纳入部门绩效考核，坚持结果导向，建立整改责任机制。健全以客户口碑NPS为核心的服务评价体系。基于客户痛点深挖根源，努力由事后补救向事前防范迁移，保障客户感知满意。优化服务体验。加强互联网化服务转型，构建以微信客服为核心的互联网服务体系，建立多渠道、立体式的宣传引流，快速扩大微信客服的影响力。提升手厅、微厅线上触点服务能力，强化客户触点大数据支撑分析，为线上触点运营和支撑能力赋能。

（南岸联通）

# 农　业

## 概　述

【概况】 2018年，南岸区农业委员会设有区委农村工作委员会、纪检组。科室有党政办公室、财务科、农业科（与南岸区农村经营管理站合署办公）、林业科（与南岸区天然林保护中心合署办公）、水利科（与南岸区防汛抗旱管理站合署办公）、森林公安局、南岸区农林水利行政执法大队、南岸区动物卫生监督所。委直属基层事业单位有南山、明月山林场和南坪、涂山、鸡冠石、南山、峡口、长生桥、迎龙、广阳等8个畜牧兽医站。区委、区政府设在农业委员会的临时机构有南岸区防汛抗旱指挥部办公室、南岸区大中型水库移民后期扶持领导小组办公室、南岸区森林防火指挥部办公室、南岸区河长办公室、南岸区山长办公室、南岸区精准扶贫工作领导小组办公室。重庆市农业委员会授牌的机构有中华人民共和国南岸渔港监督处、重庆市渔业船舶检验局南岸检验处、重庆市南岸区植物保护植物检疫站。2018年，全区农林牧渔业总产值达到5.05亿元，同比减少11.2%。农林牧渔业增加值达到3.81亿元，下降2%。农村常住居民人均可支配收入21039元，主城九区排位第一，同比增长8.3%。

【行政许可审批】 2018年，以《行政许可法》为依据，认真做好行政审批电子监察系统审批工作，规范行政审批行为。全年无超时、超权限审批项目。

【产业结构调整】 深入推进农业供给侧结构改革，成功打造南山樱花节、南山蜡梅节、江南枇杷节等农业旅游节会品牌，以及“北斗锄禾、清谷问耕、苟家结庐、龙顶摘香”四季垄耕现代都市乡村旅游品牌，促进产业互动融合。大力发展林果、花卉、盆景三大特色效益农业，重点保护南山花卉、广阳枇杷、吴小平葡萄、龙顶樱桃等一批全市知名农产品。全区8个主要水果蔬菜基地全面实现无公害生产，80%以上的耕地种植花木、水果等经济作物，粮经比达2:8。

【龙头企业规划发展】 切实规范龙头企业管理，充分发挥重庆德庄农产品开发有限公司、重庆野山珍商贸有限公司、重庆重农种业有限公司等市级龙头企业的带动作用，形成具有南岸特色的农业产业化成果。新成立农民专业合作社3个，全区农民专业合作社达112个，其中种植业102个、畜牧业3个、渔业3个、服务业1个、其他类3个。

【新型职业农民培育工程】 围绕“乡村振兴”行动人才振兴相关要求，坚持“政府主导、学校主办、全程监管、农民受益”的原则，以提高农民的科技文化素质和就业技能为目标，全面宣传、广泛招生、因材施教，全年培育新型职业农民200人，其中生产经营型职业农民50人，专业技能型职业农民50人，专业服务型职业农民50人，创业创新型职业农民50人。参与培训的200名学员全部取得新型职业农民培育证书，职业资格鉴定50人，认定中级10人。

【农村“三变”改革试点工作】 在立足村级资源禀赋的基础上，在南山街道双龙村开展农村“三变”改革试点。从解决“变什么”“怎么变”“变了以后怎么办”三个问题入手，采取清产核资夯实基础、依托产业组建架构、多措并举建立机制三个实施步骤，双龙村集体全年实现经营性收入40.02万元，净收益36.02万元。净收益中提取13.1万元作为村集体公积金、公益金及风险基金，余下22.92万元全部用于股份分红，每股分配200元。

【农村精准扶贫】 贫困户识别。以是否解决“两不愁、三保障”（不愁吃、不愁穿、义务教育有保障、安全住房有保障、基本医疗有保障）为基本原则，以农民家庭年人均纯收入低于市级扶贫标准（2018年扶贫标准为3500元/年/人）为贫困户识别标准，通过“四看”（看收入、看吃穿、看保障、看稳定发展态势），并严格按照“四进”方法进行识别。“四进”。具备下列条件之一评定为贫困户：农民家庭年人均纯收入低于市级扶贫标准的农户；因缺资金有子女无法完成九年制义务教育的农户；无房且自己无能力修建的农户，或只有一套常住房且为尚未改造的危房，目前已经存在安全隐患，自己却无力修建的农户；因家庭成员患重大疾病或长期慢性病等，扣除各类救助政策后，自付医疗费仍然很高，导致家庭处于国家扶贫标准以下的农户。

摸排建档。2017 年 3 月至 5 月和 2017 年 12 月至 2018 年 1 月，按市扶贫开发领导小组办公室要求，两次全面摸排全区农村贫困户，核实区级建档贫困户 8 户 20 人，并逐一建立纸质档案。2018 年 7 月，峡口镇大兴村 1 户（户主蔡德银）4 人因拆迁安置，已按照“八步两评议两公示一比对一公告”流程脱贫销号。8 月，长生桥镇共和村傅国树 1 户，其妻子林绍惠因病去世，减少贫困人口 1 人。9 月，广阳镇回龙桥村 1 户（户主杭世全）1 人因其兄弟承诺照顾生活起居且于 7 月成功纳入五保户，已按照有关流程脱贫销号。目前，全区有区级建档贫困户 6 户 14 人。

## 种植业

【概况】 2018 年，认真贯彻落实市、区农村工作会议精神，以农业增效、农民增收为目标，加快农业结构调整，积极支持花木、优质水果和休闲农业三大主导产业发展。全年农作物播种面积 1423.086 公顷，其中粮食作物 433.866 公顷，经济作物 989.22 公顷；其中水稻播种 24.32 公顷，总产 117.31 吨，每公顷产 4.82 吨；红苕播种 114.82 公顷，总产 464.65 吨，每公顷产 4.05 吨；玉米播种 19.22 公顷，总产 1442.75 吨，每公顷产 5 吨。

【花木水果蔬菜】 花木。全年南岸区花卉种植 626 公顷，鲜花产量 124.56 万只；培育盆景观赏植物 16.9 万盆。水果。柑橘面积 30.24 公顷，产量 189.03 吨；葡萄面积 18.01 公顷，产量 61.18 吨；枇杷面积 317.79 公顷，产量 2763.76 吨；梨面积 6.86 公顷，产量 62.41 吨。蔬菜。蔬菜种植总面积 854 公顷，总产量 10446 吨。

【耕地地力保护补贴】 根据《农业农村部 财政部关于做好 2018 年农业生产发展等项目实施工作的通知》和《重庆市农业委员会 重庆市财政局 中国农业发展银行重庆市分行关于印发 2018 年重庆市耕地地力保护和种粮大户补贴工作实施方案的通知》等文件要求，制定《南岸区农业委员会 南岸区财政局关于下发〈2018 年南岸区耕地地力保护补贴工作实施方案〉的通知》。全年共发放补贴 46 万元，补贴农户 4537 户、耕地 5872.51 亩，补贴标准为 78.33 元 / 亩。

【第十七届西部农交会】精心设计南岸区展台，积极参加“第十七届西部农交会”。联合西藏昌都市察雅县共同参加展会，在充分展示南岸区援藏工作成果的同时，拓宽察雅县农牧产品的市场销售渠道，助推农牧民增收；从全区农业产业化企业中优中选优，推出重庆德庄实业（集团）有限公司、重庆龙老幺食品有限公司、重庆乡里人樱桃专业合作社、重庆老道口食品有限公司、重庆市南岸区双益花木种植专业合作社、正国果园等优秀企业和专业合作社参展，参展品种包括礼品蜡梅、火锅底料、礼品盒泉水鸡、原生态农副食特产等，着力突出绿色、生态特点，充分展示南岸区优质花木、优质水果和生态休闲旅游农业的发展成果。

## 水产业

【塘库养殖】 2018 年，全区水产养殖面积 151.9 公顷，水产品总产量 681.88 吨。其中捕捞 63.15 吨，养殖 618.73 吨。

【观赏鱼养殖】 全年观赏鱼养殖 312.9 万尾，养殖面积 32.13 公顷。

## 畜牧业

【概况】 2018 年，全区畜禽生产仍然是控制发展，全区畜禽养殖数与 2017 年相比下降幅度较大，生猪常年存栏 3200 头，奶牛常年存栏 46 头，羊常年存栏 290 只，鸡常年存栏 41220 只，鸭常年存栏 9500 只，鹅常年存栏 1450 只。生猪出栏 5144 头，牛奶产量 181.3 吨，家禽出栏 37541 只，禽蛋产量 274.62 吨。

【非洲猪瘟防控】 及时贯彻落实市委、市政府以及区委、区政府的安排部署，强化组织保障，完善应急处置，实行动态防控。从强化生猪养殖环节排查、禁止养殖户使用餐厨剩余物饲喂生猪、规范检疫程序、强化重大动物疫病免疫等 4 个方面实施全链条监管，不留工作死角。加强调运环节监管，严格执行市外定点调入生猪及其产品备案管理规定，启动生猪运输车辆备案，不断强化非洲猪瘟防控工作。

【动物防疫】 按照“以防为主，防控并重”的指导思想，实施“春秋两季集中防疫，常年补栏补防”工作。坚决执行动物主要疫病强制免费免疫制度，开展了以猪0型口蹄疫，牛、羊0型-亚Ⅰ型口蹄疫，高致病性禽流感，羊小反刍兽疫，犬狂犬病为主的国家规定疫病的动物免疫工作。具体情况如下表：

2018年与2017年南岸区动物免疫情况对照表

单位：头、只、平方米

| 免疫病种 | | 2018年春季集中免疫动物数量 | 2018年秋季集中免疫动物数量 | 2018年统一消毒面积 | 2017年春季集中免疫动物数量 | 2017年秋季集中免疫动物数量 | 2017年统一消毒面积 |
|---|---|---|---|---|---|---|---|
| 高致病性禽流感 | 鸡 | 72314 | 41505 | 春季：116580<br>秋季：107855 | 115271 | 69070 | 春季：161250<br>秋季：129150 |
| | 鸭、鹅 | | | | | | |
| | 其他 | | | | | | |
| 鸡新城疫 | | – | – | | 79482 | 50439 | |
| 猪瘟 | | – | – | | 5175 | 6776 | |
| 猪蓝耳病 | | – | – | | – | – | |
| 猪、牛、羊口蹄疫 | | 4430 | 3537 | | 5762 | 7389 | |
| 奶牛A型口蹄疫 | | – | – | | 91 | 88 | |
| 羊小反刍兽疫 | | 441 | 371 | | – | – | |
| 犬狂犬病 | | 3371 | 3394 | | 2627 | 2792 | |

【动物检疫】 严把检疫两关。产地检疫关。现场查验动物免疫耳标和动物免疫证明齐全且在有效期内、动物健康状况良好者方出具产地检疫证明。免疫耳标或动物免疫证明缺失，经临床检验合格，须核查免疫档案，补齐免疫耳标或免疫证明后方出具检疫证明。对未经免疫的家畜，应在指定场所或报检点的动物隔离观察室进行补免，隔离观察14天，经检疫合格后，补戴动物免疫耳标，补发动物免疫证明，方出具产地检疫证明。对检疫不合格的动物，要求在指定场所或报检点的动物隔离观察室进行隔离、观察、治疗、消毒，严禁染疫动物进入流通环节。2018年共产地检疫生猪1963头。屠宰检疫关。南岸仅有中基1家生猪定点屠场，2018年全年暂停营业。屠宰场入场检疫时，跨省贩运严查非疫区证明、出县境检疫证明、车辆消毒证明和耳标，严防缺少“三证”任何一证的动物入场，对证物不符、无检疫证明、检疫证明失效的，按《动物防疫法》相关规定对货主进行处罚，再对动物实施重检或补检。“三证”齐全却无免疫耳标的牛、羊必须就地或退回隔离、免疫、观察14天，经检疫合格的可进行屠宰；经检疫不合格的做无害化处理。经屠宰检疫合格的动物产品，出具动物产品检疫证明，并100%地回收动物检疫证明和免疫耳标。宰后检疫按头部、皮肤、胴体、内脏、寄生虫、复检等设定检疫岗位，检疫员到岗检疫，检出的病害产品做无害化处理，严防检疫不合格动物产品出场。

【动物及产品质量安全管理】 狠抓动物及产品检疫关。南岸辖区内有公运渝南（冷链）物流配送中心1家冻库，区动物卫生监督所在南坪兽医站派驻检疫申报点，开展动物产品申报检疫工作。冻库业主在动物产品需要继续调运或者分销进行申报检疫时，需严格按照申报程序并提交材料进行申报，申报受理后，官方兽医及时到场开展检疫工作，对动物产品进行验证查物，确保动物产品在有关国家标准规定的保质期内，且无腐败变质等情况。

狠抓饲料、饲料添加剂、兽药等养殖投放品的生产、销售和使用环节监管。严格按照农业部《饲料生产企业审查办法》规定，开展饲料生产企业审查工作，把牢饲料生产行业准入关。加强获证饲料生产企业日常生产、饲料销售门市日常经营的监督管理。饲料生产企业重点查处无证生产、经营饲料和饲料添加剂，在生产过程中添加违禁药品，进货质量检查是否到位等，督导生产企业规范生产行为，建立健全生产记录及购销台账，违禁药物及其他化合物名录上墙公示等。对于经营门店、饲料市场，进一步规范其经营行为，使其建立购销台账，张贴《禁止在饲料、饲料添加剂中使用药品目录》，强化获证企业监管，查扣销毁“三无”饲料产品，扩大瘦肉精等主要违禁药物和非法添加物的监测范围和频次。加强兽药经营门市GSP条件规范管理。加强对违禁兽药重点品种的监管，促进兽药经营市场秩序的正常运行。

抓好畜禽养殖户的饲料、饲料添加剂和兽药的使用监管。加强《食品安全法》和《动物防疫法》、违禁药物种类品名的宣传。督促养殖户严格落实休药期制度，发挥驻场兽医的监管作用，重点对禁用兽药进行清理，规范兽药使用记录。

**强化动物卫生监督执法，加大打击力度。**加大养殖、屠宰、加工环节的监管力度，严把各道关口。特别是对城乡接合部加工制售病死动物及制品窝点要重点打击、决不手软。违法行为涉嫌犯罪时，及时与公安、卫生等部门沟通协调，争取公安部门提前介入控制违法人员，与卫生部门一起按照职能职责分别采样送检，必要时及时依法移送公安机关。全年共办理相关行政处罚案件4件，罚没款共8632元，维护了南岸辖区内动物及动物产品质量安全。

## 林　业

**【“山长制”工作】** 在全国全市率先创新推行山长制，印发《南岸区推进山长制工作实施意见》，成立南岸区推进山长制工作领导小组，下发系列制度。全面建立区、镇街、村（居）、社（组）四级山长体系。区级设一级山长、副一级山长。由区委、区政府主要领导共同担任区级一级山长，为全区山长制第一责任人；区委、区政府联系和分管农业农村工作的领导共同担任区级副一级山长，具体负责山长制的实施。按照属地属事管理原则，各镇街、村（居）、社（组）由同级党政主要负责人分别担任二级、三级、四级山长；国有林场场长、林场林区管护站主任分别担任二级、三级山长；其他相关社会单位主要负责人、片区主任担任二级、三级山长，负责辖区内山长制的实施。区委、区政府召集各镇街、南山植物园、林场各级山长、区级有关单位召开全区推进山长制工作部署会议，将各级山长责任逐级落实到镇街或林场、村（居）或管护站、村民小组，还召开南山林界区域山长制管理协商会。通过多次实地踏查，在山长制实施范围内的重点地段、重要卡口安装山长制公示牌89块、护山亭15座，印制山长巡查记录本，发放323本。

**【国土绿化】** 根据《重庆市人民政府办公厅关于印发2018年全市国土绿化提升春季行动工作方案的通知》要求，认真开展实地调查，起草《2018年全区国土绿化提升行动工作方案》并经区政府印发，编制《2018年国土绿化提升行动实施方案》并经市级评审，将1133.33公顷绿化任务分解落实到各镇街、林场，落实资金2365万元。开展国土绿化三年提升行动空间测算、总体方案编制、南岸区腊梅路景观改造作业设计、《景观设计方案》编制等工作，进一步摸清造林空间，通过实施国土绿化工程，逐步改善林相。对全区古树名木进行全面摸排，编制古树名木复壮方案，全区保护树122株，全部实行挂牌保护。

**【森林资源保护】** 组织开展全区公益林落界工作，全区国家级公益林区划落界面积116.53公顷，分布在南岸区明月山林场广阳管护站。落界成果已经区政府常务会第51次会议审议后上报市林业局。组织开展2018年林地变更、森林督查、南山国家森林公园修编工作。全面完成年度林地变更调查，对110个森林督查图斑逐一开展现地核查，并形成数据成果上报，对违法图斑逐一整改。严格项目用地管理，开展非法侵占林地清理排查专项行动，对区域内所有违法破坏林地资源建设和未批先建的各类违法占地项目进行全面清理排查，下发《关于切实加强全区森林资源管理的通知》，对涉林项目依法开展林地审批工作，办理占用林地手续。开展全区自然保护地大检查大整治，组织各牵头部门、经济板块、镇街、林场召开全区自然保护地大检查大整治工作会，部署工作任务。进一步核实完善市自然保护地协调小组反馈的33起自然保护地问题（南山国家森林公园12起，凉风垭市级森林公园4起，苦溪河市级湿地公园9起，南山风景名胜区8起，迎龙湖国家湿地公园未涉及违法违规侵占保护地情况）信息，严格按照中央环保“一场一档”要求建立台账和制订整改方案，并按照职能、权属管理原则分别移交给区国土分局、区森林公安、经开区市政绿化处和长生桥镇进行查处。

**【林业有害生物防控】** 全区范围内的枯死松木、衰弱木、濒死木、雪压木等所有涉及松类树木均严格按照松材线虫病除治技术要求进行除治，伐除枯死、濒死、衰弱、风折、风倒、雪压等松树2.5万株，集中除治面积1066.67公顷，清理农户数量1070余户。林间枯死松树伐除率、除治现场合格率、伐桩处理合格率均达到100%。所有伐桩均低于5厘米，并进行剥皮、放药、覆膜等处理，山场除治干净、彻底，全面完成除治任务。在6月底、7月底对南山、明月山片区开展松墨天牛飞机药物防治，防治面积1333.33公顷次。继续推广APF-I型松墨天牛化学诱剂及诱捕器，挂诱捕器350盏，合理分布于林区中。采用无公害药物积极开展其他林业有害生物的常规防治工作，防治松毛虫面积近46.67公顷，尺蠖面积近23.33公顷。

【天保工程建设】 森林资源管护。全区天然林管护涉及5镇1街、2个国有林场，管护面积7613.33公顷，落实责任单位10个，签订管护目标责任书10份，管护碑（牌）58块。做到管护区域、管护任务、管护措施、保护标志、责任单位、承包人员、奖惩制度七落实。职工五项保险社会统筹。全区两个林场现有在职职工50人，其中南山林场10人，明月山林场40人，全部参加了社会五项保险，并足额缴纳各项保险费用。清退林业员养老和医疗补助。全区原清退林业员养老和医疗补助发放12人，累计发放养老和医疗补助12.94万元。森林保险。全区森林保险投保面积5160公顷，投入资金7.74万元。

【退耕还林工作】 对全区退耕还林工程（含地方退耕还林）所涉及的广阳镇、迎龙镇、长生桥镇、峡口镇、鸡冠石镇和南山街道等5镇1街961.11公顷退耕还林地进行日常管理，其中国家坡耕地还林836.88公顷，地方坡耕地还林124.23公顷。

## 水 利

【城乡供水一体化】 针对农村饮水安全人口全面销号以后出现的新问题，全区大力推进城乡供水一体化进程。通过供水管网改造、并网等措施，关停全区所有农村水厂，改由城市水厂统一供水、统一管理、统一经营，确保农村区域供水稳定、水质提升，实现全区城乡供水一体化，让全区4万农村居民喝上了放心水。为保证农村供水工程的安全稳定运行，全年共投入资金279.5万元用于补助村社管网水损、人员经费和实施管网维护改造等，全面提高农村饮水安全保障。

【河道四乱清理】 结合河长制，在全区范围内开展地毯式排查，认真查找长江南岸段、长生河、渔溪河和区内其他小河流河道“四乱”问题，逐段建立问题清单。到年末为止，全区共排查乱占、乱采、乱堆、乱建等“四乱”问题10处，其中长江南岸段7处。

【河长制工作】 加大河长巡河力度。全区共有区级河长19名，全年应巡河23次，实际巡河25次。推进区级河流“一河一策”编制工作。至11月，完成除长江外所有河库“一河（库）一策”方案编制，累计编制“一河（库）一策”29册。

【重点工程建设】 确保市级重点项目南岸经开区长江防洪护岸综合整治工程（一期）稳步推进，协调施工单位，通过调整施工计划，采取“交地一段施工一段”的方式确保工程建设施工；采取倒排工期、增加施工机械及人员等措施，抢抓长江枯水期黄金施工季节，全力保障工程进度。年末已完成护岸基础开挖及块石换填1千米，混凝土挡墙600米等工程，启动高坎子滑坡治理，完成投资1700万元。

## 农业综合开发

【高标准农田建设】 2018年，完成南岸区长生桥镇高标准农田建设项目，总投资425万元，其中中央、市级、区级财政资金各238万元、54万元和108万元，群众自筹资金25万元。该项目建设高标准农田180公顷，维修机耕道807.5米，新建机耕道166.5米，新建1米宽沟带路231.7米、1.2米宽沟带路265.9米、1.5米宽沟带路671.4米，新建2米宽人行便道131.7米、1.5米宽人行便道1002.9米、1.2宽人行便道5201.2米、1米宽人行便道124.1米、0.8米宽人行便道277.7米，修建蓄水池7口、沉沙池4口、闸阀井3口、1.2米宽排水沟122.6米、0.3米宽排水沟259米，安装DN50灌溉管道3438.9米、DN32灌溉管道5734米，整治山坪塘2口。

【产业化经营】 按照“过去有基础，市场有销路，农业能增效，农民能增收”的原则，2018年，对重点扶持的重庆中一种业有限公司（南岸区粮油种子产业化开发贷款贴息项目）贴息130万元，对重庆市优质粮油开发有限公司（南岸区特色稻米深加工贷款贴息项目）贴息16.94万元；完成产业化补助项目一个，即重庆德庄农产品开发有限公司的南岸区2018年度2000吨德庄自煮微火锅生产线扩建项目（补助资金168万元）。

## 行政执法

【概况】 2018年，区农委以《水法》《河道管理条例》《农产品质量安全法》《种子法》等相关法律法规为重点，全面推进农业、水利综合执法工作，强化保护措施，保持全区重特大资源环境问题“零发生”的良好态势。扎实开展专项执法行动，维护“三农”权益，严厉查处假冒伪劣农资，开展高毒剧毒农药专项清理，确保全区农产品质量安全；加强河道巡查执法，重拳打击非法采砂行为，严厉制止乱倾乱倒和妨碍行洪行为，维护全区良好的水事秩序。

【农业执法】 全年开展执法检查行动217次，出动执法车辆217台次、执法艇2艘次、执法人员797人次，发放宣传资料1000余份，检查农资经营单位64家次、果蔬基地32家次、渔业船舶132艘次、农用机动车28台次、涉渔餐馆29家次，张贴禁渔横幅5幅。开展“绿剑护农种子执法”“农药专项执法”“秸秆焚烧专项执法”“百草枯专项执法”“农产品质量安全执法检查”“豆芽生产企业执法检查”等多个专项执法行动，行政立案10起，罚款23250元，确保了农产品质量安全和辖区长江渔业生态环境的良好。

**【水利执法】** 全年开展水利执法检查126次，组织检查人员328人次，发现各类水事违法行为43起，下达责令停止违法行为限期整改通知书36份，立案调查6起，罚款15万元。如：重庆老码头地升建材有限公司在南岸区广阳镇沿江村石坪组贯口长江河段，未经水行政主管部门审批，擅自在长江河道内硬化河滩地，违反了《水法》，被罚款2万元。

## 森林公安执法

**【概况】** 2018年以来，南岸区森林公安局认真贯彻习总书记“共抓大保护、不搞大开发”的指导思想，加大资源保护力度，着力维护林区秩序、保护森林资源，扎实推进森林公安工作，重特大破坏资源环境行为保持“零发生”，禁种铲毒、森林火灾保持“零目标”，森林资源保护工作取得良好效果，全面完成生态保护目标考核任务。

**【山长制工作】** 按照区委、区政府下发的《南岸区推进山长制工作实施意见》文件精神，制定《关于实行山长制有奖举报制度的通知》《关于夏季森林防火林区禁火的通知》《关于禁止占用林地埋坟的通告》等文件。加强林区一线基础设施建设，在山长制重点地段、重要卡口建设护山亭15座，增设夜间灯光、入山栅栏、警示牌、警示标语等。加强执法巡查，组织警力开展护山巡查，打击各类破坏山体环境的违法行为。加强信息报送，编报山长制工作简报6期、情况通报1篇。

**【专项打击行动】** 组织开展“飓风1号”“春雷行动”“野生动物及自然保护区专项整治”“利剑2018植物检疫执法”“‘四山’专项整治”“绿剑2018”等各类专项执法行动，执法检查135次，出动森林公安警力398人次，接处警58起，立案查处行政案件41件、刑事案件1件，依法移送环保法庭起诉4人、行政处罚41人，罚没款83万元，案件查处率为95%以上。

**【林区综合整治】** 开展森林督查110个图斑的核查，完成自然保护地、森林督查等22个涉林违法项目和违法图斑的查处工作。配合开展南山国家森林公园修编、自然保护地大排查大整治整改方案落实工作，积极推进环保督查问题整治。加强辖区各类涉林建设项目、林区农家乐、民宿使用林地的执法检查，清理占用林地建设项目20余个，责令整改15起，拆除林区蓝屋顶和林区非法养殖围栏。开展重点区域南山火锅一条街林地、铜锣峡长江沿岸林地勘界确权工作。发布《森林防火禁火令》《禁坟通告》，进一步加强防火、防侵占执法检查，拆除林区违法坟墓10座，处理林区违法用火行为4起。开展护林防火一线关卡建设，完成护林公示牌、护山亭等项目建设。推进安全生产执法工作，组织检查53次，发出安全生产整改通知18份，加强林区植物疫病防控执法检查，坚决打击农户私藏疫木、违规运输、利用松疫木行为，查处非法运输木材案件2起，没收销毁松木2500根。组织开展国有林区禁种铲毒工作，组织警力集中踏查重点林区150公顷，发动各林场、护林人员开展林地拉网式普查，确保林区“清净无毒”，连续14年实现毒品原植物“零种植”目标。

**【野生动物保护】** 严厉打击非法经营利用野生动物行为，处置群众报警15起，开展驯养、展演场所和林区检查23次，救助野生动物10头只，其中珍贵、濒危野生动物猫头鹰、夜鹭、猕猴等5头只，有效保护动物资源。

**【平安林区创建】** 召开专项工作会，成立机构，制定方案，安排部署并下发《关于开展林业领域涉黑涉恶问题线索排查工作的通知》《林业领域扫黑除恶专项斗争工作机制》，全力开展林业领域线索摸排和专项斗争。开展内部及档案资料排查，结合“1+3+N”“四风”整治专项工作，开展民警自查、案件排查和信访排查，共排查十八大以来行政案件45件、信访件20件，认真查找涉黑涉恶线索。加强林区黄、赌、毒摸排，收集研判林区涉赌线索3条，上报1条。紧密联系林场、镇街，加强与公检法司的联系，构建群众、护林员、林业工作者以及执法人员的立体网络，加强林区宣传，公布举报电话，设置举报箱，制定了涉林违法犯罪有奖举报制度。严厉打击盗伐林木犯罪，查处了一批典型案件。如：2018年1月，查获唐某等人盗伐林木23棵共7.88立方米案件，为首者唐某被判处有期徒刑6个月，罚款1000元。

## 安全管理

**【农机安全管理】** 全年清理外籍变型拖拉机45台，清理统计率100%；函告查询41台，回函率91%。在清理统计的基础上，与各镇街签订农机安全责任书9份。落实农机购置补贴政策，组织农机推广人员开展购机实地核实1次，补贴机具1台，补贴金额800元。

**【渔船安全管理】** 定期研究部署渔船安全生产工作，召集相关镇街和渔民召开渔船安全工作暨培训会3次、渔船安全生产月度例会14次。制定2018年渔船安全生产监管工作要点和渔船安全检查清单，严格按照《重庆市安全生产风险隐患管理办法》要求，全面推行“日周月”隐患排查制度，建立健全《2018年渔船隐患排查治理台账》。结合渔船安全大排查大整治大执法行动，全年开展渔船安全检查29次，检查渔船158船次，排查一般安全隐患40个，下发隐患整改通知16份。

**【农产品质量安全监管】** 印发《2018年农产品质量安全监督抽检实施方案》《关于做好2018年中秋和国庆节期间农产品质量安全监管工作的通知》《关于切实加强百草枯监督管理的通知》，对农产品质量监管进行安排部署。召开全区各涉农镇街及农产品生产企业（合作社）农产品质量安全会议3次，参会100余人，发放农产品质量安全监管手册32本，签订农产品质量安全承诺书、责任书37份。在人群集聚地开展农产品质量安全宣传3次，发放新修订《农药管理条例》《禁限农药名册》《农产品质量安全法》等资料1500余份。对农产品生产企业及农药经营门店开展指导检查41次，水果、豆芽抽样送检11次，检测合格率100%。对四季垄耕蔬菜基地每月进行蔬菜快检，全年共抽检720个样本，抽检合格率100%。

**【林业安全监管】** 开展林业领域风险研判工作，通过对11个森林防火责任单位共5类风险情况进行定性定量分析，分析出橙色风险类3个，黄色风险类1个，蓝色风险类2个。开展隐患排查18次，查出一般隐患22个，并建立风险台账和隐患清单。联合森林公安，开展扫黑除恶相关工作，按时报送工作动态。建立林业安全生产资料档案，安全检查整改、复核档案，履职档案，安全生产检查记录，安全生产会议记录，风险研判报告，风险台账，隐患清单等台账。

**【森林防火】** 强化林区火源管控，在林区新建5处集中焚烧池，引导群众鲜花祭祀、文明祭祀，大幅度减少林区的祭祀烧钱化纸现象。夏季高温伏旱期，全区各级山长认真履行山长巡山护林、监督管理职能，并通过山长办公群及时反映护林人员在岗情况、山长巡护情况，全区各责任单位共安排巡山护林人员近520人，在高温期间从早到晚开展山体巡护。进一步加大宣传力度，全区共印制悬挂森林防火标语、横幅300余条，发放宣传资料800余份。在林区及周边100米范围内的农户、农家乐张贴森林防火责任书。夏季及高温期间发放禁火通告2000份，区防火办会同区教委向全区中小学生发放森林防火公开信。通过全区上下共同努力，实现全区连续17年无森林火灾的目标。

（区农委）

# 商业贸易

## 概述

**【概况】** 南岸区商务局为区政府工作部门，其主要职责是贯彻实施国家关于商贸流通业、对外贸易、外商投资、对外经济合作及招商引资的法律、法规、规章和方针政策，拟订有关发展战略和中长期规划；负责区域商贸统筹发展工作；负责内外贸易和投资促进工作；指导外商投资工作、对外经济合作工作；负责粮食流通的行业管理等。

2018年，南岸区商务局内设机构10个：党政办公室（财务科）、现代流通科（电子商务科）、外经外贸科、特种商品管理科、粮油管理科、市场秩序科、商圈发展科（已撤销）、综合商务科（行政审批科）、招商引资科、统计监测科、安全科。共有编制总数48名。其中，行政编制26人；机关后勤服务人员事业编制1人；区投资促进中心事业编制11人；区军粮供应站事业编制10人。实有在编人员36人，空编12人。全区219家限额以上批发零售业，实现商品销售总额861亿元，增长6.6%。

**【商品批发】** 全年区内商品批发业主要集中在医药、石油及制品、金属材料、服装鞋帽、通信器材和烟酒行业。全年批发业销售总额增长10.1%。区内158户限额以上批发企业实现销售总额584.9亿元，增长6.4%。其中，医药207亿元，下降13%；通信器材类实现销售额259.5亿元，增长47%，金属材料44亿元，增长19.5%；烟酒类实现销售21亿元，增长5.9%。年销售总额超20亿元的有重庆九州通医药有限公司、重庆恒正宏茂科技有限公司、重庆胜健通信设备有限责任公司、重庆焜琰电子科技有限公司、中国石油天然气股份有限公司重庆江南销售分公司、重庆五锋科技有限公司、重庆东银壳牌石化有限公司、重庆煊火映欣商贸有限公司等8户批发企业。

**【商品零售】** 全年区内零售业实现销售额增长6.9%，增速排主城各区第一位。全区60户限额以上商品零售企业实现销售总额218.2亿元，增长6.3%。其中，汽车行业实现销售总额82亿元，增长7.6%；药房连锁实现零售额15.2亿元，增长9.6%；石油及制品类实现零售额44.2亿元，增长20%。年销售总额超5亿元的有重庆东银壳牌石化有限公司、中国石油天然气股份有限公司重庆江南销售分公司、重庆百事达华众汽车销售服务有限公司、重庆市滔搏商贸有限公司、重庆市万和药房连锁有限公司、重庆亚高贸易股份有限公司、重庆金菱汽车（集团）有限公司、追星汽车服务（重庆）有限公司、重庆童联孩子王儿童用品有限公司、重庆市庆德宝汽车销售服务有限公司、重庆渝润汽车销售服务有限公司等11户零售企业。

**【开放型经济发展】** 重庆经开区、自贸试验区、中新合作等开放平台融合互动，重庆经开区在219个国家级经开区综合发展水平考核评价中实现历史性突破，位居全国第三十一位（比2017年上升26位），西部第三、全市第一。高铁重庆东站开工建设，将成为南岸区重要的开放通道，给全区发展带来崭新的历史机遇。（1）谊品生鲜等重点外商投资项目落地，怡置投资控股增资到位，城建集团外债发行成功。（2）国际集团、渝贸通等市级重点贸易企业入驻区内，国际集团成功入选全国供应链创新与应用试点企业。（3）全区数十家外贸企业成功申请中小开、国际服务贸易、进口贴息、融资担保、加工贸易等市级资金1000余万元；出台南岸区外贸稳增长专项资金管理实施细则，充分发挥政策组合效应，推动外贸增长。（4）努力扩大对外贸易。维沃、五峰、国际集团、融讯等重点企业的进出口份额超过全区进出口总额的70%；鼓励力宏化工等企业积极应对中美贸易摩擦，支持企业到俄罗斯、巴基斯坦、印度和新加坡等“一带一路”国家投资和拓展境外业务；组织企业参加首届“中国国际进口博览会”。

【招商工作】 2018年，区商务委围绕大数据、总部经济、医药大健康、外资外贸、商贸流通等现代服务业开展招商工作，累计引进京东云重庆总部、国药控股重庆泰民、重庆国际贸易公司外贸进出口平台、重庆渝贸通、重庆全之道医药产业链、上海建纬律所等12个项目。完成新开工项目投资额15.1亿元，正式签约合同总额61.8亿元，新增入统企业重庆上汽汽车销售、重庆步沃商贸、重庆城佳惠百货、重庆馨芒商贸等12户。沈阳机床集团5D智能制造谷项目、普天集团、新鸥鹏南湖教育城和中冶投资（重庆）总部项目等10个项目正在商谈，总投资额192.8亿元。全面完成区政府下达的招商目标任务。

【消费提振】（1）会展经济及配套产业稳定发展。全年举办展览会议226个，直接收入66.2亿元。婚博会、动漫节、高交会等成为西部乃至全国盛会。（2）特色商业和商业综合体发展迅速。金辉铜元道成功打造市级夜市街区，长嘉汇购物中心荣获市级特色夜市街区；弹子石老街、龙门浩老街、九街壹华里等相继开业，有力推动了全区商贸行业的提质增效和转型升级。泽科弹子石中心、万象汇营业，填补了弹子石区域无大型商业综合体的空白。（3）餐饮住宿业快速发展。火锅等本地特色餐饮随游客增多而发展迅猛，海滨鑫缘、俞福记获重庆老字号。

【商旅文体联动】 重庆国际马拉松、全市夜市文化节、国际啤酒音乐节、国际音乐美食节等大型赛事活动的影响力逐渐增强。辖区餐饮、商场、文化企业联合开展丰富多彩的促销活动，节庆期间带动周边消费增长30%以上。

【专业市场建设】（1）推动医药产业基地建设。引导企业应对“两票制”，鼓励企业抱团发展，支持大型医药流通企业做大做强，第四届中国品牌工业&品牌药店工商峰会顺利召开。（2）迎龙专业市场集群加快建设。随着重庆东站的选址落地，专业市场的建设进度明显加快。朝天门国际商贸城目前考虑业态转型升级；迎龙医药城一期12.8万平方米主体工程已完工，目前考虑与京东云合作；普洛斯东港物流园完成主体建设，2018年7月进行竣工验收开始营业，二期项目6.89万平方米已举办开工仪式，计划2019年底建设完成并投用；首冠盛通物流园一期6.9万平方米部分仓库已竣工营业。

【商贸物流建设】（1）加快建设现代供应链体系。实施物流降本增效工程，按照市场主导、政策引导、聚焦链条、协同推进的原则，建设标准规格统一、追溯运行顺畅、链条衔接贯通的供应链体系。中央供应链体系建设专项资金，南岸区九州通计划2019年3月完成供应链体系项目验收，获得400万元专项资金。（2）推进城市共同配送体系建设。2018年，安得智联加快共同配送试点工作建设，计划在2019年完成试点建设任务。（3）加强物流基础调研。摸清南岸物流发展现状，形成南岸商贸物流调研报告，为全区商贸物流的下一步发展提供参考。

【电子商务发展】（1）启动京东西南电商聚集中心载体装修方案、商家服务中心运营服务工作、新经济党政与企业培训工作，召开京东（南岸）商家服务中心项目启动会暨服务商、企业落地签约仪式，签约入驻15家企业、3家服务商。（2）协助泉康现代电子商务智慧金融物流产业园项目注册落地。（3）南坪3.0智慧商圈按序推进，已建成触摸终端、APP+微信、Web三位一体的智慧商圈互动平台。

【自身建设】（1）强化组织建设。全年开展“两学一做”学习活动12次、中心组学习6次，班子成员轮流为党员上党课6次，党员干部“四个意识”不断增强，“四个自信”更加坚定；严把党员审批关，新发展党员1名；开展“大城众管·共同家园”全民动手活动和扫黑除恶专项斗争，解决群众反映问题13件。（2）全面落实意识形态工作责任制。将意识形态工作纳入全局重要议事日程，建立了意识形态场所数据库台账，专题研判意识形态工作2次，分析研判本系统意识形态领域重点工作，强化意识形态网络舆情管控；与各支部书记签订《意识形态工作责任书》，明确目标责任和责任追究，传导压力，提高掌握本系统意识形态领域的领导权、管理权和话语权。（3）深入推进党风廉政建设。制定《南岸区商务局2018年党风廉政建设和反腐败分工责任制》，完善“主要领导负总责，班子成员齐抓共管、纪检部门组织协调”的领导体制和工作机制，不定期研究党风廉政建设和反腐败工作，半年听取专题汇报，强化责任监督，全年专题研究党风廉政建设工作2次；采取领导和分管领导、分管领导和科室负责人签订《党风廉政建设和反腐败工作责任书》，把责任和任务分解到位；严格贯彻落实中央八项规定，深入开展“1+3+N”“四风”专项整治和严肃整治领导干部利用名贵特产类特殊资源牟取私利问题的自查自纠工作。全局未出现业务经费违规使用、干部违规违纪的情况。

## 特商监管

【概况】 特种商业分特种商品和特种行业品油、液化石油气（含二甲醚），酒类商品、药品等。特种行业监管主要涉及再生资源、旧货流通、二手车、典当等。2018年，按照国家、市、区相关职能部门的法律法规要求，南岸区商务局加大了特种商品和特种行业的监管力度，行业布局健康有序开展。

【特种商品管理】 （1）液化石油气经营管理。在全区液化气生产经营企业中进行安全整顿，全年查处非法经营户5户。（2）成品油供应管理。全区共43个加油站，其中年内新增3个，全年汽油销售24.3万吨，增长11.9%，柴油销售15万吨，增长15%。加强同区内成品油经营龙头企业的协调，确保成品油资源充足，为全区社会经济和生产生活提供能源保障。（3）酒类商品经营管理。重点是抓好备案登记、随附单使用、日常监管、销售统计监测工作，全年办理酒类备案登记证15个。在经营者中大力倡导诚信经营，开展酒类流通溯源追踪工作。

【特种行业监管】 （1）再生资源回收体系建设。在完成规划定点的情况下，按照“七统一、一规范”标准，加强对回收网点的日常监管，督促企业做好门前三包，自觉接受当地村（居）委员会、镇街环境、市政的日常监管，接受社区居民的监督。结合再生资源备案登记证年审工作，联合公安、工商、各镇街对回收网点进行专项整治，规范达标，取缔无证无照违规经营回收站点2户。（2）典当行业监管。全区有典当企业9家，按照中商部《典当管理办法》规定，2018年重点开展典当行业非法集资风险专项整治工作。

## 商务管理服务

【概况】 2018年，区商务局加强对市场秩序的规范管理工作，推动商贸流通诚信建设，确保市场健康有序发展。具体工作有三项：牵头协调整顿和规范市场经济秩序；推动商贸流通诚信建设，指导商业信用销售工作，建立市场诚信公共服务平台；负责商务举报投诉受理。

【诚信经营】 区商务局、商联会组织在区商贸企业继续开展商务诚信承诺行动、诚信示范单位创建活动、诚信经营优质服务示范门店创建活动和商业预付卡备案企业诚信示范评定、消费者“最满意”商家评选活动。

【肉菜追溯】 按照《重庆市人民政府关于推进肉类蔬菜流通追溯体系建设试点工作的意见》文件要求，继续开展肉菜流通追溯体系建设。东海长洲菜市场、帝怡菜市场、交通大学菜市场、城南家园菜市场4个单位的肉类蔬菜流通追溯体系建设试点工作有序开展。配发追溯电子秤125台，上报数据累计1000万余条。初步实现“产品来源可追溯、去向可查证、责任可追究”，有效确保群众吃上“放心肉菜”。

【预付卡管理】 2018年，南岸区单用途商业预付卡规模备案企业累计3家（重庆信购物中心发展管理公司、重庆百联南岸上海城购物中心有限公司、重庆盛明汇名品百货有限公司）。一般备案企业新增3家，累计5家。处理单用途商业预付卡投诉32起，涉及金额8万余元。

【企业服务】 为15家入驻企业提供工商核名、工商注册、办理组织机构代码、税务登记、资金补助等一站式服务，为鹏亿南联兑现搬迁补助400万元。落实入驻企业管理人员公租房申请、子女入学等政策。

【行政审批】 根据市级部门相关政策，优化行政审批程序，减少办事流程，实行行政审批“马上办、网上办、就近办、一次办”。全年共完成再生资源回收备案和酒类流通备案20件。8月起，根据国务院“证照合一”要求，取消再生资源回收备案登记。

## 对外经贸

【概况】 全年外贸进出口总额完成15.5亿美元，增长14.5%，总额列主城各区第7，增幅列主城各区第4；实际利用外资8.86亿美元，增长23.75%，总量、增幅分别列主城各区第3和第1。全区新增外商投资项目19个，实际利用外资项目13个。其中怡置投资等房地产类企业利用外资约7.8亿美元；厚泽小贷等金融类企业利用外资约0.8亿美元，谊品弘等商贸企业利用外资超过7000万美元。

【一般贸易】 鼓励和引导传统外贸企业通过提升产品的国际竞争力、开拓海外市场、利用出口信保降低风险等方式稳定进出口。重庆五锋科技有限公司、维沃移动通信（重庆）有限公司、重庆国际贸易集团有限公司、重庆市融讯供应链管理有限公司的进出口量占全区外贸总量的70%，电子信息企业的进出口量占全区外贸总量的55%。

【服务贸易】 全区服务外包执行额年内完成9584万美元。重点培育上海城服贸产业园，入驻企业达200余家，主要为跨境贸易类、旅游运输以及现代服务业等，指导上海城服贸产业园参加市级服务外包特色产业园考核工作。

【中国国际进口博览会】 2018年11月5日至10日，首届中国国际进口博览会在上海市举办。南岸区高度重视，由副区长吕铁带队，组织重庆迪马工业有限责任公司、重庆五锋科技有限公司、重庆嘉发投资管理有限公司、重庆中交通信信息技术有限公司、重庆四方制装有限公司、重庆世玛德智能制造有限公司等20余家企业及相关职能部门参加首届进博会，涵盖生产制造、电子信息、文化、科技、旅游等多个领域，围绕智能及高端装备、服务贸易等重点领域开展采购对接，地方口径采购金额达8亿人民币。

## 粮油商业

【概况】 围绕粮食安全行政首长责任制考核，狠抓各项工作落实。开展粮食清仓查库，确保粮食库存账物相符、账账相符；指导企业按期完成6629吨储备粮轮换工作；加强粮食“两个安全”管理，储备粮管理做到“双低”“四无”；督促应急保供企业提档升级，加强应急保供工作检查，确保应急保供商品品种供应充足、安全；完成粮食行业统计，为粮食宏观调控提供可靠依据。

【粮食监管】 加强粮食库存检查，重点检查辖区国有粮食企业，查清库存粮食数量、质量和储粮安全底数，查明国家粮食购销政策执行实情，守住“数量真实、质量良好、储存安全”的监管底线。加大对粮食流通领域的监管，在重大节日，集中在农贸市场、各大超市、各经营网点等区域进行检查，全年共检查市场33余次，参加人员约72余人次。检查粮食是否有“QS”认证、劣质粮或霉变粮，现场抽检米、面、油等85批次、代表样品约10000吨，粮油合格率在99%以上。加强执法检查，严厉打击囤积居奇、哄抬物价、变相涨价、串通涨价、掺杂使假、价实不符等违法行为，防止利用节日提高物价行为。

【粮食储备】 加强对辖区市级储备承储企业的监督和指导，全区市级储备粮食“四无”储粮98%，“双低”储粮100%，“规范化”储粮100%。全面落实市政府下达的区级储备粮任务，确保全区储备粮食安全。

【应急保供】 主城九区重要商品应急联动机制运行良好，11个区重点应急保供企业、28个粮食应急供应网点等物资储备正常，能确保应急商品满足老百姓日常需要。重大节日期间，各大超市、农贸市场货源，充足确保粮食、食用油、肉类、蔬菜等重要商品的市场供应。

【军粮供应】 牢固树立“以兵为本、粮秣保障、管理规范、争创一流”的目标，坚持以“部队的满意为我们努力的目标”为宗旨，积极开展“粮油服务进军营、餐桌节约促强军”活动，邀请粮油专家为部队官兵开展爱粮节粮科普讲座，深入部队军营现场传授科学储粮知识，赠送科普读物和技术资料，改善军粮储存条件，有效提升军供服务水平。

## 商务行政执法

【概况】 2010年12月，经区编办同意成立南岸区商务行政执法支队。其职责是：接受区商务局委托，承担酒类、粮食流通等商贸领域执法，负责商务举报投诉的受理工作。并成立商务行政执法案件审理委员会，所有重大、疑难案件，由审委会集体审议。

【执法依据整治】 根据《关于开展行政执法项目清理的通知》要求，组织专人对南岸区商务行政执法支队的执法项目进行清理，其中行政许可项目三项、行政执法依据十二条，涉及成品油、液化石油气、拍卖、粮食流通等行业。行政许可项目分别是：《燃气经营许可证》决定批准权、《成品油零售经营企业许可》初审、《粮食收购许可证》决定批准权。行政执法依据是：《成品油市场管理办法》《重庆市液化石油气经营管理条例》《中华人民共和国拍卖法》《无证无照经营查处办法》《拍卖管理办法》《商业特许经营管理条例》《粮食流通管理条例》《粮油仓储管理办法》《典当管理办法》《汽车销售管理办法》《外商投资企业设立及变更备案管理暂行办法》《电子商务法》。

【队伍建设】 开展“规范执法行为、提高执法水平”专项教育活动，每月定期组织开展执法人员教育培训，邀请法律专家和区政府法制办讲解《行政处罚法》等公用法律法规和商务专业法律法规知识、法律文书制作等内容，提高商务执法人员的执法能力和思想业务素质，做到依法行政。

【制度建设】 完善《南岸区商务行政执法工作手

册》，制定统一的商务行政执法程序，规范执法环节和步骤，建立健全商务执法队内部工作管理制度，把商务执法工作任务、工作相应责任具体落实到执法人员，确保执法公正。完善案件统计及数据报送制度，统一执法文书格式，规范填制方式，落实专人负责执法文书档案管理。成立案件审理委员会，定期对所有行政处罚案件从事实、证据、程序、法律适用等方面进行检查，不定期召开会议，集体讨论重大案件。案件审查人员本着“以事实为依据、以法律为准绳”的原则，严格对执法案件的调查、审理、处罚等程序进行把关，提高办案水平。

**【执法宣传】** 结合区政府赋予的行政职能，开展“3•15”保护消费者权益宣传活动。制作展板，以文字、图片、视频等形式宣传南岸区商委的主要职能职责、行政许可项目、商务行政执法的法律依据以及与广大群众的生产和生活较为密切的法律法规和规章。共向群众散发各类宣传资料5000余份，详细介绍粮食、猪肉、酒类等商品的鉴别方法，保护消费者的合法权益。

**【商务监管服务平台建设】** 完成“12312”商务监管服务平台建设，投入经费20万元，配名专职工作人员接听商务举报热线。全年接听举报投诉125件，有效处理125件，满意度达99.5%。

**【工作成效】** 南岸区商务执法支队通过开展“新消费、我做主”“清风行动”“知识产权护航”行动等行政执法活动，全年共出动执法人员80余人次，检查各类经营户40余户，检查批发零售市场、集贸市场等各类市场20次。已立案、结案4件，行政罚款1.3万元，行政警告案件2件，行政拆除各类安全隐患3起。并将案件在“两法”衔接信息共享平台和重庆市商务委公众信息网上进行公开，提升行政处罚的威慑力和权威性，保障消费者和企业的合法权益。

**【区商务局负责人】**

局　长：李永文

副书记：刘　刚

副局长：胡国于　何　丰　张　磊

（区商委）

## 供销商业

**【概况】** 南岸区供销合作社是南岸区政府的其他部门，2018年，内设党政办公室（安全保卫科）、业务发展科、资产管理科（会统科）、资产管理营运中心；现有行政在编11人，事业在编7人。全系统有党支部7个，中共党员159人。全年实现销售总额6.5亿元，增长4%；实现利润总额330万元，增长4%；税金总额369万元，增长3%；实现社会贡献总额2060万元，增长2%。全面完成各项经济目标任务。

**【基层组织建设】** 坚持开展“三会一课”，结合支部开展主题党日活动，组织系统干部职工认真学习贯彻党的十九大精神，学习习近平新时代中国特色社会主义思想，增强“四个意识”，坚定“四个自信”，落实“两个维护”。建立健全责任机制，层层压实工作责任。持之以恒推进作风建设，强化工作制度。加强基层组织建设，日杂公司与南兴商贸公司党支部合并为“供销商贸”党支部。

**【资产经营管理】** 全年区社资产管理租赁收入748.12万元，所属企业收入881.94万元。系统共计收入1630.06万元，与去年基本持平。推进招租规范化，以公平、公开、公正的方式进行房屋招租，统一通过政府采购网络平台进行申报，按规范程序办理。在实地查看、询价比较、综合研判的基础上，经区社党委会研究决定，购置黄桷垭向黄路建面共计315.76平方米的3个商铺作为长久性投资项目。

**【重点项目建设】** 推进股份制合作社建设，组建南山双龙村两个股份制合作社，占股15%。累计组建农民专业合作社110个，股份合作社18个，农民合作社成员9510人，带动农户6045户。尚嘉、秋枫2家花木种植专业合作社分别荣获“中国50佳专业合作社”称号，“马颈金鱼”被评为“全国示范社”，三进蔬菜种植、华鲁果蔬、安然花木等5家专业合作社被评为“市级农民专业合作社示范社”。培育家庭农场14家，专业种植大户67户。全区无公害农产品、绿色农产品认证达50个，8个主要水果蔬菜基地全面实现无公害生产，枇杷、雪梨、葡萄、樱桃、蔬菜等特色农产品认证率达到90%以上。举办首届南岸“农民丰收节”，南岸乡村书画摄影展、特优精农产品进机关等活动，参加西部国际农产品交易会。为打赢环境污染防治攻坚战，完成农地膜回收8吨。全面实行烟花爆竹禁放工作，查封44个零时燃放点，关停长、迎、广16个长年燃放点。回收烟花爆竹储存、库存货物1500余件，价值600余万元。销毁非法伪劣烟爆产品价值30万元，完成烟爆仓库功能转型。

【区供销社负责人】
主　任（党委书记）：黄　勤（2018年6月离任）
江　群（2018年7月任职）
副　书　记：蒋　革　彭朝琼
史亚维（2018年7月任职）
（区供销社）

# 水电气供应

## 供　水

【概况】 重庆市自来水有限公司江南营业管网所位于南岸区福红路46号，2018年，设综合科、财务材料科、营业科、管网科、技术科、工程科6个科室，担负着辖区内生活、生产用水办理，水表管道安装、维修，抄表收费等供水服务任务。供水范围东至弹子石、鸡冠石，南临黄桷垭、老厂，西至巴南区李家沱、花溪，DN100以上供水主干管514余千米，供水面积约90平方千米，供水人口80万人，用户36万余户。

【供水情况】 南岸区现有黄桷渡、白洋滩、玄坛庙3个取水系统，目前供水能力为每天45万吨。其中黄桷渡20万吨，白洋滩20万吨，玄坛庙5万吨。2018年，最高日供水35.2万吨，全年总供水量10468万吨。

【应急工程抢建】（1）江南新城供水系统于8月底独立运行，实现南坪、茶园两个区域两个水源的供水管网互联互通，目前日供水量2.2万～2.3万吨。9月17日启用南山一体化工程，向南山供水站供水，日供水量1200～1300吨。（2）配合白洋滩水厂二期项目、海峡路至白洋滩水厂DN1200配套管道建设。

【安全保供】（1）积极应对缺水缺压调水工作。针对当年高温、高峰天气提前到来，片区供水紧张的形势（向江南新城、渝南及南山供水站调水的任务），细化2018年高峰供水方案，制订调水及大面积停水现场处置预案。实行领导带班、专人24小时值班制度。晚上抢维修增设应急值班组，负责突发事件处理。管网调水工作组实行24小时值班，在保证向江南新城供水的同时，南山片区及高、偏、远等小区在高峰阶段出现缺水缺压，由于调配得当，最大限度保障了高峰供水安全。（2）有针对性地制订突发爆管、大面积停水等应急处置预案，并定期开展预案实地演练，提升突发事件的预判力和掌控力，做到启动快、抢修快、恢复快。（3）加大巡管工作力度、强度，对危、病、独管、危岩边坎、建筑施工、商圈等重点管线增加巡视频率。特别增加了下水道腐蚀管道区域的排查，并建档管理。（4）推进GIS系统建设，加强管网信息化管理，达到管网资产清晰、工作量能量化考核和监督、供水有效率提高、供水安全得到保障等目的。

【服务优化】 深入推进“营业精细化”管理。开通电子发票功能，打通网上收费瓶颈；增配营业厅高拍仪，实现用户过户销户、 供用水合同签订等资料电子化；全面推广微信公众号、支付宝推送、手机APP，缓解营业厅缴费压力；继续加大手机抄表终端建设力度，开通手机端催费、停水功能，为停水催费痕迹化管理提供保障，进一步减少用户开停水纠纷；制定《精准服务实施方案》，进一步拓展网上服务平台的业务功能，使用户“足不出户”便可完成业务办理。（2）关注南岸区服务群众综合信息平台和阳光重庆、天天“630”、市长公开电话、各类信箱以及用户来信等反映情况，办公室、营业、管网设立服务专员，及时处理用户反映事宜，完善首问责任制，推行一问结案方式，快速回应市民用户的诉求和期待。（3）充分应用建立的微信工作群，快速处置用户投诉，做到快速回应，维修及时，处置得当，用户满意。所内热线服务人员全天候24小时接听热线服务电话，快速回应市民用户的诉求和期待。（4）全年接警约2万件，其中网上工单接件1.3万件，用户来电工单接件7034件。全年抢维修4682次，其中DN100及以上管道爆管抢修144次，全部在规定时限内修复，并一次性通水成功。供水设施完好率、管网修漏及时率，以及突发性断管、爆管的抢修均达到承诺要求。

## 供　电

【概况】 2018年，国网重庆南岸供电公司围绕“三生三宜”品质城市目标，认真履行“人民电业为人民”的企业宗旨，主动融入全区工作大局，建设坚强电网，优化营商环境，加强民生服务，助力经济社会发展。

【电网建设】 2018年，原址复工110千伏铜元局（融侨）变电站。成功投运110千伏大佛寺输变电工程，CBD中央商务区、南滨路片区持续发展更具保障。开工建设110千伏长生站主变增容工程，着力解决茶园、经开区等片区的用电紧张问题。加快建设新能源基础设施，累计建成迎龙高速服务区等充电站5座、交流充电桩78个、直流充电桩34个。年末，南岸区共有35～220千伏变电站27座，变电总容量485.96万千伏安；35千伏及以上输电线路93条932.7千米，10千伏中压线路409条1970.8千米；开闭所（环网柜）830座，配电房1197座，公用配变3431台。

**【供电保障】** 完成广阳岛新春植树、火车东站开工仪式等92项重大保电任务，确保活动万无一失。精心调度，成功应对五轮高温大负荷、两轮洪峰过境等严峻考验，实现顺利度夏。及时处置110千伏龙门浩变电站滑坡毁站、220千伏里金线轨道施工外力破坏等重大隐患，确保电网安全运行。周密安排，完成东部水务江南新城原水抢险救灾和东港污水厂电源建设工程，重医附二院等重点项目按期通电。

## 供　气

**【概况】** 2018年，燃气集团南岸分公司贯彻“以改革总揽全局、以改革开创新局”的指示精神，坚持“保供应、拓市场、抓改革、强安全、优服务、提质量”的经营方针，加强气源协调，全力做好南岸安全平稳供气工作，确保了境内企业生产及人民生活用气。

**【线路建设】** 加强市场开发，成立市场开发领导小组，由分公司领导任组长，副职领导任副组长，领导小组下设办公室。组织专人负责了解掌控市场建设进度信息，及时建立开发项目信息档案；组织编制分公司中期市场发展规划和实施方案；协调各相关职能部门，推动东港门站、迎龙门站建设事宜，打造多气源多渠道的供气保障。做好项目建设，搞好优质服务，保障境内安全平稳供气，为南岸经济和社会发展创造良好的供气条件。

**【客户服务】** 按照分公司《客户服务管理责任书》所列“意识要强化、供气要保障、接待要热情、服务要便民、工作要深入、考核要严格”的六项要求，与各科、室、站签订客户服务管理工作责任书，逐项逐条抓好落实。高度重视服务窗口建设，要求服务制度、服务承诺、收费标准等上墙，接受客户监督，并对客户服务工作推行和整改情况定期督查检查。坚持纠建并举，完善监督机制，加强对“966777”客户热线宣传，做到“有诉必理，有理必果”，并设置“工单员”，及时快捷处理客服中心下达的各类工单。深入推行“11533”服务新标准，客户服务从理念到执行，从管理到操作实现全面升级。

**【燃气集团南岸分公司负责人】**

总 经 理：王　华

党委书记：喻俊瑛

副总经理：龚云祥　何卫宁　陈兴疆

（燃气集团南岸分公司）

# 宏观经济管理

## 概　述

**【概况】** 2018年，全区生产总值（GDP）总量724.78亿元，增长2.9%。其中一产业实现增加值3.81亿元，下降2%；二产业实现增加值278.63亿元，下降0.7%；三产业实现增加值442.34亿元，增长5.3%。三次产业经济结构从2017年的0.5 ∶ 56.2 ∶ 43.3调整为0.5 ∶ 38.4 ∶ 61.1。全区实现地方财政收入71.62亿元，同比下降5.1%，其中，公共财政收入63.5亿元，同比下降9.8%，税收收入55.5亿元，同口径增长7.2%。财政支出131.04亿元，同比下降1.2%。全区实现固定资产投资353.5亿元，同比增长6.2%。社会消费品零售总额442.92亿元，增长6.9%。批零业销售总额达到1689.13亿元，同比增长10.1%。50户重点企业实现工业总产值638.01亿元，同比下降1.2%。实际利用外资8.86亿美元，进出口总额达到15.5亿美元。人民币存款余额1305亿元，同比增长2.6%。人民币贷款余额1156亿元，同比增长4.5%。居民人均可支配收入37886元，同比增长8.4%，其中城镇常住居民人均可支配收入38073元，增长8.2%，农村常住居民人均可支配收入21039元，增长8.3%。城乡居民收入比缩小到1.84 ∶ 1。

**【农业和农村经济】** 2018年，全区实现农林牧渔业总产值5.05亿元。其中：农业产值4.34亿元，下降0.6%；林业产值0.13亿元，增长0.6%；牧业产值0.13亿元，下降7.9%；渔业产值0.32亿元，下降6.4%；农林牧渔服务业产值0.13亿元，增长1.3%。主要农产业品中，粮食2075吨，增长0.2%；生猪出栏2568头，下降6.3%；水果4134.81吨，增长5%；蔬菜7638.73吨，下降2.4%。

**【工业经济】** 2018年，全区实现工业增加值193.35亿元，同比下降4.1%，占全区GDP的比重为26.7%。全区完成工业投资30.43亿元，同比增长15.6%，占全社会固定资产投资的8.6%。规模以上工业增加值下降4.2%，219户规模以上工业企业实现工业总产值780.28亿元，同比下降4.3%。

**【第三产业】** 2018年，全区社会消费品零售总额442.92亿元，同比增长6.9%。从社会消费品零售构成行业来看，批发业完成64.94亿元，同比增长4.4%；零售业完成310.32亿元，同比增长7%；住宿业完成13.47亿元，同比增长8.4%，餐饮业完成54.23亿元，同比增长9.1%。全区批零业销售总额达到1689.13亿元，同比增长10.1%。全区限额以上批零企业销售总额795.48亿元，同比增长6.6%。销售额排名前10位的批零企业累计销售额252.35亿元，占限额以上法人销售额的31.7%，同比下降1.4%。2018年末，全区共有旅行社35家，其中国际旅行社4家，国内旅行社31家，门市部600余家。星级酒店8家，其中五星级酒店2家，四星级酒店2家，三星级酒店4家。对外开放的国家等级景区9个，其中4A级景区3个，3A级景区2个，2A级景区3个，1A级景区1个。全年接待游客4889.5万人次，增长8.8%，实现旅游收入168.2亿元，增长38.2%，其中接待境外游客32万人，增长4.4%。

**【固定资产投资和城市建设】** 2018年，全区实现固定资产投资353.48亿元，同比增长6.2%。其中：基本建设和更新改造完成投资58.33亿元，同比增长2.6%；房地产开发完成投资295.15亿元，同比增长7%。商品房销售理想。商品房销售面积为366.31万平方米，同比增长9.6%，其中住宅销售面积为312.26万平方米，同比增长13.1%。商品房销售额398.13亿元，同比增长19.4%，其中住宅销售额353.85亿元，同比增长23.1%。

宜居南岸建设有力推进。2018年完成人行护栏涂装整治15919米、加强型人行护栏1095米、中央隔离栏7011米、防撞护栏39730米。完成金色家园、阳光华庭一户一表改造2195户。新建公厕13座，改造公厕5座。完成背街小巷和老旧居小区市容环境综合整治项目2个，涉及房屋12栋，惠及居民413户1300余人。整治城市桥梁14座，共计完成结构设施涂装约2.9万平方米。新增配建室内外停车位18352个，在商圈范围建设并运行智能路内停车位209个。累计整治环境卫生问题52035处，清除暴露垃圾37540.3余吨。累计完成车行道整治41000平方米、人行道整治11500平方米。累计消除新增违法建筑148件，面积0.5万平方米。整治存量1429件，面积62.6万平方米。补栽绿地32070平方米，修剪树枝排危221株，更新更换绿化栏杆6312.5米。

**【重点项目管理】** 2018年，安排重点建设项目112项（含子项212个），其中新建项目139个，续建项目73个。年度投资计划336.64亿元，全年实际完成投资320.02亿元，完成年度计划的95.06%。其中政府主导类重点项目完成投资72.32亿元，社会资本类项目完成247.7亿元。

新建新开工项目（含子项）计划开工122个：郭家沱长江大桥及六纵线征地拆迁、滨五期工程、大佛寺立交（一期）群慧公园及配套道路工程（一期）、弹子石B区市政道路2号路、弹子石B区市政道路3号路、弹子石CBD滨四期地块市政道路工程、江南新城B区路网工程（学菁路）、科技桥及连接道路、梨花大道二期、南岸茶园新区B标准分区储备地块道路及配套管网工程、长生水厂、茶黄路、黄桷垭环道、南岸区龙黄公路拓宽改造工程、南岸区城市棚户区改造、三峡库区重庆市南岸区消落区综合治理工程（鹅公岩大桥—史家岩段）、通江立交、渝南分流道拓宽改造（大石路立交—兰花路口）工程、朝天门大桥滨江连接道、呼归路道路工程、涂山支路道路工程、海棠支路道路工程、南坪西路长江村路口空中联廊工程、黄明路、大坪村至凉风垭连接道工程、南岸区弹广公路边坡及危岩安全隐患治理铜锣峡段一期工程、黄桷垭正街连接道工程、南山公园北路连接道工程、香西路、乐和谷规划二路、乐和谷规划三路、南山黄金公路道路拓宽工程、黄桷坪长江大桥、鹿角隧道、渝长复线进城连接通道、重庆东站铁路综合交通枢纽工程、迎龙商务区综合开发项目、渝湘高铁、江南新城综合管廊建设、东港横一路道路工程、东港横四路道路工程、东港横五路道路工程、东港横二路道路工程、东港纵三路道路工程、东港横六路道路工程、东港横三路道路工程、东港纵一路道路工程、东港北滨路（一期）、朝天门安置房配套道路、纵三路北段、东西南北干道、纵三路中段（二标）、江南机动车智能化考场道路、智能轨道、力宏公司MVR建设项目、迁建技改工程、中建全国绿色混凝土产业基地、鹏亿南联手机基地、现代电子商务智慧金融物流产业园项目、精密医疗器械生产基地、改建综合楼及非遗博物馆等项目、重庆智谷、重庆信慕研发生产基地、南山墅、招商云邸、原长途汽车站改造、重庆医药东港物流产业园、电子商务物流园区和电商孵化基地、小蜜共享电单车项目、重庆飞龙电子商务仓储物流、3D打印众创空间建设工程、中国信息通信研究院西部分院基地建设项目、101项目、金科博翠园、普洛斯重庆东港物流园二期、南岸文化艺术中心、南岸体育公园、江南新城城市形象提升综合项目、南滨灯饰提档升级项目、滨二期景观提档升级项目、迎龙市级特色小镇、长生桥镇派出所迁建工程、南岸区迎龙镇派出所迁建工程、南岸区四千米派出所建设项目、重庆市第五人民医院迁建工程、南岸区精神卫生中心建设工程、南岸区中医院迁改建工程、崇文路环境综合整治工程、茶园广福路学校建设工程、文峰金隅大成小学、龙门浩小学（一天门校区）新建教学辅助用房工程、重庆市南坪中学校新建运动场及功能房工程、三十九中教学综合楼新建工程、光华南坪实验小学、觉林寺报恩塔修缮工程、弹子石摩崖造像修缮工程、指月峰步道工程、慈母山步道工程、庆乡亭步道工程、南岸区茶园大众广场人防工程、总部停车场项目、响水路口机械停车场、经开区茶园组团F分区F60-1/03地块小学校、鸡冠石污水处理厂提标改造工程、重庆市长生桥垃圾填埋场生态修复项目、白沙河黑臭水体综合整治工程（2018年）、南岸区环迎龙湖区域污染防治工程、南山北部片区污水管网工程、长生河岸线环境综合整治工程（二期）、南山闭矿区生态修复工程、大佛寺公园、美的工业园长生河支流景观工程、南涪公园、寸滩大桥南引道绿化工程、石板坡长江大桥南桥头绿化提档升级工程、菜园坝长江大桥南桥头绿化提档升级工程、江南大道绿化提档升级工程、华润社区公园、保利堂悦城市运动公园、骏逸公园、迎龙湖乡村振兴示范园区项目。

实际新开工项目（含子项）59个：郭家沱长江大桥及六纵线征地拆迁、江南新城B区路网工程（学菁路）、黄桷垭环道、南岸区城市棚户区改造、三峡库区重庆市南岸区消落区综合治理工程（鹅公岩大桥—史家岩段）、通江立交、朝天门大桥滨江连接道、大坪村至凉风垭连接道工程、南岸区弹广公路边坡及危岩安全隐患治理铜锣峡段一期工程、黄桷垭正街连接道工程、南山公园北路连接道工程、渝湘高铁、东港横一路道路工程、东港横四路道路工程、东港横五路道路工程、东港横二路道路工程、东港纵三路道路工程、东港横六路道路工程、东港横三路道路工程、东港纵一路道路工程、朝天门安置房配套道路、东西南北干道、江南机动车智能化考场道路、力宏公司MVR建设项目、中建全国绿色混凝土产业基地、招商云邸、电子商务物流园区和电商孵化基地、小蜜共享电单车项目、重庆飞龙电子商务仓储物流、

101项目、金科博翠园、南岸文化艺术中心、江南新城城市形象提升综合项目、迎龙市级特色小镇、长生桥镇派出所迁建工程、南岸区迎龙镇派出所迁建工程、南岸区精神卫生中心建设工程、崇文路环境综合整治工程、茶园广福路学校建设工程、文峰金隅大成小学、龙门浩小学（一天门校区）新建教学辅助用房工程、光华南坪实验小学、指月峰步道工程、慈母山步道工程、南岸区茶园大众广场人防工程、鸡冠石污水处理厂提标改造工程、重庆市长生桥垃圾填埋场生态修复项目、白沙河黑臭水体综合整治工程（2018年）、南岸区环迎龙湖区域污染防治工程、南山闭矿区生态修复工程、美的工业园长生河支流景观工程、南滨公园、寸滩大桥南引道绿化工程、石板坡长江大桥南桥头绿化提档升级工程、菜园坝长江大桥南桥头绿化提档升级工程、江南大道绿化提档升级工程、华润社区公园、骏逸公园、迎龙湖乡村振兴示范园区项目，累计完成投资约76.81亿元，完成计划任务80.5亿元的95.42%。

完工项目29个，分别是：滨山大道一期A段道路工程、慈云路拓宽改建工程、朝天门大桥滨江连接道、昌龙城市花园路口人行天桥工程、风临路南开（融侨）中学人行天桥工程、新田湾加气站路口改造工程、东港横一路道路工程、江南机动车智能化考场道路、力宏公司MVR建设项目、超科电子信息产业标准厂房项目（一期）、正扬都市标准厂房（二期）、金隅大成时代都汇、原尚物流西南项目、九州通（三期）、恒大同景国际城博达地块项目、龙门浩历史文化街区（打捆项目）、长生桥中学征地扩建工程（一期）、茶园新城中学校（校本部）征地扩建工程、龙职中新建综合实训大楼工程、大佛段小学征地迁建工程、弹子石中学置换迁建工程、龙门浩小学（一天门校区）新建教学辅助用房工程、特殊教育中心综合康复楼建设工程、指月峰步道工程、慈母山步道工程、黄桷湾立交绿化景观工程、石板坡长江大桥南桥头绿化提档升级工程、江南大道绿化提档升级工程、华润社区公园。

**【上级支持】** 2018年，全区各部门累计争取上级资金53.86亿元，完成全年计划52.46亿元的103%。其中区级部门完成32.17亿元，完成计划的109%；在区社会单位完成20.89亿元，完成计划的94%；重庆经开区部门完成7975万元，完成计划的110%

**【社会发展】** *教育事业加快发展*。有中小学校（幼儿园）224所，其中公办中小学校（幼儿园）77所，包括幼儿园12所、小学40所、九年一贯制学校5所、初级中学12所、高完中5所、中职学校1所、特殊教育学校1所、教师进修学院1所。全区中小学（幼儿园）共有学生135165人（其中公办学校学生93448人），教职工10774人（其中公办学校教职工7398人）。

*科技创新取得新进展*。全年新入库科技型企业210家、评价国家科技型中小企业68家，新增高新技术企业33家、高成长性企业28家，新认定国家级知识产权示范企业1家、国家级知识产权优势企业6家。重庆工港致慧增材制造技术研究院成功申报市新型高端研发机构。全年新增市级重点实验室7家、企业技术中心4家、工程研究中心5家，新增国家地方联合研发工程研究中心2家。建立南岸区产业协同创新联盟企业专家咨询库，入库电子信息行业专家50余人。12名市区科技特派员进驻专家大院，开展科技下乡活动，助力乡村振兴。成功申报市级创新创业示范团队4个。截至11月，全区每万人发明专利拥有量达到33.03件。南岸区成为重庆市知识价值信用贷款第二批试点区县，推动筹建2亿元规模的南岸区科技型企业知识价值信用贷款风险补偿基金，首期基金2000万元已到位；首批4家企业获区级创业种子投资基金免息贷款支持180万元。

*文化事业全面繁荣*。一是全面提档升级基层综合文化服务中心。完成130个基层综合文化服务中心建设，统一标识标牌，促进基层综合文化中心标准化管理。二是文化惠民落到实处。举办“南岸区第六届民俗民风展演”“南岸区第十三届广场舞大赛”等大型文化活动21场，举办南岸区书法摄影等展览活动11场。通过政府购买公共文化服务等方式，完成各类惠民展演455场次，其中完成“文化迎春·艺术为民”2018中国国家交响乐团服务基层活动3场，完成戏曲进校园活动62场，完成文艺演出进村220场，完成惠民电影780场，恢复“南山笔会”这一传统文学盛事。三是创新全民阅读服务理念。开创“图书馆+”阅读推广服务模式，19个“24小时自助图书馆”、100个“南书房”自助书吧已投入使用。区图书馆联合社区分馆、农家书屋开展各类讲座、展览、培训、“梦想沙龙”系列活动等阅读推广活动150余场次，受众15万人次。四是创新工作取得成效。公共文化物联网进行487次配送。区图书馆依托国家公共文化服务体系示范项目——“南岸区社区图书馆标准化服务”建设，采取多元化办馆模式，引入社会力量参与公共文化服务，成功创建了少数花园、精典书店、资武道院等10家社会分馆。

*卫生事业稳步发展*。推进家庭医生签约服务，全区签约家庭11.7万户，覆盖居民21万人，其中城乡常住居民覆盖率23.8%，农村建档立卡贫困人员和计划生育特殊困难人员自愿签约服务实现全覆盖，老年人、儿童、慢病患者等重点人群签约服务率56.8%，三级以上残疾

人 51.4%；投入专项资金实施基本卫生项目服务补助，2018 年南岸区达到人均 55 元；全面推开公立医院综合改革，实现辖区内公立医院综合改革全覆盖；新批准设置医疗机构 87 家，其中医院 2 家，中西医结合医院 1 家，门诊部及诊所 84 家，批准注销医疗机构 31 家；稳妥实施全面两孩政策，向群众发放宣传资料 4.5 万份，宣传品 8000 多份，接受群众咨询 7000 多次，办理生育服务证登记 7181 件，其中二孩登记 3167 件，再生育审批 226 例。

体育事业顺利推进。全区人均体育占地面积 2.3 平方米，所有社区、行政村建立了体育组织，体育队伍 600 余支，体育单项协会 18 个，全区体育锻炼人口 55%。成功举办 2018 年长安汽车重庆国际马拉松赛、2018 重庆女子国际半程马拉松赛、2018 中国男子职业高尔夫球巡回赛、2018 年“体彩杯”南岸区机关职工运动会等体育赛事活动。2018 年体育彩票销量 5.2 亿元，销量占重庆体彩市场份额的约 9%。

社会保障进一步完善。2018 年，全区城镇新增就业 51801 人，完成率 161%；城镇登记失业人员就业 13139 人，完成率 164%；就业困难人员就业 4272 人，完成率 106%。辖区应届高校毕业生就业率 90% 以上。城镇登记失业率 2.23%。全区新增个体和企业 16938 户，发放创业担保贷款 3406 万元。全区城镇职工养老、城镇职工医疗、失业、工伤保险费分别征收 29.45 亿元、17.77 亿元、0.98 亿元、0.99 亿元。全区城乡居民养老、医疗保险费分别征收 0.03 亿元、1.7 亿元。社保待遇持续提高，城镇企业职工（含农转非和超龄两类人员）月人均养老待遇上调至 2472.06 元，职工医保住院政策范围内报销比例 84%，城乡居民医保在二级及以下定点医疗机构住院政策范围内报销比例 75.8%。全区城镇居民最低生活保障对象 8994 人，农村居民最低生活保障对象 1050 人，累计发放城市低保金 6710 万元，农村低保金 635 万元。年末城镇收养机构 31 个，床位数 4115；敬老院 4 个，床位数 195；五保家园 21 个，床位数 261。

## 物价管理

**【价格秩序维护】** 2018 年，完成商品房明码标价监制 308 次，完成价签备案 5 次，完成菜市场价格检查 12 次。开展重要节日市场价格检查，对涉企收费、电信通信、旅游市场、学前教育、殡葬服务开展了收费专项检查，推进转供电环节收费清理规范工作。通过专项检查，对社会影响较大、群众举报较多、情节严重或损害消费者利益的乱收费行业为，进行通报、公开曝光，对责任单位进行行政处罚等措施，达到“检查一个行业，规范一个行业”的要求。通过“3•15”国际消费者权益日、提醒告诫会等形式，发放宣传手册 100 份，发放宣传资料 300 余份，受理咨询投诉 6 件，发放提醒告诫函 60 余份。全年共受理价格举报 499 件，其中举报投诉件 288 件，咨询件 29 件，违法举报 182 件，共退款 88847.49 元，下达限期整改通知书 11 份，回复率 100%，满意率 99%。

**【价格认定】** 2018 年，做好价格认定工作，完成刑事案件价格认定 709 件，认定金额 293 万元。完成社区居委会工作用房和居民公益性服务设施建设成本认证、长生桥镇棚改安置房团购价格审定；举办首场涉案财物价格认定专题培训会；在红星美凯龙江南新城商场设立首个价格争议纠纷调解处理工作站，成为全市试点示范。

**【年度价格趋向分析】** 2018 年，主要商品价格市场货源供应充足，需求平稳，价格变化趋势不一，经济形势总体平稳，呈现稳中向好的态势。与上年同期相比，粮食、食用油价格小幅波动，粮食价格稳中有降，散装菜籽油、大豆油同比下降 3.98%，4.2%；受非洲猪瘟疫情影响，猪肉、牛肉、羊肉价格总体上涨；蔬菜价格涨跌互现，总体呈现“涨—跌—涨”的趋势波动；水产品价格涨跌互现；禽蛋价格趋于上涨，波动空间不大；水果价格小幅波动；奶制品、饼干、方便面价格下降，饮料类价格小幅波动；城镇居民日用工业消费品价格基本保持稳定；化肥价格以涨为主，农用柴油价格上扬，其他农业生产资料保持稳定。

**【区发改委负责人】**

主　任：刘　孟

副主任：李　上　秦　弦　李玉立　周　彬

（区发改委）

## 财　政

**【概况】** 2018 年，南岸区财政局设 10 个内设机构，分别为：办公室、预算科、国库科、行政事业财务科、社会保障科、经济建设科、农业科、企业科、会计财监科（行政审批科）、政府采购办公室。下属 3 个事业（参公）单位，分别为：区政府投资评审中心、区支付中心、区风险投资政府引导基金管理中心。2018 年，区财政局深化财政改革、创新理财方式和防范债务风险，统筹推进稳增长、促改革、调结构、惠民生、防风险各项工作，推动全区经济向高质量发展转变，保障全年财政收支总体平衡。

在财政收入上，由“重规模”向“重质量”转变，不断优化收入结构，努力提升税收占比，税收占一般公共预算收入的比重达 87.3%，较上年提升 13.8 个百分点，超过主城平均水平，排主城第三位。主体税种和重点行业税收全年保持较快增长，带动全区税收平稳增长。全区一般公共预算收入和税收收入总量均位列主城区第四位。在财政支出上，由“重投入”向“重绩效”转变，探索推行部门预算公开评审和财政支出绩效评价，积极兑现落实各项扶持政策，促进民营实体经济稳定发展。将引导培育税源，作为招商引资扶持政策的出发点与着力点，加大企业项目后续激励及约束力度，认真疏理调整现行招商政策，建立和完善扶持补助与贡献相适应的招商引资政策体系。统筹全区资金、资产、资源，统筹一般公共预算、政府性基金预算和地方政府债券资金，集中财力保重点、保民生，确保区委、区政府重大决策落地。

**【财政收支及构成】** 受房地产业前景不确定性和刚性支出逐年快速增加等因素的影响，全年财政收支增速趋于平缓，全年财政总收入 1705731 万元。（1）一般公共预算收入完成 635213 万元，下降 9.8%。其中：税收收入完成 554834 万元，增长 7.2%，占一般公共预算收入的 87.3%。当年一般公共预算收入加上执行中增加的上级补助、调入预算稳定调节基金、债券转贷收入和其他调入资金，品迭上解支出后当年财力 1090505 万元。加上上年结转 29678 万元，2018 年一般公共预算累计财力 1120183 万元，下降 29%。（2）政府性基金收入完成 462 万元，增长 220.8%。政府性基金预算收入加上级补助收入、专项债券转贷收入品迭上解支出后 420503 万元，减调出资金 50000 万元，当年财力 370503 万元，加上年结转 40077 万元，政府性基金财力 410580 万元。（3）国有资本经营预算收入完成 80572 万元，主要是所属国有公司缴纳的利润收入，减调出资金 40500 万元，当年财力 40072 万元，加上年结转 1288 万元，国有资本经营预算累计财力 41360 万元。财政支出及结转结余情况。全年完成财政支出 1705731 万元，其中，一般公共预算支出 1163164 万元，政府性基金支出 460707 万元，国有资本经营预算支出 81860 万元。安排预算稳定调节基金 61213 万元，地方政府一般债务还本支出 14000 万元，专项债务还本支出 45700 万元。年末结余 140818 万元，其中，一般公共预算结余 83357 万元、同口径增长 180.9%，基金结转结余 57461 万元、同口径增长 43.4%。

2018 年南岸区财政收入情况

| 收入项目 | 金额（万元） |
|---|---|
| 收入总计 | 1705731 |
| 一、一般公共预算收入合计 | 1163164 |
| 1. 区级收入 | 635213 |
| （1）税收收入 | 554834 |
| （2）非税收入 | 80379 |
| 其中：专项收入 | 29031 |
| 行政事业性收费收入 | 3178 |
| 罚没收入 | 10859 |
| 国有资产有偿使用收入 | 34953 |
| 其他收入 | 1940 |
| 2. 转移性收入 | 527951 |
| （1）上级补助收入 | 283773 |
| （2）债券转贷收入 | 14000 |
| （3）调入预算稳定调节基金 | 50000 |
| （4）调入资金 | 150500 |
| （5）上年结余 | 29678 |

续表

| 收入项目 | 金额（万元） |
| --- | --- |
| 二、政府性基金预算收入合计 | 460707 |
| 1. 区级收入 | 462 |
| 2. 转移性收入 | 460245 |
| （1）上级补助收入 | 304468 |
| （2）债券转贷收入 | 115700 |
| （3）上年结余 | 40077 |
| 三、国有资本经营预算收入合计 | 81860 |
| 1. 区级收入 | 80572 |
| 2. 转移性收入 | 1288 |
| （1）上级补助收入 | 0 |
| （2）上年结余 | 1288 |

2018年南岸区财政支出主要项目

| 支出项目 | 金额（万元） |
| --- | --- |
| 支出总计 | 1705731 |
| 一、一般公共预算支出合计 | 1163164 |
| 1. 一般公共预算支出 | 961613 |
| 其中：一般公共服务 | 75831 |
| 公共安全 | 69791 |
| 科教文卫 | 237933 |
| 社会保障 | 73292 |
| 城乡社区事务 | 318688 |
| 2. 转移性支出 | 201551 |
| （1）上解支出 | 42981 |
| （2）地方政府债券还本 | 14000 |
| （3）安排预算稳定调节基金 | 61231 |
| （4）结转下年 | 83357 |
| 二、政府性基金预算支出合计 | 460707 |
| 1. 政府性基金预算支出 | 307419 |
| 其中：城乡社区事务 | 292620 |
| 农林水事务 | 584 |
| 2. 转移性支出 | 153288 |
| （1）上解支出 | 127 |
| （2）地方政府债券还本 | 45700 |
| （3）调出资金 | 50000 |
| （4）结转下年 | 57461 |
| 三、国有资本经营预算支出合计 | 81860 |
| 1. 国有资本经营预算支出 | 41360 |
| 2. 转移性支出 | 40500 |
| （1）调出资金 | 40500 |
| （2）结转下年 | 0 |

【政府债务管控】 牢牢守住不发生系统性、区域性金融风险底线，全面摸清政府债务底数，认真排查政府债务风险隐患，根据实际认真研究制定化解政府债务预案，严格按照财政部、重庆市出台的相关文件精神进一步规范融资举债行为，全力做好政府债务风险化解工作。

【创新理财方式】 全面贯彻执行各项减税降费政策，加大科技创新投入，积极落实高新技术企业税收优惠、研发费用加计扣除、研发准备金、重大新产品补助等政策，助推传统产业升级和新兴产业培育，坚持尽力而为、量力而行，不断健全更加规范透明、标准科学、约束有力的财政投入保障机制。督促全区各预算单位进一步完善内控机制，持续深化公务卡结算制度改革，2018 年全年公务卡报销占比达 97.8% 以上。推进国库集中支付改革和电子化管理，加强预算执行动态监控，建立和完善国库集中支付资金全过程监控模式。推动政府采购一体化信息系统建设，严格遵循“不唯增、不唯减、只唯实”的评审理念，强化提高政府投资评审管理质量。

【区财政局负责人】

局　长：梁　平

副局长：何天霞　杨红宇　郭　飞

（区财政局）

## 国家税收

【概况】 按照国家和全市机构改革的实施意见，2018 年 7 月 5 日，原重庆市南岸区国家税务局、原重庆市南岸区地方税务局正式合并，成立国家税务总局重庆市南岸区税务局。区委常委、区政府常务副区长黄红出席挂牌仪式并为新机构揭牌。分设了 20 多年的国税、地税体制宣告结束。

【机构改革】 成立税务机构改革工作领导小组和 11 个协调督导组，形成“1+2+2+N”的工作定量法，区局和 11 个派出机构顺利挂牌，“三定”方案平稳落地，各项改革任务顺利完成。规范合理设立机关党委、基层党支部、工会、团支部、妇委会，实现“机构改革推进到哪里，党的领导和党的建设就加强到哪里”。班子成员凝心聚力，率先实现“四合”，为广大干部职工做出了表率。局领导走访科室、税务所，共组织谈心谈话 1198 人次，实现三个谈心全覆盖。局长接待日共接待干部职工 26 人次，成立 11 个联合小组，签订 52 条征管体制改革集体承诺，强化党性锻炼，凝聚改革攻坚力量。

【税费收入】 全年累计组织税费收入（不含烟厂）184.6 亿元，同比增长 13.15%。其中全口径税收收入 121.6 亿元，增长 11.28%，地方级税收 78.2 亿元，增长 10.46%，区级税收（含烟厂）49.9 亿元，增长 8.4%，社保费和非税收入 63 亿元，增长 16.96%。

【减税降负】 持续推进办税缴费便利化，落实好“一厅通办”“最多跑一次”等服务事项，大力推广电子税务局，新增纳税人绑定率达 100%，变“群众跑腿”为“数据跑路”；持续加强办税服务厅标准化建设，开辟注销清税、个人所得税申报等专窗，提升工作效率，全面展现南岸税务服务新形象。严格执行党中央、国务院减税降费措施，全年共减税 32.9 亿元。其中小微企业减税 2.1 亿元，办理出口退税 1.6 亿元；落实社保费降费减负 8.8 亿元，减税降费政策措施全面落地落实。纳税人、缴费人的体验感、获得感进一步提升，在全市纳税人满意度调查中，同比提升 7 个位次。深入开展民营企业大走访大调研，为民营企业送政策、送服务、办实事、助发展。全年新增“税银互动”贷款余额达 3.8 亿元，支持了小微企业发展。聚焦辖区重点行业，开展税收经济分析，为区委、区政府招商引资工作献计献策，形成独具特色的税务声音。

【税收改革】 稳妥推进社保费和非税收入征管职责划转，完成个人所得税、增值税、环境保护税等税制改革任务。依托区委、区政府的支持，借助人大代表、政协委员渠道，持续加强个税改革政策培训和宣传引导，确保改革红利精准释放、普惠民生。与区环保部门加强配合，实现环境保护费改税的平稳过渡。稳妥有序做好社保费征管职责划转工作，首批非税收入有序划转征收；扎实开展征管业务衔接和政策效应评估，实施增值税降率减税 1.5 亿元；实施个税新政减税 1.8 亿元。基本实现普惠范围广、社会舆论稳、各方评价好。

【税收管理】 扎实开展企业所得税汇算清缴工作。对 100 余名一线征收干部进行集中培训，提高其业务工作技能；对辖区企业开展为期 3 天、5 个场次、3500 余人参加的汇算清缴培训，详细讲解汇算清缴中的重点、难点问题。抓好个人所得税“两率”申报和 12 万元自行申报工作。制定个税考核实施方案，强化全员全额申报制度落实，提升申报准确度；主动向区政府汇报个税申报情况，得到区领导的支持和肯定；高度重视年所得 12 万元以上个税自行纳税申报工作，加强催报催缴，注重过程监控，狠抓申报质量。做好环保税征管准备工作。与区环保局建立协作互助工作机制，就“资料移交、同步宣传、协作培训、数据比对、定期联系”五个方面达成共识；举办环保税纳税人申报征收专项培训会，邀请辖区近400户环保税税源企业参加培训，提升认知度。强化财产行为税税种集成管理。严格按照“锁定对象、量化任务、突出重点、交叉审核”的土增税工作思路，从税源管控、预征管控、清算管控和专项集成管理入手，制定清算审核流程，构建起组织有力、岗责明晰的土增税工作管理体系；根据房产税、土地使用税的税种特点及风险点，开展税源摸排工作，掌握辖区内房产及土地增减变化、房地产行业土地分割、各主要商圈房产租赁等涉税信息；与区国土资源管理局、区不动产登记中心联合制定《南岸区落实以地控税以税节地工作试行方案》。

**【党风廉政建设】** 班子成员认真落实分管范围内的“两个责任”。深入开展《中国共产党纪律处分条例》等党纪党规的学习贯彻，加强对纪检监察干部的培训，不断提高纪检监察干部的履职能力。精准运用监督执纪“四种形态”，深化“1+3+N”“四风”专项整治和税务人员违规收送礼品礼金问题等专项整治。严格开展追责问责，全年共通报批评1人次，批评教育9人次，提醒谈话3人次，最大限度地保护和关心了干部，保障了干部队伍整体平安稳定和谐。

## 原国税局（2018年上半年）

**【税收收入】** 截至2018年6月征期结束，全局共完成税收收入47.88亿元，同比增收6.6亿元，增长16%，完成区委、区政府全口径任务（81亿元）的59.11%。区级税收完成5.95亿元（含烟厂区级税收3590万元），同比增收7345万元，增长14.08%，完成区级任务（11.2亿元）的53.12%。

**【提升征管效能】** 一是做好定额工作，截至2018年6月15日，已完成15738户个体工商户的2018年度定额工作。其中起征点以上纳税人2361户，占比15%。二是加强欠税管理，积极与市局、工商、金融、公安、质监等部门联系，及时掌握欠税资料，通过对欠税企业采取控票、暂停网上申报、定期公告纳税人欠税情况等措施严格，控制欠税，每月召开欠税工作会议，督促欠税追缴工作。上半年清理本年新欠775.06万元，追缴陈欠392.9万元。三是加强税种管理，增值税方面，上半年共处理虚开黄金94户次、虚冲收入10户次、虚填进项33户次、票种核定风险纳税人114户次、开具不规范7户次，累计查补增值税934.53万元。共处理失控发票379份，查补税款92万元。所得税方面，入库企业所得税80316万元，比去年同期增加39302万元，增长95.83%。圆满完成了全局的汇算清缴工作，数据差错率为零。四是强化风险应对，上半年共完成风险应对任务155户次，查补税款1.94亿元，抵减增值税留抵税额323.42万元，调整企业所得税弥补亏损额1465.84万元，已入库税款1.92亿元，入库滞纳金58.09万元。

**【落实优惠政策】** 一是不折不扣落实各项税收优惠政策，充分释放政策性减税红利，小型微利企业所得税优惠减免税额2779.51万元，优惠政策实际受惠面达100%，高新技术企业减征企业所得税额1664.33万元，软件、集成电路企业减免税额318.9万元，享受研发费用加计扣除金额12916万元。二是开展2017年度纳税人信用等级评定工作，已完成评价结果确认，评选出A级纳税人190户，B级纳税人11203户，M级纳税人16713户，C级纳税人3261户，D级纳税人4550户。三是积极开展“税银互动”，共为100余户纳税人提供“税银互动”贷款6624万元。

**【深入推进全面从严治党】** 认真组织召开民主生活会，严格按照通知要求进行对照检查，并制定整改措施。各支部组织召开组织生活会，各支部成员认真进行对照检查。二是充分发挥纪检组的作用，提高监督实效，增强干部的纪律意识。对科所主要负责人进行廉政谈话，严格落实主体责任。大力开展警示教育，做好干部职工教育管理和廉政提醒。认真落实“月报告”“零报告”“双签字背书”、重大问题24小时内报告等制度，加强明察暗访。上半年共组织察访9次，检查办税厅、税务所31个次，机关科室30个次，现场访查企业办税人员共计55户次，廉政谈话共计40人次。

# 审　计

**【概况】** 2018年，南岸区审计局人员编制38人，在编34人。内设办公室、法规审理科、整改督查与内审管理科、财政审计科（重大政策跟踪审计科）、企事业审计科、投资审计科、经济责任审计科、电子数据审计科。下设南岸区审计中心。2018年，全局共审计单位23个，其中审计21个，专项审计调查2个。查出主要问题金额233327万元，其中违规金额8023万元、管理不规范金额225303万元。审计发现非金额计量问题115个、损益（收支）不实金额2587万元、侵害人民群众利益203万元。出具审计报告和专项审计调查报告23篇，被批示、采用8篇次。审计处罚金额17203万元，其中应上缴财政 7788 万元、应归还原渠道资金 382 万元、应调账处理金额 9033 万元；移送司法机关、纪检监察机关和有关部门处理事项 33 件，移送处理人员 40 人、金额 3162 万元。审计促进整改落实有关问题资金 13973 万元，挽回（避免）损失 5816 万元，核减投资额 9000 万元，移送处理落实事项 7 件。审计提出建议 71 条，被采纳 47 条；推动被审计单位制定整改措施 43 项，促进被审计单位建立、健全规章制度 9 项；提交审计信息 138 篇，被批示、采用 71 篇次。全年完成区县审批的公共建设投资审计项目 20 个。其中，南岸区城市管理局 2017 年度部门预算执行和其他财政财务收支审计项目被评为重庆市审计局表彰审计项目，2018 年重大政策措施落实情况跟踪审计项目被评为重庆市优秀重大政策措施落实情况跟踪审计项目。

**【国家重大政策措施落实情况跟踪审计】** 重点对创新驱动发展战略推进实施、“增绿添园”工程实施、“千百工程”民生实事任务执行、就业创业政策落实、公共资源交易中心“放管服”政策落实、涉企保证金清理等方面的情况进行审计，查出异常业务行为和重要资金流向，揭示政策落实过程中的潜在风险和重大问题。

**【财政审计】** 开展 67 个区级部门预算执行和财政财务收支审计、财政及税收预算执行审计，揭示专项补助资金使用效益较差、以水库土地划拨方式虚增财政收入、将公益性资产出售给平台公司虚增财政收入以及公务人员企业任职等问题，查出违规金额 7379 万元。

**【经济责任审计】** 审计项目 4 个，完成对 5 名区管主要领导干部的经济责任审计，揭示工作经费管理不规范、公务卡使用不规范、“三重一大”制度执行不到位、国有资产管理监督不到位等问题，共查出问题金额 2671 万元，进一步强化对权力运行的约束。

**【固定资产投资审计】** 全年完成公共投资建设项目审计 29 个，核定投资额 246815 万元，核减投资额 12170 万元，核减率 4.68%。梳理区政府出台的规范性文件及执行情况，退出与审计职责不适应的议事协调机构。区政府常务会审定后，制定出台《南岸区公共投资建设项目审计办法》并经区政府常务会审定。

**【民生项目审计】** 开展重庆市 2016—2017 年度残疾人事业发展情况专项审计调查和重庆市 2017 年城镇保障性安居工程跟踪审计，查出管理不规范金额 4048 万元、违规金额 376 万元，向公安机关移送保障性安居工程案件线索 1 件，并提出针对性意见建议。

**【信息化建设】** 充分运用大数据技术，收集、转换财政财务数据，编写审计模型，开发“轻松导”疑点导出工具自动分析、生成出审计疑点近 2 万条，查出违规人员 31 人。建立南岸区审计网络监控系统，在入库该局的中介机构办公地点统一安装摄像头，对中介机构的审计现场核对过程进行远程监管。

**【内部审计】** 指导全区完成内部审计项目 749 个，审计总金额 439.43 亿元，增收节支 18770 万元，提出建议意见被采纳 278 条。组织内部审计人员参加各类审计培训 260 人次。开展区级部门内部审计检查及评优工作，提高内审人员的工作积极性。

**【区审计局负责人】**

局　　长：卢盛国

副 局 长：赵　勇　杨　柳　钟蜀海

　　　　　王凌颖

纪检组长：刘　柳

（沈扬）

## 统　计

**【概况】** 南岸区统计局于 1984 年成立， 2002 年成立南岸区社会经济调查队。2004 年确定南岸区社会经济调查队为全额拨款事业单位。2010 年成立南岸区统计执法队。2018 年局内设专业统计科、综合统计科、办公室（统计法制科、行政审批科）3 个科室。其职责是：贯彻执行统计法律、法规、规章和方针政策，普及统计法律、法规知识，负责监督、检查本行政区域内单位统计法律、法规及统计调查制度的贯彻执行情况，依法查处统计违法违纪行为；承担组织领导和管理协调全区统计工作，确保统计数据真实、准确、及时；贯彻执行国家统一的基本统计报表制度、统计标准和发展规划；制定并组织实施南岸区统计调查制度和统计改革发展规划等。2018 年末，全局有工作人员 20 人，其中行政 9 人、参公事业 4 人，事业 7 人。

**【统计管理】** 2018 年，全区 15 个镇街已全部设置专门的统计管理办公室，明确专职负责人，配备 2 人以上的专职统计工作人员、1 台以上的专用计算机等。统计管理办公室受同级人民政府（派出机构）和区统计局双重领导，统计业务以区统计局为主，工作经费纳入区财政预算。建立了部门联审、联席会议制度，加强统计数据管理，对投资、商贸、农业等三项统计，进行了部门联审；执行核算和工业统计的部门联席会议制度，由区统计局会同相关职能部门对统计工作进行沟通，衔接有关数据。

**【专业统计】** 固定资产投资统计，组织实施全区固定资产投资、建筑业、房地产业的统计报表制度，提供有关统计数据资料，2018年，对全区工业、农业、固定资产投资、商贸、劳动工资、城乡居民收入、服务业等分别进行了专业统计。其中，全区规模以上工业企业有219户，资质内建筑企业111户，房地产开发企业142户。

**【统计监督执法】** 对在区规模以上企业进行了统计执法检查，重点对涉及企业“一套表”和联网直报的企业进行检查，对部分企业存在的问题要求按照《统计法》和《重庆市统计管理条例》的相关规定进行整改。对部分镇街到期的调查员证件进行回收和换发。同时，通过基层单位统计年报培训会、“企业一套表联网直报”培训会、统计法宣传日、经普培训会等多种形式进行统计普法宣传，为基层统计企业、镇街的村委会、居委会及社会群众发放“统计法宣传单”等普法宣传资料5000余份，将《统计法》宣传教育纳入区委党校领导干部教育培训课程。

**【区统计局负责人】**

局　长：郑　渝

副局长：熊　伟　江　帆

（王宏亮　唐瑞遥）

## 安全生产监督管理

**【概况】** 南岸区安全生产监督管理局是主管全区安全生产工作的政府部门和行政执法机构。2018年，区安监局内设办公室、安全管理科（行政审批科）和安全监察科（工矿商贸监管科、职业卫生监管科），下设南岸区安全生产监察执法大队（南岸区安全生产应急救援中心、南岸区安全生产宣教中心），局机关调入2人、退休1人，安全生产监察执法大队调入6人，全局共有在职职工31人。全区有15个镇街安全生产监察执法中队。2018年，区政府投入600万元作为区安全生产专项资金。全年辖区共发生安全生产死亡事故25起，死亡26人，死亡人数在市政府下达的控制指标以内。

**【安全生产示范工程建设】** 统筹推进安全标准化、企业安全文化建设，强化政府安全监管，落实企业安全生产主体责任。创建工贸企业标准化38家，创建工贸行业安全技术服务体系建设示范样板企业16家，超额完成任务。

**【专项整治】** 结合“打非治违”专项行动，开展安全生产大排查大整治大执法。针对“元旦”“春节”“清明”“五一”“端午”“中秋”“国庆”“两会”等重要节假日和重要时段，集中组织安全生产大检查10次。由区领导带队、相关部门牵头，对全区危险化学品、烟花爆竹销售及燃放安全、道路交通、水上交通、建筑施工、防汛、旅游宾馆酒店、公众聚集场所、危旧房屋、宗教场所、医院、学校、下水道和化粪池、特种设备、输油输气管线等进行全面检查，全区共查处安全方面的非法违法行为6400起，罚款1024万余元，责令停产停业整顿330家，拘留28人。抓安全生产隐患排查治理，全年区内共排查一般隐患47311项，整改47252项，整改率99.88%。

**【队伍建设】** 建立以区公安、建委、交通、安监等区安委会成员单位组成的横向安全监管体系和以区、镇街及经济板块、村（社区）为单位的三级安全监管纵向体系。在网络体系建设中，重点建立完善镇街集安监、综治、信访、公安、司法、人武“六位一体”和村（居）集安监、综治、信访、警务、调解、治保、民兵“七位一体”的安全监管工作机制。各镇街独立设置安监办，按照街道和特大镇7人、较大镇5人的标准配备安全监管人员，充实基层执法力量，实施委托执法。组织参加市、区举办的各类安全生产培训，全区安全监察执法人员持证上岗率100%。目前，全区取得重庆市、国家注册安全工程师资格的分别有35人和15人。

**【宣传教育】** 组织开展“6•16”安全生产宣传集中咨询日活动、“安全在我心中”美术书法大赛、“安全伴我行”文艺节目创作比赛、“安康杯”竞赛、青年安全生产示范岗创建等，扎实推进安全知识“七进”活动，向城乡居民发放《市民居家安全手册》《日常生活安全常识卡》《交通安全宣传册》“安全第一、平安是福”公益宣传画等20万份，制发安全生产警示教育片2期。

**【安全培训】** 2018年，全区“三项岗位人员”（企业主要负责人、安全管理人员、特种岗位作业人员）做到持证上岗率100%。全区共举办各类安全培训班200余期，培训企业负责人2000余人、安全监管人员5000

余人、特种作业人员1000余人。危险化学品、烟花爆竹、重点工矿商贸、建筑施工、交通运输、消防等高危行业的从业人员，实现培训率100%。

【区安监局负责人】

局　长：徐义红

副局长：游江海　罗利刚　蒲红旭

（区安监局）

## 工商行政管理

**【概况】** 南岸区工商分局位于南岸区金紫街175号，2018年，有在职职工118人，其中公务员108人，工勤及事业编制人员10人。机关内设12个科室和1个直属机构即执法支队，另有工商学会、消委会，辖南坪、四千米、弹子石、龙门浩、南山、长生桥、西部新区、茶园、电子商务监管等9个派出机构。分局有南山所和长生桥所等2个AA级工商所，南坪所和弹子石所等2个AAA级工商所，四千米所和龙门浩所等2个AAAA级工商所。

**【商事制度改革】** 市场主体持续快速增长。新增市场主体约2.06万户，增长8.03%，含内资企业9170户、个体工商户1.14万户、外资企业75户。市场主体累计逾10万户，含内资企业4.77万户、个体工商户5.19万户、外资企业466户。涉企证照改革不断深化。全面实现“三十一证合一”，营造便利宽松的创业创新环境和公开透明平等竞争的营商环境，已发放“多证合一、一照一码”执照共7.8万份。注册登记便利化水平不断提升。推行企业全程电子化登记，最快可实现1个工作日核准，通过该系统受理企业设立、变更、注销登记申请达3000余件。获得外资登记管理授权，专设外资企业设立登记与商务备案“一口办理窗口”，企业随到随办。大力推行“政银合作”，与银行签订合作协议，指导银行网点建立工商登记辅导代办点。便民服务措施不断增加。完善并推广微信预约平台应用功能，实现业务预约、在线咨询、业务情况查询、资料下载等功能，进一步提高办事效率和群众满意度，多次收到办事群众赠予的表扬信。充分利用区行政服务中心政务服务机器人“小途”的引路、业务咨询功能，率先录入工商注册登记相关业务知识，基本实现人机自助咨询。

**【事中事后监管】** 重点领域监管工作成效明显。开展无证无照经营、安全生产、环境保护、校园周边两考保考、南山生态带、殡葬领域、打击非法集资、打击传销等各类专项整治20项。按照“双随机、一公开”的抽查工作要求，开展各类双随机抽查市场主体4027户并及时公示抽查结果。执法办案工作质量不断提升。开展商标侵权、广告违法宣传、不正当竞争等执法行动，查处新《反不正当竞争法》施行以来全市首例“商业诋毁案”，查办各类违法案件36件，处罚款483.5万元，切实维护经济秩序安全稳定。企业信用体系建设成绩斐然。联合征信系统征集数据31412条，增长47.6%。调研报告《以企业信用体系建设促市场经营秩序健康发展》获区委书记郑向东的肯定性批示。通过微信公众号、门户网站、窗口、电话、现场信息查询等方式，为相关政府部门和社会公众提供企业信用信息查询。2018年，系统共提供查询服务2877次，为企业出具信用报告391份。进一步提升企业合同信用建设水平，营造诚实、自律、守信、互信的社会信用环境，开展“守合同重信用”企业公示活动，向社会公示2016—2017年度南岸区“守合同重信用”企业51家、微型企业14家，向市工商局推荐重庆市2016—2017年度“守合同重信用”企业10家、微型企业7家，均获得公示。

**【商标广告战略实施】** 商标培育提质提量。加大商标培育力度，新增注册商标3474件，总数达2.04万件，其中国际商标注册150件。商标知识产权保护力度持续增强。开展知识产权专项执法检查行动，严厉打击商标侵权假冒行为，查办商标侵权案件2件。广告行业监管力度加大。鼓励广告行业市场主体发展，全区广告经营主体净增1900户，达到5527户。加强智博会期间的广告监管，消除可能存在的广告隐患和不良影响，为举办智博会营造良好氛围。

**【小微企业发展】** 全年区域新增小微企业6355户，带动和解决就业4.13万人，全区累计发展小微型企业4.9万户，享受创业补助4475户。评审小微企业提质发展奖励18户，兑现奖励72万元。做好育苗成长计划达标企业清查工作，356家微型企业通过审查，进入“重庆成长型微型企业培育库”，30家微型企业获得成长奖励150万元。6名小微企业创业青年获“青锋计划”50万元无息创业资金。支持创业创新载体尤其是微企孵化平台发展，助推微企园做优。开展区级孵化园认定培育，3家孵化平台提交区级孵化园申报材料，1家孵化园进入市级孵化平台运营绩效奖励推选范围。6家微型企业荣获2018年全市优秀微型企业，受表彰。微型企业米客微网络公司创作的微电影《山城故事》荣获第三届“爱•重庆”微电影大赛特别奖。

**【消费者权益保护】** 全年共受理分流“12315”投诉举报4199件，有效办结率100%，为消费者挽回经济损失2282.33元。推动消费维权社会协同共治，成功创建1个示范街区、6个示范商场、17个示范经营户。指导40家企业参加重庆市“百千万”放心消费示范工程创建活动，全区24个单位获放心消费创建示范单位。持续强化流通领域商品质量监管，共抽检重点商品94组，监测成品油质量41组，均取得较好成效。组织开展“3•15”国际消费者权益日系列宣传活动，受理消费者投诉518件，调解率达到99.42%，为消费者挽回经济损失216万余元。

**【“三生三宜”品质城市建设】** 开展扫黑除恶斗争，依据职能职责排查涉黑线索1206条。开展南山生态带保护综合治理专项工作，为区政府提供南山生态带市场主体信息3974户，协助相关部门对600户企业进行实地摸底调查并积极配合开展“小散乱污”专项整治执法，检查市场主体107户，对无照经营市场主体发出《责令改正通知书》10份。服务区内重点项目，推动南岸区旅游业发展，采取集中办照等方式引导市场主体规范主体资格，严厉打击销售假冒伪劣旅游商品、消费欺诈、虚假宣传等违法行为，推动营造南岸区良好的旅游形象。引导景区市场主体办照56户，规范经营行为42户次。

**【党风廉政建设】** 压实全面从严治党两个责任，督促党组落实主要负责人从严治党主体责任和其他班子成员“一岗双责”。持续推进正风肃纪，驰而不息落实中央八项规定精神和全系统纪律作风“七严禁”，先后8次发布廉洁提醒，开展明察暗访44次，发出《督查通报》4期，发现问题5个，已督促整改。在上级多次明察暗访中无负面情况，确保中央八项规定精神和市局纪律作风“七严禁”在基层落地落实。深入学习《中国共产党纪律处分条例》和《监察法》，开展各类纪律教育200余次。

**【获奖情况】** 在南岸区深化国家卫生城区活动中，弹子石工商所获“先进集体”，分管负责人获“先进个人三等功”，1名干部获“先进个人嘉奖”，2名干部获“先进个人通报表扬”。在深化全国文明城区建设工作中，分局获“先进集体”，主要负责人获“先进个人三等功”，2名干部获“先进个人嘉奖”。在区政府安全生产、食品安全工作和“三生三宜”品质城市建设工作考核中，分局分获优秀等次。分局商广科获评南岸区巾帼文明岗。

**【区工商分局负责人】**

局　长：齐　琦

副局长：邬继贫　艾　渝　黎志华

李晓云　焦强峰

（邓超）

## 国土资源管理

**【概况】** 2018年，南岸区国土资源管理分局内设2室（办公室、纪检监察室），5科（规划用地科、土地利用科、土地权籍科、地质矿产科、法制监察耕保科）。下设2个直属事业单位（国土事务中心、地质环境监测站），3个国土资源管理所（南坪、黄桷桠、茶园新城）。年末在职干部职工76人。全系统设有7个党支部（机关一支部、机关二支部、事业党支部、退休党支部、黄桷垭国土所党支部、南坪国土所党支部、茶园新城国土所党支部），党员81人。

2018年，区国土分局立足“保护资源、保障发展、维护权益、服务民生”职能职责，坚持服务与发展并重，做到守土有责、守土有力、守土有方、守土有效，为加快“三生三宜”品质城市建设提供了坚实的国土支撑和优质服务。全年落实耕地保护任务1715公顷，划定永久性基本农田701.13公顷；获得用地批文3241公顷，实施征地860.33公顷；完成土地供应519.13公顷，新增土地出让价款64.8亿元，催缴土地出让金欠款2.8亿元。

**【土规修改完善】** 加大规划实施管理和执行力度，全年共核实报恩路、芭蕉湾、黄桷垭环道、大南山道路等30宗项目土规情况。全面完成全区土地利用总体规划调整完善工作并获市政府批准，启动黄桷垭环道等6个项目土规调整工作。落实国家乡村振兴战略，合理优化农村三生空间布局，编制完成峡口镇、迎龙镇等2镇9村120公顷集体建设用地村规划。

**【重点项目用地】** 统筹安排建设用地指标，落实用地报批，重点保障迎龙高铁商务区、经开区基础设施、经开区预征地项目等重点项目和重点区域用地。取得长江防洪护岸二期等13个项目216.07公顷征地批文；实施征地项目47个860.33公顷（南岸区26个227公顷，经开区21个633.33公顷）。

**【土地供应】** 按照“年初计划，分季度调度”的原则，科学编制2018年度供地计划，全面跟踪协调，准确把握供应进度。全年完成土地供应49宗，土地面积 519.13 公顷（其中出让土地 9 宗，土地面积 56 公顷，平均楼面单价 7500 元 / 平方米；划拨土地 40 宗，土地面积 463.13 公顷），新增土地出让价款 64.8 亿元。加强土地出让金欠款追缴力度，及时约谈欠款企业，全年催缴土地出让金欠款 2.8 亿元。

**【土地例行督察整改】** 牵头制定《南岸区土地例行督察“挂帐”问题整改工作实施方案》，全年整改完成 10 宗，其中土地出让金追缴 1 宗，金额 1.44 亿元，土地违规抵押融资整改 9 宗，涉及土地面积 24.50 公顷、12.4 亿元。

**【耕地保护】** 2018 年，南岸区实际分解下达耕地保护 25725 公顷和永久基本农田保护 10517 公顷。出台《南岸区加强耕地保护和改进占补平衡实施方案》《南岸区永久基本农田巡查工作方案》《重庆铁路枢纽东环线建设占用耕地耕作层剥离利用工作方案》。依法依规开展重点项目占用永久基本农田补划工作，补划铁路东环线建设占用永久基本农田 55.81 公顷。认真落实建设占用耕地占补平衡制度，全年经市政府批准征收耕地 90.86 公顷，缴纳耕地开垦费 1608.28 万元，“占补率”达 100%。

**【违法查处创新】** 通过划片包干、周报制度、重点巡查等形式加大执法巡查力度，全年通过巡查发现在建违法建筑 57 宗。严肃查处国土资源违法违规行为，发现一处、制止一处、查处一处，全年立案查处案件 42 宗。持续做好 2017 年度土地矿产卫片执法检查工作，违法占用耕地比例从 14.5% 下降到 7%。继续推进“裁执分离”工作，法院按“裁执分离”方式裁定镇街执行 29 宗，镇街拆除 11 宗，拆除比例约 38%。

**【矿山生态复绿】** 依法依规设立土地复垦费用监管账户，签订复垦费三方监管协议和土地复垦协议，及时足额预存土地复垦费。全年完成临时用地复垦验收 1 宗，组织启动临时用地代复垦 2 宗。严格落实市对区 2018 年度耕地保护目标责任书下达的目标任务，推动南山闭矿区完成历史遗留及关闭矿山土地复垦 17.47 公顷。

**【土地供后监管】** 消化 2009—2015 年批而未供土地 380 公顷，收回闲置土地 20 公顷；全面清理 2003 年以来房地产未竣工情况，核实 21 家房地产竣工违约情况，征收违约金 1928 万元。加强闲置土地查处和监管，完成国信通、中科诺等 7 宗地块闲置认定，收回广阳岛公司 20 公顷出让土地，启动金隅大成新都汇项目闲置土地调查认定；清理无主地、边角地，开展社区体育公园建设，上报 10 宗边角地，3 宗已动工建设；建立低效用地数据库，推进城镇低效用地再开发试点工作；制定《南岸区工业用地土地使用权转让操作细则（试行）》，顺利完成国有建设用地使用权转让、出租、抵押二级市场试点工作并通过市局验收。

**【社会和谐稳定维护】** 全年收到人大建议 7 件、政协提案 8 件，全部在规定时间内办理完毕，其中 2 件人大建议（主办）获 100% 满意。严格依法依规开展信访维稳工作，全年接收 168 件信访事项，接待群众 300 多人次，全部在规定时间内按程序处理完毕。

**【地灾防治结合】** 拟定《南岸区 2018 年度地质灾害防治方案》，开展地灾防治宣传活动，累计发放宣传资料 2500 余份。组织开展地质灾害群测群防培训，培训“四重网格化”监测人员 120 余名，组织开展弹子石街道弹新街 11 号地灾综合应急演练，各镇街地灾隐患点完成单点应急演练 87 次。严格落实“三查”制度，对 7 处地质灾害隐患点按程序进行销号，排查确定全区地灾隐患点 89 处，全部落实地质灾害防治“四重”网格化管理。加强重点地灾隐患点防治工作，完成南坪东路 530 号不稳定边坡治理工程、阳光馨苑进出通道路堤垮塌应急抢险工程。

**【权属调查规范】** 以推动不动产统一登记为核心，以土地权属审核为重心，推动不动产登记权证办理快捷高效，审核不动产权属 577 件，核发建设用地批准书 14 件 40.52 公顷，保障重庆东水门换乘中心停车场、南岸区长江防护综合整治第五期工程（一期）等市、区重点公益项目的建设需求。

**【地籍管理信息完善】** 高质量开展南岸区第三次国土调查，印发《关于开展南岸区第三次土地调查的通知》，组织开展“三调”工作专题培训会，完成“三调”总任务的 40%。顺利完成 2017 年度土地变更调查与遥感监测工作，调查成果通过自然资源部审查，南岸区新增建设用地 118.89 公顷。助推宅基地使用权与农房所有权高效统一管理，牵头完成全区规划区外 1.6 万余户存量农房的测量及入库工作。

**【档案查询利用规范】** 实现档案在线查询，提高档案查询效率，全年对内对外查询利用 4640 卷次，系统查询利用率达 70% 以上；完成“一张图”数据清理工作，数据库建设项目顺利通过专家组的验收评审，全面建成档案管理信息系统，形成6大类30个业务数据库，共完成档案整理37.3万卷、扫描904万页、著录37.3万卷。

【基层国土管理】 充分发挥国土所服务基层前沿阵地作用，配合做好违法用地查处、地质灾害防治、土地供后监管等工作。全年开展违法用地巡查800人次、地灾巡查300人次，协助做好辖区200个项目土地供后监管工作；做好农村建设用地审批和不动产登记工作，办结建设用地审批186件，办理农村房屋不动产登记772件。

【狠抓政治理论学习】 认真学习习近平新时代中国特色社会主义思想和党的十九大精神，全年累计开展党组理论学习中心组学习10次，6个党支部累计开展集中学习66次。按照要求召开专题民主生活会、组织生活会，坚决肃清孙政才恶劣影响和薄熙来、王立军流毒，增强党内政治生活的政治性、时代性、原则性、战斗性。

【干部队伍建设】 积极培养和发展新党员，全年吸收2名预备党员。有计划、有安排地做好分局工会换届选举工作，注入新鲜血液，凝聚分局向心力，提高分局职工的身体素质；丰富团支部活动，组织开展“我的分局我的家”不忘初心、牢记使命演讲比赛，贯彻落实“南岸起风景、群团来添彩”活动精神，每月到骑龙社区、大佛村开展结对共建活动；强化妇委会、退管会等组织建设，充分发挥桥梁纽带作用，加大对妇女儿童、退休人员的关心关怀力度。

【党风廉政建设】 全面部署年度党风廉政建设工作，制定《分局2018年度党风廉政建设和反腐败工作要点》。自上而下层层签订党风廉政建设责任书，层层明确责任，层层传导压力。通过“书香国土”微信群、短信平台做好日常提醒，重申纪律规矩，明察暗访督促守纪，让干部职工绷紧纪律之弦。层层开展廉政谈话，日常约谈与重点约谈相结合，注重日常预防提醒，把纪律坚持在平时。广泛征求干部职工的意见建议，制作全面从严治党调查问卷，多方位了解掌握分局的政治生态现状，有的放矢地加强党风廉政建设。

【国土分局负责人】

局　长：宗　松

副局长：杨　军　吕　亮　姜　波

国土事务中心主任：寇洪菲

纪 检 组 组 长：何全祖

（冉猛）

## 土地整治储备

【概况】 南岸区土地整治储备中心（以下简称区土储中心）位于南湖路19号，为南岸区国土分局举办的全额拨款事业单位。区国土分局负责业务指导，人财物由区政府统筹管理保障，机构规格为正处级，机构类别为公益一类。主要负责为全区土地整治储备提供保障，承担依法取得土地、进行前期开发、储存以备供应土地等相关工作。2018年底，中心实有在编人员13名，设办公室、财务部、整治部、储备部。

【土地储备】 是年，区土储中心共储备整治土地282.17公顷，其中渝黔高速公路征地剩余的7个合作社共计83.53公顷，廖家山项目73.2公顷，四千米地块52.73公顷，峡口东部地块项目与防洪护岸工程项目45.61公顷，土庙子“棚户区”改造项目8.14公顷，海新街39号项目与龙洞天片区项目3.32公顷，铜元局“棚户区”改造项目3.09公顷，弹子石地块2.48公顷，收购企业土地10.07公顷，为辖区城市建设搭建了融资平台，提供了用地保障。

【土地整治】 年内辖区主要整治的有罗家坝—杨家山、鸡冠石廖家山地块以及实施棚户区改造。罗家坝—杨家山地块。项目涉及拆迁户3500余户，已办理完成99%。新增交地11.13公顷，收回土地价款约2.7亿元资金。鸡冠石廖家山地块。项目涉及拆迁户1800余户，已办理完成98.6%（出让范围内已经拆迁完毕），村民小组集体资产补偿已全部到位。棚户区改造。截至年底，廖家山片区已拆迁353户，完成98.6%；红旗开关厂项目已拆迁84户，完成71%；重塑十厂项目一期已全部完成，完成投资1.6亿元，二期已着手开展征收和调规工作；南坪东路588号农资公司片区涉及拆迁户89户，已办理完成92%。“三生三宜”品质城市建设。完成对红旗开关厂、重塑十厂、龙洞天项目等拆迁地块的环境卫生整治，清除菜地约4000平方米，清理白色垃圾约3万平方米、覆盖防晒网约2.5万平方米。

【企业土地收购】 区土储中心通过收购储备破产企业土地，盘活企业土地资产，支持集体企业改制。中心共收购企业33家，盘活企业15家，目前还有10.07公顷储备土地。通过聘请保安照看、每周例行巡查、开展专项整治等方法加强企业管理，确保拆迁地块、收购企业范围内无乱倒弃土，无安全事故，无恶性治安和刑事案件发生。

【融资工作】 全年筹措各项资金约 21.02 亿元，其中争取借款 4.03 亿元，筹集棚户区改造项目贷款资金 6.25 亿元，申报土地专项债券上账 7 亿元，收回归垫安置房款约 5884 万元，收到区财政局拨付专项资金 3681 万元，收到土地供应款 2.78 亿元。完成展期委贷 7.62 亿元，归还委贷 4.86 亿元。

【南岸区土地整治储备中心负责人】
主　任：杨　勇
副主任：陈光勇　田　伟　欧四文

（区土储中心）

# 房屋管理

【概况】 南岸区房屋管理局是辖区房屋管理的行政机构，主要履行全区城市房屋征收拆迁、物业管理、住房保障（公租房、廉租房管理）、直管公房管理、棚户区改造、老旧居住区综合整治、城镇房屋安全监管等职能。2018 年，下设 7 个科室：办公室、组织人事科、计划财务科、房屋征收科、物业管理科、住房保障科、安全生产资产管理科，还根据实际工作需要，内设信访办。下辖 9 个事业单位：弹子石房管所、上新街房管所、海棠溪房管所、南坪房管所、南岸区住房保障中心、南岸区房屋征收中心、南岸区房管局危旧房改造工程办公室、南岸区房屋租赁管理办公室和南岸区房地产交易服务所。年末职工 669 人，其中在职职工 381 人，党员 197 人。当年，区房屋管理局以服务全区经济社会发展，助推“三生三宜”品质城市建设为目标，以改善民生、提高幸福指数为主线，以重点项目、民生实事为抓手，全局上下勇于担当，创新实干，圆满完成年度各项任务，为幸福南岸做出了新贡献。

【城市房屋征收拆迁】 全年完成房屋征收拆迁 1500 余户、20 万平方米，完工项目 12 个，超额完成市对区的目标考核任务，保障了轨道环线建成通车、轨道十号线的顺利施工、郭家沱大桥和铁路东环线的建设用地如期交付；完成中央环保督察项目鸡冠石污水处理厂提标改造工程全部征收任务。

【住房保障】 累计实现全区 8686 户低收入家庭廉租房实物配租和租金补贴应保尽保；强化对城南家园公租房 32000 户的精细化管理，接到报修组织维修整改 8000 余件，城南家园租金收缴率达 99.95% 以上；圆满完成“江南水岸”公租房小区一期 2486 户的接房工作；完成全区 340 个机关事业单位、12000 多名职工的住房补贴审核工作。

【物业管理】 全年新增物业管理面积 330 万平方米，全区物业管理总面积达 5530 万平方米，物业管理覆盖率保持在 90% 以上，物业企业从业人员和工资总额增长达 20% 以上；成功创建 6 个优秀物业管理项目，18 个市级智能物业项目；“车位共享互助停”项目上线运行 17 个；全面排查物业小区安全管理，对发现的 42 个安全隐患督促整改到位；完成国有企业“三供一业”移交任务，接收国企职工住房物业管理 31000 多套，争取市级财政补助资金 1800 余万元，落实移交国企物业整治资金上亿元。

【黄桷垭正街风貌改造】 精心打造全市乃至全国独具特色的历史文化老街，已完成 68 栋房屋重建、103 栋房屋立面风貌改造；发掘黄桷垭老街历史建筑 15 栋、历史故事 15 个；编辑黄桷垭老街历史故事书 1 本。

【老旧小区整治】 全年完成老旧居住区整治项目 11 个，整治房屋 103 栋、46 万平方米，受益居民 5810 户。其中花园七村、明月小区的整治效果得到区领导、人大代表、政协委员的高度赞誉。

【房屋安全监管】 全年投入资金 1000 万余元，彻底整治直管公房 D 级危房隐患，搬离危房住户 1401 户，拆除危房 158 栋，修缮加固房屋 28 栋；全面启动区内城镇房屋动态监测工作，实现人员监护与网络监控相结合的新安全管理模式；全面排查全区城镇危旧房 31 万平方米，查处安全隐患 70 处，整改达标率 100%；受理并组织鉴定房屋安全性 145 栋、2.53 万平方米，实现“零事故”目标。

【信访稳定】 全年受理群众信访 605 件，办结 604 件，办结率为 99.8%；接待群众来访 538 批次、1200 余人次，化解市级交办案 1 件，区领导批示交办件 6 件。成功解决辅仁小区拖延十年的拆迁安置问题。

【区房管局负责人】
局　　　　长：冉启云
副　局　　长：艾远华　詹道刚　张柏福
党委副书记：林　烨
区征收中心主任：喻贵远
处级领导干部：何　彬

（区房管局）

# 征地管理

【概况】 南岸区征地办公室（简称区征地办）是区政府工作部门，主要负责组织实施政府统一征地工作。其主要职责是：负责协助区国土分局做好“两公告一登记”各项工作；负责处理因征地与用地单位、被征地农村集体经济组织、农户发生的信访、集访（上访）事宜（含征地遗留问题），维护社会稳定；负责被征地单位及个人的各项补偿和房屋拆迁、过渡、住房安置及产权申报的相关工作；负责征地档案的收集、装订和移交；负责上级部门要求的征地相关报表的统计、上报工作。

2018年，区征地办实施征地拆迁项目31个，涉及征地总面积1239.6万平方米，累计完成征地面积886万平方米（完成率为71.5%）。全年共拆迁农户693户、企业76家，补偿安置3319人，征地人员安置对象（农转非）643人，拆迁房屋面积47万平方米。实施完毕项目5个，涉及征地面积共26.6万平方米。

【重点项目拆迁】 廖家山项目。农户拆迁工作已完成99%，企业拆迁已完成80%，挂牌出让的12万平方米净地已全部完成。郭家沱大桥项目征地面积22.8万平方米，需拆迁114户农户、12家企业。其中，大桥卯定施工、峡口立交所涉及的区域已全部完成并交付施工单位。铁路东环线项目征地面积175.2万平方米（长生桥镇62万平方米中有57.3万平方米的征地工作暂未启动），其中迎龙镇、广阳镇、长生桥镇已启动实施征地面积122.5万平方米，需拆迁200余户农户、20余家企业。目前农户拆迁已完成80%，已交付施工单位建设用地约100万平方米。

【重点工作】 开展绿化整治工作。涉及的莫比时代、黄桷湾立交、全鹰公司3个地块，通过常年木本花卉与时令草花搭配、公路沿线加装市政施工围挡等方式，进一步提升了区域整体绿化品质。推进大南山生态保护综合治理。配合涂山镇政府开展“蓝帽子”拆除工作，累计拆除424户、6.4万平方米。完成污染突出问题整治及黑臭水体改造。抽调精干力量，完成黑臭水体整治涉及的排污企业、石院子污水处理厂和鸡冠石污水处理厂区域的20户农户、11家企业的拆迁工作，保障环保工程用地，解决纳溪沟污染源头，水质得到全面提升，达到环境保护要求。开展扫黑除恶专项斗争。通过走村入户、发放宣传册、布置宣传专栏、会议学习等方式，在10余个办公点向群众宣讲扫黑除恶专项斗争，确保学习宣传全覆盖。深入摸排涉黑涉恶线索，集中梳理2016—2018年信访来件共206件，纪检组深入各办公点走访调查10余次，办理涉及扫黑除恶线索9条。

【征地拆迁措施】 针对制约征地拆迁的突出问题，参照相关政策，会同相关单位提出了一系列切实可行的具体操作办法。定向定价商品房实施细则。确定在住房货币安置方式的基础上增设定向定价商品房安置方式，解决茶园片区因房价暴涨和现行住房货币安置标准滞后而无法满足被拆迁群众就近购房需求的问题。无证房补偿拆迁。由于历史原因，长生桥镇、迎龙镇、广阳镇、峡口镇片区存在部分农房未办理产权证或实际修建农房面积大于产权证面积等情况。经与相关镇街及单位共同制定处置意见，提出无证农房补偿标准，为该区域征地项目推进及接受审计提供政策依据，推动了该区域征地拆迁工作的开展。企业设施设备净值补偿处置。针对企业搬迁时设施设备难以搬迁处置、现行征地政策未涵盖其补偿方式问题，制定相应实施办法，妥善解决难以搬迁处置的企业设施设备补偿问题。制定拆房单位管理办法，进一步规范完善征地拆迁中房屋拆除单位的采购及管理工作。

【党建工作】 加强党建工作安排部署。按照“班子成员全部参与、全体党员全部纳入、综合科统筹协调、党支部具体落实”的原则，对党组落实全面从严治党责任工作进行科学合理的安排部署，严格落实责任，坚持定期研究党建工作。严肃党内政治生活。党组班子、党支部分别按照规定召开了民主生活会和组织生活会，会前集中进行了理论学习、征求意见和谈心谈话，会上进行了批评和自我批评；严格落实“三会一课”、支部主题党日、微党课及领导干部双重组织生活会等要求，发展预备党员1名，预备党员转正2名，继续坚持东南铁路和南坪项目部临时党小组“党建＋业务”融合发展。推进党风廉政建设和反腐败工作。认真落实《南岸区2018年开展“1+3+N”“四风”专项整治深入落实中央八项规定精神工作方案》，开展重点领域党风廉政风险防控，召开职工大会进行廉政教育及发送廉洁提醒短信，进一步强化干部职工的纪律规矩意识。做好服务群众工作。按照南岸区联系服务群众工作安排，与弹新街社区积极联系对接，每周四组织部分党员参加“大城众管共同家园”全民动手活动，向弹新街社区划拨帮扶经费5万余元，支持帮助社区开展迎新春活动、维修居民议事室、慰问困难群众和党员活动、迎中秋国庆活动，为群众办理“看得见，摸得着”的实事。

【资金管理】 加强征地资金动态管理。定期梳理资金情况，进行预先判断，合理调度。全年共收取征地费约8.9亿元，支付征地补偿款约8.6亿元。加强资金使用的审查管理。合理运用内审机制，聘请中介审计机构对2017年经济责任开展审计，抽调专人参与现场兑付和资料审核，强化对征地项目资金的审核监督，全年审查征地安置补偿协议、行政经费、经济合同等309项7.5亿元。积极配合完成四千米城中村、二塘城中村、四合一、三所一队和杨家山和黄等项目的审计工作。加强征地资金结算清算工作。完成区交委弹广路、地产加油加气站、江山物业、武夷山房地产、富力房地产、涂山工贸园、东海三期等项目的结算工作，并启动与南宜公司关于硐堡、大佛地块债权债务的清算工作。

**【信访维稳】** 信访事项办结工作。维护征地拆迁信访群众的合法权益，及时化解征地拆迁领域中出现的矛盾问题，落实全面推行“网上信访信息系统”和“重庆市服务群众工作系统 ”相关要求。全年接到信访件150余件，均已在规定时间内全部回复。减存量、控增量工作。全年化解存量案件10余件，严格控制新增量，其余存量案件做好稳控工作。矛盾纠纷排查工作。坚持定时分类排查机制，集中组织排查6次，重点排查12次，对排查出的苗头、隐患，及时与镇街对接，采取稳控措施，落实矛盾化解。合理运用司法处置。发挥项目和片区带动效应，在区法院支持下，全年共申请强制执行45户、协助法院执行8件、实施保护性施工2户、司法拆除1户，促进了征地拆迁扫尾工作。

**【安置房保障】** 诚毅花园安置房项目。按照专题会议精神，征地办协调相关单位，督查业主单位全力推进工程建设，提前开工建设。解决长生桥镇、迎龙镇、广阳镇安置房源紧缺问题。落实安置房源，已在沁芳园和柏林春江购买约5万平方米房源。南山筱筑安置房专项整治。由于该小区年久失修又无物业公司管理，小区环境恶劣。为改善居民居住环境，开展专项维修整治，完成后移交业主委员会管理。加强安置房日常维修管理。完成各类农转非安置房维修维护800余次，主要进行管道疏通更换、化粪池治理改道及窨井维护等工作，安置群众的居住环境得以改善。

**【区征地办负责人】**

主　　任：杨泽辉

副 主 任：罗　鸿　卢　强

　　　　　谭力铭（6月任职）

纪检组长：何　川

（区征地办）

# 不动产登记

**【概况】** 重庆市南岸不动产登记中心（以下简称“南岸登记中心”或“中心”）是隶属于重庆市规划和自然资源局的事业单位。其职责任务是承担辖区内土地（含土地承包经营权）登记、房屋登记、林地登记等不动产登记发证的具体工作，以及房地产交易管理的事务性工作；承担土地（含土地承包经营权）登记、房屋登记、林地登记等不动产登记信息化建设工作；承担房地产交易和不动产登记档案的整理、保管、利用等工作；协助开展房屋纠纷信访的处理，以及土地权属纠纷和合同纠纷的调处；承担相关行政诉讼的事务性工作。2018年，南岸登记中心内设综合科、受理审查科、登记复核科、缮发证件科、档案科、市场监管科、财务科、法制事务科和信息管理科共9个科室。年末有职工139人，其中在编职工54人（专业技术人员11人，事业管理人员39人，工勤人员4人），派遣职工65人。中心共有党员44名，其中8名党员为专业技术人员，27名党员为事业管理人员，4名党员为派遣人员。

2018年，南岸登记中心以“做人做事不忘初心，抓实抓细牢记使命”为主题，落实国务院“放管服”改革，践行为民服务宗旨，提升服务质量，提高登记效率，全面推动不动产登记工作蓬勃开展。

**【业务工作】** 2018年，全区登记商品房、存量房交易总额516.79亿元。其中，商品房成交47172件，成交建筑面积411.69万平方米，成交金额413.3亿元，建面单价10039.08元/平方米；存量房成交29621件，成交建筑面积242.79万平方米，成交金额103.49亿元，建面单价为4262.52元/平方米。全年共受理案件22.87万件。中心累计办理“两证遗留”房屋9887件，建筑面积86.38万平方米。其中2018年（截至11月）办理3722件，建筑面积27.74万平方米，该项工作已接近尾声。全年缮发证件科共缮制不动产权证90133件，同比增长3.51%。缮制合同备案与预告证明64599件，增长0.65%。现房抵押29942件，减少9.52%。全年共完成窗口档案查询12.67万件，批量档案查询73245件，协助财政查询档案76399件，共接收整理档案23.81万件。

全年共执收非税收入2652.19万元，其中转移登记费1842.91万元，转让手续费85.6万元，经适房转让土地价款195.28万元，规费补缴522.8万元，调查费2.1万元，工本费3.5万元。协助征收契税96417万元、增值税9599万元、个人所得税14360万元、土地增值税4919万元、印花税478万元。

【便民举措】（1）全面推行档案自助查询并开通验证功能。办事群众可通过在自助查询机上扫描身份证后，自助打印无房证明或唯一住房证明。各单位和群众可以通过微信公众号和网站平台查验《住房登记信息查询证明》的真伪，便于各单位和群众认定使用。（2）实行24小时无间断咨询业务。中心联合南岸区民生办公室和南岸区电子政务中心，将业务咨询电话整合到南岸区政府“96016”服务热线，实现24小时无间断咨询服务，方便群众随时随地无障碍咨询各类不动产登记事宜。（3）简便业务流程，减少前置环节。取消大修基金和资金监管到账证明作为提交业务申请的必要条件；实行新的领证要求，产权人可以领取本人房产证，改变了以前领证必须是约定领证人凭受理单领证的要求；对办事群众的退款由中心先行垫付，解决了群众退款时间过长的问题；购买商品房涉及购房人房屋保有情况查询，全部由开发企业以电子形式统一报送查询名单，由中心后台查询，无须购房人亲自到中心打印住房证明资料；新增交易、登记和纳税“一窗受理”，采取税务和登记中心工作人员同坐一个窗口的方式，通过后台并联、信息共享、审核互认，申请人只需取一个号、排一次队就能办理二手房过户、核税等一系列手续，平均办理时间从原来的近两个小时压缩到二十余分钟，缩减近80%，解决了二手房交易手续多、耗时长、反复跑的老大难问题。

【党的建设】（1）政治思想建设。全年召开支委会并形成书面纪要19期，审议通过2018年党建工作主题、人员岗位调动、发展对象确定等事项。2月和3月，还分别组织开展民主生活会和民主评议党员活动，借助批评与自我批评武器，切实提高党内政治生活质量。压实班子成员“一岗双责”，抓好落实从严治党责任。中心党建纪检工作与业务工作同部署、同安排。支部先后印发《2018年党建工作要点》《2018年党风廉政建设和反腐败工作要点》《2018年中心组学习计划》等文件，明确一年的工作目标及重点，有序推进全面从严治党工作。中心领导与分管科室负责人、科室负责人与一般员工分别签订廉政责任书，明确责任，严格问责，层层传导压力，形成一级抓一级、层层抓落实的责任体系。中心结合主题党日、“三会一课”等活动，组织党员干部学习领会十九届中央纪委二次全会会议精神，组织学习“四个意识”“四个自信”“八个明确”主要内容和“十四个坚持”基本方略等重大创新思想，组织学习“两会”精神，重温解读十九大修宪内容、讲纪念马克思200周年党课等，开展“我是党员我先锋”暨张湘洪同志退休座谈会特别党日活动，参观建川博物馆，广泛开展思想建党教育。（3）组织纪律建设。全年召开主题党日暨支部党员大会12次，围绕习近平新时代中国特色社会主义思想，结合实际工作开展座谈讨论交流；开展书记、副书记讲党课4次，发挥领导班子的核心引领作用。做好党建日常工作，定期报送党建信息。主动推广使用机关党建工作纪实信息系统，安排专人负责完善和更新党建工作信息，党费收缴由党员个人按月自行在平台缴纳，推进党建工作和信息技术的高度融合。把1名发展对象培养为预备党员，壮大支部的党员队伍。制定《南岸不动产登记中心深入贯彻落实中央八项规定精神实施办法》。中心纪检委员定期不定期抽查考勤、公务接待、财务管理制度执行落实情况等，全面加强干部职工的监督教育管理。

【市场监管】（1）开展整治和打击房地产领域违法犯罪行为专项行动。中心与建委、规划、公安等部门整治和打击房地产领域违法犯罪行为，加大了市场监管整治力度，杜绝了房款之外收取茶水费、团购费现象，坚决遏制投机炒房，不得预留“关系房源”“内部房源”。将弹子石紫金一品违规收费事件移交经侦立案侦查；约谈金阳、保利、庆隆、海棠晓月、和记御峰等企业，纠正违规行为，维护市场秩序。（2）加强企业定价指导。通过现场查勘、集体讨论、独立投票，精细化开展预售商品住房价格指导工作，做到高端产品以企业定价为主，刚需产品坚持除泡沫、挤水分，贴近市场定价，从而形成南岸区稳定有序的价格体系。全年共召开52次会审会，对131个项目进行会商，完成预售方案207件。按照精准指导价格备案的要求，联合区建委、规划、税务、工商部门，共同对精装房价格报备进行联合会商，打击了企业的违规推售念头，规范了精装修房的报批程序和资料，确保前期合法销售，后期顺利验收。（3）加强企业业务指导。指导辖区内开发企业使用新的网签系统，确保预售资金及时归集；联合区属职能部门做好开盘前指导，对首开楼盘进行现场联合检查，对开发企业的前期销售行为、宣传行为、现场公示情况进行检查、规范；定期对开发企业走访和集中培训，服务上门，把政策宣讲到位，提升房地产行业从业人员的业务素质。

【关爱职工】中心积极开展篮球、足球、乒乓球、羽毛球、钓鱼、舞蹈、瑜伽等兴趣小组活动，开展“三八”妇女节烘焙活动、春游秋游、篮球友谊比赛、趣味运动会、健康知识讲座等丰富多彩的活动，丰富职工的业余文化生活，让职工树立“健康生活、快乐工作”的理念。完善职工书屋，发挥书屋作用。利用书屋增进职工之间的交流和沟通，新增适用性较强，有利于现代年轻人阅读的部分书籍，定期派专人负责阅览室开放，并在阅览室举行职工读书沙龙，开展“好书在心中”讨论。认真落实《中华全国总工会关于新形势下加强基层工会建设的意见》和《中华全国总工会办公厅关于印发〈基层工会经费收支管理办法〉的通知》文件精神，履行工会职责和义务。给女职工办理“玫瑰人生”保险，看望因病住院、生育、婚丧事宜职工24人次，给中心8名亲属困难的职工开展“送温暖”活动，给予其重大疾病困难补助，为其办实事、做好事、解难事。开展先进集体（科室）、先进个人表彰和“创先争优”活动，激发科室和职工的工作热情。

**【南岸不动产登记中心负责人】**

主　任：郑　伟

副主任：李永红　许雪松

（胡诗瑶）

## 质量技术监督

**【概况】** 2018年，南岸区质量技术监督局（简称区质监局）内设机构8个：办公室、法制科、行政审批科、质量科、计量科、标准化管理科、认证认可监督管理科、特种设备安全监察科。直属行政机构2个：执法一大队、执法二大队。局行政领导职数4人，一正三副。其主要职责是：贯彻执行国家有关质量技术监督的法律、法规，并行使行政执法监督权；负责组织实施国家、地方质量振兴规划和名牌战略实施工作，对工业产品生产许可证进行监督管理；负责推行国家法定计量单位，建立本辖区社会公用计量标准，依法实施计量监督，规范计量行为；负责国家标准、行业标准、地方标准的宣传、贯彻和监督检查工作；负责本地区的代码、条码管理工作；负责推动和指导企事业单位开展质量体系认证和产品质量认证，监督管理国家实施强制性认证的产品；负责管辖区域内锅炉、压力容器（气瓶）及电梯、压力管道、起重机械、客运索道、大型游乐设施、场（厂）内机动车辆等特种设备的日常安全监察、监督工作；负责或参与事故的调查处理并对有关事故进行统计分析。

**【质量工作】** 2018年，区质监局紧贴区委“135”工作思路，以“质量提升行动年”为抓手，着力在助推全区经济发展、提质增效上下功夫。印发《“质量提升行动年”工作方案》，开展质量提升行动和“双零”“双百”活动，聚焦手机、现代装备制造、服务业等南岸重点产业，开展“2018质量提升”专题培训会。围绕手机等监管领域重点产品，召开不同层面的质量约谈会、分析会、培训会15次，推广质量管理方法，查找行业、企业质量通病并加以改进，手机等产品一次性通过率、抽查合格率等重点指标较上年明显提升。打造质量品牌，培育推荐28个产品申报重庆名牌，帮扶通用工业集团导入卓越绩效管理模式，申报市长质量奖、南滨路品牌价值评价结果较全国同行业靠前，提升了品牌美誉度。组织电子信息等6个行业30家企业，开展标准对标达标行动，质量总体水平明显提升。

**【法制建设】** 法治建设取得新成果。进一步完善机关内部重大行政决策合法性审查、重大行政处罚法制审查制度、规范性文件备案审查制度、公平竞争审查制度、行政执法监督等机制，严格落实行政应诉责任追究制度，做好依法行政的法制保障工作。进一步规范局行政处罚案件审理，细化依法行政流程，明确环节和步骤。严格工业产品生产许可条件及证后监管，全力推行摇号抽查和“双随机”抽查机制，增强产品质量问题发现率。

**【计量监督及技术标准建设】** 开展“打好三大战役、严查计量欺诈”专项监督执法行动。高标准完成全区“水、电、气”民用三表周期更换10万余台套。区电子信息标准化服务平台完成改造升级，于6月19日正式上线。向企业免费提供近4200项标准，增加了南岸标准和品牌展示、专业咨询等专区，为行业融合发展提供支撑。推动标准化改革。紧贴南岸“三生三宜”品质城市建设，开展“城市管理与服务标准化试点”，建立城市管理与服务相关标准20项。“江南巧”家庭服务项目通过验收，获得好评。

**【认证认可管理】** 推进“认证双提升”各项指标任务，全覆盖监督检查检验检测机构，培育树立区疾控中心、重庆交大工程质检公司2家标杆，推动先进引领、后进赶超，检验检测更加规范。

**【执法打假】** 开展“质监利剑”专项行动，全年共办理行政执法立案案件52件，涉案物品1000余万元，为群众挽回经济损失700多万元。全区未发生一起区域性、行业性重大质量安全责任事故，维护了南岸区质监领域的安全稳定。

**【特种设备安全监管】** 开展全力推进特种设备“四大行动”和“攻坚战”。全方位排查并消除安全隐患共409起，拆除停用燃煤锅炉18台，注销设计年限到期的大型游乐设施9台，拆除老旧游乐设备2台，停用游乐设施1台。抓好电梯网格化监管、分类监管和信息化监管等新型模式，持续深化“电梯维保单位交叉检查”新型监管模式。对易发生事故且存在行业监管盲区的电梯安装和投用两大源头环节进行规范，消除监管盲区。保持特种设备安全状况总体平稳，全区未发生特种设备安全责任事故。

**【机动车安检机构监管】** 在机动车安检机构监管中，按照“三抓、三提高”要求，每月至少一次定期检查和不定期暗访。对新建汽车检测有限公司，迅速跟进监管工作，不留空当。

**【服务型质监建设】** 积极解决民生难题，化解矛盾，处理“12365”投诉举报案件209件，群工系统和网络投诉75件。优化行政审批工作，截至年底，共完成办件2350余件，办结率100%，无一例投诉。加大对行政审批窗口的改革力度，贯彻落实市政府关于网上行政审批改革的部署和区政府关于推进网上行政审批工作的要求，特种设备注册登记已完成与市网审平台对接，其他审批项目采取手动方式实现全部上线，受到区政府和办事群众的好评。

**【区质监局负责人】**

局　　长：李　青

副 局 长：李渝杰　王　勇

纪检组长：张焕丽

（区质监局）

## 食品药品监督管理

**【概况】** 2018年，区食药监分局有在编在职人员77名，内设办公室、行政审批科、法制监督科、综合科、药品监管科、器械保化监管科、食品生产监管科、食品流通监管科、餐饮食品监管科9个科室，下设10个直属监管所和5个非直属镇街食药监管所。基本职责是对辖区食品（生产、流通、餐饮服务）、保健食品、化妆品和药品（含医疗器械）进行监督管理，并承担区食品安全委员会日常工作，确保人民群众的饮食用药安全。

2018年，全区有食品药品类企业12616个。其中：食品类监管对象11084个，药品和医疗器械类监管对象1244个，保健食品类监管对象288个。全年共完成食品药品行政许可6055件，其中药品零售170件，三类医疗器械255件，食品经营5615件，小作坊15件，完成“先照后证”督办工作12批次。查办案件360件，收缴罚没款387万余元；受理各类投诉1783件，群众满意率100%。全区食品药品安全形势总体稳中向好。

**【基层组织建设】** 按程序和要求将原4个党支部按业务科、监管所交叉组合的原则重新调整更名，并单设退休党支部，优化支部设置，形成局、科、所互动机制，选齐配强基层支部班子。全年共组织召开全局党员大会3次、支部委员会14次、支部党员大会12次、党小组会70余次，党组成员参加双重组织生活会38人次，领导班子成员上党课4次。把与村（社）支部共建同全区服务群众和“三生三宜”工作结合起来，到共建结对社区开展食品药品宣传5次、讲座2次，参与环境美化劳动19次，慰问困难党员群众、退伍军人干部3次，送去慰问金1.82万元，传递党的温暖。

**【食品安全示范城市创建】** 开展创建工作评价评估。根据市食药安办统一安排，接受第三方评估机构对全区创建工作进行评估，南岸区得分81.7分。开展食品、保健食品欺诈和虚假宣传专项整治，监测广告1814条，检查生产经营主体5333家次，抽检食品、保健食品1169批次，立案查处违法违规案件17件。开展餐饮火锅“地沟油”、餐饮船舶、校园周边、旅游景区等食品安全专项整治12次；组织工商、公安等部门开展联合检查10余次。聚焦重点时期、重点环节，加强监督检查和应急处置，确保春节、国庆和智博会等重大节日、重要时期的食品安全。开展问题专题调研。经区委同意，区政协将创建国家食品安全示范城市工作列为2018年重点调研课题，区政协领导和政协委员对全区创建工作情况进行了现场调研、听取汇报、座谈交流，提出了希望和建议。推进“三小”条例落实。划定食品摊贩经营区域和时段，开展小作坊登记和小摊贩备案工作，迎接市人大对落实“三小”条例情况的专项执法检查，受到肯定。开展示范创建工作。在全区命名食品安全示范单位28家。加强食用农产品风险抽检，持续推进4家超市争创“放心肉菜示范超市”。持续深入宣传。在全区主要街道、社区悬挂创建横幅2300余幅，在《南岸报》、南岸电视台开辟专栏，持续宣传创建工作和食品安全常识，为企业发放张贴创建宣传门贴14000余张，发动全区8900余家食品药品企业利用LED屏、宣传画、横幅等方式宣传创建工作。结合“3•15”消费者维权宣传、“3•31”主题宣传、食品安全宣传周等活动，开展各类现场宣传50余场次，提高群众知晓率。推进“三生三宜”品质城市建设，投入30万元为全区10000余户“三品一械”生产经营企业制作更换统一的安全信息公示栏，并印发“三生三宜”和“门前五包”宣传海报、门贴，督促企业规范公示企业信息和监管信息。创新开展食品风险监测。覆盖全区11个镇街77个农贸市场和超市的15个食品风险监测点全面投入运行，以“三重”（重点区域、重点品种、重点时段）为中心，有计划、有针对性地开展监测工作。共完成食品快检19295组，不合格样品80批次，对快检不合格产品全部进行了抽样送检和下市后处置。

**【安全风险隐患防范】** 完善工作制度。建立动态排查机制、对标排查机制、隐患整治机制、风险研判机制、结果运用机制、风险公示机制、信息报送机制、督查督办机制等共8项工作制度，并将督查结果纳入年终考核，确保专项行动扎实推进。强化宣传培训。召开动员会，专题布置排查整治工作。分类分片区组织企业负责人开展风险隐患排查专题培训，4期培训1837人。提升企业排查针对性。区分环节明确排查标准，对标对表督促企业自查，共收到企业自查1326份，上报隐患3005个。突出成果运用。坚持每半月分析研判风险隐患，每月建立风险隐患排查整治台账，把排查结果作为日常监管频次、监管重点、自行组织开展专项整治的依据，企业隐患不排除，监管整治不停止。6月新一轮排查整治开始以来，排查企业2873家次，整改隐患648个，约谈企业39家，对整改不到位的29家企业进行立案查处。

**【食品监管】** 餐饮食品环节监管。（1）开展学校食堂食品安全专项整治。联合区教委强化学校对食品安全主体责任的落实，全年组织开展春季、秋季学校及周边食品安全专项整治，对全区的学校（含托幼机构）进行全覆盖检查。共检查大学、中小学及幼儿园食堂329家，立案处罚5家，警告17家，出具监督意见书142份。（2）开展火锅“地沟油”专项整治。以回收使用“老油”、违法添加非食用物质、滥用食品添加剂为重点，对全区862家火锅类餐饮进行全覆盖检查，警告35家，发出监督意见书121份，立案处罚21家，查扣不合格食品175千克，完成火锅底料、调味料、油脂专项抽检229组。（3）开展餐饮场所环境卫生专项整治。完成全区餐饮经营户89.4%治理进度，督促餐饮经营者建立并执行环境卫生管理制度，配合环保、城市管理、镇街，加大对餐厨垃圾、污水、油烟等问题的综合治理，取得明显成效。（4）开展船舶餐饮食品专项整治。依法对全区16家餐饮船舶的食品安全开展专项检查，对11艘存在严重安全隐患的餐饮船舶注销食品经营许可，协助区交通等部门完成12艘餐饮船舶的拆解、拖移工作。（5）全面推进餐饮“三合一”管理。对全区4649家餐饮单位进行量化分级、风险动态评定工作。其中，食品安全监督量化分级管理A级1239户，B级2311户，C级1099户；风险分级Ⅰ级3021户、Ⅱ级822户、Ⅲ级560户、Ⅳ级246户。（6）按计划推进“明厨亮灶”工作，全区已实施明厨亮灶餐饮服务单位1309户。（7）开展网络销售食品监管。已完成调查摸底、分类处置、线下实体门店监管，即将启动第三方平台约谈，明确各自责任，开展食品安全培训工作。（8）联合区旅游局开展旅游景区食品安全专项整治工作。累计排查食品零售店421家、餐饮单位768家、食品现场加工点210家，排查食品安全隐患400余项，下发整改通知书364份。（9）圆满完成节假日、重大活动保障工作。完成全年重大活动保障工作41起，完成10万余人次的重大活动食品安全保障任务，确保重大活动餐饮食品安全。

食品流通环节监管。（1）开展校园周边“五毛”食品专项检查，检查中小学175家、校园周边食品销售221户。（2）开展自动售货设备专项检查，检查自动售货设备经营主体13户、设备64台，发现问题50个。（3）开展食品、保健食品欺诈和虚假宣传整治，检查食品、保健食品经营企业2708家，发现问题79个、问题产品11批次，联合区公安分局、区工商分局检查2次，进社区宣传培训57次，行政约谈保健食品经营企业1家。（4）对风险较高的渝南冻品市场开展凌晨突击检查，抽样成品、鲜货、浸泡水39组，发现水发制品氨基脲物质高风险隐患并上报市局。（5）开展食用农产品质量安全专项整治，抽检食用农产品419组，后处置100%。促进食用农产品经营者的索证索票意识，并对渝南冻库和国际水产市场开办者及入场销售者开展食品安全专题培训。（6）开展猪肉产品质量监管工作，辖区32家农贸市场和有猪肉销售的超市全覆盖检查。（7）开展走私冷冻肉品违法行为集中整治，检查冻库市场1个，经营者自检冻库3个，检查冻品市场经营户200户，检查其他食品销售主体（冻品市场经营者以外的）81户，检查餐饮服务主体142户，立案1件，正在调查处理中。（8）配合区招商引资项目，打造“九街一华里”食品经营示范街。

食品生产环节监管。（1）开展食用植物油塑化剂专项检查工作，检查生产企业3家，抽样7组，对产品标签标注存在问题的1家生产企业立案查处。（2）开展重点企业重点产品安全监管，将乳制品生产纳入重点监管范围，全年完成跟踪抽检75组。（3）常态化工作巡查，共巡查企业135家次，发现53家次生产企业存在问题225个，发出责令整改通知书32份。对未持续保持获证生产条件、标签未标注产品名称、未开展出厂检验等17起违法行为进行立案查处，涉案货值金额83524元，处罚款41万余元，没收销毁违法食品236千克，规范了食品生产秩序。（4）推进全区食品生产企业风险隐患排查整治进入常态化。采取企业自查与监管部门检查相结合的方式，在全区所有食品生产企业中开展了风险隐患排查工作，全区食品生产企业共计排查风险隐患287个。（5）开展生产加工环节食品质量抽检工作。全年共完成国抽、市抽任务439组，对抽检不合格的10件产品（含外地转办不合格产品）进行严肃处理和复查验收，及时消除质量隐患。

**【药品监管】** （1）开展专项整治。开展高风险药品、疫苗、特殊药品、零售药店处方药和含麻黄碱复方制剂、零售药店血液制品、药品批发企业两票制、药品第三方物流企业、跨区县设库企业等集中整治8次，检查药品生产企业41家次、药品批发企业205家次、药品零售连锁企业及药品零售企业525家次，给予警告处理175家，责令整改259家。（2）严把药品购销流向。对全区有麻醉药品、精神药品、咖啡因定点批发、医疗用毒性药品、二类精神药品的25家药品生产、批发企业和部分医疗机构进行常态化监督检查，防止特殊药品流弊。（3）加强疫苗监督检查。对辖区2家疫苗委托配送企业、区疾控中心、20家疫苗接种点和部分医疗机构开展监督检查，警告1家，并将检查情况通报区卫计委，确保疫苗经营使用安全。（4）持续开展飞行检查。总结前两年区内飞行检查经验，持续开展区内药品企业飞行检查，检查生产企业2家、批发企业7家、零售药店8家，拟注销《药品经营许可证》3家，暂停生产销售6家，约谈3家，限期整改3家，警告2家，药品生产经营领域的突出问题和行业潜规则得到有效遏制。（5）对药品生产经营使用单位进行抽验。其中，开展药品生产环节抽样共计245批次，完成药品流通领域抽验280批次，其中抽验不合格药品5批次，均已立案调查。（6）开展药品零售认可和GSP认证。根据《重庆市药品零售企业经营许可和认证检查验收标准》，严格按照程序和标准开展检查。全年办理各项零售药店行政许可和GSP认证96件。（7）加强药品使用质量监管。对258家医疗机构、个体诊所等药品使用单位实施监督检查，检查以药品购进渠道、药品仓储养护为重点，强化医疗机构药品的质量监督。

**【医疗器械监管】** （1）加强日常监督检查工作。检查医疗器械生产企业30家、经营企业239家、使用单位50家。（2）开展医疗器械生产企业飞行检查。结合2016—2017年日常监管工作情况，对9家医疗器械生产经营企业开展飞行检查，发现问题86个，对2家企业进行立案查处。（3）开展专项整治。开展无菌和植入性等医疗器械、角膜接触镜、医疗器械网络销售专项检查工作。（4）按照抽验计划对体外诊断试剂等19类产品进行产品质量监督抽验53批，共检查医疗器械生产经营企业30家、使用单位4家。（5）开展医疗器械不良事件监测工作。上报医疗器械不良事件253件，完成全年计划的97.3%。（6）加大违法违规行为查处，全年立案13件，罚没款总额29.16万元。

**【化妆品监管】** 开展化妆品抽样工作，全年完成国抽11个、市抽31个。开展国产非特殊用途化妆品备案及专项抽样工作，全年共审查136个品种，并对备案企业进行专项抽样，抽取品种17个。开展非法医疗美容专项查处，检查医疗机构12家、生活美容机构84家，责令整改9家，立案查处1家。开展“5•25”护肤日宣传活动，提升群众安全购买、消费化妆品的意识。五是推进化妆品示范街创建工作，化妆品注册及备案率95%，索证索票率95%，从业人员培训率80%。开展化妆品不良反应监测工作，上报化妆品不良反应45件。加大违法违规行为查处力度，全年立案4件，罚没款1512元。

**【群众服务】**（1）提升审批服务效能。严格落实书面一次性告知制、首问负责制等相关制度，制订行政许可“最多跑一次”工作方案，进一步强化服务群众意识。（2）行政许可全面限时办结。全年共完成食品药品行政许可6055件，其中药品零售170件，三类医疗器械255件，食品经营5615件，小作坊15件，完成“先照后证”督办工作12批次。（3）妥善处理群众投诉。全天24小时热情接待群众投诉，并限时反馈调查投诉情况，维护群众合法权益，共受理各类投诉1783件，群众满意率100%。（4）持续深化食品药品安全全民教育。继续以进学校、进企业、进农村、进社区、进机关“五进”活动为载体，把学校作为全民教育的重中之重，倡导食品药品安全从娃娃抓起，在全区学校、幼儿园开展食品药品安全“三课一会”（即食品安全课、药品安全课、食品药品安全音乐课和主题班会），达到对学生“横向影响一片、纵向影响一生”的效果。

**【区食药监局负责人】**

局　　长：刘　彬

副 局 长：陈　建　何仕福

　　　　　王进平（女）

纪检组长：潘海林

（区食药监局）

# 经济板块

## 江南新城

【概况】 2017年6月，原茶园新区管委会正式更名为江南新城管委会，机构整合顺利完成。江南新城位于重庆东南，坐落于内环快速、外环高速干道间，北起长江，西邻六纵线，东以通江大道为界，毗邻市经济技术开发区，沿米兰路南至区界。总面积约156平方千米，与重庆主城山水相连，与两江新区隔江对望，明月山、南山、樵坪山三山环抱，是南岸区城市拓展的主空间、主战场。长江干流第二、三峡库区第一大的内河岛屿广阳岛位于江南新城北侧，横卧长江之中，坐落在明月山、铜锣山之间，面积5.93平方千米，是重庆主城区现存陆域面积最大、生态最良好、景观最突出的江心岛。与广阳岛临江对望的是广阳湾，广阳湾以沿江高速、开成路为界，西至峡口镇，北至东港，总面积约10.26平方千米，是江南新城滨江门户区域，环抱江岛、三山四河的生态宜居城。

江南新城地形三面环山，一面临水，坐拥万亩森林，原生态的自然资源保护良好，依山傍水，生态宜居。江南新城位于主城一小时核心经济圈内，慈母山隧道和南山隧道相继建成通车，真武山隧道改造完成，雷家桥立交竣工通车，轻轨六号线正式运营，完善了江南新城与内环快速的连接主通道。内部通江大道、玉马路、广福大道、天文大道等道路及天文桥、广福桥等15座桥梁全部建成通车，实现区域内重要节点之间的快速通达。珊瑚中铁小学、重庆建筑工程职业学院、东南医院、江南换乘枢纽等一批重点学校、医院、交通枢纽等公共服务项目相继建成投用，包括融创、金科、金隅大成、鲁能在内的多个知名房地产项目落地，以悦地购物中心为首的商圈正蓬勃发展。强大的城市功能逐步塑造出江南新城“宜居宜业”的城市品牌。

2018年，江南新城管委会争取上级资金9.6亿元，完成年计划的102.7%。全年完成财政收入5.03亿元，完成固定资产投资50亿元，实际利用内资8.29亿元、外资3000万美元。

【规划用地及建设】 江南新城管委会主要负责通江大道以西区域的开发建设管理，包含重庆市茶园鹿角组团A标准分区、B标准分区、E标准分区、I标准分区（部分）、K标准分区（部分）和W标准分区（广阳岛），规划总面积约33平方千米，主要规划为居住、商业商务、教育科研、行政办公、市政设施等用地。目前A区建成道路28千米，未建道路13.7千米；B区建成道路11.8千米，未建道路24.8千米；I区建成道路15.9千米，未建道路2千米。辖区储备用地总计1838.27公顷，已出让463.33公顷。

【基础设施建设】 完成学菁路规划选址及方案审查工作，目前已报建委审批；秉文路部分里程段已完成路面施工；完成通江大道石塔立交北侧下穿通道工程、莲池路公园方案设计工作；完成科技桥及连接道路方案设计及前期准备工作；完成梨花大道二期前期设计报件，正挂网进行施工招标；完成智谷核心区主要道路两侧氛围营造及科创中心提档升级工程；开工建设南岸文化艺术中心；完成鲁能珊瑚中学建设，同步完成南北侧道路污水管网建设及鲁能珊瑚小学运动场改造工程。

【城市规划】 全力配合市、区规划部门进行广阳岛总体规划和控制性详规的编制工作，协助市规划局成功举办“重庆市广阳岛片区规划建设专家咨询会议”，举办“广阳岛开发定位征集大赛”和“定位解读大赛”。2018年9月，市规划局已开展广阳岛规划方案公示工作；结合南岸区健康产业规划定位，完成《江南新城健康产业园规划》的编制工作；对六纵线以西区域开展规划研究，清理江南新城西侧非建用地，提出拟新增规划建设用地发展思路，为下一步城市空间拓展打下基础；完成智谷公园方案设计，已报区政府审定。

【产业发展】 全年辖区房地产项目开工面积约86万平方米，竣工面积约9.5万平方米，实现销售收入达40亿元。

【城市管理】 完成梨花大道、通江大道南北段、天文大道、广阳岛桥头、开迎路、水云路、莲池路口景观改造设计；清理区域内已征未建城市空地约18万平方米，并对空地实施美化、彩化，并结合季节变化，在玉马路、玉马公园、广福大道等重要干道摆种鲜花，着力打造山清水秀美丽之地；清理并更换破损严重的道路隔离桩、隔离栏、人行道护栏、防撞护栏等市政设施，全面提升城市容貌；完成江南新城配电箱美化设计和已建区域城市设施布置；完成江南新城LOGO网上征集评选活动及三条隧道出入口的提档升级方案设计。

【安全维稳工作】 年内对辖区22家建筑企业和2家加油站开展安全检查106次，共排查一般事故隐患182起，整改182起，整改率100%。未发生一般安全生产事故和较大以上伤亡事故，事故指标控制在区政府下达的范围内。化解信访突出问题，开展风险研判，加强源头治理，努力将矛盾纠纷化解在基层和萌芽状态，避免一般性问题演变成信访突出问题。全年参与区联合接访14次，办理并结案网上信访案件37件，结案率100%；接待群众来访18次200余人，办结或告知办理权限部门18次，办结率100%。未发生非法越级上访、集访以及严重极端个体案件，全面实现江南新城的安全稳定工作目标。

【江南新城管委会负责人】

主　任：王建华（党工委书记）

副主任：李显文　余正林

何　琼（纪工委书记）

谭　亮　胡玉惠（党工委副书记）

（何家欢）

## 南坪现代服务业集聚区

【概况】　重庆市南坪现代服务业集聚区管理委员会成立于2017年6月，由原重庆市南坪西部新区开发建设管理委员会与重庆市南坪商圈开发建设管理委员会合并设立，属全额拨款正处级公益一类事业单位，负责区域内党的建设及群团、商业业态布局、招商引资、规划建设、城市管理等工作。2018年，管委会内设党群工作部、行政部、招商服务部、经济发展部、规划工程部、城市管理部、社会事务部。核定事业编制28人，其中处级领导职数7人，科级领导职数7人。

【党群工作】　提升党建水平，夯实党风廉政建设。通过“互联网+”党建展风采，切实扩大非公企业知名度，策划“揽才计划”特色党建活动，打造“南坪商圈党组织共享服务站”，免费为辖区企业、党员和群众共享法律、培训、健身、就业及志愿活动等10余项服务。严格履行党风廉政建设主体责任，印发廉政名片，创新监督渠道，围绕利用职务之便侵害群众利益的不正之风、违反中央“八项规定”精神等行为进行重点监督。严肃执纪问责，开展“1+3+N”“四风”专项整治、扫黑除恶专项斗争监督执纪等专项督查，参与7个问题线索的执纪工作，其中立案1件，结案2件，协助区纪委办理4件。

【经济发展】　2018年，南坪商圈社会消费品零售总额同比增长7%，固定资产投资完成15.67亿元，新开工项目投资金额2亿元，完成全年任务的13%，完成新入统企业6家，完成全年任务的70%。

【招商引资】　以项目为抓手，加大招商引资力度。全年已招商签约项目11个，在谈项目17个，到位资金18.08亿元（其中引进外资152万美元）。金菱车世界项目已引入15家企业，阿尔法罗密欧、吉普等8家4S店已投入试营业，预计全年销售收入超20亿元。3D打印中心项目已结题重大科研项目1个，申请国家发明专项2个，获批软件著作权5项，已累计培育、入驻企业11家，园区整体实现营业收入约1000万元。

【规划建设】　重点工作有序推进。国家文物保护综合服务设施项目完成基础施工，主体结构完成40%工程量，全年完成投资约1亿元；3D打印中心二期改造工程开展建设，力争2019年9月竣工投用；启动南坪片区城市提档升级规划研究前期工作，完成资金落实和设计任务书编制；南坪商圈50处违停抓拍项目完成建设手续办理，待资金落实后建设实施。

【城市管理】　城市综合治理成果显著。通过强化“三生三宜”品质城市及全国文明城区建设公益宣传，扎实开展市容秩序整治、环境卫生治理、市政绿化设施维护、摩托车专项整治等工作，取缔占道经营摊点600余处，清除卫生死角2000余处，修补及更换人行道、车行道7000平方米，摩托车专项整治近2000辆，规范摩托车停车位1000个。

【安全管理】深化安全生产大排查大整治大执法，督促企业落实主体责任。组织监督检查140余次，检查企业140余家，安排检查人员410人次。排查各类安全隐患253处，已完成整改243处，整改率达96%。电梯隐患查实224处，已整改219处，剩余5处正在整改，整改率98%。管委会作为事权单位负责协调的信访事项总体稳定，情况可控。

【管委会负责人】

主　　任：周　旭

副 书 记：王晓靓

副 主 任：冯　杰（2018年6月离任）

范　毅　邓智泉　黄文伟

纪工委书记：付妮娜

（南坪服务业管委会）

## 南岸滨江路

【概况】　南滨路辖区范围南起南坪镇二塘，北至鸡冠石娄家庄，西临长江，东至弹广路，全长24.9千米，面积18.42平方千米。南滨路建设始于1998年，二塘至寸滩大桥段已建成通车。功能定位：重庆市中央商务区核心区（弹子石片区）、重庆市自由贸易试验区（南岸片区）、南岸滨江水岸经济带（两江四岸核心区）、传统风貌集聚区。

2018年，南滨路已形成以长嘉汇购物公园、金辉铜元道、东原1891时光道、泽科星泽汇、华润万象汇五足鼎立，海棠晓月第一大道、南滨路烟雨公园酒吧街、阳光100商业区、珊瑚都会商业街等协同发展的良性发展格局。截至年底，南滨路综合性商业体总体量58万平方米，写字楼总体量约63万平方米。

**【产业发展】** 2018年，制定创建国家级文化产业园区年度行动计划，建立并完善文旅市场、文旅活动的监管制度和监管手段；明确创建主体、运营主体、协作机制以及安全生产责任制度和保障体系等机制；加大品牌活动力度，重点做好重庆国际马拉松、重庆国际时尚周、重庆国际啤酒节等大型活动的梳理、组织、参与等工作；开展对外宣传，全年发布创建相关新闻报道50多条，提升园区知晓率；形成常态统计监测机制，全面启动园区数据动态统计监测工作；南滨路创意大道载体建设，完成弹子石亲水广场、金辉铜元道、长嘉汇4A级景区创建等重点项目，龙门浩老街、慈云老街等项目正有序推进，弹子石老街、故宫南迁博物馆项目已建成；知名品牌示范区创建，重点做好区域品牌价值评价及区域品牌管理工作，已完成示范区导视牌的设计、位置的初选。

**【项目建设】** 2018年，完成实际利用内资5.2亿元，全年完成实际利用外资5亿美元，占全年目标任务的100%；完成争资3.2亿元，超额完成全年任务。

**【历史风貌街区】** 慈云老街完成一期四栋风貌建筑和安达森洋行建筑群的保护修缮工作，并对外开放；弹子石老街完成老街建设并对外开放；完成龙门浩历史文化街区首开区建设。完成一期景观专项整治工作。

**【招商引资】** 依托文化载体打造历史文化街区：慈云老街已与故宫博物院签订了项目合作协议；弹子石老街获批以“开埠文化与城市九级坡地地貌”为主题的4A级景区；龙门浩历史文化街区首开区已建成并投入运营。弹子石万象汇购物中心、长嘉汇购物公园、泽科商业中心、东原1891购物中心、金辉铜元道等5个商业体2018年营业收入10亿元。能源大厦招商率95%，出版集团招商率87%，国瑞中心招商率80%，中讯时代大厦招商率25%。

**【文体活动】** 举办2018重庆国际马拉松赛、2018重庆夜市文化节、2018重庆国际时装周等文化活动、文化性商业活动近50场，丰富了南滨路的文化元素，提升了南滨路在时尚艺术领域的影响力。

**【南滨路管委会负责人】**

党工委书记：王　愚

副　主　任：张　鹏　徐　胜　沈　兵
王　岗　聂　萍（党工委副书记）
李贵文（纪工委书记）
张　勇

（南滨路管委会）

## 南山生态带

**【概况】** 南山生态带自然禀赋优越、旅游资源丰富、文化底蕴厚重，有较高的生态价值，在区域发展格局中具有重要战略地位。管辖范围包括南山街道、南坪镇、涂山镇、鸡冠石镇、长生桥镇、峡口镇及海棠溪街道、龙门浩街道等海拔300米以上的大南山区域（即“四山”管制区南山片区），东至大坪村龙园公路，西至龙井村到老君洞（钓鱼钩至家假马路），南至金竹村老龙洞景区，北至石流村弹广公路，总面积约61平方千米。

**【规划编制】** 2018年，初步完成重庆城市山地公园（南山）规划，完成南山区域城乡建设用地梳理研究，开展了南山街道金竹、泉山、龙井、新力村及乐和谷西流、大石村规划编制，完成乐和谷、公园北路策划规划设计初稿，启动南山区域排水管网普查、排污口调查。

**【重点项目建设】** 基础设施配套不断完善。一批小型生态停车场投入使用，区域内新增停车泊位300余个；南山大竹林移民公路及慈母山、指月峰步道基本建成；福寿路排污管网开工建设，加快推进南山北部排污管网、向黄路延伸段、黄桷垭环道、黄金公路等项目建设；启动涂山湖二期、老厂片区棚户区改造项目前期工作。重庆抗战遗址博物馆创建国家4A级景区取得重大突破。多彩南山建设步伐加快，完成腊梅路、崇文路部分路段的景观绿化彩化工程。全速推进区域内复绿工作，完成南山湿地公园南部片区复绿及闭矿区综合整治2018年复绿任务，复绿面积19.33万平方米。

**【重点整治】** 开展南山生态保护综合治理专项工作，强力推进“小散乱污”企业专项整治行动，拆除违法建筑416户，拆违面积32.5平方米，关停取缔“小散乱污”企业29户。

【抗博工作】 投入资金800万元，按照4A级景区标准对抗战遗址博物馆景区进行全面提档升级，4A级景区创建工作，已通过重庆市景区评审委员会审收，并按程序进入公示期。高质量推进文博。征集历史物品5件套，接收陈灿培捐赠物品118件套，新增图书8册，电子书籍2套，邀请专家对近三年的征集物品进行鉴定，最终评出二级文物9件套，三级文物367件套，一般文物144件套。组织开展“南方细菌战遗址调查与研究”子课题研究，完成上万字的云南霍乱细菌战和鼠疫细菌战调查报告。初步完成黄山抗战旧址群保护性规划的编制工作，投资1300万余元，启动对文物建筑的消防、安防、防雷设施设备的全面提升。顺利完成草亭的复原修缮。举办“重庆上空的鹰”专题展览，荣获2017年度重庆市博物馆展览内容设计奖。强化社教功能，成功入选“全国中小学生研学实践教育基地”。以“历史与博物馆体验”为核心，推出“中华民族的十四年抗战”“中国共产党在抗战时期的中流砥柱作用”“重庆大轰炸”“宋庆龄精神”四大精品课程，开展社会实践课程184课时，培训学生3000余名。以宋庆龄基金会“时代小先生计划”示范基地为载体，做亮“时代小先生”和“小小讲解员”品牌。新增“小小讲解员”28名，获2018年“时代小先生计划”全国优秀组织。社教老师吴琳被评为全国最美教师，7名“时代小先生”分别被评选为“全国十佳时代小先生”和“全国优秀时代小先生”。

【南山管委会负责人】

主　任：李　忠

副主任：喻阳明　郑　绪　张祖军

委　员：刘万虹

（南山管委会）

## 迎龙商务区

【概况】 迎龙商务区位于迎龙镇的4.36平方千米商务联动区和广阳镇的2平方千米商务拓展区。市委、市政府已将一体化打造迎龙商务区和重庆经开区列入了全市发展战略，区位优势明显。迎龙商务区开发开放的核心和基础是东环线、重庆东站等铁路项目，将形成环线铁路、长江水运、高速公路三大物流对外通道。规划建设重庆东站铁路综合交通枢纽，是国家“八纵八横”高铁网中“包海”“厦渝”一纵一横两大通道的交汇点，将承接渝西高铁、渝黔（江）高铁及铁路枢纽东环线、渝达城际等铁路的始发终到功能，规划建设的东港支线，引入全市12个节点型物流园区之一的东港港区。市政府确定了迎龙商务区的三大战略地位，即全市重要的客货运交通枢纽、全市重要的对外开放平台、全市重要的商贸聚集区。

【重点工作】 重庆东站开工建设。渝湘高铁、东环线等引入重庆东站线路逐步优化，渝昆高铁前期工作、沿江高铁线路也正密切跟进。东站站前区控规研究工作初步形成东站站前区3.47平方千米的规划调整方案，该规划已进入控规细化和城市设计方案征集阶段。东站站前区城市设计工作稳步推进。通过市规划自然资源局官网发布东站站前区城市设计国际咨询公告，已遴选出五家入围设计机构和两家备选设计机构；经召开项目启动会并赴项目现场踏勘，东站站前区城市设计工作正式启动并取得初步成果。商务区综合交通规划基本成型。《基于重庆东站的茶园片区交通优化规划》已形成较为深入的研究成果，随着东站的确定，正与其他道路规划进行最后的衔接确认。《重庆经开区智轨交通示范段项目规划研究》编制工作已委托市交通规划研究院开展，目前已形成初步方案。站前区综合开发项目逐步推进。项目已委托相关资质单位编制可研和实施方案，初稿已完成。迎龙湖乡村振兴示范园区项目全面启动。对园区流转土地、未流转土地范围界线进行勘界，目前已形成部分勘界成果。资产清理及移交工作有序进行，分批次将包括湿地公园展示区、湿地公园范围及周边81幢农房逐一移交神州长城公司。配合神州长城公司推动迎龙湖乡村振兴项目策划，初步形成20平方千米迎龙湖乡村振兴示范园区策划案。园区基础设施建设工作抓紧推进。迎龙湖水系综合整治及生态涵养工程一期A区工程大部分区域的土建及绿化基本成型。渔溪河流域植被恢复一期项目已完成7个区域建设任务。环迎龙湖区域污染防治加快推进。茂苗苗木基地配套道路边坡治理工程全面完工。迎龙湖国家湿地公园总体规划修编工作完成，已向市林业局、国家林业局和草原局备案。“三签”安置保稳定。督促协调都市和谐家园项目验收，保障项目必要的资金拨付，累计支付购房款1.3亿元。组织“三签”村民看房并提前交付装修钥匙406套，其中，办理预装修手续32套。加快推动商务区产业发展。茶园建司已摘得中铁建总部基地项目用地地块，中铁建重庆投资集团将按综合楼面地价1800元/平方米、约8万平方米计容物业面积分摊总部项目地块土地成本。中国（重庆）建筑业大数据产业示范创新区项目。中住数据集团将在此设立区域总部，项目暂定名“中国（重庆）建筑业大数据产业示范创新区”。目前已签订合作协议，中住数据集团已完成项目公司注册、履约保证金支付、过渡期办公用房租赁。卡斯因3D缝纫智能制造项目。已完成项目厂房装修改造，第一条生产线正进行生产调试，企业优惠政策兑现工作有序推进。朝天门国际商贸城项目。联合深圳市华强北商城有限公司，对朝天门国际商贸城项目一期进行招商与运营，积极对接优势资源入驻朝天门国际商贸城。

**【东站概况】** 2017 年 2 月，《重庆市中长期铁路网规划（2016—2030 年）》发布，新增布局重庆东站。重庆东站是重庆市铁路枢纽总图规划的四个主要枢纽客运站之一，以办理南北向客运为主，兼具东西向客运补充，是重庆铁路枢纽最重要的客站之一。同时还是国家“八纵八横”高铁网中“包海”“京昆”“厦渝”“沿江”两纵两横四大通道的交汇点，是重庆联系武汉、西安、长沙等中心省会城市，进而联系深圳、广州、上海等国际大都市的西南门户，亦是重庆市构建“米”字形高速铁路的关键节点，对主城中心区客流集散、城市功能对外辐射具有举足轻重的作用。重庆东站，将形成以高速铁路为核心，集长途汽车、地铁、公交、出租车、社会车辆等多种交通方式于一体的综合交通枢纽。东站站房总规模约 12 万平方米，设计最高聚集人数 15000 人，年发送客流量 6000 万人次。设置 3 场 13 台 25 线，接发车能力 384 对 / 日；共设 3 个车场，自西向东分别为渝湘、沿江、普速场，将引入渝湘高铁、沿江高铁、东环线、渝万铁路、渝利铁路至重庆东站联络线，渝昆高铁九龙坡站至重庆东站联络线。

**【迎龙商务区管委会负责人】**

主　　任：袁　亮（党工委书记）
副 主 任：马　力　刘昌银　刘秀兰
　　　　　刘　丁
纪工委书记：黄　力

（迎龙商务区管委会）

# 重庆经济技术开发区

## 概　述

【概况】 重庆经济技术开发区于1993年经国务院批准设立，是西部地区最早设立的国家级经开区。该区围绕建设产城融合示范区目标，立足智能产业高地、开放引领高地两大定位，重点发展智能产业、战略性新兴产业、先进制造业、现代服务业等产业。区内布局有广阳岛•长江生态文明创新实验区、重庆东站、中国智谷（重庆）科技园等市级战略项目。

2018年，重庆经开区完成地区生产总值286亿元，同比增长3%；固定资产投资87亿元，增长12%；财政收入22.7亿元，增长17%；区级税收收入11.8亿元，增长12%；实际利用内资21亿元；实际利用外资7.2亿美元，增长19%；外贸进出口总额12亿美元。财税收入连续7年保持10%以上快速增长。

【产业发展】 （1）大数据智能化产业快速发展。以中国智谷（重庆）科技园建设为契机，加快发展智能终端、物联网、数据存储处理等大数据智能化产业，其规模达到600亿元，增长15.5%，核心产业链不断丰富，产业品质大幅提升。智能终端产业做实向优。手机出货量达5000万台，智能手机占比超过80%，维沃通信持续发挥品牌效应扩能放量，新增6条生产线，产量提高75%，实现产值190亿元，增长90%，部分手机企业产销收窄，促进产业链整体做实向优。物联网产业加快集聚。中移物联网连接数达4亿个，中交通信“全国车联网监管与服务公共平台”、中交兴路“全国道路货运车辆公共监管与服务平台”提速发展，高通“中国智能物联网联合创新中心”、阿里“飞象工业物联网”、中国信通院“物联地带•渝”等产业创新孵化平台正式投运。大数据产业初具规模。国家信息中心能源大数据中心、城投金卡RFID智能交通联合工程研究中心、易华录城市数据湖示范湖等大数据项目落地运营，聚集大数据相关企业约300家。（2）传统产业加快转型升级。美的制冷生产智能空调360万套，实现产值48亿元，增长48.2%，带动铖行汽车、兴伟顺电子等存量企业转型成为美的配套商。传统装备制造产业与互联网、大数据、智能化深度融合的步伐加快，重庆机床、长江轴承、通用工业、集诚汽车、神箭汽车齿轮等企业完成智能化改造。（3）现代服务业稳步发展。以迎龙医药城为载体，全力打造京东云“一基地三中心”。重庆石油天然气交易中心5月正式上线运行以来，累计实现交易额102亿元，会员注册超过1400家。新加坡毅鸣基金发起设立10亿元现代服务业产业发展基金。原尚物流西南项目、九州通医药物流中心三期项目主体竣工，领安仓储物流基地开工建设。（4）科技创新促进作用更加凸显。通过调动企业创新主动性和积极性，加大研发投入，持续发挥科技创新对产业发展的促进作用。全年新增高新技术企业7家、科技型企业70家，科技创新水平显著提升。加强创新型人才引进，推动高科技人才集聚，成功创建市级博士后科研工作站，丰富高层次人才载体。新增重点实验室、工程技术（研究）中心、企业技术中心10个，市级以上创新平台达到170余个。

【开发建设】 （1）对接市级战略，抓紧完善城市规划。广阳岛•长江生态文明创新实验区规划方案基本确定，经开区三分之二区域纳入规划范围，打造“长江风景眼•重庆生态岛”成为全市重大战略。重庆东站暨渝湘高铁重庆至黔江段开工建设，同步推进重庆东站综合交通规划和控规修编，站前区城市设计启动全球方案征集，迎龙商务区站前区综合开发项目可研和实施方案等专项成果基本确定，智轨交通项目启动规划设计研究。围绕市级战略，加快推进经开区城市总体规划修编，优化区域功能布局，理清城市发展空间，科学谋划未来发展蓝图。（2）提速重点项目建设。全年实施基础设施项目22个，完成投资14.2亿元，建设城市主干道21千米、立交2座、桥梁3座，南涪路改扩建工程石塔立交至迎龙隧道段主线通车，生态园立交、迎龙隧道开挖等控制性节点工程有序推进。经开立交、C-D连接桥等重点工程加快实施。东西南北干道整治工程主线初通。开成路北段二标段、纵三路昌龙段、横六路东段等5条道路完工。加快水电气信配套设施建设，长生水厂一期工程开工，新建给水管网12.5千米、排水管网23.4千米、电力管沟51千米、燃气管线25千米，每平方千米光纤敷设里程累计达26.8万芯千米。金科博翠园、合能枫丹江屿、碧和原千屿、恒大同景国际城博达组团、恒大滨河左岸等房地产项目抢抓建设，新开工90.8万平方米，增长150%，竣工43.5万平方米；新出让综合用地22.87公顷。（3）有序推进征地征收。全年共实施征地项目20个631.73公顷，长江防洪护岸等项目加快推进，新启动长生水厂、东港学校等5个项目33.33公顷，完成纵二路中段、横十三路一标段等8个项目约333.33公顷，实现交地203公顷。再生资源交易市场自治式征收基本完成，河口场、迎龙老街征收项目有序实施。

**【生态环保和城市管理】**（1）生态环境明显改善。东港污水处理厂一期工程全面竣工，茶园污水处理厂二期扩建工程正式投用，经开区污水日处理能力提升至9万吨。建成区雨污管网综合整治工程，全面实现雨污分流。加强工业企业水污染监管力度，全年抽检800余次，防止雨污混排和超标排放。落实河长制，加强河道管护、清漂工作，长生河顺利通过住建部、生态环保部黑臭水体督察。推进质量管理体系（QMS）和环境管理体系（EMS）再认证及全国第二次污染源普查。全面落实市环保督察问题整改，交办事项限时办结率达100%。完成国家森林督查疑似图斑调查和涉嫌违法图斑处置。（2）城市形象显著提升。进一步实施城市绿化、美化、净化工程，高标准完成玉马路、开迎路等主干道绿化彩化提升工程，建成区绿化补种、港口大道绿化隔离带修复工程全面完成，新增绿化面积55万平方米，经开区绿化景观品质明显提升。新建、涂装人行护栏1.4万平方米，彩绘美化市政环卫设施420余处。完善道路市政设施81千米，修复道路路面1.6万平方米，市政道路完好率达98%，排水设施完好率达99%，道路照明设施亮灯率达99%。打造香溪路、丁香路等特色户外广告示范街，提升城市立面形象。（3）城市管理不断强化。按照“三生三宜”品质城市建设要求，巩固“两深化一创建”成果，全面推行“以克论净”质量标准。开展治脏、治乱、治差、治丑“四治行动”，利用智慧城管监控系统及时处理“十乱”现象近4万件。全面落实城市管理“五长制”“门前五包”，创新推出“一长五员制”，开展“大城众管、共同家园”全民动手活动，按照“五无十净”要求，常态化保持市容环境的干净整洁。全年清洗油污路面约3万平方米，清除暴露垃圾1650立方米。加强渣土运输管理，集中整治冒装撒漏，创建米兰路、江桥路等扬尘控制示范道路6条。

**【招商引资和对外开放】**（1）招商引资质量稳步提升。成立招商公司实施专业招商、精准招商，秉持“与巨人握手、与第一合作”理念，坚持招优选强。全年签约项目37个，神州长城100亿元迎龙湖乡村振兴示范园区、易华录50亿元数据湖产业园、中铁建20亿元重庆总部基地、韩国信慕20亿元半导体研发生产基地、卡斯因10亿元3D缝纫项目等重大产业项目落地，累计签约金额326亿元。与高通、京东、阿里巴巴等知名企业开展项目合作，新增德富莱、机床集团神箭公司等一批智能制造项目，引进重庆工程质量监督检测中心国家3A级实验室等国家重点科研平台。（2）外资外贸服务水平有效提高。推行新的外商投资准入负面清单，将中外合资、中外合作、外商投资企业设立和变更审批时限压缩至10个工作日。不断改善利用外资结构，积极促进谊品弘科技、仕勉商贸、泉慷供应链、科莱博4家外商投资企业在区投资，实现外资到位7898万美元，推进厚泽小贸等金融类企业通过增资和外贷等方式利用外资8522万美元。努力扩大对外贸易，维沃、五峰、融讯等重点企业的进出口份额超过经开区进出口总额的70%。鼓励伊士顿电梯、力宏化工等30余家企业到俄罗斯、巴基斯坦、印度和新加坡等“一带一路”国家投资和拓展境外业务。（3）开放合作高地，加快建设。全面融入“一带一路”和长江经济带建设，积极推进中新(重庆)战略性互联互通示范项目，不断深化合作领域。普洛斯物流基地项目基本建成，永翔国际电商物流产业园项目启动建设。加强与南京经开区、上海虹桥经开区等国家级开发区的合作共建。融入重庆自贸区建设，探索“飞地经济”模式，建立协同招商工作机制，实现区域间融合发展。参与首届中国国际智能产业博览会，组织33家企业、100余种产品参展，签约合作项目4个。

**【营商环境优化】**（1）民营经济发展改革试点深入推进。围绕深化“放管服”改革，打造高效透明的政务环境，大力促进民营经济发展。完成经开区行政服务中心办事大厅的整合提升，推出构建经济建设领域行政审批管理闭环、实行“一窗受理”、建立企业审批服务代办制等16项改革举措，全面落实建设工程领域审批制度改革任务，涉企审批事项办理时间总体压缩60%，一般工业项目从立项到开工，审批时限实现全市最快。建设“智信经开•区域经济大脑”综合服务平台，以“互联网+政务服务”推动涉企服务事项全口径、全流程线上办理，打通企业服务“最后一千米”。结合“兴转促”，深入开展“疏堵解难”专项行动，全面落实金融支持、研发创新、技术改造等“十条扶持政策”，着力破解民营企业发展的痛点、难点和堵点，有效解决新天泽破产重整、翌辰光电融资、都市和谐家园验收等民营企业生产经营问题300余个。引进重庆华西宏赐股权投资基金管理有限公司，设立产业引导基金10亿元；开展“金融+信用”合作，创新方式，为企业提供低成本、无抵押贷款1.9亿元；兑现企业扶持资金3亿元。（2）国有企业改革活力初现。经开区投资集团建立健全现代企业管理制度，基本实现分级管理运营，坚持市场化用人导向，通过竞聘上岗、社会招聘等方式优化人才队伍。加强债务管理和风险管控，到期偿债率实现100%。强化园区配套服务，购入北斗新苑10000平方米商业门面为维沃片区提供生活配套，购置皇冠国际4300平方米、代租科创中心2900平方米办公用房，保障重点招商项目落地。加强资产管理，及时处置经开大厦、A8标准厂房等存量资产。顺利完成重庆朝天门国际商贸城公司股权划转和恒祥实业公司M6地块、重庆新汇商公司股权收购。（3）安全稳定形势保持平稳。坚持把安全生产“三同时”纳入项目准入标准，严格落实企业主体责任和政府监管责任；构建安全生产技术体系和信用体系，新创安全生产标准化企业47家，基本实现规模以上工业企业安全生产标准化建设全覆盖；探索“互联网+安全监管”新模式，重点抓好建筑工程施工安全、工贸企业生产安全及防汛防灾工作，全年未发生较大及以上安全事故。全力抓好信访维稳，妥善处置征地拆迁、工程建设、国企改革等领域的群访、集访事件，开展扫黑除恶专项斗争，确保辖区安定祥和。

**【经开区管委会负责人】**

主　　任：陈一清

副 主 任：侯宗权　谢德平（4月离任）

　　　　　张　进　贾　晖（10月离任）

副巡视员：闵秀兰（女）

（何炫颖）

## 经开区经济发展局

**【概况】** 重庆经开区经济发展局（安全生产委员会办公室）属重庆经开区管委会内设机构之一，主要职责是：负责组织编制和实施经开区国民经济和社会发展战略、中长期发展规划、年度发展计划，负责国民经济发展趋势分析；组织编制和实施产业发展规划，负责制定和兑现产业发展扶持政策；负责经开区统计资料的收集、汇总和分析；负责投资管理、重大项目策划储备、重点项目协调推进；负责招投标活动的指导、协调和综合监督；负责政府主导类项目的审批和管理；负责企业投资项目的核准和备案；统筹协调经开区行政审批事项办理；负责经开区综合发展水平考核评价相关工作；负责经开区工业和商贸企业安全生产属地监督管理；负责安全生产委员会办公室日常工作；承办管委会交办的其他事项。此外，经发局还承担节能减排、招商引资、促进民营经济发展和智能家居家电生产基地建设等工作任务。核定行政编制8人，其中局领导一正二副，工勤1人。下设综合科、产业发展科、投资管理科、经济运行科、行政审批科、安全生产科6个科室。2018年，经发局有职工32人，其中，行政及机关工勤8人、事业7人、聘用人员17名。

**【党建及党风廉政建设】**（1）重部署明责任。制定党建和党风廉政年度工作要点，明确重点任务6类24项。按照经开区党工委《2018年党风廉政建设和反腐败工作要点》分工要求，牵头推进分工负责的工程建设领域、涉企涉商领域2类8项具体责任事项落实，分解细化“两个责任”中“主体责任”10类29项具体内容。（2）强学习严监管。利用“三会一课”、主题党日活动等时间，进行法规学习、廉政和警示教育21次，开展集中约谈、廉政谈话，筑牢思想防线。开展“学原文、学讲话、悟原理、抓结合”和十九大征文答题等活动，对照标准找差距，明确措施补短板。规范组织生活，召开支委会、支部党员大会27次，落实支部主题党日活动12次，讲授党课5次。开展“我为组织生活献一策活动”，开展“职工讲堂”“课前10分钟警示教育片”等，提出合理化建议6条。组织干部职工述职述廉、参观廉政教育基地，抓实廉政风险防控，全年无违纪违规问题。（3）常研究严考核。坚持季度分析研究推进廉政建设，先后5次召开党建和党风廉政工作专题会，班子成员、科室负责人分别汇报本领域廉政建设形势，针对薄弱环节，研究整改措施，加强改进提升。在目标责任考核的基础上，将“两个责任”、党建和党风廉政建设落实情况纳入全局科室、个人月度绩效考核，推动廉政建设和责任落实。（4）抓作风强效率。持续开展“四风”问题整治、八项规定自查、“1+3+N”专项整治、党员干部亲属涉权事项清理、名贵特产专项整治，以及形式主义、官僚主义集中整治等。开展“兴调研转作风促发展”专项行动，形成《重庆经开区数字经济发展专项调研报告》《重庆经开区工业经济调研报告》，受到市政府肯定，在区政府《政务调研》刊发。集中时间精力制定《经济发展局标准化工作手册》，全局77项具体工作流程更加清晰，业务工作更加规范。制定实施《经济发展局绩效管理考核办法》，开展“质量效率提升年”活动，工作效能大幅提升。（5）强服务促发展。全力推进行政审批标准化，推进“智信经开”服务平台建设，整合提升经开区行政审批大厅，集中办理经开区所有涉企服务事项，构建行政审批闭环，高效廉洁审批。开展服务民营经济试点，明确“12345”举措，务实开展“疏堵解难”专项服务行动，推进“信用＋金融”和信用体系建设，解决企业“融资难、融资贵”等难题。坚持定期接访，主动收集社情民意，解决社区居民就业、办公设备老化、主题活动经费等困难问题6个。开展服务群众工作季度主题活动，慰问困难党员群众，密切干群关系，努力提高群众认同感。开展“大城众管、共同家园”全民动手活动，督促企业落实“门前五包”，助推“三生三宜”品质城市建设。推进扫黑除恶专项工作，除明确的工程建设招投标领域外，增添工贸企业安全生产领域。结合审批、统计、监管服务，深入企业、社区开展扫黑除恶宣传教育，发放宣传资料1100多份，引导督促企业悬挂宣传横幅、标语32条，开展内外部情况摸排，推动扫黑除恶专项工作深入开展，主要做法入选《南岸信息》（第50期）。（6）讲民主做表率。建立权力清单，主要领导不直接分管人事、财务，坚持分层管理、分级把关，手上签字、心头问廉，真正将权力关进制度和程序的笼子，在阳光下运行。健全完善领导班子议事规则，修订《经济发展局“三重一大”事项议事办法》，严格执行集体决策和主要领导末位发言制度，坚持半年报备重大问题表决统计。全年召开局长办公会19次，民主科学决策“三重一大”事项101个。

**【产业发展】**（1）大力发展大数据智能化产业。以中国智谷（重庆）为龙头，以智能制造、智能终端、智慧运用等产业为主，大力发展大数据智能化产业。相继入驻微软、高通、科大讯飞、中移动物联网、维沃等一批知名企业。2018年产业规模达到600亿元，增长15.5%，集聚智能终端整机及装配企业170余家，物联网产业集聚平台机构8户（中移物联网、中交兴路、中交通信、城投金卡、智慧思特、中关村重庆创客天下、物联网制造代工、招商交科云途车联网），研发制造应用企业180余户，智能家居基地聚集40余家关联企业。（2）融合发展装备制造产业。积极扶持制造业与互联网、大数据、智能化融合发展，信息技术在制造企业得到有效应用，获得2个国家级、7个市级“两化深度融合示范企业”称号。重庆机床、长江轴承、通用工业、集诚汽车、神箭汽车齿轮等企业完成智能化改造，形成以汽摩、船舶为主的交通装备，以数控机床、通用机械为主的机电装备，以智能家用空调、中央空调为主的制冷设备等特色产业链。2018年，美的制冷生产智能空调360万套，实现产值48亿元，增长48.2%，带动钺行汽车、兴伟顺电子等存量企业转型成为美的配套商。（3）全力发展现代服务业。以迎龙医药城为载体，全力打造京东云“一基地三中心”。2018年5月，重庆石油天然气交易中心正式上线运行，累计实现交易额102亿元，会员注册量超过1400家。新加坡毅鸣基金发起设立10亿元现代服务业产业发展基金。原尚物流西南项目、九州通医药物流中心三期项目主体竣工，领安仓储物流基地开工建设。

**【重点项目建设】** 2018年，经开区共安排重点项目32个（47项），总投资986.4亿元，当年计划投资85.9亿元，其中，基础设施项目24项，工业及商贸物流13项，房地产项目4项，生态环保及其他6项，政府资本项目24项，社会资本项目23项，全年共完成投资72.7亿元，占年度计划的84.6%。其中，基础设施项目完成投资20.3亿元，工业及商贸物流项目完成投资12亿元，房地产项目完成投资39.3亿元，生态环保及其他项目完成投资1.05亿元，政府投资类项目完成投资19亿元，社会投资类项目完成投资53.7亿元，分别占年度计划的51.7%、75.5%、137.8%、49.8%、72.5%、90%。

**【经济运行】** 2018年，重庆经开区完成地区生产总值286亿元，同比增长3%；固定资产投资87.3亿元，增长12.9%；财政收入22.7亿元，增长17%；区级税收收入11.8亿元，增长12%；实际利用内资21亿元；实际利用外资7.2亿美元，增长14.8%；外贸进出口总额12亿美元。进一步发挥主引擎、增长极作用，工业、外资、进出口等领域支撑作用明显，财税收入连续7年保持10%以上快速增长。在国家级开发区53项考核评价指标中，31项高于全国平均水平，同比增加8项，高技术制造业产值占比、实际使用外资占比、省级以上研发机构数量等指标处于全国领先水平。

**【行政审批】** 全年共实施政府投资项目立项审批41个，总投资47.06亿元；可行性研究报告审批7个，总投资52303.7万元；概算审批15个，总投资97549.73万元，审减11548.09万元；概预算合并审查13个，总投资3205.45万元，审减206.88万元；完成企业投资项目核准1个，总投资6778.48万元；完成企业投资项目备案116个，总金额130.61亿元，其中完成企业投资项目备案（房地产、房地产配套）5个，金额44.85亿元，备案（电子信息、标准厂房及其他）111个，金额85.76亿元。

**【放管服改革】**（1）推进放权增效。深化行政审批、商事制度改革，推进投资项目审批改革，破除市场准入壁垒，推行“减税降负”，降低企业融资、用能等成本，为辖区中小企业解决1.9亿元资金需求，累计为辖区多家企业节约6214.2万千瓦•时电量，节约用电成本及电力设施投资约5000万元。（2）推进监管提能。创新日常监管，运行信用平台，全年累计归集经开区企业信用信息数据17万余条，优良信息数据约4600条，不良信息数据约2200条。按照《重庆市企业经营异常名录管理实施细则》，列入经营异常名录企业751户、个体7221户，移出经营异常名录企业325户、个体3972户。健全企业退出机制，清理“僵尸”和“空壳”企业211户，简易注销85户。（3）推进服务创优。推进政务服务标准化，设置“一窗办理”的5个综合窗口，建立行政审批全程代办制度，帮助项目加快落地建设。推行政务服务线上线下融合发展、延时服务、限时办结、扫码办事、审批服务结果邮寄送达服务等便民利企服务举措，建立审批联席会议制、会商工作制、代办服务制，设立服务热线电话等服务反馈机制，提升市场主体的认同感和获得感。提速建设政务服务“一网化”，务实开展“疏堵解难”行动，创新开展服务代办化，持续优化营商环境。

**【安全监管】** （1）企业主体责任落实到位。督促企业积极开展安全生产标准化，其中三级新创46家、复评22家，三级升二级3家；技术安全服务体系创建工作5家；职业健康基础工作8家。全年工贸企业实现“零事故”“零死亡”目标。（2）依法监管成效显著。全年检查企业795家次，督促整改安全隐患681个，发现问题681个，发出整改指令9份，向行业部门移交问题企业6家、安全隐患30个。（3）安全宣传措施得力。充分利用“安全生产月”、消防“11•9”等活动，深入辖区企业开展“落实企业主体责任”的安全宣讲活动，发放各类安全资料2000余份；宣传亮点工作，在市、区媒体刊发安全信息（新闻）50条，在国家、市、区发表安全文章9篇。

**【重庆经开区经济发展局负责人】**

局　长：李　东

副局长：罗　刚　罗江涛

（经开区经济发展局）

## 经开区征地服务中心

**【概况】** 2018年，经开区征地服务中心内设部门9个，人员编制30名，在岗36人，其中领导2人，其他在编14人，聘用20人。其主要职责：为开发区建设提供征地服务。负责征地及房屋征收政策宣传、信息资料收集、档案整理、意见反馈、信访稳定和综合协调等工作；配合协助有关部门办理征地及房屋征收相关手续；承办征地及房屋征收涉及的拆迁、补偿、安置等事务工作。

2018年，经开区征地服务中心围绕南岸区、经开区的总体部署和全年工作目标任务，带领全体干部职工开拓创新、积极作为、勇于担当，与辖区各镇配合协调，加快征地拆迁新模式改革，保障了征地拆迁工作的顺利推进。

**【征地工作】** 全年共实施征地项目26个，总面积636.67公顷（含往年延续项目）。其中基础设施类项目5个，产业类项目2个，配套类项目7个，综合类项目6个。新启动观景口水厂、横十二路中段、纵三路南段二标补征地、太极岛整体拆迁、东港学校5个项目，面积33.33公顷。至12月底，收到各项目征地补偿款2.94亿元，使用征地资金约2.4亿元，新补偿房屋312户，安置1074人。完成奥特莱斯补征地、纵二路中段、原奥特莱斯、朝天门商贸城、横十三路一标、观景口水厂共6个项目及东港界外土地共计约204.67公顷的征地拆迁工作，均已签订交地备忘录，已完成交地203公顷。全面完成2018年总体目标任务。

**【重点项目征地拆迁】** （1）广阳湾产城融合示范区项目，涉及征地总面积45.13公顷，至12月底，迎龙镇完成农户拆迁总量的49%，峡口镇完成约28%。完成峡口镇大兴村梦庄组土地、坟墓及集体资产补偿，五星村集体资产清理，盘龙井社线外26户危房拆除等工作。（2）长江防洪护岸项目，征地总面积56.11公顷。广阳镇范围内土地、坟墓和集体资产均已补偿完毕，农户补偿已完成近89%，实现界内交地19.54公顷；迎龙镇范围内坟墓和集体资产均已补偿完毕，土地补偿完成90%，农户补偿完成75%，实现界内交地11.3公顷。（3）配合迎龙商务区管委会做好站前核心区的前期摸底调查和征地准备工作。

**【安置工作】** （1）住房安置。拟定《“广阳湾产城融合示范区”征地项目定向定价商品房实施方案》，确定价格、安置房源，并在拆迁过程中同步进行房屋安置，广阳湾项目已完成住房安置271套（迎龙片区安置218套，峡口片区安置53套）。推进选房扫尾工作，截至12月，长生桥镇片区遗留征地项目住房安置对象完成选房61户，已接房59户，分别达100%和97%；广阳镇片区遗留征地项目住房安置对象完成选房198户，已接房159户，分别达93%和75%。其余遗留征地项目安置扫尾工作平稳推进。（2）及时办理征地人员的安置申报及养老保险手续，至12月，累计完成39个项目12480名征地人员的安置及10814人的养老保险办理。加快办理11个已实施及遗留征地项目1105人的人员安置申报工作，力争让被拆迁群众早日享受社保待遇。

**【维稳及信访】** 全年主要接待了朝天门、长江防洪护岸、东港片区等项目的拆迁群众信访30余人次，及时回复及协助办理群工系统、信访系统的信访来件48件，为征地工作的稳定有序推进提供坚实保障。对长期上访的信访老户不拒绝、不懈怠，对他们提出的问题不推、不躲，认真研究解决办法，化解了蒋光华、胡朝明2户信访积案，并多次积极约谈张祯贵等重点信访人员，充分履行事权主体责任，确保社会稳定。

**【财务管理】**（1）按照南岸区、经开区财政（务）局关于做好内部控制工作的统一部署，完成2017年度行政事业单位内部控制建设情况上报工作，并对2017年度行政事业单位内部控制建设存在的问题进行自查，编制中心《内控手册》《制度手册》，规范内部控制，进一步提高中心内部管理水平。（2）根据各项目开展情况，适时对2018年前置资金进行清理，按项目分类规范使用，确保专款专用。截至12月，收到征地前置资金累计10.53亿元，已划转9.62亿元，余额0.91亿元。（3）加快推动完结项目审计工作，已完成开迎路项目的专项审计。（4）严格执行政府采购预算及采购目录，按照南岸区财政局相关文件要求，涉及大额资金的项目一律实施政府采购程序，2018年完成征地中心内控建设、燃气加压站、河口场、东港学校等项目风险评估政府采购流程。

**【档案管理】**（1）做好现场业务档案的移交工作。完成朝天门公交站、迎龙长途汽车站两个征地项目档案资料的接收、归档工作，入库档案共40件，全年档案室入库征地类档案累计5823件。（2）完成2017年度文书档案的加工、交接、归档工作，入库档案共1278件，入库文书类档案累计7411件。（3）通过科学归档、建立台账及检索工具，进一步提高入库档案查询效率，全年查阅档案共92件次，借阅档案7次，出具证明185份，主要用于征地拆迁安置人员办理房证过户等事宜。

**【安全管理】**（1）加强安全教育，提高防范意识。2018年各类安全事故频发，中心加大了对安全工作的宣传和教育力度，深刻反思，举一反三，在思想上牢牢绷紧“安全第一”这根弦。（2）突出重点，排查整改。根据区府和管委会下发的大排查大整治文件，制定工作计划，严格落实安全工作责任，加强对征地安全工作的风险预判，对重点区域、现场管理、施工安全等安全隐患风险点进行详细分析，抓重点、找根源，防止各类安全事故发生。全年安全检查56次，出动安全巡查人员200余人次，累计排查隐患39项，整改39项。（3）做好督导，共保安全。通过走访检查，对存在安全隐患的单位做出整改和规范，对一些安全意识不强，安全生产制度不健全，安全措施不得力的企业进行现场指导，提出了合理建议。

**【人员管理】**（1）加强干部选拔任用管理，全年调整1名部门负责人任职，新任职2名部门负责人，合理调配工作岗位和具体职责任务，进一步优化中心内部人员架构。（2）完善《事业单位人员绩效考核办法》，健全内部绩效考核制度，发挥工资的激励导向作用，调动职工工作积极性。（3）加强征地业务培训指导，组织广阳湾项目廉政教育暨业务培训会，加强现场指导与交流，通过“以征促学、以学促征”，提高征地队伍的能力和水平。

**【党建工作】** 开展为期1个月的专题学习，学习习近平新时代中国特色社会主义思想，通过党员领学、个人自学、互联网学等多种方式，帮助党员干部更加深入地了解这一思想的伟大意义、科学体系、丰富内涵、精神实质、实践要求，更加自觉地运用这一思想武装头脑、指导实践、推动工作。全年，党支部集中学习10次，其中专题讨论学习2次，党课学习3次。加强意识形态监管，坚决肃清孙政才恶劣影响和薄熙来、王立军流毒，在日常工作中，注重人文关怀和心理疏导，充分运用个别谈心、耐心疏导、平等交流、民主讨论等方法，把意识形态的宣传教育工作做到入情入理、潜移默化。

**【廉政建设】** 及时通报市纪委、区纪委违反中央八项规定精神典型案例，教育干部职工引以为戒。全年共组织9次廉政教育。用好用活“四种形态”，让咬耳扯袖、红脸出汗成为常态，以季度为单位开展“三级”廉政约谈，共进行廉政约谈33人次。丰富廉政活动，组织开展广阳湾项目廉政教育暨业务培训会，在讲解征地拆迁业务流程的同时，邀请经开区纪检组专业人士讲廉政党课，增强项目从业人员的纪律规矩意识和拒腐防变能力。从单位、领导班子、部门、部门负责人、重点岗位人员多个层面开展廉政风险排查工作，结合职能职责梳理在业务流程、权力范围、外部环境等方面存在的风险点，制定防范措施，强化事前监督。

**【经开区征地服务中心负责人】**

主　任：廖文忠

副主任：童登忠

（经开区征地服务中心）

# 社会事务管理

## 人力资源和社会保障

【概况】 2018年，区人社局坚持“民生为本、人才优先”主线，改革创新、务实奋进，全面完成市区各项目标任务。连续11年被人社部评为全国清理整顿人力资源市场秩序专项行动先进单位，荣获全市“渝创渝新”创业创新大赛优秀组织奖、全市人力资源和社会保障知识竞赛一等奖、全市劳动保障监察执法能力大赛二等奖，成功举办中国技能大赛——第七届全国饭店业职业技能竞赛火锅专项决赛。

【就业工作】 全区城镇新增就业51801人，城镇登记失业人员就业13139人，城镇登记失业率2.23%。多措并举促进创新创业，全年发放创业担保贷款3406万元，培育创业孵化基地3个，成功承办全市“渝创渝新”—“星创汇”创业文化节等赛事活动。推进高校毕业生、就业困难人员、返乡农民工等重点群体就业，辖区应届高校毕业生就业率保持在90%以上，城镇就业困难人员就业4272人，举办返乡农民工专场招聘会28场次。保障市区重点产业企业用工2906人、区电子信息产业重点企业用工9179人。开展特色职业工种培训、就业技能培训、创业培训等就业培训，全年培训人员3770人。

【社会保险】 全年区内城镇职工养老、医保、失业、工伤保险参保人数分别为44.1万人、39.71万人、29.53万人、29.9万人，城乡居民养老、医疗保险参保人数分别为2.67万人、35.34万人。城镇职工、机关事业单位、城乡居民养老保险待遇均稳步提升；城镇职工医保住院政策范围内报销比例达到84.49%，城乡居民医保在二级及以下定点医疗机构住院政策范围内报销比例达到76.5%。不断完善内部监督管理制度，强化基金监管人员培训和参保单位实地稽核，深入开展定点医疗机构专项检查，确保基金运行安全。机关事业单位养老保险制度改革、医保支付方式改革稳步推进，生育保险和职工医疗保险顺利合并，供给侧改革成效显著，为辖区企业减负10.28亿元。严格工伤认定和劳动能力鉴定程序，全年受理工伤认定申请1717件，受理工伤劳动能力鉴定申请775件，组织病退休鉴定229人次。

【人事人才工作】 职称改革持续推进。配合市级部门完成《重庆市专业技术人员继续教育条例》修订，组建全区中小学、工程（非公企业）系列中级职称评委会，评审确定全日制大中专毕业生专业技术资格142人、来渝专业技术人员职称资格31人。人才培养效果明显。推荐国务院政府特殊津贴人选、市特级教师、市百千万工程领军人才等“高精尖特”行业人才12人，申报“鸿雁计划”人才24人，新增市级博士后科研工作站2个，申报市级技能大师工作室2个、市级专家工作室2个，新增技师、高级技师547人。开展南岸区正高级职称专业技术人员健康体检，全年慰问高层次人才81人，兑现发放人才奖励资金、企业引才补助资金57.2万元。人事管理规范有序。实施公务员职务与职级并行、职级与待遇挂钩制度，全面清理规范全区创建示范活动。加强事业单位岗位设置和聘用管理，开展全区政府系统科级及以下干部人事档案“三龄两历”确认工作，审核确认干部人事档案1512人次。

【收入分配完善】 出台《南岸区完善事业单位绩效工资政策的实施方案》，落实人民警察值勤岗位津贴及法定工作日外加班补贴、政法机关工作津贴等津补贴政策；开展企业薪酬调查，督促企业落实最低工资标准，推进工资集体协商，建会企业集体合同和工资集体协商协议签订率达92%以上；落实区属国有企业负责人薪酬制度，指导区属国企开展薪酬自查。

【劳动关系协调】 出台《南岸区创建和谐劳动关系综合试验区的实施方案》，构建“区级＋镇街＋社区（园区）＋企业”四级联创体系，完善企业内部管理协商制度、职工合法权益保障机制、企业管理能力培训机制、劳动争议预防化解机制，劳动保障监察举报投诉案件同比下降8%，劳动者欠薪案件数量下降10%，和谐劳动关系综合试验区创建取得阶段性成效。加强劳动关系矛盾源头防范，推行劳动合同制度，针对矛盾多发群体、行业、企业，加大履行劳动合同制度的监导力度，合同签订率达 93% 以上。加强基层劳动人事争议调解组织规范化建设，设立劳动人事争议仲裁院，开展法律援助服务，推行“互联网 +”办案模式，劳动争议调解效能不断提升，全年立案受理案件 2281 件、结案 2247 件，网络在线立案 1172 件、结案 1050 件，农民工工资集体劳动争议案件结案率 100%。全面落实“两金三制”，农民工工资拖欠问题得到有效改善，全年受理举报投诉案件 513 件，为 2703 名劳动者追回工资 3366 万元，政府性投资工程项目基本无欠薪案件发生。

**【作风建设】** 开展“1+3+N”专项整治工作，全员签订专项整治承诺书，通过在办事大厅设置举报箱、公布投诉电话等方式，拓宽群众举报渠道。突出人社领域专项检查，建立预防机关事业单位“吃空饷”问题长效机制，实行举报惩处制度，落实跟踪处罚制度，完善“实名制”管理制度，有效预防和杜绝“吃空饷”问题。加强社保基金、就业资金支付监督，开展养老保险重点指标核查清退工作，追回社保基金 213.37 万元；通过定期检查和核查举报投诉线索，追回医疗机构医保违规费用 189 万元，追收定点医疗机构违约金 242 万元；通过稽核单位参保情况，追缴社会保险费 969.37 万元。强化考务工作监督，完成公务员考录、事业单位公开招聘、专业技术人员资格等各类人事考试和职业资格鉴定监督检查 24 场。全力推进“百日攻坚”目标任务落实，深化便民利民举措，精简行政审批 1 项，精简行政事项 59 项，取消市级证明事项 6 项。推行“双随机一公开”执法检查机制，开展随机检查 30 次，有效防止执法扰民。

**【党的建设】** 严格执行《关于新形势下党内政治生活若干准则》及民主集中制、“三会一课”、党员领导干部双重组织生活等各项制度。抓实抓牢支部主题党日活动、支部书记述职评议和民主评议党员工作，高质量高标准开展民主生活会，督促各支部扎实开展组织生活。持续推进“两学一做”学习教育，集中组织中心组专题学习 29 次，各班子成员、党员干部讲党课 20 人次。按要求完成联系服务群众工作，班子成员、业务骨干到基层调研 62 人次。开好“以案说纪、以案说法、以案说德、以案说责”警示教育大会，指导社保等支部深入开展“以案四说”教育。积极践行“四种形态”，及时掌握干部职工廉政动态，全年开展廉政约谈、任职廉政谈话、廉政提醒谈话 40 余人次，学习廉政法规 39 次，通报违纪违法典型案例 19 起。

**【区人社局负责人】**

局　　长：谢志辉

班子成员：谭天琪　阳德恩　陈　宏

　　　　　文　华　尹晓畅

（区人社局）

# 民　政

**【概况】** 南岸区民政局是政府主管民政工作的职能部门，2018 年，内设办公室（行政审批科）、区划地名和社会组织管理科，优抚安置科（南岸区双拥工作领导小组办公室）、救灾救济科（社会救助科）、基层政权和社区建设科、社会工作科、社会福利和社会事务科、老龄办公室，公务员核定编制 18 人，工勤核定编制 1 人。下属事业单位共计 7 个，分别为殡葬管理所、军队离休退休干部管理服务中心、婚姻登记中心处、社会组织管理登记中心、社会救助中心、江南殡仪馆、社会福利中心，事业单位核定编制 92 人。

2018 年，在“美丽中国 • 地名寻梦”全国地名文化短视频征集活动中，区民政局组织制作的“呼归石”短视频荣获一等奖。

**【城市社区建设】** 1 月，举办“幸福南岸共同家园”南岸区创新社会治理迎春文艺汇演活动。8 月，接受民政部对全国创新社会治理和服务南岸区实验区工作的结项评估验收，并于 12 月顺利通过。10 月，承办“全国社区治理和服务能力建设示范培训班”，使“三事分流”在全国进行推介并在全市进行推广。

**【农村基层民主建设】** 2018 年 10 月，经区政府第 66 次常务会议研究决定，同意撤销鸡冠石镇盘龙村村民委员会建制。

**【优待与抚恤】** 2018 年，全区享受定期抚恤和生活困难补助金的重点优抚对象有 2078 人，共投入资金 34.21 万元，为 400 余名困难重点优抚对象和一般优抚对象给予医疗、住房、生活救助或补助。按照有关优抚对象数据核查规范要求，对伤残人员、三属、在乡老复员军人、带病回乡退伍军人、参战参试人员等享受国家定期补助待遇的各类优抚对象，按比例、分辖区、分类别进行入户核查和校验，完成 26106 名退役军人和其他优抚对象的信息采集工作，为 15093 名信息采集对象悬挂光荣牌。落实优抚医疗保险、医疗减免、医疗救助、医疗补助、医疗巡诊五个层面的保障机制，组织 79 名烈属、1875名重点优抚对象参加免费健康体检。对28名军警进行伤残鉴定。发放《重庆市优抚对象抚恤补助证》436本、《重庆市优抚对象生活补助证》225本。建立退役士兵职业技能培训能效评估体系，2017年职业教育和技能培训达66%以上，培训合格率100%。2017年符合政府安排工作条件的15名，4名择优安置到区事业单位工勤岗，10名安置到国有企业，1名选择自主就业，安置工作率93%。南岸区委、区政府组织建设的广阳镇明月陵园英烈园落成。2017年5月24日，吕言慎烈士被迁葬到烈士园中集中安葬；2018年10月，谭书彦烈士从黑龙江省通河县被迁到烈士园中集中安葬；开启南岸区零散烈士纪念设施的迁移保护工作。

**【双拥工作】** 帮助辖区部队排忧解难。落实52名部队子女入学，并建立畅通机制；部队无工作随军家属发放困难补助32.83万元，形成常态。军地常年开展"爱心献功臣行动""国防形势报告会""国防知识演讲赛"等各类主题双拥活动。驻区部队官兵利用资源和优势，自觉实践爱民宗旨，真情支援地方经济社会建设，援建地方基础设施重点工程，参加社会主义新农村建设，参与社会公益事业，做好扶贫帮困、助学兴教、医疗扶持、生态治理等工作。特别是在保护国家利益和人民群众生命财产安全的斗争中发挥了生力军和突击队作用。12月28日，"2017《中国双拥》年度人物"在中国人民解放军珠海驻澳部队基地揭晓，全国共21人获得"年度人物"称号，南岸区报送的拥军典型张宝当选，成为本届重庆市唯一获此殊荣的先进个人。

**【最低生活保障】** 建立城乡低保工作协调机制，定期研究解决困难群众基本生活保障问题，做到应保尽保。2018年，全区城市低保对象9515人，占非农业人口的1.62%，累计支出低保金6146.72万元；农村低保对象1118人，占农业人口的1.73%，累计支出资金545.19万元。

**【医疗及临时救助】** 调整八类对象的资助参保标准，提高门诊医疗救助封顶线和普通疾病及重特大疾病住院医疗救助标准；将因病致贫家庭的重病患者纳入医疗救助对象；建立扶贫济困医疗基金，对救助对象医保报销以外的医疗费用按比例实施二次救助报销。2017年，全区救助困难群众79401人次，累计支出救助金1801.18万元；扶贫济困基金救助989人次，累计支出救助金193.23万元。修订完善临时救助制度，提高临时救助指导标准，切实解决困难群众的突发性、紧迫性、临时性基本生活困难问题，做到应救尽救。2017年，全区救助困难群众3192人，累计支出救助金516.18万元。

**【社会救助】** 特困人员生活保障。全区有特困人员376人，其中城市"三无"人员131人，农村"五保"老人220人，特困未成年人（困境儿童）25人。2018年1月1日起，供养标准由650元/人/月提高到710元/人/月，全护理特困人员照料护理补贴标准为每人每月300元，半护理特困人员照料护理补贴标准为每人每月200元，全年共发放"三无""五保"供养资金481万余元。孤儿、困境儿童生活保障与管理。全区11名孤儿和25名困境儿童（含艾滋病毒感染儿童）的养育得到妥善保障，孤儿基本生活费标准从2018年1月1日起提高到1160元/月，全年共发放孤儿及困境儿童基本生活费36.6万余元。流浪乞讨人员救治救助。联合公安、城管、教育等部门及镇街开展街面流浪乞讨救助巡查，对发现的人员，按照"先救治、后救助"的原则开展工作，确保流浪乞讨人员得到及时救助，全年未发现未成年人乞讨。开展"夏季送清凉、寒冬送温暖"救助活动。全区各级"劝导队"对辖区商业繁华路段、步行街、公交枢纽站、天桥涵洞等重点区域开展巡查480余次，出动车辆190余台次，发放防暑降温、御寒保暖食品、药品、衣被价值7万余元。开展托养机构安全大排查，确保流浪乞讨托养对象的人身安全。全年通过DNA比对成功寻亲1人，通过人脸识别为20名长期滞留人员成功寻亲。甄别送返流浪乞讨人员74人次，临时救助91人次，目前滞留人员28人，共使用流浪乞讨救助管理资金170万元，街面流浪乞讨现象明显减少。

**【福利事业发展】** 全区现有农村敬老院4个、五保家园17个、床位448张，入住城乡五保、三无及社会代养老人350人。2018年新建社区养老服务设施6个，市级示范社区养老服务中心1个，总数达62个，日间照料床位677张。全区享受居家养老政府购买服务人员共计1.1万人次，金额16.8万元。全年为2.1万名城乡低保、城市"三无"、农村五保及城乡高龄老人发放惠老补贴经费1564.17万元；为421名三无、五保、孤困儿童发放节日慰问金16.84万元，为42名孤困儿童发放困难补助金8.4万元，为365名三无、五保老人发放春节慰问大礼包。组织参加老博会，开展"最美护理员"技能大赛。年底，全区具备养老护理员等级资格的人员达到375人，护理员中持证上岗人员已达80%以上。全区现有养老机构30个，其中区福利中心1个、敬老院4个、民办养老机构25个，共有床位3387张，全年入住老人21000余人次。

2018 年南岸区城镇社会福利机构基本情况表

| 序号 | 社会福利机构名称 | 机构性质 | 成立时间（年） | 床位数（张） | 年末入住人数（人） | 员工人数（人） | 地址 |
|---|---|---|---|---|---|---|---|
| 1 | 南岸区社会福利中心 | 国办非营利性 | 1998 | 160 | 124 | 23 | 南山街道福寿路 1 号 |
| 2 | 南岸区南山夕阳公寓 | 社会办非营利性 | 2007 | 260 | 165 | 28 | 黄桷垭联合村劳动社 |
| 3 | 南岸区九九颐园老年公寓 | 社会办非营利性 | 2005 | 160 | 120 | 14 | 南山植物园路 150 号 |
| 4 | 南山仁爱养老公寓 | 社会办非营利性 | 2010 | 105 | 78 | 16 | 南山镇黄桷垭崇文路 9 号 |
| 5 | 南岸区聚汇缘老年公寓 | 社会办非营利性 | 2006 | 200 | 147 | 22 | 长生镇凉风村八一炉社 |
| 6 | 南岸区青松养老公寓 | 社会办非营利性 | 2011 | 132 | 103 | 28 | 南山街道公园路 151 号 |
| 7 | 南岸区利寿老年公寓 | 社会办非营利性 | 2012 | 238 | 149 | 18 | 海新街 38 号 |
| 8 | 绿叶老年公寓 | 社会办非营利性 | 2002 | 100 | 75 | 10 | 南山公园路 108 号 |
| 9 | 南坪玛瑙花园老年公寓 | 社会办非营利性 | 2004 | 60 | 50 | 8 | 玛瑙花园 21 号 |
| 10 | 南山枫叶园老年公寓 | 社会办非营利性 | 2012 | 110 | 82 | 15 | 南山公园北路 |
| 11 | 南岸区松林老年公寓 | 社会办非营利性 | 2012 | 96 | 58 | 16 | 南山石牛村双狮社 110 号 |
| 12 | 南岸区福瑞老年公寓 | 社会办非营利性 | 2012 | 60 | 31 | 8 | 南山石牛村双狮社 16 号 |
| 13 | 南山之家养老院 | 社会办非营利性 | 2013 | 260 | 187 | 29 | 南山植物园路 35 号 |
| 14 | 南岸区翠峰养老院 | 社会办非营利性 | 2003 | 100 | 57 | 22 | 长生桥腰子岗村 |
| 15 | 南岸区福星老年公寓 | 社会办非营利性 | 2014 | 50 | 28 | 4 | 长生桥镇凉风村洪家坡 |
| 16 | 南岸区佳佳老年护养院 | 社会办非营利性 | 2014 | 67 | 45 | 12 | 南坪玛瑙苑 138 号 |
| 17 | 南岸区顺添养老公寓 | 社会办非营利性 | 2014 | 120 | 73 | 12 | 涂山镇五马组 26 号 |
| 18 | 松翠园老年公寓 | 社会办非营利性 | 2015 | 90 | 56 | 13 | 南山街道石牛村上石牛 |
| 19 | 福源养老院 | 社会办非营利性 | 2015 | 83 | 50 | 9 | 南山街道泉山村麻柳湾 |
| 20 | 星宇城市之星养老院 | 社会办非营利性 | 2015 | 86 | 6 | 4 | 南坪科普中心西北侧 |
| 21 | 美瑞嘉年江南人家 | 社会办非营利性 | 2018 | 286 | 150 | 26 | 丹龙路 22 号 |
| 22 | 康云佳养老院 | 社会办非营利性 | 2016 | 80 | 52 | 8 | 涂山路 526 号 |
| 23 | 北瀚养老院 | 社会办非营利性 | 2016 | 200 | 18 | 6 | 迎龙镇北斗村冯家湾社 |
| 24 | 爱民老年护养院 | 社会办非营利性 | 2016 | 99 | 73 | 14 | 汇龙路 68 号 |
| 25 | 丰源老年公寓 | 社会办非营利性 | 2017 | 70 | 12 | 3 | 南山公园路 131 号 |
| 26 | 快乐园老年公寓 | 社会办非营利性 | 2017 | 120 | 70 | 10 | 敦厚下段 38 号 |
| 27 | 涂山惜鑫老年公寓 | 社会办非营利性 | 2018 | 140 | 70 | 11 | 涂山镇莲花村 46 号 |
| 28 | 金洲老年养护院 | 社会办非营利性 | 2018 | 180 | 101 | 25 | 龙门浩街道一天门 42 号 |
| 29 | 广阳镇银湖敬老院 | 乡镇办非营利性 | 2010 | 56 | 33 | 3 | 广阳镇银湖村 |
| 30 | 鸡冠石镇敬老院 | 乡镇办非营利性 | 1989 | 20 | 18 | 3 | 鸡冠石镇石龙村 |
| 31 | 迎龙镇敬老院 | 乡镇办非营利性 | 2002 | 15 | 11 | 2 | 迎龙镇双谷村 |
| 32 | 长生桥镇敬老院 | 乡镇办非营利性 | 2014 | 104 | 67 | 8 | 长生桥凉风村洪家坡 |

**【婚姻与收养】** 全年共办理婚姻登记 15993 对（其中结婚登记 9334 对，离婚登记 6659 对），出具无婚姻状况证明 5 人次，整理婚姻登记档案 15993 份，登记合格率 100%。共办理 3 个领养登记手续，登记合格率 100%。

**【殡葬管理】** 2018 年，南岸区殡葬服务业销售收入 1.3 亿元，利税 2000 余万元，其中规模以上殡葬服务业 3 户实现销售额 1.1 亿元。火化遗体 1.1 余万具，火化率 100%。销售墓位 1158 个，其中生态安葬 456 个，生态安葬率39.4%，位居全市第一。广阳镇新六村基本建成南岸明月陵园、南岸区英烈园。江南殡仪馆完成电力增容630千伏安，10台火化机尾气排放环保治理基本完成。开展殡葬领域突出问题专项整治行动，整治违规建墓、私埋乱葬、捆绑消费等问题，整肃殡葬市场秩序，遏制殡葬暴利行为，实施私坟还林9个，动员墓主自愿迁墓17个。落实殡葬惠民政策，免除困难群众221人的基本丧葬服务费25万余元，减免群众遗体接运费1969人45万余元，处置无名尸11具30余万元，殡葬服务单位直接减免困难群众殡葬服务费400万余元。春节及清明节期间，各公墓集中接待祭扫36万余人次，车辆5万余台次，祭祀活动安全文明有序。

2018年南岸区殡葬管理及服务机构一览表

| 序号 | 单位 | 通信地址 | 邮政编码 | 业务电话 | 联系人 | 联系电话 |
|---|---|---|---|---|---|---|
| 1 | 南岸区殡葬管理所 | 南岸区茶园行政中心B区 | 401336 | 62836894 | 石 凌 | 62836894 |
| 2 | 重庆市江南殡仪馆 | 南岸区四千米广黔路80号 | 400067 | 62751275 | 吴 梅 | 62760506 |
| 3 | 重庆市江南殡仪馆公墓 | 南岸区四千米广黔路80号 | 400067 | 62752927 | 赵 志 | 62752927 |
| 4 | 南岸区南山福座 | 南岸区四千米广黔路80号 | 400067 | 62763927 | 丁贤娟 | 62752338 |
| 5 | 南岸区莲花公墓 | 南岸区涂山镇莲花村 | 400064 | 62872832 | 肖 非 | 62884574 |
| 6 | 南岸区观音山陵园 | 南岸区鸡冠石镇和平村 | 400063 | 62512315 | 李 虹 | 62512315 |
| 7 | 南岸区涂山公墓 | 南岸区涂山镇黄荆坡村 | 400063 | 62512315 | 杨 军 | 62512165 |
| 8 | 南岸区灵安陵园 | 南岸区峡口镇西流村 | 400072 | 62391200 | 罗祥兰 | 62390435 |
| 9 | 重庆市南山龙园 | 南岸区长生桥镇凉风村 | 401336 | 62467777 | 张舟亚 | 62463866 |
| 10 | 南岸区洪家坡公墓 | 南岸区长生桥镇凉风村 | 401336 | 62465134 | 赵文波 | 62465134 |
| 11 | 南岸区明月陵园 | 南岸区广阳镇 | 401337 | 62988605 | 汪小刚 | 62988605 |
| 12 | 南岸区莲花堂殡仪服务站 | 南岸区涂山镇莲花村 | 400063 | 62828444 | 伍永波 | 62800444 |

**【社会行政事务管理】** 2018年，全年核准成立登记社会团体5个。新成立民办非企业单位23个。截至2018年底，社会团体累计111个，民办非企业单位累计481个。年内审批命名依山郡、九阙府、江南融府、沁芳园、百悦汇公寓5个住宅小区；命名学菁路、万汇路、慈云老街、星祥路、皓峰路、天慧路、天缘路、天晖路、文澜路、观山路、佳峰路、雅山路、盛峰路、骏山路、翠山路、依山路、望安路、乐天路、麻柳路、福阳路、兴文路、通兴路、雨薇路、长荣路、秉乐路、天创路26条道路。

**【慈善事业发展】** 全年区慈善会共接收各类捐赠112.66万元，其中现金捐赠24.95万元，稻草援助中心87.71万元。全年区慈善会开展各类救助活动划拨资金21万元，其中拨付百联助学13万元、道德风尚奖励资金8万元。全年各镇街稻草援助中心接受现金捐赠87.71万元，助医390人、81.73万元，助困240人、20.68万元。

**【福彩工作】** 全区共有福彩投注站256个，其中自助店18个、快开店85个、便利店148个、中福在线厅5个。全年福利彩票总销量39003万元，其中电脑彩票24281万元、刮刮乐1173万元、中福在线13549万元，公益金3653万元。全年共支出福彩公益金1900余万元，支持扶老、救孤、助残、济困、社工服务及社区建设等。

**【老龄工作】** 全年共办理优待证6041个。全区有百岁老人71人。

**【区民政局负责人】**

局　　长：陈　云（党委书记）

副 书 记：李文连

副 局 长：樊　元　肖　辉

纪检组长：刘　莉

（区民政局）

# 金 融 业

## 概 述

【概况】 2018年，南岸区金融办融入功能性金融中心建设，积极参与中新战略性互联互通合作及自贸区建设，切实推动供给侧“去杠杆、降成本”改革，充分发挥“三公司一平台”和产业金融示范区功能，为电子信息、移动终端、物联网、大健康、大旅游等产业提供有力支撑。至2018年末，区内有40家支行级银行机构、15家保险机构、10家证券机构。银行存贷款余额呈现快速增长，双双突破1000亿元，存贷款余额达2461亿元，增长3.8%。其中存款余额1305亿元，增长2.6%；贷款余额1156亿元，增长4.5%，存贷比为112.9%。证券公司营业收入6510.9万元，保险公司保费收入18.5亿元，各金融机构总计缴纳税收4.78亿元，同比增长17.16%。

## 银 行

【工商银行南岸支行】 支行位于重庆市南岸区江南大道9号。2018年，支行内设办公室、公司金融业务一部、公司金融业务二部、个人金融业务部、业务运行管理部、信贷管理部，营业网点15个，主要分布于南岸区中心城区及周边社区。支行有从业人员230人，党员73人，本科学历106人，研究生学历23人。ATM机共86台。主营业务是：办理人民币存款、贷款、结算；办理票据贴现；代理发行金融债券；代理发行、代理兑付、销售政府债券；代理收付款项；外汇存款；外汇贷款及汇款等。2017年各项存、贷款余额和日均全额均保持同业第一。荣获2017年度结算与现金管理专业“组织推动奖”、重庆分行2017年度托管业务先进单位、重庆分行2017年度运行管理先进集体。

【工商银行南坪支行】 支行位于重庆市南岸区南坪西路5号。2018年，支行内设办公室、公司金融业务部、个人金融业务部、业务运行管理部、信贷管理部，营业网点7个，主要分布于南坪商圈和附近中心区域。有从业人员139人，党员44人，本科学历55人，研究生学历9人。ATM机共65台。主营业务有人民币存贷款、结算，票据贴现，代理收付款项，外汇存贷款、外币兑换、结售汇等。2017年，支行获南岸区年度内部治安保卫工作先进集体。

【农业银行南岸支行】 位于南岸区江南大道21号。2018年，南岸农行机关内设5个部门：公司业务部、个人金融部、信贷管理部、财会运营部、综合管理部；下辖14个营业机构，主要分布于南坪、四千米、上新街、弹子石、茶园新区、南山、长生等地区；在全区共投入自动取款机46台（含离行式机），存、取款一体机26台（含离行式机），查询补登折机12台，设立了金阳沃尔玛、东海长洲、南路自助银行，广泛推广应用电话银行、手机银行、网上银行，具有明显的网络网点优势。支行有在岗员工361人，员工中有全日制研究生学历13人，双学士学位7人，本科学历157人；有中级专业技术资格63人，9名员工获律师、金融理财师、人力资源管理师执业资格。党支部17个，中共党员181名。南岸农行针对南岸经济发展状况，因地制宜，不断创新管理模式，拓宽服务领域，完善金融品种，提高服务水平，实现业务经营跨越式发展，经营效益大幅增长，存贷结构明显优化，中间业务发展喜人，主要业务经营指标位居全市农行和全区同业前茅。

【建设银行南坪支行】位于南岸区南坪西路26号。2018年，支行内设办公室、财务会计部、风险管理部、公司业务部、小企业业务部、机构业务部、个人金融部、住房金融部和信用卡中心。营业网点18个，主要分布于南坪商圈、茶园、长生、腾龙等区域，ATM机共131台。支行有从业人员241人，党员77人，本科学历174人，研究生学历18人。主营人民币存款、贷款、结算，票据贴现，代理发行金融债券、政府债券，代理财产保险、人身保险，外汇存款及贷款、外币兑换、结汇、售汇，黄金买卖等。2017年获南岸区内部治安保卫工作先进集体、建行总行女职工示范岗、建行总行五星级网点、重庆银行业协会四星级网点。

【中国银行南岸支行】位于南岸区南坪西路29号。2018年，支行内设综合管理部、公司业务部、国际结算部、个人金融部。营业网点13个，主要分布于南坪商圈，ATM机共32台，支行有从业人员221人，党员71人，本科学历169人，研究生学历10人。主营存款、贷款、结算、票据贴现等，特色业务全面覆盖本外币的汇率、利率、大宗商品等产品，主要包括国际结算、外汇交易、结售汇交易、期权交易、贵金属交易、衍生品交易、债权交易等。2017年，支行存款、贷款、中间业务收入地区市场份额实现全部提升，为区政府、企业、居民提供专业、优质、高效的金融服务，助推南岸区域经济社会发展。支行获2017年度内部安全治安保卫工作先进集体；支行营业部多次被评为总行级“巾帼文明示范岗”；南岸南湖路支行2017年被中银协评为三星网点；在市分行2017年中银优秀奖评选中，支行多位员工获得条线优秀奖；辖属海棠支行党支部被市分行评为四强党支部。

【重庆银行南坪支行】 位于重庆市南岸区南坪街道南城大道199号。2018年，内设公司业务一部、二部，小微业务一部、二部，零售业务一、二、三、四部，以及风险管理部、综合部、营业部、保卫部，营业网点4个，主要分布于南坪、回龙湾、茶园、弹子石，ATM机共11台。有从业人员71人，其中，党员19人，本科学历51人，研究生学历7人。主营业务为办理人民币存款、贷款、结算、票据业务。存款特色产品有创新存款业务幸福存，利率高于同期限一般定期存款。互联网金融贷款特色产品有好企贷，线上审批，纯信用无抵押版，额度最高100万元；好企贷抵押版，线上审批，额度最高300万元。个人消费贷款有幸福贷，最快3天放款，最长期限10年，额度最高100万元；薪E贷，线上申请，纯信用，额度最高100万元。2017年，支行获零售业务特色支行奖项。

【农村商业银行南岸支行】 位于重庆市南岸区南坪江南大道24号。2018年，支行内设公司金融部、零售金融部、风险管理部、业务营销一部、业务营销二部、业务营销三部、会计结算部、人力资源部、计划财务部、保卫监察部、审计稽核部、集中作业中心、综合部等。营业网点30个，主要分布于南坪商圈、南滨路沿线、天文大道沿线、南山街道、长生桥镇、涂山镇，ATM机共142台。有从业人员378人，其中党员127人，本科学历234人，研究生学历26人。主营业务：除常规金融业务外，坚持服务三农、服务中小，重点支持“一带一路”、长江经济带、乡村振兴、脱贫攻坚等；还根据地方经济发展及广大客户需求，积极开展支农创投贷、创业担保贷、个人经营贷、微型企业扶持贷、医保贷、订单贷、税易贷、微粒贷等业务，积极主动支持乡村振兴战略，推动地方经济发展。2017年，支行在纳税信用等级评定中，被南岸区国税局、地税局评为“A级纳税企业”；被南岸区公安分局授予“2017年度单位内部治安保卫工作先进集体”。

【交通银行南坪支行】位于南岸区南坪双石街1号。2018年，支行内设营销部、办公室、个贷组，营业网点3个，主要分布于南坪、南城、四千米，ATM机共52台。有从业人员86人，其中党员15人，本科学历59人，研究生学历4人。2017年，南坪支行开展对公直投类业务、供应链业务、小微业务，通过新型业务、链条客户、新客户营销拓展，加强客户基础建设，小微业务发展良好。稳定个金负债业务发展，改善客户结构，建立长期稳定深入的客户关系，实现客户群规模与资产规模、资产结构、销售收入的同步提升。

【邮政储蓄银行南岸支行】 位于南岸区南坪江南大道24号。2018年，支行拥有员工118人，21个营业网点，银行坚持服务“三农”、服务中小企业、服务城乡居民的大型零售商业银行定位，发挥邮政网络优势，强化内部控制，合规稳健经营，为广大城乡居民及企业提供优质金融服务，支持南岸区国民经济发展和社会进步。

【光大银行南坪支行】位于南岸区南坪西路27号。2018年，支行内设公司部、零售部、营业部，营业网点3个，主要分布于南坪片区、融侨片区、弹子石片区，ATM机共9台。支行有从业人员38人，其中党员7人，本科学历27人，研究生学历4人。主营业务：办理人民币存款、贷款、结算；办理票据贴现；办理外币储蓄存款、外币兑换业务；中国人民银行批复的业务范围内的转授权业务以及经人民银行批准的其他业务。2017年，支行获零售业务优秀支行、财务管理优胜奖、零售核心存款贡献奖、信用卡业务优胜奖等。

【招商银行南岸支行】 位于南坪西路23号金台大厦。2018年，支行内设零售部和运营部，营业网点1个，在南坪西路23号金台大厦，ATM机共8台。有从业人员35人，其中，党员11人，本科学历30人，研究生学历5人。主营业务为办理人民币存款、贷款、结算；

办理票据贴现；外汇存款、贷款、汇款；外币兑换、结汇、售汇业务等；经银监会批准的其他业务。2017年，该行获零售金融综合先进单位、财富管理先进单位、财富收入先进单位、中高端客群先进单位、基础客群拓展先进单位、信用卡业务先进单位、零售服务先进单位、零售综合管理先进单位等奖项。

**【招商银行学府支行】** 位于南岸区学府大道33号招商局一楼。2018年，支行内设零售部、运营部，营业网点1个，在南岸区学府大道33号招商局一楼，ATM机共3台。有从业人员12人，其中党员2人，本科学历7人。主营业务为吸收公众存款，发放短期、中期、长期贷款，办理票据承兑与贴现，提供信用证及担保，办理国内外结算，提供资信调查及咨询服务，经银监会批准的其他业务。2017年，获零售信贷业务先进单位、储蓄存款业务先进单位等奖项。

**【招商银行融桥半岛支行】** 位于风临路15号附5号。2018年内设零售部和运营部，营业网点1个，在风临路15号附5号金辉广场处，ATM机共2台。有从业人员13人，其中党员3人，本科学历13人，研究生学历1人。主营业务为办理人民币存款、贷款、结算；办理票据贴现；外汇存款、外汇贷款、外汇汇款、外币兑换、结汇、售汇业务；其上级行在银监会批准的业务范围内转授权的业务；经银监会批准的其他业务。2017年，获5个奖项（分别是招商银行重庆分行AUM优秀奖、转介私人银行客户优秀奖、转介钻石客户优秀奖、超越发展奖、630储蓄存款冲刺使命必达奖）。

**【华夏银行南岸支行】** 位于南岸区南坪西路17号福天大厦A座1楼，占地1000余平方米。2018年，下设4个部室，分别为营业室、公司客户部、个人客户部、保卫综合部。经营范围为办理本外币存、贷款；结算；外汇买卖、兑换；提供信用证服务及担保；发行金融债券；代理发行、兑付、承销、买卖政府债券；同业拆借；代理收付款项；资信调查、咨询、见证等各项金融业务。支行已在南岸区设立3家自助银行，“立足南岸经济，辐射全区”的机构体系基本形成。

**【华夏银行南岸茶园支行】** 位于南岸区香溪路1号，于2017年3月成立。内设营销部、营业室，营业网点1个，在南岸区香溪路1号，ATM机共2台。有从业人员10人，其中中共党员5人，本科学历9人，研究生学历1人。主营业务是为茶园地区企业提供全方位的金融服务，包括公司贷款、小企业贷款、个人贷款以及各类结算服务。特别是对南岸区重点发展的电子信息技术产业企业提供信贷支持。

**【兴业银行南岸支行】** 位于南岸区南坪南路11号。2018年，支行内设企业金融南岸业务部、零售信贷部、财富业务部、会计结算部等4个业务部门，营业网点1个，在南岸区南坪南路11号，ATM机共2台。有从业人员26人，其中党员2人，本科学历26人。兴业银行是国内首家“赤道银行”，坚持总、分行经营理念，推动节能减排、大气治理、水务治理等绿色金融业务发展；充分发挥银行、租赁、信托、基金、券商、消费金融等综合牌照优势，为客户提供全方位综合金融服务方案；多方面探索互联网金融业务，强化线上线下服务创新与融合。

**【兴业银行江南支行】** 位于南岸区南坪西路58号。2018年，内设零售业务部、公司业务部，营业网点1个，在上海城商圈附近，ATM机共2台。有从业人员25人，其中党员5人，本科学历25人。主营业务为办理人民币存款、贷款结算，办理票据贴现，金融监管机构批准的转授权业务，经金融监管机构批准的其他业务。2017年，支行获分行合规经营优秀管理团队奖。

**【民生银行南坪支行】** 位于南岸区珊瑚路1号。2018年，支行内设个人金融部、营业部、办公室；营业网点11个，主要分布于南岸区各小区附近。有从业人员66人，其中党员10人，本科学历56人，研究生学历3人。支行秉持“为民而生、与民共生”的使命，坚持以改革创新为己任，致力于为中国银行业探索现代商业银行建设之路，致力于为客户提供专业特色的现代金融服务。

**【民生银行茶园支行】** 位于南岸区茶园天文大道17号。内设营业部、理财部、办公室3个部门，有一个营业网点，3个ATM机。有在岗职工15人。银行树立“服务大众、情系民生”的经营理念，为茶园地区的经济社会发展提供全方位金融服务。

**【浦发银行南坪支行】** 位于重庆市南岸区海铜路上海城一期C区41号楼1层。2018年，支行内设办公室、零售部、公司部、营业部，营业网点在1层，对外办理业务，ATM机共2台。有从业人员24人，其中党员7人，本科学历14人，研究生学历2人。主营业务是办理人民币存款、贷款、结算业务；办理票据贴现等业务。

**【平安银行南岸支行】** 位于南坪西路35号。2018

年，支行内设运营、零售部门，营业网点在南坪西路35号，ATM机共3台。有从业人员17人，其中党员4人，本科学历17人。主营业务为：销售理财、基金各类产品，办理存、贷款业务。

**【平安银行四千米支行】** 位于经开区青龙路94号。支行顺应实体经济电商化发展趋势，通过集团协同、同业联盟、商务联盟、政务联盟等，引领公司业务互联网化发展。以产品多、效率高、服务优三大特色，为小企业客户提供各类融资。创新推出的“贷贷平安”商务卡，为小微企业客户打造一个包括支付、结算、贷款、理财、保险等多种功能的综合金融平台，助力小微企业发展壮大。

**【三峡银行南岸支行】** 位于重庆市南岸区南坪西路58号上海城中央大街。2018年，支行内设行长室、综合部、业务部、营业部，有1个营业网点，ATM机2台。有从业人员25人，其中党员6人，本科学历16人，研究生学历8人。主营业务是吸收公众存款，发放短期、中期和长期贷款，办理国内结算，办理票据贴现业务。

**【三峡银行茶园支行】** 位于重庆市南岸区通江大道89号。2018年，内设业务部、综合部、营业部，营业网点1个，ATM机共2台。有从业人员16人，其中党员2人，本科学历10人，研究生学历6人。主营业务为吸收公众存款，发放短期、中期和长期贷款，办理国内结算，办理票据贴现等。

**【三峡银行回龙湾支行】** 位于重庆市南岸区青龙路94号。2018年，内设营业部、业务部、综合部，营业网点1个，ATM机共2台。有从业人员13人，其中党员1人，本科学历12人，研究生学历1人。主营业务为存款、贷款、理财。

**【三峡银行福利社支行】** 位于南岸区南坪东路45号。2018年，内设营业部、业务部、综合部，营业网点1个，ATM机共2台。有从业人员17人，其中党员6人，保安3人，外聘大堂经理1人，本科学历12人，硕士学历1人。支行定位是小微企业专营支行，2017年升级为一级直管支行。经过四年发展，形成了以支持小微企业和实体经济为特色的银行机构，至2017年末累计发放小微企业贷款21829万元。“大健康行业”领域金融服务逐步形成特色，其中医疗类授信业务占全行授信业务的10%。

**【三峡银行弹子石支行】** 位于重庆市南岸区腾龙大道56号。2018年，内设综合部、营业部、公司业务部、小企业业务部、零售业务部，有营业网点1个，ATM机共3台。有从业人员16人，其中党员4人，本科学历15人，研究生学历1人。支行以小微企业贷款为主，另开展融e贷、育才贷、商户财富贷、教师贷、公务员贷等贷款业务，同时开展一手房、二手房按揭业务。存款方面重点推进个人大额存单、财富存和各类理财产品。

**【中信银行南坪支行】** 位于南岸区南坪学府大道2号。自成立以来，遵循总行“智慧创造财富”的经营理念，依托强大的中信集团平台，保持创新、稳健的发展势头。南坪支行是中信银行重庆分行在重庆成立的首批支行之一，是分行下属一级支行，在辖内考评中，多次在系统内被评为一级行。

**【中信银行经开支行】** 位于南岸区南坪西路。2018年，内设公司部、零售部、营业部、综合部，营业网点1个，ATM机共4台。有从业人员32人，其中党员10人，本科学历21人，研究生学历3人。主营业务为吸收公众存款、发放贷款、办理结算、办理票据承兑与贴现、办理代理业务，以及银行业监督管理机构或其派出机构许可，并经上级行授权开展的其他业务。2017年获重庆分行会计运营板块前三强。

**【富滇银行南岸支行】** 位于重庆市南岸区江南大道23号。2018年，内设营业部、业务部、办公室，营业网点1个，ATM机共2台。有从业人员16人，其中党员4人，本科学历14人，研究生学历2人。主营业务为经营人民币和外币业务；吸收公众存款；发放短期、中期、长期贷款；办理票据承兑与贴现；提供信用证及担保；办理国内外结算；提供资信调查和咨询服务等业务。2017年，获评个人资产业务先进单位。

**【南粤银行南岸支行】** 位于重庆市南岸区铜元局街道亚太路1号。2018年，内设运营部和财富部，营业网点1个，ATM机共2台。有从业人员10人，其中党员5人，本科学历9人，研究生学历1人。主营业务是吸收公众存款；发放短期、中期和长期贷款；办理票据承兑与贴现；提供信用证服务及担保；办理国内结算；代理其他业务如保险销售及贵金属销售业务；提供资信调查和咨询服务等。2017年，获评“广东南粤银行年度最佳支行”。

**【厦门银行南岸支行】** 位于重庆市南岸区南坪街道江南大道43号。2018年，内设营业部、营销部，营业网点1个，ATM机共3台。有从业人员13人，其中党员3人，本科学历13人，研究生学历1人。主营业务为吸收公众存款；发放短期、中期和长期贷款；办理国内外结算；办理票据贴现；代理发行、代理兑付、代理收付；提供信用证服务及担保；办理财政、企事业单位委托贷款业务；办理银行卡业务、外汇存款；办理政策性住房金融业务。

**【哈尔滨银行南岸支行】**位于南岸区珊瑚路2号。2018年，内设营业部公司部、个金部、行长室，营业网点1个，ATM机共2台。有从业人员15人，其中党员2人，本科学历15人。支行秉承“普惠金融、和谐共富”的理念，严防风险、根植地方、服务大众，赢得大众喜爱。

**【大连银行南岸支行】**位于南岸区花园路街道明佳路9号。2018年，内设业务部、营业部，营业网点1个，ATM机共2台。有从业人员19人，其中党员3人，本科学历15人，研究生学历1人。支行对私业务主要是理财产品销售，对公业务是房地产开发贷款、直投类业务，通过新型业务、链条客户、新客户营销拓展，加强客户基础建设，小微业务发展良好。

**【成都银行南岸支行】**位于重庆市南岸区江南大道23号A栋1单元。2018年，内设对公业务部、个金业务部、国际业务部、会计运营部，营业网点1个，ATM机共2台。有从业人员14人，其中党员2人，本科学历11人，研究生学历3人。主营业务为吸收公众存款；发放短期、中期和长期贷款；办理票据承兑和贴现；提供信用证及担保；办理国内外结算；提供资信调查和咨询服务；经银监会批准的其他业务。

**【汉口银行南岸支行】**位于南坪街道江南大道27号。2018年，内设营业室、零售业务部、公司业务部、综合办公室、行长室，营业网点1个，ATM机共3台。有从业人员17人，其中党员3人，本科学历16人，研究生学历1人。主营业务为储蓄存款结算、理财产品、代销理财保险、抵押贷款、按揭、邻里金融、对公存款结算、融资业务等。

**【恒丰银行南岸支行】**位于重庆市南岸区南坪街道南坪西路1号。2018年，内设行长室、综合部、公司部、零售部、营业部，营业网点1个，ATM机共3台。有从业人员18人，其中党员2人，本科学历16人。主营业务为吸收公众存款，发放短期、中期和长期贷款；办理票据承兑与贴现；提供信用证及担保；办理国内外结算；提供资信调查和咨询服务；对私结售汇业务；经银监会批准的其他业务。

**【中银富登村镇银行】**位于重庆市南岸区南坪西路28号，是南岸区政府2016年招商引资的一家具有法人资格的本地银行，是中国银行和新加坡淡马锡集团共同发起设立的国有控股银行，属于中新项目。目前营业网点1个，拥有ATM机1台。有从业员工34人，其中党员13人，本科学历31人，研究生学历1人。支行以“担当社会责任，做最好的村镇银行”为目标，秉持“共同成长，成就梦想”的理念，专门为当地中小企业、微型企业、个体工商户及个人提供较为完善的金融支持与服务。

**【浙商银行南岸支行】**位于重庆市南岸区南坪街道南坪西路38号。2018年，内设行长室、综合管理部、业务发展一部、小企业业务一部、个人业务部、营业部，营业网点1个，ATM机共3台。有从业人员34人，其中党员10人，本科学历26人，研究生学历7人。主营业务为吸收公众存款，发放短期、中期和长期贷款；办理票据承兑与贴现；提供信用证及担保；办理国内外结算；代理保险业务及代理收付款项；经银监会批准的其他业务。2017年获分行级先进集体奖项。

**【广发银行重庆南岸支行】**位于重庆市南岸区南坪西路27号。2018年，内设公司部、零售部、运营部，营业网点1个，主要分布于重庆市南岸区南坪西路27号，ATM机1台。有从业人员11人，其中党员5人，本科学历11 人。主营业务为吸收公众存款，发放短期、中期和长期贷款；办理票据承兑与贴现；提供信用证服务及担保；办理国内外结算；代理保险及其他业务；提供资信调查和咨询服务；经银监会批准的其他业务。

## 证　券

**【概况】**到2018年底，辖区证券营业部有西南证券惠工路营业部、上海证券重庆营业部、银河证券南坪东路营业部等10家证券机构。其中安信证券营业部为当年新增。

**【西南证券惠工路营业部】**位于南岸区南坪惠工路1号，为辖区最早专事证券代理买卖的金融机构。营业部秉承“诚信、稳健、创新、求精”的经营理念，按照中国证监会规定，开展证券代理买卖、代理还本付息、证券代理保管签证、代理证券登记开户、证券投资咨询等业务。全部员工均通过证券从业资格考试，是一支业务素质强、服务水平一流的服务团队。

**【上海证券重庆营业部】** 位于南岸区南坪南城大道199号正联大厦3楼。全部员工均为本科以上学历，并全部具有证券从业资格。营业部面积2340多平方米，业务范围包括沪深证券交易所股东账户的开户，代办股份转让业务开户及交易，股票、国债、基金的代理发行及交易。为适应市场变化，上海证券重庆营业部不断加强投资咨询、柜台业务、系统信息维护服务，提高员工的综合工作能力和客户服务能力；推出新的客户咨询服务模式，通过定期的投资策略分析会、电脑网络、手机炒股、手机短信、电话咨询、客户服务QQ群等方式加强对营业部客户的服务功能，覆盖营业部80%以上的客户，为客户提供良好的证券投资条件。

**【银河证券南坪东路营业部】** 位于南岸区南坪东路15号新洲大厦。设总经理室、理财中心、客服中心、综合财务部。营业部交易厅面积1800平方米，主要业务包括证券代理买卖、代理还本付息、分红派息；证券承销和上市推荐；企业重组、收购与兼并；投资咨询、财务顾问；资产管理；发起设立证券投资基金和基金管理公司；代办股份转让等。营业部能为客户代理深沪A股、B股和基金、债券等所有合法交易品种的买卖，能够为客户提供柜台委托、自助委托、电话委托、网上委托等方式。

**【中信建投证券南坪西路营业部】** 位于南岸区南坪西路西计大厦4楼，营业面积1318平方米。公司紧紧围绕"巩固经营成果，树立公司文化，努力开拓市场，全面提升公司业务水平"这一总要求，积极把握市场机遇，奋力开拓各项业务，圆满完成各项经营目标，为今后发展打下了坚实基础。

**【兴业证券珊瑚路营业部】** 位于南坪街道珊瑚路1号。营业部始终坚持"市场化、规范化、专业化"的经营方针，逐步形成特色鲜明的稳健经营风格。坚持证券主业经营，自觉遵守各项法律、法规和行业公约，把合规管理、加强自律、防范风险放在十分突出的位置，依靠完善的管理体制和风险控制机制防范经营风险，资产质量良好，风险管理和市场应变能力处于证券业先进行列。

**【中航证券珊瑚路营业部】** 位于南坪街道珊瑚路1号。中航证券依托中国航空工业集团，与中航财务、中航租赁、中航信托、中航期货、中国航空产业投资基金、中航安盟财险等公司，构成中航投资控股有限公司投资经营的中航工业非银行金融板块，为国内外机构及个人客户提供综合性金融服务。

**【国泰君安惠工营业部】** 位于南坪惠工路15号。国泰君安秉持以客户为中心的服务理念，扎根于国内资本市场，是国内规模最大、经营范围最广、机构分布最广、服务客户最多的证券公司之一。首倡量化投资理念和交易策略，推出国内首个对冲型集合理财产品，积累出衍生产品研究开发的明显领先优势；首创行业财富管理第一品牌——君弘俱乐部，深度融合IT优势、研究资源、专业团队、丰富产品等综合金融服务资源。

**【红塔证券江南大道营业部】** 位于南坪江南大道23号。公司成立以来，秉承"稳健•创新•多元"的经营理念，在规范运作的基础上，不断开拓进取，成为西南地区第一家创新试点类证券公司，也是业内屈指可数的连续十年实现盈利的券商之一。

**【湘财证券学府大道营业部】** 位于重庆市经开区学府大道22号。该营业部主要开展证券投资咨询，与证券交易、证券投资活动有关的财务咨询，证券承销与保荐，证券自营，证券资产管理，证券投资基金代销，融资融券业务，代销金融产品业务及中国证监会批准的其他证券业务。

**【安信证券营业部】** 安信证券重庆南坪营业部成立于2017年6月26日，依托分公司平台，整合总、分支机构资源。团队由来自银行等金融领域的资深管理人员及营销队伍组成，本着"专业、拼搏、诚信、共赢"的工作理念，为广大客户提供全面、专业的财富管理服务，并致力于为高净值客户提供最尊贵的金融服务。

## 保　险

**【概况】** 至2018年底，辖区共有中国百年人寿保险股份有限公司重庆分公司等15家商业保险机构。全年保费收入5.07亿元，保险理赔4.6亿元，为经济社会发展提供了强力保障。

**【中国百年人寿保险股份有限公司重庆分公司】** 位于南岸区南坪西路36号和南坪东路3号。主要从事人寿保险、健康保险、意外伤害保险等各类人身保险业务。员工300余人，陆续建立并发展个险、银行保险、团险、电话销售、网络销售、顾问行销六大业务渠道，注重高价值业务增长，公司个险、银保期交两大高价值核心业务向行业前十不断迈进。百年人寿还注重多领域发展，推出开心保、壹佰金、爱立方等互联网金融和健康管理服务，走创新发展之路。百年人寿卓越的经营能力和发展潜力，赢得市场与专家的一致认可和好评，公司连续被评为行业最具发展潜力和最具成长性的保险公司、最佳保险企业和最佳责任典范公司。2015年、2016年连续被中央财经大学《中国保险公司竞争力评价研究报告》和《中国保险报》联合评为“中国价值成长性十佳寿险公司”。力争打造百年老店，做中国最好的寿险公司。

**【中国平安财产保险股份有限公司南岸支公司】** 位于南岸区峡江路1号新天泽国际总部城，员工20余人。其经营业务是：企业（家庭）财产损失保险、建筑工程保险、安装工程保险、货物运输保险、机动车辆保险、船舶保险、能源保险、一般责任保险、保证保险、农业保险、其他财产保险业务、短期健康保险和意外伤害保险、上述保险业务的再保险业务等共91个品种。

**【中国人民财产保险股份有限公司重庆市南岸区支公司】** 位于南岸区南坪东路3号。主营业务涉及机动车辆、工程、企财、货运、家财、责任、信用、涉外险及短期意外险等9个大类200多个品种的财产保险业务。支公司始终坚持“以市场为导向，以客户为中心”的经营理念和“求实、诚信、拼搏、创新”的企业精神，切实发挥保险补偿职能和参与经济建设、稳定社会的功能。通过金牌服务工程争创一流、深化品牌内涵创造卓越、车险快捷服务、电话直销保险、零距离网络合作、新启“全员规范服务达标”活动、启动全辖“同城通赔”再次提速理赔服务等七大服务举措，保持着行业领先。

**【中国太平洋财产保险股份有限公司重庆市南岸支公司】** 位于南岸区南坪南路1号。经营的保险种类有：机动车辆保险、企业财产保险、货物运输保险、船舶保险、家庭财产保险、个人住房保险、建安工程保险、责任保险、保证保险、短期人身意外保险、健康保险等。两年来，公司业务质量明显改善，风险防范意识不断增强，服务质量和效率不断提高，树立了良好的公司品牌形象。

**【中国平安财产保险股份有限公司南岸支公司】** 位于重庆市南岸区江峡路1号。主要经营企业财产损失保险、家庭财产损失保险、短期健康保险、意外伤害保险、建筑工程保险、安装工程保险、货物运输保险、机动车辆保险、船舶保险、能源保险、法定责任保险、一般责任保险、保证保险、信用保险、种植保险、养殖保险，以及代理国内外保险机构检验、理赔、追偿及其委托的其他有关事宜，经中国保监会批准的其他业务。

**【中国平安人寿保险股份有限公司南岸支公司】** 位于南岸区江南大道城市之光大厦3～4楼，营业面积近3000平方米。经营范围以人寿保险为主，兼顾车险、团险、养老险、证券等多种金融保险产品。面对激烈竞争和严峻的市场环境，本着客户至上、服务至上的理念，公司细心做好每一个客户的服务工作，在稳健中求发展，维护了市场秩序，也赢得了竞争对手和其他公司寿险代理人的尊重。

**【天安保险股份有限公司重庆市南岸支公司】** 位于南岸区南坪西路23号金台大厦20楼。公司是一家全国性股份制商业保险公司，主要经营本外币的各种财产保险、责任保险、信用保险、水险、意外伤害保险、健康保险、金融服务保险、再保险、法定保险和资金运用等业务。

**【中国大地财产保险股份有限公司重庆分公司南岸支公司】** 位于南岸区南坪南路17号聚丰酒店5层2005号，营业面积123多平方米。公司处于南坪中心地段，交通便利，经营范围为财产损失保险、责任保险、法定责任保险、信用保险和保证保险、农业保险、其他财产保险业务、短期健康保险和意外伤害保险等。

**【阳光财产保险股份有限公司重庆南岸支公司】** 位于南岸区南坪南路万凯新都会6楼。其主要职能是聚集保险基金，组织经济补偿，开办国家政策性保险和经营商业性保险业务，为经济发展、改革开放、社会稳定提供保险保障服务。主要经营：企业财产保险、机动车辆保险（包括机动车交通事故责任强制保险）、货物运输保险、建筑安装工程保险、责任保险、短期健康保险、意外伤害保险等7大类30个品种。公司自开业以来，以崇高的道德水准、高效健全的管理和高素质、高境界、高度职业化的员工队伍，为客户提供优质稳定的服务，成为高成长性、客户首选的公司。

**【区金融办负责人】**

主　任：贺文革

副主任：龚晓梅　韦桂良

（罗鑫）

# 城建环保

## 城乡规划

【概况】 重庆市规划局南岸区分局（以下简称区规划分局）负责全区265平方千米的规划管理。2018年，内设办公室、规划编制科、建筑管理一科、建筑管理二科、市政规划管理科、规划监察科。编制24人，年末在职职工24人。2006年成功创建市级文明单位标兵并保持至今。

2018年，区规划分局认真贯彻市局和区委、区政府的各项决策部署，全面推进“城市提升”工作，狠抓全面从严治党和内部建设，着力提升分局管理水平和服务能力。全年核发建设项目用地规划许可总量222.47公顷，下降44.4%，城市土地供应总量紧缩；核发建设工程规划许可证103件，总建筑面积820万平方米，增长加58%，在主城居第7位，其中居住472.36万平方米、公建91万平方米、工业13.9万平方米、配套设施19.18万平方米，各占58%、11%、2%和2%；办理建设工程竣工规划核实总面积约492万平方米。

【南岸区定位】 根据2014年8月深化后的《重庆市城乡总体规划（2007—2020年）》（2011年修订），规划至2020年，城镇建设总用地为1188平方千米，全市常住人口3400万人。总规明确，南岸区由南坪组团和茶园组团组成。南坪组团由南坪、弹子石等地区组成。南坪是城市副中心，近期市级会展中心，市级科研教育基地；弹子石滨江地区是重庆中央商务区的组成部分，以文化娱乐、旅游休闲等功能为主的配套服务区。茶园组团由长生、迎龙、广阳、峡口地区组成。以东港港区为依托重点发展出口贸易及加工。茶园是城市副中心。

【新一轮总规编制相关工作】 按照全市新一轮总规编制工作安排，着眼长远，提前谋划南岸区2035年的总安排和总思路，通过组织专家座谈、部门会商、问卷调查、网络收集等方式，集思广益，研究2035年南岸区的城市定位、人口与城镇化发展、“三区”“三线”划定、城乡规模及布局、重大交通和市政基础设施支撑体系等重点内容，找准影响南岸区发展的突出问题，有针对性地提出南岸区总体发展的思路和建议，形成《南岸区2035规划大纲》供全市新总规编制参考。

【广阳岛片区规划编制】 按照市委书记陈敏尔对广阳岛提出的“长江风景眼，重庆生态岛”的定位，全力配合市局开展《广阳岛总体概念性策划》《广阳岛长江生态文明创新实验区总体规划》《广阳岛长江生态文明创新实验区控制性详细规划》的编制工作，梳理规划范围内南岸区115平方千米的用地和现状建设情况。12月3日，市长唐良智专题听取广阳岛规划的汇报，将按程序报市政府审批。

【村规划编制工作】 组织村规划编制单位及相关部门赴浙江、深圳、贵州调研学习，向区政府提出工作建议。搭建多部门沟通协作平台，开展村规划相关土地、建设、乡村振兴等政策培训工作和规划师下乡活动。深入研究村规划普遍存在的问题，提出对策建议。17个村的村规划已召开初审会、区级部门暨专家评审会，并完成方案公示。

【南山规划初步成果】 对标《主城区“四山”保护提升专项行动实施方案》，认真研究南山定位和规划方向，从生态保育、风貌管控、交通组织、景区打造等方面进行策划和布局，形成《南山城市山地公园整体规划方案》，已按市局要求提交规划成果。同时，按照市领导由高水平编制单位协助工作的要求，协调邀请高水平策划单位北京知行堂公司开展“南山片区整体概念性策划”，进一步挖掘文化资源，定位生态价值，划分产业空间，建立南山品牌，为南山未来的保护和发展指明方向。

【经开区拓区研究】 落实市长唐良智关于“经开区要进一步拓展，加快集聚优质资源，加快主导产业做优做强”的指示，积极开展规划研究工作，在对经开区用地开发绩效和规划实施评估的基础上，结合用地需求，按照“成片、连线、集中”的原则，提出现阶段南岸区内拓展用地方案，相关研究成果通过区政府正式文件反馈至市级相关部门，为拓展区提供支撑。

**【规划生成项目机制研究】** 会同区发改委等区级部门共同研究南岸区重大项目生成。通过对城市规划实施和城市发展态势的综合分析、判断，梳理形成需要先行实施或者新增的公共服务和公用设施项目清单，提出重大项目建设时序并建立滚动项目库，形成《南岸区2018—2020年基础服务设施、公共服务设施项目建设计划研究》并提交南岸区第二十八次规委会审议后实施，保障城市发展的系统性。

**【南岸区“三生”空间探索划定】** 落实市委书记陈敏尔调研南岸重要指示，根据区委、区政府要求，分局会同区人大城环委，开展南岸区“三生空间”划定研究。通过借鉴全市及主城区“三生空间”划定理论和经验，结合南岸空间管理实际，以“多规合一”和规划全覆盖工作为基础，界定南岸区“三生空间”边界，梳理南岸区“三生空间”规模比例，总结南岸区“三生空间”现状特征，形成《南岸区“三生”最优空间“三宜”品质城市建设空间规划研究》调研报告和布局图，供区委、区政府决策参考，助力“三生三宜”品质城市建设。

**【渝湘高铁暨重庆东站相关规划】** 开展重庆东站站址比选方案论证，集合中国城市规划设计研究院、铁二院、交通院等多家专业机构，从定位、线路走向、站城融合、空间布局、交通组织等多方面对长生桥站位、广阳湾站位、石塔立交站位等比选方案进行多方面比较和分析论证，供市政府参考决策。梳理项目用地情况，就线位走向对南岸区内项目的影响开展研究分析，专题向区政府及市局汇报线路走向调整及矛盾协调情况，提出用地矛盾解决意见。高铁线路走向已基本确定，渝湘高铁重庆至黔江段暨重庆东站顺利开工。开展站前区城市设计，10月底完成公开招标，确定中国建筑设计研究院等5家高水平设计单位入围参加方案比选。

**【城市品质提升研究】** 落实市委、市政府“兴转促”工作要求，围绕项目生成、规划修编、规划条件细化等方面开展城市提升相关的研究和工作，对城市提升工作、“两升两降”、全市商业商务量研究等进行研判，完成《关于城市品质提升书面调研相关情况的报告》《关于编制好新一轮总规的调研报告》《关于完善空间规划编制体系的调研报告》《关于完善规划实施体制机制的调研报告》等专题调研报告，促进城市减量提质。

**【城市空间形态管控】** 加大江南新城空间形态管控，制定并推动以区规委会名义印发《关于加强江南新城空间形态管控的通知》，根据区域位置、景观敏感程度、建设项目类型，将城市重要区域、城中主要山体周边头排地块、沿道路及河流头排地块、绿廊走廊纳入管控范围，进一步提升城市风貌特色。

**【历史文化保护】** 完成《慈云寺—米市街—龙门浩历史文化街区保护规划》，全程参与历史街区项目的方案设计优化，并实时跟踪指导项目的具体实施。推进慈云寺老街一期项目规划建设，确保年底前对外开街。配合市局开展第一批优秀历史建筑定点定位及紫线划定工作。在已公布的第一批优秀历史建筑中，南岸区共有15处。2017年底前完成第二批优秀历史文化街区（1个）和优秀历史建筑（59个）的申报工作。

**【“两江四岸”建设项目清理及提升工作】** 严格执行市政府对暂缓主城区“两江四岸”地区开发建设活动的相关规定，配合市级部门开展“两江四岸”范围内项目的清理工作，全面梳理南滨路沿线建设项目的相关情况，及时发现问题并提出规划建议，形成汇报材料供市政府专题研究。目前，南滨路范围内的建设项目已基本完成研究论证工作，除国瑞、江湾、阳光100国际新城等重点项目尚需要市政府进一步研究外，金辉滨江商业，国际社区4、5、6号地块等其他项目已按市政府审定内容和要求对建筑高度、外立面、沿江开敞空间等内容进行优化设计，并有序开展后续报批工作。

**【南岸区轨道交通预研预控】** 进一步强化以轨道交通引领城市发展格局，满足轨道交通建设提速的总体要求，大力推进南岸区公共交通发展建设，优化交通出行方式整体结构，提升居民出行效率。启动“南岸区江南新城轨道交通优化及轨道车站预研预控”，提前做好轨道交通的规划前期工作，积极推动轨道规划方案落地，保障轨道交通建设用地。

**【行政审批改革工作】** 深入贯彻市、区和重庆经开区对行政审批改革的要求，对标对表各项任务，做好人、财、物保障，落实首席代表和经办人员名单，协调市局、南岸区和经开区就改革事权达成共识。牵头完成工程建设许可综合窗口流程再造，精简审批环节，建立并联单位协同审查机制，完善政府内部协作机制，合并办理审批事项，梳理形成权利清单和服务指南。完成投资项目统一代码的使用、电子证照数据归集等技术手段的更新和管理流程再造，实现审批办理材料的网上整理和使用。

**【规划监察执法】** 开展规划执法工作，加强力度，防止出现重大违法建设行为，全年共立案查处违法建设行为案件49件，处罚面积约19余万平方米，处罚金额1602万元。强化批后管理，严格按照要求依法处置，及时高效办理建设工程的竣工规划核实，全年办理建设工程竣工规划核实确认书101件。倾力化解一批历史遗留矛盾，创新工作思路，完成美的厂房、辅仁小区安置房、邮电大学经济适用房、重医附二院安置房等涉及信访稳定的项目的规划核实，解决问题，服务民生。

**【诚信管理】** 对重庆云畔置业有限公司、重庆信创置业有限公司等违反《重庆市城乡规划诚信管理办法》的单位进行诚信登记并向社会公布。

**【区规划局负责人】**

局　　长：张超林

副 局 长：宋西平　张永川　张海龙

总工程师：罗兴平

（区规划局）

# 城乡建设

## 概　述

**【概况】** 重庆市南岸区城乡建设委员会（重庆市南岸区移民局）是负责全区城乡建设、三峡移民工作的区政府工作部门。2018年，内设办公室、勘察设计科、建筑管理科（建设工程招标投标科、法制科、行政审批科）、城市基础设施建设科（重点工程建设科）、住房建设科、移民工作科（村镇建设科）、计划财务科7个科室，辖区建设工程质量监督站、区建设工程施工安全监督站、区建设管理服务中心、区城市建设综合开发服务中心4个直属事业单位。2018年，区城乡建委注重解决城市交通拥堵，提升道路通行能力。全年实施基础设施工程30项，新增改造道路6.95千米、新建城市立交1座。竣工投用慈云路、朝天门大桥下层连接道、滨山大道一期A段、江南新城金科中央御园学校人行地道工程和昌龙路路口人行天桥等5个项目。开展污水管网建设、黑臭水体整治、市政消火栓及公共停车场等基础设施建设工作。

**【道路及基础设施建设】** 规划研究。印发《重庆市南岸区（重庆经开区）海绵城市建设管理工作实施方案》，在全区范围内执行；完成《南岸区（经开区）海绵城市近期建设规划（含近建区域）》及《南岸区海绵城市近建区修建性详细规划》编制等工作。大型桥隧建设。配合市级业主加快推进郭家沱大桥及六纵线南段建设，协调推进黄桷坪长江大桥、鹿角隧道等项目建设前期工作。人行过街建设。竣工投用江南新城金科中央御园学校人行地道工程、昌龙路人行天桥，开工融侨中学人行天桥、江南新城珊瑚小学茶园校区人行过街工程、辅仁中学人行天桥提档升级和南坪实验小学康德校区人行天桥提档升级项目建设，启动腾黄路人行天桥前期手续办理。城市排水管网。按照市住房城乡建委下达的2018年度排水管网建设计划，南岸区涉及27个污水管网项目和20个雨水管网项目，计划建设长度分别为41.43千米和19.91千米。当年，分别完成计划内污、雨水排水管网41.67千米和21.15千米，还建设计划外项目污、雨水管网43.87千米和23.35千米。

**【黑臭水体整治】** 完成长生河、纳溪沟、白沙河3条黑臭水体和小泉支流南岸段整治工作，公众评议及水质监测均合格，长生河“清水绿岸”治理提升工程有序推进。

**【公共停车场消防栓建设】** 建设完工长桥左岸住宅小区、茶园玉马路A25-1地块、南滨路B3-2/04地块、长生桥江南丽景小区旁等10个停车场，新增公共停车泊位2000个；在建东水门南立交P+R换乘中心、茶园大众广场人防工程、苏家坝立交桥下等5个公共停车场。顺利完成市级部门交办的157个市政消火栓的建设任务，并检查验收。

**【人行步道建设】** 全区有3个步道项目纳入市级计划，分别为南滨路—铜元局轨道站、慈母山步道和南坪东路交叉口—轨道交通环线罗家坝轻轨站步道，已建设完工项目2个，开展前期工作1个。

2018 年南岸区城市道路设施统计表

| 序号 | 项目名称 | 项目位置 | 建设类型 | 工程量 | 截至 2018 年底建设情况 |
|---|---|---|---|---|---|
| 一 | 大型桥隧 | | | | |
| 1 | 郭家沱大桥及六纵线南段 | 两江新区、江北区、南岸区 | 新建 | 北起于两江新区郭家沱周家村，向南跨嘉陵江，止于茶园立交，双向八车道，含郭家沱跨江大桥（路轨两用桥） | 在建 |
| 二 | 城市道路 | | | | |
| 2 | 茶园 BZ1（工商大学段） | 茶园 | 新建 | 道路宽 30 米，其中车行道宽 14 米。 | 在建 |
| 3 | 慈云路道路建设 | 南坪 | 新建 | 其中南滨路至涂山水厂段长 1 千米，双向两车道，幅宽 16 米；涂山水厂至南弹路段为双向四车道，路幅宽 22 米 | 竣工投用 |
| 4 | 朝天门大桥下层连接道 | 朝天门大桥南桥头 | 新建 | 含 A、B 及 C 三条连接线，道路全长约 1 千米，双向两车道，路幅宽度 9.5 米 | 竣工投用 |
| 5 | 滨山大道一期 A 段 | 南坪 | 新建 | 红线宽 22 米，双向 4 车道 | 竣工投用 |
| 三 | 城市立交 | | | | |
| 6 | 江南立交改造 | 南坪 | 改造 | 工程共包含新建道路 2 条、新建匝道 15 条，改造道路 2 条、改造匝道 6 条 | 在建 |
| 四 | 人行过街 | | | | |
| 7 | 江南新城珊瑚小学茶园校区人行过街工程 | 茶园 | 新建 | 人行天桥 | 在建 |
| 8 | 融侨中学人行天桥 | 南坪 | 新建 | 人行天桥 | 在建 |
| 9 | 辅仁中学人行天桥提档升级 | 南坪 | 改造 | 人行天桥 | 在建 |
| 10 | 南坪实验小学康德校区人行天桥提档升级 | 南坪 | 改造 | 人行天桥 | 在建 |
| 11 | 江南新城金科中央御园学校人行地道工程 | 茶园 | 新建 | 人行地通 | 竣工 |
| 12 | 昌龙路人行天桥 | 南坪 | 新建 | 人行天桥 | 竣工 |
| 五 | 公共停车场 | | | | |
| 13 | 长桥左岸住宅小区室外停车场 | 南岸区 | 新建 | 停车泊位 44 个 | 竣工投用 |
| 14 | 茶园玉马路 A25-1 地块公共停车场 | 南岸区 | 新建 | 停车泊位 582 个 | 竣工投用 |
| 15 | 南滨路 B3-2/04 地块公共停车场 | 南岸区 | 新建 | 停车泊位 722 个 | 竣工投用 |
| 16 | 长生桥江南丽景小区旁停车场 | 南岸区 | 新建 | 停车泊位 132 个 | 竣工投用 |
| 17 | 迎龙镇公共生态停车场 | 南岸区 | 新建 | 停车泊位 87 个 | 竣工投用 |
| 18 | 南山壹华里二期停车场 | 南岸区 | 新建 | 停车泊位 160 个 | 竣工投用 |
| 19 | 江南新城玉马路鲁能地块 | 南岸区 | 新建 | 停车泊位 122 个 | 竣工投用 |
| 20 | 南坪兰花湖公园停车场 | 南岸区 | 新建 | 停车泊位 40 个 | 竣工投用 |
| 21 | 江南新城莲池路鲁能地块 | 南岸区 | 新建 | 停车泊位 50 个 | 竣工投用 |
| 22 | 江南新城管委会机械停车场 | 南岸区 | 新建 | 停车泊位 50 个 | 竣工投用 |
| 23 | 东水门南立交 P+R 换乘中心 | 南岸区 | 续建 | 停车泊位 574 个 | 在建，收尾阶段 |

续表

| 序号 | 项目名称 | 项目位置 | 建设类型 | 工程量 | 截至 2018 年底建设情况 |
|---|---|---|---|---|---|
| 24 | 苏家坝立交桥下公共停车场环境整治工程 | 南岸区 | 新建 | 停车泊位 220 个 | 一期完工，正在开展二期前期工作 |
| 25 | 南滨路国瑞地块 | 南岸区 | 新建 | 停车泊位 600 个 | 基坑防护 |
| 26 | 铁厂湾立交桥下停车场 | 南岸区 | 续建 | 停车泊位 220 个 | 场地平整 |
| 27 | 茶园大众广场人防工程公共停车场 | 南岸区 | 续建 | 停车泊位 625 个 | 主体施工 |
| 六 | 人行步道项目 | | | | |
| 28 | 南滨路—铜元局轨道站 | 南岸区 | 新建 | 结合轨道三号线铜元局站，将山城步道向北通过在南滨路高架桥下建设地下通道连通南滨路北侧，向南利用海铜路既有地通，跨过海铜路后沿山体修建步道，连接融桥半岛、金辉观江苑等大型居住小区，再向南跨过双峰山路，连接到云满庭、骑龙山庄等居住小区。根据现状通道条件，步道长度约 960 米 | 下段完工，上半段开展前期工作 |
| 39 | 慈母山步道 | 南岸区 | 新建 | 慈母山温泉城至抗战遗址博物馆后门，长约 4 千米，建设内容主要为：步道修缮，沿线景观、小品及基础设施的打造，修建管理用房和廊亭等 | 完工 |
| 30 | 南坪东路交叉口—轨道交通环线罗家坝轻轨站步道 | 南岸区 | 新建 | 从南坪东路东原锦阅到罗家坝轨道站（在建）全长约 1.6 千米，利用既有道路，以及辅仁大道国会山公园天桥，经向辅路及向辅路二期（规划，结合纵一路及轨道建设实施），将东原锦阅、宁静小区、明发尚都国际、康德国会等居住区与南坪实验小学、辅仁中学连接，实现居住小区、学校、轨道站的交通通勤 | 向辅路二期正在开展前期工作，其他部分利用现状人行道进行提档升级 |

## 城镇建设

**【概况】** 2018 年，区城乡建委坚持将村镇建设作为乡村振兴的重要举措来抓，统筹推进全区城乡发展。通过培育特色小（城）镇、推进农村人居环境改善，实施农村危房改造等工作，农村基础设施进一步完善、生态环境进一步改善，乡土文化进一步弘扬，农村三类重点对象的危房改造安全问题得到解决，全区农村人居环境有了明显改善。

**【特色小（城）镇建设】** 深入推进以“两加强三完善”（加强规划引领、加强风貌整治，完善城镇功能、完善园林绿化、完善人居环境）为主要内容的城镇建成区环境综合整治，投资 1395 万元实施迎龙镇银河路街区环境综合整治项目，通过对广场绿化及周边环境的升级改造，基本解决场镇环境脏乱、整体风貌以及配套设施欠缺等老百姓反映最强烈的问题，初步形成融合川东民居特点、现代商贸元素和迎龙山水特色的场镇风貌。

**【农村人居环境改善】** 按照“环境整治 + 风貌提升”工作思路，完成银湖村美丽宜居示范村庄建设，完成大坪村、龙顶村、凉风村、大石村、大佛村 5 个绿色示范村庄创建，完成美丽庭院创建 300 户。全区农村自然生态环境明显改善，农村生活垃圾处理、生活污水治理和卫生改厕已初具成效，公共基础设施配套进一步增加完善，提高了农民生活品质。

**【农村危房改造】** 严格按照中央、市、区相关政策文件要求，以居住在危房中的农村建档立卡贫困户、分散供养五保户、低保户“三类人员”为重点对象，加固补强、完善功能、维修整治、拆除重建等多措并举，科学合理安排改造时序，持续推进控规区范围以外的农村危房改造。

## 建 筑 业

**【概况】** 2018 年，在南岸区注册的建筑企业完成产值 249.8 亿元，同比增长 20.4%，在地建筑业总产值 195.8 亿元，下降 1.7%。其中重庆市的建筑企业完成产值 105.7 亿元，外地来渝建筑企业完成产值 90.1 亿元。建筑业实现增加值 85.28 亿元，增长 8.9%，对 GDP 的贡献率为 33.2%，拉动南岸区地区生产总值增长 0.9 个百分点。

**【建筑行业管理】** 是年，全区共有各类建筑企业 581 家，其中，总承包企业 148 家、专业承包企业 404 家、施工劳务企业 29 家；特级企业 1 家、一级企业 34 家、二级企业 190 家、三级企业 174 家、不分等级企业 182 家。

**【勘察设计】** 全年办理初步设计项目审批 54 个。其中房建项目 22 个，总建筑面积 254 万平方米；市政项目 13 个，道路、桥梁、管涵长 10383 米。完成施工图告知性备案项目 66 个。其中房建项目 51 个，总建筑面积 505 万平方米；市政项目 9 个，道路、桥梁、管涵长 7108.1 米。完成工程项目勘察外业检查 12 个。

**【工程安全管理】** 全年监督工程 216 项，监督覆盖率 100%。4 个工地获 2018 年度重庆市建筑安全文明工地，20 个工地获重庆市 2018 年度建筑施工扬尘控制示范工地，20 个工地成功创建区级安全文明工地。未发生一起较大及以上建筑安全生产责任事故。

**【质量安全管理】** 全年新受监工程 96 个，其中房建工程项目 74 个，建筑面积 508.26 万平方米，市政工程项目 22 个，工程造价 3.98 亿元；竣工项目 106 个，其中房建工程项目 97 个，建筑面积 380.14 万平方米，市政工程项目 9 个，工程造价 5.32 亿元；目前在监工程 138 个，其中房建工程项目 115 个，建筑面积 854.83 万平方米，市政工程项目 23 个，工程造价 5.07 亿元。项目监督覆盖率、竣工验收合格率均为 100%。全年共开展现场检查 988 次，开展绿色建筑与节能工作实施情况专项检查、安装工程监督检查、建筑防水施工和钢筋加工配送质量提升行动专项检查、预拌混凝土生产企业专项检查、工程建设标准实施监督专项检查、工程质量提升行动专项督查、监理工作专项检查等 7 次，共下发工程质量问题整改通知书 49 份、督办通知书 8 份、停工通知书 1 份、执法建议书 6 份（其中对 3 个项目进行警告约谈处理，1 个项目进行 5 万元处罚，2 个项目进行 1 万元处罚），项目经理扣分 11 人次，累计扣 36 分。全年未发生质量安全事故，工程质量处于受控状态，其中 2 个工程获重庆市 “巴渝杯” 优质工程奖，3 个工程获重庆市 “三峡杯” 优质结构工程奖，完成的《智慧建筑关键技术集成与示范推广》成果，被重庆市人民政府授予“2017 年度重庆市科学技术奖科技进步三等奖”。

**【建筑节能应用】** （1）严格实行建筑能效测评标识制度，对未进行测评及测评不合格的项目一律不予组织竣工验收，不得办理竣工验收备案手续。1 月至 12 月共测评项目 344 栋，建筑面积 290.11 万平方米，能效测评等级为Ⅱ、Ⅲ级，所有楼栋的节能率均达到设计要求。其中绿色建筑 118 栋，面积 89.5 万平方米，达到重庆市银级绿色建筑及国家一星级绿色建筑要求。（2）认真落实建筑节能信息公示制度。督促建设单位按照《关于民用建筑实行建筑节能信息公示的通知》的要求，在施工现场主要出入口和销售现场显著位置公示该建设项目的建筑节能基本信息，执行情况较好。（3）积极推进建筑节能改造工作，加强既有建筑节能改造工程的引导和质量监管。对海棠晓月圣地温泉酒店公共建筑、重庆国际会议展览中心等项目约 22 万平方米进行节能改造；对辖区内的国家机关办公楼、大型公共建筑、中小型建筑、居住建筑、乡村建筑进行水、电、天然气等能源消耗数据统计，并及时上报到市城乡建委能耗监测系统。（4）鼓励和引导企业建设高星级绿色建筑。引导企业积极申报绿色生态住宅小区。金辉城三期一标段、至元成方弹子石项目一期、光华安纳溪湖 B-2 组团、中交漫山三期、金地首创弹子石项目、至元成方弹子石项目二期（A17-1/05 地块）共计 6 个项目通过设计评价；银翔翡翠谷二期、光华安纳溪湖 A 区、融侨城四期一标段、金辉城二期 C 区、洋世达阳光华庭五期一区共计 5 个项目通过竣工评价。全区绿色建筑工作迈上新台阶。（5）组织开展节能宣传周和培训。在节能宣传周活动期间，深入建筑工地为现场人员讲解建筑节能、绿色建筑知识，并要求区内在建工程的主要出入口及工地围墙悬挂建筑节能宣传标语。

**【拖欠工程款和民工工资清理】** 全年清理处理农民工工资拖欠投诉 34 件，涉及金额 2466.86 万元、民工 1387 余人，案件数量、人数、金额较上年分别下降 32%、11.88%、32.71%。全年到市群访集访案件零发生。全区在建项目农民工工资专户实现全覆盖，工资专户存款 118632.66 亿元，代发工资 120939.33 亿元，发放 108202 人次，保障了农民工的合法权益。

**【城建档案管理】** 全年完成工程档案专项验收66个、案卷12396卷，归档率100%。接待查阅利用106人次，提供案卷256卷，复制资料3104页。

## 房地产开发建设

**【概况】** 2018年。全区实施房地产开发项目90个，其中主体施工项目61个，实施拆迁征地、场地整治、办理前期手续项目26个。全区完成投资295.1亿元，同比增长7%。新开工500.5万平方米，增长39.5%；竣工430万平方米，下降34%。销售面积366.3万平方米，增长9.6%；销售额398.1亿元，增长19.4%，主城排名3～4名。房地产开发投资额占全社会固定资产投资的比重、房地产税收在地税中的占比均超过50%，房地产业仍是全区的重要支柱产业之一。

**【行业管理】** 严格执行《关于实施房地产开发项目新增管理制度的通知》，在项目办理预售资金监管、竣工验收备案等环节形成闭合管理。以诚信体系建设促进发展环境的“软转型”，昕晖、东原、葆方、金辉长江4家企业获2018年全市房地产信用测评50强。房地产开发建设信访问题专项治理工作推进有序，全年从市建委“966566”平台等各类渠道转至区城乡建委的投诉案件共计500余件，办结率100%。房地产领域信访数量同比略有下降。

**【招商引资】** 先后成功引进首创、北大资源、财信、融侨等房地产产业链企业10余家。完成新开工房地产项目计划投资额74.5亿元，完成率149%；新增入统企业10.5家，完成率105%；签订正式合同额204亿元，完成率102%；在谈项目投资额613亿元，完成率102%。全年招商引资工作排名全区第二。截至2018年底，全区房地产开发资质企业104家，其中一级资质企业4家，二级资质企业41家，三级资质企业16家，暂定资质企业43家，全国10强地产企业中有9家在南岸区有开发项目。房地产业从业人员16268人，工资总额7.914亿元，平均增速1.3%。

**【开发服务】** 协调项目推进。区委、区政府将需协调的项目问题纳入每月重点工作会，全年召开区级房地产座谈会7次，为20余家企业解决项目难题50余个。9月，组织全区100余家开发企业召开全区房地产业行业统计工作会，做好企业数据填报指导工作，保障房地产开发数据应统尽统。

**【城市提升和设计】** 按照“望山、理水、留空、融合、宜人”的原则，重点抓好“五个融合”，全力推进全区“三生三宜”城市提升和“两江四岸”治理提升。牵头开展渝航大道延伸段及周边区域城市设计、南滨后堡城市更新、龙洞天片区用地规划方案研究及和交通改善设计等，提升城市品质。

## 三峡库区移民

**【概况】** 区移民局紧紧围绕三峡后续规划、移民扶持扶助、库区基金项目建设、信访稳定等工作，始终坚持以促进移民安稳致富和保护库区生态环境建设为宗旨，采取一系列积极有效的措施，确保库区经济社会的安稳与发展。

**【三峡后续工作】** 全区共获批三峡后续项目22个，获批专项补助资金4215万元，已完工项目16个，在建项目2个，未开工2个，已申报取消项目2个，有序推进三峡后续项目建设。

**【移民安稳致富】** 后期扶持。完成2017年下半年后扶直补40.68万元，2017年城镇移民困难补助和特殊救济共计15.9万元，2018年上半年后扶直补40.32万元，惠及全区15个镇街69个社区21个村10779名移民。全年共拨付相关资金96.9万元。项目扶持。完成2017年第二批和2018年第一批共计3个项目的三峡水库库区基金项目申报工作，总投资650万元，获得三峡水库库区基金补助352万元。完成2018年第二批三峡水库库区基金项目申报工作，此次申报1个项目，总投资180万元，拟申请三峡水库库区基金补助139万元。就业培训。完成2016年度移民培训项目综合验收并开展2018年度移民培训工作，以多形式多班次开展移民后续工作技能培训，全年共完成5个班次240人的就业技能培训任务。

**【移民信访稳定】** 按照《2018年度移民信访稳定工作要点》，围绕移民安稳致富和三峡后续工作，规范移民信访管理。全年信访处置率、办结率均达100%，未发生一例移民到市进京集访及重大突发性群体事件，信访整体形势稳定。

**【移民工作管理】** 资金管理。严格按照资金管理要求，定期对移民镇街和迁建单位的移民资金进行清理核对，未发现违纪使用移民资金现象。工程质量管理。按照基本建设程序进行项目管理，所有使用移民资金的项目，项目监理率、招投标率、竣工验收合格率均达100%，未发生移民工程群死群伤重大安全责任事故。

**【区城乡建委负责人】**

主　任：谭厚江（党委书记）
副主任：张　鹏
副书记：李俊杰
副主任：陈志胜（2月任职）
　　　　周　阳

**【区移民局负责人】**

局　长：谭厚江

（区城乡建委）

## 环境保护

**【概况】** 南岸区生态环境局是主管全区环境保护工作的正处级政府工作部门，实行以市生态环境局为主的双重管理体制。2018年，局机关设办公室、建设项目管理科（行政审批科）和污染源防治科（核与辐射安全管理科）等3个内设机构，下属南岸区环境行政执法支队（区环境应急与事故调查中心）、区生态环境监测站和区环境保护宣传教育信息中心3个事业单位，其中南岸区环境行政执法支队（区环境应急与事故调查中心）为参公事业单位。

2018年，南岸区生态环境局深入学习贯彻习近平新时代中国特色社会主义思想和生态文明思想，牢固树立“创新、协调、绿色、开放、共享”的发展理念，认真落实“共抓大保护、不搞大开发”，深入推进“蓝天、碧水、宁静、绿地、田园”五大环保行动，全区生态环境质量明显改善。

**【市环保督察反馈意见整改】** 中央环保督察反馈的55项问题，已完成51项，正在推进4项，对已完成整改销号的问题补充完善档案资料。针对重庆市环保集中督察反馈的56个问题，印发《南岸区贯彻落实重庆市环境保护集中督察反馈意见整改实施方案》，制定79项整改措施，已完成67项，其中42项应完成的整改措施已全部完成。全面整改突出环境问题，扎实推进鸡冠石污水处理厂加盖除臭、长生桥垃圾填埋场垃圾渗滤液处理设施改扩建、南山闭矿区生态修复、南滨路沿线排水口整治、超规模养殖取缔、污染企业环保搬迁等，解决了一批重难点环境问题。

**【生态文明建设】** 召开南岸区深入推动长江经济带发展动员大会暨生态环境保护大会，印发污染防治攻坚战实施方案、实施生态优先绿色发展行动计划等文件。牵头制定《南岸区绿色发展指标体系》《南岸区生态文明建设考核目标体系》，把生态环保工作作为年度考核和日常督查的重要内容。编制全区“生态保护红线、环境质量底线、资源利用上线和环境准入清单”，出台生态环境损害赔偿、企业环境信用评价等制度，以解决破解生态环保难题。

**【蓝天行动】** 创建和巩固扬尘控制示范工地20个、道路20条，对全区15家混凝土搅拌站的粉（扬）尘治理成果进行回头看。强化交通污染控制，划定高排放非道路移动机械禁止使用区域，全年路检车辆11200台次，超额完成全年任务。完成70家餐饮企业和20家公共机构食堂的油烟治理。开展“冬春季百日攻坚”，整治各类污染330余次，应对连续污染天气7次。全年区域空气质量优良天数达到310天，创历史新高，主城区排名第二。

**【碧水行动】** 深化落实“河长制”，编制完成2条区级河流和6座区级水库“一河（库）一策”及全区跨界水质监测断面方案。完成长生河、白沙河、纳溪沟黑臭水体整治，完成小泉支流石院子污水处理厂建设，完成黄桷渡城市集中式饮用水源地环境状况评估及全区5个集中式饮用水源地基础信息调查。完成长江造船厂乡镇集中式饮用水源地规范化建设和全区城市集中式饮用水源地专项督察问题整改。完成茶园污水处理厂二期扩建和提标改造工程、东港污水处理厂新建工程、石院子污水处理厂改扩建工程。完成全区35个加油站的油罐防渗改造。2018年，南岸区城市集中式饮用水源地水质达标率100%，乡镇集中式饮用水源地（除迎龙湖）水质达标率100%。峡口镇国家级地下水监测点全年水质达标，水质级别保持稳定。

**【绿地行动】** 完成全区7个样点的土壤采样及农产品采样工作，完成6块疑似污染场地的土壤风险调查评估和5个污染地块的风险管控。督促重庆博森电气（集团）有限公司完成电镀废水深度治理减排工程。组织27家重点监管危废产生单位、经营单位和11家一般工业固废年产量100吨以上的单位完成固废危废的申报登记和危险废物经营情况的上报工作。开展长江经济带固体废物源头排查和环境违法行为自查工作，督促不规范行为进行整改。全区377家医疗机构均与重庆同兴医疗废物处置公司签订了医疗废物处置转移合同，无自行处置情况。全区42家机动车维修企业执行转移联单制度，机动车维修行业危险废物得到妥善贮存和处置。

【宁静行动】 创建和巩固6个安静居住小区和27.12平方千米噪声达标区，安装4套鸣笛声呐抓拍系统，全年处置社会噪声扰民投诉600余件、夜间施工噪声投诉3000余件，查处机动车违法鸣笛8000余件，区域环境噪声下降至52.7分贝。

【总量减排】 督促指导区内3家肉类加工排污单位和3家污水处理厂进行国家平台排污许可证申请表填报和核发工作，通过重庆市环保行政许可审批系统核发排污许可证43家。2018年，全区集中式城乡污水处理厂实际处理污水32736万吨，同比增加1075万吨，较2015年新增化学需氧量削减量3731吨，新增氨氮削减量457吨。排污权有偿使用和交易累计开户注册144家，完成排污权核定175件、排污权购买登记174件，购买化学需氧量1038.35吨、氨氮154.06吨、二氧化硫302.63吨、氮氧化物544.23吨，合计金额266.72万元。

【建设项目审批】 严格实行四个“一律不批”，调整完善建设项目噪声、固体废物污染防治设施竣工环境保护验收审批事项。完成建设项目噪声、固体废物污染防治设施验收10个。严格落实环保权利、责任等“四个清单”，实行行政许可标准化，依法对环境影响登记表实行网上备案，实行项目负责人制。全年共审批建设项目环评报告42份，其中环境影响报告书1份、环境影响报告表41份，建设项目登记表备案465份。

【污染源普查】 南岸区第二次污染源普查工作已完成清查建库和入户调查数据采集。完成1355家工业源、40家移动源、55个生活源的锅炉普查报表采集工作和78个（新增38个）水利排污口、35个种植业地块抽样调查的数据采集，并通过重庆市污普办质量核查，正式录入国家系统。

【环境监管执法】 加强环境监督检查，采用“双随机”方式，对277家次工业企业的污染防治设施运行、污染物排放、环境管理制度落实情况等进行现场检查。加强环境监测分析，坚持以数据说话，累计对1095家次污染源进行采样和监测分析，取得数据2.6万余个。强化环境行政执法和刑事司法联动，全年依法做出行政处罚决定160件，同比增加49件；罚款金额约994万元，增加约737万元。实施查封扣押3起，限产停产8起，移送行政拘留1起。全区“12369”环保热线群众投诉4607件，下降16.5%，投诉处理回访满意度提升至99.3%。加强环境应急管理，督促全区115家企业进行环境风险评估及应急预案备案，排查环境风险源520家次，督促整改销号环境风险隐患36个，开展鸡冠石污水处理厂液氯泄露突发水环境污染事故应急演练和辐射事故应急演练，全区突发环境事件零发生。

【环境宣传教育】 全年接待各级媒体采访30余次，在媒体上刊载生态文明和环境保护宣传报道80余篇，发布新浪微博共3340条，微信发布1224条。利用“4•22”世界地球日、“6•5”世界环境日、环保公众开放周等节日，组织开展各类重大社会宣传活动10余次，联合组织300余人参加生态文明建设及污染防治培训班学习。

【区生态环境局领导班子】

局　　长：母　晓

副 书 记：王忠明

副 局 长：夏华源　张　峰　姚壮志

工委主任：余文艺

（南岸区生态环境局）

## 重庆南投智能终端投资有限公司

【概况】 公司成立于2015年10月，由重庆市南岸资产经营管理有限公司、重庆美景光电科技有限公司、重庆五锋科技有限公司、重庆市融讯供应链管理有限公司、重庆市信息产业投资促进中心（重庆国际电子商务交易认证中心）5家公司、单位共同出资，注册资本金13000万元。南投公司无子公司，主要经营范围为利用自有资金从事项目投资，并对所投项目进行管理（不得从事吸收公众存款或变相吸收公众存款，发放贷款以及证券、期货等金融业务）；货物及技术进出口；供应链管理服务；商务信息咨询；企业管理咨询；销售手机及零配件、有色金属原材料及制品、通信设备及零配件、普通机电产品、太阳能材料、太阳能电池、消防设备、橡胶制品、电子产品（不含电子出版物）、计算机软硬件、纺织品、服装、工艺品（象牙及其制品除外）、家用电器、木材、汽车及零配件（依法须经批准的项目，经相关部门批准后方可开展经营活动）。2018年，公司设有办公室、业务部、投融资部、内审部、财务部5个部门，在职职工18人，其中领导4人，中层干部2人，一般职工12人。2018年，南投公司稳步推进国有企业改革，夯实主营业务，积极扶持南岸区电子信息企业，努力打造“三公司一平台”，推进南岸区电子信息产业发展。全年实现营业收入74047.81万元、营业支出73201.34万元、利税1151.79万元，上缴税金552.26万元，国有资本保值增值率104.41%，整体工作取得较大突破。

**【法人治理结构完善】** 南投公司现有股东会、董事会、监事会和总经理办公会，2018年，公司法人治理结构不断完善，新增2名副总经理。不断完善领导班子决策运行机制，严格贯彻执行“三重一大”集体研究决策制度，全年召开党委会议25次、办公会议27次，研究解决投资经营中的重大问题。

**【主营业务工作】** 按照南岸区委、区政府对公司的定位，继续为南岸区电子信息企业提供金融支持服务。为重庆百立丰科技有限公司、重庆诚邦科技集团有限公司、重庆市翌辰光电有限公司等企业提供总计83笔代采业务，累计代采金额89943万元。拓展业务领域和创新业务模式，与重庆市恒一通信科技有限公司共同建立与重庆移动的合作关系，开创不垫资采购的新型业务模式。

**【投融资实施】** 全年共获融资8.19亿元，其中获中信银行、富滇银行等金融机构融资授信3.5亿元，获非金融机构借款4.69亿元，为公司开展代采业务及支持企业发展做好资金储备。公司投资的重庆迈旭科技有限公司全年营业收入2270万元，净利润83万元；投资的重庆讯飞慧渝人工智能公司全年营业收入6784万元，净利润2245万元。

**【托管履行】** 加强对“三公司”的委托管理，基本理顺“三公司”内部管理机制，开展对“三公司”的财务状况和业务情况专项调查，揭示问题并提出针对性措施，帮助企业解决困难。接管重庆市南岸区兴农融资担保有限责任公司，积极与市兴农担保公司对接，寻求业务合作，推动企业发展。

**【南投公司负责人】**

董　事　长：任　冰
监事会主席：谭　宏
副 总 经 理：李炳泉

（重庆南投智能终端投资有限公司）

# 城市管理

## 城市管理机构

【概况】 2017年12月，重庆市南岸区市政园林管理局（重庆市南岸区综合行政执法局）更名为重庆市南岸区城市管理局，加挂重庆市南岸区城市管理综合行政执法局牌子，为承担全区市政基础设施管理维护、城市供水、城市市容、环境卫生、园林绿化、风景区管理、市容环境、市政监察执法、灯饰管理、数字化城市管理等职能的区政府部门。内设党政办公室（安全督查科）、计划财务科、执法监督科、市政设施科（灯饰管理科、南岸区停车场管理办公室）、市容环卫科、园林绿化科、项目规划科、行政审批科8个科室。机关行政编制22人，后勤服务人员事业编制2人。辖重庆市游乐园管理处、南岸区城市管理综合行政执法支队、南岸区市政设施管理处、南岸区园林绿化管理处、南岸区环境卫生管理处、南岸区路灯管理处、南岸区数字化城市管理中心、南岸区西城市政绿化公司8个基层单位。

【重庆市游乐园管理处】 为公益性二类正处级事业单位，2016年12月经市编委会同意，由自收自支变更为差额拨款事业单位，总编制119人。管理处职责是：游乐园设施维护与管理，游乐园绿地管理，游乐园游览与娱乐项目管理，提供停车场服务，科普文化娱乐活动及相关社会服务。游乐园位于南岸区长江大桥南桥头，紧邻重庆会展中心，公园占地面积13.8公顷，目前拥有30个先进的游乐项目以及园林绿化景点，有集特色餐饮、垂钓、品茶于一体的商业文化。游乐园坐落在两江景点交汇处，居高临下，林木葱郁，显现出山水园林的自然美景。

【南岸区市政设施管理处】 全额拨款正科级事业单位，编制123人。内设行政办公室、工程科、设施科、后勤科、安全执法科、人事科、财务科、合同造价科等8个科室。主要负责城市道路（车行道及人行道）、桥梁（含人行天桥）、隧道等设施的维护管理，负责城市给排水、市政污水处理设施维护管理等。现管护道路面积293.8万平方米（其中车行道184.49万平方米、人行道109.31万平方米）、下水管网56万米、检查井13456座、进水口7001座、主要排洪沟17条41.5千米、排水泵站5座、护栏9.04万米和桥梁、隧道、地通道67座，以及人行步道4.4万平方米、自动电扶梯9台。

【南岸区园林绿化管理处】 全额拨款正科级事业单位，编制78人。具有绿化施工、管护国家三级资质。主要负责城市园林绿地系统规划、城市园林绿地建设、城市园林绿地管理与维护、城市园林绿化工程设计。内设行政办公室、人事科、财务科、综合科、生产经营科、工程科、后勤科等7个科室。管护全区（含茶园）39条主干道、3个公园、4个生态林、5个节点、1个街头绿地、4个护坡100.3万平方米的绿地、大树5546株、行道树18579株，还管理4个苗圃，面积18.71公顷。

【南岸区环境卫生管理处】 全额拨款正科级事业单位，2018年内设10个科室和1个公司：办公室、安督科、人事科、财务科、设施科、管理科、征收科、处置科、环卫一所、环卫二所、固废公司。2017年12月，为确保游乐园分流工作稳妥有序开展，编制由100人增加为113人。

【南岸区路灯管理处】 为全额拨款正科级事业单位，2018年，编制27人，劳务派遣人员24人。内设党政办公室、设施科、财务科、项目科、安全科、人事科6个科室。现有高空作业工程车4辆、应急抢险皮卡车1辆、巡查车2辆。负责辖区25127盏路灯、427.08千米线路、67台变压器的管理维护。现已建成投入使用城市照明监控终端236台，基本实现辖区管护主干道路灯数字化管控全覆盖。

【南岸区数字化城市管理中心】 为全额拨款正科

级事业单位，编制15人。2018年，下设办公室（安全督查科）、信息采集科、监督指挥科和智慧城管建设科，主要负责数字化城市管理系统的建设管理；负责对城市管理实施全方位、全时段监控、派遣、跟踪；制订数字化城市管理工作规划、制度和办法，经批准后组织落实办理。

**【南岸区西城市政绿化公司】** 国有企业，2018年有在职职工105人，公司设有环卫部、绿化部、路灯部、综合部4个部门，主要从事原经开区南区范围内的环卫、绿化、路灯等城市维护管理工作。

**【南岸区城市管理综合行政执法支队】** 2017年12月，南岸区综合行政执法支队更名为南岸区城市管理综合行政执法支队，为南岸区城市管理局下属的副处级全额拨款公益一类事业单位，具体承担城市管理行政执法工作。2018年，内设机构4个，下设1个直属执法大队、3个经济板块执法大队和15个镇街执法大队，事业编制为293名。主要职责是：贯彻执行有关城市管理行政执法的法律、法规、规章和方针政策，依法接受委托，集中行使区级城市管理综合行政执法范围内的行政处罚权及履行相应的行政强制措施；负责市政公用、市容环卫、城市供排水、园林绿化、风景名胜方面的各项行政处罚及履行相应的行政强制职能；负责环境保护管理方面的露天烧烤污染、城市焚烧沥青塑料垃圾等烟尘和恶臭污染、露天焚烧秸秆落叶等烟尘污染的行政处罚及履行相应的行政强制职能；负责工商管理方面的户外公共场所无照经营、违规设置户外广告的行政处罚及履行相应的行政强制职能；负责交通管理方面的侵占城市道路的行政处罚及履行相应的行政强制职能；负责水务管理方面的向城市河道倾倒废弃物和垃圾的行政处罚及履行相应的行政强制职能；负责食品药品监管方面的户外公共场所食品销售和餐饮摊点无证经营的行政处罚及履行相应的行政强制职能；负责城市管理综合行政执法重大复杂违法违规案件的查处；负责城市管理综合行政执法队伍纠察工作，承办城市管理综合行政执法专项整治行动和重大执法活动；组织推进城市管理综合行政执法信息化建设；承办上级交办的其他工作。

## 市政建设管理

**【城市道路改造建设及维护管理】** 2018年，相继完成光电路人行道树圈维修整治工程、凉风垭拆除工程和人大建议、政协提案办理道路设施类工程等。累计完成人行道翻修4645平方米，车行道翻修17918平方米，维修涂装护栏杆3.7万米，结构设施涂装3.53万平方米，日常清掏检查窨井12709座次，清掏进水口14170座次，疏浚管道18.48万米，更换水蓖3587个，清运污泥2190台班。实现全年设施完好率≥98%、占用率≤1%的目标。

**【桥梁结构设施检测】** 年内对开发路工贸跨线桥、南山隧道及连接道一期工程（铁厂湾A匝道桥、B匝道桥、AB转换道高架桥、C匝道桥、F匝道桥、加宽段桥梁、下穿龙黄路新建的A匝道车行地通道），向黄路1、2、3桥，回龙路1号桥，花园路人行天桥，大石路人行天桥，南湖路人行天桥，珊瑚路人行天桥，上海城人行天桥，广黔路人行天桥，风临路人行天桥伸缩缝及周边结构进行定期检测及评估。

**【城市照明工程维护管理】** 做好照明设施精细化管理。累计维护路灯20708盏次，路灯保洁31339盏次，整治安全隐患242处，维护景观照明项目185项，更换景观照明灯具约1万套，确保辖区功能照明设施完好率、亮灯率均超过99%，景观照明设施完好率、亮灯率均超过97%。开展城市照明盲区建设，累计在黄桷垭农贸市场等17处照明盲区路段新建路灯87盏。推进城市照明设施品质提升工作。全区累计新（改）建路灯557盏，开展车行隧道及下穿道照明设施专项整治，累计出动车辆近900台次、维护人员2500余人次，维护隧道灯1876盏，更换灯泡1346只，更换镇流器等材料1030个；完成南坪隧道和向黄隧道灯具清洗、慈母山隧道照明设施专项整治、向黄隧道照明线路改造、四千米M匝道车行下穿道路灯改造升级等专项工作。深入推进绿色照明建设工作，全区累计新（改）建LED路灯472盏，新建、移交路灯实现绿色照明灯具使用率达100%。做好全区重点景观照明建设工作。统筹各相关部门在重要窗口和主要干道实施南岸区2018年迎春灯饰工程，展示“宜居宜业宜游”的城市发展新环境；实施国际社区组团灯饰配电和控制设备改造、长江大桥南桥头护坡景观照明工程等2项景观照明项目；按照景观照明建设“三同时”要求，督促开发企业完成阳光100国际新城E组一期等10项景观照明项目。

**【城市污水处理费征收】** 采取多种措施，收费人员多次上门耐心细致地宣传和解释城市污水处理费征收政策，全年共征收污水处理费453.01万元。

# 园林绿化

【概况】 2018年，南岸区园林绿化按照“大城智管、大城细管，大城众管”的总体要求，全面落实以桥头、轻轨交通沿线、城市主干道、城区高速射线、立交桥节点和城中空地6个方面绿化提质工程为重点的城市绿化品质提升工作。以“一月见行动、一季见成效、一年出成果、三年大变样”为目标，圆满完成涉及全区的六大类共13项提质工作任务。共清表整地400公顷，播撒百日草、格桑花、旱金莲、硫华菊等花籽101.13公顷，栽植九重葛、红叶石楠、春鹃等开花、色叶、闻香植物130.67公顷。完成“增绿添园”项目10个，新改建绿化面积共20.3万平方米，其中新建面积11.49万平方米，改建面积8.81万平方米。指导区园林绿化处、西城公司结合管辖范围的现状和实际情况，制定精细化管理管护制度，逐步建立良性管理体系。对全区绿化管护范围进行全面摸底并完成实地核查，实现全区绿化管理全覆盖、无死角。

【园林工程建设】 是年，继续推进城市园林绿化项目建设，完成内环快速入口段门户景观工程、四海路节点绿地、通江大道区党校段节点绿化、莲池路街头绿地、石板坡长江大桥南立交、江南立交、蔷薇路和玉马路道路绿化等景观提档升级工程项目。

【社区公园建设】 全年完成南铜路社区公园、华润社区公园、南坪花市社区体育公园、康德国会山社区体育文化公园、丹龙路社区公园、莲池路社区公园的维护管理，新（改）建绿化面积5.13万平方米。

# 环境卫生

【市容市貌管理】 2018年，共清运生活垃圾28.98万吨，平均791.8吨／日，垃圾无害化处理率100%。其中调运界石中转站12.96万吨，调运黑石子垃圾处理场10.63万吨，调运江津百果园焚烧场垃圾5.39万吨。全区化粪池共1848座，共检测化粪池3686座次，发放督办通知65份，整改合格率100%。市环卫局、市监测中心对全区化粪池检测2次，合格率100%。清掏直管化粪池72座、沉沙井327个、管道2560米。全年累计拆除违规广告、户外招牌1844块，拆除面积5652平方米，基本达到全区户外广告、店招店牌规范设置，提升了城区形象。

【环卫设施建设】 2017年计划新建公厕5座，改造公厕6座，2018年全部完工。投资85.6万元，采购3个15立方米自压缩箱体，改造垃圾站7座。

【清扫保洁管理】 根据区蓝天办“主次干道每8小时冲洒一次”的工作要求，加大道路冲、洒、降尘及护栏清洗力度，出动39865车次，用水31万余吨，完成全区865.05万平方米主次干道的冲、洒、降尘工作。充分发挥护拦车功能，完成11.42万米护栏的日常抹洗工作。对区内重要主次干道及污染较严重的点位每日进行不少于两次的喷雾降尘，完成全年303天优良天数的目标，超额完成全年蓝天任务。清理卫生死角1215处、各类小广告11836处，处理大件垃圾1469吨、暴露垃圾2354.3吨。出动6502人次，对403.3万平方米库区消落带的垃圾进行整治，清理各类垃圾2639吨，沿江地区的环境卫生质量明显提高。维修果皮箱351个，新增31个，更换79个，查出果皮箱问题424处，整改率为100%。完成全区72座化粪池的清掏工作，及时解决化粪池投诉10起。完成广阳岛植树节、智博会等各项应急整治任务28次。完成90余次市、区迎检冲洗任务，顺利通过各项检查。

【餐厨垃圾管理】 继续扩大餐厨垃圾收运范围，到迎龙镇、峡口镇等地上门宣传5次，发放宣传资料2892份，上门走访大型企事业单位、餐饮商家30余家，签约餐饮商家2330家，签约率达100%。投入使用2台餐厨桶清洗车，提高了洗桶工作效率，累计清洗餐厨桶12597次，更换新桶300个。全年共收运餐厨垃圾4.73万吨，收运处置率100%。

【垃圾处置费征收管理】 全年征收生活垃圾处置费4606.55万元，完成年度目标任务的116.62%，超额完成市政府下达年度目标任务的16.62%。

【农村生活垃圾治理】 2018年，全区农村生活垃圾治理工作涉及7个镇街48个行政村，约4.4万人。全区配备农村保洁员259名，设置垃圾收集桶（箱）2039个，农村生活垃圾运输车辆（不包括村内收集车辆）20辆，镇乡垃圾中转站9座，设立可再生资源回收站点33个。2018年，农村生活垃圾日常清运处理总量6576吨，48个行政村的生活垃圾全部得到有效治理，并于2018年通过国家住建部验收。

## 综合行政执法

【概况】 2011年12月，根据《关于印发重庆市南岸区综合行政执法局主要职责内设机构和人员编制规定的通知》，南岸区综合行政执法局从南岸区市政园林管理局（挂南岸区综合行政执法局牌子）分离出来，独立办公，为区政府专司行政监督处罚职能的执行性机构，设在南岸区市政园林管理局，主管全区城市管理领域的综合行政执法工作。内设综合科、执法监察科，下辖直属参公事业单位1个（南岸区综合行政执法支队）。2014年12月，南岸区市政园林管理局加挂重庆市南岸区综合行政执法局牌子，为区政府工作部门。2017年12月，南岸区综合行政执法局更名为重庆市南岸区城市管理综合行政执法局。

【城区扬尘污染控制】 加强密闭运输执法，防治大气污染。（1）加强施工工地管理。督促规范工地围挡设置，做好进出口道路硬化、冲洗设施配置，以及进出车辆冲洗等工作，保持工地周边清洁。加强对施工工地、建筑垃圾运输过程的监管，出渣工地采取喷淋洒水措施，实施湿法作业，严控工地扬尘。（2）加强密闭运输日常巡查力度，会同区环保、区建委、区交巡警等部门开展联合执法。在峡江路、广黔路、通江大道等重点路段设置点位检查运渣车辆，严格查处无证运输、冒装撒漏、带泥上路等行为，坚决防止外区工地密闭运输车辆违规进入区内倒渣。全年共出动执法人员74000余人次、执法车辆20600余车次，检查运渣车辆10.69万车次。查处违章1244起，处罚146起，罚款金额18万余元。联合区环保、区建委、区公安交巡警大队等部门，开展密闭运输夜间专项整治行动140余次。

【市容秩序整治】（1）开展全区主次干道、窗口地区、重要节点的市容秩序整治。包括“僵尸车”联合排查整治、城市桥涵设施周边市容整治、户外广告和招牌清理整治、违规搭建亭棚整治、南滨路沿线市容整治、“网红景点”周边市容整治等。全年共出动执法人员18.25万人次、执法车辆31180车次，安排守点10.86万人次，查处违规占道停车1314台次，劝离违规占道停车25186起，清理违规占道经营84667处，规范骑门摊68787处，拆除违规户外广告、店招1770块共8456平方米，拆除违规搭建亭棚1018个，处理乱堆放11506处，清除城市牛皮癣53152处，处理号码221个，罚款金额17000元。（2）开展全区露天焚烧、露天烧烤专项整治。联合区公安、环保等部门开展联合执法61次，出动执法人员43078人次，劝导、制止露天焚烧562件，劝导、制止露天烧烤摊区（点）1164个，规范烧烤摊区（点）748个，推广环保无烟炉具63个。（3）整治非法收运餐厨垃圾。联合公安、食药监、环卫等部门进行联合执法，以南滨路、回龙湾、南坪商圈等餐饮集中地为调查重点，不定期进行专项检查，摸排餐厨垃圾处置动态，全年共处罚7起，罚款17400元。（4）协助镇街、板块大队开展市容整治，做好重大活动的执法保障工作。在南坪商圈开展摩托车专项整治、二贸片区整治，配合落实南山生态综合整治，配合完成警备区至弹子石长江沿线16条船舶的污染整治，做好智博会、重庆马拉松运动会、广阳岛植树节活动、会展中心双品汇筹备会、中国美食节等活动的执法保障工作，参加保护性施工等临时工作20余次。（5）开展“三边”（农贸市场周边、校园周边、医院周边）市容秩序整治。摸排全区23个标准化农贸市场，200余所大、中、小学及幼儿园周边，医院周边的市容秩序问题，主要对占道无证经营流动摊点、骑门摊、占道停车、乱堆放、乱派发经营性宣传品等重点问题进行整治。采取加大日常管控和集中整治相结合的方式，加强长效管理。在“三边”市容秩序整治中，共出动89060人次、13812车次，规范骑门摊23221处，清理游摊32091个。

【队伍建设】 （1）加强学习培训。组织队员学习《中华人民共和国监察法》《中国共产党纪律处分条例》《城管执法行为规范》等文件精神，提升执法队员的思想理论水平。对全体正式执法人员和部分骨干协管人员（共440名）分两批在区委党校开展集中培训，邀请专家、领导进行依法行政、执法技巧和党风廉政工作要求的讲解。（2）加强业务指导。通过分管领导分片包干指导和每月召开大队长例会等方式，对各大队的执法工作情况以及工作中存在的问题进行调研指导，共同研究和解决执法工作难题。（3）加强执法规范。新配设200台执法记录仪，下发各执法大队，加强对单兵执法使用率的督办。到12月，单兵累计接办执法类案件12525件，回复率99%。大队单兵使用率为98%，上线率为99%。

【“两违”整治】 按照“遏制新增、实现零增长，消化存量、五年完成任务”的违法建设治理核心任务要求，以“有效保护自然生态环境，大力提升城市品质”为着力点，以“快处新增”和“集中消存”为抓手，紧紧围绕主城区“四山”范围违法建筑整治和主城区“两江四岸”治理提升等整治工作重点，全区各级各部门上下联动，党委、政府靠前指挥，科学施策，精准发力，不断加大违法建筑整治力度和管控机制建设，切实推动违法建筑整治工作深入开展。全年共整治各类违法建筑2135件，面积88.17万平方米，超额完成年度计划整治任务，完成率129.9%。其中，整治“四山”范围存量违法建筑439件，面积33.59万平方米；整治临江视域范围屋顶违法建筑840件，整治面积14.79万平方米；整治“四山”管控区外存量违法建筑856件，面积39.79万平方米。处置新增违法建筑148件，拆除面积4587.7平方米。

**【绿化执法】** （1）继续加大园林执法力度。以镇街、经济板块为中心，高度重视群众投诉工作，结合日常巡查，抓好涉绿违法案件查处工作。全年涉绿违法案件立案查处7件，已结案4件。加强园林执法规范化和执法队伍建设，邀请市园林局专家进行园林绿化法律法规专题培训，并学习行政执法基本知识和园林执法专业知识，以提高执法人员的业务能力，强化园林执法水平。

**【南岸区城市管理局负责人】**

党委书记：赵剑敏（9月任职）
江　华（9月离任）
局长：赵剑敏（11月任职）
江　华（11月离任）
城管执法局局长：赵剑敏（10月任职）
江　华（10月离任）
党委副书记：殷　陶（2月任职）
副局长：王　平（3月任职）
陈　军（3月任职）
支队长：黄　兵（3月任职）
支队政委：郭　庆（3月任职）

# 教　育

## 概　述

【概况】 2018年，南岸区教育工作落实党的教育方针和市教委及区委、区政府的决策部署，坚持立德树人，推进教育公平，加快教育现代化，建设教育强区，努力办好人民满意的教育。是年，全区有中小学校（含幼儿园）224所。其中，委属学校77所（含幼儿园12所、小学40所、九年一贯制学校5所、单办初中12所、高完中5所、中职学校1所、特殊教育学校1所、教师进修学院1所）。全区委属学校在校中小学（含幼儿园）学生94350人，其中高中学生10428人，初中学生18964人，小学生55463人，在园幼儿3729人，中职学生5481人，特殊教育学生285人。全区在职教职工5741人，其中专任教师5111人。全区委属学校占地约201.08万平方米，校舍面积约120.7万平方米，教学用房60.69万平方米。

2018年南岸区教育事业情况

| | 学校数（人） | 毕业生数（人） | 招生数（人） | 在校生数（人） | 教职工数（人） | |
|---|---|---|---|---|---|---|
| | | | | | 计 | 其中专任教师 |
| 总计 | 77 | 19687 | 24044 | 94350 | 5741 | 5111 |
| 中职教育 | 2 | 1857 | 2016 | 5481 | 344 | 261 |
| 普通高中 | 5 | 3592 | 3423 | 10428 | 1344 | 1179 |
| 普通初中 | 17 | 5836 | 5783 | 18964 | 1216 | 1146 |
| 普通小学 | 40 | 7143 | 11250 | 55463 | 2279 | 2203 |
| 特殊教育 | 1 | 51 | 21 | 285 | 62 | 58 |
| 学前教育 | 12 | 1208 | 1551 | 3729 | 496 | 264 |

注：1.此表数据不包含工读教育与民办教育；2.数据来源：《2018—2019学年度重庆市南岸区基础教育综合统计报表》。

2018年南岸区办学条件情况

| 教育类别 | 占地面积（平方米） | 校舍面积（平方米） | | 运动场地面积（平方米） | 固定资产值（万元） | | 图书（册） | | 教学用计算机（台） |
|---|---|---|---|---|---|---|---|---|---|
| | | 计 | 其中教学行政用房 | | 计 | 其中教学仪器设备值 | 计 | 其中电子图书 | |
| 总计 | 2010779.83 | 1206974.27 | 741144.21 | 671270.02 | 224532.9279 | 49120.0565 | 1829723 | 8547 | 14081 |
| 中职教育 | 150268 | 80982 | 30116 | 19801 | 27707.8 | 5504.51 | 236762 | 5205 | 1765 |
| 普通高中 | 573203 | 266619.7 | 132613.47 | 148895 | 51546.9965 | 9503.899711 | 309541 | - | 2525 |
| 普通初中 | 545568 | 358296.68 | 199543.48 | 180569 | 63268.02857 | 12234.46115 | 389976 | - | 2485 |
| 普通小学 | 676221.43 | 454934.63 | 353380.88 | 305884.39 | 82010.10283 | 21877.18564 | 834145 | - | 7306 |
| 特殊教育 | 32851 | 18842 | 6050 | 4618 | - | - | 7688 | 0 | - |
| 学前教育 | 32668.4 | 27299.26 | 19440.38 | 11502.63 | - | - | 51611 | 3342 | - |

注：1.此表数据不包含工读教育与民办教育；2.数据来源：《2018—2019学年度重庆市南岸区基础教育综合统计报表》。

2018 年南岸区教育经费及办学水平情况

| 类别 | 数量 | 类别 | 占比 |
|---|---|---|---|
| 教育经费总收入 | 2365878937 元 | 每万人口在园幼儿数 | - |
| 其中：国家财政性教育经费 | 1744974865 元 | 每万人口在校小学生数 | - |
| 社会捐、集资办学经费 | 7258418 元 | 每万人口在校初中生数 | - |
| 事业收入 | 489175993 元 | 每万人口在校高中阶段学生数 | - |
| 教育经费总支出 | 2396257785 元 | 学前三年毛入园率 | - |
| 其中：事业性经费支出 | 2369188447 元 | 小学适龄人口入学率 | 100% |
| 基本建设投资项目支出 | - | 初中适龄人口入学率 | 100% |
| 公共财政教育支出占公共财政预算支出的比例 | 15.05% | 高中阶段教育入学率 | 98.42% |
| 公共财政教育支出增长高于财政经常性收入增长 | 7.48% | 小学毕业升入初中比例 | 100% |
| 小学生均预算内教育事业费 | 10147.63 元 | 初中毕业升入高中阶段教育比例 | 99.04% |
| 初中生均预算内教育事业费 | 15835.05 元 | 其中：升入普通高中比例 | 52.75% |
| 普通高中生均预算内教育事业费 | 15832.18 元 | 教育人口占总人口的比例 | - |
| 中等职业学校生均预算内教育事业费 | 8418.97 元 | 人均受教育年限 | 10.3 年 |
| 小学生均公共财政预算公用经费支出 | 4525.23 元 | | |
| 初中生均公共财政预算公用经费支出 | 5932.4 元 | | |
| 普通高中生均公共财政预算公用经费支出 | 5402.12 元 | | |
| 中等职业学校生均公共财政预算公用经费支出 | 4871.88 元 | | |

注：数据来源：《南岸区 2018 年教育经费统计报表》。

**【义务教育经费保障】** 全年投入 11375 万元为义务教育阶段学校提供生均公用经费保障，惠及学生 85441 名。投入 698 万元为 6440 人次农村义务教育学校寄宿生提供生活费补助及免除住宿费。其中补助生活费 353 万元，惠及学生 1593 人；免收住宿费 345 万元，惠及学生 4847 人。投入 2608 万元为 85441 名义务教育阶段学生免除作业本费。投入 1740 万元改善义务教育阶段学校办学条件。投入 1462.6 万元为 85156 名学生提供免费教科书和教辅资料（不含特殊教育学校学生 285 名）。

**【学前教育】** 2018 年，全区共有幼儿园 163 所。其中公办幼儿园 49 所，占比达到 30.1%，同比增长 21.4%；在园幼儿 30882 人，其中公办和普惠性民办在园幼儿 18625 人，普惠覆盖率 60.3%，增长 19.9%；市级示范园 3 所，一级园 46 所，二级园 49 所，学前教育优质率 60.1%。拟制并全面推进《南岸区第三期学前教育行动计划实施意见》《2017—2018 年度加快发展南岸区普惠性学前教育工作方案》，新增公办幼儿园 35 所。完成 2018 年南岸区学前教育专项督查和安全隐患大排查大整治工作。持续推进五大幼教品牌集团化办学模式，实施以“课程项目”为核心的课程领导力建设，全市率先实施学前教育质量监测试点和管理云平台建设工作。学前三年、学前一年毛入园率均达 100%，学前三年教育基本普及。

**【素质教育】** 通过开展第二十一届推普周、中小学课外阅读竞赛等活动，有序推进语言文字工作，承办“全民阅读，书香南岸——第十一届重庆读书月南岸区 2018 全民阅读启动仪式”，承办重庆市“书香润万家”颁奖典礼，联动区级部门、社区和学校，顺利完成普通话普及情况调研工作；研究并启动 2018—2019 学年度中小学生课外阅读大赛，组织 31 名教师参加新闻和会议发言人能力提升培训并顺利结业；验收并新认定语言文字规范化示范校 10 所和达标学校 52 所，达标学校合格率达 63.41%，圆满完成 2018 年创建目标。研制《关于进一步推进“基于核心素养的课堂教学改革”的指导意见》，组织 2000 多人次参加区域系列专业能力提升培训，《区域整体推进课程育人的南岸实践》获 2018 年国家基础教育教学成果二等奖。开展资源评审，编写专著 5 本，及时物化和宣传课改成果。深入推进特教课程改革，特教中心重本上线 12 人，促进学校品质提升。严格执行市教委指标到校规定，录取指标到校生1626人；组织7846人参加重庆市初中毕业生学业水平暨普通高中招生考试，中考联招上线率达65.2%；组织6171人参加普通类高考，高考重本上线突破2100人；特教中心13名学生报名参考，被长春大学录取12人。区域教育质量稳步提升。

【高中教育发展】 超额完成海航班招生106人，做好学员暑假夏令营、飞行体验与筛选、体检等保苗育苗工作。推进国科大和11中合作办学并顺利挂牌，组织召开工作推进会，拟定工作方案，确定合作项目，为区域创新人才培训及科技教育水平提升奠定基础。与湖南师大附中合作培养五大学科竞赛学生，22人获全国一等奖。开展高中新课标培训，推进高中发展促进计划，召开课程创新基地、精品选修课程及教育教学课题现场会、培训会等。开展高考综合改革基础条件保障调研，拟定《高考综合改革基础条件保障工作方案》，开展选课走班、综合素质评价等培训及试点，为适应高考综合改革要求奠定基础。

【中等职业技术教育】 整合社会资源，推进职业教育课程改革，创新职教师资建设。依托中德项目，打造西部产教融合示范区，建设一批在校企合作、工学结合、人才培养模式等方面改革成效显著的示范、特色专业。全年新增校外实训基地17个，新增实训实习工位208个，实训实习工位总数达3130个。辖区中职学校开展计算机、食品药品、船舶驾驶、餐饮服务等技能培训，共完成培训1.5万余人次。进一步规范职业学校实习管理工作，加强实习管理，保障实习安全。实习学生购买实习责任险覆盖率100%。全年南岸区中职学校教师获得国家级奖27项、市级奖54项（其中一等奖19项，二等奖13项，三等奖22项）、区级奖77项（其中一等奖19项，二等奖23项，三等奖35项）。区中职学校教师到企业行业参加实践交流77余人，至年底共引进65名多行业教师来校任教。

【民办教育】 全区共有民办教育机构212个。其中民办幼儿园128个， 从业人员3486人，招收幼儿26495名，占全区幼儿总数的85.8%；民办非学历教育培训机构78个，从业人员1350人，培训学员4.6万人次；民办学历教育学校6所，从业人员1100人。全年新审批设立民办义务教育学校重庆文德中学校，新审批设立培训机构8个，其中营利性培训机构8个。对全区73个民办培训机构和128所民办幼儿园开展年度检查，对辖区民办中小学、民办幼儿园和民办校外教育培训机构的办学安全、食品安全等进行全面排查。会同南岸区食药监、物价、消防等相关部门，对新申报民办学校（含培训机构）和民办幼儿园进行指导，对硬件、软件均达到设置标准的才予以审批。强化与区级食药监、物价、消防、工商等部门的协调与沟通，建立日常监督检查机制。根据教育部要求，对全区民办校外教育培训机构实施专项治理，共关闭无证校外教育培训机构3家，指导办证5家。

【社区教育】 全区社区教育工作认真贯彻落实党的十九大精神“办好继续教育，加快建设学习型社会，大力提高国民素质”的新部署，以创建全国社区教育示范区为重要抓手，积极倡导终身教育理念，扎实推进社区教育工作开展。根据社区居民需求，整合民办培训机构、职业学校、中小学教育资源，开展“你点课，我送课”“南岸市民大讲堂”进社区系列活动，全年对试点社区开课40次，累计参培人数3000人次，受到居民欢迎。先后3次组织全区相关单位的社区教育干部近300人参加市、区教委组织的社区教育骨干教师培训班，并特别邀请中成协常务副会长张昭文、教育部社区教育研究中心副主任周延军实地调研指导新时代文明实践站，提升社区教育队伍的专业管理能力与服务水平。全区各镇街、各村（居）累计开展手工制作、知识讲座、各类培训等形式多样的社区教育活动6000余次，成功举办2018年全民终身学习活动周系列活动，参与市民达10万人次。组织参加2018年各级各类社区教育创建及评选活动，并在国家级和市级活动中获得优异成绩。南岸区社区教育学院荣获第12届全民终身学习活动周优秀组织奖，海棠溪街道社区学校推选的《国学礼仪沁童心》获得全国社区教育“终身学习品牌项目”光荣称号，龙门浩职业中学校推选的微课《中西交流激情碰撞》荣获市级社区教育微课高校组优秀奖。组织开展2018年全民终身学习系列评选活动，铜元局街道上海城社区等15个区级“书香（示范）社区”、龙门浩街道“银色师团”等4个活动为区级终身学习活动品牌，李泽伟等50人为区级“百姓学习之星”，袁亚南等28户家庭为区级“书香家庭”，评选区域首届社区教育摄影大赛人文组、风景组奖项共计68名。打造“互联网+”学习新平台。南岸市民终身学习服务网络平台、微信公众号“善学南岸”开通后，不断创新服务载体，推进远程网络教育、社区学校网络建设，营造“学习就在家门口”的社会环境。推动数字资源引入、开发和共建共享，以海量学习资源满足多样化学习需求，目前有市民大讲堂课程40门、在线市民课程9000余课时、精彩活动8个等栏目内容。开展线上线下学习，为社会全体成员提供便捷及时的终身教育学习服务新平台。

**【学校德育工作】** 深入推进社会主义核心价值观教育，深耕“小手牵大手”“以文化人、以行树人、以梦启人、以家养人、以心育人”等品牌活动，3项德育活动入选首批重庆市德育品牌，1项入选全国中小学德育工作典型经验。利用清明、“七一”、国庆、寒暑假等时间节点，在未成年人中广泛开展革命传统教育，利用传统节日组织开展优秀传统文化学习教育活动，在重大节假日等时间节点组织未成年人广泛参与志愿服务活动。重视家校社共育，逐步建立家庭、学校、社区三位一体的育人网络。推进区域德育队伍荣誉制建设，开展班主任工作站学习型团队研修区级现场研修活动24场，组织班主任、德育干部、心理健康教育教师、家庭教育指导师、生涯规划指导师等培训13场，组织教师参加辅导员技能大赛、班主任基本功大赛、“班级团体心理辅导设计”竞赛等活动，多次荣获市特等奖和一等奖。珊瑚中学、110中学获评市中小学心理健康教育特色学校。出版法治教育读本《你应该懂点法》，初中和高中组参加全国“学宪法 讲宪法”活动，获演讲一等奖和知识竞赛第一名。垃圾分类教育进校园、进课堂，提高师生的环保意识，为“三生三宜”品质城市建设注入新内涵。深化全国文明城区工作，建立全国未成年人思想道德建设工作长效机制，成立新时代文明实践所，建成5个新时代文明实践站，进一步推进社会创新治理，圆满完成复查验收工作。

**【科技教育】** 搭建和完善“一站、一中心、一协会、一批示范校、一批优质社会教育资源和一股合力”的“六个一”工作平台，营造南岸科技教育人人参与的良好氛围，打造优质青少年科技教育平台。南岸区中小学生科技活动普及率和参与率大幅增长，举办19次科技辅导员专项培训，参与培训的辅导员达700多人次。深圳柴火空间创客专家为区内科技辅导员开展两期创客教育培训，台湾爱迪生创意发明学院为全区培养100名教师、200名学生。南岸区中小学生参与各项科技活动、竞赛的学生达5万余人次，全年共获市级奖800个、全国奖254个、国际奖43个。在第32届重庆市创新大赛上获31个一等奖；在第8届亚洲机器人锦标赛中国区选拔赛上包揽冠、亚、季军，获8个1等奖；在第28届马来西亚发明展上获多个奖项，部分展品完成专利交易，实现科技教育的成果转化。在第18届“明天小小科学家”项目中实现历史性突破，11中学生章魏轩成功入围，荣获三等奖。少科站被评为全国首批“3D打印创客教育示范基地”，在市创新大赛中被市科协授予优秀组织奖，在第2届重庆市青少年科学素养大赛中被市科协等七部委评为优秀组织单位，在重庆市第13届少年儿童“争当小实验家”科学体验活动中被市科协评为优秀组织单位。

**【招生考试】** 精心组织国家教育考试，推进考点标准化建设和规范化管理，加强监考队伍建设和涉考人员能力培养，强化安全保密措施，各考点工作零失误。普通高校招生考试万无一失。2018年，南岸区共有6171人参加高考报名，5147人参加6月高考，650余名监考教师及工作人员参加了监考工作。教师资格考试圆满完成，成功组织3月、11月的笔试和1月、5月的面试工作，笔试报名9405人、19245科，面试报名2964人，抽调面试考官289人。加强对各考点的培训、指导工作，认真研究制定实施方案和应急预案，自拟面试考务实施流程，自创操作程序，圆满完成教师资格考试各次组考工作。成人高校招生考试有序进行。全区成人高考报名人数2968人，其中文科347人，理科1673人，专升本947人，免试生1人。全区共设2个考点，100个考场。加强对考试违规处罚相关规定的宣传提醒，引导考生诚信参考。高等教育自学考试平稳实施。2018年，全区共组织自学考试2次，报名总人数12425人（其中新增考生2510人），报考27739科次。全年为69名考生办理了毕业手续。

**【实验区二期课改】** 积极梳理一、二期课改成果，《区域整体推进课程育人的南岸实践》荣获2018年国家基础教育教学成果二等奖。研制《重庆市南岸区教育委员会关于进一步推进“基于核心素养的课堂教学改革”的指导意见》，促进区域各学段、各学校、各学科全程推进。汇集全国知名教育专家，分3个阶段设计教学能力提升系列培训5场。组织中心组成员及部分学校代表到北京清华附中等地考察学习，并参加首届全国课堂教学研讨会——促进核心素养发展的学习方式变革会议。开展中期评估，实施资源系列评审，围绕课程资源建设，征集评选出一批原创优质资源，促进学校课程建设百花齐放，推进区域教育优质均衡发展。推进专著编写，发挥区域辐射引领。《四图两表——可视化的学校课程规划》等5本专著，将由北京师范大学出版社陆续出版。

**【科研工作】** 完成4个市规划课题的结题，启动培训39名中小学中华传统文化教育种子教师；将56项优秀课题成果转化为教师培训课程，并进入南岸区教师研训课程资源库；与西南大学合作的“UTS高层次应用型人才培训项目”，以学院为基地，推进完成2018年西南大学41名专业硕士研究生实践基地；组织60名教育科研骨干教师的理论培训和实践研修，开创“双导师制”骨干教师研修指导范式，12个导师组有序推进科研骨干教师培养；形成学院课题研究专著成果4部，“深化课程领导力建设推进区域教育现代化”取得阶段性研究成果，物化专著《课程领导力建设推进教育现代化的深度变革》（即将出版）。

【基本建设】 2018年，全区中小学校标准化率为小学35%，初中94.7%。小学、初中校地标准化建设达标率分别达37.5%、94.4%，校舍标准化建设达标率分别为78%、94.4%。全区中学生均校地125平方米，生均校舍81平方米；小学生均校地24.83平方米，生均校舍15.42平方米。推进教育系统基建教育项目12个，完工龙门浩小学（一天门）新建教学辅助用房工程、茶园新城中学（校本部）扩建工程、大佛段小学迁建工程等6所学校。全年投入3.2亿元，新增校舍面积19万平方米，新增校地13.33公顷，还有13万平方米在建。完成南岸区教育系统75所学校的常年维修工作，投入维修资金2020万元。完成南岸区教育系统14所学校的大型修缮工程，投入维修资金1744万元，其中完成8所学校的塑胶运动场改造，投入资金634万元。

【农民工子女入学及学生资助】 组织开展第十二个农民工日宣传活动，科学确定12所定点接收流动人口子女入读学校，明确随迁子女入学政策，简化随迁子女入学程序，落实随迁子女普惠政策，共接收农民工子女18621人，占公办学校学生总人数的25.02%。全面贯彻落实各项学生资助政策。学前教育资助：全年投入学前教育困难儿童资助资金99.71万元，惠及家庭经济困难幼儿355人次。义务教育资助：全年投入349.33万元，惠及学生3174人次，其中寄宿生生活补助资金325.87万元，惠及学生2677人次；非寄宿生生活补助资金23.46万元，惠及学生497人次。普通高中学生资助：全年投入293.93万元，资助高中家庭经济困难学生2448人次，其中减免学费资助资金61.78万元，惠及学生556人次；发放国家助学金199.89万元，惠及学生1557人次；发放免教科书资金3.86万元，惠及学生193人次；发放中央专项彩票公益金滋蕙计划28.4万元，惠及学生142人次。中职学生资助：全年投入3302.85万元，资助中职学生40324人次。其中免学费投入2438.58万元，惠及学生24388人次；发放国家助学金604.21万元，惠及学生5466人；发放免住宿费资金56.67万元，惠及学生2348人次；发放免教科书资金24.36万元，惠及学生1218人次；发放中职生均补助179.03万元，惠及学生6904人次。大学生资助：全年投入221.53万元，资助家庭经济困难大学生363人次。其中投入生源地信用助学贷款209.43万元，惠及学生275人；投入新生入学路费资助5万元，惠及学生69人；投入三峡移民高职学生国家助学金0.6万元，惠及学生6人。泛海资助投入6.5万元，惠及学生13人。

【教育督导】 深化“一中心两支点”区域教育督导实践与研究，推进责任区挂牌督导与联动片区校内督导“双轮驱动”工作机制；健全选聘专职责任督学办法，不断充实挂牌督导专业力量；加快教育督导专业发展保障制度建设，形成《南岸区教育督导工作制度汇编》；依托重庆市教育督导系统、南岸区教育督导信息系统平台，加快教育督导信息化发展水平。经重庆市教委、重庆市人民政府教育督导室组织评估认定，推荐南岸争创“全国中小学责任督学挂牌督导创新区”。县域义务教育基本均衡督导评估整改问题，市级专家组复查验收成效明显，并积极谋划全国义务教育优质均衡发展区创建工作，征求47个相关部门、单位的意见建议，经区政府办审定后，印发《南岸区创建全国义务教育优质均衡发展区工作意见》。统筹推进加快中西部教育督评监测工作，确保数据真实有效；开展幼儿园规范办园行为专项督导，指导193所幼儿园完成教育部幼儿园办园行为督导评估系统自评填报，实地督评36所幼儿园，全面强化幼儿园依法办园行为；开展春、秋季开学工作专项督导，完成自评报告并提交市教委、市政府教育督导室。总结推广12所试点校的章程建设经验，全覆盖区域委属公办学校开展章程建设专家指导评审活动，高质量推进全区学校的章程建设备案。开展现代学校发展督导评估，完成规划两年期的37所学校的现代学校特色项目发展需求督评，形成37份单校报告共30余万字；委托第三方机构全覆盖区域内63所公办学校完成现代学校教育质量专项督评，建言献策现代学校内涵发展；启动第2轮现代学校发展核心数据动态监测，持续研判全区委属公办学校内部治理结构完善程度与治理能力提升情况。南岸教育督导经验、国家义务教育质量监测组织实施经验分别得到国务院教育督导委员会专家组、中国教科院教育督导评估研究所专家的实地调研肯定，认为过程务实，效果明显，值得全国推广。其工作经验以《督导创新，“督”出教育新作为》《校内外合力督导 助现代学校发展》为题，分别在中华人民共和国教育部网站报道1次，在《中国教育报》刊载2次（含1月2日头版报道1次）。

## 学校体艺卫工作

【学校体育工作】 充分挖掘和利用体育教育资源，引导教师准确把握体育课程核心素养，提升课堂教育水平，截至2018年底，建成国家级、市级、区级体育特色学校各26所、24所、16所。共组织7797名初三毕业生参加中招体考，确保阳光考试，零投诉，平均46.25分（满分为50分）较上年有明显提升。规范《国家学生体质健康标准》测试和上报率100%，建立不达标个案追踪、区域报告和校长约谈机制。举办10项符合校园体育发展需要、适合学生参加的传统体育赛事，中小学参赛率达96%，参赛学生达10000余人次。各校参加国际国内各项体育赛事，共获市级、国家级、国际级各类奖项近600项次，确立了南岸区学校竞技体育在全市的领先地位。全年共招收体艺特长生118人，促进全区高中特色发展。区域内建成25所国家级、市级、区级校园足球特色学校，全区校园足球队的比例高达71%。2018年，南岸区参加全市中小学校园足球大赛，揽获11个项目的6个冠军，江南小学的足球小将谭曦同学受到习近平总书记接见，广益中学小球员程奇被选为俄罗斯世界杯开幕式球童，足球竞赛成绩和人才培养质量名列全市和全国前茅。全区学校体育场馆对外开放学校共计66所，开放总面积262699平方米，开放总人次111756人次，平均开放天数86天。学校体育场馆对外开放群众满意度达95%以上，全年零投诉。

【学校文艺工作】 每年开展2次学生艺术月展演活动，年内举行南岸区第十二届艺术节舞蹈专场、戏剧专场及美术作品大赛，参与学生2万余人，各校体艺节师生参与率100%。开展南岸区戏曲进校园系列活动，综合演出22场，专题讲座40场，命名“戏曲进校园”特色基地学校8所，实现戏曲进校园全覆盖。举办南岸区特色美育教育现场交流会、艺术教育进社区活动等系列活动20余次。10月底承办并参加第九届“中华文化小大使”文化艺术合唱类全国总展示活动，均取得优异成绩，获奖数量和质量均名列全市第一。建成市级艺术特色学校8所、区级艺术特色学校12所、重庆市美术特色区特色学校22所、市级学生艺术团13个、区级艺术团31个、中华优秀传统文化艺术传承学校2所。开齐上足艺术课程，学校艺术教师专职专用，不得挪占艺术课程。

【校园食品安全工作】 落实校园食品安全行政主管责任，与校（园）长（含民办托幼机构）签订食品安全责任书；完成全区中小学校和托幼机构（含民办）共272位食品安全管理员的培训考核、持证上岗工作，参培率100%，覆盖面100%。组建校园卫生专项检查工作组，全面督查校园食品、校园卫生（直饮水）、健康教育、营养改善主体责任落实情况，累计完成校园食品安全隐患排查共376项，并逐一记录实行闭环管理，实现安全隐患排查整治率达100%。全面推进食堂明厨亮灶工作，全区学校、幼儿园覆盖率达80%。投资900余万元实施免费饮用奶工程，受惠学生达2.6万人次；投资200余万元开展爱心午餐补助工程，受惠学生达3千人次。开足健康教育课，开课率100%，学生的健康知识知晓率≥80%。完成全区中小学校94560名在校学生健康体检，体检率达98.45%。完成南岸区慢病防控示范区复审对40所健康促进学校的验收检查和命名工作，使全区健康促进学校达到50%以上。做好全区学校传染病防控工作，处理各类疫情10余件，处置率100%，无一起重大公共卫生安全事件发生。学校结核病防控工作关口前移，累计完成5105例高二学生的结核病筛查。

## 装备及队伍建设

【信息技术与装备建设】 发布《南岸区教育装备建设执行标准(2018)》，完善全区中小学装备配置标准。实施12所学校14个校点无线网络全覆盖和综合布线改造工程，完成对大型学校、集团中心学校的网络改造建设。完成2018年年度财政保障项目投资，共计2776万元，包含班班通、计算机、实验室、图书室等144个建设项目，确保各级学校的基础教育装备配备达国家标准及满足教育均衡要求。完成教育城域网带宽招标项目，使全区教育城域网带宽由2.3G提升到4G。稳步推进智慧校园建设，开展小学、初中和高完中的智慧校园建设研究，实施天台岗万国城小学、珊瑚初级中学、南坪中学3所学校的智慧校园试点建设项目。创新提高装备管理水平，完善档案管理制度，完成2017年财政保障项目建档工作，加强技装项目业务档案管理。编印《南岸区技装装备管理工作手册》，为基层学校规范项目实施流程、优化项目管理提供有力支撑。遴选基层优秀技术人才16人，组建南岸区教育技术专家库，在装备建设规划、课题研究、技术咨询、队伍建设和对薄弱学校的支持等方面提供了有力保障。开展视频录播、电子白板和校园电视台使用培训、比赛活动，多渠道促进教育信息技术与教育教学的深度融合。完成168平台管理培训和点对点审核工作，进一步厘清学校教育装备基础数据。

【党组织建设】 贯彻落实《关于加强中小学校党的建设工作的实施意见》《关于加强民办学校和培训机构党的建设工作的实施意见》，优化基层党组织设置，成立非公党组织3个，调整基层党组织9个，选优配强党组织班子21个，整顿转化后进党组织1个。规范党员教育管理，开展全覆盖培训2期，全年发展党员19名、转正党员41名，在建党97周年表彰先进基层党组织15个、优秀党务工作者57名、优秀共产党员114名。严格落实“三会一课”、支部主题党日、党组织书记述职评议、民主生活会、专题组织生活会和民主评议党员等制度，开展“不忘初心跟党走，牢记使命齐奋斗”系列主题活动，推进“两学一做”学习教育常态化制度化。制定教育系统全面从严治党工作督查方案，对21个基层党组织开展督查，推动全面从严治党向纵深发展。开展城乡支部结对共建，到大坪村、大佛寺社区开展服务群众86次，覆盖党员1000余人次。

【思想建设】 工委班子开展理论学习中心组学习13次，推进“兴调研转作风促落实”行动，组织撰写《关于推进南岸区城乡义务教育一体化发展的调研报告》等理论文章10篇。筑牢思想根基，用好龙梅讲堂、新时代文明实践所（站）等载体，宣讲党的十九大精神和全国、全市教育大会精神共200余场，教职工受教育面100%。开展榜样评选活动，选树市、区级优秀教师典型450余名。讲好教育故事，策划打造“我的自画像”“南岸教育吉祥物征集”“寻找我的入党介绍人”、《心愿》圆梦公益行动、“幸福少年梦、南岸起风景”“青春不老•教育无悔”等主题活动20余次，引领校长立政德、教师塑师德、学生强品德，进一步巩固壮大主流思想舆论。

【教师队伍建设】 2018年，新增设立东港幼儿园、滨江幼儿园、珊瑚金紫街幼儿园、珊瑚时代都汇幼儿园、上浩爱尚南山幼儿园、新城长生幼儿园、南坪英趣幼儿园事业单位建制7个。全区面向社会公开招聘教师224人，从区外学校选调教师37人。完成“三区”支教和“组团式”援藏工作，上半年选派3人到丰都全职支教，下半年选派3名教师到石柱全职支教，4人参加教育人才援藏工作。统筹优化教师培养培训资源配置，规范教师培训项目管理。开展新任教师岗前培训、在职教师岗位培训、骨干教师提高培训、名优教师高端研修4个层次40余个项目的培训，全区中小学幼儿园13000余人次参培。用好市级奖补资金，开展薄弱学校学科教师主题培训，农村学校初中物理、化学“基于单元教学设计的深度学习与实践”培训，农村学校小学语数骨干教师命题技能提升培训，幼儿园业务园长能力提升培训，近600名教师参培。成功举办“风华杯”教师赛训活动，4000多名教师参赛。高度重视师德师风建设，联动相关科室开展南岸区校外培训机构专项治理行动，开展在职中小学教师有偿补课专项治理工作。继续推进教师资格定期注册工作。在第34个教师节期间，开展系列庆祝活动和表扬大会，共计表扬450名优秀教师、优秀班主任、优秀教育工作者等。组织名师恳谈会，开展关爱教师健康暨慰问活动以及离退休教师重返校园活动。全年新增各级各类教育人才212人，其中特级教师4名、重庆市名师奖1名、第四批重庆市教学名师培养计划人选1名、市级骨干校长2名、中职“双师型”教师24名（其中，初级9名、中级11名、高级4名）、区级骨干教师150名、区学科带头人30名。各中小学幼儿园按市、区要求完善绩效工资政策，强化绩效考核，建立起超额绩效动态调整机制。继续推进教师交流轮岗工作，中小学实际参加校际交流和教育集团内交流轮岗的教师有243人，占当年应交流人员数的16.9%，其中骨干教师83人，占当年实际参加交流轮岗人数的34%。

【干部队伍建设】 按照德才兼备、以德为先的用人标准，有序开展校级干部调整、交流、提拔工作，2018年，全系统提拔校级干部28名，交流校级干部7名，营造出风清气正的政治生态。制定《南岸区中小学校中层干部选拔任用管理的操作规范（试行）》，进一步规范和完善教育系统中层干部职务管理和监督。举办党组织书记培训2期，培训226人次，选派62名党员干部参加国家级、市级培训，以及挂职锻炼和考察学习，完成干部网络学习、法律知识、法治教育等学习任务。

## 其他工作

【统战群团工作】 分层落实全党做统战工作要求，落实部门对口联系民主党派、党代表与党外代表人士联谊交友等制度，开展党外代表人士个性化培养，全年提拔党外干部4名。指导成立新专联教育分会，现有会员47名。推进统战知识进课堂工作，初步形成小学、初中、普通高中、职中等学段的课程体系。坚持“党建带群建，群建促党建”思路，发挥工会、共青团、妇联、关工委的桥梁纽带作用。开展南岸区首届中学中职学生会干部风采大赛、“南岸起风景•青春建功业”演讲比赛、寻找最美家庭、女子马拉松比赛、家庭诵读大赛、人生规划大赛等活动，增强教育系统的凝聚力和协作意识。

【纪检监察审计】 推动党风廉政建设和反腐败工

作。深入开展“廉政文化进校园”活动，牵头教育系统党章党规党纪及规范性文件汇编工作；开展党章党规党纪知识学习，编发廉政短信34期；组织机关干部60余人赴红岩革命纪念馆开展爱国主义教育；召开党风廉政建设专题会议3次，开展讲座及活动10余场次，把廉政文化融入课程教学、品德教育和家庭教育。加强权力运行监管，常规开展教委机关廉政风险防控，梳理职权目录60项，排查廉政风险点47个，绘制权力运行图52张；协助工委开展机关、中心负责人及关键岗位人员的第一种形态谈话76次，涉及80余人次；灵活运用党风廉政建设督办通知单、整改通知单、提醒通知单“三单”19次，解决苗头性、倾向性问题8个。深化作风督查，联合5部门对10所学校进行开学收费检查；对73所委属学校全覆盖开展公车管理、违规补课、值班纪律和师德师风等明察暗访；面向家长、教职工和学校中层及以上干部开展满意度调查，群众对教育满意度达98.52%；畅通信访举报渠道，受理区纪委交办、群众来信、网上网下舆情反映来访29件，办结率100%。加强内部审计监督，开展财务审计项目21项，其中财务收支审计8项、经济责任审计11项、绩效评价审计1项、专项资金审计1项，审计金额13.07亿元。

**【区教委负责人】**

主　任：包茹华（女，教育工委书记）
副书记：鄢伟霞（女）
副主任：赵　波
　　　　朱静萍（女）
　　　　李小兵　尹厚霖
教育考试中心主任：陈　健
教育考试中心副主任：范国强
派驻纪监组长：喻平凡

（向联奎）

## 高等教育

**【重庆交通大学】** 重庆交通大学始建于1951年，是一所交通特色鲜明，具有博士、硕士、学士学位授予权，以工为主，工、管、理、经、文、法等学科协调发展的多科性大学，是交通运输部与重庆市共建高校，入选国家“中西部高校基础能力建设工程”“卓越工程师教育培养计划”，中国政府奖学金来华留学生接收院校，全国毕业生就业典型经验高校，教育部本科教学工作水平评估优秀学校。至2018年底，学校有南岸、双福、大坪等3个校区，占地近200公顷，校舍83万余平方米，馆藏纸质和电子文献440余万册、期刊1500多种、中外文数据库100余个，教学科研仪器设备总值4.39亿元，拥有1个国家级和6个市级实验教学示范中心。现有全日制在校生2.7万人，在职教职工2000余人，下设19个二级学院、62个普通本科专业，拥有4个一级学科博士学位授权点、3个博士后科研流动站、16个一级学科硕士学位授权点。土木工程、港口航道与海岸工程、交通运输等3个国家特色专业通过工程教育专业认证，水利水电工程等7个专业获批教育部“卓越工程师教育培养计划”试点专业。2018年11月，重庆交通大学与同济大学联合开办重庆智慧城市学院。

学校拥有国家内河航道整治工程技术研究中心、山区桥梁与隧道工程国家重点实验室培育基地、交通土建工程材料国家地方联合工程实验室等3个国家级平台，有桥梁结构工程交通行业重点实验室、水利水运工程教育部重点实验室、山地城市交通系统与安全重庆市重点实验室等34个省部级平台，有西南水运科学研究所、沙漠土壤化研究院等20余个研发机构。

**【重庆邮电大学】** 重庆邮电大学简称“重邮”，是中华人民共和国工业和信息化部与重庆市人民政府共建的教学研究型大学，入选国家“中西部高校基础能力建设工程”、国家“卓越工程师教育培养计划”，是国家“2011计划”核心协同高校、中国政府奖学金来华留学生接收院校、国家布点设立并重点建设的4所邮电高校之一。近年来，学校承担了国家科技重大专项、973、863项目、国家自然科学基金重点项目、国家社会科学基金重点项目等国家级项目800余项，承担省部级项目1500余项，获得国家、省部级科技奖励100余项，其中包括7项国家科学技术奖和2项中国标准创新贡献奖一等奖，17项荣获重庆市科学技术一等奖，获得省部级及其以上社会科学优秀成果奖30余项，获得授权专利1000余件。目前，重邮占地253.33公顷，校舍建筑面积63万平方米，拥有图书230余万册；共有在校生2.4万余人，其中研究生3100余人，在职教职工1700余人；下设16个二级学院，3个研究院，开设有53个本科专业。

重邮共有国家级国际科技合作基地1个、国家级科技动员中心1个、国家地方联合工程研究中心1个、教育部工程研究中心1个、教育部重点实验室1个、工业和信息化部重点实验室4个、重庆市重点实验室2个、重庆市高校重点实验室6个、重庆市工程实验室1个、重庆市工程研究中心16个和重庆国家高技术产业基地创新平台2个。

【重庆工商大学】 重庆工商大学由中央和地方共建，重庆市人民政府主管，入选国家“中西部高校基础能力建设工程”“卓越农林人才教育培养计划”“国家级大学生创新创业训练计划”“服务国家特殊需求博士人才培养项目”“国家大学生文化素质教育基地”“国家国际科技合作基地”，是重庆市国际交流合作示范校、重庆市“数字校园”示范学校和教育信息化试点单位，是一所经济学、管理学、文学、工学、法学、理学等学科协调发展的，具有鲜明财经特色的多科性大学。至2018年7月，学校占地总面积166.97公顷，馆藏纸质图书286.51万册，电子图书和电子期刊321.02万册，中外文期刊2550余种。设有19个教学学院，76个本科专业；有1个博士后科研流动站，2个博士后科研工作站，1个服务国家特殊需求博士人才培养项目（应用经济学一级学科），12个一级学科硕士学位授权点，14个专业硕士学位授权点；有在校全日制普通本科学生、研究生3万余人。科研机构有：普通高校人文社会科学重点研究基地“长江上游经济研究中心”“废油资源化技术与装备教育部工程研究中心”“电子商务及供应链系统重庆市重点实验室”等15个国家级、省部级科研机构。

# 科学技术

## 概述

【概况】 2018年，南岸区科技局紧扣全区“三大攻坚战、十项重点工作”，大力引进培育创新主体，持续优化创新生态环境，有序推动科技体制改革，助推以大数据智能化为引领的创新驱动发展。全区新增高新技术企业33家、高成长性企业28家，新入库科技型企业210家、国家科技型中小企业评价企业68家，新认定国家级知识产权示范企业1家、国家级知识产权优势企业6家，新增市级以上重点实验室、工程研究中心、企业技术中心等科技平台机构18个，新增区级及以上科普教育基地5个、防震减灾示范学校6所。

## 科技开发

【招商局重庆交通科研设计院有限公司】 该公司成立于1965年，前身为交通部交通科学研究院重庆分院，是部属正厅级事业单位。2000年，转制进入招商局集团，成为其全资二级企业。招商交科院是国家认定的“国家火炬计划重点高新技术企业”、首批“国家创新型企业”、国家级“创新人才培养示范基地”和“国家山区公路工程技术研究中心”的依托建设单位，是交通行业重要的智力密集型科技综合服务企业。公司拥有各级各类从业资质近60项，包括“工程勘察综合类甲级”“公路行业设计甲级”“市政行业（道、桥、隧）专业设计甲级”等；培育形成勘察设计、试验检测、咨询监理、工程施工、产品制造、信息服务、设计施工总承包、PPP等主营业务类型；投资组建从事特殊路面材料研制及铺装业务的智翔公司，从事智慧高速系统集成及智能产品开发业务的华驰公司，从事索缆产品研发及安装业务的万桥公司，从事工程监理业务的中宇公司，从事PPP等大型建设工程管理业务的全通公司，从事道路监测、路产管理及交通物联网数据服务业务的招商路信，从事机动车辆质检、试验及咨询业务的重庆车检院等一批饮誉行业的标杆企业。主要科技成果有：高效耐久大跨径钢桥面浇注式沥青铺装性能保障成套技术获中国公路学会科学技术特等奖，隧道智慧照明系统成套技术研究与装备开发获中国公路学会科学技术一等奖，软弱地基土工合成材料约束桩处理技术及工程应用获中国公路学会科学技术一等奖，长大桥梁建设技术系统集成研究获中国公路学会科学技术一等奖，大跨度悬索桥隧洞锚岩石力学关键技术及应用获中国岩石力学与工程学会科学技术特等奖等12个。

【中电科技集团重庆声光电公司】 该公司业务分布于重庆与绵阳两个地区，在重庆地区，有南区和西区两个科研生产基地。其中南区定位为研发销售服务中心，占地面积11公顷，建筑面积7.95万平方米；西区定位为生产运营中心，是公司新建的科研生产基地，面积35.8公顷，分三期建设。在绵阳地区，现有土地40多公顷，主要有9所、24所、26所、44所4家研发生产机构。9所主要从事磁性材料及器件的研制、开发、生产。主要产品有软磁材料及器件、永磁材料及器件、旋磁材料及器件、新型磁性材料及器件等。24所主要从事微电子产品的研制、开发、生产，主要产品有AD/DA、RF射频器件、电源管理芯片及组件、模拟/数字SOC等。26所主要从事微声、微波及固态惯性产品的研制、开发、生产，主要产品有声表面波器件，声体波器件（FBAR）、微波组件及模块、惯性器件及组件、惯性系统、惯性二次仪表等。44所主要从事光电子产品的研制、开发、生产，主要产品有半导体光电探测器件及组件、集成光学器件、光传输与处理组件、固体图像传感器等。公司由27家单位组成（4个研究所和23个产业公司），拥有军用模拟集成电路国防科技重点实验室1个、重庆市量子通信核心光电器件重点实验室、集团公司CCD研发中心1个、重庆市惯性工程技术中心和四川省磁性材料工程技术中心2个，建有重庆市集成与感知众创空间，曾获中国电科双创中心称号。2018年获重庆市科协院士工作站授牌。该公司2016年获国家高新技术企业称号，射频开关、滤波器获重庆市高新产品称号。有较完备的质量保证体系，4个主体专业保持了在各自专业领域的技术领先水平和市场地位，取得一批国内领先的重大科技成果，在一些关键技术领域始终保持国内领先或国际一流的地位。主要科技成果有：建成多功能文物保护移动实验平台，SZD5003D型声表面波振荡器，具有自动校正功能的光电收发组件。

**【中国信息通信研究院西部分院】** 2010年，中国信息通信研究院西部分院（重庆信息通信研究院，以下简称“西部分院”）由重庆市经信委、南岸区人民政府、中国信息通信研究院联合指导成立，位于重庆市南岸区茶园新区，现实验和办公面积共计5000平方米，运营物联地带渝产业园18000平方米，另有在区占地2公顷的新基地正在建设中。目前，西部分院共有员工200余人，其中，高级工程师20多人，年营业收入过亿元，现有实验仪表300余台套，设备总价值近2亿元。自建成以来，西部分院充分释放工信部通信设备入网检测贴近服务优势，积极释放优质平台资源，融入区域发展生态体系，立足“政府高端专业智库、产业创新发展平台”定位，加速创新领域布局，在4G/5G、无线电管理、工业互联网、智能制造、物联网、云计算、大数据、人工智能等方面进行深入研究与前瞻布局，拥有我国中西部地区最为权威的信息通信国家级科研检测平台，在检测、科研、咨询等方面具备深厚的基础。近年来，西部分院加快推进国家级公共服务平台和区域特色智库建设，加速创新领域布局，建立从“顶层设计—要素导入—产业建设—招商对接—落地服务”的全产业链服务机制，助推西南地区ICT技术与产业创新壮大，为西南地区千余家电子信息企业提供检验检测、咨询和研发服务，为中西部各省、市、区级政府编制100余项决策建议，协助招商引资和企业培育新增产值近3000亿元。同时，利用闲置楼宇打造招商服务孵化器，有效盘活政府存量资源。主要科技成果有：RFID资产管理系统、手机显示屏自动化检测系统军民融合专网公网一体化应急通信关键技术研究与应用、重庆市推进互联网经济高地建设的战略路径创新研究、基于计算机视觉的车载信息终端功能测试方法、一种林业物联网监控系统可靠性测试方法等。

# 科技服务

**【防震减灾】** 加强基层防震减灾能力提升，深入推进防震减灾科普示范学校和地震区安全示范社区创建工作，全年新增区级防震减灾科普示范学校6个。至2018年底，全区累计建成国家级、市级、区级防震减灾示范学校、社区30个，区内学校、社区的防震减灾能力得到加强。

**【科学普及】** 坚持科技知识进机关、进乡村、进社区、进学校、进企业宣传普及活动，充分利用科技活动周、科技工作者日、全国科普日、知识产权宣传周、防震减灾宣传周等重要时段和节点，组织镇街、部门相关单位广泛、深入开展形式多样的科普宣传活动，提升公民的科学素质。全年组织集中宣传活动5次，发放各类科普宣传材料10000份，答复咨询1500余人。成功举办南岸区首届科普讲解赛，并选派4名优秀选手代表南岸区参加第五届重庆市科普讲解大赛，并获“重庆市优秀组织奖”。依托区内15家市、区两级科普基地，组织中小学生开展校外科普实践活动，推动青少年科普研学活动落到实处。深入开展科技下乡活动，以农业专家大院建设为平台，安排12名市、区两级农业科技特派员和科技专家深入乡村开展种养殖技术培训、田间地头指导和技术应用推广活动20场次，培训农技人员1000余人。

**【科技成果登记】** 全年共在重庆市登记科技成果11项，其中有重庆交通大学完成的房屋住用安全监测系统V1.0、房屋住用安全监测技术与业务数据规范研究及示范、装配式简支—连续梁桥性能提升关键技术研发与应用等。

**【专利申请及授权】** 2018年，全区专利申请4428件，增长14.72%。其中，发明专利申请2139件，实用新型专利申请1886件，外观设计专利申请403件。全区发明专利申请2139件，发明专利授权721件。有效发明专利累计2984件，每万人有效发明专利33.49件，继续位列全市第二。全区PCT专利申请24件。

2018年，南岸区共有19个项目、单位及个人获奖（见下表）。

2018年南岸区获奖项目、单位及个人

| 序号 | 获奖名称 | 获奖单位 / 个人 | 发奖单位 |
|---|---|---|---|
| 1 | 特别贡献奖 | 南岸区人民政府 | 中国重庆市高新技术成果交易会组委会 |
| 2 | 优秀成交奖 | 南岸区人民政府 | 中国重庆市高新技术成果交易会组委会 |
| 3 | 优秀组织奖 | 南岸区人民政府 | 中国重庆市高新技术成果交易会组委会 |
| 4 | 重庆市科技系统先进集体 | 南岸区生产力促进中心 | 市人力社保局、市科技局 |
| 5 | 重庆市科技系统先进个人 | 皮明芳 | 市人力社保局、市科技局 |
| 6 | 重庆市科技系统先进个人 | 李敬 | 市人力社保局、市科技局 |
| 7 | 4G/4.5G移动通信测试关键技术及仪器 | 重庆邮电大学、中国电子科技集团公司第四十一研究所、重庆信息通信研究院 | 重庆市科技局 |
| 8 | 物联网信息安全用低功耗SAR结构A/D转换器技术 | 中国电子科技集团公司第二十四研究所、重庆大学 | 重庆市科技局 |
| 9 | 西南药用石斛资源发掘及产业化关键技术集成 | 重庆市中药研究院、西南大学、重庆罗斛农业开发有限公司、重庆妙坤生物科技有限责任公司 | 重庆市科技局 |
| 10 | 宽带大动态微波光子技术及其组件 | 中国电子科技集团公司第四十四研究所 | 重庆市科技局 |
| 11 | 面向超宽带通信系统的先进架构高速数据转换器 | 中国电子科技集团公司第二十四研究所、重庆邮电大学 | 重庆市科技局 |
| 12 | 自动调平系统 | 中国电子科技集团公司第二十六研究所 | 重庆市科技局 |
| 13 | GM2232M型闪电成像仪CCD | 中国电子科技集团公司第四十四研究所 | 重庆市科技局 |
| 14 | 急倾斜智能化液压支架的研制与应用示范 | 重庆市能源投资集团科技有限责任公司、重庆能投渝新能源有限公司、山东矿机集团股份有限公司、四川航天电液控制有限公司 | 重庆市科技局 |
| 15 | 新型彩色功能性路面铺装关键技术及工程应用 | 重庆市智翔铺道技术工程有限公司、重庆交通大学、招商局重庆交通科研设计院有限公司 | 重庆市科技局 |
| 16 | 新型组合式自平衡抗滑结构研发与设计施工一体化关键技术 | 重庆交通大学、重庆交通建设（集团）有限责任公司、重庆建工集团股份有限公司、招商局重庆交通科研设计院有限公司 、重庆建工第一市政工程有限责任公司 | 重庆市科技局 |
| 17 | 高世代声表面波材料与滤波器产业化技术 | 中国电子科技集团公司第二十六研究所、清华大学等 | 国家科技部 |
| 18 | 2018年重庆市“三百”科技领军人才支持计划人选 | 重庆市智翔铺道技术工程有限公司 王民 | 重庆市科技局 |
| 19 | 2018年重庆市“三百”科技领军人才支持计划人选 | 重庆市能源投资集团科技有限责任公司周东平 | 重庆市科技局 |

## 高新技术企业研发平台

**【高新技术企业】** 2018年，南岸区新增高新技术企业219家，主要有重庆茂日科技发展有限公司、重庆西罗亚科技有限公司、重庆市密浩科技有限公司、重庆川东化工（集团）有限公司、重庆勤弘科技有限公司、重庆医流巴巴医疗器械连锁有限公司、重庆恒讯联盛实业有限公司、重庆久悦信息技术有限公司、重庆衡泽软件科技有限公司、重庆达航工业有限公司、重庆交大交通安全科技研究院有限公司、重庆科控信息技术有限公司等。

**【科技型企业】** 2018年，南岸区新增科技型企业33家，主要有巩诚电装（重庆）有限公司、重庆固守大数据有限公司、讯之美物联网服务有限公司、重庆纬视特自动化设备有限公司、重庆芸享实业有限公司等。

**【科技研发平台】** 2018年，南岸区新增国家与地方联合和市级各类科技研发平台18家，分别是化学药物合成研发技术国家地方联合工程研究中心、煤矿瓦斯防治国家地方联合工程研究中心、空间大数据智能技术重庆市工程研究中心等。

**【知识产权试点及优势企业】** 2018年，南岸区新增国家知识产权示范企业1家［重庆通用工业（集团）有限责任公司］。新增国家知识产权优势企业6家，分别是重庆圣华曦药业股份有限公司、重庆九源机械有限公司、重庆百笑医疗设备有限公司、重庆市灵龙自动化设备有限公司、重庆和泰润佳股份有限公司、重庆美的通用制冷设备有限公司。新增市级知识产权优势企业9家，分别是重庆和亚科技有限公司、重庆隆鑫机车有限公司、重庆第二机床厂有限责任公司、重庆同利实业有限公司、重庆神工农业装备有限责任公司、重庆远秋科技有限公司、重庆中科力泰高分子材料股份有限公司、重庆冠达游轮有限责任公司、重庆九钰智慧科技有限公司。

**【区科技局负责人】**

党组书记：马　俊

局　　长：晏凤华

副 局 长：陈必伟　简　静（10月任职）

（区科技局）

# 科学技术普及

**【概述】** 2018年，南岸区科学技术协会（简称区科协）组织召开了第八次代表大会，推选八大代表161名，选举委员63名、常委25名，基层一线科技工作者分别占80.12%、66.67%和48%。兼职副主席6名，符合群团改革要求。区科协机关有在编在职7人，其中区科协主席、副主席、秘书长（兼办公室主任）共4人，镇街科协15个，所属区级学（协）会14个，科普基地3个，企业科协21个。2018年，推进科协组织“3+1”改革，15个镇街科协增补选举学校校长、医院院长、农技站站长（农业服务中心主任、社事科科长）进入领导班子担任兼职副主席，共增补“三长”46名。当年南岸区公民具备科学素质的比例为11.7%。

**【学术交流】** 新成立重庆市经开区税务学会，区老科协、区医学会全科学会完成换届，区工程师协会增选12名理事。联合区科委、重庆经开区科协，在春节和“全国科技工作者日”期间开展科技工作者慰问、座谈5次，组织参观2场次，引导科技工作者践行社会主义核心价值观，积极投身全区经济社会发展主战场。重庆市中医药行业协会成功签约南山街道双龙村，通过培训、现场指导等方式推广病虫害防治技术，帮助双龙村发展特色产业。

**【科普示范单位创建】** 强化科普示范单位创建工作。南山街道双龙村成功申报“社区科普益民计划”项目，获项目奖补资金15万元，建设并投入使用村科普馆；广阳镇回龙枇杷基地农艺师刘官权成功申报“农村科普带头人”项目，获项目奖补资金5万元，用于组织村里的枇杷种植户参加技术培训，引进种植新技术，帮助村民改进枇杷品质，带领村民走上科技致富道路；南坪镇白鹤苑社区、龙门浩街道一天门社区、南山街道南山路社区、弹子石街道王家沱社区、海棠溪街道海新街社区等5个社区科普大学教学点获评市级示范教学点；重庆市中药研究院助理研究员李紫微获2018年度重庆市“最美科普志愿者”提名奖。

**【科普设施建设】** 夯实科普阵地，新建成并投入使用科普画廊4处，LED科普电子显示屏9块，科普文化云终端1台。强化对科普画廊、科普活动室、LED科普电子显示屏、科普公园、社区科普馆等科普基础设施的管理，提高使用率。2018年，成立重庆工港致慧增材制造技术研究院区级院士专家工作站。

**【科普活动开展】** 年内先后组织开展和参加“科普知识大赛”“知识产权宣传周”“防灾减灾日”“科技活动周”“食品安全宣传周”“全国科技工作者日”“全国科普日”等活动，全年共发放科普资料2万余册。组织动员全区科协系统参加首届重庆市公民科学素质大赛网络竞赛，获主城片区二等奖。联合区委宣传部、区教委、区科委举办南岸区首届“科技创新 强国富民”科普讲解赛，评出一等奖1名、二等奖2名、三等奖3名。在花园路街道南湖社区广场举办全国科普日主会场活动，各镇街、各相关部门、区属学协会、企业科协等20多个单位以“创新引领时代，智慧点亮生活”为主题广泛开展宣传，15个镇街科协积极参与开展科普宣传。联合区科委、经开区招商服务中心、各镇街及相关部门、区属学协会、企业科协，在南坪宏声广场开展“2018年南岸区科技活动周暨全国科技工作者日”集中宣传展示活动。

**【科普大赛及获奖】** 2018年，全区青少年活动共获科技竞赛市级奖689个，国家级奖项134个，国际奖77个。组织开展第十二届南岸区青少年科技创新区长奖评选表彰活动，授予张蓝昕等8人区长奖，刘珈佑等9人提名奖，陈钟渝等9人鼓励奖。组织开展南岸区第三十四届青少年科技创新大赛和南岸区第三十届中小（幼）学生科技节暨全国青少年科技创新大赛选拔赛。南岸区珊瑚实验小学校姚文轩同学获第十一届重庆市青少年科技创新市长奖。举办首届城市青少年机器人智能设计挑战联谊赛、2018年南岸区第四届青少年机器人联赛、南岸区FLL机器人大赛等竞赛活动，组织参加第十二届亚洲机器人锦标赛、欧亚VEX机器人对抗赛等国际竞赛活动。举办2018年春季、秋季南岸区青少年科技模型大赛，南岸区第二届中小学生智力运动会暨实践创新征文活动，2018年“海洋的奇幻世界”综合实践活动，第十三届全国青少年未来工程师博览与竞赛活动，2018年超级建筑师大赛，南岸区首届中小学生创意发明大赛等竞赛活动。全年举办创客教师深化培训、青少年科技模型大赛科技辅导教师培训班、机器人教练员集训30次，参培教师达千余人次。

**【农村实用技术推广】** 实施科普惠农计划，认真组织实施农村实用技术培训，助力乡村振兴，常态化义务开展果树种植、栽培和田间管理的科普知识讲座、技术咨询，为全区种植户增收提供技术服务。区老科协与区级建档贫困户刘刚签订种植技术帮扶协议。

**【科普教育】** 南山植物园科普基地、中药研究院等运用自身资源开展科普教育。2018年，南山植物园科普基地获“全国科普日优秀活动”表彰。组织技术人员参加国际人才创新创业洽谈会——“生态环保”前沿科技学术报告会。

（区科协）

# 文　化

## 概　述

【概况】 2018年，南岸区文化工作委员会坚持守正创新，在文化事业、文化产业、文化遗产、“三生三宜”品质城市建设等领域多点发力，繁荣人民群众的精神文化生活，弘扬民族传统文化，不断提高建设社会主义先进文化的能力，“文化向南”初具格局。

2018年，南岸区代表全市成功获得第四批国家公共文化服务体系示范区创建资格，加之2017年9月南滨路获得的国家级文化产业示范园区创建资格，南岸区成为全国唯一一个同时获得文化部两个国家级最高荣誉的城市。茶园文化艺术中心开工建设。文化惠民创新高，流动文化进基层1080余场次，惠及80万人。戏曲进校园60余场次，基本实现全覆盖。故宫学院（重庆）正式落户南滨路，重庆国际马戏城正式运营，龙门浩老街首开区、弹子石老街正式开街。国内电视剧龙头企业杭州大策投资集团落户南岸，将投资100亿元，打造西南国际影视文化总部基地。弹子石摩崖造像修缮工程、国家级非遗项目广阳故事基地建设项目进展顺利。

## 文化设施与管理

【区文化艺术中心】 南岸区文化艺术中心是一座集文化、娱乐、影视、培训、艺术表演、会议等多功能为一体的标志性文化设施，占地面积6646平方米，建筑面积12000余平方米。2003年建成。2012年，由南岸区政府投入1500万元，对中心大楼实施了全面的大修改造，改造后的文化艺术中心的展演功能更加强大，设施设备一流，技术水平领先，为打造高雅艺术演展创造了条件，提供了平台。艺术中心为公益二类事业单位，有事业正式在编人员2人，企业人员16人。实行企业化市场管理、社会化有偿服务。

【区文化艺术中心剧院】 南岸区文化艺术中心剧院位于区文化艺术中心，以承办高档次文艺演出、会议及庆典活动为主。2018年，南岸区艺术中心完成场租使用34场，其中包括重庆首创跨界融合舞台剧《大禹治水》、“南岸—察雅对口援助文化交流文艺演出”等演出31场，会议3场。接待观众1.7万余人，平均上座率70%以上。南岸区文化艺术中心自主承办了“2018年新年民族音乐会”和“2018年‘春之声’民族音乐会”两场惠民高雅艺术演出，采取惠民赠票形式，得到观众好评。

【区文化馆】 南岸区文化馆为国家一级文化馆，2018年荣获重庆市“三馆一站”免费开放绩效评价三等荣誉。2018年，区文化馆完成全区的各类节庆及品牌类演出、比赛、展览活动30场次，其中特色文化活动主要有：“春暖花开”第六届民俗民间文化展演活动；南岸区第六届“世纪新星”青年歌手大赛系列活动；“欢跃四季•舞动巴渝”重庆市广场舞南岸区展演暨“幸福南岸”第十二届广场舞大赛；南岸区第七届农民歌手大赛；“老帅您辛苦了”2017年文化馆中老年艺术大学毕业汇报展暨文化馆职工作品展；重庆市第十八届美术、书法、摄影联展（摄影类）获奖作品南岸巡回展；“庆祝改革开放40周年”2018年南岸区第七届镇街美术、书法、摄影联展等。

【区图书馆】 南岸区图书馆是国家（地级）一级图书馆。2018年，新办读者卡5056张，借还图书36万余册次，借还人次15.5万人次。开展各类阅读推广活动120余场次。其中：开展“4•23”世界读书日系列活动6场次，图书馆服务宣传周活动3场次，弘扬传统文化系列活动16场次，送文化下乡48场次，讲座9场次，培训7场次，基层辅导22场次。

开展系列安全生产活动，举办安全知识培训12场次，消防演练2场次。创新办馆模式，引入社会力量，打造以南岸区图书馆作为龙头馆，10家社会分馆为成员馆的南图联盟，深化“南岸区社区图书馆标准化项目”

建设。该项目荣获2018年中国图书馆年会“中国图书馆最美故事”系列风采之创新案例奖，全国共有14个图书馆获此荣誉。

## 文化产业

**【南滨路创建国家级文化产业示范园区】** 2017年9月，南岸区获得第一批国家级文化产业示范园区创建资格（全国共10个）后，区政府常务会审议通过了南岸区创建国家级文化产业示范园区总体方案，建立园区创建工作“1+2+N”工作机制，明确创建领导小组各成员单位的工作职责。2018年，各项工作进展顺利。

**【特色项目建设推进】** 引入故宫博物院文博项目落户南岸。故宫学院（重庆）于1月19日正式挂牌，将运营故宫文物南迁文物陈列、故宫文化数字化展示、紫禁书院（重庆）、故宫论坛等项目。市委常委张鸣、副市长潘毅琴带队赴北京故宫对接项目运营事宜；重庆国际马戏城项目是全市十大公益性项目之一，于8月17日正式运营；推进国家文保基地和三峡博物馆文物保护科技中心建设；龙门浩历史文化街区首开区于9月22日正式开街。

**【文化产业招商项目】** 引入国内电视剧龙头企业杭州大策投资集团落户南岸。杭州大策投资集团与区政府签署正式合作协议，投资100亿打造西南国际影视文化总部基地、华策影视全国大数据中心、华策影视西南版权交易中心和文化贸易进出口基地、华策影视学院，以及设立影视文化产业投资基金等项目。

引入国内最大的文化产业投资公司——华人文化集团。将整合华人文化的优质资源，在南滨路打造“重庆梦中心”项目，业态包括文创设计和影视制作大数据后援服务中心、现场综艺娱乐、电竞游戏、演艺经纪等内容。截至年底，华人文化集团已与区政府签订合作框架协议。

8月，区政府与保利文化集团、保利实业公司签订合作框架协议，引入保利博物馆、保利艺术品交易、保利文创等优质资源，在南岸区打造特色文化创意综合体项目。并围绕保利艺术品交易，引入下游关联企业，结合自贸区政策，共同打造自贸区文化产品进出口基地。

南滨路管委会下属国有平台公司投资入股重庆美电先锋电影制片厂，打造先锋艺术影院，影院于9月中旬正式开业，使重庆成为拥有专业艺术影院的城市。后续还将打造先锋电影展、先锋电影乐园、后期制作中心、影视制作、演艺经纪、IP孵化及影视项目投资等主要业务。

引入1927年创立于南京的大众书局西南区总部落户南滨路长嘉汇弹子石老街。

**【文化活动】** 通过举办重庆国际马拉松赛、重庆南滨国际戏剧节、长江国际影像双年展、国际当代艺术展、国际音乐啤酒节、重庆夜市文化节、国际时装周、“盛妆亚洲”年度时尚颁奖盛典等大型赛事活动，增加南滨路文化产业园区的人气。通过政府搭台、企业唱戏、整合资源、市场运作的方式，策划打造的首届重庆南滨国际戏剧节，经第三方团队统计，在一个月的活动期间，有64.6万人参与活动，拉动住宿、餐饮、参观游览、娱乐、购物、交通等第三产业消费2.73亿元。

通过特色文创活动增加园区影响力。“N18Loft小院”创意产业园举办第六届青年文创艺术节，吸引了北京、上海、香港、澳门等文创机构参加，参观人数突破5万人次，拉动园区营收1200万元。

**【发展环境优化】** 根据文化和旅游部关于国家级文化产业示范园区创建验收标准，针对南滨路文化产业园区的发展趋势和特点，充分调研园区文化企业实际需要，结合南岸区发展实际，出台《南滨路文化产业发展扶持办法》，构建园区文化产业发展指标体系。

借鉴北京、南京等地做法，联合重庆三峡银行、建设银行、华龙信用、北京连城评估、南滨路文化产业园区管理公司、京东金融、蚂蚁金服等机构，探索成立文化金融服务中心，为中小文化企业提供金融服务。截至年底，重庆三峡银行、华龙信用已与南滨路文化产业园区管理公司签订合作协议。

## 文化市场

**【市场管理】** 强化市场巡查监管。实行科室分工负责、执法人员片区负责制，实现巡查监管全覆盖，推动文化场所守法经营和安全生产。按照“巡查一次，要达到对文化场所教育一次、培训一次和规范一次的目的”的要求，对安全工作不到位、经营活动不规范的场所，在查处的同时还实行约谈备案制度，提升执法效果。截至年底，出动执法人员2768人次，检查书报刊市场70家次、网吧332家次、音像经营户23家次、歌舞娱乐场所244家次、游艺场所29家次、印刷企业230家次、电影场所71家次、复印场所31家次、文物单位96家次、经营性演出70余家次、艺术品场所3家次；约谈场所法人或负责人30余人次；查缴非法出版物3360余本、非法报纸22份；办案22件，收缴罚款20余万元。

探索新领域执法办案。突破网吧、印刷、娱乐等一般办案，在网络执法上进行探索，强化网络监管。年初，查处重庆星美影院管理有限公司制造虚假交易扰乱电影市场秩序案，罚款50000元。3月，查处重庆虎阿网络科技有限公司棋牌游戏宣扬赌博案，罚款10000元。5月，查处重庆卓米科技有限公司旗下网站未经批准擅自从事网络出版服务案，依法没收其违法所得2747.81元，并处罚款6000元。

处理群众投诉。秉承执法为民的理念，妥善处理群众投诉。先后处理网吧接纳未成年人上网投诉2起、KTV歌厅噪声扰民投诉5起，并将处理方式、处理结果与举报人进行沟通，取得他们的理解支持。

**【安全监管】** 抓好文化场所安全。区文化执法大队与各文化场所签订了安全生产目标责任书，明确工作职责、责任范围、责任内容；制定年度安全监督检查计划、每月巡查方案，并逐一落实；统一印制《娱乐行业安全管理台账》，健全安全生产制度规范，用以指导场所的安全生产工作，实现娱乐行业规范统一管理；4月，组织印刷行业安全生产、职业健康暨有限空间作业法律法规培训，强化安全意识；6月，会同区歌舞娱乐行业协会在领秀汇娱乐城开展人员密集场所消防疏散应急演练，全区歌舞娱乐场所、网吧、印刷，以及影院、剧院等经营户代表约200余人观摩，提升了娱乐场所突发情况的应急处置能力；持续开展文化场所安全大排查大整治行动，坚持对全区网吧、娱乐、印刷、书刊、影院、演出等文化行业开展安全生产大检查，督促各文化场所强化安全生产措施，落实企业安全主体责任，把安全工作纳入执法工作全过程，保持安全工作常态化。

抓好委系统安全工作。完成了委系统安全生产目标责任书签订，通过层层签订责任书，明确工作职责与安全责任；下发《文化委2018年安全生产工作要点》《文化委2018年安全生产工作考核办法》，部署工作，压实安全责任；建立"党政同责、一岗双责"领导班子成员履职档案；坚持每月对各基层单位的安全生产工作进行检查和督查，发现和纠正安全工作中的不足。

开展文物安全巡查。对南山抗战遗址博物馆、法国水师兵营、英国大使馆旧址、大佛寺、美军招待所旧址等国家级重点文物保护单位的安全巡查工作坚持每两个月巡查一次。对于右任别墅旧址、慈云寺等市级文物保护单位的安全巡查工作坚持每季度巡查一次。全年全区文化市场未发生安全责任事故。

**【"扫黄打非"】** 抓好"扫黄打非"精神宣传。下发南岸区"扫黄打非""清源""净网""秋风""护苗""固边"五大行动方案，以及《2018年南岸区"扫黄打非"和文化市场管理行动方案》《南岸区推进"扫黄打非"基层站点规范化标准化建设方案》《南岸区"扫黄打非"工作责任制实施细则（试行）》等文件，及时将全国、全市的"扫黄打非"文件精神在全区宣传贯彻。8月2日，召开全区"扫黄打非"工作会，传达学习全国、全市"扫黄打非"领导小组会议精神，总结上半年工作，安排部署下半年工作任务，区委常委、区"扫黄打非"领导小组组长魏小红部长到会讲话。

开展"扫黄打非"七大行动。（1）加强出版物市场执法监管。把校园周边专项整治与出版物市场监管有机结合，严密排查非法政治性出版物，及时删除娱乐场所非法歌曲，坚决收缴淫秽、色情、低俗类书报刊。查缴涉淫秽、低俗、恐怖、鬼怪、迷信类书报刊20余册。5月，区文化委会同区公安分局对一家复印打字店擅自从事出版印刷业务进行查处，收缴非法出版物480本。9月，收缴区内一家医疗培训机构非法印刷的内部培训资料120本。（2）强化论坛、讲座、演出场所监管。对精典书店、施光南大剧院、303剧场、艺术中心等场所的经营活动，执法人员均对活动内容进行跟踪监管，全年监管各类演出70余场。（3）加强邮递业务监管。由区文化委牵头，会同区公安分局、重庆市邮政管理局四分局，对辖区内5个邮政服务网点、4家快递服务公司、邮政企业下属8个报刊亭进行了专项检查，重点检查快递业务中物品查验监测制度落实情况，总体情况良好。（4）非法宗教活动场所执法。区文化委会同区公安分局、民宗委、南山街道，开展联合执法，对南山一处非法宗教活动场所进行了依法取缔，查扣涉宗教类出版物2744余册。（5）开展"小耳朵"专项整治。确定"绿洲龙城""四海花园""海昌加勒比印象"3个小区为创建"无小耳朵"试点小区，拟定工作计划、工作方案，印制了创建"无小耳朵"小区工作宣传资料，持续推动工作。（6）打击非法电台。区公安分局、南山街道会同市无线电管理办公室，依法对南山九街山顶非法电台发射装置予以强制拆除。（7）开展"绿书签行动"宣传活动。4月，为深化"护苗"行动，区文化委会同区教委在全区各中小学校开展"绿书签行动"系列宣传活动，通过在学校张贴"绿书签"宣传海报、向学生派发"绿书签"、举办学生签名活动、学校LED大屏幕宣传等形式，倡导拒绝盗版、绿色阅读、文明上网理念，引导学生自觉远离和抵制有害出版物与信息。

"扫黄打非"进基层工作。（1）下发《南岸区推进"扫黄打非"基层站点规范化标准化建设方案》《关于印发镇街"扫黄打非"工作站（点）职责的通知》《关于印发镇街"扫黄打非"工作站文化场所管理清单的通知》

等指导性文件，指导全区“扫黄打非”进基层工作，实现基层“扫黄打非”工作全覆盖。(2)督促各镇街落实“扫黄打非”工作分管领导、责任科室和工作人员(联络员)，确保“扫黄打非”工作有人抓、有人管。(3)下发“扫黄打非”工作站、工作点的工作职责与工作制度，统一设计制作“镇街‘扫黄打非’工作站规范化标准化建设”上墙挂板与“村社‘扫黄打非’工作点规范化标准化建设”上墙挂板60余块，完成“扫黄打非”基层站点规范化标准化建设3年规划任务的30%。

**【扫黑除恶工作】** 及时传达市、区扫黑除恶专项斗争文件及会议精神，督促委系统和各文化经营场所通过悬挂宣传标语、张贴宣传海报、制作开机视频、LED视频滚动宣传等形式，营造扫黑除恶专项斗争声势；会同网吧、娱乐、印刷等文化行业协会，就涉黑涉恶问题与线索，对全区文化企业（场所）分门别类地进行了摸排，移送扫黑除恶线索1条；注重把扫黑除恶纳入文化市场日常执法监管工作中，做到一同明察暗访、一同巡查监管，把扫黑、除恶、治乱进行有机结合，推进扫黑除恶工作。

**【“三生三宜”工作】** 制定《文化经营场所“门前五包”管理制度》和门前“五包”每日巡查台账，下发到网吧、娱乐、印刷、影院等文化行业，提升文化场所的品质与形象；把“三生三宜”工作纳入文化场所日常监管内容中，与安全生产、守法经营等工作一同检查、一同监管，保持“三生三宜”工作常态化；4月中下旬，组织网吧、印刷行业召开“三生三宜”工作推进会，就场所做好“脏、乱、差”整治提出具体要求、明确整治的内容、严格整治标准，落实门前“五包”，提升经营户思想认识，调动其参与“三生三宜”品质城市建设的积极性。

## 电　影

**【重庆市江之南电影有限责任公司】** 公司是南岸区文化委员会直管、具有独立法人资格的国有电影文化企业。1996年11月，原南岸区电影发行放映公司、上新街电影院合并成立南岸区电影发行放映公司。2003年，南岸区电影发行放映公司和弹子石电影院从自收自支事业单位改制为企业。2009年5月，南岸区电影发行放映公司和弹子石电影院再次整合，成立重庆市江之南电影有限责任公司。

公司位于南岸区弹子石群慧路1号，有江之南影城（南岸区弹子石群慧路1号）、江之南影城南坪（南坪南城大道199号一楼）两处经营场所，总资产945万元，经营面积1526平方米，2017年全年实现经济总收入406万元。有退休职工43人，在职职工31人，下岗职工7人，借调1人。

公司主要经营范围：（1）城市院线影院。2010年7月改造成功，有高靠背软座座位509个（弹子石421个，南坪88个），排间无遮挡，高起坡、低视觉、大视野，观影舒适。同时，影厅配备2K数字电影放映机，数码立体声还音系统和高清晰度电影放映镜头，加入保利万和全国连锁电影院线，同步上映各类国内外影片。（2）户外露天电影。保证国家公共文化服务惠民电影任务的圆满完成，同时大力拓展商业电影，与多个企事业单位及商家密切合作。（3）学生系列化爱国主义教育电影。始于20世纪80年代，在区委、区政府的高度重视和关心下，爱教电影于2010年列为南岸区教委“十大民生工程”，完全实现爱教电影涵盖全区中小学校。

**【电影教育活动】** 2018年，公司制定了年度放映目标任务完成及考核方案，并经职代会、监事会通过。根据广电总局的总体部署，完成跨年度“小康中国•富美乡村”主题系列活动，其中：“我们的中国梦•光影惠万家——2018年重庆市欢度元旦春节电影放映活动”220场，“光影呈现•改革辉煌”——庆祝改革开放40周年主题电影放映活动220场。持续开展市、区扫黑除恶专项宣传活动。“体育彩票千场全民健身知识普及”公益广告放映40场。疾控中心公益广告放映500场。环保公益广告放映100场。

主动结合本区实际，强化惠民电影参与度。1—10月，开展“2018年法治宣传月”和“南岸区法治电影进村进社区”20场；配合区宣传部参与“重庆市红樱桃春日植爱暨关爱特殊儿童公益活动”放映活动，该活动在央视财经频道新闻中播出；截至年底，区城乡建委“安全文化进工地”专场24场和区民政局拥军慰问60场仍在进行中，预计到2019年春节全部完成。

按照惠民电影市对区室内放映点建设年度增长10%的考核要求，新增惠民电影室内固定放映点1个（广阳镇回龙桥村），全年完成室内放映点惠民电影放映27场。

学生爱国主义教育电影：策划“2018年迈进新时代”学生爱国主义教育主题电影放映活动，以《厉害了我的国》为主，放映《战狼2》《血战湘江》等爱国主义教育影片30部；完成2017年学生爱教电影和第13届“银幕下的童心”征文、漫画评选活动，评选出优秀组织学校10所，优秀漫画和征文一、二、三等奖各60篇；秋季开展“悦听电影•光影随行”志愿者讲解电影的公益活动，发挥爱教电影对学生的引领宣传教育作用。

## 文 物

**【文物修缮】** 持续开展弹子石摩崖造像修缮材料试验，五佛殿抢险加固方案已获国家文物局批复，文物保护规划获国家文物局批复，召开了大佛寺公园建设方案专家咨询会，并完成第一阶段的预算编制。

将修缮后的法国水师兵营旧址移交使用单位招商置地。完成旧址内部装修、中庭展示及环境整治。9月全面开放使用，中庭供水系统地下遗址及耳房一楼陈列室"南岸开埠史迹"图文展同时亮相。

启动报恩塔保护修缮工作，完成了立项、采购方式及控制价的确定工作，完成概算、预算编制，准备招标。

配合推进传统风貌区打造，全面完成龙门浩首开区文物修缮、建设工程及招商工作，9月22日开街。

配合推动西部新区国家文物保护装备产业基地项目建设。项目东侧道路使用问题已明确解决方案，5800万元借款资金已到位，完成全部土石方，基础施工完成50%，负一层结构完成20%。

完成《挺进报》旧址室内装修及外部环境整治；完成旧址陈列馆布展，展陈区域利用图片、文字、实物及影像资料等诠释红岩革命精神，并设有游客互动体验及文创产品展示、销售区域，正在申报区级爱国主义教育基地。文物建筑内设置观景平台及文化活动场所，将成为文旅融合新亮点。开放后，该旧址迎来数十个机关、事业单位及社会团体进行参观、学习，开展党组织活动，践行党性教育，还接待了区关工委老领导的调研。

**【项目引进】** 将故宫文化项目引入南滨路安达森洋行旧址，多次与相关各方进行磋商，推进具体运营方案的拟定，确保项目落地。截至年底，安达森洋行旧址4号楼、3号楼修缮完成主体工程的70%，计划2019年1月完工；1号楼、2号楼边坡治理正在进行；3栋风貌建筑的修复工作正在招标；举办故宫学院（重庆）签约揭牌及故宫文化传承活动，在全市产生积极影响。

**【文物保护】** 结合乡村振兴工作，开展全区范围的文物普查及第三批区级文物保护单位申报工作。在市内率先吸纳社会力量参与文物日常保护工作，组建南岸文物志愿者巡查队伍，有序开展文物巡查、普查工作。完成区级文物保护单位保护范围、建控地带评审。做好日常及节假日期间的巡逻、消防器材配备工作，开展人员密集场所消防安全专项整治巡查，配合区公安内保支队进行文物巡查。与相关单位签订了不可移动文物安全责任书。协调推动慈云老街土地征收使用及控规评审工作。

**【文物进校园活动】** 开展2018年文物宣传进校园系列活动。为迎接5月18日国际博物馆日及6月9日文化和自然遗产日，分别在珊瑚中学、龙门浩小学涂山校区各举办为期一周的宣传活动。

**【区文化委负责人】**

书　　记：刘建军
主　　任：雷　旺
副 主 任：彭　均　庄兆敏
工委主任：顾永林
文化执法大队长：宋全良

（区文化委）

## 广播电视

### 南岸报社（南岸网站）

**【概况】** 南岸报社（南岸网站）为区委、区政府设立的正处级全额拨款事业单位，隶属区委宣传部管理，核定事业编制23人，处级领导职数1正2副。目前在编人数为17人。报社有5个宣传平台，分别是《南岸报》、南岸网、"一点知南岸"微信公众号、南岸手机报及全区365个《南岸报》户外阅报栏。

**【获奖情况】** 被授予"重庆市三八红旗集体"，2018年"南岸区巾帼文明岗"。《南岸报》获得"2018年优秀区县报"，连续8年获得此荣誉。

**【运行情况】**（1）坚持正确的舆论导向。开辟"把党的十九大精神全面落实在重庆大地上·南岸篇""推动重庆各项事业沿着总书记指引的方向奋力前行"等专栏专题，集中宣传党的十九大精神和习近平新时代中国特色社会主义思想。（2）保证各平台安全出刊。2018年《南岸报》出刊145期；南岸网发布原创及转载新闻9000条篇，制作原创及转载专题27个。开设"三生三宜品质城市 幸福南岸共同家园""南岸两会"、民生实事等专栏，组织主题新闻策划。（3）积极推进媒体融合发展。组建视频（音频）制作团队，推出音频视频栏目，其中《直播丨回家！30年10950个日夜她终于找到回家路》获得第八届重庆市区县报好新闻奖（融合创新）一等奖第1名，当天图文、视频直播专题《曹蜜蜜回家》，累计247135人次观看，微信浏览量10W+。（4）加大网络安全巡查力度。依托新华网重庆频道编发平台、云盾红网卫士防护系统、阿里云计算产品、网站服务器托管、委托第三方服务等“五重保护”，从系统应用和硬件基础两方面最大限度地降低网站技术安全风险。开展三级重要信息系统等级保护工作。（5）提升外宣综合竞争力。在《人民日报》《光明日报》《重庆日报》等的发稿量同比增加80%。

**【重大事件报道情况】** （1）启动大型主题宣传策划——“三生三宜品质城市 幸福南岸共同家园”。《南岸报》、南岸网多形式、高密度、常态化宣传报道“三生三宜”品质城市建设工作，通过消息、通讯、人物专访、深度报道、图片图表等多种形式，解读、报道“三生三宜”品质城市的概念、目标、具体工作进程、工作成果等，全年共刊发稿件近200篇。（2）4月，推出大型全媒体策划“曹蜜蜜寻亲”报道，依托新华云平台策划图文、视频直播专题《曹蜜蜜回家》，累计247135人次观看，微信浏览量10W+。（3）6月，策划“争做新时代向上向善好青年”暨江南青年freestyle评选活动，与江南新城管委会、共青团南岸区委联动，采取线下征集、线上投票评选等方式，活动参与投票298276万，活动累计访问量55万。（4）7月，策划“全城热爱·夏送清凉”活动，与区委宣传部、区文明办、区网信办跨单位联动，采取线上众筹、线下活动方式，活动当天直播的访问量达11.6万。

（王璞）

## 南岸电视台

**【概况】** 南岸电视台为区委、区政府设立的正处级全额拨款事业单位，隶属区委宣传部管理，核定事业编制17人，处级领导职数1正2副。目前14人在编，南岸电视台利用每天在重庆公共农村频道20:00—21:00一个小时的播出平台，主要职责任务是开展新闻宣传报道和信息资讯服务，促进社会经济文化发展。负责南岸电视台的统筹规划、日常管理和运行维护；负责南岸电视新闻等新闻资料的采编制作和审核播报。

**【运行情况】** （1）实现无安全播出事故。确保电视播出、传输过程中的节目完整、信号安全和技术安全。（2）坚持正确的舆论导向。围绕市、区重点工作开展了系列宣传报道，推出“大城智管”“南山综合整治攻坚”“扫黑除恶”“改革开放四十年”“我为经开树形象”等专题栏目。（3）提升对外宣传能力。2018年，南岸电视台在重庆电视台各档栏目用稿量达430余条。其中，《重庆新闻联播》120条。（4）加强平台建设。“全域重庆”——《幸福南岸》推出6个板块，推送栏目399期，南岸新闻960条；南岸手机台完成“教师节表彰大会”“南岸区青年网络主播比赛”“2018全区球旅行商大会闭幕”等区内重大活动直播8场，手机台访问量达到6613770次。

（张馨予）

# 档案 方志

## 档案

**【概况】** 南岸区档案局（馆），为区政府直属处级机构，与南岸区地方志编纂委员会办公室合署办公，实行“一套班子、两块牌子”，编制11人。内设3个职能科室：综合科、档案指导科、志鉴编研科。2018年，有人员11人，在编在岗9人，聘用人员2人。

2018年，区档案馆馆藏全宗单位270个，有档案84733卷、10032盒、391100件。其中，文书档案43936卷、6046盒、204140件，专门档案40797卷、3986盒、186960件。专门档案中会计档案5739卷，科技档案85卷，婚姻档案5771卷、3820盒、169007件，学籍档案2616卷，案件档案2716卷，工商企业登记档案7168卷，实物档案100件（计入卷数），照片档案137册（计入卷数），声像档案84卷，小康建设32卷，土地确权档案130盒、17235件，科学发展观办公室（已撤销）档案305卷、36盒、718件，天然林保护档案41卷，殡葬档案56卷，国有企业人事档案15947卷。另有代管寄存的43个破产企业档案51811卷。

**【数字档案馆建设】** 2018年，区档案局将创建“国家级数字档案馆”作为局重点工作，通过更新档案馆的硬件设备、升级软件，基本达到“国家级数字档案馆”的建设要求。

**【档案安全】** 馆库安全保障方面。坚持馆库及服务器机房每日巡查登记制度、隐患登记销号制度；节假日前后以及重要时间节点，组织专人对重要部位进行安全大检查，消除安全隐患；与第三方签订维保协议，派专业人员每周对馆内消防设施进行检查。

数据安全保障方面。馆藏所有数字化档案经由市档案局统一到上海进行异地备份；与第三方签订数字维保合同，对数字档案数据库进行安全维护。

网站安全保障方面。配合区网信办、区公安分局、区电子政务中心完成南岸区档案信息网安全工作，包括网站整改、巡查等。

**【档案法制】** 2018年，完成区档案局公共服务事项目录清单、办事指南的编制工作；收到并受理1起政府信息公开申请；配合区法制办及时更新行政权力清单和责任清单，完善政务服务，优化政务环境；将行政执法与日常工作相结合，采用"双随机一公开"模式，随机抽取20个单位开展行政执法检查，所有单位均无档案保管不利或违法案件。

贯彻国务院《全面推进依法行政实施纲要》，按照《重庆市南岸区档案局"七五"法制宣传教育规划(2016—2020)》，将习近平总书记关于全面依法治国的重要论述列入中心组学习内容，班子坚持每年必学《宪法》《档案法》及其他相关法律法规知识，组织干部职工参加法治理论知识考试，开展宣传展等法制宣传教育活动，以法治促管理、促发展，形成档案事业的良好发展格局。

**【国有企业退休人员社会化移交】** 按照《关于做好市属国有企业退休人员社会化管理服务移交工作的通知》（渝人社发〔2017〕120号）要求，与市属国有企业对接，通过电话沟通、实地到访、演示具体操作等多种方式提供指导，完成52家企业、21593人、21735卷退休人事档案的移交工作。

**【农村土地承包经营权确权登记】** 与区农委签订保密协议，共享1996—2010年土地确权电子档案，利用馆藏土地确权档案，开展土地确权工作；参加南岸区鸡冠石镇政府土地确权试点工作会，明确土地确权档案的重要性；与南岸区农委联合发文《关于规范农村土地承包经营权确权登记档案资料的通知》（南岸农发〔2017〕221号），明确确权登记资料的收集范围；对南岸区土地确权登记承包方贵州千景土地科技有限公司（外包公司）进行档案业务培训，确保档案收集完整、整理规范。

**【业务指导】** 举办档案基础业务知识培训会，全区机关各部门、镇街、各经济板块、经开区各部门等147家单位的193名档案管理人员参加培训。

开展档案业务指导工作，实地到访区政协、区环保局、区统计局、区供销社、鸡冠石镇政府（兴隆村）等多家单位，详细检查了档案材料收集、整理及制度建设情况，并针对各单位的实际情况对档案工作提出合理建议。

指导花园路街道办公室、南山街道办公室等多家单位的2016—2017年归档工作，协助经开区管委会办公室、区政协、区环卫处等单位完善全宗卷资料，审核《重庆经济技术开发区管理委员会（办公室）文书档案保管期限表》等。

**【档案资源拓展】** 印发《关于2018年档案移交进馆工作计划的通知》（南岸档发〔2018〕5号），接收12家单位2001—2015年文书档案，共计247卷、1429盒、70378件，光盘98张；接收区民政局2014—2016年婚姻档案，共计627盒、34660件；与区移民局联系，继续加强三峡移民后续工作的档案管理，对完工的移民项目档案主动指导，对"广阳岛生态园项目"提供具体业务指导及培训；与区属国有企业清算小组加强联络，积极协助做好破产企业档案收尾工作，接收现代家具厂遗留的7卷文书档案；向区委宣传部征集新闻媒体档案资料，征集内容含《南岸新闻》创刊（首播）以来的所有视频资料，推进国家级数字档案馆建设。

**【档案服务】** 区档案馆全年提供免费查询4769人次，调阅7393卷次，复印20643页。帮助群众通过档案查实土地权属、山林承包、房产权证、婚姻登记、社会保障等涉及民生问题的原始依据。继续推行午间档案查询值班制度，服务群众20余次。专项服务。开展好档案专项服务工作，协助区社保局做好国有企业退休人员资料核查工作。

**【国际档案日宣传】** 6月8日，在茶园新区水体湿地公园开展"档案——见证改革开放"主题宣传活动，同时还展出了一部分馆藏实物档案，并向群众发放宣传资料200余份。

## 地 方 志

**【概况】** 南岸区地方志编纂委员会办公室，位于茶园新区广福大道1号，与南岸区档案局合署办公。编制编2人，在编2人，其中南岸区地方志办公室主任（兼）1人，志鉴编研科科长1人。

**【方志业务】** 完成《重庆市年鉴》（南岸区部分）撰稿任务，5000余字；参加市地志办举行的业务培训和学习教育活动，提高业务能力；对口支援西藏察雅县地方志工作，帮扶资金30000元，作为察雅县地方志工作起动资金。同时，参与《察雅县志》的编纂和校稿工作，在重庆市地志办的统一安排下，到察雅县进行交流指导工作。

**【年鉴编纂】** 按照年鉴编纂程序要求，区地志办向全区下发了《〈南岸年鉴〉（2018）编纂通知》，对各撰稿单位的稿件质量、工作时限等提出明确要求。同时，派出专业人员，到各撰稿单位进行分类指导，确保年鉴编纂工作按时完成。12月，完成《南岸年鉴（2018）》的公开出版发行工作，全书60余万字，全面记录南岸区经济、政治、社会和文化教育情况。率先实现“两全”目标任务，并于南岸区“两会”期间发放给与会代表和委员。

**【《南岸大事记》编撰】** 《南岸区大事记》坚持每月发行一期不间断，资料收集中做到政治站位高、质量把关严格、要素齐全、资料保存翔实，保证为领导决策和有关单位利用提供第一手资料。全年完成12期、60000余字。

**【资料利用】** 全年接待来访来电查询资料21次，为有关单位提供有价值资料和线索15次，充分发挥了方志工作的资政、存史的作用。

**【区档案局（馆）、地志办负责人】**

局　长：余洪泽（区地志办主任）

副局长：胡大进

王　菁（2018年6月离任）

陈远斌（2018年6月任职）

（范相洲　马玉凤）

# 卫生 计生

## 概 述

【概况】 2018年，南岸区卫生和计划生育委员会机关现有行政编制25人，实有在编公务员21人。有10个内设机构：办公室、纪检组织科、规划财务科（基建办）、政策法规科（行政审批科）、基层卫生与计划生育指导科、流动人口与信息化管理科、医政科（红十字会、医学会）、公共卫生科（应急办公室、爱国卫生运动委员会办公室）、计划生育家庭发展科、中医药管理科（干部保健科）。

有3个直属全额拨款事业单位：南岸区基层医疗卫生管理中心、南岸区疾病预防控制中心、南岸区妇幼保健计划生育服务中心。下属2个参公卫生计生单位：南岸区卫生计生监督执法局、南岸区计划生育协会。全区共有各级各类医疗机构584家，其中非营利性医疗卫生机构172家，营利性医疗机构413家。按所有制分，全民所有制84家，集体58家，私营402家，其他24家，股份制13家，股份合作制2家，中外合资制1家；按机构类型分（包括市属及部队医院），综合性医院14家，专科医院7家，区中医医院2家，中西医结合医院4家，专业疾病防治机构1家，社区卫生服务中心9家，镇卫生院7家，门诊部40家，社区卫生服务站41家，个体诊所374家，卫生所、医务室52家，村卫生室34个；按医疗机构等级分，有三级甲等医院3家（重医附二院、武警重庆总队医院、重庆市第五人民医院）、二级医院12家（含10家专科医院）、一级医院15家。全区医疗机构有床位7401张，每千人拥有床位8.13张。卫生技术人员8052人，每千人注册医师3.97人、注册护士4.87人（不含武警总队医院）。全区拥有核磁共振、螺旋CT机、DR机、高压氧舱、全自动化学发光仪、超声乳化仪、两微米激光治疗仪等多种先进诊疗设备。医疗机构全年出院12万人次，手术量突破3万人次，平均住院日8.8天，医疗服务满意度达95%以上。

出生11851人，政策性生育率为99.51%，自然增长率为4.9‰。其中，出生男孩6104人，出生女孩5747人，出生人口性别比为106.21。

## 医疗卫生

【医卫改革】（1）统筹推进医药卫生体制改革。制定印发《重庆市南岸区健全现代医院管理制度实施方案》。深入推进综合医改，出台《南岸区推进医疗联合体建设和发展工作方案》《进一步加强分级诊疗工作的通知》。全区13家医疗机构完成“两票制电子追溯系统”前期准备工作。（2）继续深化公立医院综合改革。公立医院薪酬制度改革顺利启动，制定印发《南岸区公立医院及工作人员绩效考核办法》《南岸区公立医院党政主要领导绩效考核办法（试行）》，在市五院开展薪酬制度改革试点。稳妥推进独立设立区精神卫生中心的相关工作；完成区域医疗机构数据全覆盖，打造三库融合体系。大健康产业重点项目有突破，制定印发《重庆市南岸区大健康产业规划（2018—2030年）》，为全区大健康产业的深入发展打好基础。（3）继续深化基本卫生综合改革。推进家庭医生签约服务，完善以家庭为单位的基本公共卫生项目综合服务模式，全区签约服务居民20.7万人，城乡家庭医生签约服务覆盖率为23.69%，重点人群签约服务率达60%；稳步推进社区卫生服务站和村卫生室的运行管理改革工作。

【基本公共卫生服务】 2018年，全区基本公共卫生服务项目人均补助标准提升到55元，高于市级标准。基本公共卫生服务均等化服务质量持续提升，城乡居民电子健康档案建档率提高到74.18%。全区免疫规划预防接种率达99.12%，孕产妇系统管理率达98.18%，0～6岁儿童健康管理率达95.56%，65岁以上老年人健康管理覆盖率持续保持在50.92%，高血压患者管理任务完成率为95.07%，糖尿病健康管理任务数超额完成，65岁以上老年人和0～36个月儿童中医药健康管理率分别达46.51%和71%，区精卫中心继续推行严重精神障碍专业化服务管理团队管理模式，开展签约式服务，严重精神障碍患者检出率达 3.69‰，患者规范管理率为 83.99%。

**【农村医疗卫生】** 持续推进镇村卫生服务一体化改革，完善镇卫生院对村卫生室管理体制，规范村卫生室基本药物使用和管理，实施村卫生室财务统收统支，加强村医业务培训，充实村医队伍，提升村级卫生服务质量。加强村医工作激励保障，严格落实全区乡村医生 2500 元 / 人 / 月的专项补助，完善村级卫生服务综合绩效考核和分配机制。稳妥推进老年离岗乡村医生养老保障政策，全年全区已有 313 名离岗村医完成认定工作并享受政策补助。进一步完善镇村卫生人员一体化管理机制，在乡镇卫生院公开招聘村医，实施镇聘村用。继续推行农村家庭医生签约式服务，让农村群众享有更加方便、有效的基本医疗卫生服务。

**【中医药发展】** （1）深入落实《中医药法》，推进《中医药法》实施。推进中医诊所备案制开展，对申办者做到当场申请、当场审核、当场发证。开展“首批确有专长医师资格考核”工作。（2）夯实基层服务网底，提升中医药服务能力。对龙门浩社区卫生服务中心、长生桥镇卫生院和全区 41 个村卫生室，进行中医综合服务区改造升级，市五院中医科与铜元局社区卫生服务中心康复科建立紧密型医联体。（3）深入实施基层中医药服务能力“十三五”行动计划。全区 100% 的社区卫生服务中心、镇卫生院、社区卫生服务站和 75% 的村卫生室能开展中医药服务，基层医疗机构门诊中医药服务率占比达到 52%。（4）重视中医人才队伍建设，提升基层服务能力。社区卫生服务中心和镇卫生院中医类医师占同机构医师总数的比例为 20% ～ 25%；社区卫生服务站和 75% 以上的村卫生室具有 1 名以上中医类别的医师或能提供中医药服务的临床医师，每万名居民拥有 0.4 名中医类别全科医师。（5）重视基层专科建设，提升特色服务水平。龙门浩社区卫生服务中心和长生桥镇卫生院、峡口镇卫生院针灸科被评为市级基层中医药特色专科。（6）弘扬中医药文化，扎实推进中医药继承创新。挖掘整理市级名中医夏中和学术思想和临床经验，完成经验集编写。开展区级“第二届师带徒”和中医药适宜技术推广工作及中医药适宜技术比赛，全面提升群众对中医药服务的满意度。（7）持续开展《中医药法》宣传，《中医药法》传播深入基层。7 月 1 日，在南坪宏声广场开展以“中医药健康你我他”为主题的现场宣传活动。9 名区级名中医向 130 余名群众提供义诊，5 名名中医对群众进行现场答疑，18 名中医针推医师向 180 名群众提供灸类疗法、拔罐疗法、推拿疗法、敷贴疗法等中医适宜技术，发放中医药科普知识读本、《中医药法》宣传折页和中医药养生保健宣传资料 1500 余份，开展中药炮制技术和健康养生操表演。（8）推进基层中医馆健康信息平台建设。推动区卫生计生委、区中医院、基层医疗机构三级互动共建区中医平台，形成“1+1+N”的高效建设服务管理模式。（9）深入做好中医药健康管理。2018 年，全年孕产妇中医药健康管理 8907 人；高血压病基础指导 87958 人次，专业指导 10291 人；糖尿病基础指导 38045 人次，专业指导 4523 人。（10）强化中医医疗行为规范，开展全区中医医疗机构现场年度校验。

**【卫生监督执法】** 全年受理举报投诉 112 件，办理和回复率均达 100%；累计行政处罚结案 175 件，累计罚款 63 万余元。全年被《重庆日报》、华龙网等媒体正面报道 18 次。（1）食品安全标准跟踪评价工作，主动与辖区食品药品监督管理分局对接，开展《食品安全国家标准 食品中总砷及无机砷的测定》（GB5009.11-2014）和《食品安全地方标准 食品中大红粉的检测方法 高效液相色谱法》（DBS50/015-2013）两项标准的跟踪评价工作，对进一步提出标准实施和修订建议，提升科学合理指标和推进标准执行力都具有重要意义。（2）公共场所卫生监督。全年监督检查公共场所 2156 户，监督覆盖达 100%；行政处罚 101 件，罚款 9.1 万元；完成公共场所量化分级管理工作，四类公共场所（住宿场所、游泳场所、沐浴场所、美容美发场所）量化分级管理率均达 100%，评出 A 级单位游泳场所 9 户、住宿业 29 户、美容美发业 3 户、沐浴场所 2 户，所有评定结果均进行了公示。（3）饮用水卫生监督。采用结合“双随机一公开”的工作模式，随机抽取监督员和被管理单位，对 7 家集中式供水单位、10 家二次供水单位、2 家涉及饮用水卫生安全产品生产企业进行重点监督和抽检，对其中存在违法行为的 2 家水厂进行了行政处罚。（4）职业卫生。开展并完成 2018 年国家“双随机”职业卫生监督抽检工作，并按要求在南岸政府网站上对监督检查结果进行公示。开展校园直饮水卫生安全专项检查， 重点检查直饮水学校制水设备的涉水产品卫生许可批件、水质检验报告、过滤装置更换情况、供管水人员持有效健康合格证明情况，对 6 所学校进行了立案处罚。（5）医疗卫生监督工作。完成医疗卫生监督抽检工作、民营医疗机构依法执业专项、基层医疗机构静脉输注专项、医疗美容机构依法执业专项、医疗技术临床应用专项、打击非法医疗美容专项、医疗机构医疗废物污水专项、血液透析传染病防治专项、区中医医疗机构传染病防治和感染防控专项、医疗机构环保专项等监督检查；按照卫生、公安两部门联席会议精神，进一步强化卫生协管，每季度全区巡查搜索非法行医线索，细分监督执法人员的责任片区，调动个体诊所信息群对违法行为举报的积极性，多渠道深挖案源，重拳整治无证行医“黑窝点”。2018年，联合区公安分局驻卫生治安室对南坪上新街农贸市场、南山街道、弹子石街道等地进行打击非法行医“突袭”行动。全年非法行医立案19件，罚款31万余元。加强对医疗机构不良执业行为的记分管理，对31家医疗机构共记分130分，记分结果将运用在医疗机构检验、绩效考核、信用评价等方面。（6）卫生行政许可。全年办理许可审批1181件（其中公共场所1051件、生活饮用水34件、放射卫生96件），注销242户。其中网上申报178件，办件量居全市前列。全年共对750家抄告单位进行经营项目核实，对不具备条件或不属于卫生行政审批范围的122个市场主体的相关信息及时反馈工商分局。重点加强放射诊疗许可证办理工作，举办一期放射诊疗工作培训会，进一步强调和规范放射诊疗监督管理和许可办理要求，强化放射诊疗卫生监督和法律责任。新增放射诊疗机构10家，新增放射诊疗设备40台，8家放射诊疗机构变更设备，建设项目审批数量位居全市前列。放射诊疗许可校验26家，校验率100%。（7）卫生监督协管。协管开展独立日常巡查寻访10299户次，开展回访404户次，开展饮用水水质抽样、静脉输注、“三生三宜”等专项检查1547次，卫生监督协管实施率、覆盖率为100%。开展卫生监督协管稽查工作，对协管文书质量和现场工作情况进行定期稽查。对全区12家协管单位开展季度督导44次，重点督导2次，根据现场发现的问题提出督导意见，并督促整改到位。细化修订《2018年区卫生监督协管服务工作绩效考核评分表》，将督导考核评分与经费奖罚进行挂钩。进一步夯实卫生监督协管三级网络监督机制，以监督片区责任制为抓手，强化监督执法与协管一体化管理。（8）执法全过程记录和双随机抽检。全年开展执法全过程记录，重点完善全过程视频记录质量和数量的考评制度，强化督查考核，全年开展考评3次，并将考核结果纳入科室及个人年度业务考核；“双随机一公开”共抽检单位405家，行政处罚14件，同时在门户网站和微信公众号公示，接受社会监督。（9）卫生监测：全年完成公共场所样品监测7789件，合格样品7581件，合格率97.33%；医疗机构监测169户，采集样品656件，合格样品649件，合格率98.93%；托幼机构监测52户，采集样品1099件，合格样品1099件，合格率100%；集中空调监测1116件，合格1043件，合格率93.46%；游泳池水监测510件，合格485件，合格率95.1%；生活饮用水样品监测115件，合格110件，合格率95.65%；二次供水监测91件，合格91件，合格率100%；医院污水监测36件，合格36件，合格率100%。

**【疾病预防控制】**（1）艾滋病防治。进一步完善艾滋病综合防控，扩大检测覆盖面，加强辖区高危人群干预，深化“三位一体”感染者随访管理模式，美沙酮门诊运转规范。全区医疗机构共主动开展咨询检测（PITC）14.73万人次；各社区医疗机构开展感染者随访管理工作，随访管理率96.1%；市五院开展艾滋病免费抗病毒治疗工作，全部感染者治疗覆盖率达81.4%。美沙酮门诊维持治疗累计入组1398人。（2）结核病防治。持续推进区疾控中心、市五院、区基层医疗机构和其他医疗机构“三位一体”的新型结核病防治服务体系建设，明确辖区各医疗卫生机构的结核病防治工作职责，形成职责清晰、分工明确、协作有力的工作机制。推进学校结核病防治工作，与区教委进一步加强联防联控，编写完成《南岸区学校肺结核患者防治手册》，继续推进每月学校肺结核疫情专题分析及风险评估，落实学生患者治疗及休复学管理。全年发现肺结核患者529例，肺结核患者登记管理率100%，治疗肺结核患者的规范管理率为93.66%，在管结核病患者签约服务覆盖率97.99%。肺结核患者成功治疗率89.96%。（3）免疫接种。全区共计报告国家免疫规划各类疫苗接种27.48万人次，各类疫苗报告接种率均在95%以上，新生儿乙肝疫苗首针及时率为97.93%。全区开展AEFI监测工作，对病例均进行规范报告和处置。2017—2018年度入托、入学儿童疫苗补种工作有序开展。（4）慢性病防治。持续推进基本公共卫生服务高血压和糖尿病患者健康管理工作，管理高血压患者48199人，糖尿病患者20476人。加强死因监测报告工作，全区共报告4197例死亡病例，报告死亡率为483.99/10万，前五位死因分别为：恶性肿瘤、心脏病、呼吸系统疾病、脑血管病和伤害。持续开展心脑血管事件报告和肿瘤登记报告工作，全年全区发生心脑血管事件3348例，粗发病率375.76/10万，标化发病率344.67/10万。新发肿瘤病例2806例，粗发病率314.93/10万，标化发病率293.64/10万。自2018年4月起，全区实行慢阻肺疾病网络直报，全年共报告5794例，其中慢性阻塞性肺部病例4162例，慢性支气管炎1118例，肺气肿514例，报告发病率为668.15/10万。（5）地方病和寄生虫病防治：全年区内碘营养监测201份，8～10岁学生家用食用盐中检出非碘盐4份、不合格碘盐10份，碘盐覆盖率为98.01%，合格碘盐食用率为94.92%；学生尿碘中位数为265.05μg/L，尿碘达标率合格。103份孕妇食用盐中未检出非碘盐，检出不合格碘盐1份，碘盐覆盖率100%，合格碘盐食用率99.03%；孕妇尿碘中位数为196.08μg/L（>150μg/L），尿碘不达标率为29.13%（30/103）。完成疟疾血检509例，任务完成率为101.80%（509/500），复核53张血片，复核率10.41%。选择消费流通环节销售猪、牛、羊肉行业的重点职业人群进行布病筛查、血清学监测和病原学监测，检测结果均为阴性。

**【爱国卫生运动】**（1）宣传活动。以“关注小环境 共享大健康”为宣传主题，深入开展第三十个爱国卫生月活动，积极倡导广大市民形成健康文明的生活方式和行为方式，提高广大市民的卫生文明意识。（2）农村改厕。全区投入259万元，共完成2590户农户的改厕工作，超额完成任务。（3）病媒生物防治。全区病媒生物防制工作继续采取市场化消杀与全民动手齐消杀的模式，区财政拨款65万元，聘请专业公司进行防治。继续开展春秋两季农户灭鼠活动，统一在五镇（长生镇、广阳镇、鸡冠石镇、迎龙镇、峡口镇）投放3000千克鼠药开展灭鼠活动，灭鼠效果显著。（4）无烟机关示范单位创建。区卫计委全面统筹创建工作，各部门及镇街积极参与，区机关事务局被授予“重庆市无烟机关示范单位”称号。

**【妇幼卫生保健】** 推进妇幼儿童发展纲要规划实施工作，全区“两纲两规”目标任务基本完成。（1）妇幼保健服务质量不断提升。全区孕产妇系统管理达95.17%，妇女常见病筛查率88.66 %，7岁以下儿童保健覆盖率达95.56%，婴儿死亡率降至1.49‰，预防艾滋病、梅毒、乙肝母婴传播工作取得新进展，全区孕产妇进行HIV抗体、梅毒和乙肝两对半检测共7758人，检测率均达99.79%；为全区6000名城乡适龄妇女免费进行“宫颈癌和乳腺癌”筛查；全年免费婚检共2141人，初婚婚检率28%；开展孕前优生免费健康检查，孕优检查目标人群覆盖率达到98.18%，待孕妇女服用叶酸工作得到落实，全区发放叶酸共26443瓶， 新增服用7683人；新生儿病筛查率达95.93%。（2）强化产科质量建设。进一步完善全区产科质量管理控制制度体系，通过市、区两级母婴技术专家积极开展相关技术培训，加强全区产科质量控制和服务技术指导；依托市五院成立的全区高危孕产妇和新生儿救治中心，建立完善以预警管理、孕情监测、转诊救治为重点的全区危重孕产妇规范化转诊救治制度，畅通绿色救治通道；加强非医学需要的剖宫产率控制管理，全区助产医院非医学需要的剖宫产率逐步得到有效控制。

**【健康教育】**（1）健康教育活动。全区各医院、社区卫生服务中心、镇卫生院及社区卫生服务站与村卫生室共刊出专栏278块，开展咨询活动627场，受益群众19.50万人次，举办社区健康教育讲座679场，受益群众41103人次，累计发放健康教育印刷资料1301种、52.83万本，累计播放健康教育视频55637次、共37010小时。（2）媒体健康教育。打造“南岸健康卫士”微信平台，进一步完善微信信息发布管理制度，积极推进了其他媒体的健康教育工作。全年在南岸报刊发表文章65篇，“南岸健康卫士”微信推送信息156条；在南岸电视台开设“卫生与健康”栏目，每天1期，共播放1095分钟。（3）全民健康生活方式行动。全区按照健康支持性环境建设标准，在辖区内积极推进全民健康生活方式行动健康细胞建设工作。全区已有10个健康餐厅、10个健康食堂、10所健康学校、38个健康单位、62个健康社区、3条健康步道、1个健康主题公园、3条健康一条街、3家健康小屋等140个健康“细胞”。此外，各镇街建成社区健康主题公园10个、社区健康步道10条、社区健康一条街5条。成功组织参与全国第三届“万步有约”职业人员健走激励大奖赛。推动健康骨骼项目工作，发放宣传资料2000份，接待咨询800余人次。建成骨质疏松健康管理基地17家，完成40岁以上居民的骨质疏松评估干预，累计开展干预活动68场，知识讲座68场，推送骨质疏松防治核心信息510条。

**【传染病疫情和突发公共卫生事件处置】**（1）传染病疫情报告。年内全区无甲类传染病报告。报告乙、丙类传染病17种（病毒性肝炎归为1种）13052例，发病率1464.87/10万，死亡数17例，死亡率1.91/10万，传染病病死率0.13%。与2017年相比，分别上升29.56%、26.10%、112.5%、107.61% 和 62.5%。（2）突发公共卫生事件应急处置。全区共发生传染病类苗头疫情314起，同比增长42.73 %。其中仅22起达到突发公共卫生事件网络报告标准，一般级别事件3起，未分级事件19起。全年累计向学校（托幼机构）反馈传染病个案信息1244次，保证学校疫情防控关口前移，有效降低暴发疫情的风险，辖区公共卫生三级网络有效运行。 全年处置食物中毒事件3起（2起毒蘑菇、1起亚硝酸），均未达到突发公共卫生事件（食品安全事故）上报级别。按照相关要求，已及时上报国家食源性疾病监测数据采集平台。（3）重点疾病监测。霍乱、SARS及人禽流感、手足口病、登革热、流行性感冒等重点传染病的监测任务全部完成。

## 计划生育

【计生补助】2018年，全区新增特扶对象203人，新增奖扶对象403人。分两次发放特别扶助金4359人次，共1776万元；发放奖励扶助金3350人，共421万元。发放独生子女死亡父母一次性养老金133人次，共66.5万元。全年共使用生育关怀资金103.7万元。其中走访慰问1492人次，金额90.3万元；临时救助计划生育特殊家庭和困难家庭47户，金额13.4万元。

【全面两孩政策实施】继续实施全面两孩政策。全区办理生育服务证登记6899件，其中办理两孩登记3064件，办理再生育审批213件。

【技术服务工作】全区共开展优生优育、避孕节育、生殖健康知识宣传活动100余场次，发放各类宣传资料4万余份，发放避孕节育药具2万余盒，发放装有生殖健康、优生优育、避孕节育知识的宣传资料及药具礼品袋7000余份，现场接待群众咨询3000人次。开展各项计划生育技术服务手术1.95万例。药具宣传发放服务网点已覆盖全区各镇街、社区、村委会、医院、社区卫生服务机构、镇卫生院、村卫生室，并在人群集中区域、医疗机构设置药具自助发放机60台，基本实现避孕药具宣传发放的城乡全覆盖。

【区健康委员会负责人】
主　　任：李　智
纪检组长：黄　燕
副 主 任：唐　健　刘　莉　甘小彪
红十字会会长：陈亚玲
副 书 记：王　爽

（区健康委员会）

# 体　育

## 概　述

【概况】 南岸区体育局是政府主管全区体育工作的职能部门。2018年，体育局机关行政编制7人，其中设局长1人、副局长3人，科级领导职数2人；设办公室（体育市场科）、群竞科2个职能科室，下辖事业单位重庆市南岸区青少年儿童体育运动学校。主要任务是推行全民健身计划，开展国民体质监测，管理和指导体育竞赛及交流，规划体育设施的布局和管理，培育发展体育产业；负责体育经营活动的管理和监督，以及区级体育社团组织的资格审查和业务指导；对学校、机关、企事业单位、农村、社区及体育社团组织的体育工作实行宏观管理和指导。至2018年底，南岸区有18个单项协会、17个青少年俱乐部；全区有社会体育指导员2890人，组织指导基层开展全民健身活动；辖区8街7镇均有专（兼）职群众体育活动的工作人员；全区所有社区、行政村共建有600余支文体团队。全区大、中、小学校推行《国家体育锻炼标准》面达100%，学生体育锻炼达标率99%；社区体育、农村体育、职工体育、老年体育、残疾人体育广泛开展，共组织开展各类体育活动500余次。常年参加体育锻炼人口约40万人，占全区总人口的55%。2018年，共组织代表团（队）出席世界、亚洲、全国、市级竞赛24个项目47项次，获市级单项金牌68枚、银牌82枚、铜牌83枚，并打破22项重庆市最高纪录。打造特色体育项目。江南小学国际象棋、辅仁中学足球和青龙路小学青少年板球、天台岗中学跆拳道等特色体育项目稳步推进。

## 体育社团

【概况】 2018年，辖区有18个法人单位资格的协（分）会（区农民体育协会除外）和17个俱乐部。

【武术协会】 全年组织会员参加拳师武术交流表演、南岸武术交流表演、传统武术比赛等比赛，计17次，参与人数4800余人。

【长跑协会】 2018年，长跑协会共举办长跑赛事和参加市级以上比赛30次，参加人数近20000人。协会下属各分会和小组，因地制宜组织会员开展各类健身活动140余次，活动范围辐射永川、广安、黔江、贵州等地。全年组织参加2018年重庆国际马拉松赛事、2018年中国高尔夫美巡赛、2018年重庆国际女子半程马拉松赛等活动。年底，协会有运动队1个、分会6个、会员2100人。

【信鸽协会】 2018年，协会会员达2000余人，每年有1000余人次参加市级以上比赛活动。获2018年重庆市信鸽运动先进集体荣誉称号。

【老年人体育协会】 全年组织全区大型活动60次，参与人数5万余人次。协会进行改组，成立了球类、棋牌、拳剑操舞、太极柔力球4个专业委员会。坚持每年举办一次老年人体育培训班，开展形式多样、适合老年人强身健体的活动，多次被评为市老年体育工作先进单位。至2018年底，会员达20000余人。

【棋类桥牌协会】 2018年，协会有江南围棋学校和天元围棋会馆各1所，骨干会员150人。每年举行象棋、围棋、桥牌赛事。协会成立以来，先后培养输送了国家队运动员、国际象棋特级大师章钟，以及四川省专业队运动员吴代明、张福生等，多次在市级以上比赛中夺冠。

【自行车运动协会】 2018年，协会组织或参加市级以上比赛150余次，2000余人次参加。至年底，协会有运动队3个、会员150人。

【门球协会】 年内，区门球协会组成基层门球队93个，有裁判员100人、教练员48人、会员1000余人。

组织参加重庆市乡镇门球赛、重庆社区门球赛、重庆市老年人门球赛等市级比赛。

【其他】2018年底，台球协会有会员600余人。农民体育协会共发展7个镇的农民体协团体会员。汽车运动协会共有会员300余人，举办大型活动6次，其中有贵州水银滩自驾游，与北碚车友会共同举办的车技表演赛等。南岸区登山运动协会有会员3000余人、11个活动大队。组织会员参加市、区各类健身活动45次，20000余人次参加。组织会员晨练1500余次，80000余人次参加。青少年体育俱乐部设于区青少年儿童体育运动学校，与体校实行一套班子、两块牌子管理。主要任务是为青少年儿童体育竞技训练、体育爱好者健身和休闲提供专业性服务。

## 体育场地与设施

【江南体育中心】江南体育中心“两馆八场”年内举办大小文体活动近百次，其中最具代表性的大型文体活动有2018年重庆体育舞蹈锦标赛、2018年西南地区轮滑赛等。体育中心将具备条件的体育场馆定时、定点面向广大群众免费或低收费开放，助推全民健身，提升场馆效能。

【庆隆高尔夫球场】位于茶园新区希尔顿草坪公园内，占地6.67公顷．由重庆庆隆物业有限公司施工建成。连续三年成功举办“江南新城•中国高尔夫庆隆高尔夫美巡赛”。

【高校体育场地】驻区4所高等院校共有体育场5个、体育馆4个、室内橡胶地面球类馆2个、室外田径池5个、田径场6个、篮球场47个、足球场5个、排球场15个、体操房5个、健身房6个、门球场3个、室外网球场7个、羽毛球场4个、乒乓球场9个、乒乓球馆1个、艺体馆1个。

【中小学校体育场地】辖区中小学校（含中专）有体育场地162个。其中，标准体育场地102个，非标准体育场地60个，总用地面积53.72万平方米，总建筑面积12.81万平方米，总场地面积36.23万平方米。

【社区体育场地】贯彻实施“中国体育彩票全民健身路径工程”，每年用彩票公益金为镇街购置安装全民健身路径器材。至2018年末，各镇街和社会单位有600余个小型健身场地，由房地产开发商兴建100多处健身场所；镇街、社区体育健身器材已在全市率先达到全覆盖。

2018年南岸区标准/非标准体育场地统计表

| 组织机构 | 场地总面积（平方米） | 场地面积增量（平方米） | 场地面积合计（平方米） | 场地数量（个） |
|---|---|---|---|---|
| 小学 | 275240.88 | 0 | 275240.6 | 170 |
| 中学 | 464628 | 0 | 264628 | 101 |
| 8街7镇 | 1164812.52 | 401868.00 | 1479994.4 | 2783 |
| 高等院校 | 240398.28 | 0 | 240398 | 107 |
| 合计 | 2145079.68 | 401868.00 | 2260261 | 3268 |

南岸区标准体育场地类型汇总

| 场地类型 | 用地面积（平方米） | 建筑面积（平方米） | 场地面积（平方米） | 场地数量（个） |
|---|---|---|---|---|
| 城市健身步道 | 192252 | 0 | 103424 | 12 |
| 登山步道 | 1236067 | 1000 | 66433 | 7 |
| 高尔夫庆隆球场 | 450000 | 0 | 393642.9 | 1 |
| 健身房 | 31103.94 | 23837.8 | 18889.76 | 24 |
| 健身路径 | 45756.1 | 0 | 25040 | 639 |
| 篮球场 | 190612.5 | 0 | 149255 | 79 |
| 篮球馆 | 37691.55 | 6393 | 20770.06 | 7 |

续表

| 场地类型 | 用地面积（平方米） | 建筑面积（平方米） | 场地面积（平方米） | 场地数量（个） |
| --- | --- | --- | --- | --- |
| 门球场 | 10431 | 342 | 7116 | 13 |
| 门球房 | 1087 | 975 | 877 | 1 |
| 排球场 | 9590 | 1105 | 8103 | 3 |
| 乒乓球场 | 51560.1 | 0 | 35806.55 | 572 |
| 乒乓球房 | 6163.07 | 5070.07 | 3401.88 | 10 |
| 三人制篮球场 | 18864 | 0 | 16856 | 22 |
| 室外田径池 | 27109 | 6077 | 17527 | 18 |
| 台球房 | 2350 | 2285 | 1670 | 6 |
| 网球场 | 70033.63 | 0 | 53780.33 | 68 |
| 网球房 | 3280 | 2860 | 2640 | 1 |
| 游泳馆 | 28636.8 | 18544 | 4792.6 | 1 |
| 田径馆 | 4580 | 2340 | 1400 | 2 |
| 羽毛球场 | 357698.26 | 0 | 146250 | 525 |
| 羽毛球房 | 17127 | 23366 | 16260 | 3 |
| 综合房 | 24289.8 | 20914.71 | 20080.46 | 40 |
| 七人制足球场 | 5151 | 0 | 44180.50 | 8 |
| 五人制足球场 | 2702.2 | 0 | 42314.75 | 16 |
| 体育场 | 240018.5 | 164907.5 | 108859 | 6 |
| 田径场 | 287869 | 221087 | 150895 | 9 |
| 体育馆 | 136114 | 110451 | 20413 | 5 |
| 体操房 | 34885 | 24414 | 20641 | 6 |
| 棋牌房 | 12892.9 | 7074.44 | 5573.27 | 6 |
| 合计 | 3535915.35 | 643043.52 | 1506892.06 | 2110 |

南岸区非标准体育场地汇总

| 场地类型 | 用地面积（平方米） | 建筑面积（平方米） | 场地面积（平方米） | 场地数量（个） |
| --- | --- | --- | --- | --- |
| 游泳池 | 442050 | 371304.4 | 359633 | 261 |
| 篮球场 | 69273 | 0 | 54338 | 87 |
| 七人制足球场 | 4669.9 | 3520 | 2468.1 | 2 |
| 三人制篮球场 | 88185 | 0 | 56025 | 176 |
| 乒乓球场 | 5582 | 0 | 4641 | 122 |
| 五人制足球场 | 123536 | 81006 | 66311 | 25 |
| 网球场 | 5383.5 | 120 | 4587.79 | 9 |
| 小运动场 | 8925 | 3500 | 154071.05 | 176 |
| 羽毛球场 | 42361.59 | 0 | 25707 | 189 |
| 足球场 | 32790 | 10370 | 24209 | 4 |
| 排球场 | 3482 | 1896 | 1378 | 3 |
| 合计 | 826237.99 | 471617.4 | 753368.94 | 1054 |

【登山健身步道】 区内南山总面积约2500公顷，平均海拔400余米。在北起铜锣峡，南至金竹沟的汪山、黄山、袁山、蒋山、岱山、老君山、文峰山等数十座大小山峰中，分布着13条步道。其中有登山步道7条，入口分别在从工商大学到弹子石地区的广大区域内；山中步道6条，集中于春天岭、人头山、邮电大学后山、炮台山一线。常年在健身步道锻炼的市民有上万人。

## 群众体育

【概况】 2018年，南岸区8街7镇均配备了文体专干，全区所有社区、行政村及企事业单位均设有专（兼）职群众体育活动的工作人员；坚持每年举办一次“全民健身月”活动，推动全民健身的广泛开展。全区各大、中、小学校推行《国家学生体质健康标准》，各中小学校实行每天30分钟的大课间体育活动。全年共安排250项活动。其中，体育局安排区级、市级和国家级大型活动36项；区级部门、经济板块安排活动30项；街、镇安排活动100项；体育协会安排活动60项。其中规模最大的是2018年长安汽车重庆国际马拉松赛，该赛由中国田径协会、重庆市体育局主办，南岸区人民政府、巴南区人民政府共同承办，参赛达到30000人。其中参加全程、半程马拉松赛17500人，参加5千米迷你马拉松健身跑12500人。参赛运动员来自30个国家和地区、海内外551个城市，其中，70%的参赛运动员来自市外。

为确保赛事顺利进行，赛事组委会组织包括交巡警、公安、医疗救护、志愿者、工作人员等1万余人的庞大保障队伍。其中，裁判员300余名，志愿者5000余名，安保人员2400余人，交巡警约600人，公安干警约4000人，医疗救护人员约1000人，工作人员1000余人等。本届赛事是国内六大“双金标”赛事、中国大满贯赛事，重庆卫视对赛事进行了全程航拍直播。

【城镇社区体育】 2018年，各镇街、社区和各单项体育协会组织开展全民健身活动达500多次，涉及项目有篮球、乒乓球、羽毛球、拔河、趣味活动等，参与人数95万人次。

【农村体育】 2018年，全区各镇、村组织开展形式多样、内容丰富的农民健身活动300余次。4月，峡口镇举办“健康峡口”农民运动会，辖区内的10余支参赛队伍共500多名运动员参加了乒乓球、羽毛球、篮球、迎面接力、拔河、象棋等10个项目的角逐。

【职工体育】 全区机关、企事业单位以及非公企业单位共20000余人参加了年内举办的全区机关职工运动会。

【青少年体育】 贯彻《国家学校体育工作条例》，区体育局、区教委分别设有负责青少年体育工作的科室，各中小学有1名分管体育的副校长，有体卫处或体育教研组或体育组（室），均按规定配足了专（兼）职体育教师。各中小学始终坚持将《国家体育锻炼标准》纳入学校体育教学大纲和总课程表中，坚持“两课、两操、两活动”。小学每周开3节、中学每周开2.5节体育课，体育课分室内、室外2种形式。体育课内容有田径、篮球、足球、排球、乒乓球、跳高、跳远、跳绳、拔河、赛跑、接力、投掷、体操、武术、韵律体操等。区内各中小学在坚持大课间体育活动的同时，普遍开展各具特色的课间体育活动。大课间活动时间为每天30分钟，内容由各校根据学生身体素质、体育任务、学生特点和年龄确定；课间体育活动有广播操、素质操、健身操、健美操、模仿操、卡通操、武术操、主体教育操（校操）、持轻器械操、跳绳、踢毽、舞蹈、游戏等，形式分集体活动、分组活动或个人自由活动。另外，各中小学每周一般安排2节课外体育活动或体育锻炼课时，内容由各学校确定，一般是根据不同年级，开展形式多样和不同项目的比赛，或班与班、校与校之间的篮球、足球、乒乓球、拔河、接力赛等。坚持举办学生运动会，各中小学每年春、秋各举办1次运动会，时间均为2天，比赛项目有田径、乒乓球、足球、接力赛、投掷、趣味游戏等。坚持学生的体育考核制度，把体育课列入考核学生成绩的科目之一，对达到国家一、二、三级运动员等级的学生，在升学时可加分。各校在学生学籍档案中均建有学生《体育合格情况登记卡》《身体素质测验登记表》。至2018年，区中小学施行《国家体育锻炼标准》面达100%，学生体育锻炼达标率99%、良好率34%、优秀率19%。

【高校体育】 2018年，驻区各高校按《全国普通高等学校体育课程教学指导纲要》，编写教学大纲，实施体育教学。非体育专业的学生，每周设2个学时的体育课，内容有单双杠、篮球、足球、排球、台球、标枪、铅球、跨栏等；教学方法有讲解、示范、体验、纠错、评议和观摩等，学生体育成绩不及格者不能毕业。每年大学一、二年级学生实行网上选项课教学，供选项目有篮球、排球、足球、乒乓球、器械健身、健美操、体育舞蹈、网球、散打、跆拳道等，打破了年级、班级建制，根据学生所选项目组合上课，满足学生不同层次，不同水平、不同兴趣的需要。主要采取开放式、探究式方法教学。各校每年春、秋各举办1次学生运动会，比赛项目有田径、乒乓球、足球、接力赛、投掷、田径等。当年，辖区高校学生全部达到体质健康测评标准，90%的学生达到《国家体育锻炼标准》。

**【老年体育】** 年内，全区举办大中型老年人体育比赛50余次，10000余人参加；组织老年人参加市级以上比赛25次。举办“老少同乐趣味运动会”20余次，参加人数5万人次。

**【国民体质监测】** 根据《重庆市体育局关于开展2018年重庆市体质测定工作的通知》精神，进一步充实和完善全区体质监测数据库。全年国民体质监测样本1700份，分别对农民、城镇体力劳动者、城镇非体力劳动者、城镇老年人、农村老年人5种人群进行监测，主要包括身体指标监测和问卷调查两个部分。监测指标包括身体形态、身体机能、身体素质三个方面；问卷调查的内容主要包括对被测试者的生活方式、体育锻炼的基本情况以及饮食习惯的了解等。监测结果显示，合格1574人，不合格126人，抽样合格率达到92.7%。不合格主要集中在中老年群体，主要表现为肥胖。

## 人才培养

**【概况】** 2018年，南岸区培训社会体育指导员200人、教练员12人、裁判员500人。

**【运动员培训】** 通过体育传统项目学校和体校优秀运动员培训，走体教结合之路，以培养、锻炼、输送体育尖子人才，实现“金牌战略”的目的。区体育传统项目定点中小学，由学校自行申报和市级体育部门评估而定，被授予体育传统项目的学校享受体校的有关政策待遇。2018年，市11中学（田径）、市辅仁中学（田径）、珊瑚小学（田径、篮球）、天台岗小学（田径、篮球）、弹子石小学（乒乓球）、海棠溪小学（乒乓球）、长生桥小学（田径）等7所学校，再次被命名为重庆市体育传统项目学校。各体育传统项目学校保证参加传统项目训练的学生，每天有一个半小时的训练时间。各校运动队（班）每周训练在5次以上，每次时间不低于90分钟，暑假训练不少于30天，寒假训练不少于15天，教练员由项目学校的体育教师兼任。

**【体育教师教练裁判培训】** 采取不定期开办培训班的方法培训裁判员，培训内容有理论、临场、外语等，根据其考试成绩由国家体育总局和市、区体育局审批，并授予不同等级裁判员称号。2018年，举办裁判员培训班2期，103名体育教师和体育爱好者参加了培训和考试。

**【社会体育指导员培训】** 坚持每年组织对二、三级社会体育指导员的培训和考试工作。经考试合格者，由体育总局、市或区体育局颁发相应等级的社会体育指导员等级证书。至2018年，全区共培训社会体育指导员2690人，平均每万人拥有25名社会体育指导员，达到创建全国文明城区每万人达20人的指标。

## 竞技体育

**【市级以上竞赛】** 2018年，南岸区组队参加市级以上各项目“锦标赛”和运动会共30余项次，参赛运动员5000余人。比赛项目有田径、武术、国际象棋、乒乓球、足球、篮球、羽毛球、网球、艺术体操、跳水、定向运动等。全区共组织代表团（队）出席世界、亚洲、全国、市级竞赛24个项目47项次，获市级单项金牌68枚、银牌82枚、铜牌83枚，打破22项重庆市最高纪录。全年新增国家运动等级标准运动员69人。

**【体育产业发展】** 2018年，全区体育健身企业经营户63家，其中旱冰经营户7家、健身城经营户13家、棋牌经营户5家，田径经营户36家、高尔夫经营户2家；竞技体育培训发展到34家，其中乒乓球培训中心5家、羽毛球培训中心5家、台球培训中心5家、武术跆拳道培训9家、少儿体操培训3家、网球训练点7家。2018年，全区体彩销售网点157个，区内覆盖率100%；区体彩办公室经考核获得市优秀体彩办公室。全区体彩销量突破5.2亿元，同比增长0.11%，完成全年基本目标、力争目标和挑战目标，占重庆体彩市场份额的8.72%，连续六年排名区县第一位。

**【区体育局负责人】**

局　长：李　伟

副局长：李真平　杨忠仁　朱　健

（区体育局）

# 镇　街

## 铜元局街道

【概况】铜元局街道位于重庆市南岸区西南部，毗邻长江，有三座大桥与渝中、九龙坡相连，是南岸区重要的门户和桥头堡，辖区东南分别与花园路街道、南坪镇、南坪街道接壤。街道成立于1954年，面积3.72平方千米，现辖9个社区居委会，35个党组织，27个党支部，1312名党员，辖区户籍人口近6万人，常住人口10万余人。

【党建工作】拟定并严格落实全面从严治党"1+7"工作方案，每月定期主持召开党建工作推进会，协调解决重大问题30余项。强化党组织书记主责主业意识，落实党建工作"一岗双责"，建立健全班子成员对口联系社区抓党建工作制度。推进"两学一做"学习教育常态化制度化，年初制定支部主题党日活动计划，督促各党支部定期开展支部主题党日活动。严格落实"三会一课"，带头并推动讲授党课40余次。采取"传统媒体+新兴媒体+社会宣传+党员带动"方式对党员学习贯彻党的十九大精神进行专题培训，组织社区党员轮训250人。规范清理收缴党费使用，做好辖区元旦、春节及"七一"慰问，落实30年以上党龄老党员生活补贴。开展发展党员工作调研排查并按规定程序发展党员18人，处置不合格党员6名。

【党风廉政建设】街道党工委、纪工委认真落实全面从严治党"两个责任"，深入推进党风廉政建设和反腐败斗争向纵深发展，层层传导压力、层层落实责任。每季度召开党风廉政建设专题工作会议，安排部署党风廉政建设工作，细化责任清单，层层签订责任书，把责任明确到个人。建立完善《铜元局街道政府采购内控制度实施细则》《财务报销审批制度》《"三重一大"议事规则》《经费开支审批制度》等制度。

【社会治安综治治理】街道综治巡防队、社区义务巡逻队、小区保安巡逻队、派出所专职巡逻队四方联动，全天候、全方位巡逻，确保公众安全感在90%以上。有序开展流动人口服务管理工作，在长江新村社区社会重点整治地区开展集中宣传活动。对在册邪教17个待转化和14个需巩固人员，逐人落实帮教小组。每月定期排查、特殊敏感时期每日集中排查矛盾纠纷398件，妥善处置110千伏输变电站建设等重大群体性矛盾10余件，涉及5000余人。"两会"时期等重点敏感时期无重大群体事件、极端事件，无进京非访、到市集访。推进网上信访信息系统，全年完成网上信访59件次，按期办结率100%，满意度达96%。

【安全生产】全面落实安全生产监管责任，实现"无安全生产事故，无火灾事故"两个零目标。开展烟花爆竹安全知识集中宣传等活动，发放各类宣传资料15000余份，查处违法行为94起，整改率为100%。保障节日和大型活动期间的食品安全，开展校园食品药品安全专项检查、零售药店专项整治、船舶餐饮食品安全专项整治等工作，出动执法人员1200人次，检查餐饮460家次、食品流通256家次、药品经营30家次、医疗器械24家次，对食品药品经营企业的违法违规行为立案5起并全部结案，收罚没款合计5.2万余元。

【社区治理】以"三升三降"为总目标，以"党建引领、法治推动、自治切入、公众参与、服务下沉"为工作重点，全力打造创新社会治理重点项目云满庭社区"楼长制"项目，践行"基层治理+五心"工作法，成功化解变电站建设矛盾纠纷，全年运用"三事分流"解决辖区居民小事168件、私事591件；开展问计于民活动，销号74条、新增群众意见3条，主要涉及市政设施、环境卫生、市容市貌、食品安全、文体设施、小区物业、老旧散居改造7个方面的问题。充分发挥社工站作用，培育本土社会组织，积极申报社工服务项目，引导开展社区志愿服务活动。辖区社区社会组织备案80余家，获取社工证的社区干部占比达 75%。

【城市管理】开展综合整治行动 20 余次，出动执法车辆 1000 余辆次、执法人员 3200 余人次，开具《限改通知书》350 余份，取缔占道经营 1200 余处，清理乱搭棚 100 余个，清理乱堆放 400 余处，清理游摊 500 余个，清理“三乱”700 余处，规范设置围挡 200 余米，收缴宣传品近 500 起，对施工工地责令清洗路面 30 余次，检查运渣车 30 余辆次，责令整改 8 辆；制止新增违法建筑近 20 处，拆除面积 178 平方米，自拆面积 350 余平方米，查处违法开挖 10 余处。

【环境卫生】组建立体化的环境卫生巡查队伍，早晚两次对辖区主次干道、背街小巷、院坝楼栋、边护坡、公厕、垃圾站的环境卫生进行巡查，对暴露垃圾日产日清。定时对化粪池进行检查、监测，在化粪池周围设立警示标志，完成 10 余次化粪池疏通和清淘。全年组织工人 2230 余人，出动车辆 770 余辆次，清理各类垃圾共 890 余吨，治理卫生死角 720 处，清理乱张贴、乱涂写 780 余处，绿化美化总面积约 3500 平方米，打造“最美城市阳台”。圆满完成市环保督查、饮用水源地环境保护专项行动督查、第二次污染源普查清查和餐饮船舶专项整治行动。

【民生保障】通过重庆就业信息网发布招聘岗位 400 个，实际提供岗位 1382 个，发布用工信息 328 次，求职用工登记 1300 人，职业介绍 1300 人次，职业指导 1300 人次，职业介绍成功 700 人次，失业率控制在 2.5% 以内。辖区优抚对象和其他民政对象 146 名，发放各类民政资金 280 余万元，临时救助 121 人次，发放临时救助金 25 万余元，发放失业军转干生活补贴 14 万余元。完成政府购买演出 14 场、物联网演出 3 场，举办物联网培训 24 场，物联网文化云注册 425 人。举办各类展览 6 场、讲座 3 场，开展全民阅读文化活动 7 场，发布市级物联网平台 8 场。开展“三生三宜 南岸起风景”精品文艺汇演 5 场，承办城乡互动文化惠民演出活动 1 场，组织辖区文艺团队参加南岸区第六届迎新春民俗民风暨乡村文艺展演，荣获三等奖。5 个社区“南书房”自助书吧投入使用。

【铜元局街道办事处负责人】

党工委书记：黄海靓
副 书 记：黄全富
主 任：向 华
副 主 任：黄永丽 陈 龙 林 勇 张绍春
人大工委主任：王文斌
纪工委书记：陈联奎
宣传统战委员：周先鹤
组 织 委 员：刘东平

（铜元局街道）

## 花园路街道

【概况】花园路街道成立于 1994 年 5 月，辖区面积 7.07 平方千米，户籍人口约 8.4 万人，常住人口 15.2 万余人。2018 年，街道机关设党政办公室、社会事务和社区建设管理科、规划建设环境保护办公室、社会治安综合治理办公室、经济发展科等科室 9 个，街道所辖社区 11 个，有社区工作人员 96 人。近年来，街道经济、文化、民生工作得到长足进步。街道曾被提名“全国综治先进集体”，荣获十九大安保维稳工作“三等功”，“南岸区人民满意公务员示范单位”“2017 年全国社区教育示范街道”等荣誉称号。2018 年，南湖社区被中国地震局授予“国家地震安全示范社区”称号，金山路社区被评为“2018 年全市人民防空进社区工作合格社区”。

【党建工作】抓好基层党组织建设。将支部主题党日活动、“三会一课”“两学一做”有机融合，做到按期开展，资料规范。优化 70 个居民党支部，建立党员“政治生活积分卡”，发展党员 12 人，按照程序处理不合格党员 8 人，复联党员纳入组织管理 52 人，共转接国企退休党员 759 名；撤销空壳非公党组织 7 个，新建非公党组织 3 个，打造共享党群活动点 17 个。发挥基层党组织和党员作用。在各社区开展“微心愿”活动，3 月上线以来圆梦群众“微心愿”80 余件。500 余名党员新加入志愿队伍，协调解决各类群众反映问题 60 余件。组织党员积极参与“全民动手”“美丽楼栋”“美丽阳台”等志愿项目，并承接责任区域内环境卫生、市容秩序、治安巡逻等 10 余项“三生三宜”重点建设项目。加强党风廉政建设。全街签订党风廉政责任书 37 份。开展重点节日监督检查 5 次。完成区纪委交办的信访件 2 件，立案 1 件，回复群众问题 11 个。开展廉政约谈 50 余人次。接受巡察。区委第四巡察组于 2018 年 11 月 13 日至 12 月 31 日对花园路街道党工委进行巡察。针对巡察反馈的 16 个问题，街道党工委制定了整改方案，并严抓落实。加强思想舆论工作。开展理论中心组学习 7 次，排查意识形态阵地 83 个，广泛宣传习近平新时代中国特色社会主义思想和党的十九大精神。

【“三生三宜”品质城市建设】 提升园林绿化水平。累计清除菜地8公顷，新增管护绿化99163.46平方米，行道树3070棵；对辖区街道负责管护的4700余棵绿化树的枯枝、断枝、树挂等进行全面清理，共排除险情1100余处；补种九重葛2650株，播撒格桑花10220平方米。狠抓环境卫生清洁。调配环卫工人40余人充实一线清洁力量，每日延长4小时保洁时间。开展“全民动手”志愿活动320次，参与6000余人次。提升城市管理效能。完成城市管理数字化案件回复719件。共维护修缮水篦子139个，修复破损井盖151个，安装护栏1529米，安装阻车桩（球）815个，整治辖区内车行道957平方米，完成破损人行道改造2135平方米。支持配合江南营管所对城市供水进行“一户一表”改造1476户。清理“僵尸车”36台。开展海峡路“二手车收购”专项整治，批评教育摊贩125人次，没收“收车”广告牌85块，加强巡逻值守，长效巩固整治成果。加强7个在建施工工地值守，严控扬尘污染。提高居住生活品质。在花园六村、信园小区、配件二厂、明月皮鞋厂家属楼等老旧散小区共绘制楼道壁画630余幅。人民网5月22日以《当生活遇见色彩 老楼道重焕美丽》为题进行了专题报道。在骏逸第一江岸小区和花园七村引导居民打造“美丽阳台”，为参与活动的524户居民全部发放种苗，合力打造“美丽阳台”。完成花园二村、古楼一村22栋综合整治工作，面积3.2万平方米，惠及居民370户。推动“门前五包”落实。组织执法队员和社区工作人员累计入户2650余户，进行宣传讲解，全部签订责任书并悬挂公示牌。深入推进“五长制”。以群众代表、骨干志愿者代表、党员志愿者代表、社区工作人员、机关工作人员200余名为主体担任“五长”。实现“五长+X”有机联动。人民网6月15日以《楼长带头邻里参与 携手共建和美家园》为题进行了专题报道。

【社会治理创新】 打造“微益+”线上线下平台。自2018年6月中旬至11月初，“微益+”微信店铺试运营以来，线上在售78款产品，已售商品5280件，销售金额14249.5元。线上店铺开设心连心党员帮扶基金捐款链接，收到5223元的专项捐款。实体店铺销售工艺品125件，销售金额8593元。将收益反哺社区建设和社区公益。深化推广大健康服务。开展健康讲座、义诊等40余次，开展太极拳、健步走等活动2次，参与群众400余人次。加强智慧社区建设。在南湖社区试点建立大数据管理平台，完善基础信息4万余条。推出“智慧南湖APP”，提高社区服务和治理的智能化水平。坚持做好居民自治。增强社区公益站公益基金的“造血功能”，全年筹集资金40万余元用于社区建设，实现民泰基金“四两拨千斤”的作用。实施增设阻车桩（球）、修建围墙步道、修建南湖“小憩园”等32个群众关注的公益项目。在花园五村、花园六村、明月小区等老旧散小区形成“小区事、大家议、协商办”的自治格局。推进“三供一业”移交工作。辖区18家市属国企、7家在渝央企，已全部签订《国有企业职工住房物业管理移交协议》，涉及职工住房移交10873套，面积77.84平方米；与14家市属国有企业签订《退休人员社会化管理服务交接协议书》，接收退休人员社会化管理服务3917人；接收国企退休党员移交管理758人，切实保障国有企业轻装上阵，公平参与市场竞争。

【民生实事办理】 全街年内城镇登记失业率控制在2.5%以内，辖区居民医疗保险参保25571人。完成125名民政困难建档人员的资助参保工作；临时救助63人17.48万元，稻草援助15人次3.8万元，发放经济困难的高龄失能老年人养老服务补贴1.2万元；发放高龄老人惠老补贴178.7万元，惠及2505人；办理老年证450个；对20户低保家庭、1户低收入困难家庭发放租金补贴4.8万余元。做好拥军优抚工作，对民政对象发放补贴218人次276万余元；为14名优抚对象报销医药费2.3万余元，并为其申请困难一次性补助1.8万余元；对市属企业参试退役人员8人发放临时困难补助9600元；春节、“八一”慰问429人11.6万元，驻地部队慰问4万元；为25名义务兵发放义务兵家属优待金24万余元。做好残疾人工作，办理残疾证63个，对211名重度残疾人发放护理补贴11.4万余元，对199名贫困残疾人发放生活补贴9.8万余元；发放残疾人机动轮椅车燃油补贴39户1万余元；对54户视力和听力一、二级残疾人发放数字电视基本收视维护费补贴8100元；对1325名残疾人进行摸底，完成残疾人动态更新工作。

【安全稳定工作】 全面落实安全生产责任。全街道签订安全责任书40余份，开展人口密集场所、危化企业、高层建筑、群租房、“三合一”等九小场所的安全风险排查42次，及时排除和消除安全隐患12个。做实社会稳定工作。开展反邪教宣传30余次。以“雪亮工程”为重点，不断强化社会治安防控体系建设。组织工作人员8人成立综治巡防队，坚持轮班落实每日巡查机制。做好矛盾纠纷调处工作。调解各类民间矛盾纠纷340件，主要涉及邻里纠纷、家庭婚姻纠纷、物业管理纠纷等。调解成功340件，成功率100%。以物业矛盾突出的金鹤、丹龙、海峡路社区为重点，牵头召开物业矛盾协调会32次，化解矛盾纠纷12起。

**【花园路街道办事处负责人】**

党工委书记：杨天渝
副 书 记：王开林
主 任：胡 静
副 主 任：周智坚（武装部长）
黄鸿森 李杰锋
人大工委主任：胡 宣
纪工委书记：高 涛
政法书记：马 彦
统战委员：陈 东
宣传委员：爨新建
组织委员：万丽娜

（花园路街道）

## 南坪街道

**【概况】** 南坪街道位于南岸区西北部，是重庆市五大核心商圈之一，是南岸区经济、商贸、文化中心，辖区面积4.25平方千米，户籍人口10万余人，常住人口近20万人，共有经济基本单位4728户、经济个体8264户。

2018年，南坪街道围绕“全面小康、幸福南岸”建设总体要求和“4531”工作思路，以共创“三生”最优空间、同建“三宜”品质南坪为目标，以增强政治领导力、思想引领力、组织战斗力和群众凝聚力为统揽，持续开展靓形象、强治理、惠民生、重凝聚、保平安五大行动，抓实抓细“项目化、清单式、社区制”三项机制，较好地完成各项目标任务。

**【经济发展】** 固定资产投资完成5亿元，同比增长7%；城镇居民人均可支配收入完成28780元，增长6.5%；社会消费品零售总额完成100亿元，增长12%；商贸销售总额完成213亿元，增长3.2%；规模以上企业新增6家。完成城镇住户调查20户，回访共240次。完成劳动力入户调查480户，共调查人数1440人。N18 Loft小苑共有企业42家。全年实现产值7000万元，实现税收350万元，实现就业950人。完成第四次全国经济普查清查阶段工作，清查实际登记单位数6505个，个体数8258个。

**【民生实事办理】** 完成正街87、89号D级危旧房的排危搬迁，后续拟在原址修建社区用房或其他适合群众活动的公共项目；深入正街83、85号，广泛宣传政策，收集群众意见；配合教委做好红工村265号危旧房改造工作。制作垃圾溯源APP软件，各社区设置定时定点收运点2处，合计36处，除定时定点以外的实行收费制。对后堡中医院露天马路市场进行为期40天的集中整治，中医院支路上私自设置的5处占道棚亭、占道游摊全部撤离。根治正扬市场及周边“脏乱差堵”顽疾，取缔占道经营，设置规范性市场，进行规范化管理，减少了居民群众投诉。发放民政经费880余万元；惠老补贴登记发放2873人，金额192万余元；采集退伍军人信息3693条，上报3313条；悬挂光荣牌近2300个。

**【社会事业发展】** 全街新增就业4327人，登记失业人员就业1455人；就业困难人员就业306人；结存失业人员791人（正在领取失业金人员），未就业援助对象145人（低保、4050等）；城镇登记失业率2.61%。创业担保贷款放贷150万元；4050发放2017年1—12月养老保险补贴137.87万元，医疗保险补贴28.85万元；办理个人及单位就业创业证3833个。为社区新增室外健身器材4套、室内健身器材1套、乒乓球台4张。为后堡、东路等7个社区安装16个“南书房”24小时自助书吧。完成政府购买演出活动26场，完成物联网培训课程24节，讲座、非遗展和演出各4次，在物联网注册的业余演出团队6支、文艺培训老师10人。

**【社会治理】** 全面完成全国社区治理和服务创新实验区建设终期评估任务。社区治理创新中心通过民政部专家组的检查验收。打造社会组织园区，搭建社区治理平台。6月全面建成南岸区社区治理创新中心，引进益友、恩予等一批有实力的枢纽型社会组织。接待全国社区治理和服务创新实验区终期评估、全国社区治理和服务能力建设示范培训班，接待外省参观调研20余场次。开展社区公益项目，解决群众关心问题。2018年民泰资助社区公益项目74个，金额106余万元。培养社区社工人才400余人次，积极申报社工项目。

**【城市管理】** 全面推进“三生三宜”品质城市建设。落实“马路办公”，针对二贸片区、南坪公交枢纽站、后堡边坡菜地等开展专项行动，治理“四乱”；创新实施“一图四化”责任机制，建立“三位一体”督导机制，加强“五长”常态化巡查，严格落实“门前五包”；认真落实河长制，通过摸清底数、发动居民参与、常态化巡查、发现问题有效处置等工作步骤，共同守护绿水青山；扎实开展“蓝天行动”、餐饮油烟污染专项治理、在建工地夜间施工专项整治，以及摸排干洗行业、燃烧锅炉等工作；按照“控新增，减存量”要求，拆除违章建筑3953平方米，清理暴露垃圾1039吨，整治“三乱”19397处。

【安全稳定】 开展扫黑除恶专项斗争，对响水路社区开展C类挂牌整治5次，对原南坪长途汽车站“黑车”非法营运、南坪老药品市场“黄、赌、毒”等群众反映强烈的问题进行专项整治，治安形势明显好转。建立健全社区物业管理联席会议制度，化解浪高、万达等6个物业小区的矛盾纠纷。落实“三级网络，两级责任制”，强化对民族宗教的服务管理。落实安全生产“一岗双责”，发现隐患135个，现场整改130个，确保“7•13”特大洪峰顺利过境。

【基层党建】 开展“兴转促”行动，形成调研成果12个。持续深化6个街道基层党建示范点建设，完善党员分类管理，形成党员动态管理台账。建成南岸区社会组织党群服务中心，以党建引领社会组织专业化发展，以基层党组织和党员的实际行动，凝聚辖区群众积极参与社会治理创新，群众满意度大幅提升。开展党员干部及其亲属基本情况报告和党员干部亲属涉权事项报告试点工作，严肃查处发生在群众身边的不正之风和腐败问题。深化全国文明城区建设，加强道德模范引领，推荐获评全国道德模范提名奖1人、“见义勇为”重庆好人1人。

【南坪街道办事处负责人】

党工委书记：王　勇
副　书　记：朱志刚
主　　　任：庄宁豫（党工委副书记）
副　主　任：程显平　魏茂波
　　　　　　马晋哲（武装部长）
人大工委主任：肖文昕
纪工委书记：汪更新
宣传委员：彭志春（工会主席）
政法书记：刘　平
统战委员：白　玉
组织委员：王智勇

（南坪街道）

## 海棠溪街道

【概况】 海棠溪街道位于南岸区中部，北抵长江，南邻巴南，辖区沿南弹路、四海路和学府大道呈狭长带状分布，地理位置优越。辖区有重庆工商大学、重庆交通大学、重庆市110中学等院校，区妇幼保健院、圣保罗医院、78408部队等社会和军队单位，有海棠晓月、和泓南山道、学府大道69号等大型楼盘，社会资源丰富。街道面积约12平方千米，常住人口约14万人。街道下辖海新街、敦厚街、南山道、海棠晓月、烟雨堡、罗家坝、四海、四千米、学府路、学苑共10个社区居委会。

【经济建设】 2018年，全街道经济建设稳中有升。其中限额以上住宿餐饮消费额4.3亿元，增长2.5%，总量位居全区第一；限额以上社会消费品零售总额26.54亿元，增长5.2%，总量位居全区第三。顺利推进全国第四次经济普查工作和33个普查小区、4676家企业、3691家个体的行业赋值、数据审核和比对等工作，经济发展总体良好。有序推进国企遗留问题（重庆市南岸区海棠加油站、重庆市南岸区海棠溪企业咨询服务有限公司）和低效国有资产（山千院6处门面）的处置工作，积极化解重塑十厂企业改制遗留问题。

【民生实事办理】 以保障民生为导向，以促进就业为重点，以落实惠民为目标，竭力办好民生实事。抓好御泰社区筹备组建、学苑社区养老服务中心建设、罗家坝社区便民服务点装修、南山道社区多功能活动场地修缮等工作，完善无障碍通道、饮水机、医药箱等自助服务设施，升级查询、叫号、无线Wi-Fi等信息化设备，提高为民服务的硬件设施和条件。全年新增就业3229人，再就业327人，成功追讨拖欠劳动者工资431.35万元。发放低保金、优抚金、惠老补贴等资金1400余万元，惠及17300余名辖区群众。广泛开展“睦邻四个一”主题活动，组织院坝联谊活动122场，开展文化讲座、文艺展演、“六送”活动65场和文化物联网文艺演出17场。完成敦厚中段12号棚户区修缮加固改造工程和烟雨堡43号、长橡家园200～208号散居楼栋综合整治工程，改善群众的居住出行条件。

【城市建管】 在区内率先推行街长、路长、院长、楼长和小区长“五长”工作制，率先运用一看、二问、三劝、四报、五落实“五步”工作法，建立健全“每日台账、挂网公示、双向反馈”工作模式，基本建成“大城众管”格局和“大城细管”机制。积极探索星级门店和积分奖励制度，“门前五包”责任得到较好落实。街长、路长任劳任怨，积极作为，参与协调处置1万余件城市管理大小问题，自行即时处置率达到96%，城管执法和清扫保洁处置效率从半天提升为10分钟左右，较好地实现“马路办”“马上办”。采取疏堵结合、规范整治方式，拆除破损店招设施48块，取缔游摊1435个，规范骑门摊1589次，查处违章车辆66辆，设置柱形花台46个，建成市政停车位28个，改善侨丰支路夜市摊区和金香亭临时市场环境。拆除南山生态带、“一棵树”

视线范围、南滨路景观沿线“两违”建筑和“蓝屋顶”12780平方米。完成南山道、烟雨路、学府大道片区5100平方米绿化整治，栽种苗木2600余株，播撒花籽1590平方米，进一步提升城市园林绿化水平。

**【社会治理】** 深入贯彻落实习近平总书记重要批示精神和市、区两级会议精神，围绕“有黑扫黑、无黑除恶、无恶治乱”总思路，组织发放扫黑除恶海报、倡议书8万余份，制作宣传展板20块，开展宣传活动40余场，加大宣传力度。坚持重拳出击、协同共治，市级A类挂牌重点整治地区（学府路社区）发案率同比下降18%；镇街级C类挂牌整治地区（敦厚街社区）发案率下降5%。进一步优化社会防控体系建设，强化流动人口服务，加强特殊人群管理，实行重点信访人员特殊时段“四班三运转”稳控。健全人民调解、行政调解、司法调解联动工作体系，妥善调解矛盾纠纷。全年开展危化企业专项检查19次，工贸行业监督检查45次，职业卫生专项检查2次，建筑工地专项检查41次，烟花爆竹监管检查21次，禁渔安全巡查12次，抓好建筑工地、夏季防汛安全监管和“守护生命安全通道”、工贸行业有限空间作业条件确认、电动车消防安全等领域的大排查大整治大执法专项整治工作。排查整治安全隐患80余处，建立安全管理台账200余份，实现辖区安全生产无事故。

**【卫生计生工作】** 组织开展全面落实二孩政策、流动人口卫生计生关怀关爱行动、计生协会纪念日、家庭医生签约等主题宣传活动10余场，平稳推进卫生计生工作。落实计生惠民政策，关爱计生困难家庭，完善特殊家庭“3+X”结对帮扶制度，发放生育关怀、帮扶救助资金31.58万元。做好政策解释和群众疏导工作，妥善处置全国性疫苗问题和学府医院取消医保结算等应急事件。

**【社区干部培训】** 按照“一社一品”要求，各个社区因地制宜、挖掘资源，推进社区特色品牌快速发展。紧扣社区工作所需，聚焦社区干部心声，组织开展公文写作、社区信息化办公、手机拍摄技巧、工作人员心理疏导、物业纠纷调解等课题培训，全年7名社区干部通过社工专业资格考试，全街社区专职工作者持证率达到60%，社区人员的工作水平和业务技能显著提高。

**【基层党建工作】** 进一步加强党员教育管理，分4期安排基层党组织书记培训，社区党委书记、支部书记、非公党组织书记参训率达100%。街道32名失联党员全部取得联系并完成组织处理。开展慰问老党员、困难党员554户，发放慰问金22.16万元。强化基层党组织建设，推动后进党组织整顿转化工作落到实处，敦厚街社区、南山道社区党委和机关党支部工作在区委组织部历次检查中得到肯定。选派73名党建指导员下沉到3500余家非公企业开展党建工作指导，巩固提升非公经济和社会组织“两个覆盖”。成功举办“海棠心愿•第一季”发布展示会，通过征集心愿、发布心愿、认领心愿和实现心愿，引导社会力量共同参与志愿公益活动，社会反响强烈。按照“街道用街道管、街道用社区管、社区用社区管”三个类别，对辖区380余处宣传栏、宣传展板和20个微信、QQ工作群实行责任制管理，扎实抓好宣传阵地建设和意识形态责任落实。贯彻全党做统战工作要求，分级细化统战工作责任，完成多党合作实践基地学苑社区养老服务站建设，统筹开展全国第八个民族团结进步宣传周活动，依法取缔乱设佛教造像和非法私设佛教场所。

**【海棠溪街道办事处负责人】**

党工委书记：龙晓梅
副书记：江荣忠
主任：夏江林（党工委副书记）
副主任：杨全红（武装部长）
张仕远 谢红霞（总工会主席）
人大工委主任：许毅
纪工委书记：秦大华
统战委员：欧阳光
宣传委员：李永发
政法书记：张雄
组织委员：宫小又

（海棠溪街道）

## 龙门浩街道

**【概况】** 龙门浩街道位于南弹公路中段，东靠南山，西滨长江，南临海棠溪，北接涂山镇，和渝中半岛隔江相望，辖区面积1.5平方千米，辖5个社区居委会（上新街、下新街、上浩、下浩、一天门），户籍人口2.65万人，常住人口近4万人。2018年，内设综合办事机构党政办公室、社区建设和社会保障科、城市规划环保建设管理办公室、经济发展科、社会治安综合管理办公室、安全生产监督管理办公室，挂牌科室有人口与计划生育办公室、统计管理办公室、司法所，下属事业单位有社会保障服务所、环境卫生管理所、文化服务中心。

【经济建设】 2018年，依托龙门浩老街和东原1891时光道商业街区开街，在交通、用工、用水、用电等方面积极服务辖区企业，努力挖掘楼宇经济增长点。精心部署有序推进第四次全国经济普查工作，完成1289户个体工商户清查，底册企业722户全部完成清查。限额以上社零完成1.22亿元，增长1.67%，规上工业总产值4亿元，增长6%，城镇人均可支配收入3.12万元，增长6%，新增1户规上企业。

【社会建设】 借鉴上海浦东新区缤纷社区的做法，聚焦小微，聚焦民生，深化“三事分流”模式，全面推广“131”院落自治方法，全面推进“三益”社区建设。明确“359”工作思路，建设五个风景圈的共同家园蓝图，为“三益”社区建设指明方向。社区围绕总体定位，广泛征求居民意见，制定三事清单。与四川美术学院签订战略合作协议，指导街道“三生三宜”品质城市共同家园建设。在项目产生、实施、评价等环节，依次召开听证会、协调会和评议会，引导居民、社会单位、区级有关职能部门全程参与。街道建立产业结构调整专项资金，引导鼓励商家围绕文化旅游产业特色店，培育近10家商旅文特色店。按照“一制管一事”要求，围绕落实居民公约和“草根”制度，发动和指导居民开展“三益”项目11个。

【城市管理】（1）围绕“三生三宜”要求，着力提升城市品质。认真落实“五长制”，坚持每天巡查，每周“全民动手”“文明劝导”活动，督促临街门店、施工工地、社会单位认真落实“门前五包”责任。（2）推进暴露垃圾整治进企业、进学校、进楼栋，开展农贸市场、背街小巷、征而未建区域等环境卫生专项整治10次，清理卫生死角700余处，清运暴露垃圾50吨，暴露垃圾及时清运率达到100%。保持对违规设摊、违建等市容问题整治的高压态势，累计取缔和整治各种占道违规经营点284处。（3）规范整治南山一棵树及沿江景观带蓝色彩钢棚，按期完成整治任务，累计拆除、规范违法建筑3.7万平方米。清表补绿、见缝插绿，新增城市绿地7000平方米，对公共绿地补绿269处，补栽花木5万余株。

【综治治理】（1）认真落实领导干部分片负责信访稳定和重点人员包案稳控工作机制，1—10月处置信访件27件，接待来访124人次，化解18件重大矛盾纠纷。及时妥善做好涂山路137、145号76户居民紧急搬迁和上新街128号意外突发事件的应急处置。（2）扎实推进扫黑除恶专项斗争，整治占道经营42处，发现和及时制止黑车运营48起、违规倒卖景区门票21起，立案1起，处罚车辆乱停放53辆次，市民、游客对景区和市场秩序的投诉率环比下降15%。（3）实施“民警重点防控、街道巡防队定线巡逻、社区义务巡逻队定期提醒、楼栋邻里守望”的24小时社会治安巡查防控机制，1—10月辖区治安案件发案率下降3%，刑事案件发案率下降7%，无监管人员重新犯罪事件发生。（4）认真落实安全生产“六大责任”，扎实开展建筑、消防、水上安全、“三合一”场所等安全大检查、大执法10次，督促整改各类安全隐患121处。（5）坚持依法行政，深入推进法治社区建设，组建5支法律服务社工队伍，推进法律服务进社区、进企业、进楼栋，实现法治社区“全覆盖”。

【文化活动】 举办“龙门之春”文艺汇演、社区节日庆祝活动、居民趣味运动会等社区群众性文体活动28次，开展新时代文明实践所暨龙门讲坛，举行专题宣讲、读书活动、朗诵比赛6次，举行专题文艺演出2次，依托“四点半课堂”免费开展青少年绘画、手工、茶艺、书法等培训活动。

【民生工作】（1）推进全民参保登记，认真落实社会救济、保障和二孩生育政策，1—10月已及时发放低保、医疗救助等各类救助、扶助金近800万元，为辖区4000余名65岁以上老年人申办了意外伤害保险。（2）推进就业五大工程，1—10月申办创业担保贷款110万元，累计新增就业人员3470人次，辖区登记失业率控制在2.19%以下，动态消除“零就业家庭”。（3）完成600户3万平方米棚户区改造和101户散居楼栋“一户一表”水表改造。对辖区4个散居楼栋院坝和4个公厕实施提档升级改造。完成下浩社区“多党合作实践基地”、一天门社区养老服务站等一批民生设施建设，上浩健康广场、一天门社区微型少年宫等一批民生设施建设有序推进。（4）持续推进街道、社区两级服务中心标准化建设，审批项目办件1671件，服务项目办件9884件，合计11555件。群工系统运行正常，已办件141件，办结率、满意率均达100%。

【龙门浩街道办事处负责人】

党工委书记：江　群（5月离任）
　　　　　　李富春（5月任职）
副　书　记：马　铮　丁长福（6月离任）
　　　　　　霍祥浪（9月任职）
主　　　任：马　铮
副　主　任：王　强　吴永学　向　东

徐丹丹（5月任职）
人大工委主任：江　涛（5月离任）
丁长福（6月任职）
纪工委书记：周先鹤（9月离任）
总工会主席：丁长福

（龙门浩街道）

# 弹子石街道

【概况】 弹子石街道位于重庆CBD金三角核心区域，中国（重庆）自由贸易试验区挂牌于此。2018年，辖区面积4.4平方千米，户籍人口约4万人，常住人口约5万人。弹子石是重庆的老工业基地和重庆开埠文化的发源地，街道下辖9个社区（裕华街、石桥、东山坪、弹新街、王家沱、惠工村、大佛寺、富力、群慧村），拥有5个市级文明社区和3个区级文明社区。辖区有重庆出版集团、重庆能投集团、中讯集团、重庆11中学校、武警重庆总队医院等上规模的社会单位30余个。街道先后被授予"重庆市文明单位""重庆市文明街道""双拥模范街道""重庆市和谐社区建设示范街道"等称号，社保所荣获"全国优质服务窗口"称号，有"邻里守望"全国优秀志愿者——"周幺婶"服务品牌。

【经济发展】 开展"大众创新，万众创业"工作，年内长嘉汇、泽科商务综合商圈相继开业，解决企业税收遗留问题3起，通过服务对接银行向辖区企业投放贷款8笔，帮助原"八一"棉织厂、玻璃厂、江南五金厂解决企业退休遗留问题18起。接待精细化工厂职工上访80人次，并将该企业的问题书面报告给区政府。开展第四次全国经济普查，成立普查领导小组，下设办公室负责具体普查工作，将辖区划分为9个普查区、31个普查小区，选配普查指导员13人、普查员66人。主动配合事权单位，推进大佛段正街142、149、23号的拆迁工作。引进培育税源，加强协税护税工作，开展税法知识宣传活动1次，200多人参与，开展税法知识进社区活动2次，利用社区场地优势制作税法宣传展示板28块，发放宣传资料1000多份，建立以东山坪社区为基地的弹子石街道税法宣传点，开展活动2次，300多人参与。

【民生保障】 开展两级服务中心优化提升，线上＋线下办结民生事务24656项，办结率100%，满意率99.8%。累计发放低保11482户，703.68万元，社会救助112人次，34.26万元。实施建档贫困户"一户一策"帮扶，通过开展就业培训、就业补贴、公益帮扶、"3+X帮扶特扶家庭"等多种方式帮扶贫困户1000余户、特扶家庭177户，发放慰问物资价值2万余元、慰问金34200元。巩固"三事分流"，引导居民解决"私事"1373件、"小事"770件，协调解决"大事"14件，完成率99%。推动"三社联动"，打造特色品牌，社会协同微公益，推行"三三结合"工作模式，社区社会组织培育快速发展，已注册市级社工机构1家，街道备案社区社会组织124个，申报社区公益站项目26个，全年开展4个市级社工项目、6个区级社工项目，进一步推动"社工＋志愿者"的创新服务模式，增强社区自治功能。石桥养老站建成投用，引进百龄帮养老中心，关心老年弱势群体。富力社区与区民政局携手共建全国综合防灾减灾示范社区，全面增强居民的防灾减灾应急自救能力。城镇新增就业3228人，通过职介网，发布招聘企业104户、招聘信息308条、招聘岗位2868个，招聘高校毕业生岗位469个，职业介绍成功714人，就业援助月招聘活动1场。调解劳动者欠薪、劳资纠纷1起。

【城市建设】 持续开展综合整治，重点是主次干道、窗口区域、学校及市场周边。全年共取缔主次干道占道经营745余处，规劝骑门摊785处，清理乱张贴小广告1307处，接办数字化平台转办案件680件，结案率100%，市容秩序整洁规范。上报城市绿化品质提升项目6个，集中开展征而未建、拆迁地块综合整治，累计拆除窝棚、清理垃圾和私垦菜地面积34540平方米。协同辖区交巡警开展僵尸车整治，清理拖移车辆17辆。整治违规广告牌，全年累计拆除大型广告牌5块、小型广告牌52块。巩固扬尘示范区域，通过设立固定检查点和流动巡查，出动执法车辆510辆次，执法人员1900余次，检查运渣车辆690余辆次，查处违规运输车辆360辆次，查处运渣车辆冒装95起，立案5起，罚款12000元，道路扬尘控制持续向好。督促环卫公司加大弹子石环道清扫保洁频次、力度，实行不间断保洁；落实"门前五包"，扫好"门前雪"；于每月第二周和第四周的星期五下午组织辖区居民、党员、志愿者深入背街小巷，开展"全民动手、美化家园"活动，共有街道、社区、志愿者和辖区群众2000余人参加，清扫道路6000余米，清理边沟500米，集中整治卫生死角500余处，清除垃圾150余吨，清除乱张贴、乱涂写800余处。全面推行"五长制"，共处理处置涉危围墙2处、护坡1处，补植补绿33处，修复花台6处。"两违"整治卓有成效，存量消除任务8182平方米，已全部拆除并通过验收；市级挂牌案件6件，结案4件，查处中2件；区级挂牌2件，结案1件，查处1件；卫片新增1件，查处中；观景台市区领导要求案件2件4处，查处中；朝天门大桥两侧市区领导督办案件1件22户，查处中；另制止违法搭建行为46起。处理辖区“12369”环境保护投诉平台接收的环境保护问题15件，涉及噪声、油烟污染等，处置回复率100%。

**【社会治理】** 规范运行两级服务中心，全科窗口运行平稳，线上＋线下办结民生事务24656项（其中：一门式23472件，“96016”群工系统1184件），办结率100%，满意率99.8%。社区创新社会治理项目化，推进社区一事项目8个、小组一事项目23个、社区创新社会治理示范点1个。民生保障安全高效，低保发放6369户8930人463.02万余元，社会救助92户，累计20.07万元。推行“三事分流”工作机制，解决“私事”360件，“小事”595件，“大事”19件。社会协同微公益，增强社区自治功能，申报社区公益站项目21个，政府支持、社会协同、居民筹资32.93万元，已完成19个。

**【文化活动】** 免费开放文化服务中心，借阅图书1000余人次，电子阅览200余人次，编办文化专栏10期，完成物联网演出4场、文艺培训24次、文艺讲座2次、文化展览4次。联合公安、工商、城管、教育等部门开展“清源”“秋风”“护苗”等专项行动，检查学校附近的书报刊店、印刷企业、网吧、歌舞厅等文化经营场所及辖区文物30余次。开展全民阅读、“小小发明家”、七彩课堂、全民健身系列活动。建设东山坪社区体育健身点，打造大佛寺社区大健康服务中心，利用天际运动场，组织各社区开展2018年“全民健身周”系列活动，惠及群众200余人。弹子石快乐舞蹈队取得重庆市广场舞大赛一等奖，将代表市参加全国广场舞大赛。

**【综合治理】** 街道党工委、办事处多次召开会议，传达学习市、区政法工作会议精神，专题研究综治平安建设工作，引导街道、社区党员干部牢固树立抓发展、保稳定、促和谐的理念，增强党员干部抓好综治工作的意识。坚持把综治工作纳入全街道经济社会发展总体规划和年度计划，坚持综治工作例会制度，每月召开一次综治工作分析会，分析研究部署各项综治工作，并及时反馈综治工作信息。开展扫黑除恶专项斗争，召开党工委专题会议8次和扫黑除恶专项斗争专题会议12次，制定《弹子石街道扫黑除恶专项斗争工作方案》，成立扫黑除恶专项斗争领导小组，并与社区签订责任书和排查工作承诺书。制作巨幅宣传画3幅、宣传展板50块，在辖区张贴《关于深入开展“扫黑除恶”专项斗争的通告》100余份，悬挂“扫黑除恶”宣传横幅30条；在楼栋、电梯、网格内张贴宣传海报4000余份；在宏声广场、泽科、长嘉汇购物公园和社区等集中公共区域的LED屏上滚动播放宣传片；开展集中宣传2次，各社区召开座谈会28次，开展宣传24次，组织院坝会35次、警民恳谈会17次。街道、社区、派出所联合入户1.8万余户，共发放宣传资料15000余份。对重点整治区域富力社区进行挂牌整治，刑事案件发案7件，同比下降63.5%。完成信访代理3件，完成自录件24件，完成网上建议5件，办理市、区转办信访件18件。接访下访群众132件，信访室接待群众400余人次。

**【基层党建】** 召开党工委会研究部署党建工作16次，协调解决增设支部、支部换届等重大问题10余个。组织学习宣讲十九大精神、习近平总书记全国“两会”期间参加重庆代表团审议时的重要讲话精神等72次。开展党工委中心组集中学习7次、自学6次。妥善应对处理大佛寺集翠村信教群众非法聚集等意识形态领域事件，推进10个新时代文明实践所（站）建设。班子成员成立宣讲团，到科室、社区上党课26次，结合新时代文明实践所（站）“六讲六抓六做”活动，组织社区党组织以上党课、讨论会、院坝会等多种形式深入开展群众宣讲活动40余场。常态化开展全民动手系列活动224次，深化“不忘初心、服务群众”主题活动，9个服务群众工作组下基层276人次，召开协调会议10余次，组织开展群众讲座15次，收集社情民意768条，解决居民问题（需求）736个，解决率96%。开展党员轮训工作，辖区500名党员参训。完成1111个非公经济组织和17个社会组织的党建指导员选派工作，党组织组建率达100%，覆盖率分别达91.5%、94.4%。开展街道领导班子成员和社区书记述责述廉20人次，及时通报中央和地方违规腐败等典型案例14次，通报街道4名职工违纪和失职失责问题，开展“四说”警示教育，教育党员干部吸取教训，筑牢廉洁防线。

**【弹子石街道办事处负责人】**

党工委书记：钟世伟
副书记：张述华
主任：黄良谋
副主任：冯杰　吴颖
　　　　王武（政法书记）
　　　　郑全（武装部长）
人大工委主任：鲜明
纪工委书记：朱尚书
党工委委员：罗文勤　胡红心

（弹子石街道）

# 南山街道

**【概况】** 南山街道位于重庆南山风景区，东与峡口镇、长生桥镇接壤，南邻巴南区南泉镇，西与南坪镇、涂山镇、鸡冠石镇相连，北滨长江，面积35.8平方千米。街道办事处驻黄桷垭崇文路138号。2018年，设党政办公室（加挂人大南山街道工委办公室牌子）、社会事务和社区建设管理科（加挂民政办公室、人口和计划生育办公室牌子）、财政经济科、城市建设管理科（加挂南山生态环境保护协调办公室牌子）、社会治安综合治理委员会办公室（加挂安全生产监督管理办公室牌子）、司法所；下属事业单位有社会事务服务中心、农业服务中心、文化服务中心；办事处辖黄桷垭、南山路、真武山、文峰新街4个城镇社区和联合、新力、龙井、泉山、金竹、双龙、石牛、大坪、放牛9个行政村。辖区内有科研机构2个、大学2所、中学3所（其中市级重点中学2所）、小学6所。南山街道位于重庆主城南山风景区的核心区，属南岸区“十二五”规划重点发展的六大经济板块之一，素有“山城花冠”“重庆肺叶”“绿色屏障”的美誉。境内旅游资源丰富，有闻名海内外的黄山抗战遗址博物馆、宋代瓷窑等市级文物保护单位24处；有“一棵树”观景台、黄桷古道、南山植物园、加勒比海主题公园、抗战空军纪念园、涂山湖公园等景区景点；有老君洞、涂山寺等宗教圣地；著名的“泉水鸡”发源于此，被中国烹饪协会命名为“泉水鸡之乡”和“中华美食街”；拥有各具特色的泉水鸡、石牛农家乐、陆派火锅、养生及江湖菜、黄桷古道豆花五大美食街。近年来，南山街道重视生态保护，建设和谐家园，打造了奇花异草集聚的南山双龙盆景花木展示交易一条街、放牛桃花园、蜡梅园、石牛农家乐休闲街等景区。南山街道是重庆主城的旅游名镇，先后获得重庆“最具活力小城镇”“中国人居环境范例奖”“全国基层先进党组织”等14项荣誉。南山盆景于2011年入选重庆市第三批非物质文化遗产名录；2014年南山街道因民间油画入选重庆市民间文化艺术之乡；2015年，南山街道石牛村被重庆市商业委员会办公室命名为“重庆市农家乐示范村”；2017年，南山街道双龙村在中华人民共和国住房和城乡建设部办公厅组织的绿色村庄创建工作中被认定为第一批绿色村庄；2018年，南山街道双龙村被中国生态文化协会授予“全国生态文化村”荣誉称号，放牛村成功入选重庆市2017年绿色村庄。

**【经济工作】** 2018年，街道地区生产总值完成35.3亿元，增长9.5%；固定资产投资3.47亿元；农村居民人均收入21874元，增长10.7%；规模以上工业总产值完成2950万元；社会消费品零售总额完成2.91亿元，增长8.5%；商品销售总额完成11.57亿元，增长12%；税收收入完成3200万元。紧扣“自在南山”发展定位，开展南山盆景展销中心改造工程，搭建“互联网＋盆景产业”形式的线上线下电商平台，培育盆景产业本土人才，大力发展双龙村盆景等绿色产业；推进市级示范点双龙村“三变”改革稳步前进。完成双龙村清产核资、清人分类、股东认定，成立盆景专业合作社和物业管理公司；通过集体产权制度改革，村集体经济收益40万元左右，增长75%。

**【党建工作】** 街道党工委自觉把学习党章党规和系列讲话作为理论武装的重中之重，认真开展中心组学习和党支部、党小组活动，重点学习了习近平总书记系列重要讲话，习近平新时代中国特色社会主义思想，党的十九大、十九届三中全会精神，累计举办专题宣讲培训8次，班子成员到村、社区讲授党课18次，辖区基层党组织全覆盖完成2017年度组织生活会。反腐倡廉建设全面加强，制定党风廉政建设“两个责任”清单，层层签订党风廉政建设责任书，下发《2018年度党风廉政主题宣传教育活动的实施方案》，对6项重点工作进行细化分解。完善党员干部及其亲属涉权事项系统、“两个责任”系统。组织基础更加牢固，完成辖区各基层党组织书记述职评议工作，指导各基层党组织开展2017年度专题组织生活会及民主评议党员工作。不断抓好组织建设，辖区非公经济组织和社会组织的党组织覆盖率分别达到100%和87%。后进党支部新力村，坚持党员群众导向，整顿转化工作全程公开，广泛听取党员群众意见，及时反馈整改进度，鼓励党员群众参与监督，整顿转化工作取得实效。严格落实支部主题党日、“三会一课”、党员领导干部双重组织生活等制度，机关、村（社区）党员干部全覆盖佩戴党员徽章，坚持将组织形象树起来、党员身份亮出来，确保党支部工作既严肃又规范。

**【社会治理创新】** 以党建引领为先导，成功实现党建、综治“双网合一”。积极推广社区大党委工作机制，发挥“131”自治模式作用，通过建立楼栋党小组，开展党员“亮牌承诺进楼栋”，制定议事协商长效机制，崇文小区创新居民自治模式，从以前的政府大包大揽变为党组织、党员群众及自管组共同参与，实现由“问题小区”到“示范小区”的蝶变。发挥党员示范引领作用，打造文峰新街社区“共享＋全民阅读”项目，围绕“人人都有书生气、家家都有书香气、处处都有书卷气”搭建便捷、有效的共享平台，营造良好书香氛围。开展“书香家庭”评选等活动，建立共享书吧。做好文峰新街新时代文明实践所、双龙村新时代文明实践站试点挂牌工作，并常态化开展文明实践活动。

**【社会民生工作】** 加强规范化建设，建立“南山街道公共服务”微信群，提供政策咨询、预约服务等便民服务。全面启用评价器、查询机等信息化设备，新增自助查询一体机1台，使生活更便捷，体验更人性。推进全科窗口“一门式”服务，共办理民生事件55742件。密切联系群众，坚持周四“服务群众工作日”，按照“三事分流”工作机制，办结群众反映事项103件，办结群工系统反映事项445件。统筹社会事务开展，13个村（居）社区公益站开展活动80余项，申报资金40万余元。孕优检查116人，关心慰问辖区计划生育特别扶助人员74人，慰问意外生病住院的“失独”人员10人，办理意外保险32起，合计慰问金7800元。发放各类民政对象抚恤金、救助金510万元。为辖区18名困难群众申请丧葬补助。开展辖区占地毁林建坟清理工作，共清理非法占地毁林建坟2987个。为86名残疾人办理了残疾证。对辖区内因病致贫的困难群众、低保户、建档困难户实行临时救助，共计86人次，救助金额共62.5万元。积极落实惠民政策，举办“春风行动”招聘会，初步达成就业意向50余人。注重以创业带就业，新增城镇就业3万人，城镇登记失业率控制在2.8%以内。城乡居民合作医疗保险参保率达98%以上。落实全面两孩政策，均衡人口结构，优化计划生育服务，提高人口质量。

**【城市建设与管理】** 加快推进城乡建设，加大基础设施建设提档升级，构建城乡一体化发展网络。开展绿化工程，共补绿9600平方米。结合绿色村庄建设，综合推进堰塘湾美丽宜居示范村庄、杉树湾农民新村、放牛村乡村振兴风貌改造等工程，改造6个美丽宜居村庄和大竹林、下石牛、木耳坪整洁庭院。加快推进农村人行便道改建工程，修建生产生活便道7800米。建设农村小康路2.34千米，改造乡村火锅至老龙洞公路2.15千米。开展畜禽养殖整治工作，目前已无超标养殖、直排等现象。加大天然林保护力度，全面完成林相改造二期项目。实现南山地区城乡供水一体化，全力保障辖区全年正常供水，未发生大规模停水事件。

**【生态文明建设】** 打好蓝天保卫战，加强大气、扬尘污染防控，空气质量优良天数稳定在300天以上。建成投用石院子污水处理厂。完善南山街道三级“山长制”体系，严格落实四级“河长制”体系，全覆盖推行“河长制”APP。完成小泉支流黑臭水体长治久清整治项目。完成存量消除任务4.2万平方米，共计拆除违章建筑16.99万平方米。其中，拆除违规生猪养殖场7宗7200平方米，拆除彩钢棚104处2.14万平方米，江岸景观带“蓝屋顶”整治34处4870平方米，实现辖区违法建筑“零增长”目标。完成1宗土地矿产卫片执法违法用地图斑整改工作。开展“小散乱污”企业整治前期工作，对关停取缔类、停产整治类企业依法彻底关停取缔。

**【社会治安综合治理】** 开展扫黑除恶专项斗争，制定《扫黑除恶专项斗争工作方案》，成立扫黑除恶专项斗争工作领导小组，定期召开扫黑除恶专项斗争工作会。按照“谁主管、谁负责”“谁主管谁摸排”原则，全面彻底摸清底数，积极做好线索核查工作，核查回复转办件10件。结合联系服务群众、党建等街道日常工作，采取海报、标语、院坝会、入户走访、LED显示屏等形式，在街道、13个村（居）和社会单位，安装14个扫黑除恶线索举报信箱，开展宣传教育102次，张贴扫黑除恶宣传海报3000余份，发放宣传资料16300余份。加强肇事肇祸精神障碍患者管理，对辖区卫生库263名精神障碍患者、78名3～5级严重精神障碍患者进行随访694次。做好防邪帮教工作，建立由街道、派出所及村（居）工作人员组成的“多帮一”帮教队伍，开展集中反邪教宣传、教育活动26次，发放宣传资料3000余份。全面落实信访维稳工作责任制，加强信访法治化建设，深化领导干部接访下访工作，共接访群众192件次。接收信访40件，办结率达100%。按照“七五”普法要求，结合“谁执法谁普法”和“谁管理谁普法”责任落实，加快完善两级公共法律服务体系，建立1个公共法律服务站、13个村（居）公共法律服务室，全部投入使用，实现全覆盖。共接待群众来访咨询1400余人次，排查矛盾纠纷27件，调解案件45件，调解成功率100%。落实安全生产责任制，层层签订安全生产工作目标责任书，严格执行“党政同责、一岗双责”责任制，深化安全生产大排查大整治大执法，共开展养老机构、宗教场所安全检查39次，排查企业129家，发现安全隐患195个，做到防患于未然。对辖区无证幼儿园进行摸底排查，共发现4家，已整改。继续深化南山三级巡防体系，做到定时定点和随机巡逻相结合，形成全天候全覆盖社区巡逻防控体系，对6个地灾点日常安全巡查36次。签订防洪抗旱责任书，制定汛期24小时值班制度，完善防汛抗旱片区巡查制度，明确辖区重点水库、排洪沟技术、管护责任人。签订防火责任书，街道连续14年做到森林火灾零发生。

【精神文明建设】 发展教育文体卫生事业，开展插花比赛、健步走等各类文化活动25场，播放惠民电影70余场。街道新增13个文物点。继续推动村（居）体育基础设施建设，安装健身器材15件。在黄桷垭油画展厅举办渊源南山北水·写生中国川渝六分部作品联展。油画村画家龚临滨的瓷盘画作品入选献礼改革开放40周年纪念邮册。协办南岸区第六届非遗民俗民风展演活动。组织辖区摄影、书法、美术爱好者参加南岸区街镇书画摄影联展，获得二等奖3个、三等奖3个，南山街道获组织工作奖。做好外宣和舆论引导，南山动态被市级媒体报道4次、区级媒体报道14次。

【南山街道办事处负责人】

党工委书记：冉启贻
副　书　记：程　涛　肖　萍
主　　　任：程　涛
副　主　任：李天云　周仁强
　　　　　　彭春燕（女）
人大工委主任：金　炬（女）
纪工委书记：蒋晓峰
政法书记：翟万山

（南山街道）

## 天文街道

【概况】 天文街道成立于2013年8月15日，东以通江大道为界，南以玉马路为界，西靠铜锣山脉，与南山街道接壤，北以茶园路为界，辖区面积7平方千米。南岸区行政中心和全市最大的公租房小区城南家园均在辖区范围内。街道目前已成立水云路（公租房）、中一路（公租房）、玉马路、兴塘路、梨花路5个社区居委会，户籍人口约14500人，流动人口9万余人，流动人口集中居住在公租房小区。有各类党组织11个，在册党员290人。街道党工委班子带领辖区干部群众，齐心协力、励精图治，共同推动街道经济社会发展，街道社保所荣获"2018年重庆市巾帼文明岗"称号，街道水云路社区妇女之家被评为"重庆市2017年度十佳妇女之家"。

【党建工作】 政治建设。教育引导全体党员坚决落实"两个维护"，严格遵守政治纪律和政治规矩，深入贯彻落实习近平新时代中国特色社会主义思想、党的十九大精神和全国、市、区组织工作会议精神，开展专题宣讲、专题党课等活动60余场。规范化开展支部主题党日活动，严格落实领导干部双重组织生活会制度，常态化开展"两学一做"学习教育102次，组织中心组学习8次，推动"互联网＋党建"，加强党员教育管理，切实增强"四个意识"，坚定"四个自信"。

组织工作。新成立梨花路社区党支部、金交劲通非公党支部，新发展党员11名。对辖区非公企业和社会组织全覆盖选派兼职党建工作指导员，"两个覆盖"质量进一步提升。建立健全党建联席会议制度，建立资源、需求、项目"三张清单"，联合驻辖区单位召开会议18次，解决了时代都汇乱停车等一批群众反映强烈的问题。群工系统共受理群众反映问题746件，全部办结，满意率100%。建立健全"一争三带五个一"机制，通过开展组织生活、志愿服务活动，努力实现流动党员"离乡不离党、流动不流失"。

党风廉政。健全完善11份"两个责任"清单，定期召开党建工作联席会，全年街道党工委会传达党风廉政相关会议精神、通报29次，研究部署10次，听取街道纪工委党风廉政建设工作专题汇报2次。严格执行民主集中制，认真执行《天文街道党工委会议事规则》《天文街道行政办公会议事规则》《天文街道"三重一大"实施细则（试行）》等规定，2018年共申报、审议"三重一大"事项89件，通过88件，否决1件。组织党员干部参观廉政教育基地——渝都监狱，召开"以案四说"警示教育暨廉政大讲堂活动，以"笔墨天文起清风，反腐倡廉弘正气"主题，举办廉政书画大赛。2018年按要求开展了商业预付卡和食堂结余自查自纠、贯彻落实中央八项规定精神自查自纠，以及"1+3+N"、低保五保民生资金试点和涉权事项等专项整治，针对街道食堂结余发放方式不当、社区发放工作服等问题及时进行了整改。

队伍建设。选优配强基层党建工作骨干力量，落实副书记专职管党建，按照相对稳定、熟悉业务的要求配备工作人员专职做党建。严格执行《党政干部选拔任用工作条例》和《南岸区科级干部职务管理办法（试行）》，以靠得住、有本事、肯干事、群众公认作为选人用人标准，2018年调整选任社区书记2人次。

【经济发展】 街道限额以上商品销售总额超115亿元，同比增长137.8%；限额以上社会消费品零售总额2400余万元，同比增长31.4%，分别名列全区镇街第1、2名。建成商业面积86.8万方，招商45万平方米，各楼盘商业配套已初步建成。红星美凯龙、奥园永辉超市、中铁万国城商业及好又多农贸市场相继开业。

【民生工作】两级服务中心坚持"便民、惠民、利民"理念，全域化推进"一门式"服务，实施"全科窗口"建设，实行“线上＋线下”、错时、预约、代办等服务机制，去年共办理社会事务 18607 件，群众满意率 100%。

**【社会治理】** 围绕民生短板、治理难点，重点推动了“就业动车”“大健康公园”等项目的实施。其中，“就业动车”项目通过线上线下双轨驱动，线上访问量达 12.1 万人次，帮助 401 名群众实现“码”上就业。线下推行“1+2+N”模式，举办招聘会 29 场，组织企业 278 家，提供岗位 7300 余个，达成意向性用工 3518 余人；“大健康公园”项目筹资 60 余万元，开设食药阁、孕育心语、悦书坊、聚仙翁 4 个健康专区，开展义诊、健康咨询及各类文体活动 250 余场，参与群众达到 7 万余人次。

**【城市管理】** 全民打造“三生三宜”品质城市，落实城市综合管理“五长制”，坚持推动“治乱”行动、全民动手活动落细落实。成功解决银翔翡翠谷等区域停车秩序及环境问题。街道在“三生三宜”品质城市建设工作在全区镇街排名第一。

**【扫黑除恶】** 召开会议专题研究 30 余次，层层签订责任书。采取三级会议宣讲、数字化舆论引导、院坝会警民互动等措施，向“两委”干部、网格员、党员群众传达精神，落实清查和摸排任务，破获各类刑事案件 89 起，抓获各类犯罪嫌疑人 110 人，打掉犯罪团伙 1 个。

**【安全稳定】** 落实“党政同责，一岗双责”，签订各类安全责任书 61 份。突出建筑施工、消防等重点领域，排查整改隐患 155 处，全年无重大安全事故发生，获得 2018 年度全区安全生产工作目标考核优秀等次。发挥“五位一体”联动协防，成功处置银翔车库纠纷、中交漫山接房纠纷等重大事件 4 件，排查调处各类纠纷 354 件。

**【天文街道办事处负责人】**

党工委书记：周海军
副　书　记：卿雪曦
主　　　任：陈　英
副　主　任：雷　红　陈　凌　申立国
　　　　　　赵应桥
人大工委主任：彭　刚（2019 年 3 月任职）
纪工委书记：陕　闪
党工委组织委员：王　硕
党工委宣传、统战委员：杨云龙

（天文街道）

## 南坪镇

**【概况】** 南坪镇位于重庆市南岸区西部，1953 年设置南坪乡，1992 年撤乡建镇，镇域面积 16.7 平方千米（其中，森林面积 2.7 平方千米），东与南山街道、海棠溪街道相连，北与涂山镇、龙门浩街道相邻，西与南坪街道、花园路街道接壤，南与巴南区交界。全镇常住人口 14.9 万人（户籍人口 8.8 万人，居住人口 6.1 万人）。下辖兴隆、白鹤苑、回龙湾、南塘苑、渝能、金阳、辅仁、康德、汇雅、二塘 10 个社区居委会和四千米临管会。镇内交通方便，金融机构、大专院校及研究院所集聚，成为重庆都市经济圈内崛起的一方热土。

2018 年，南坪镇紧紧围绕全区发展大局，按照稳增长、促改革、调结构、惠民生、防风险的总要求，促进全镇经济社会持续健康发展，较好地完成全年目标任务。

**【经济建设】** 面对经济下行、区域产业结构调整、房地产持续低迷等客观情况，围绕“保稳定、保民生、保运转、控支出”原则，将狠抓财政收入作为财政工作的首要任务，狠抓开源节流、挖潜增效、规范管理。全年完成商贸销售总额 63.7 亿元，社会消费品零售总额 38.4 亿元，同比增长 20%；完成规上工业总产值 55 亿元，全社会固定资产投资 10.1 亿元，地区国民生产总值达 69 亿元，增长 7%。

**【社会保障】** 社会保障全面落实。完成 2018 年城乡居民合作医疗保险 37828 人，参合金额 1042.42 万元，参合率达 100%，其中政府资助特殊人员金额 42.12 万元，分别占参保人数和参保金额的 4% 和 4%。城乡低保应保尽保。累计发放低保金 854.89 万元，惠及困难群众 1210 人；经济困难的高龄老年人养老服务补贴累计 276 人，补贴金额 5.52 万元；办理老人优待证 492 位；129 人享受镇、区临时救助，发放救助金 73.79 万元；救助流浪乞讨精神病人 23 人次，发放救助金 8.18 万元；廉租房双困难户 6 户 7 人，享受租金补贴 14280 元；优抚对象 655 人，累计发放民政优抚金 243.05 万元；元旦、春节等传统节日走访慰问惠及 2159 人次，发放慰问金及慰问品 88.61 万元。就业服务成效明显。全镇新增就业 4719 人，完成计划的 181.5%；登记失业人员再就业 1818 人，完成计划的 227.25%；就业困难人员再就业 362 人；职介成功 830 人，完成计划的 118.75%；办理就业创业证 502 个，受理失业金手续办理 369 人，城镇人员登记失业率为 2.02%。扶残、助残工作落到实处。做好全国残疾人服务状况和需求调查，实地入户走访

1311人，定期更新服务需求台账；全年对470名在册残疾人发放残疾补贴28.99万元；发放燃油补贴38人次，金额9360元；发放视力、听力残疾人数字电视补贴65户，金额9750元；全年共计办理残疾证72个。

**【社区建设】** （1）深化“三事分流”工作。通过问需于民活动，收集需求，划分“三事清单”，共收集大事、小事、私事共725件，小事和私事完成率达100%以上。（2）完成试验区结项报告。按照区民政局要求，收集汇总南坪镇2015—2018年试验区结项工作相关资料图片，并上报区民政局结项总结汇报。（3）服务成效显著。绿荫中心指导10个社区社工站完成2017年区级项目结项评估；先后在2018年市、区级资金扶持社会工作服务项目中获得10个项目；绿荫中心通过南岸区公共资源交易中心成功中标南岸区南坪上海城婚姻登记处婚姻家庭咨询辅导社会工作服务市级项目，向中心服务全区的目标迈出了坚实一步。（4）推动公益站建设。运用“三事分流”工作法，以老旧散小区修建完善为主，丰富居民文化娱乐生活为辅的方式，开展南坪镇第二届公益微创投，激发公益站建设活力，创新社区治理新机制。全年南坪镇共获批明泰基金金额270.7万元，群团项目资金66万元。

**【城镇管理】** 城市管理。加大清扫保洁力度，清理城乡接合部、背街小巷、老旧居住区暴露垃圾4620吨。加强市政设施管护和建设，安装道路隔离桩5000余根、护栏2000余米，修补人行道破损7280平方米，增设停车位300余个，建设江南小学人行道近500米。清理绿地种菜18.16万平方米，种植树木8280棵，播撒花籽500余千克，修枝、清理树木1330棵，补栽绿化3.2万余平方米。加强城市管理执法，拆除违法建筑61处5429平方米。整治占道经营、占道停车，立案处罚38起，拖移僵尸车450余辆。整治市政管网违法违规接入、雨污混排、污染直排等行为，出具限调执法文书67份。全年受理投诉案件24341件，完成率96%。违法整治。贯彻市、区关于推进主城区违法建筑整治的相关精神，拆违工作从“点、线、面”入手，对违法建筑整治进行分类处置。全年共计拆除违法建筑65宗，消除违法建筑面积约5万平方米。物业管理。引导居民自行处理物业矛盾，推进居民自治。依法指导引导业主成立筹备组，按照相关程序要求，结合小区实际情况召开业主大会，引导回龙湾小区等4个小区依法开展业主委员会的选举或换届工作，顺利化解绿洲龙城小区物业、业委会、业主三方矛盾和回龙湾小区部分业主干扰业委会选举矛盾3起，调处率100%。

**【综合治理】** 社会治理。以环境综合整治为重点，推进青龙苑小区、今宏家园小区居民自治；打造汇雅社区“微型少年宫”和康德社区、汇雅社区“群团之家”，天香丽苑文明新风文化墙，推广“来点·智慧社区”建设；强化“三社联动”，开展第二届公益微创投，推动公益站建设，实施公益项目53个，使用公益基金63万元，实施各级社工项目10个。社会稳定。定期排查各类矛盾纠纷风险点，按属事属地原则分类处理，共处置调解114件；重大节日及敏感时期，对全镇87名重点人员、24个重点群体建立动态工作台账，通过“四班三运转”“日点名”等措施，确保全年无到市进京非访和辖区和谐稳定；优化群防群治队伍，配合完成“雪亮工程”建设；开展扫黑除恶专项斗争，核查转办线索4条，整治乱点10个，发放宣传资料10万余份，使扫黑除恶专项斗争在辖区各行业、各区域、各领域全覆盖；制定社会治安重点地区排查整治工作方案，加强宣传引导及治安乱点、重点区域、街面巡逻防控，完成兴隆社区区级B类重点地区整治的摘牌验收，有效改善辖区治安环境；强化邪教人员转化帮教、打击处理；落实重症精神病患者“以奖代补”政策和加强对肇事肇祸的处置，不断完善流动人口服务管理。接收矫正人员54人，解除42人，现在册84人；开展集中教育9次，712人次参加，个别谈话教育712人次，走访211人次。支持公安机关开展打击违法犯罪活动，全年共发刑事案件506起，下降14.81%，查处治安案件556件。加强重庆市网上信访工作，规范信访转办流程，全年信访代理录入信息16件，接上级转办信访件31件，回复31件，信访工作协调职能有效发挥，提升了群众信访满意度。

**【安全生产】** 落实安全管理“党政同责、一岗双责”“管行业必须管安全”要求，加大隐患排查治理力度，共签订安全生产目标责任书96份，其中分管领导、责任科室、社区（村）18份，企业、社会单位78份。共出动检查人员970人次，排查企业518家，检查隐患437条，整改428条，无重大隐患，整改率为98%。下达整改指令书3份、处罚决定书4份，处罚金额800元。各级党政领导部署安全工作116次，带队检查178次。组织开展烟花爆竹专项检查，对辖区22个烟花爆竹点进行46次排查，发现隐患611处，整改611处，整改率100%。开展大排查大整治大执法专项检查，制定检查方案3份，检查企业36家，发现隐患42处，整改42处，整改率100%。开展职业卫生专项检查，并对14家存在职业病危害的单位进行考核。对全镇47所学校、幼儿园开展校园安全检查，发现隐患45处，整改42处，整改率93%。开展消防安全专项检查，共检查企业68家，发现隐患35处，整改34处，整改率97%。

【社区党建】 坚持镇党委领导，全面推行政务公开、财务公开、村（居）务公开，自觉接受镇人大的法律监督和工作监督，镇纪委的纪律监督，社会各界的民主监督，累计办理代表议案、意见、建议和政协委员提案31件，办结率100%。坚持依法行政，规范行政行为。全年更新完善镇公共服务中心软、硬件设施，强化管理提升服务水准。资助参保扩面提额，扎实践行精准扶贫。各社区便民服务中心全面运行，持续推行全科窗口和“一站式”服务，提高行政服务效能，累计办件52135件。把落实中央八项规定、市纪委“八严禁”“十二不准”作为经常性监督内容，深入基层查处发生在群众身边的“四风”和腐败问题，共组织检查5次，调查走访全辖区重点地段、小区和场所22次。针对重大时间节点开展公款吃喝、公务用车、津补贴发放、纪律执行情况等监督检查16次，查访工作作风及公务接待12次。对廉政风险易发的“三重一大”领域加强监督，抓好党委会议定事项的工作督查督办56次，整治散懒拖行为，干部作风进一步好转。

【计划生育工作】南坪镇常住人口13.09万人，户籍人口10.7万人，已婚育龄妇女29029人；流动人口37538人，占常住人口的28.68%；出生人口1264人，其中政策内生育1260人，符合政策生育率为99.7%；出生男孩649人，出生女孩615人，出生人口性别比为105.53；死亡598人，自然增长880人，人口自然增长率为6.56‰。稳步推进城镇人口签约家庭医生服务工作，共签约39250人；生育服务证、独子证办理率达99.9%；完成孕优检查320人，开展卫生和计生宣传活动16场次，开展8类重点群众常规体检工作；新增加特扶人员19人，奖励扶助2人，兑现独生子女费19.81万元，发放失独家庭“馨缘联谊会”小组活动经费8000元、失独家庭困难资金27000元、失独家庭节日费72800元。审核离岗乡村医生养老和医疗补助31人，与派出所、综治办、社区、医院排查重度精神病人2次391人，与严重精神障碍患者家属签约有奖监护协议27人。

【文化活动】 依托群众文艺表演队伍，组织各社区在所辖小区举办文艺演出，开展趣味运动会、乒乓球比赛、羽毛球比赛等，共2000余人次参与活动。全年政府购买服务社区演出18场，播放惠民电影100场，物联网培训24场、讲座24场、展览4场，丰富了群众的业余文化生活。参加市级、区级组织的各类体育、文化赛事，荣获各类奖项7个。

【南坪镇办事处负责人】

党委书记：刘建军（2月离任）
徐华维（3月任职）
副 书 记：何昌梅
镇　　长：蒋　梁
副 镇 长：张明远
梁长江（武装部长）
徐晓东　徐　洁
人大主席：彭　莉
政法书记：黄鸿星
纪委书记：郭　飞
工会主席：曾令坤（统战、宣传委员）
组织委员：邹瑞强

（陈虹霖）

## 涂山镇

【概况】 涂山镇位于南岸区西北部，东部与鸡冠石镇、南山街道接壤，南部与龙门浩街道相连，西部与弹子石街道相邻，北临长江。地形南高北低，东西宽约1.5千米，南北长约6千米，辖区面积8.9平方千米。其中，农村耕地74公顷，森林面积251.9公顷。2018年，镇机关设党政、财政经济、规划建设管理环保、社会治安综合治理、安全、社会事务等办公室，另设农业技术服务中心、公共事务服务中心和社会保障服务所。辖石溪路、友于里、仁济路、兴隆湾、骡子堡、红星、腾龙、福民、黄荆坡9个社区居民委员会和莲花1个村。辖区总人口约20万人，其中户籍人口5.8万余人。镇人民政府驻址南岸大石坝。

涂山镇是南岸区三个特大镇之一，地处“一区二带”范围内（弹子石中央商务区、南滨经济带和南山生态带），与“一镇三街道”相邻，具有独特的区位优势。境内水陆交通网络四通八达，辖公路13条，总长约15千米，各乡间支路（便道）约22条，南弹路、南滨路、弹广路、腾龙大道、龙黄公路、渝黔高速等主干线贯穿其中，初步形成以四横四纵三桥为骨架的便捷交通体系。

【经济建设】 全年规模以上工业企业总产值71208万元，同比下降13%；限额以上商品销售总额58784万元，增长28%；限额以上社会零售总额28589万元，下降6%。推进协税护税工作，突出抓好重点行业、重点税源和纳税大户税收协调服务工作，扶持新办纳税企业239户，坚持做到应收尽收，足额入库。全年实现全口径镇级财政收入8240万元，增长25.67%，其中税收收入5852万元，增长23.96%。高度重视产业发展环境，持续加大招商引资力度，成功实现融侨地产、金地集团等8家企业落户，不断推进全镇经济发展。推进国库集中支付改革，加强财政预算和执行情况动态监控，严控一般性支出，实现镇级“三公经费”零增长。做好“1+3+N”“四风”专项整治、区委巡察工作中的财务专项检查，进一步完善内控管理制度和财务管理制度7项，切实规范报销程序。坚持执行村（社区）账镇代管制度，进一步规范村（社区）财务管理。

**【社会建设】** 全年累计职介成功773人，新增就业3665人，城镇登记失业人员再就业607人，就业困难人员就业再就业358人。享受4050社保补贴163人次、补贴金额142.4万元。新增社会公益性岗位就业58人，完成“五类人员”网络创业培训11人、特色工种培训55人。完成小额贷款申报15户，金额达300万元。发放低保就业补贴16.26万元，惠及433人次。通过政府购买服务，播放电影100场，开展文艺演出20场。开展“渝州大舞台”送演出活动2次。组织辖区群众参加区级各类文艺比赛，获得南岸区第六届非遗民俗民风暨乡村文艺展演活动三等奖、区广场舞蹈大赛三等奖。通过送文化进社区，开展音乐、美术等培训24次，读书活动4次，举办文化展览4次、演出7场。定期对辖区7所中小学、25所幼儿园开展安全检查，消除校园安全隐患。推进以“新六艺”为载体的社区教育模式，累计开设课程42期，惠及3000余人次。完成2018年重庆国际马拉松、女子半程马拉松等体育赛事的保障工作。组织参加南岸区老年人乒乓球比赛，获得一等奖。安装健身器材67件，指导腾龙社区顺利通过市级健身示范点复检。开展“世界无烟日”等卫生宣传活动12次，举办妇幼保健知识、老年人健康知识等讲座30余次，完成14名离岗乡村医生养老和医疗补助的审核工作。开展肇事肇祸等严重精神障碍患者摸排工作，累计走访登记113户，与肇事肇祸危害等级3级以上的精神障碍患者监护人签订有奖监护协议41份，将6名重症精神病患者送至专业医疗机构进行系统治疗，为患者缴纳医疗费用15万元。坚持村（社区）党务、政务、财务和服务按月公开制度，自觉接受广大人民群众监督。积极推进社区基础设施建设，投入资金113.26万元，完成黄荆坡社区用房基础装修工程。加大社会组织培育力度，摸排统计社区社会组织50个，顺利完成福民社区申报区级社工项目1个，指导黄荆坡社区申请成立社区公益站，指导腾龙社区成功申报民泰基金会项目1个。开展村（社区）工作人员业务培训，受训260人次，不断提高工作人员的能力素质。做好社会救助相关工作，全年累计发放临时生活困难救助金（含区、镇两级）40.73万元，惠及困难群众119人次。发放各类优抚对象定期定量补助金178.76万元，累计惠及1800余人次。发放城乡低保金（含调标、节日慰问费等）565.64万元，惠及困难群众9000人次。全面开展退役军人信息采集工作，共采集完成1929人。办理城镇职工养老保险2425人、城乡居民医疗保险28230人、城镇职工医疗保险2445人，办理单双解财政补助88人次。对镇内1户精准扶困对象落实扶困资金5.23万元，深入推进扶困政策全面落地。高度重视物业管理基础工作，在镇建管办下设物业管理办公室，按照一登记二核实三处理流程，累计回复处理群众物业纠纷投诉61件。加强物业监管，建立长效机制，将辖区所有物业区域纳入台账登记管理，排查收集小区物业纠纷及安全稳定隐患，累计协调处置物业区域问题28起，联合区房管局化解辖区重大物业矛盾7起。督促物管配合工作，定期巡查星级评定，推进国有企业职工住宅物业管理移交工作，已完成3家国有企业职工住宅物业移交。

**【社会治理创新】** 以党建为引领，以项目建设为抓手，深化创新社会治理工作。福民社区以“新时代文明实践站”为抓手，以“新六艺”活动为载体，围绕“六讲六抓六做”文明实践内容，建设新时代文明传播实践阵地，探索“四公”治理模式构建社区生活共同体，成功入选2018年全国创新社会治理典型案例评选“最佳案例”。红星社区深化运用“三事分流”工作方法，推行“三级议事”和“三事分责”工作机制，实行“三化管理”工作措施，成功破解文德支路多年来脏乱差丑难以根治的城市管理难题。圆满完成全国社区治理和服务创新南岸实验区结项工作，引导辖区居民深入推行“三事分流”，居民自治氛围愈加浓厚。推进服务联系群众工作，解决莲花村林区野猪扰民事件、轻轨环线仁济路用地纠纷、重塑五厂大门外1千米道路年久失修等问题。开展餐饮船舶专项整治，取缔非法餐饮船舶3艘。开展小散乱污企业整治，累计参与执法人员3539人次，排查取证1340户，发出执法文书251份，取缔搬迁38户，拆除违法建筑面积137335平方米。围绕创建国家食品安全示范城市，按照食品药品安全“四个最严”要求，深入开展食品药品安全专项整治，全年共受理投诉举报106件，按时办结率和回复率均达100%。全年检查辖区企业1298家次，责令整改455家次，当场处罚168件，日常监管覆盖率达100%，发现问题率超过30%。其中立案件15件，办结11件，罚没款项合计13.8万元。推进扫黑除恶专项斗争，严厉打击“两抢一盗”、电信诈骗、网络通信诈骗、传销等多发性侵财犯罪，出动执法队员

487人次，悬挂宣传标语11幅，发放宣传资料230份，进入农贸市场、工地宣传252人次，全年刑事案件发案下降7.9%。加强对社区戒毒康复人员、涉邪人员等特殊人群的管理。落实343名社区矫正人员、324名刑释人员的服务管理工作，未出现脱管失控及重新犯罪情况。落实党政同责、一岗双责、属地管理等信访稳定工作责任，调处矛盾纠纷786件，运用网上信访信息系统处理群众反映问题62件，推动信访积案化解。

**【司法工作】** 在法治宣传月“12•4”宪法宣传周等重要时段开展法治宣传活动30余次，发放普法宣传单和宣传购物袋5000余份。落实社区律师、法律服务工作者定时定点进行法律服务100余次，顺利通过“七五”普法中期检查。开展人民调解工作，调处矛盾纠纷763件，调处成功752件，调解成功率达98.6%。友于里人民调解委员会被评为重庆市优秀调委会，刘珍主任和仁济路人民调解委员会张巧莉被评为南岸区调解之星。建设镇公共法律服务工作站和村（社区）公共法律服务工作室，接待法律咨询235人次，办理法律援助预审10余件。

**【城乡管理】** 全面实施大城严管、大城细管、大城众管，大力推行“五长制”，明确责任义务，落实“门前五包”责任，与企事业单位全面签订“门前五包”责任书1041份。每周四常态化开展“大城众管•共同家园”全民动手日活动。开展“脏、乱、差、丑”治理，清除暴露垃圾、拆迁区域建筑垃圾、农村生活垃圾等共计4420余吨，整治“三乱”13758处，清理占道经营13244件，规范骑门摊1647个，拖移僵尸车104辆。完成140公顷征而未用地块的清表整治绿化、盘龙花园农贸市场升级扩容改造、文德支路市容环境综合整治、五院支路人行道专项治理、学苑路交通隔离设施修补，东海长洲广场坚持全时值守保持长效，国际社区周边占道经营和伸缩棚全面取缔并保持长效管理。完成华隆小区公厕和黑朝门公厕提档升级专项整治。实施福民社区道路、工贸园区支路升级改造和综合整治。完成农村生活垃圾治理国家验收，启动城市生活垃圾分类试点。排危抢险处理危树150余棵，修复堡坎7处400余平方米。开展化粪池安全检查，共监测110余个，清掏超标粪池25个。开展道路、设施排查，共维修道路50余处1200平方米，修复破损人行道路沿石共130米，安装修补U形桩及竖桩782根，修补大理石球63个，拆除破损隔离桩267根，协调修复破损井盖115处，修复及拆除破损人行护栏52处，拆除废弃电杆15根，维修人行道砖69处4268平方米，维修疏浚排污管网37处570米，修复辖区内破损通信线缆46处及电力设施18处，协调江南营管所及涂山水厂，更换维修辖区破损自来水管道13处，联系区路灯管理处更换维修辖区内32处不亮路灯。全年城市管理工作投入资金740.57万元，“三生三宜”品质城市建设效果明显。

**【环境整治】** 全面整改落实中央环保督察组交办案件涉及问题22个，市第五环保督查组、中央环保督察“回头看”涉及问题18个。开展第二次全国污染源普查，对全镇涉及的743家企业完成摸排统计，检查整治“小散乱污”小型工业企业31家，规范辖区夜市摊点、烧烤门店的经营管理，加强油烟治理。加大扬尘控制，与辖区在建工地签订文明施工责任书15份，规范运渣车辆31938次，制止露天焚烧垃圾行为98起。常态化开展长江河道及消落区巡查、整治，及时发现、制止污水直排、乱排行为12起，依法立案查处4起，罚款2.66万元，并督促商家限期改正，办理排污许可证。加强环保督查整治力度，清理整顿再生资源回收、洗涤、汽修等企业59家。全力推进轨道环线拆迁，顺利完成涂山社区公园拆除，保障涂山车辆段正常施工。完成花果小产权房拆迁补偿，顺利推进报恩路建设，推进皇经庙小产权房拆迁，协调化解CBD南区摘牌房地产企业用地矛盾。按照“零增减存”的工作原则，采用“早发现早治理长保持”的工作方式，狠抓违法建设整治，全年共处理“两违”案件101起，完成全年拆违任务99412平方米，实现违法建筑“零增长，减存量”目标。拆除整治“蓝屋顶”10.83万平方米，累计投入资金412.63万元。按照山清水秀美丽之地的工作要求，定期开展长江（涂山段）、山坪塘、五马水库汛期巡查检查723人次，发现并处理问题25件次。建立镇、村、社三级山长工作体系，加强守山护林巡查排查力度，清理除治树木松材线虫疫情，实现了200公顷森林安全防火目标。

**【为民服务】** 坚持依法行政，自觉接受人大依法监督和社会舆论监督，办理人大代表建议55件，实现办结率100%，满意率96%。运用群工系统、阳光重庆“114”热线、“96016”服务热线等媒介回复处理群众问题110余件，回复处理率和满意率均达100%。规范化运行两级服务中心，运用“一门式”系统受理办件68142件，满意率达100%。加强“三重一大”事项监管，强化财政预算执行监管和项目跟踪审计，全年对125项重大事项进行全程监督。加快推进政府办公楼装修进程，尽快改善政府服务群众硬件环境。

【涂山镇办事处负责人】

党委书记：赵剑敏（10月离任）
　　　　　李　健（10月任职）
镇　　长：唐宏基
人大主席：程　伟
党委委员：张　斌　曾德强　唐坤华
　　　　　吴明伟　游相银　谭远东
　　　　　范庆凤　游　佳

（涂山镇）

## 鸡冠石镇

【概况】鸡冠石镇位于重庆市南岸区西北部，处南山北麓，临长江之滨，辖区面积8.9平方千米，2018年，辖1个行政村、4个城市社区，户籍人口13799人。鸡冠石镇山水相宜，风景秀丽，交通便捷，距重庆北站13千米、江北机场21千米，辖区有弹广公路、内环快速路、黄桷湾立交、慈母山隧道、机场快速路、寸滩长江大桥，将南岸茶园、江北区两地南北贯通，是重庆主城区重要交通枢纽。纳溪沟码头是重庆市重要的货运码头，区位优势明显。

2018年，鸡冠石镇落实习近平总书记视察重庆提出的“共抓大保护、不搞大开发”的指示精神，树立绿色发展理念，持续做好惠民生、促和谐、保稳定工作，为完成稳步发展目标，建设“幸福鸡冠石”打下了牢固基础。

【党的建设】扎实推进基层党建。全镇开展专题讲座4场、书记讲党课9场、走访宣传12场、文艺会演5场，广大党员干部自觉用习近平新时代中国特色社会主义思想武装头脑、指导实践。规范基础工作，将党建工作梳理为7个方面67项具体任务，一项一项抓落实。严格规范党费和党建工作经费的管理使用，做好党员发展、教育、管理工作。撤销非公党支部6个，发展党员6名，开展专题教育4场，无新增失联党员。严格管理党员干部。坚持“三会一课”，在“学、做、改”上狠下功夫，定期开展组织生活，收集问题建议，形成整改台账，全年整改问题48个。强化日常监督，持续纠正“四风”，杜绝“微腐败”，廉政谈话30人次，开展廉政警示教育20余次。

【经济建设】基础工作不断完善。加强对镇级资产和镇属企业的日常管理，做到保值增值和平稳运行；严格执行八项规定，严控“三公”经费支出，同比下降63.25%；强化对镇域企业的服务工作，帮助协调解决存在的困难和问题，营造良好的政商环境；全面完成经济普查前期清查进度目标。城镇居民人均可支配收入2.5万元，增长7.37%。财经管理日渐规范。严格执行《预算法》，强化财经管理，切实提高资金使用效率，取得石门社区公园建设项目绩效评价值优、城市低保绩效评价值良的好成绩。

【社会建设】社会事业发展向好。抓好“政务窗口服务”，打造“一站式”办事大厅，公共服务日益规范，全年共处理事项1万余件，满意率100%。文化工作成效明显，获得区第六届民俗民风文艺展演二等奖，第十二届广场舞大赛及第七届农民工歌手大赛三等奖。全年文化下乡演出15场次，辖区内免费放映电影100场。完成和平小区3000平方米休闲场地和院坝的环境治理，消除安全隐忧，提升居民群众的生活幸福感。民生保障落实。全面完成重点民生实事，顺利完成和平小区720户居民的水表更换工作；集中办理老年免费乘车卡756人次；完成重点人群家庭医生签约服务1839人，覆盖率79.96%；建成石龙村无害化卫生厕所73户，实现全镇农村无害化卫生厕所全覆盖。全年实施各类救助惠及1921人，共发放362.17万元。在春节、端午、中秋节等节假日对失独家庭、独居孤老等开展走访慰问。就业创业持续向好。积极开展春风行动现场招聘会等活动，联合辖区内南方制药等30家企业、社会单位，现场提供招聘岗位800余个；城镇新增就业3800人，城镇登记失业率为1.6%；职介介绍成功463人，高校毕业生实名制登记定制服务办结率100%。强化劳动保障监察执法。全年协助区劳动争议仲裁院调处劳动争议案件83件，其中符合立案受理38件，案外调解和处理突发事件45件，结案率100%。

【城镇建设】重点项目进展顺利。廖家山片区征地项目全年共征收搬迁企业130余家，达90%；基本完成廖家山片区、污水处理厂扩建工程中涉及小产权房的征收工作，已签订拆迁安置协议31套，完成率100%；完成中央商务区F分区共63套小产权房的摸底任务；全面完成寸滩大桥配套管网建设，腾龙大道二期立交项目有序推进，机场快速路顺利开通；加快鸡冠石污水处理厂提标改造，各项工程进展顺利。

【城市管理】城市管理日益精细。全面推行“五长制”，落实“门前五包”，共签订“门前五包”责任书90份，制作责任牌100余份，形成“问题出现—执法队员带头—商家共同整治”的良好模式。强化对清扫保洁公司的监督指导，全年清运垃圾6000车次4000吨，清理乱涂写、乱张贴等500余处，保证辖区整洁。开展联合执法，加大“两违”整治。全年出动执法队员1800余人次，规范占道经营、骑门摊970余次，整治违规停车380辆次，查处货车抛洒、扬尘等违法行为1400余辆；消除存量违法建筑123件约12.5万平方米。

**【生态建设】** 生态保护持续加力。加强人居环境整治，开展污染源普查，清查企业924家，顺利完成全国第二次污染源普查前期清查工作；投入30余万元，全面完成纳溪沟黑臭水体整治，群众回访满意度100%；加强石龙村环境治理，全年新建化粪池7个，有效解决村民生活排污问题，保障农村生活环境整洁，清理垃圾约551吨，顺利完成农村生活垃圾清运项目验收。推进大南山综合整治，全面落实“河长制”，切实加强对沿江码头、混凝土搅拌站等重点污染源的日常巡查监管，拆除整治石龙村涉及江岸景观带“蓝屋顶”16处23500余平方米，完成整治进度的100%。开展森林保护，全面落实“山长制”，切实加强森林病虫害防治，加强森林防火常态巡查，实现全年森林防火“双零”目标。

**【综合治理】** 扫黑除恶全域发动。研究制定专项工作方案，成立了扫黑除恶专项斗争领导小组，明确各阶段目标任务，强化扫黑除恶工作经费保障。开展集中宣传活动30余次，发放宣传手册5000余份，全覆盖开展进家入户宣传。对交通运输、砂石码头等特殊区域，对各村（居）涉黑涉恶腐败问题情况进行排查，全年共收集线索3条，其中有效线索1条。安全生产形势可控。坚持“党政同责，一岗双责”，建立“全员、全方位、全过程”的安全管理模式，形成登记、建档、上报流程，加强隐患排查，完善安全生产管理体系。全年累计检查企业226家次，排查一般安全隐患466处。关停非法码头1处，协议拆迁码头3处；实现辖区内非法餐饮渔船拆解上岸，整治工作全面到位；禁渔期间落实每周一查制度，有效杜绝捕鱼船载客和非法捕捞等行为。强化食品安全监控，对疫苗、校园食品安全、非洲猪瘟等进行专项检查，出动执法队员200余人次，有效阻断非洲猪瘟疫情进辖区。社会治安平稳有序。强化一级抓一级的责任制和责任追究机制，与各责任单位签订综治工作责任书，全面落实领导和科所对口帮扶村（居）解决矛盾问题机制，将不稳定因素解决在村（居）一线。强化“雪亮工程”系统维护，全面覆盖各社区关键点，提升群众安全感。加强信访接访工作，共接收由区信访办转办或交办事项34件次，办结34件次；干部接访下访登记15件次，未出现信访事项办理超时等情况。

**【鸡冠石镇办事处负责人】**

党委书记：伍　强
副　书　记：向全明
镇　　　长：李骏方
副　镇　长：周朝芳　曾　洪（政法书记）
　　　　　　张绍春（9月离任）
人大主席：崔太群
宣传、统战委员：何长春
纪委书记：陈德华
组织委员：邹　波（8月任职）
　　　　　金　烨（7月离任）

（鸡冠石镇）

## 峡口镇

**【概况】** 峡口镇位于南岸区东南面的南山下部，距茶园区政府行政中心8千米。辖区依山傍水、坐南朝北，兼具低山、浅丘、河谷等地形地貌特征，东部与广阳、迎龙两镇隔水相望，南部与长生桥镇毗邻，西倚南山旅游公路；北临长江，奔流不息的江水从铜锣峡中穿出，沿场镇经广阳岛出境，滚滚向东而去。因镇地处铜锣峡外，故于1984年改“大兴”为“峡口”，乃铜锣峡口之谓也，历史上曾有重庆山城门户之称。

镇域面积23平方千米，由于地处三峡库区尾端，实物淹没均在库尾尖点以上，三峡水库蓄水后，沿江336.6公顷河漫滩地将被淹没；具有汛后移民安置的特点，是全区移民安置任务最大的乡镇。全镇辖大兴场社区居委会和西流、大石、大田、柏林、大兴、五星6个行政村，现有户籍4944户15598人，常住人口3万余人。全镇经济发展保持稳定增长，商贸服务业发展迅速，农业逐步萎缩，有耕地191公顷，以种植苗木花卉为主。

**【经济建设】** 2018年，全镇经济持续稳定增长。全镇地区生产总值19.33亿元，同比增长7%；财政税收492万元，增长18%；固定资产投资10991万元，较上年有所上升；社会消费品零售总额2200万元；规模以上工业总产值1.6亿元。农业经济基础性作用明显，全年粮食作物播种11.84公顷，粮食总产59.6吨；蔬菜播种19.88公顷，总产400.92吨；苗木花卉201公顷，其中生产盆栽花卉1900万盆、鲜花1.01万把。

**【社会保障】** 进一步完善以低保救助为基础，特困供养、医疗救助、临时救助和灾害救助为依托的社会救助体系。按照程序，及时做好特困人员（农村五保、城市三无、困境儿童）供养、城乡低保、大病医疗救助、临时困难救助、廉租房补贴、惠老补贴、困难高龄失能老人养老服务补贴、重度残疾人护理补贴和生活补贴等的申报、审核、发放工作。全年累计发放农村低保1761户2068人次97.83万元，城市低保703户865人次51.45万元，并做好新增、停发、调增、调减工作。发放低保廉租房租金补贴35户35人16494元，低收入廉租房租金补贴5户6人2160元。审批临时困难救助21人13.37万元，稻草援助15人6700元。发放困难高龄失能老人养老服务补贴等社会福利3.6万余元，发放重度残疾人护理补贴和困难残疾人生活补贴132人7.5万余元。发放五保、三无、困境儿童等特困人员生活补贴15万余元。全面落实优抚政策，按月打卡发放优抚对象抚恤、补助、医疗补助以及节日慰问费等民政费用114万余元。为80岁以上老年人、60岁以上享受低保且子女无赡养能力的老年人、五保供养对象共447人发放惠老补贴32.35万余元。享受南岸区民政医疗救助30人，新增南岸区民政医疗救助对象36人，取消医疗救助对象56人。新增民政特殊建档困难家庭85户，新增人员144人。民政资助参保人员500人，惠民济困参保340余人，办理困难群众伤葬补助费申请18人。

**【就业工作】**全年峡口镇城乡新增就业人员3787人，城镇就业困难人员就业66人，失业人员再就业397人，开发公益性岗位安置2人。年内完成就业适应性及技能培训111人。全年城镇登记失业率实际控制在1%以下。完成2018年4050灵活就业补贴21人，举办2场招聘会，推荐成功232人，岗位121个。

**【人口计生工作】**2018年，峡口镇充分发挥辖区资源优势，通过场镇宣传、文艺演出、举办知识讲座、发放宣传手册、制作传单及宣传品、更新宣传画廊等各种形式，积极开展“家庭医生签约”“基本公共服务”“优质服务”等政策专项宣传活动，提高群众对政策的知晓率和满意率。全年办理生育服务证125人次、再生育服务证12人次。完成31名农村奖扶对象、11名特扶对象的审核认定申报、信息录入工作。为辖区育龄妇女免费发放避孕药具、采取绝育措施64人次，其他避孕方法700人次，长期使用药具326人次，群众知晓率达95%。完善计生特殊困难家庭“3+X”帮扶机制，春节、端午、中秋三节，组织镇和村（居）计生干部主动走访慰问计生特殊困难家庭35人次，每个节日送去200元慰问金，共计2.1万元，做好抚慰工作。广泛宣传并落实计划生育独生子女伤残死亡家庭父母住院护理保险制度，补充解决意外伤害和亡故补助、住院期间护理补贴、医保报销后补助报销等，办理6人；为14岁以下户籍在镇的独生子女父母发放独生子女费468户712人38115元，部分计划生育家庭居民参合补贴226人41624元。狠抓计生队伍技能培训，进一步完善村（居）计生专干职责、管理、奖惩制度，健全奖勤罚懒工作机制；采取定向联系、工作交流、交叉检查、业务技能培训等方式，强化工作指导，不断提升工作效率和工作质量。不断完善人口家庭信息系统、药具系统、便民服务系统、计划生育家庭特扶信息系统，提高信息质量及覆盖率。联合镇卫生院积极开展65岁以上老年人健康检查、家庭医生签约及建档、慢病的管理及服务等活动。建立精神障碍患者与管理部门联席会议制度，指导村（居）服务小组开展服务工作，加强对辖区内在册精神病患者的联合服务管理，摸清患者基本情况，分级鉴定，对公安库3级以上重精人员实行一人一档管理。积极开展南岸区创建国家慢性病综合防控示范区、健康促进区、健康促进机关、市级卫生镇街等创建工作，配合卫计委开展国家第六次卫生服务调查。

**【森林管护】**大力宣传退耕还林管护，发现有毁坏和征地占用林地的情况及时向区级林业执法部门报告。防治森林病虫害，巩固已有的森林工程成果，做好松材线虫病的预防和除治工作。启动2018年松材线虫病疫木除治工作，落实责任，与各村签订目标责任书。建立健全森林防火长效机制，制定森林防火预案、同各责任单位签订防火责任书、成立一支120人的森林防火应急队伍。落实村领导责任包干片区，在重点区域设立4个森林防火检查站，聘请17名护林防火人员，利用安全宣传车在全镇范围内不定期来回开展防火防灾宣传，镇政府按规定配齐森林防火灭火物资，应急队伍定期进行消防演练。全镇年内无森林火灾发生。

**【城乡建设】**加强基础设施建设，完成乐和广场工程并竣工验收。完成焦元公路项目审计，妥善解决因施工单位负责人失联产生的工程人工材料欠款等系列信访遗留问题。完成黄桷山居整治工程，柏林路环境整治工程已进场施工。完成新瓦房垃圾分类示范点建设，大石村唐家湾公路已完成设计、土地放线和林地核实，正协调土地和办理林地手续。完成乐和谷蓝色彩钢棚风貌改造59户，启动乐和人家美丽庭院提升工程。启动峡口镇场镇污水管网工程一期，工程建设已完成勘测和设计。完成大石村13户项目用地勘界、实测。西流村、大石村规划编制成果已报市级部门，通过专家评审，等待批复。配合区交委进行农村四好路、乐和谷旅游交通等规划设计，形成初步成果。

【城镇管理】全面落实“门前五包”，推动“五长”长效。对“五长”“门前五包”责任人等逐户进行调查记录，制作安装“五长制”“门前五包”责任公示牌247块。开展马路办公、日常巡查70余次。深入践行“智慧城管”理念，全年运用数字化平台整治各类问题600余个，修补场镇破损道路与墙面瓷砖总计540平方米，清掏堵塞水篦子52个，修补破损水篦子6个，清掏化粪池3个，联系施工单位更换施工围挡2000平方米，整治破损市政设施，消除多处安全隐患。新建场镇公厕1个，落实专人对公厕进行保洁。洒水车保持每日对场镇道路冲洗2次，全年配合环卫工人清洗街面20余次，保证场镇主干道路面整洁。安排专人全天候对农贸市场与385车站两处公共厕所进行清扫保洁，“方便”更舒心。与场镇内30余户餐饮企业签订餐厨垃圾收运协议，防止此类垃圾流入非法养殖户、排入市政管网中，规范餐厨垃圾的收集与处置流程。推进“两违”整治。按照“遏增消存、创建无违”的总体要求，开展无违法建筑“四联创”工作，逐步有序消除存量违法建筑，全面遏制新增违法建筑。对存量违法建筑，按照拆除（回填）、没收、整改、罚款等方式实施分类处置，消除存量违法建筑18329平方米。拆除违建农房43处7000平方米，2户企业实施自拆2200平方米。

【综合治理】 全面创新社会治理，确保辖区和谐稳定。（1）主抓“六有”保平安。空中有视频技防，主路有警察巡逻，背街有义务巡防，单位有门卫保安，网格有线上线下，群众有信息渠道，坚持“专群结合、依靠群众”的防控思路，有效遏制案件发生，全镇可防性侵财案件立案数同比下降20%。（2）强化信访稳定工作。落实信访稳定“一岗双责”，继续全面应用“网上信访信息系统”，处理上级转交及本级信访件12件、信访代理3件、网上建议2件，按时受理及办结率100%。接待群众信访200余次，排查化解矛盾纠纷100余件，群众满意率90%以上。（3）加强创新社会治理工作。持续开展问需于民活动，全年共收集民意141项，提交区解决6项、镇级自办27项、交办村（居）108项，事件办结率达95%以上。以强化党建引领、创新群众工作、深化三事分流、推进自治议事为重点，协助完成西流村乐和广场建设、柿子湾公路建设项目。充分尊重民意，发动群众参与基层事务管理，开展自治议事，提升群众的安全感、满意度。

【文体工作】完成峡口镇文化服务中心装修改造，该中心位于柏林春江9号楼2楼，建筑面积346平方米，投入装修改造资金49万元，分别设有电子阅览室、图书阅览室、多功能会议室、展览排练室和文化走廊等功能设施。组织辖区开展春节、“五一”“七一”、国庆等文化演出活动17场次；3月组织参加区第六届民俗民风展演活动，获得一等奖和组织奖；10月参加区第十二届广场舞蹈大赛，获得一等奖和组织奖，并于10月13日代表南岸区参加重庆市广场舞主城片区展演活动，取得较好成绩；11月参加区农民歌手赛，获得一等奖和组织奖。峡口镇文化服务中心继续对辖区广大群众实施免费开放，全年到站活动人数800余人，全年到站活动人次2140余人次；全年借阅图书742册次；电子阅览室有12台电脑，共享工程网站使用485余人次；举办茶艺、健骨操、文艺节目表演、少儿美术、声乐等免费培训，培训300人次；举办非遗、摄影、生活等展览，观展500余人次。全镇6个村综合文化服务中心（农家书屋）、1个社区综合文化服务中心（文化室）同时向辖区群众免费开放；全年放映惠民电影80场，惠及群众1万余人；加强对辖区内文化市场、不可移动文物的协调监督管理。推动全民健身活动，举办“乐和杯”职工羽毛球团体赛、“中国农民丰收节”峡口镇相聚重阳广场操舞比赛活动；组织参加区老年人乒乓球团体比赛，获得优胜奖；指导和协助大田村、大兴村、大兴场社区开展全民健身趣味运动会等活动。

【社区建设】 深化基层事务“三事分流”工作法。（1）充分宣传，借助社工站专业社工和社会组织的力量，充分发动群众，引导和鼓励群众有序表达诉求，共商民生项目，强化大事、小事、私事“三事分流”观念。（2）进一步完善“三事分流”基本目录，不断探索“三事分流”在民生事项的推广运用，利用乐和互助会、联席会每月定期讨论，坚持实行月报、季汇工作制。（3）加强监督指导，明确事项分类，细分责任主体，采取三级议事、一事一议等民主协商方法，分层分类解决，确保分流自治有序推进。1～3季度统计大事12件，完成率100%；小事95件，完成94件，完成率99%；私事23件，完成率100%。强化社区组织建设，推动社区公益站的发展，落实社区居民决策项目或活动，指导各公益站向重庆市民泰社区公益事业发展基金会申报项目7个，获得资金支持4.6万余元，开展运动会、端午节民俗庆祝等群众自治活动5次。鼓励村（居）干部考取专业社工资格证书，指导社区社工室和镇社工站开展工作，购买政府服务项目3个，争取项目资金20万元，用于严重精神障碍患者服务、社会救助，公益站能力提升等项目，解决实际问题。

【残疾人关爱】 发展残疾人事业，严格落实惠残政策，落实村（居）残疾人工作者专项经费。入户开展残疾人基本服务状况和需求信息数据动态更新工作，登记完成427人。开展残疾人实用技术培训、精准康养及托养服务活动。推荐4户精神残疾人接受重庆市残疾人及亲友协会慰问。

【校园安全管理】 坚持每月对辖区中小学校、城建职业学院及幼儿园的安全进行检查和排查，维护校园平安和正常的教学秩序。关心未成年人身心健康，扎实开展扶贫助学活动，六一儿童节向大兴场小学发放慰问金1万元，镇普惠幼儿园发放慰问金5000元。按照南岸区清理整治无证幼儿园专项行动有关工作要求，启动无证幼儿园整治行动。经认真清理排查，峡口镇黄桷山居、柏林春江小区内开办的蓝精灵、小叮当、新兴幼儿园未经教育主管部门审批，通过约谈、发放停办通知书等方式通知其立即停止办园行为。加强校园周边环境整治，认真清理非法办学和培训机构。

【征地工作】 配合区征地办、经开区征地服务中心、江南新城管委会推进各项目的征地拆迁工作。完成广阳湾产城融合示范区项目征地兑付资金178户，兑付率40%左右，安置391人，交旧房154户，选房143套。开展柏林村梭草社排危项目征地工作，完成兑付57户，兑付率76%。开展郭家沱长江大桥项目征地工作，完成兑付114户，并交地，确保工程建设用地。开展市地产集团茶园新区B区二期项目（第二批次）征地工作，完成兑付182户，兑付率68%。土地补偿及社集体资产补偿款完成发放98%。开展B72项目征地工作，完成房屋实测62户，已兑付61户，兑付率98%。开展“中部地块”征地扫尾工作，完成兑付385户。

【峡口镇办事处负责人】

党委书记：石蟠精
副 书 记：张云潇 赵家伟
镇　　长：张云潇
副 镇 长：张玉林
　　　　　刘　成（武装部长）
　　　　　周晓辉（政法书记）
人大主席：陈茂江
纪委书记：褚红琴
宣传员、统战员：周　华
组 织 员：刘　林

（峡口镇）

# 长生桥镇

【概况】 长生桥镇位于南岸区境中南部，东与迎龙镇相连，南与巴南区南泉街道接壤，西接南山街道，北邻峡口镇，距重庆市中心城区10千米，全镇面积58.57平方千米。2018年，镇机关设党政办公室（挂人大办公室牌子）、财政经济办公室（挂统计管理办公室牌子）、社会事务办公室（挂民政办公室、人口和计划生育办公室牌子）、社会治安综合治理委员会办公室、规划建设管理环保办公室、安全生产监督管理办公室6个综合办事机构，单列司法所。镇属事业单位4个，分别是农业服务中心、文化服务中心、社会服务保障所、市政环卫所。有职工187人，其中机关38人，参公人员15人，事业编制人员18人，聘用人员116人。辖共和、广福、南山、桃花店、乐天、新塘、腰子岗、花红、白沙、凉风、天文、茶园12个行政村和百乐园、桃花桥、同景、茶花、乐陶5个城镇社区。全镇户籍人口68326人，常住人口79936人，流动人口约11362人（流入18897人、流出7535人），农村人口10539人（常住）。镇内有中学3所、小学4所；幼儿园28所，入园幼儿童3982人。

【经济建设】 全年地区生产总值增长3%，达156亿元；税收收入增长56%，达3550万元；社会消费品零售总额增长7%，达8.09亿元；固定资产投资增长4.5%，达143亿元；农村居民人均可支配收入达到全区平均水平。

【民生保障】 全年累计发放城乡低保金9900余人次454万余元，慰问困难群众、优抚对象、老党员等1万余人次188万元，临时救助105人次96万余元，全额资助重点救助人员、低收入人员、计生特扶等困难群众参加医保2600人20万余元，精准帮扶建档贫困户。免费办理65岁及以上老年人意外伤害保险8558人，发放惠老补贴109万余元，建成百乐园社区养老服务站和镇第三所普惠性中心幼儿园。招募公益性岗位121个，发布企业用工信息46期，提供就业岗位150类2700余个，新增就业3600余人，发放创业担保贷款230万元。实施4个老旧小区综合整治3.6万余平方米，惠及居民7800余人。

【乡村振兴】 发展基础更加坚实。突出规划引领，制定乡村振兴行动计划（2018—2020年），统筹推进广福山片区乡村旅游规划及共和、广福、茶园、凉风、天文村乡村规划编制。完善基础设施，全面完成广福路降坡改道、茶园村人行便道建设，积极协调“四好农村路”建设用地，提升农村道路通行水平；更新改造天文土地垭转供水站老化管网6500余米及老化用户水表131块。人居环境不断优化。按照“户集村收、乡镇转运、区域处理”模式开展农村生活垃圾治理，建立垃圾清运、日常监管长效机制，以市场化运营方式组建专业农村生活垃圾清扫队伍，实现12个行政村区域全覆盖；完成6个村无害化卫生厕所改建540户，改造危旧房3户，常态管护地灾点16处，有效改善村容村貌。农村改革持续发力。全面完成农村土地承包经营权确权登记，扎实开展集体资产清产核资，稳步推进凉风村“三变”改革试点，壮大村级集体经济，全面消除“空壳村”；夯实广福山片区农旅融合发展基础，推进广福路降坡改道边坡绿化美化，组织实施国土绿化植树造林66.67公顷，组织广福山片区乡村旅游协会统一规范旅游标识标牌，逐步引导农户、农家乐、农业园区整体发展和规范服务。

**【城建管理】** 城市更新步伐加快。主动服务江南新城建设，全力支持重庆东站、铁路东环线及渝湘高铁项目建设，完成江南水岸学校、观景口水厂一期、横十三路、渣场隔离带等重点项目征地30公顷。全面启动旧城改造一期项目，征收面积11.77万平方米，惠及群众1100余户，逐步完善城市功能，改善居住环境。管理效能不断增强。深入推进“三生三宜”品质城市建设，全面推行“五长制”“门前五包”，修复破损路面4000余平方米，整治“三乱”8800余处，清理暴露垃圾450余吨，规范占道经营5700余处，修建临时停车场7400平方米，在桃花大道、河街、新建街实施违法停车动态抓拍。成立“两违”专职巡查队伍，定人定岗定区域落实责任，查处非法倒渣点28个，拆除城乡违法建筑6.8万余平方米，整治违法用地2公顷。

生态环境持续优化。坚持“建、治、管、改”并举，全面落实“河长制”“山长制”，常态化管护苦竹溪（原长生河），推进白沙河综合整治，清理河面、河岸垃圾300余吨，完成刘家坪轻轨站市政污水管网改造工程。持续深化环保“五大行动”，开展第二次全国污染源普查，强化巡查监管，落实依法依规推动落后产能退出工作，专项整治“小散乱污”、露天焚烧、餐饮油烟等，推进3家关停砖瓦窑企业土地复垦，整治生猪超标养殖污染户3家，全力防控非洲猪瘟。推进“大棚房”整治、南山生态保护综合治理和自然保护地大检查大整治工作，严守生态红线。

**【社会治理】** 深入推进自治共治。持续深化“131”自治模式，14个老旧散小区实现自治管理。富翔花园共聚居商合力，制定《我爱我家公约》《居商共治公约》，有效化解商户油烟噪音扰民、车辆占道等难题；绿岸阳光发动群众参与自治，制定《自治管理办法》《便民摊区公约》，自筹资金10万元增设停车位、智能车闸等，解决停车难、管理难问题。同景社区把“健康”作为组织、宣传、服务、凝聚群众的最大公约数，依托农工党多党合作实践基地建设，形成市民大讲堂、健康体验馆、健康银行等服务品牌，培训心肺复苏志愿者100名，让群众在共建共治共享健康社区中得到实惠。规范物业管理服务。打好物业服务基础，强化物业管理、小区业委会2支队伍建设，推动11个小区成立业委会。建立小区物业矛盾排解体系，每月滚动排查矛盾纠纷，完善“业主、物业企业、社区、镇、区房管局”五方联动处理机制，化解长河湾物业矛盾、琥珀居下水管网堵塞、东升彼岸绿化保洁等问题。平稳完成翔锦花园、长生雅苑2个小区的物业企业更替。夯实基层治理基础。成立江南水岸公租房乐陶社区，确保社区建设和管理服务同步推进。加强村组、社区及监委会干部队伍建设，建立农村后备人才库，完善联合预审机制，加强村社干部教育、监督、管理。深化服务群众工作，强化两级服务中心建设，大力推行服务环境优、服务态度优、服务程序优、服务效率优的文明服务，全年共办结事项1万余件。

**【安全稳定工作】** 扫黑除恶深入推进。聚焦宣传发动，采取“集中宣传＋入户走访＋小区专题展示”等方式，实现面上全覆盖、点上再深入，群众知晓率100%。聚焦重点整治，加强巡逻值守、蹲点执法，完成百乐园老街片区A类挂牌整治，不断净化辖区治安环境。社会环境安定有序。聚焦公共安全、社会矛盾、网络安全等风险领域，落实滚动排查、定期研判、清单销号工作机制，协调化解矛盾纠纷。紧盯建筑工地、农村道路、旧城片区等重点区域，持续开展安全生产大排查大整治大执法，整改安全隐患916起，处罚违规企业3家，实现全年安全生产“零事故”。搭建“一群二网”联勤联防平台，构建镇、社区、小区“三级”联动共治格局，实现治安信息互通、警保联勤联防互通、应急处置联动，刑案立案下降17.17%，破案率上升21.67%，居民安全感有效提升。德法共治持续加强。严格落实“谁执法谁普法”责任制，开展普法宣传、讲座150余次，接待法律咨询620余人次，完善镇、村（社区）两级公共法律服务站（室），延伸法律服务到小区和特殊群体家中，群众依法维权意识显著增强。广泛开展文明家庭、最美家风、最美志愿者、小区好人等评选活动，以榜样事迹引导居民遵法守德。

【文化宣传】共建共享城市文明。提高城乡社会文明程度和社会治理水平，建设新时代文明实践所（站），因地制宜开展“六讲六做”文明实践活动。在主次干道、小区内外等设置平语近人、核心价值观、好人好事等正能量雕塑小品，培育“发献爱”“环保卫士队”“三小志愿者”等各类社会组织、志愿者队伍20余支，常态化开展“全民动手日”、文明劝导等系列志愿活动180余场次，营造健康、文明、和谐、舒心的生活环境。丰富群众文化生活。坚持以“乐民惠民”为宗旨，以公共文化物联网和政府购买服务工作为突破点，不断完善群众文化阵地，着力培养群众文体队伍，深入开展群众文化活动，努力改善文化民生，较好地完成了目标任务。建成桃花桥、百乐园2个社区健身站点，建成8个“南书房”自助共享书吧，紧扣群众需求“点单”开展文体活动200余场次，完善镇、村（社区）综合文化服务中心建设，推进公共文化服务免费开放。

【党的建设】强意识压责任。以党的政治建设为统领，镇班子成员、基层党组织书记带头宣讲习近平新时代中国特色社会主义思想和党的十九大精神10余次，专题学习全国、全市、全区组织工作会议，《中国共产党支部工作条例（试行）》等重要会议及文件精神，研究部署各项党建工作70余次，切实增强党员干部“四个意识”，坚定“四个自信”，坚决肃清孙政才恶劣影响和薄熙来、王立军流毒，自觉践行“两个维护”，实现“三个确保”。强化班子成员抓党建“一岗双责”意识，做到凡下村（居）检查工作、党建、安全、稳定、环保“四必问、四必查”。夯基础提质量。针对基层党组织不同对象、类型、特点，着眼补齐短板、解决问题、发挥作用、分类推进、突出质效，努力提升基层党建工作整体水平。实现34个党支部全部“扎根”于小区，14个老旧散小区党支部、业委会、自管站“三合一”，不断加强城市基层党组织力量。挖掘农村后备干部20余人，培养年轻党员5人，以组织振兴引领乡村振兴。严肃机关党内政治生活，加强理论学习，建设政治强、业务熟、作风优的过硬队伍。细化非公党建工作标准30余项，定期联系、定期研究、定期评比，不断提升“两个覆盖”质量。抓统筹促发展。建设新时代文明实践所（站），用好核心价值观、家风家训等宣传阵地，把意识形态工作融入日常生活和常态教育，使之转化为群众的认知认同和行为自觉。认真落实“全党做统战工作”，集中走访民营企业，解决恒大滨河左岸阻工、渝能长悦府道路连接等问题，同景社区多党合作实践基地获农工党中央肯定。

【长生桥镇办事处负责人】

党委书记：曹　仁
副　书　记：孙黎波
镇　　长：张勇军
副　镇　长：李　敏　刘　韬　金　烨
人大主席：邓　维
宣传、统战委员：陈　斌
人大副主席：陈　英
政法书记：石丛波
组织委员：文　静
纪委书记：彭　洲

（长生桥镇）

## 迎龙镇

【概况】迎龙镇位于南岸区东部，辖11个村、1个社区，人口2.1万人，辖区面积45.7平方千米。其中，绕城高速公路以内16.56平方千米区域为重庆经济技术开发区范围，8.87平方千米为重庆经济技术开发区拓展区；绕城高速公路以外20.27平方千米区域为市级现代农业示范园区。镇域自然生态资源丰富、交通区位优势明显，有港口大道、南涪路、黄明路、开迎路和在建的开成路（北段）、横九路等。

2018年，是深入学习贯彻党的十九大精神的一年。迎龙镇围绕“乡村振兴”和建设“三生三宜”品质城市工作部署，坚定“商务区、生态城”的发展定位，突出抓好服务发展、生态保障、创新治理、改善民生等重点工作，经济社会发展向好，人民群众安居乐业。2017年、2018年连续两年在全区“联系服务群众工作满意度调查”中排名镇街第一。

【经济建设】2018年，全镇地区生产总值58894万元，同比增长7%；固定资产投资完成93509万元，增长5%；地方预算内财政税收收入998万元，增长32%；社会消费品零售总额23502万元，增长12%；规模以上工业产值完成31742万元；农民人均纯收入18549元，增长10%。

【服务发展】服务经开区建设。交付铁路枢纽东环线迎龙境内段、东港货运临时用地和其他线型用地135.47公顷，拆迁安置230户，征地完成率达90%以上，工作推进成为全市样板。牵头及配合实施经开区区域征地项目15个，征地面积419.93公顷，拆迁安置377户

1419人，平稳做好租地企业征地拆迁勘测、补偿等工作，确保广阳湾产城融合示范区、南涪路拓宽等市、区重点项目建设顺利推进。妥善处理长江防洪护岸综合整治工程（一期）、城投储备地、朝天门安置房、经开立交等项目遗留问题，回应群众关切，积极督促农转非人员养老保险办理。完成南涪路电力、通信线路迁改土地协调。做好横九路、迎龙老街棚户区改造（集体土地部分）、苟家嘴加气站等项目的征地拆迁前期准备工作。强化“两违”整治，查处及制止新增违法建筑13宗，整治市级督办案件和国土强消案件14宗10365平方米；拆除存量违法建筑3宗14330平方米，完成年度存量拆除任务的100%。服务迎龙商务区发展。支持神州长城、天循等社会资本引入，携手打造农旅融合示范项目。配合做好“三签”群众接房政策解答，完成一、二批置换房结算，接房1168套，涉及房款8600万元。协调迎龙湖湿地公园二期插花地签约，完成土地流转2户，妥善调处施工用地纠纷，确保项目二期建设顺利推进。配合做好二环外土地流转区域未流转土地勘界工作，明确界限范围，避免用地矛盾纠纷。督促迎龙商务区按时发放2017—2018年度土地流转租金3600万元，确保群众收益及时兑现。

【乡村振兴工作】建设特色小镇。累计投入3073万元，实施场镇环境综合整治项目外立面改造，银河路街区环境综合整治一期项目绿化、环境改造工程。投入136万元，竣工并投用3230平方米87个泊位的生态停车场，协议建设电动汽车快速充电站250平方米、充电桩8个。完善场镇配套交通标志31处，安装车辆违法自动抓拍监控3处，维护场镇良好停车秩序。加强市政管理。按照区委、区政府要求，扎实开展全面提升城市管理服务水平，加快“三生三宜”品质城市建设工作。落实执法队员“三定”职责，推行“721”工作法，签订“门前五包”责任书，安装责任牌。全面推进城市管理“五长制”，重点整治“脏乱差丑”现象，落实定人员、定区域、定责任、定目标、定考核的“五定”运行责任机制，及时处理、解决群众普遍关心的热点、难点问题。常态化开展“文明南岸 共同缔造”主题活动、城市综合管理“治乱”专项行动、“大城众管 共同家园”全民动手活动和“礼让斑马线 文明我点赞”文明劝导志愿服务活动，维护市容秩序，培养居民的文明习惯，提升辖区的文明形象。投入125万元，新增环卫人员53人、垃圾箱（桶）40个，按照“户集、村收、镇转运、区统一处理”的收集运输处理模式，有效治理农村生活垃圾，并于11月份接受国家级验收。开展场镇低效空地复绿，完成北斗锄禾社区公园提档升级改造，完成已征未用土地清表5.67公顷，新增绿地3.4公顷。建立健全日巡查、月评比、全年综合考核的长效管理机制，保障“三生三宜”品质城市建设工作。提档农业产业。围绕服务园区企业、农村“三资”入股、“农业+”模式产业化经营等三种方式，发展壮大农村集体经济，全面消除“空壳村”，全年11个村集体经济收入达514万元，增长254%。投入48万元，完成北斗锄禾休闲长廊整修及旅游步道太阳能路灯安装。北斗锄禾草莓、蓝莓、西瓜等水果成功上市。引入“迎龙谷”乡村休闲农业旅游项目，预计总投资1亿元。按照“一村一社一策”方案要求，完成全镇农村土地确权颁证前期指界公示等工作。启动马颈村农村“三变”改革试点，筹备设立集体股份经济合作社。开展“大棚房”问题专项清理整治，坚决遏制农业用地非农化乱象。强化生态环保。坚决打好污染防治攻坚战，巩固大气污染、饮用水源污染、建筑工地噪声污染等治理成果，现场监察142次397人次，解决环保纠纷8起，启动武堂村污水管网建设。全面落实“河长制”“山长制”“库长制”，细化措施、责任到人，巡查河道44次897人次，完成渔溪河、贾家沟河道污染清理。保护森林资源，争取资金210万元，实施国土绿化提升工程126.67公顷；投入30万元，伐除松材线虫疫木2628株；森林防火责任落实到位。启动第二次全国污染源普查，普查污染源66个。成功接受市、区环保专项督查，整改突出问题3个（企旺、海昌、唐有志）。全面实施面源污染和非洲猪瘟的防治工作。

【社会治理】全面推广“四邻联动”。深入开展“党建引领、四邻联动、乡村振兴、共同家园”专题活动，划分“半径”院坝108个，确定“圆心”负责人120名，有效开展走访联系、宣传宣讲、收集民情、化解矛盾、帮扶致富、文明建设等六项服务，其工作经验被区委《工作交流》刊发和人民网、《重庆法制报》宣传，并上报2018年全国“创新社会治理典型案例”评选。践行“三事分流”，规范细化村务公开，办理“大事”28件、解决“小事”67件，调处“私事”263件，办结率91%。及时细化更新村务公开内容，群众参与率、满意度、获得感显著提升。争取社会力量支持，验收社区公益项目8个，兑现民泰公益基金200余万元。不断提升综治能力。深入开展扫黑除恶专项斗争，建立组织体系、完善工作机制，群众知晓率达100%，摸底排查重点人员223人次，无涉黑涉恶问题线索，作为区定向备点迎接中央督查。完善信访维稳机制。坚持镇、村（社区）、网络三级联动，排查征地拆迁、土地流转等矛盾突出问题37件，化解33件，化解率约90%。加大人民调解工作力度，调处各类矛盾纠纷86起，成功76起，受理率

100%，成功率88%。加快“雪亮工程”建设，新增公共区域视频监控7个。完善“警务巡逻+综治巡防+义务巡逻”相结合的巡逻防控机制，强化社会治安重点区域排查整治，开展义务巡逻2800余次，重点地区发案下降55.6%，群众安全感指数达92%以上。强化安全监管。落实“党政同责、一岗双责”，坚持安全工作定期例会研判，全年召开安全工作专题会议15次。加强辖区内建筑工地、地质灾害、道路交通、火灾防范、有限空间作业等各项安全监管，安全检查87次，排查一般隐患95个，整治95个，整改率100%，下发整改通知书10份。全年未发生亡人安全生产责任事故。加强食品安全示范城市创建宣传，实现食药品网格化监管全覆盖，开展食用农产品、“地沟油”、非洲猪瘟联防联控等专项检查，累计检查431户次，抽检50组，发现异常3组，整改率100%。

**【民生实事办理】** 完善基础设施建设。完成综合文体中心建设并正式搬迁。新建或改建场镇公厕4座，完成农村改厕200户。落实资金304万元，建设清油洞石塔至道士湾、龙顶村乡村道路2条1.67千米，安装乡村道路护栏0.8千米，完成50户农村美丽庭院打造。成功申报并按期启动蹇家边村、北斗村、大坪村等城乡社区基础设施建设项目3个，验收倒座庙社区扩建群众活动中心项目1个，争取项目资金174万元。新建村（社区）文化广场4个，体育设施器材覆盖率达100%。优化便民服务体系。坚持密切联系群众优良作风，具体化、常态化、制度化开展联系服务群众工作，指导各村（社区）承诺办理民生实事17件，办结率100%。落实联系服务群众工作要求，接访群众440次，收集意见62件，办结56件，办结率90%。“一窗式受理、一站式办结”提升“全科窗口”便民服务水平，办理群众各类事项3909件，满意度达100%。推广“群工系统”，受理群众反映事项278件，办结率、满意度均100%。丰富群众精神文化生活，开展形式多样的群众体育活动10余项，举办文化进村演出24场。强化社会保障能力。加强劳动力就业培训，新增城镇就业3794人，城镇登记失业率为1.7%，担保个人创业贷款439万元。城乡居民养老保险累计参保3279人，合作医疗保险累计参保19051人，参保率95%以上。民政政策精准落实到位。公开、公正地开展低保评议，老、弱、病、残、军等群体关怀帮扶到位，累计发放社会救助扶助资金、补贴686万，救助慰问低保、失独家庭、计生等各类困难、弱势群众3758人。关心退役军人的生产生活，完成退役军人和其他优抚对象信息采集521人，审核通过503人。落实精准扶贫2户，受到市高检检察长贺恒扬的肯定。推动卫生计生事业健康发展，孕优、药具、家庭人口信息核查、健康及教育等工作出色完成。持续加强幼教、敬老院、五保家园等日常监管，关停场镇不合格幼儿园1所。

**【迎龙镇办事处负责人】**

党委书记：谭　昊
副书记：袁　亮（2018年9月离任
镇长：张庆荣
副镇长：蒋明华（政法书记）
　　余汝江（武装部长）
　　杨益静（2018年6月离任）
　　杨志强（2018年8月任职）
人大主席：王　波
纪委书记：何　倩　李　宁
宣传统战委员：李　宁
组织委员：杨志强（2018年7月离任）
　　周　艳（2018年7月任职）

（迎龙镇）

## 广阳镇

**【概况】** 广阳镇位于南岸区东北方向，东连巴南区木洞镇，南邻南岸区迎龙镇，西毗南岸区峡口镇，北滨邻长江与江北区渔嘴镇隔江相望。辖区地处长江河谷，地势东高西低，以低丘宽谷地貌为主，海拔高度为165.2～624米。气候湿润，年平均气温18℃，四季气温变化分明，常年降雨量1100～1250毫米，常年日照1240小时，无霜期年均值320天。土壤为水稻土、泥黄土、页岩红黏土，矿藏资源有石灰岩、砂岩、页岩。

该镇原隶属巴县，1995年2月至今，广阳镇划归南岸区管辖。辖区面积37.12平方千米，距市区水路28千米，陆路31千米。镇辖8个行政村和2个社区居委会，即明月村、沿江村、垭口村、塘坎村、回龙桥村、大佛村、银湖村、新六村和明月沱社区、东港社区，总人口2.2万人。辖区内有南岸区东港学校、广阳小学、东港中心医院、广阳卫生院、电管站、派出所、农村商业银行等多家行政事业单位，有重庆砼磊混凝土有限公司、圣同混凝土有限公司、东港船舶产业园、广阳建筑公司、广阳加油站等工农业企业30余家。

近年来，广阳镇先后荣获“全国体育先进乡镇”“全国体育旅游项目先进乡镇”、全国“乡镇体育健身示范工程”“中国优质枇杷基地”“2009中国（重庆）最具活力小城镇十大创新小城镇”“重庆市文明镇标兵”“重庆市卫生镇”“重庆市民间文化艺术之乡”“市级文明单位”等荣誉称号。全镇经济稳步增长，社会和谐稳定，民生持续改善。

**【经济建设】** 2018年，全镇实现地区生产总值85200万元，同比增长10%；财政税收收入1257万元，完成年计划的114%；社会消费品零售总额51800万元，增长12%；固定资产投资22.85亿元，增长5%；农民人均纯收入18700元，增长11%。

**【社会治理创新】** 在明月沱社区探索“2+3”网格共治模式，建立两支服务队伍，引导居民共商共治，完成重船厂家属二区环境整治工作7项，家属三区八字楼综合整治7项，在全镇重要出入口安装视频监控200个，形成虚拟门禁，为群众的生命财产安全提供有力保障。创建智慧广阳TV端服务平台，分设政策宣传、事务公开等五个模块，适时更新政务信息，开通群众参与、广泛监督线上政务平台。结合美丽宜居示范村庄建设工程，在银湖村桂花湾打造共建共享共治花园式院落，通过党建引领，完善治理体系，调动群众积极参与，发动辖区企业出资出力，形成共建共治共享格局。

**【乡村振兴】** 以产业振兴为重点，制定“1+4”工作方案，重点打造银湖、大佛乡村振兴示范区。成功举办第十二届江南枇杷节，吸引游客22万余人次，实现经济收益6820万元；打造大佛农业生态园“潘青桃”水果品牌，成功举办首届潘青桃采摘文化节；争取区级专项资金380万元，扶持银湖紫荆园等园区发展。以人才振兴为基础，聘请农技专家教授定期、定点进行农技培训10期，受惠群众1800余人；强化人才储备，为各村至少配备1名本土人才和后备干部，选派2名高学历选调生到村工作。以文化振兴为保障，在广阳故事基地开展文艺汇演36场，举办政策宣讲活动24次，开展“三下乡”、文化、卫生服务宣传活动15场，“孝善立德”、乡贤示范活动3场，推举中国好人7名；银湖村文艺活动示范点开展文艺活动90场。重视文化传承，国家非遗项目广阳民间故事基地启动建设，为营造乡风文明的新农村提供坚实平台。以生态振兴为关键，完成银湖村市级美丽宜居示范村庄项目建设，稳步推进大佛、银湖、新六村村级规划。

**【改革深化】** 加快落实供给侧结构性改革，持续发力贯彻落实全面深化改革各项工作，有力推进农村“三变”改革、“三权分置”改革，盘活农村三资，激活农民三权，推进农业增效、农民增收和农村集体经济增值。全镇完成8个村、119个社、4248户土地确权外业调查工作，目前正在进行内业核算，与外业数据对比及后续公示工作已准备就绪。制定《关于扶持特色效益农业发展的实施意见》，推动农业供给侧结构性改革。

**【城乡建设】** “三生三宜”品质城市建设。推动村（居）卫生环境全面整治工作，清除卫生死角180余处，清理暴露垃圾400余吨、建筑垃圾200余吨，投入20余万元购置垃圾箱等环卫设施，继续推动垃圾不落地工程；新装下水管道100余米，农村改厕784户，全面启动创建全国卫生乡镇工作；完成明月沱社区游园翻修，完成场镇行道树修枝除丫以及病虫除害工作，栽种各类植物700余株，有效提升居住品质；推行“五长制”，组建41人“五长”队伍，落实“门前五包”，签订责任书97份；全年常态化开展“全民动手日”活动216次，发动群众共同参与，实现共建共享共治。基础设施建设持续完善。黄明公路沿线安装太阳能路灯141盏，完成银湖村、大佛村和新六村人行步道8.25千米建设并交付使用，完成银湖村三何土至茨竹湾公路及健康号步道建设工程1千米。

**【生态文明建设】** 制定《重庆市南岸区广阳镇实施生态优先绿色发展行动计划（2018—2020年）》，推动全镇树立社会主义生态文明观，形成人与自然和谐发展的现代化建设新格局，实现产业兴、百姓富、生态美的有机统一。加大检查力度，重点巡查砂石码头120余次，完成全国第二次污染源普查清查工作。落实“河长制”，建立手机巡河电子档案，完成银湖村桶颈沟段2.9千米、新六村桶颈沟段1.81千米的清淤和清除水葫芦工作，清理长江沿岸垃圾10.4吨。落实“山长制、林长制、库长制”，完成本年度退耕还林地损失情况调查和自查验收工作，为607户退耕户直补9万余元，除治染病枯死松木2059株。落实森林防火责任，全年开展森林防火巡查40余次，实现全年森林防火火警、火灾“双零”目标。

**【社会民生工作】** 严格落实“兴转促”工作，联系服务群众，收集问题12件，办结率100%。办理城乡居民合作医疗保险14255人，居民养老保险3874人。举办实体招聘会2场，城镇就业困难人员就业217人，全年实现城镇新增就业3224人。将困难老党员、特困户、低保户、伤残军人、失独家庭等特殊群体纳入帮扶对象，全年发放节日慰问、优抚、困难救助、惠老补贴等各类民政事业经费229.11万余元。发放五保生活护理、医疗费累计69.98万余元，投入50万元对银湖村五保家园进行维修改造，改善五保老人居住环境。优化提升服务窗口建设，推广运行“一门式”系统，实现“前台”一口受理，后台协同办理。全年服务群众工作系统收到群众反映事项234件，办结234件，满意率达100%，镇公共服务中心获得政务服务窗口建设流动红旗的次数排名全区第一。公共文化服务体系建设不断加强，农家书屋新增书籍1200册，增设3处外借点。完成物联网培训24次、讲座4次、展览4次。计生民生政策落实落地，新增奖扶94人，新增特扶12人，累计享受奖扶737人，累计享受特扶65人。联合辖区医院、村（居），开展各类健康教育宣传活动26次、健康教育讲座22次。

**【平安建设】** 全面开展法治建设，落实依法治镇，开展普法宣传活动32次。推动法律顾问队伍建设，镇党委、政府及各村（居）聘请法律顾问8人。推进人民调解工作，全年共调解民事纠纷53件，成功帮助农民工追回拖欠工资150余万元。落实社区矫正和刑释人员安置工作，实现社区矫正人员无脱管、漏管。推进扫黑除恶专项斗争，充分利用院坝会、举报箱、宣传册、倡议书、智慧广阳TV端等宣传载体，广泛发动党员群众，成功处理上级部门转办案件6件次，并定期摸排、梳理、研判辖区动态情况。做好信访稳定工作，全年信访态势总体平稳，实现全年信访维稳“五个零”目标。抓好安全生产和食品药品监督管理工作，全年共安全检查690家次，发现整改安全隐患316起。强化综治工作，巩固9个反邪教宣传阵地，全年辖区无邪教人员到市进京或在当地聚众滋事以及开展非法活动。

**【广阳镇办事处负责人】**

党委书记：徐赵云
副 书 记：李　静
镇　　长：张　鲲
副 镇 长：李念文（政法书记）
　　　　　李　娜
　　　　　张守军（武装部长）
人大主席：胡　丹
纪委书记：陈彦忠
组织委员：凌廷润（10月任职）

（广阳镇）

# 统计公报

## 2018 年重庆市南岸区国民经济和社会发展统计公报

2018 年，面对愈加复杂严峻的宏观经济形势带来的巨大压力和挑战，区委、区政府保持定力，坚定信心，扎实抓好“三大攻坚战”“十项重点工作”，聚焦高质量、发力供给侧、推进智能化，确保经济运行平稳有序。

**一、综合**

2018 年，全区生产总值（GDP）总量 724.78 亿元，同比增长 2.9%。其中一产业实现增加值 3.81 亿元，同比下降 2.0%；二产业实现增加值 278.63 亿元，同比下降 0.7%；三产业实现增加值 442.34 亿元，同比增长 5.3%。三次产业经济结构从 2017 年的 0.5 ∶ 56.2 ∶ 43.3 调整为 0.5 ∶ 38.4 ∶ 61.1。

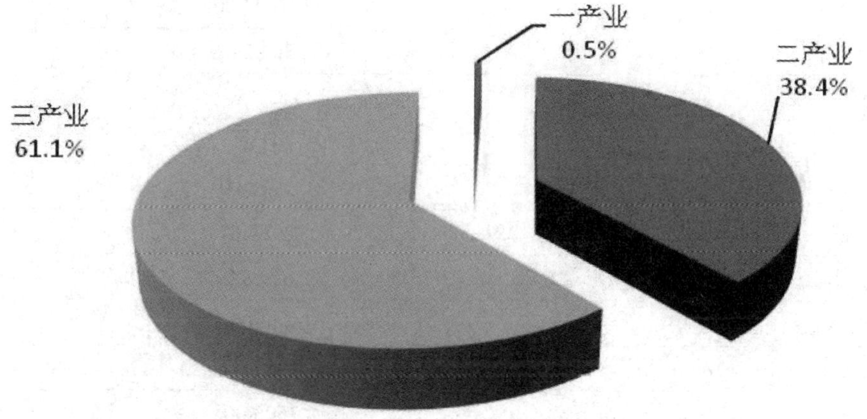


2018 年南岸区生产总值三次产业构成

**二、农业**

2018 年，全区实现农林牧渔业总产值 5.05 亿元。其中：农业产值 4.34 亿元，同比下降 0.6%；林业产值 0.13 亿元，同比增长 0.6%；牧业产值 0.13 亿元，同比下降 7.9%；渔业产值 0.32 亿元，同比下降 6.4%；农林牧渔服务业产值 0.13 亿元，同比增长 1.3%（见表 1）。

2018 年南岸区主要农产品产量

| 产品名称 | 单位 | 2018 年 | 同比 (%) |
|---|---|---|---|
| 粮食作物 | 吨 | 2075.00 | 0.2 |
| 蔬菜产量 | 吨 | 7638.73 | -2.4 |
| 生猪出栏头数 | 头 | 2568.00 | -6.3 |
| 鲜奶产量 | 吨 | 173.00 | 1.1 |
| 鲜鱼产量 | 吨 | 2265.00 | -3.1 |
| 水果 | 吨 | 4134.81 | 5.03 |

**三、工业和建筑业**

2018年，全区实现工业增加值193.35亿元，同比下降4.1%，占全区GDP的比重为26.7%。全区完成工业投资30.43亿元，同比增长15.6%，占全社会固定资产投资的8.6%。规模以上工业增加值速度为-4.2%，219户规模以上工业企业实现工业总产值780.28亿元，同比下降4.3%。

2018年，全区50户重点企业累计实现工业总产值638.01亿元，同比下降1.2%，实现总产值占规模以上工业总产值的比重为81.8%。

2018年，全区规模以上15户大型企业实现总产值482.53亿元，同比增长18.4%，实现总产值占规模以上工业总产值的比重为61.8%；204户中小型企业实现总产值297.74亿元，同比下降27.0%，实现总产值占规模以上工业总产值的比重为38.2%。

2018年，全区重点跟踪的81种主要工业产品中，51种产品产量同比下降，减产面达62.9%。其中降幅较大的主要产品为：手机4935.79万台，同比下降33.1%；光电子器件7433.00万台，同比下降51.9%；软饮料57.15万吨，同比下降9.9%；纸制品34978.00吨，同比下降5.4%；塑料制品42964.61吨，同比下降5.1%

2018年南岸区规上工业主要产品产量

| 规模以上工业主要产品产量 | 单位 | 产量 | 同比（%） |
|---|---|---|---|
| 移动通信手持机 | 万台 | 4935.79 | -33.1 |
| 光电子器件 | 万只 | 7433.00 | -51.94 |
| 卷烟 | 亿支 | 177.37 | 23.4 |
| 摩托车 | 万辆 | 77.89 | 12.7 |
| 工商用制冷、空调设备 | 台 | 171642.00 | 15.7 |
| 房间空气调节器 | 万台 | 354.29 | 36.2 |
| 软饮料 | 万吨 | 57.15 | -9.9 |
| 服装 | 万件 | 441.21 | 3.5 |
| 纸制品 | 吨 | 34978.00 | -5.4 |
| 塑料制品 | 吨 | 42964.61 | -5.1 |
| 商品混凝土 | 万立方米 | 619.82 | -3.5 |
| 金属门窗及类似制品 | 吨 | 436.00 | -1.6 |
| 金属切削机床 | 台 | 1382.00 | 31.9 |
| 改装汽车 | 辆 | 3603.00 | 19.1 |

企业节能降耗成效显著。规模以上工业企业（不含水、电、气、莱美药业、烟草南岸分公司、川仪南岸分公司）万元产值能耗0.0224吨标准煤/万元，比上年下降了16.4%。

建筑业增长平稳。按注册地统计建筑业总产值249.81亿元，同比增长20.4%，在地建筑业总产值195.81亿元。全区实现建筑业增加值85.28亿元，同比增长8.9%，占全区GDP的比重为11.7%。

**四、固定资产投资**

2018年，全区实现固定资产投资353.48亿元，同比增长6.2%。其中：基本建设和更新改造完成投资58.33亿元，同比增长2.6%；房地产开发完成投资295.15亿元，同比增长7.0%。

从固定资产投资的构成看，建筑安装工程投资181.71亿元，同比下降25.4%，占全社会固定资产投资的51.4%；设备工器具购置11.85亿元，同比下降42.8%，占全社会固定资产投资的3.4%；其他费用159.92亿元，同比增长133.4%，占全社会固定资产投资的45.2%。

按三次产业来看，二产业完成投资30.43亿元，同比增长15.6%，占全社会固定资产投资的8.6%；三产业完成投资323.05亿元，同比增长5.4%，占全社会固定资产投资的91.4%。

商品房销售理想。商品房销售面积为366.31万平方米，同比增长9.6%，其中住宅销售面积为312.26万平方米，同比增长13.1%。商品房销售额398.13亿元，同比增长19.4%，其中住宅销售额353.85亿元，同比增长23.1%。

## 五、国内贸易

2018 年，全区社会消费品零售总额 442.92 亿元，同比增长 6.9%。从社会消费品零售构成行业来看，批发业完成 64.94 亿元，同比增长 4.4%；零售业完成 310.32 亿元，同比增长 7.0%；住宿业完成 13.47 亿元，同比增长 8.4%，餐饮业完成 54.23 亿元，同比增长 9.1%。

2018 年，全区批零业销售总额达到 1689.13 亿元，同比增长 10.1%。全区限额以上批零企业销售总额 795.48 亿元，同比增长 6.6%。销售额排名前 10 位的批零企业累计销售额 252.31 亿元，占限额以上法人销售额的 31.7%，同比下降 1.4%。

权重最大的中西药品类销售增速持续放缓，全年销售额 56207.13 亿元，同比下降 13.0%，其次石油及制品销售额 55.54 亿元，同比下降 13.3%，部分从事石油制品的公司经营不善是导致数据下滑严重的主要原因。第三金属材料类销售额 44.04 亿元，同比下降 5.7%。

## 六、对外经济

2018 年，全区实现外贸进出口总额 15.50 亿美元，同比增长 17.9%；其中：外贸出口 6.34 亿美元，同比下降 0.5%；外贸进口 9.16 亿美元，同比增长 35.2%。实际利用外资 8.86 亿美元，同比增长 23.8%。

## 七、交通、邮电和旅游

2018 年，全区公路总里程达到 516 千米，其中：国道 20 千米，省道 41 千米，县道 89 千米，乡道 51 千米，村道 315 千米。

据抽样调查资料显示：2018 年末南岸区城镇居民平均每百户拥有固定电话 24 部，移动电话 251 部。

2018 年末全区共有旅行社 35 家，其中：国际旅行社 4 家，国内旅行社 31 家。门市部 600 余家。星级酒店 8 家，其中：五星级酒店 2 家，四星级酒店 2 家，三星级酒店 4 家。对外开放的国家等级景区 9 个，其中：4A 级景区 3 个，3A 级景区 2 个，2A 级景区 3 个，1A 级景区 1 个。全年接待游客 4889.5 万人次，增长 8.8%，实现旅游收入 168.2 亿元，增长 38.2%。其中接待境外游客 32 万人，增长 4.4%。

## 八、财政、金融和保险

2018 年，全区实现地方财政收入 71.62 亿元，同比下降 5.1%，其中：公共财政收入 63.52 亿元，同比下降 9.8%，税收收入 55.48 亿元，同比增长 7.2%。财政支出 131.04 亿元，同比下降 1.2%。

金融机构人民币存款余额 1305 亿元，同比增长 2.6%。金融机构人民币贷款余额 1156 亿元，同比增长 4.5%。

## 九、教育和科学技术

教育事业加快发展。现有中小学校（幼儿园）224 所，其中：公办中小学校（幼儿园）77 所，包括幼儿园 12 所、小学 40 所、九年一贯制学校 5 所、初级中学 12 所、高完中 5 所、中职学校 1 所、特殊教育学校 1 所、教师进修学院 1 所。全区中小学（幼儿园）共有学生 135165 人（其中：公办学校学生 93448 人），教职工 10774 人（其中：公办学校教职工 7398 人）。

科技创新取得新进展。全年新入库科技型企业 210 家、评价国家科技型中小企业 68 家，新增高新技术企业 33 家、高成长性企业 28 家，新认定国家级知识产权示范企业 1 家、国家级知识产权优势企业 6 家。重庆工港致慧增材制造技术研究院成功申报市新型高端研发机构。全年新增市级重点实 7 验室 7 家、企业技术中心 4 家、工程研究中心 5 家，新增国家地方联合研发工程研究中心 2 家。建立南岸区产业协同创新联盟企业专家咨询库，入库电子信息行业专家 50 余名。12 名市区科技特派员进驻专家大院，积极开展科技下乡活动，助力乡村振兴。成功申报市级创新创业示范团队 4 个。

截至 2018 年 11 月，全区每万人发明专利拥有量达到 33.03 件。南岸区成为重庆市知识价值信用贷款第二批试点区县，推动筹建 2 亿元规模的南岸区科技型企业知识价值信用贷款风险补偿基金，首期基金 2000 万元已到位，首批 4 家企业获区级创业种子投资基金免息贷款支持 180 万元。

## 十、文化、卫生和体育

文化事业全面繁荣。一是全面提档升级基层综合文化服务中心。完成 130 个基层综合文化服务中心建设，统一标识标牌，促进基层综合文化中心标准化管理。二是文化惠民落到实处。举办“南岸区第六届民俗民风展演”“南岸区第十三届广场舞大赛”等大型文化活动 21 场，举办南岸区书法摄影等展览活动 11 场。通过政府购买公共文化服务等方式，完成各类惠民展演 455 场次，完成“文化迎春 艺术为民”2018 中国国家交响乐团服务基层活动 3 场，完成戏曲进校园活动 62 场，完成文艺演出进村 220 场，完成惠民电影 780 场，恢复“南山笔会”这一传统文学盛事。三是创新全民阅读服务理念。开创“图书馆 +”阅读推广服务模式，18 个“24 小时自助图书馆”、100 个“南书房”自助书吧已投入使用。区图书馆联合社区分馆、农家书屋开展各类讲座、展览、培训、“梦想沙龙”系列活动等阅读推广活动 150 余场次，受众人数达 15 万人次。四是创新工作取得成效。公共文化物联网进行 487 次配送。区图书馆依托国家公共文化服务体系示范项目——“南岸区社区图书馆标准化服务”建设，采取多元化办馆模式，积极引入社会力量参与公共文化服务，成功创建了少数花园、精典书店、资武道院等 10 家社会分馆。

卫生事业稳步发展。积极推进家庭医生签约服务，截至目前，全区签约家庭 11.7 万户，覆盖居民 21 万人，其中城乡常住居民覆盖率达到 23.8%，农村建档立卡贫困人员和计划生育特殊困难人员自愿签约服务实现全覆盖，老年人、儿童、慢病患者等重点人群签约服务率达到 56.8%，三级以上残疾人达到 51.4%；投入专项资金实施基本卫生项目服务补助，2018 年我区达到人均 55 元；全面推开公立医院综合改革，实现辖区内公立医院综合改革全覆盖；新批准设置医疗机构 87 家，其中医院 2 家，中西医结合医院 1 家，门诊部及诊所 84 家；批准注销医疗机构 31 家；积极稳妥实施全面两孩政策，向群众发放宣传资料 4.5 万份，宣传品 8000 多份，接受群众咨询 7000 多次，办理生育服务证登记 7181 件，其中二孩登记 3167 件，再生育审批 226 例。

体育事业顺利推进。全区人均体育占地面积 2.3 平方米，所有社区、行政村建立了体育组织，体育队伍 600 余支，体育单项协会 18 个，全区体育锻炼人口 55%。成功举办 2018 年长安汽车重庆国际马拉松赛、2018 重庆女子国际半程马拉松赛、2018 中国男子职业高尔夫球巡回赛、2018 年“体彩杯”南岸区机关职工运动会等体育赛事活动。2018 年体育彩票销量 5.2 亿元，销量占重庆体彩市场的份额约为 9%。

## 十一、人口、人民生活和社会保障

根据户籍资料，2018 年末全区总户数 29.70 万户，人口 73.68 万人，比上年增加 2.4 万人。总人口中，城镇人口 68.54 万人，比上年末增加 3 万人；农村人口 5.14 万人，比上年末减少 0.7 万人。

年末全区常住总人口 91.00 万人，比上年末增加 1.9 万人，其中城镇常住人口 87.09 万人，占总人口比重（常住人口城镇化率）为 95.7%，比上年末提高 0.3 个百分点。2018 年全年新出生人口 11817 人，出生率为 13.1‰；死亡人口 7381 人，死亡率为 8.2‰，人口自然增长率为 4.9‰。

城乡居民收入继续增加，2018 年全体居民人均可支配收入 37886 元，同比增长 8.4%，其中城镇常住居民人均可支配收入 38703 元，增长 8.2%，农村常住居民人均可支配收入 21039 元，增长 8.3%。城乡居民收入比为 1.84 ∶ 1。

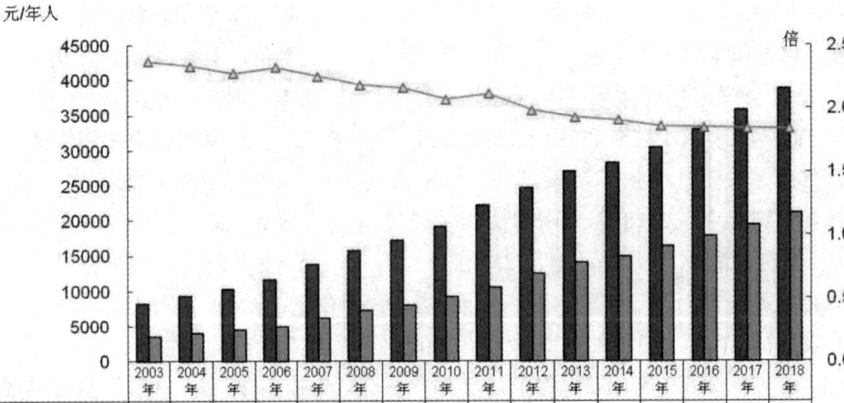


| | 2003年 | 2004年 | 2005年 | 2006年 | 2007年 | 2008年 | 2009年 | 2010年 | 2011年 | 2012年 | 2013年 | 2014年 | 2015年 | 2016年 | 2017年 | 2018年 |
|---|---|---|---|---|---|---|---|---|---|---|---|---|---|---|---|---|
| 城镇常住居民人均可支配收入 | 8242 | 9255 | 10290 | 11629 | 13750 | 15730 | 17210 | 19115 | 22146 | 24661 | 27053 | 28278 | 30441 | 32983 | 35770 | 38703 |
| 农村常住居民人均可支配收入 | 3475 | 3965 | 4523 | 5004 | 6103 | 7196 | 7955 | 9236 | 10473 | 12437 | 14016 | 14831 | 16366 | 17839 | 19427 | 21039 |
| 城乡居民收入比 | 2.37 | 2.33 | 2.28 | 2.32 | 2.25 | 2.19 | 2.16 | 2.07 | 2.11 | 1.98 | 1.93 | 1.91 | 1.86 | 1.85 | 1.84 | 1.84 |

2003—2018 年南岸区城乡居民人均收入

社会保障进一步完善。2018 年全区城镇新增就业 51801 人，完成率 161%；城镇登记失业人员就业 13139 人，完成率 164%；就业困难人员就业 4272 人，完成率 106%。辖区应届高校毕业生就业率达 90% 以上。城镇登记失业率为 2.23%。全区新增个体和企业 16938 户，发放创业担保贷款 3406 万元。全区城镇职工养老、城镇职工医疗、失业、工伤保险费分别征收 29.45 亿元、17.77 亿元、0.98 亿元、0.99 亿元。全区城乡居民养老、医疗保险费分别征收 0.03 亿元、1.70 亿元。社保待遇持续提高，城镇企业职工（含农转非和超龄两类人员）月人均养老待遇上调至 2472.06 元，职工医保住院政策范围内报销比例达 84.0%，城乡居民医保在二级及以下定点医疗机构住院政策范围内报销比例达 75.8%。全区城镇居民最低生活保障对象 8994 人，农村居民最低生活保障人数 1050 人，累计发放城市低保金 6710 万元，农村低保金 635 万元。年末城镇收养机构 31 个，床位数 4115；敬老院 4 个，床位数 195；五保家园 21 个，床位数 261。

## 十二、城市建设和环境保护

宜居南岸建设有力推进。2018 年完成人行护栏涂装整治 15919 米、加强型人行护栏 1095 米、中央隔离栏 7011 米、防撞护栏 39730 米。完成金色家园、阳光华庭一户一表改造2195户。新建公厕13座，改造公厕5座。完成背街小巷和老旧居小区市容环境综合整治项目2个，涉及房屋12栋，惠及居民413户1300余人。整治城市桥梁14座，共计完成结构设施涂装约2.9万平方米。新增配建室内外停车位18352个，在商圈范围建设并运行智能路内停车位209个。累计整治环境卫生问题52035处，清除暴露垃圾37540.3余吨。累计完成车行道整治41000平方米、人行道整治11500平方米。累计消除新增违法建筑148件，面积0.5万平方米。整治存量1429件，面积62.6万平方米。补栽绿地32070平方米，修剪树枝排危221株，更新更换绿化栏杆6312.5米。

环境质量持续改善。持续深化“碧水、蓝天、绿地、田园、宁静”五大环保行动，全区环境保护力度进一步加强。全区空气质量优良天数为310天；二氧化硫年平均浓度为9微克/立方米；二氧化氮年平均浓度为39微克/立方米；可吸入颗粒物年平均浓度为63微克/立方米；细颗粒物年平均浓度为39微克/立方米。与上年（2017年）相比：空气质量优良天数增加24天，二氧化硫浓度下降18.2%，二氧化氮浓度下降2.5%，可吸入颗粒物浓度下降10%，细颗粒物浓度下降11.3%。全区城市集中饮用水源地水质达标率为100%。区域环境噪声年均值为52.7分贝，交通噪声年均值为65.8分贝。森林覆盖率为42%。

注：

1. 本公报为初步统计数据，正式数据以《南岸区统计年鉴—2019》为准。

2. 地区生产总值及各行业增加值绝对数按现价计算，增长速度按可比价格计算。

3. 规模以上工业企业：年主营业务收入2000万元以上工业企业。

限额以上批发零售贸易企业：批发企业年主营业务收入2000万元以上，零售企业年主营业务收入500万元以上。

限额以上住宿餐饮企业：年主营业务收入200万元以上的住宿企业和餐饮企业。

4. 行业数据由各主管部门提供。

# 重庆市南岸区人民检察院

区检察院党组巡视整改领导小组第五次会议

区检察院全院干警大会

开展“保障舌尖上的安全”公益诉讼监督活动

检察官提前介入重大复杂疑难案件并开展研讨

南岸区人民检察院坚持以政治建设为统领，打造革命化、正规化、专业化、职业化的检察队伍。坚持党对检察工作的绝对领导，抓好党组自身建设，大力推进专业化建设，坚定不移从严治检。

围绕区委中心工作履职尽责，服务保障高质量发展、高品质生活。深入推进平安建设，营造法治化营商环境，保护国家利益和社会公共利益。

加强法律监督工作，促进严格执法、公正司法。加强刑事诉讼监督，加强民事行政诉讼监督，加强职务犯罪检察工作。

深化司法体制综合配套改革，提高司法公信力。完成内设机构改革，深化司法责任制改革，深入推进认罪认罚从宽制度工作。

检察官与民营企业一对一常态化联系

检察干警进社区开展服务群众活动

# 重庆市南岸区

区委副书记王茂春、副区长莫裕全检查森林防火工作

市林业局有关领导到南岸调研林业工作

区委常委、区委组织部部长程效巡查大石峡溪

南岸区农业农村委员会是一个集农业、林业、水利、畜牧、农综开发和森林公安（综合执法）等多项职能为一体的综合性职能部门。其主要职责是：贯彻执行农业和农村、林业和生态建设、水利和水资源管理工作的法律法规和方针政策；拟订并组织实施全区农业（农业综合开发）、林业、水利工作发展战略、规划、计划；负责农业（农业综合开发）、林业、水利工作的监督管理；具体负责森林防火、防汛抗旱和重大动物疫病防治工作。

目前，全委机构设置分为两类。行政类：党政办公室、财务科、农业科、林业科、水利科、森林公安局；事业类：南岸区农村经营管理站、南岸区天然林保护中心、南岸区防汛抗旱管理站、南岸区动物卫生监督所、南岸区

接受市级农机安全督查

长生桥镇高标准农田建设项目

# 农业农村委员会

区委农工委书记、区农委主任吕永带领农委法规安全科和执法队相关人员，对辖区多家农药经营门市进行检查

区农委副主任夏兵带队检查渝南冻库

农林水利行政执法大队、南山林场、明月山林场和8个基层畜牧兽医站；林业科与南岸区天然林保护中心小组办公室合署办公，水利科与南岸区防汛抗旱管理站合署办公。为对应市农综办工作，委内设农综项目科。全委共有在编在职人员130人，其中机关63人（公务员及参公人员29人），下属2个国有林场46人、8个基层畜牧兽医站21人。此外，临时聘用人员20人，分别是驾驶员、勤杂人员和综合执法辅勤人员。

召开农机安全工作会

参加第十七届西部农交会

检查山长制落实工作

防火检查

检查林木加工企业安全

# 重庆市南岸区

重庆市警备区司令员韩志凯到南岸调研军民融合工作

市委常委、警备区司令员韩志凯宣布部领导命令

2018年，南岸区人武部在警备区党委领导下，紧紧围绕“听党指挥、能打胜仗、作风优良”的强军目标，深入学习宣传贯彻党的十九大精神，推动国防动员能力生成模式和民兵建设转型，真抓实干强能力、强基固本创一流，单位建设稳步推进，各项任务圆满完成。

部长卞广平慰问困难群众

副部长王关海检查基层正规化建设情况

# 人民武装部

南岸区召开"八一"座谈会

组织预征入伍新兵开展役前训练

召开武装工作会

中国"民参军"产品对接会在重庆市南岸区召开

组织预征青年体检

深入高校开展征兵宣传

组织民兵钢桥分队训练

组织民兵年终军事训练考核

组织专武干部暨民兵骨干训练

组织部机关开展安全训练

# 重庆市

司法部党组书记袁曙宏一行到渝都监狱调研指导工作

全国监狱工作协会部分参会代表到渝都监狱考察调研

渝都监狱工会第二次会员代表大会召开

渝都监狱与东南医院成功签约成为医疗联合体

重庆市渝都监狱成立于1950年1月，前身为西南公安部磁器口农场，1954年更名为四川省第二监狱，直辖后更名为重庆市监狱，2009年更名为重庆市渝都监狱，是全市唯一一所被司法部命名的部级现代化文明监狱。2013年5月，渝都监狱从南岸弹子石孙家花园迁至现址（南岸区茶园大道118号）。新址占地400亩，建筑面积12.3万平方米，总投资5.2亿元。

搬迁至现址后，监狱硬件设施和信息化水平得到大幅度提升，在重庆乃至西部地区都处于领先水平。2018年初被司法部选定为全国落实治本安全观20个示范单位之一，今年初又成功通过司法部智慧监狱验收。近年来，监狱认真贯彻落实习近平新时代中国特色社会主义思想和总书记对监狱工作重要指示批示精神，紧紧围绕服务重庆经济社会发展和平安重庆建设大局，进一步提高政治站位、深化监狱改革、强化内部管理、打造过硬队伍。特别是近两年，监狱充分把握全市监狱系统深化规范化管理试点单位的有利契机，乘势而上，全力推动各项工作持续快速规范发展，整体管理水平稳步提升。至

# 渝 都 监 狱

市委常委、政法委书记刘强
一行莅临渝都监狱慰问一线民警职工

上海监狱管理局到渝都监狱参观指导

今已取得连续17年无罪犯脱逃、14年无重特大案件、18年无重大生产安全事故发生的良好成绩。

重庆渝都监狱将在司法部、市“两局”的坚强领导下，深入贯彻落实党的十九大精神，继续坚持“忠信、尚法、勤廉、笃行”的治监理念，坚守安全底线，践行改造宗旨，统筹推进以政治改造为统领的五大改造新格局，服从服务于重庆经济社会发展和平安重庆建设，不断提升监狱管理工作的科学化、规范化和法治化水平，为创建全国一流监狱而不懈奋斗！

渝都监狱举办母亲节民警母亲进警营体验活动

渝都监狱开展民警实战技能培训

渝都监狱篮球队勇夺全市监狱
系统第七届民警职工男子篮球比赛冠军

渝都监狱举办
“月满中秋·情满警营”第五届民警职工歌咏比赛

# 迎龙商务区

国家林业和草原局党组书记、
局长张建龙视察迎龙湖国家湿地公园

市人大常委会主任张轩调研迎龙湖湿地公园

中国铁路总公司副总经理黄民调研东站选址

随着国家中长期铁路规划以及重庆市“十三五”铁路发展规划、重庆市中长期铁路网规划的发布，重庆市委、市政府从全市经济社会发展全局出发，提出了在南岸区迎龙片区依托铁路东站打造高铁商务区的战略思路，并将一体化打造迎龙商务区和重庆经开区列入了全市发展战略。

东至高铁站体、绕城高速、巴南区，西至纵三线、纵七线，南至南岸区区界，北至茶涪路、开迎路、东港，包括迎龙、长生桥和广阳镇的部分用地。站前区组团约5.4平方千米，迎龙湖生态功能区组团约20平方千米，总面积约25.4平方千米。

迎龙商务区主要负责开展区域内重大规划专题研究、编制和实施相关规划；负责铁路东站和铁路枢纽的规划和建设；负责区域内现代生态高端农业综合开发，推动商旅文体农一体化产业发展及迎龙湖国家湿地公园日常管理；负责协调区域内征地拆迁、集体土地流转、农户安置、土地集约利用及公共服务设施建设；研究提出相关产业政策意见建议以及南岸区委、区政府、经开区管委会交办的其他事项。

迎龙商务区开发开放的核心和基础是重庆东站等铁路项目，交通条件优越，该区域将形成高速铁路、长江水运、高速公路三大对外交通通道。规划建设重庆东站铁路综合交通枢纽，是国家“八纵八横”高铁网中“包海”“京昆”“厦渝”“沿江”两纵两横四大通道的交汇点，是重庆联系武汉、西安、长沙等中心省会城市，进而联系深圳、广州、上海等国际大都市的西南门户，也是重庆市构建“米”字形高速铁路的关键节点；布局“五纵六横”的市政道路骨架集疏路网，轨道交通六号线、八号线、二十四号线和二十七号线等4条轨道交通规划引入，迎龙商务区区域现代交通网络体系功能日趋完善。

全力推进招商引资工作。大力发展产业项目，着力引进力合科创集团有限公司、中住（北京）科技有限公司，利用其提供的平台，大力发展平台招商。强力推进中铁建总部基地项目，形成总部经济集群。紧密对接中建科技有限公司，将装配式建筑行业的设计研发、生产、施工等产业链落户。同时充分对接存量企业，做好企业服务工作，实现依商招商。

# 重庆市南岸区科学技术委员会

副市长李殿勋调研南岸科研院所

重庆工港致慧增材技术研究院有限公司成立
“乌克兰黑海国立大学（中国）创新研发应用中心”

在区委、区政府的坚强领导下，区科委深入学习贯彻习近平新时代中国特色社会主义思想和党的十九大精神，围绕统筹推进“五位一体”总体布局，协调推进“四个全面”战略布局，坚持新发展理念，紧扣全区中心工作，着力培育引进创新主体，优化创新生态，深化科技管理体制改革，探索协同创新模式，抓好招商引资，强化知识产权保护，加强科技宣传普及，为南岸创新型城区建设打下坚实基础。

区科委2018年度领导班子述职测评会

2018年南岸区科技活动周
暨全国科技工作者日活动主会场

重庆招商交科院司公路隧道建设技术国家工程实验室
“广州凤凰三桥、朝天门大桥抗震性能全桥模型试验研究”

# 南岸区应急管理局

区领导带队检查烟花爆竹仓库安全生产工作

按中央和市委有关改革部署，组建区应急管理局。将区安全生产监督管理局的职责，区政府办公室的应急管理职责，区公安分局的消防管理职责，区民政局的救灾职责，区科学技术委员会的地震应急、抗震设防救灾职责，区国土资源管理分局的地质灾害防治职责，区农业委员会的水旱灾害防治、森林防火相关职责以及区防汛抗旱、减灾、抗震救灾、森林防火等指挥部的职责整合，组建区应急管理局，作为区政府工作部门，全面贯彻区委、区政府的工作部署，推进了各项工作取得成效。

2018年全区安全生产工作会议

2018年南岸区经开区危险化学品液氨泄漏事故应急演练

南岸区开展第十七个安全生产月活动

南岸区开展安全知识“七进”活动

南岸区开展安全生产月集中咨询日活动

# 重庆市南岸区科学技术委员会

副市长李殷勋调研南岸科研院所

重庆工港致慧增材技术研究院有限公司成立
“乌克兰黑海国立大学（中国）创新研发应用中心”

区科委2018年度领导班子述职测评会

在区委、区政府的坚强领导下，区科委深入学习贯彻习近平新时代中国特色社会主义思想和党的十九大精神，围绕统筹推进“五位一体”总体布局，协调推进“四个全面”战略布局，坚持新发展理念，紧扣全区中心工作，着力培育引进创新主体，优化创新生态，深化科技管理体制改革，探索协同创新模式，抓好招商引资，强化知识产权保护，加强科技宣传普及，为南岸创新型城区建设打下坚实基础。

2018年南岸区科技活动周
暨全国科技工作者日活动主会场

重庆招商交科院司公路隧道建设技术国家工程实验室
“广州凤凰三桥、朝天门大桥抗震性能全桥模型试验研究”

# 重庆市南岸区民政局

民政部部长黄树贤调研南岸区社区治理创新中心

市民政局党组书记、
局长唐步新调研东山坪社区

全国老龄办党组成员、《中国老年》
杂志社社长李耀东调研星宇城市之星养老院建设

重庆市城乡社区治理调研座谈会

市民政局党组书记、局长唐步新调研民泰基金会

区人大常委会主任
朱维慰问长生桥镇一户一策对象傅国树

# 重庆市南岸区市场监督管理局

南岸区守合同重信用企业表彰暨民营企业座谈会

重温入党誓言

分局深入开展兴调研转作风促落实行动，为老百姓解决实际困难，群众满意度大幅提升

区市场监督管理局挂牌合影

2018年，区工商分局持续深化商事制度改革，全面实现“三十一证合一”，共发放“多证合一、一照一码”执照共7.8万份。推行网上注册登记，最快可实现1个工作日核准，大力推行“政银合作”，积极推行“互联网+政务服务”，全区新增市场主体1.7万户，同比增长7.68%，市场主体累计达到9.9万户。新增小微企业6355户，带动就业4.13万人，累计发展小微企业4.9万户，享受创业补助4475户。新增注册商标3474件，其中商标国际注册7件，总数达2万件。全年共受理分流12315投诉举报4199件，有效办结率100%，为消费者挽回经济损失2282.33元。严格落实“双随机、一公开”抽查，开展各类双随机抽查市场主体4027户并及时公示抽查结果。联合征信系统征集数据31412条，同比增长47.6%。扎实开展无证无照经营、安全生产、校园周边两考保考、殡葬领域、打击非法集资、打击传销等各类专项整治20项。扎实推进“三生三宜”品质城市建设工作，协助街镇落实市场主体“门前五包”1250户；开展扫黑除恶斗争，依据职能职责排查涉黑线索1206条；开展南山生态带保护综合治理专项工作，为区政府提供南山生态带市场主体信息3974户，协助相关部门对600户企业进行实地摸底调查并积极配合开展专项整治执法，引导景区市场主体办照56户，规范经营行为42户次。

2019年2月26日，重庆市南岸区市场监督管理局正式挂牌成立，将原重庆市工商行政管理局南岸区分局、重庆市南岸区质量技术监督局、重庆市食品药品监督管理局南岸区分局的职责，以及区发展改革委的价格监督检查职责，区商务局的反垄断职责，区科技局的专利管理职责等进行了整合转隶，现内设26个科室，设13个街镇市场监管所作为派出机构。改革以来，各项工作快速步入正轨，干部队伍迅速形成合力，推动了机构改革加快从“物理整合”向“化学融合”有效转变。

开展品质消费教育乡村行活动

联合公安执法人员对假冒商品进行查处

开学前对儿童用品进行检查

# 南岸区应急管理局

按中央和市委有关改革部署，组建区应急管理局。将区安全生产监督管理局的职责，区政府办公室的应急管理职责，区公安分局的消防管理职责，区民政局的救灾职责，区科学技术委员会的地震应急、抗震设防救灾职责，区国土资源管理分局的地质灾害防治职责，区农业委员会的水旱灾害防治、森林防火相关职责以及区防汛抗旱、减灾、抗震救灾、森林防火等指挥部的职责整合，组建区应急管理局，作为区政府工作部门，全面贯彻区委、区政府的工作部署，推进了各项工作取得成效。

区领导带队检查烟花爆竹仓库安全生产工作

2018年全区安全生产工作会议

2018年南岸区经开区危险化学品液氨泄漏事故应急演练

南岸区开展第十七个安全生产月活动

南岸区开展安全知识“七进”活动

南岸区开展安全生产月集中咨询日活动

# 重庆市南岸区医疗保障局

区委书记郑向东到医保局调研指导工作

重庆市南岸区医疗保障局是区政府工作部门，主要职责是：

（一）贯彻执行国家及重庆市医疗保险、生育保险、医疗救助等医疗保障制度的法律法规、政策、规划和标准，拟订贯彻落实意见并组织实施。

（二）负责医疗保障基金监督管理使用，建立健全医疗保险经办内部控制制度和医疗保障基金安全防控机制，推进医疗保障基金支付方式改革。

（三）执行全市统一的医疗保障筹资和待遇政策并组织开展长期护理保险制度改革工作，确保参保群众医疗待遇落实。

（四）执行全市统一的药品、医用耗材、医疗服务项目、医疗服务设施等地方医保目录和支付标准，建立动态调整机制，参与药品价格谈判工作。

（五）执行全市统一的药品、医用耗材价格和医疗服务项目、医疗服务设施收费等政策，拟订贯彻落实意见并组织实施。建立医保支付医药服务价格合理确定和动态调整机制，推动建立市场主导的社会医药服务价格形成机制，建立价格信息监测和信息发布制度。

（六）执行全市统一的药品、医用耗材的招标采购、配送和结算管理政策并监督实施，推动药品、医用耗材的招标采购平台建设。

（七）负责本地区定点医药机构协议管理，加强费用审核和支付监督，建立健全医疗保障信用评价体系和信息披露制度，监督管理纳入医保范围内的医疗服务行为和医疗费用，依法查处医疗保障领域违法违规行为。

（八）负责医疗保障经办管理、特殊人群公费医疗管理、医疗救助、公共服务体系和信息化建设。组织实施异地就医管理和费用结算。建立健全医疗保障关系转移接续制度。开展医疗保障领域对外合作交流。

（九）负责承担并协调推进本地区医疗保障改革。

（十）完成区委和区政府交办的其他任务。

（十一）职能转变。重庆市南岸区医疗保障局应建立完善统一的城乡居民基本医疗保险制度和大病保险制度，建立健全覆盖全民、城乡统筹的多层次医疗保障体系，不断提高医疗保障水平，确保医保资金合理使用、安全可控，推进医疗、医保、医药“三医联动”改革，更好保障人民群众就医需求，减轻医药费用负担。

（十二）与有关部门的职责分工。重庆市南岸区医疗保障局要建立与重庆市南岸区发展和改革委员会、重庆市南岸区卫生健康委员会、重庆市南岸区市场监督管理局、重庆市南岸区税务局等部门的沟通协商机制，加强制度、政策衔接，协同推进，提高医疗资源使用效率和医疗保障水平。

参保人送锦旗

医保局领导到市六院检查指导工作

医保局开展
“不忘初心 牢记使命”主题教育活动

医保局邀请街镇相关负责人参加医保座谈会

# 南岸区文化工作委员会

杨帆管乐队参加文化部举办的公益活动

2018年南岸区青年歌手大赛

"全民阅读•书香南岸"——第十一届
重庆读书月南岸区2018全民阅读启动仪式

南岸区文化工作委员会（简称"区文化委"）坚持守正创新，在文化事业、文化产业、文化遗产、"三生三宜"品质城市建设等领域多点发力，繁荣人民群众精神文化生活，弘扬民族传统文化，不断提高建设社会主义先进文化的能力，"文化向南"初具格局。

南岸区成为全国唯一一个同时获得文化部两个国家级最高荣誉的城市。茶园文化艺术中心开工建设。文化惠民创新高，流动文化进基层1080余场次，惠及80万人。戏曲进校园60余场次，基本实现全覆盖。故宫学院（重庆）正式落户南滨路，重庆国际马戏城正式运营，龙门浩老街首开区、弹子石老街正式开街。国内电视剧龙头企业杭州大策投资集团落户南岸，将投资100亿元，打造西南国际影视文化总部基地。弹子石摩崖造像修缮工程、国家级非遗项目广阳故事基地建设项目进展顺利。

2018年农民工歌手大赛

2019年长安汽车重庆国际马拉松比赛

南山农民油画村

# 国家税务总局重庆市南岸区税务局

国家税务总局重庆市南岸区税务局于2018年7月5日正式挂牌成立。

南岸区税务局以习近平新时代中国特色社会主义思想为指导，深入学习贯彻党的十九大、十九届二中三中全会以及中央经济工作会议精神，在市税务局党委和区委、区政府的坚强领导下，全局干部职工同心同向、真抓实干，全力打赢了机构改革攻坚战，税费收入量质齐升，营商环境持续优化，税改任务扎实落地，征管质效不断提升，队伍建设有力强化，党风廉政建设持续加强，推动税收改革发展站上了新起点、实现了新作为。

7月5日，国家税务总局重庆市南岸区税务局顺利挂牌成立

7月31日，南岸区税务局举行领导班子宪法宣誓仪式

南岸区税务局组织开展职工趣味运动会，促进“四合”

南岸区税务局办税服务厅，工作人员耐心解答纳税人疑问

8月，南岸区税务局青年干部来到下浩社区，参加“大城众管 共同家园”全民动手活动

# 南岸区征地办公室

2018年，区征地办实施征地拆迁项目共31个，涉及征地总面积1239.6万平方米，累计完成征地面积886万平方米。全年共拆迁农户693户、企业76家，补偿安置3319人，征地人员安置对象（农转非）643人，拆迁房屋面积47万平方米。实施完毕项目5个，涉及征地面积共26.6万平方米。

郭家沱大桥项目征地面积22.8万平方米，需拆迁114户农户、12家企业。其中，大桥卯定施工、峡口立交所涉及的区域已全部完成并交付施工单位。铁路东环线项目征地面积175.2万平方米，迎龙镇、广阳镇、长生桥镇已启动实施征地面积122.5万平方米，已拆迁160余户农户、20余家企业，农户拆迁工作已完成80%，交付施工单位建设使用共计约100万平方米。

在抓好征地拆迁工作的同时，党建工作不放松，开展丰富多样的组织活动，做好服务群众活动，慰问困难群众和老党员，为群众办理“看得见，摸得着”的实事。

郭家沱大桥项目办理现场

为五保家园打扫卫生

铁路东环线项目办理现场

向黄路延伸段项目办理现场

参观红岩革命纪念馆

# 重庆药品交易所

重庆药品交易所成立于2010年3月，是重庆市政府同意并报经国务院部际联席会议核准的全国首家药品交易所，主要从事药品、医疗器械及其他相关医用产品电子交易。

重庆药品交易所参展2019年智博会

重庆药品交易所坚持以“以人为本、服务民生”为宗旨，以“一流水平、服务区域”为目标，全国首创医药全流程电子交易方式，建成集医药电子交易、招标采购、药品智能追溯、电子监测监管、电子支付结算、医药大数据集成应用等功能为一体的智能医药交易综合运营平台——药交网。平台已实现药品耗材全品类上线交易，挂牌交易品规超过12万个，平台交易主体1.3万家，累计交易量超过1600亿元。

重庆药品交易所自主打造的服务区域、面向全国的“药交网”正式上线

重庆药品交易所通过探索创新，先后获原国家食药监总局《互联网药品交易服务资格证书》（A证），被国务院部际联席会核准成为全国首家药品交易所、国家发改委批准为全国医药流通电子商务试点，入选国家科技部十二五科技支撑计划并通过项目验收，获国家级企业管理现代化创新成果二等奖、重庆市企业管理现代化创新成果一等奖，被评为中国十大最具影响力医改新举措之一。2017年运营平台被纳入全市大数据创新应用试点项目。2018年，药交所被国家商务部等8部委确定为“全国供应链创新与应用试点企业”，被表彰为“重庆市优秀创新型企业”，运营平台获评2018年重庆市人工智能与实体经济深度融合十大成果，被市发改委授牌为医药综合交易大数据智能化服务工程研究中心。

重庆药品交易所坚持以习近平新时代中国特色社会主义思想为指导，深入贯彻落实习近平总书记视察重庆重要讲话精神，按照市委、市政府对我市发展的新要求，不断改革创新，以交易服务为核心、科技信息为支撑、物流配送为保障、智能监测为手段，高标准高质量打造区域性药品耗材交易平台。

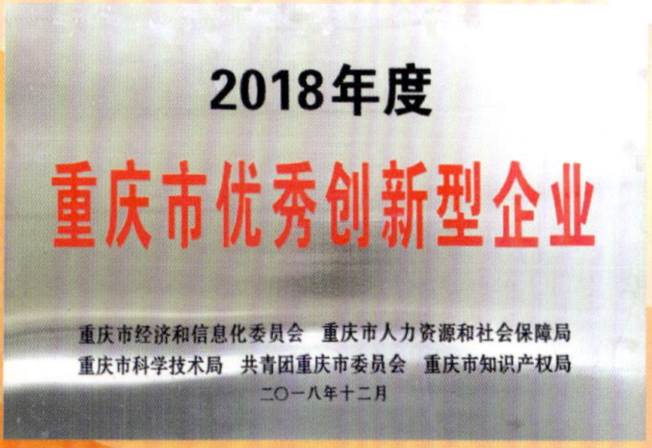

# 国网重庆市电力公司南岸供电分公司

全国总工会书记处书记王俊治一行调研南岸供电公司

区委副书记王茂春检查指导铜元局变电站建设工作

国网重庆市电力公司南岸供电分公司是国网重庆市电力公司的直属主城区供电单位，属国家电网公司Ⅱ型供电企业，承担着南岸、巴南两区2090平方千米的供电工作，负责供区内电网建设、电力调度、电力销售及服务等业务。2018年，南岸区净增用电客户3.97万户，总数达55.73万户。全区售电量40.28亿千瓦•时，同比增长11.34%。公司获全国“安康杯”竞赛优胜单位。营销计量室QC小组获全国优秀质量管理小组，变电丹桂运维站QC小组获全国质量信得过班组，涌现出全国青年岗位能手、全国工会系统劳动模范、重庆五一劳动奖章等先进个人。

2018年，公司认真落实中央决策部署，优化营商环境，压减办电流程，低压接入容量标准放宽至160千瓦，高低压接电时间完成全市深化“放管服”改革会议水电气办理时间压减目标。落实一般工商业降价要求，分三次共降低一般工商业电价7.93分/千瓦•时，平均降幅达10.22%，全年减少工商企业用电成本5200余万元。落实“三去一降一补”，跟踪走访工业企业，开展用能诊断，提出用电建议，累计降低207户工业企业用电成本628.4万元。

2018年，公司主动服务全区经济发展，配合规范转供电不合理加价行为，多措并举督促万达、亚太商谷等完成电价整改。取消并清退临时接电费2200万元。全力支持铁路东环线、轨道10号线等重点项目建设，完成35千伏迎江线升高工程，取得220千伏巴书东西线、35千伏迎五线迁改批复。服务“南岸起风景”，配合对餐饮船舶、塑料八厂等120家客户采取停电措施，杜绝环境污染。

维护供电设施确保高考用电

公司检修线路保障供电

# 南坪街道

城市管理

南坪街道在区委、区政府的正确领导下，积极适应经济发展新常态。以深化平安建设为重点，加大社会治安巡逻防控，联系区人大代表走进社区，并与辖区内群众开展座谈会。广泛宣传政策，收集群众意见。积极落实“马路办公”，以“马路办公”落实“一图四化”机制，溯源、分类、点单、清运四方面全程政治环境垃圾，以“五长”督促常态，结合“志愿服务”，强化环境清理“大城众管”，全方位提升辖区整洁新面貌。积极深入探索基层社会治理新路径，不断提升社区党建“四力”（即提升社区党建领导力、思想引领力、组织战斗力、群众凝聚力），深化“三事分流”，激发居民群众自治参与。

社会治理

基层党建

安全稳定

民生实事

经济发展

社会事业

# 海棠溪街道

2018年，海棠溪街道认真贯彻落实区委、区政府的决策部署，对标对表“1234”工作思路（即建设“幸福海棠”共同目标；守好廉洁自律、安全稳定“两个阵地”；打好组织建设、能力提升、城市管理“三大攻坚战”；抓好城市管理、社区建设、城市建设、文明建设等“四项重点工作”），沉心静气打基础，攻坚克难抓建设，凝心聚力促服务，推动各项工作取得了新进展新成效。

党工委书记龙晓梅马路办公宣传法规政策

街道定期研讨“五长制”工作推进落实情况

办事处主任夏江林带队开展环保污染溯源工作

发动高校志愿者参与“三生三宜”品质城市建设

人大工委主任许毅调研“门前五包”责任制落实情况

“海棠心愿”致敬建设者 传递正能量

# 铜元局街道

区委书记郑向东调研街道

2018年，铜元局街道围绕区委、区政府中心工作，统筹推进各项事业发展，取得明显成效。

“三生三宜”品质城市建设取得新进展。完成110千伏变电站、长江沿线餐饮船舶整治等攻坚任务；完成长江村30号老旧散小区整治项目；全面推行“五长制”，助推品质城市建设，顺利完成市环保督察工作。

创新社会治理取得新成效。运用“基层治理+五心”工作法，成功化解变电站建设矛盾纠纷；践行“枫桥经验”，牵头试点“楼长制”，探索建立物业矛盾预防和化解机制；深化“三事分流”，解决大事48件、小事168件、私事591件；多措并举顺利推进“迎峰度夏”有序用电工作。

安全稳定工作扎实开展。深入推进扫黑除恶专项斗争工作，重点敏感时期无重大群体事件、极端事件，无进京非访、到市集访，连续5年获全区安全生产工作考核优秀，实现“无安全生产事故，无火灾事故”两个零目标。

人大代表接访

调解会

召开院坝会

街道非物质文化遗产——车幺妹

改革开放40周年文艺汇演

重庆市文明街道

# 龙门浩街道

区领导调研“六个美丽”建设

龙门浩街道位于南岸区南弹公路中段，东靠南山，西滨长江，南临海棠溪，北接涂山镇，和渝中半岛隔江相望，辖区面积1.47平方千米，辖5个社区居委会，户籍人口2.8万人，常住人口近4万人。

街道相继被授予“重庆市文明街道”“重庆市卫生街道”“重庆市无邪教示范街道”“重庆市安全示范社区”等荣誉称号，街道司法所被评为全国先进司法所，街道执法大队、环卫所被授予南岸区“十佳”科所站称号，辖区社区多次受到市级表彰。

区领导调研“七必居”创新社会治理项目

新时代文明实践所 龙门讲坛

“我为社区添点绿”主题志愿活动

“粽情粽义 安康端午 和谐共建 幸福老街”主题端午节活动

# 弹子石街道

区委书记郑向东及有关领导到街道调研

市妇联领导到街道调研

街道主要领导现场办公

弹子石街道党工委、办事处在区委、区政府的领导下，街道9个社区（裕华街、石桥、东山坪、弹新街、王家沱、惠工村、大佛寺、富力、群慧村），5个被评为市级文明社区，3个被评为区级文明社区。街道内规模以上社会单位30余个。街道先后被授予“重庆市文明单位”“重庆市文明街道”“双拥模范街道”“重庆市和谐社区建设示范街道”等称号，社保所荣获“全国优质服务窗口”称号，有“邻里守望”全国优秀志愿者——“周幺姉”服务品牌。长嘉汇、泽科商务综合商圈相继开业，弹子石老街被评为4A级景区，成为南岸区一大网红地区。

区委副书记张树金检查街道工作

区委宣传部部长魏小红到街道调研

大智办、中移铁通领导来访

区委统战部领导来街道检查工作

# 南山街道

市农委领导调研指导乡村振兴工作

区委副书记王茂春调研指导乡村振兴工作

街道党工委书记冉启贻、街道办事处
主任程涛检查两江洪峰过境应急措施落实情况

街道办事处领导带队
检查春游期间娱乐场所安全问题

办事处主任程涛（左一）、副书记肖萍（左二）、
党工委委员何勤（右一）开展马路办公，检查社区
“五长制”的落实情况和商家“门前五包”推进情况

办事处领导出席黄桷垭油画村迎春油画展开幕式

街道有关领导巡查
了解南山文物景点王陵基别墅

保护母亲河清理河库垃圾行动

南山街道迎春文艺演出

# 花园路街道

南湖社区作为“全国社区治理
和服务创新南岸试验区”通过民政部验收

举办星光灿烂 公益盛典活动

花园路街道坚决贯彻习近平新时代中国特色社会主义思想，旗帜鲜明讲政治，树牢“四个意识”，坚定“四个自信”，坚决做到“两个维护”，践行以人民为中心的发展思想，敢于担当作为，勇于攻坚克难，狠抓工作落实，热心服务居民，赢得辖区群众的广泛认同、普遍信赖和积极支持。花园路街道曾荣获“全国社区教育示范街道”，被国家民政部列为2015—2017年南岸区社区治理创新基层观察点。街道指导所辖社区先后荣获“全国学雷锋活动示范点”“全国科普示范社区”“全国民主法治示范社区”“全国和谐社区建设示范社区”等荣誉称号。

开展全民健身活动

社区自愿举办百家宴庆新年

# 天文街道

天文街道党工委、办事处坚持以党的建设为引领，狠抓社会治理创新，着力城南家园公租房社区管理服务，把党的群众路线贯穿于各项工作之中，做好组织群众、引领群众、凝聚群众、服务群众工作，深入推进“三生三宜”品质城市建设，努力打造“幸福天文”。

区委书记郑向东调研新建社区

“就业动车”

安全检查

综治巡逻

举办文艺汇演

开展垃圾分类主题活动

区领导调研乡村振兴专项工作

区领导调研乡村振兴专项工作

# 广阳镇

广阳镇历史悠久，文化底蕴深厚，素有“民间文化艺术乡”的美称，广阳龙舟会被列入“重庆市非物质文化遗产名录”，广阳镇民间故事被列入“国家级非物质文化遗产名录”，广阳镇回龙枇杷基地已成为全市都市乡村旅游的精品。

区领导调研回龙桥村

2018年，广阳镇坚持以习近平新时代中国特色社会主义思想为指导，认真贯彻党的十九大精神和中央决策部署，在区委、区政府及镇党委的坚强领导下，在镇人大的监督支持下，紧紧围绕习近平总书记对重庆提出的“两点”定位、“两地”“两高”目标和“四个扎实”要求，扎实推进“三大攻坚战”“十项重点工作”，围绕高质量、发力供给侧，迈出了高质量发展的步伐。

2018年，全镇预计实现地区生产总值增长10%；社会消费品零售总额增长12%；固定资产投资增长5%；规模以上工业总产值7.6亿元；农民人均纯收入增长11%。城乡居民收入与经济增长基本同步，民生福祉不断增进。

镇领导发放“扫黑除恶”宣传资料

广阳故事会“最美家庭”专场表演

# 涂 山 镇

区委书记郑向东调研福民社区

南岸区涂山镇第五届人民代表大会第三次会议

涂山镇坚持以习近平新时代中国特色社会主义思想为指导，深入贯彻党的十九大精神和中央决策部署，全面落实习近平总书记对重庆提出的“两点”定位、“两地”“两高”目标和“四个扎实”要求，扎实推进“三大攻坚战”“十项重点工作”，在区委、区政府及镇党委的坚强领导下，在镇人大的监督支持下，按照镇1243工作思路，全面推进“三生三宜”品质城市建设、扫黑除恶专项斗争、南山生态环境综合治理、“蓝屋顶”拆违等重点工作，全力做好稳增长、惠民生、保稳定、防风险等各项工作，较好地完成了各项目标任务，推动全镇经济社会发展迈上了新台阶。

涂山镇开展植树活动

福民社小剧场演出

唱响十九大，欢度重阳节

涂山镇开展“1+3+N”“四风
专项整治落实中央八项规定精神工作部署会”

南山生态保护综合治理
（涂山镇区域）工作动员部署会

福民社区新时代文明实践中心【乐和讲堂】第五期

# 长生桥镇

人大代表视察

市委宣传部领导检查同景社区新时代文明实践站建设

2018年，长生桥镇紧盯项目建设，挖掘增收潜力，着力培植税源，地区经济稳中有进、进中向好。地区生产总值增长3%，达到156亿元；税收收入增长56%，达到3550万元；社会消费品零售总额增长7%，达到8.09亿元；固定资产投资增长4.5%，达到143亿元；农村居民人均可支配收入达到全区平均水平。

2018年，长生桥镇紧紧围绕习近平总书记对重庆提出的“两点”定位、“两地”“两高”目标和“四个扎实”要求，在区委、区政府及镇党委的坚强领导下，在镇人大的监督支持下，团结带领全镇人民，凝心聚力、攻坚克难，地区经济平稳增长、社会事业协调发展、民生福祉持续增进。

2018年，长生桥镇按照“五位一体”总体布局和“四个全面”战略布局要求，紧紧围绕“三生三宜”品质城市建设目标，以城市管理、乡村振兴、社会治理为工作重点，主动对接江南新城建设标准，勤于服务、勇于创新，各项任务圆满完成，社区均衡发展、人民安居乐业。长生桥镇桃花桥社区获评全国民主法治示范社区、重庆市最美志愿服务社区，同景社区获评2018年重庆市先进巾帼志愿服务社区。

镇领导慰问困难群众

镇领导马路办公了解群众意见

扫黑除恶宣传活动

镇领导参加小区院坝会，了解群众诉求

机关党支部重温入党誓词

召开镇第十九届人民代表大会第五次会议

小区党支部重温入党誓词

召开2018年度村（社区）目标
考核暨散居小区自治管理表彰大会

全国社区网络春晚文艺活动

召开村规编制会议

# 鸡冠石镇

区长陈一清调研鸡冠石镇

鸡冠石镇坚持以习近平新时代中国特色社会主义思想为指导，认真贯彻党的十九大精神和中央决策部署，积极落实习近平总书记视察重庆重要讲话精神，结合实际，敢于担当，积极作为，统筹推进稳增长、促改革、调结构、惠民生、保生态等各项工作，为建设“幸福鸡冠石”打下牢固基础。

镇领导慰问辖区困难群众

南山生态保护综合治理行动动员部署会

志愿者参加“冬日针爱”活动献爱心

志愿者参加雷锋日志愿活动

鸡冠石镇2018年春节文艺汇演

区委书记郑向东、副书记王茂春调研峡口镇社工培训基地

区长陈一清调研峡口镇乐和谷建设情况

# 峡口镇

峡口镇第十九届人民代表大会第三次会议召开

峡口镇第十九届人民代表大会第四次会议召开

2018年全镇地区生产总值19.3亿元，同比增长7%；由于房地产增值税增加，财政税收492万元，增长18%；固定资产投资10991万元，增长32.3%；社会消费品零售总额2222万元、规模以上工业总产值1.5亿元，较去年略有增长；城乡居民收入与经济增长基本同步，各项主要经济指标进位明显，全镇经济运行稳中向好。

持续推动“三生三宜”品质城市建设，城乡管理水平不断优化。“乐和谷”建设进展顺利。西流村、大石村规划编制成果已报市级部门。深化“互助会、联席会”建设，完善村支部领导、专业社工团队支持、本土社工和社会组织互动的乡村治理模式，推动发展乡村振兴。加强和创新社会治理，积极推进“三事分流”工作法在峡口的全面实践运用，深化“乐和治理”等民主议事协商机制，进一步加强村（社区）自治体系建设。增进民生福利，统筹抓好社会民生工作，不折不扣地落实好党和政府在基层的各项政策。

南岸区第十二届广场舞大赛峡口镇获一等奖

峡口镇大兴村社区群众欢欢喜喜迎五一

# 迎龙镇

公共服务中心

新能源充电桩

迎龙特产

北斗锄禾

马颈观赏鱼养殖基地

龙顶樱桃

北斗锄禾草莓采摘

金木果园

吴小平葡萄

北斗蓝莓

2018年，迎龙镇以上率下，全面加强党的建设，各级党组织的凝聚力、战斗力、公信力显著增强；迎龙镇正视挑战，实现了经济指标平稳增长；迎龙镇攻坚克难，服务经开区、迎龙商务区发展，铁路枢纽东环线征地工作成为全市样板；迎龙镇乘势而为，推进乡村振兴，开展土地确权、试点“三变”改革、壮大集体经济，加强环境保护、建设生态特色小镇；迎龙镇创新方法，“四邻联动”探索农村社会治理新模式成为全区典型案例，深入开展扫黑除恶专项斗争，安全稳定保障有力；迎龙镇以民生为本，问题导向解决饮水难、如厕难、停车难等民生问题，投用综合文体中心一站式“全科窗口”，民政、社事、教育、卫生、社会保障等民生事业全面进步。

朝天门商贸城

# 重庆市第五人民医院

## （中国科学院大学重庆仁济医院）

中国科学院大学与重庆市南岸区人民政府签署合作协议

重庆市第五人民医院（中国科学院大学重庆仁济医院）始建于1896年，现位于重庆市南岸区仁济路24号，业务总面积7万余平方米，是集医疗、教学、科研和预防保健为一体的国家三级甲等综合医院，是重庆医科大学教学医院、国家住院医师和护士规范化培训基地。

医院现有编制床位800张，设有31个临床一、二级科室，11个医技科室，24个职能科室，3个重庆市区域性重点学科、6个市级临床重点专科、4个市级特色专科，区级重点学科6个、临床重点专科7个、诊疗中心7个。硕士生导师2人，博士19人，硕士179人，高级职称163人，中级职称245人。

医院医疗设备先进、齐全，拥有直线加速器、64排128层螺旋CT、1.5TGE核磁共振、FD20数字减影血管造影系统、神内三维血管诊断仪、数字化双能X线全身骨密度测定仪、立体定向治疗系统、超声支气管镜、准分子激光治疗系统、椎间孔镜等先进设施设备共计800余台。

2018年，医院认真学习贯彻落实党的十九大精神及习近平新时代中国特色社会主义思想，不断增强“四个意识”，坚定“四个自信”，做到“两个维护”。8月13日，中国科学院大学与重庆市南岸区人民政府正式签署协议，重庆市第五人民医院正式成为中国科学院大学重庆仁济医院。积极参与促进中国科学院大学重庆临床医学院建设，进一步提升医院的核心竞争力和知名度，切实提高群众的获得感和幸福感。2018年开展第三方满意度调查，满意度为92.57%。

医院始终把学科建设作为提高医疗业务水平的主要手段，2018年神经内科成为重庆市区域医学重点学科，心血管内科成为重庆市临床重点专科，成功创建国家胸痛中心，成立南岸区创伤中心和卒中中心。成立肝脏甲状腺乳腺外科，独立完成了高危肝门部胆管癌根治术、内镜逆行胰胆管造影取石等手术，多项技术达市内先进水平。消化内科成功实施在内镜下切除胃底间质瘤，极大拓展内镜下病变治疗范围，医院同时建立多学科诊疗，建立肺癌及食管癌的多学科诊疗，进入多学科诊疗的支气管肺癌病例共164例，食管癌病例共22例。2018年申请适宜技术推广项目6项，3项新技术、新项目转为常规流程。

2018年门急诊535857人次，住院人次27094。为贫困大病患者开通就医绿色通道，合理设置医疗服务流程，建立救治台账，2018年健康扶贫“一站式”结算服务已结算101人次。积极完成指令性任务，从质量管理、核心制度、临床路径、医疗安全等方面完善医疗质量管理体系，加大科研课题申报力度，2018年申报科研项目中市科委2项、市卫健委6项、区卫健委8项、重庆市科卫联合科研项目立项1项，已完成2项课题的结题工作。发表论文25篇，其中SCIE 2篇，CSCD（E）2篇；参加各类学术会议及培训班258人次。完善后备人才库，设立专项基金，制定培养计划，采用多种形式加强后备人才及后备干部培养和优化，选拔赴美国、德国等国家和国内知名大型医院进修；1人获得国务院政府津贴。

2018年，医院荣获重庆市优秀规培基地、重庆医科大学第二临床学院2016-2018学年教学优秀集体、全市“三基三严”大比武非教学三级医院第三名（医师）、南岸区卫生健康系统2018年护理技能竞赛无菌技术操作和静脉留置针输液技术操作团体一等奖等集体荣誉14项；荣获中国医院协会优秀医院院长、重庆市优秀医师、重庆市医院协会医院管理先进工作者、南岸区优秀医师、南岸区优秀共青团员等国家级、市区级个人荣誉39人次。

中国科学院大学重庆仁济医院揭牌仪式

国家胸痛中心授牌仪式

# 南岸区妇幼保健计划生育服务中心

区卫健委党委书记、主任李智到中心指导疫苗接种工作

2018年，南岸区妇幼保健计划生育服务中心在民政两个结婚登记大厅分别设立孕优参检点，方便计划怀孕的夫妇及时参检，各街镇也加强了孕优专项宣传，自觉参检员明显增多。

2018年，全区增设避孕药具自助发放机60台，全年发放药具18753人次。加强药具工作人员法纪、廉政教育，增强行业自律，并对全区范围内各大药店、超市、成人用品店、免费发放网点等开展清查暗访活动，未发现有国家免费避孕药具流入市场非法销售的行为。

加强托幼机构卫生保健督导工作，充分利用幼儿园宣传栏、掌通家园、QQ微信群、家长会等方式定期对幼儿家长进行传染病防控知识的宣传。

开展扫黑除恶宣传工作

2018年12月15日，成功举办“重庆市妇幼卫生学会儿童健康专业委员会2018年学术年会暨儿童临床规范诊疗研讨会”。会议吸引了来自重庆市各医疗保健机构的141名同人参加。本次会议知名专家云集，培训内容丰富，学术氛围浓烈，参会人员反响良好，对推进儿科临床规范诊疗发挥了积极作用，对南岸区儿童健康事业的发展做出了一定贡献。

举办“重庆市妇幼卫生学会儿童健康专业委员会2018学术年会暨儿童临床规范诊疗研讨会”

结合《母婴保健法》实施23周年、26 个世界母乳喂养周等活动，开展全区宣传活动，进行了现场义诊、健康咨询，发放宣传资料等。

召开院内扫黑除恶推进会

开展宣传活动

开展“三生三宜”全民动手活动

参加宪法、党的知识竞赛后合影

# 中银富登村镇银行
BOC Fullerton Community Bank

重庆南岸中银富登村镇银行是由中国银行、新加坡淡马锡旗下富登金融控股有限公司与南岸区当地民营企业共同发起设立,经重庆市银监局核准的在南岸区注册的新型金融机构，位于重庆市南岸区南坪西路28号，并于2015年11月开始筹建，2016年9月正式对外营业。主要经营存款、贷款、结算等银行业务，并秉持“立足南岸、服务实体”的理念，为广大中小企业及个人提供抵押或信用贷款服务。开业至今，已为区域近300个中小企业和个人提供了信贷资金支持，助推区域经济快速发展。

重庆南岸中银富登村镇银行作为南岸地方性的法人银行金融机构，一直秉承“共同成长、成就梦想”的品牌理念，以“不取客户一针一线、不弄虚作假、不放弃任何帮助别人和提升自己的机会”的企业文化核心为指引，以年轻化、专业化、富有激情的创业团队为主力，践行社会责任，大力开展普惠金融，着力促进地方经济建设与社会发展，正朝着实现“建设新时代一流村镇银行”的战略目标前进!

# 重庆农村商业银行南岸支行

开展3•15消费者权益保护宣传周活动

3•15消费者权益保护日在营业厅向客户宣传

重庆农村商业银行南岸支行（以下简称“重庆农商行南岸支行”）位于南岸区江南大道24号。该行始终秉承“客户至上”的服务理念，坚持立足南岸区、服务南岸区，为南岸经济社会发展提供强有力的金融支撑。

截至2018年末，重庆农商行南岸支行内设零售金融部、公司金融部、风险管理部、会计结算部、人力资源部、计划财务部、保卫监察部、审计稽核部、综合部、财富管理中心、集中作业中心、业务营销一部、业务营销二部、业务营销三部；从业人员372人，其中正式员工368人、派遣工4人。本科学历234人（全日制本科学历155人），研究生学历26人（全日制研究生学历26人），党员131人；设有30个营业网点，主要分布在南坪商圈、南滨路沿线、天文大道沿线、南山街道、长生桥镇、涂山镇等地；共计投放142台ATM机、32台超级智能柜台，有力提升了金融服务便捷度；各项存款余额177亿元，各项贷款余额78亿元，均居辖区内同业前列；被南岸区税务局评为“A级纳税企业”，被重庆市公安局南岸区公安分局评为“2018年度内部治安保卫工作先进集体”。

重庆农商行南岸支行将加大对“一带一路”、长江经济带、内陆开放高地、中新（重庆）战略性互联互通示范项目等国家及地方重大发展战略的支持力度，始终坚持“服务‘三农’、服务中小企业、服务县域经济”的市场定位，积极实施普惠金融工程，深耕本源服务实体经济，推动地方经济发展。

开展社区联谊活动

走进社区宣传

# 重庆国瑞控股集团有限公司

2011年12月，在渝建实业、明发地产和阳光地产等核心成员企业的基础上，重庆国瑞控股集团有限公司正式成立，注册资金3亿元，现有资产规模100亿元。集团以“同心致远、实干兴业”为核心价值观，秉承“守法经营、开拓创新“的企业经营理念，已经成为集地产开发、工程建设、商业管理、文化旅游、物业管理为一体的企业集团。

国瑞青少年中心

房地产开发系集团核心产业之一，自1999年开发第一个房地产项目以来，累计开发面积已超过1000万平方米，多次获得国家、省、市各级奖项，其中公司开发的“阳光·蓝山郡”荣获中国房地产行业协会、住房和城乡建设部联合颁发的“2011—2012年度广厦奖”。

工程建设系集团又一核心产业，集团旗下重庆渝建实业集团股份有限公司是重庆直辖后首家自然人发起的股份制企业，也是重庆市首家民营工程总承包特级企业，具有建筑工程施工总承包特级、建筑行业（建筑工程、人防工程）甲级设计、市政公用工程施工总承包壹级，建筑装饰装修壹级、机电设备安装壹级、建筑幕墙施工壹级、建筑消防壹级等多项专业承包资质。公司承建的“十堰市邮电通信大楼”“重庆世纪阳光住宅小区”分别于2000年、2004年荣获国家建设部颁发的“中国建设工程鲁班奖（国家优质工程）”；“十堰市邮件处理中心综合楼”于1999年荣获国家建设部颁发的首届“建筑安全奖”；此外，还荣获省级优质工程八十余项，市级优质工程一百余项。装配式建筑是渝建实业集团的重点发展领域，依托渝建科技公司的技术研发能力，大力发展装配式建筑产业园，形成技术研发、产品开发、标准化设计、信息化管理、智能制造、智能建造一体化的全产业链发展模式。

商业管理是集团重点发展产业，已经形成的商业品牌有壹街、天街、购物公园、国瑞广场四个系列产品，已经投资开业的商业项目包括重庆国瑞中心、国瑞·壹街、国瑞·尚都生活广场、国瑞·天街、国瑞·栖谷天街、国瑞·西城天街和十堰大都会广场等项目，累计面积达60万平方米。正在开发建设项目有国瑞·两江购物公园和重庆国瑞广场项目，其中国瑞·两江购物公园将打造成为重庆两江新区龙兴片区的商业中心项目；国瑞广场项目，位于南滨路中段，是连接渝中、南滨路、南山的重要节点，地理位置优越，文化旅游资源丰富，是建设重庆城市客厅、打造重庆城市新地标的理想之地。

文化旅游产业是集团未来新兴发展产业。目前，集团已成立了重庆国瑞文化旅游发展集团有限公司，已投资建设了施光南大剧院。正在开发建设的文化旅游项目一是重庆南滨路的龙门浩月城市文化旅游综合体；二是十堰欢乐世界项目，占地4500亩，将打造集旅游集散中心、特色水镇、文化剧场、主题乐园、度假酒店、海洋乐园、森林坡地公园为一体的大型文化旅游综合体；三是重庆市南岸区迎龙镇的迎龙谷项目，以重庆市乡村振兴、农商旅文示范工程为目标，项目融合了农业体验、农业观光、民俗文化、研学基地、休闲度假等元素，将打造为重庆市的乡村振兴示范项目；四是集团将出资1亿元设立“国瑞乡村振兴产业扶持基金”，推动垫江乡村振兴发展，计划参考浙江、台湾等地在乡村振兴方面的经验，请专业机构研究垫江乡村振兴的产业规划布局，引导农民构建乡村产业体系，推动一、二、三产业融合发展。

企业在发展的同时不忘社会责任，积极参与各项社会公益事业，在捐资助学、精准扶贫、抢险救灾、爱心帮扶工作方面，累计向社会捐款捐物2亿多元。

# 重庆盛明基业国际贸

盛明基业 SHENGMINGJIYE

## ——打造重庆水产市场

重庆盛明基业国际贸易（集团）有限公司（以下简称“盛明基业集团公司”）是注册于重庆市南岸区的港资企业，注册资金18亿元，旗下有十多家实体企业，经营范围涉及商业地产、保税商品展示交易、国内外商品供应链、冷链配送、电子商务、汽车产业、餐饮产业等领域。重庆南坪盛汇广场是经市政府及海关批准的保税商品展示交易中心延展平台，已经引进新世纪百货主力店、喜约派对大型KTV商务娱乐中心、星美国际影院，建立了国际水产交易中心、海鲜餐饮体验中心、进口商品直销中心等多个项目。

国际水产交易中心，位于盛汇广场B1层，经营面积1万多平方米，已打造成集国内外资源采购、展示展销、仓储配送、批发零售、电子商务、餐饮体验六大功能于一体的水产（肉类）贸易综合服务平台。汇集了50多家水产（肉类）经营企业，经营品类包括阿拉斯加帝王蟹、波士顿大龙虾、挪威三文鱼、加州肉蚌、澳洲鲍鱼、阿根廷红虾、南美白虾等进口鱼虾蟹；来自宁波、温州、海南的海虾、海蟹、蛏子王、花甲等；来自苏州的大闸蟹、山东的海参，以及高山的冷水鱼、野生的江团、鲈鱼、桂鱼等；来自阿根廷、丹麦、巴拉圭、厄瓜多尔、德国、西班牙等几十个国家的进口猪、牛、羊、鸡冻

# 易（集团）有限公司

## 新标杆和海鲜餐饮新高地

品肉类等近200个经营品种，进口水产（肉类）比例近40%，是重庆乃至西南地区升级版的水产（肉类）专业批零兼营交易中心，已成为重庆鲜活水产品重要的集散地。

国际水产交易中心配套了海鲜加工码头、重庆宴、海淘里海鲜加工餐饮项目，形成低、中、高档搭配的海鲜主题餐饮集聚地，以一流的环境、一流的食材、一流的厨艺、一流的服务，引领重庆海鲜餐饮消费新时尚。海鲜加工码头即买即加工即食，消费者自主购买、多重选择，品类繁多，品质精良，商场交叉监督机制，深受消费者欢迎。重庆宴宴会厅有5个装修奢华、不同主题风格的宴会厅，能容纳2000人同时就餐，装修豪华、环境优雅、品质高端、食材优良、性价比高，成为重庆大型喜宴、寿会、商务宴请的首选之地。

盛明基业集团公司将以国际水产交易中心和海鲜餐饮体验中心作为旗舰样板，计划未来两年内在重庆主城区拓展10个加盟店，在周边区县拓展20个加盟店，使盛明基业集团公司发展成为重庆生鲜冷链贸易的骨干龙头企业。

# 重庆中烟工业有限责任公司

重庆中烟工业有限责任公司（简称“重庆中烟”）于2015年11月10日挂牌成立。组建成立重庆中烟，是国家烟草专卖局考虑到川渝两地卷烟生产规模越来越大和两地行政区划的实际，为进一步深化两地烟草工业内部改革、实施扁平化管理、推进持续健康发展，在充分征求川渝两省市党委、政府意见的基础上做出的重大改革决定。

公司下辖重庆、涪陵、黔江3个卷烟厂，内设18个部门，公司现有在岗职工2894人，离岗待退职工359人，退休人员2428人。公司现有资产总额145亿元，卷烟生产计划127.4万箱。公司新一届领导班子紧密联系烟草行业和企业自身实际，研究提出“追赶、集聚、数字化”三大战略，突出“快”、追求“好”、铸就“特”，奋力探索走出一条特色发展新路子。一是大力实施追赶战略。推动实现“天子”品牌“两步走、翻两番”目标：到2020年末，产销规模达到30万箱，在2018年的基础上“翻一番”；再通过三年时间努力，到2023年末达到60万箱，在2020年基础上“翻一番”，奋力跻身行业重点品牌一类烟前十和中支产品前十。二是大力实施集聚战略。推进品牌集聚发展、市场集聚拓展、客户集聚吸附、资源集聚利用，实施品牌体系“三变二、一加一”，重点打造好“天子”这一核心品牌，持续提升核心产品集中度和“两高”产品占有量。三是大力实施数字化战略。坚持高起点规划、高标准建设、高水平运营，通过3~5年努力，实现全面数字化，把“数字重庆中烟”建设蓝图变为现实。

BINNAN 滨南股份 | 康健环境 KANGJIAN ENVIRONMENTAL

# 滨南生态环境集团股份有限公司
# BINNAN ECO-ENVIRONMENT GROUP CO., LTD

## 简介
Brief introduction

滨南生态环境集团股份有限公司（以下简称“公司”），是集投资、建设、运营为一体的大型专业性城市服务、生态环境企业。历经多年发展，管理规范、技术创新、装备精良、文化领先。

公司主营业务为环境卫生一体化服务、园林绿化一体化服务、市政设施一体化服务、公共物业管理一体化服务、工程建设以及智慧城市建设运营。具备中国清洁清洗行业国家一级资质，城市生活垃圾经营性清扫、收集、运输、处置服务许可证，物业服务，园林景观规划设计、施工及管护，市政施工总承包等多项企业资质；先后完成ISO9001国际质量管理体系、ISO14001国际环境管理体系和OHSAS18001职业健康安全管理体系三项认证。

公司先后荣获“中国清洁行业十大著名品牌” “中国清洁行业行业贡献奖” “中国创新示范企业” “全国企业文化优秀成果” “守合同重信用企业” “十大渝商创新企业”等数十项荣誉；与重庆大学、重庆工商大学、重庆能源职业学院、昆明学院等高校合作，在定制化培养人才的同时持续加大技术创新协作和研发，已拥有10余项国家专利，并申报有多项创新型行业专利。公司整体装备优势明显，能满足不同环境、不同场所作业要求。

2018年，公司成立十周年，十年来的创业攻坚、转型升级，把滨南带到了一个全新的高度，在城市服务行业的影响力及知名度、美誉度显著提高。十年华诞将是滨南发展的里程碑，更是滨南迈向未来的新起点。新时代的使命召唤着我们，宏伟的目标激励着我们，未来，滨南将把握当下、立足长远，勇挑重担、迎难而上，坚持双平台发展战略，环境产业与工程建设齐头并进，在“新十年”发展之路上，牢记使命，锐意进取，大胆创新，以永不懈怠的精神状态和一往无前的奋斗姿态，凝心聚力铸就滨南更加辉煌的明天！

河北省遵化市政府市长董学忠带工作组一行莅临滨南股份考察调研

滨南股份与红原县人民政府签订战略合作框架协议

滨南股份成立十周年庆典

校企合作单位——重庆工商大学融智学院“滨南奖学金”颁发仪式

多元培训，打通员工成长通道

# 重庆市东部水务技术开发有限公司

区人大常委会主任朱维调研迎龙湖水库

经开区管委会主任王茂春调研茶园污水处理厂

重庆市东部水务技术开发有限公司于2004年1月成立，是隶属于重庆市水利投资集团的全资子公司，具体负责江南新城水务一体化建设与经营管理。公司供水区域向北延伸到峡口镇，向南延伸到茶园科技园、鹿角片区，向西延伸到庆隆高尔夫度假中心、城南家园公租房等，向东延伸到茶园工业园、长生桥镇、长江工业园和东港工业园等区域，供水人口约20万人，服务面积约60平方千米。

南岸区重点打造江南新城主城第三增长极这一战略得到实施推进和飞速发展，给公司供排水工作提出了更高的要求。2017年，公司高峰供水时期日均供水量和峰值供水量较上年分别增长12%和16%。为助力江南新城的稳步快速发展，公司未雨绸缪，准确预测供水趋势，科学编制高峰供水应急预案。在强化运行保障能力、加强生产运行调度和优化服务水平等方面狠下功夫，同时，投入大量资金，积极消除供水瓶颈，有力践行了基建加速、水量保障、水质优化、服务提升等国企责任和社会责任。

公司始终坚定信念、牢记使命，秉承砥砺前行的精神，以民生水务、优质服务为宗旨，努力践行水惠民生的责任，在水投集团的正确领导下，在南岸区的大力支持下，开启江南新城水务民生新纪元，为幸福南岸建设添砖加瓦。

开展主题党日活动

# 国家电投集团远达环保催化剂有限公司

国家电投集团远达环保催化剂有限公司（以下简称“催化剂公司”）成立于2008年4月，是国家电力投资集团有限公司旗下的国家电投集团远达环保股份有限公司的全资子公司，美国康美泰克（CORMETECH）公司全球首家技术受让方，注册资本金1.28亿元。

催化剂公司主要从事烟气脱硝催化剂的设计、生产、销售、研发、再生、回收和烟气脱硝技术改造、脱硝系统性能检测等业务，是目前国内催化剂产业链涵盖较全的专业生产厂商。公司设计生产能力为原生催化剂12000m$^3$/年，再生催化剂16000m$^3$/年，废催化剂处置5000吨/年。

公司自2010年开始，被连续认定为高新技术企业，开发的20孔催化剂被列为国家重点新产品。截至2019年初，公司共申请专利40项，已授权25项，其中发明专利19项；承担国家级、省部级、国家电投集团科技项目34个，其中承担国家863项目1个；公司自主研发的再生技术获得2015年国家技术发明二等奖。公司先后主持、参与了7项国家和行业标准的编制，主持编制的国家标准《蜂窝式烟气脱硝催化剂》（GB/T 31587-2015）和行业标准《火电厂烟气脱硝再生催化剂》（DL/T 1828-2018）均已发布实施。

公司下设的重庆和技环境检测有限公司已顺利通过“CMA”和“CNAS”认定，是目前行业内仅有的三家同时具备脱硝催化剂所有检测能力的双证机构之一。

公司现有职工209人，其中各类专业技术人员102人，硕士12人，具有中级以上职称22人。

催化剂公司秉承“创建品牌、服务永远”的理念，专注于“解决催化剂使用之忧，节约脱硝运行成本”的一体化服务，致力于成为国内脱硝催化剂全过程服务专家。